JN275230

# 消費者保護と私法理論

# 消費者保護と私法理論

―― 商品先物取引とフランチャイズ契約を素材として ――

宮下修一 著

信 山 社

　　　　　　　はしがき


　今日の取引社会では，事業者－消費者間の消費者契約のように，能力的に対等とはいえない当事者間で契約の締結がなされる場面が少なからず見受けられる。このような場面で，情報収集能力および交渉能力に劣る当事者が契約締結を決断するには，それらの能力にまさる当事者からの契約にかかわる情報提供がきわめて重要になる。そこで登場してきたのが，事業者のように，ある取引に関して知識ないし情報収集能力をもつ当事者に対して，契約の成否にかかわるような重要な情報をあらかじめ提供する義務，すなわち情報提供義務（ないし説明義務）を課し，それに違反した場合に責任追及を可能にすべきだとする考え方である。

　本書は，日本とドイツの学説状況をふまえつつ，契約締結段階においてこのような情報提供義務違反があった場合，第一に，情報提供義務を契約上の債務としてとりこむことができるときは，契約責任の追及，第二に，当事者が契約を締結するための前提となる合意の形成に際して行われる情報提供の態様に信義則違反が認められるときは，契約無効の主張を可能にしようとするものである（このほか，最終的に契約締結まで至らなかったときは不法行為責任の追及が可能であると考えているが，この点については，本書では直接取り扱わない）。とりわけ，第一の点については，いわゆる「契約締結上の過失」等の概念を用いずに，契約上の「債務」の内容を広く捉えることによって，情報提供義務を，当事者の意思に基づく義務として「債務」の中にとりこんだうえで契約責任の追及を可能にすることを提唱している。

　さらに本書は，上述した私法理論を，実際問題としての法解決が必要な分野――具体的には，事業者－消費者間の紛争の典型例ともいえる商品先物取引や，本来は事業者間の契約であるものの，消費者契約類似の契約ともいわれるフランチャイズ契約など――に導入したうえで，新たな解決の途を提示しようとするものである。

　ここで，本書の表題についても一言しておきたい。本書のもととなったのは，名古屋大学法政論集185～205号（平成12〔2000〕～平成16〔2004〕年）に，

はしがき

足かけ5年にわたって連載した「契約関係における情報提供義務（1）－（12・完）――非対等当事者間における契約を中心に」という論稿である。ただ，今回このような形で一書にまとめるに際しては，全体の構成の組み替えも行うなど，旧稿にかなり大幅な加筆・修正を施した。

平成16（2004）年に行われた消費者基本法（旧消費者保護基本法）の改正にもみられるように，わが国の消費者法制は，この数年間で消費者の単なる保護ではなく自立をめざすという観点から急速に整備されてきている。このような状況を受け，本書では，最終的な脱稿時までにふれることのできた消費者関連の立法または学説，裁判例，統計資料等を可能な限り網羅的にフォローするよう心掛けた。

また本書は，契約締結段階における情報提供義務の理論的・実証的研究に主眼をおくものであるが，各論的研究を進める中で，契約履行段階の問題に言及した部分も少なくない。とりわけ，第五章の商品先物取引では，実際の紛争事例で契約勧誘段階から契約終了にいたるまでの一連の過程の違法性が問題になっていることもあり，契約履行過程をめぐる議論に相当程度ふみこんでいる。

そこで，本書の表題は，旧稿連載時とは異なり，『消費者保護と私法理論』と名づけることとした。やや大仰な感もあるが，上記の趣旨をお酌みとりいただければ幸いである。もっとも消費者をとりまく環境は，時代の潮流に合わせて，いまなお刻々と変化しつづけている。その意味では，本書は，著者にとってゴールなどではなく，あくまで新たな研究の出発点を提示したものにすぎない。本書の公刊を機に，さらに研究を深化させる必要性を痛切に感じている。

浅学菲才な著者がみずからの研究成果をこのような形で公刊することができたのは，決して自分だけの力によるものではない。むろん，本書の内容そのものは著者一人の責任によるものであるが，多くの方々のご協力なくしては，本書を世に送り出すことなど，とてもできなかったであろう。

著者が研究者として歩みはじめる礎を築いてくださったのは，加藤雅信先生である。先生からは，素材に丹念にあたってその中にひそむ真実を見抜くこと，そして広い視野に立って法制度全体を俯瞰することの重要性を教わった。研究には妥協を許さない先生の指導は厳しく，論文を突き返されたこと

## はしがき

も少なくない。その一方で，折にふれ研究室を訪れて激励の言葉をかけていただくなど，いつも気にかけてくださった。人に倍する時間を使ってようやくつたない論文をまとめることができた文字通りの"不肖の弟子"ではあるが，より一層研究に精進を重ねることで，お許しいただければと考えている。

また，静岡大学人文学部法学科・大学院法務研究科（法科大学院）の諸先生方には，新米駆け出しの教員である著者に対して，研究環境への配慮と温かいアドバイスをいつもいただいている。とりわけ，田中克志先生には，静岡大学赴任以来，公私ともにご配慮をいただいているのみならず，静岡大学法科大学院設置準備室長として激務にあたられている中，出版のあっせんの労をおとりいただいた。

学部・大学院時代を過ごした名古屋大学では，伊藤高義（現・南山大学），加賀山茂（現・明治学院大学），千葉恵美子，水野紀子（現・東北大学）の各先生をはじめとする多くの先生方からご指導をいただくとともに，論文の最後の段階では，著者が母校を離れた後に赴任された中舎寛樹先生にもご教示をいただく機会を得た。また，田高寛貴先生には，学生法律相談所・ゼミの先輩として頼りにさせていただいている。

大学院の先輩・同期・後輩のみなさんにも，今なお，さまざまな形でお世話になっている。なかでも，学部時代からの同期のよしみでいろいろと相談に乗ってもらっている平林美紀さん（南山大学）には，お忙しい中，著者のつたない文章の校正という骨の折れる作業までやっていただいた。

さらに，静岡大学で私のゼミに所属し，今春から裁判所事務官となる秋田直人君にも，本書の最終校正の段階で協力を仰ぐこととなった。

このほかにもいちいちお名前をあげることはできないが，本書は，大学という空間の外も含めて非常に多くの方々からお力添えをいただいたがゆえに，この世に生を受けることができたものである。周囲の人々に恵まれたみずからの幸せをあらためてかみしめるとともに，お世話になるばかりでご恩返しもろくにできない我が身を恥じつつ，この場をお借りして，深甚なる謝意を表する次第である。

なお，本書の出版に際しては，静岡大学人文学部研究成果刊行費から，「静岡大学人文学部研究叢書2」として助成を受けることができた。助成に際しては，前・人文学部長である山本義彦先生にひとかたならぬご配慮をいただ

はしがき

いた。また，現・人文学部長の松田純先生をはじめとする人文学部の教職員スタッフ各位にも格別のご助力をいただいた。心から御礼申し上げたい。

　また，信山社の袖山貴氏には，出版事情厳しき折に出版を快くお引き受けいただいた。また，今井守氏には，きわめて迅速に作業を進めていただいた。記して感謝の意を表したい。

　最後に，私事で恐縮ではあるが，家族にもひとこと述べておきたい。まず，心配ばかりをかける不甲斐ない息子をいつも温かく見守ってくれている両親の秀昭・幸子，また，学生結婚をして以来いろいろと配慮してくれている義父母の水野孝文・設予に，心から感謝したい。そして，ともすれば家庭サービスを犠牲にしがちな著者を優しく，ときには叱咤激励しながら支えてくれている妻の教子，また，この世に同時に生を受け，帰りの遅い父をいつも笑顔で一緒に迎えてくれる陽一・悠一の2人の息子たちに，いささか照れくさくはあるが，ありがとう，といっておきたい。

平成18（2006）年1月

宮　下　修　一

目　次

　　　　　　　　目　次

はしがき

第一章　序論 ──────────────────────── 1

　第一節　問題の所在 ……………………………………………… 1
　　一　契約当事者間の情報格差の存在（1）
　　二　現行法による対応──特別法（2）
　　三　現行法による対応──民法典（4）
　　四　「情報提供義務」「説明義務」の登場（5）
　　五　小　括（8）
　第二節　本書の目的と構成 …………………………………… 12
　　一　本書の目的（12）
　　二　本書の構成（14）

第二章　わが国における具体的な問題状況 ─────── 23

　第一節　統計調査にみる問題状況 …………………………… 23
　第二節　特別法上の諸規定による解決とその問題点 ……… 26
　　一　緒　論（26）
　　二　従来の「業法」による規制とその限界（26）
　　　(1)「業法」とは何か（26）
　　　(2) 開示・勧誘規制の内容（27）
　　　　(a) 書面交付義務（27）
　　　　(b) 情報提供義務・説明義務（28）
　　　　(c) 不実告知・断定的判断の提供の禁止（29）
　　　　(d) 再勧誘の禁止（29）
　　　　(e) 不招請勧誘（29）

        (f) 威迫・暴力による勧誘の禁止，適合性原則，広告規制 *(30)*
      (3) 開示・勧誘規制違反の効果 *(30)*
        (a) 刑事罰・行政処分 *(30)*
        (b) クーリング・オフ *(30)*
        (c) 中途解約権・契約取消権 *(31)*
        (d) 損害賠償責任 *(32)*
      (4) 小　括 *(32)*
  三　消費者契約法による保護とその限界 *(33)*
      (1) 概　観 *(33)*
      (2) 消費者契約法の立法経緯 *(34)*
      (3) 消費者契約法の適用範囲──「消費者契約」，「消費者」，「事業者」とは何か *(35)*
      (4) 消費者契約法における「情報提供義務」 *(36)*
      (5) 消費者契約法 4 条における「契約取消権」 *(38)*
        (a) 誤認による契約取消権・その 1 ──「不実告知」*(39)*
        (b) 誤認による契約取消権・その 2 ──「断定的判断の提供」 *(41)*
        (c) 誤認による契約取消権・その 3 ──「故意による不利益事実についての不告知」 *(42)*
      (6) 小　括 *(43)*
  四　金融商品販売法による保護とその限界 *(44)*
      (1) 概　観 *(44)*
      (2) 金融商品販売法の内容 *(46)*
        (a) 説明義務の明確化と不法行為の特則としての損害賠償請求権 *(46)*
        (b) 金融商品販売業者等の適正な勧誘の確保 *(47)*
      (3) 金融商品販売法の問題点 *(48)*
      (4) 小　括 *(50)*
  五　小　括 *(50)*
  第三節　民法上の諸規定による解決とその問題点 ……………… *79*

一　緒　論（*79*）
　　　二　錯誤・詐欺を個別に拡張しようとする見解とその限界
　　　　（*79*）
　　　三　諸法理の枠を超えて統合的な適用を図ろうとする試み
　　　　（*81*）
　　　　⑴「瑕疵ある意思表示」論（*81*）
　　　　⑵「合わせて一本」論（*82*）
　　　　⑶ 95条・96条法理類推論（*82*）
　　　四　諸法理の枠を超えて統合的な適用を図ろうとする見解の
　　　　検討（*83*）

# 第三章　ドイツにおける情報提供義務をめぐる議論状況 ──── *89*

　第一節　はじめに ……………………………………………… *89*
　　　一　緒　論（*89*）
　　　二「情報提供義務」と「説明義務」（*90*）
　第二節　ドイツ法における情報開示に関する規定とその限界 ……… *95*
　　　一　緒　論（*95*）
　　　二　ＢＧＢ上の「情報提供義務」に関する規定（*95*）
　　　三　特別法上の「情報提供義務」に関する規定（*98*）
　　　四　ＢＧＢ上の諸規定による解決とその問題点（*99*）
　　　　⑴ 従来のＢＧＢをめぐる状況（*99*）
　　　　⑵「瑕疵担保責任」と「義務違反」（*101*）
　　　　⑶「契約締結上の過失」の法定（*102*）
　　　五　小　括（*103*）
　第三節　情報提供義務の根拠をめぐる議論 ……………………… *114*
　　　一　緒　論（*114*）
　　　二　契約締結上の過失論と情報提供義務論との関係（*114*）
　　　　⑴ 契約締結上の過失論と「契約締結前の債務関係」（*114*）
　　　　⑵ ＢＧＢ改正後の契約締結上の過失論と情報提供義務論と
　　　　　の関係（*116*）

          (3) 情報提供義務の根拠と契約締結上の過失の根拠との接合
             (*118*)
            (a) 情報提供義務の根拠を追究する必要性 (*118*)
            (b) 契約締結上の過失の根拠を追究する必要性 (*119*)
          (4) 契約締結上の過失と実定法上の諸法理との調和 (*119*)
          (5) 契約締結上の過失と情報提供義務の相互関係 (*121*)
      三 情報提供義務の抽象的な根拠をめぐる議論の展開 (*121*)
          (1) 契約締結上の過失の形式的根拠と情報提供義務 (*121*)
          (2) 情報提供義務の一般的な根拠をめぐる議論 (*123*)
            (a) 情報提供義務を基礎づける抽象的概念 (*123*)
            (b) 消費者保護の概念 (*124*)
            (c) 職業上の責任の概念 (*125*)
            (d) 信頼の概念 (*126*)
            (e) その他の根拠 (*128*)
          (3) 小　括 (*128*)
  第四節　情報提供義務の具体的な根拠を探究する見解の検討
          ――いわゆる「動的システム論」による基礎づけの試み
          を中心に …………………………………………………… *136*
      一 情報提供義務と動的システム論 (*136*)
      二 ブライデンバッハによる動的システム論の展開 (*136*)
          (1) 情報提供義務を基礎づける3つの要素 (*136*)
          (2) 情報提供の必要性――動的システムの要素・その1 (*137*)
            (a) 概観――「重要な情報」と情報提供の必要性 (*137*)
            (b) 情報提供の必要性と具体的な契約目的 (*138*)
            (c) 法政策的な判断が必要とされる場面における情報提供
               の必要性の不存在 (*139*)
            (d) 判断過程における情報提供の重要性 (*139*)
          (3) 情報提供の可能性――動的システムの要素・その2 (*140*)
            (a) 概観――効率性の原理と情報提供の可能性 (*140*)
            (b) 現在有する知識と情報提供の必要性 (*140*)
            (c) 現在有していない情報と情報調達（入手）(*140*)

            (d) 情報調達（入手）の困難性（*141*）
        (4) 特別な信頼関係における機能（活動）領域——動的システムの要素・その３（*141*）
            (a) 概観——機能（活動）の細分化と機能（活動）領域の形成（*141*）
            (b) 機能（活動）領域の決定（*142*）
        (5) 動的システム論の要素と相互関係（*142*）
    三　動的システム論と要素の具体化（*143*）
        (1) 要素の具体化を志向する学説の出現（*143*）
        (2) ホープトの見解（*143*）
        (3) 動的システムにおける各要素の具体化の動き（*143*）
        (4) ランゲの見解（*144*）
    四　動的システム論に対する批判（*145*）
    五　小　括（*146*）
第五節　情報提供義務の具体化を志向する見解の検討 ……………*151*
    一　緒　論（*151*）
    二　情報提供の重要性や情報格差に注目する見解（*151*）
    三　「先行行為」に着目する見解（*153*）
        (1) はじめに（*153*）
        (2) ローレンツの見解（*153*）
            (a) 望ましくない契約からの保護と自己決定の自由（*153*）
            (b) 説明義務を発生させる５つの要素（*155*）
            (c) ローレンツの見解の特徴（*158*）
        (3) ペーフゲンの見解（*159*）
            (a) ローレンツのあげる５つの基準の具体化（*159*）
            (b) ５つの基準の根拠（*160*）
            (c) ローレンツの見解に対するペーフゲンの評価（*161*）
    四　「先行行為」の有無と情報提供義務の存在（*162*）
第六節　情報提供義務に関するＢＧＢ上の諸法理の相互調整 ……*167*
    一　緒　論（*167*）

二　契約締結上の過失と詐欺（*168*）
　　　(1) 調整の必要性（*168*）
　　　(2) 契約締結上の過失論の民法体系への接合（*169*）
　　　　(a)「情報提供に関する故意のドグマ」の克服（*169*）
　　　　(b) 契約締結上の過失論の補完機能（*171*）
　　　　(c) 法律効果の整合性という観点からの相互調整（*171*）
　　三　契約締結上の過失と錯誤（*172*）
　　四　契約締結上の過失と瑕疵担保責任（*173*）
　　五　契約締結上の過失と不法行為法（*174*）
　　六　契約締結上の過失と損害賠償（*175*）
　　七　契約締結上の過失論と他の法理との調整——まとめ（*176*）
　第七節　小　括 …………………………………………………*183*

## 第四章　わが国における情報提供義務をめぐる議論状況 ——*187*

　第一節　情報提供義務をめぐる議論状況の概観……………………*187*
　第二節　意思表示規定の適用範囲拡張と情報提供義務 …………*190*
　　一　緒　論（*190*）
　　二　詐欺・錯誤法理の拡張を図る手段としての情報提供義務
　　　（*191*）
　　　(1) 詐欺・錯誤の要件の統一的な緩和と情報提供義務（*191*）
　　　　(a) 詐欺・錯誤の中間的法理としての情報提供義務（*191*）
　　　　(b)「消費者利益擁護義務」としての情報提供義務（*192*）
　　　(2) 要件緩和の限界と類型化による故意の推定（*193*）
　　　(3) 欺罔行為の違法性判断基準としての情報提供義務（*193*）
　　　(4) 情報提供義務の意思表示理論への導入——95条・96条法意
　　　　類推論（*195*）
　　　(5) 情報提供義務の要件と「高度の相対性」（*195*）
　　三　小　括（*196*）
　第三節　「契約締結上の過失」論と情報提供義務 ………………*203*
　　一　緒　論（*203*）

二　消費者保護の観点からみた「契約締結上の過失」論の活用
　　　（203）
　　三　意思に基づかない付随義務違反としての「契約締結上の
　　　過失」論（204）
　　四　「契約締結上の過失」論の活用を説く見解の全体的検討
　　　（206）
　　五　「契約締結上の過失」論の必要性に対する疑問（207）
　第四節　自己決定基盤を確保する手段としての情報提供義務 ……213
　　一　緒　論（213）
　　二　情報環境の整備と情報提供義務の役割（213）
　　　(1)「情報環境整備責任」論（213）
　　　(2)「情報格差是正義務」論・「自己決定基盤整備義務」論
　　　　（214）
　　三　小　括（215）
　第五節　信認義務としての情報提供義務・助言義務論 …………219
　　一　「信認義務」とは何か（219）
　　二　信認義務と情報提供義務・助言義務（220）
　第六節　情報提供義務をめぐる議論の評価 ……………………225
　　一　情報提供義務の具体化の必要性（225）
　　二　「適合性原則」と情報提供義務論との関係（225）
　　三　本書での分析の方向性（227）

# 第五章　商品先物取引と顧客の保護 ―――――――――231

　第一節　商品先物取引をめぐる問題状況の概観 …………………231
　　一　商品先物取引とは何か（231）
　　二　商品先物取引被害の歴史（234）
　　三　商品先物取引をめぐる紛争の背景（238）
　　　(1) 2つの背景――商品先物業者の問題性と主務官庁の姿勢
　　　　（238）
　　　(2) 商品先物業者の問題性（238）

目　次

　　　　　⑶ 主務官庁の姿勢——商品先物業者の保護（240）
　　　　　　⒜ 主務官庁の対応と過当勧誘の増加（240）
　　　　　　⒝ 国内私設市場（ブラック・マーケット）と「8条逆転解釈」（241）
　　　　　　⒞ 主務官庁・商品取引所の姿勢と被害の発生（243）
　　　　　　　㈱ 主務官庁による行政処分のあり方（243）
　　　　　　　㈲ 主務官庁による商品先物業者への配慮と委託者保護のあり方（245）
　　　　　　　㈹ 主務官庁の消極的対応と被害の拡大（246）
　　　　　　　㈺ 商品取引所のあり方（247）
　　　四　社会問題化する商品先物取引——統計調査にみる被害の現状（248）
　　　五　「客殺し商法」の存在（254）
　　　六　本章の検討対象（255）
　第二節　商品先物取引に関する裁判例の分析
　　　　　——国内公設市場における被害を中心に ……………………275
　　　一　緒　論（275）
　　　二　裁判例全体の概観（276）
　　　三　情報提供義務違反に基づく責任の実定法上の根拠（278）
　　　　　⑴「業法」等（278）
　　　　　　⒜「業法」違反と民事上の効果（278）
　　　　　　⒝ 不法行為・債務不履行と商品取引所法上の説明義務違反との関係（280）
　　　　　⑵ 民法上の規定（281）
　　　　　　⒜ 商品先物取引をめぐる紛争の解決と民法上の規定（281）
　　　　　　⒝ 不法行為（282）
　　　　　　⒞ 債務不履行（283）
　　　　　　⒟ 詐欺および錯誤（284）
　　　　　　⒠ 公序良俗違反（286）
　　　四　勧誘行為に関する違法性判断の際に重視される具体的な

　　　　事情（*287*）
　　　(1) 契約締結段階における不当勧誘規制と無差別勧誘（*287*）
　　　(2) 勧誘当初におけるいわゆる「適合性原則」の適用の有無
　　　　　（*289*）
　　　　(a) 適合性原則に関する規制とその有効性（*289*）
　　　　(b) ２つの観点からみた適合性原則（*291*）
　　　　(c) 第一の観点――年齢・学歴・経歴・取引経験（*291*）
　　　　(d) 第二の観点――自己資金（資産）の有無（*293*）
　　　　(e) 裁判例にみる適合性原則違反の判断基準（*294*）
　　　(3) 基本委託契約に関する説明義務違反（*296*）
　　　　(a) 違法性判断の基準と説明義務違反（*296*）
　　　　(b) 説明義務違反に関する判断基準（*296*）
　　　　　　(ア) ガイド等説明書類の交付と説明義務（*296*）
　　　　　　(イ) 約諾書等への署名・押印（*298*）
　　　　　　(ウ) 積極的な勧誘行為（*298*）
　　　　　　(エ) 取引の継続（*299*）
　　　　(c) 断定的判断の提供に関する判断基準（*299*）
　　　　(d) 小　括（*300*）
　　　(4) 個別取引における情報提供義務違反（*301*）
　五　具体的な取引内容の違法性判断基準（*302*）
　　　(1) 検討の必要性（*302*）
　　　(2) 違法性判断で考慮される主な事情（*302*）
　　　　(a) 新規委託者保護義務違反（*302*）
　　　　(b) 過度の売買取引（過当取引）（*304*）
　　　　(c) 無断売買，一任売買（*305*）
　　　　(d) 難　平（*306*）
　　　　(e) 「転がし（ころがし）」・無意味な反復売買・特定売買
　　　　　（*307*）
　　　　(f) 無敷，薄敷（*308*）
　　　　(g) 向い玉（*309*）
　　　　(h) 満玉，利乗せ満玉（*311*）

目　次

　　　　　　　　(i) 仕切回避，拒否 (*311*)
　　　　六　違法性があると判断された場合の法律上の効果——損害
　　　　　　賠償と過失相殺を中心に (*311*)
　　　　　(1)「損害」の内容 (*311*)
　　　　　　(a) 財産的損害 (*311*)
　　　　　　(b) 精神的損害 (*312*)
　　　　　(2) 過失相殺 (*313*)
　　　　　　(a) 過失相殺の状況 (*313*)
　　　　　　(b) 過失相殺の具体的な理由 (*314*)
　　　　　　(c) 過失相殺のあり方 (*316*)
　　　　七　商品先物業者からの差損金支払請求の可否 (*318*)
　第三節　小　括 ……………………………………………………*331*
　　　　一　適合性原則，説明義務違反および断定的判断の提供の判断基
　　　　　　準 (*331*)
　　　　二　商品先物取引の被害防止と商品取引所法のあり方 (*332*)
　　　　　(1) 無差別電話勧誘および広告規制の必要性 (*332*)
　　　　　(2) 不招請勧誘導入の必要性 (*334*)

第六章　フランチャイズ契約とフランチャイジーの保護
　　　　——契約締結段階における売上予測をめぐる問題を中心に——*363*

　第一節　フランチャイズをめぐる問題状況の概観………………*363*
　　　　一　緒　論 (*363*)
　　　　二　社会問題化しつつあるフランチャイズ紛争 (*364*)
　　　　三　フランチャイズの発展と紛争の発生——コンビニエンス
　　　　　　ストアを例にして (*367*)
　　　　四　統計調査にみる問題状況——本部の売上予測に関する説
　　　　　　明を中心に (*371*)
　　　　　(1) 売上予測と本部の説明 (*371*)
　　　　　(2) 売上予測に関する説明の必要性 (*371*)
　　　　　(3) 売上予測に関する説明の状況 (*373*)

五　フランチャイズ契約をめぐる開示規制（*374*）
　　　(1) フランチャイズ契約に関する開示規制（*374*）
　　　(2) 中小小売商業振興法における開示規制（*375*）
　　　(3) 独占禁止法における開示規制（*376*）
　　　(4) 日本フランチャイズチェーン協会の自主規制における開示規制（*378*）
　　　(5) さまざまな開示規制の効果と民事法による解決の必要性（*379*）
　　六　フランチャイズ契約と詐欺的商法（*380*）
　　　(1) フランチャイズとマルチ商法・ネズミ講（*380*）
　　　(2)「ピロビタン商法」（*380*）
　　　(3)「学習塾商法」（*381*）
　　　(4) 詐欺的なフランチャイズ契約からのフランチャイジーの保護（*382*）
　　七　本章の検討対象（*383*）
　　　(1) フランチャイズ契約締結の際の情報提供をめぐる諸見解（*383*）
　　　(2) 本章における検討の方法（*386*）
　第二節　フランチャイズ契約に関する裁判例の分析 …………………*404*
　　一　裁判例の分類（*404*）
　　二　契約締結前ないし契約締結時の売上予測等の情報提供をめぐる裁判例（*404*）
　　　(1) 概　観（*404*）
　　　(2) 法的構成（*407*）
　　　　(a) 問題状況（*407*）
　　　　(b) 信義則上の保護義務ないし情報提供義務違反（*408*）
　　　　　㈦ 信義則上の義務の根拠（*408*）
　　　　　㈵ 一般論のもつ意味（*408*）
　　　　(c) 債務不履行（*411*）
　　　　(d) 不法行為（*411*）
　　　　(e) 詐欺・錯誤・公序良俗違反（*412*）

目　次

　　　　　　(f) 独占禁止法違反による不法行為責任が問題となった裁判例（*413*）
　　　　(3) 情報提供義務違反をめぐる具体的な事情の考慮（*414*）
　　　　　(a) 問題状況（*414*）
　　　　　(b) フランチャイザーの責任が認められなかった裁判例（*415*）
　　　　　　(ｱ) 契約締結の判断と売上予測の重視（*415*）
　　　　　　(ｲ) 売上予測等の達成可能性の認識（*415*）
　　　　　　(ｳ) 売上予測等の根拠となる数値の正確性・合理性（*417*）
　　　　　(c) フランチャイザーの責任が認められた裁判例（*418*）
　　　　　　(ｱ) 売上予測等の根拠となる数値の正確性・合理性（*418*）
　　　　　　(ｲ) フランチャイザー側の実際の説明態様の問題性（*420*）
　　　　　(d) 売上予測等に関する情報提供義務違反をめぐる判断基準（*421*）
　　三　契約締結後の情報提供をめぐる裁判例（*421*）
　　四　その他の裁判例（*423*）
　　　(1) 概　観（*423*）
　　　(2) 売上予測・収益予測等が問題とされなかったフランチャイズ裁判例（*423*）
　　　(3) フランチャイズ契約と酷似した契約をめぐる裁判例（*424*）
　　五　損害の認定と過失相殺（*426*）
　　　(1) 損害の認定（*426*）
　　　(2) 過失相殺（*428*）
　　　　(a) 過失相殺において考慮される事情（*428*）
　　　　(b) 過失相殺のあり方（*430*）
　　六　本部側からの清算金等支払請求の可否（*431*）
　　七　裁判例の全体的傾向（*432*）
　第三節　小　括 ……………………………………………*438*
　　一　裁判例の傾向のまとめ（*438*）
　　二　「情報提供義務」とは何か（*439*）

目　次

第七章　結　語 ————————————————————447
　　第一節　契約の周辺論から契約の内容論へ ……………………447
　　　　一　本章の構成（447）
　　　　二　前章までの検討結果（448）
　　　　　　(1) はじめに（448）
　　　　　　(2) 情報提供義務とは何か（448）
　　　　　　(3) ドイツにおける情報提供義務をめぐる議論状況と日本へ
　　　　　　　　の示唆（449）
　　　　　　(4) 日本における情報提供義務をめぐる議論状況（450）
　　　　　　(5) 商品先物取引・フランチャイズ契約における情報提供義務
　　　　　　　　論の展開（450）
　　　　三　契約の周辺論から契約の内容論へ（451）
　　第二節　契約責任論への道 ………………………………………452
　　　　一　「意思」と契約の成立（452）
　　　　二　「熟度」論（452）
　　　　三　「部分的約束」・「中間的合意」論（453）
　　　　　　(1)「熟度論」の２つの展開（453）
　　　　　　(2)「意思」の尊重（454）
　　　　　　(3)「部分的約束」・「中間的合意」と契約の成立（454）
　　　　　　(4) 契約の内容とは何か（455）
　　　　　　(5)「独立的合意」と「吸収的合意」（456）
　　　　　　(6) 当事者の「意思」と情報提供義務（456）
　　　　四　「前提的保証合意」論（457）
　　　　　　(1) 当事者の意思の探求（457）
　　　　　　(2)「前提的保証合意」論の内容（458）
　　　　　　(3)「前提的保証合意」と情報提供義務（458）
　　　　五　小　括（459）
　　第三節　契約無効論への道 ………………………………………463
　　　　一　緒　論（463）

# 目　次

　　二　「三層的法律行為」論（463）
　　　　(1) 三層的法律行為論の内容（463）
　　　　(2)「三層的法律行為」論と「前提的保証合意」論との関係
　　　　　（465）
　　　　(3)「三層的法律行為」論と情報提供義務との関係（465）
　　三　「合わせて一本」論・「合わせ技的公序良俗違反」論
　　　　（466）
　　　　(1)「合わせて一本」論と「合わせ技的公序良俗違反」論
　　　　　（466）
　　　　(2) 公序良俗制度の柔軟な解釈の有用性（467）
　　四　小　括（467）
第四節　具体的な取引類型における私見の展開 ……………………470
　　一　具体的な取引類型における分析結果とその理論的検証
　　　　（470）
　　二　商品先物取引における勧誘態様と私見の展開（470）
　　　　(1) 商品先物取引における勧誘態様（470）
　　　　(2) 私見の展開（471）
　　三　フランチャイズ契約における勧誘態様と私見の展開
　　　　（473）
　　　　(1) フランチャイズ契約における勧誘態様（473）
　　　　(2) 私見の展開（474）
　　四　小　括（476）
第五節　残された諸問題 ……………………………………………478
　　一　本書に残されている課題（478）
　　二　情報提供義務違反の効果——解除と原状回復的損害賠償
　　　　（478）
　　　　(1) 損害賠償の範囲（478）
　　　　(2)「原状回復的損害賠償」論と「不当な利益の吐き出しとし
　　　　　ての損害賠償」論（479）
　　　　(3)「原状回復的損害賠償」と法律行為論との関係（481）
　　三　無効の法的意味（482）

四　立証責任の問題（*483*）
　　第六節　結　論 …………………………………………………*486*

索　引（巻末）

# 第一章　序　論

## 第一節　問題の所在

### 一　契約当事者間の情報格差の存在

　法律学においては，一般に，契約は申込みと承諾によって成立するといわれている。この場合に契約の主体として予定されているのは，能力的に対等な自然人または法人であり，契約当事者の経済力，社会的な影響力，情報を収集する能力の有無・程度などは問題とならない[1]。また，「契約自由の原則」のもと，各当事者は，みずからの判断で契約を締結することになる。そして，判断に際して情報が必要であれば，みずからの責任でそれを収集することが前提とされている[2]。

　しかし，今日の取引社会においては，経済の高度な発展にともない，商品および取引内容が複雑で多様なものとなった結果，一方の当事者が，他方の当事者とくらべて，知識や情報収集の面でかなり劣った立場におかれる場面が，数多く見受けられる[3]。

　例えば，消費者と事業者との関係を考えてみると，両者の間では，一般に知識や情報収集能力の点で，かなり大きな格差が存在する。このため，消費者が取引内容を十分理解することなく，事業者の提示した内容のままで契約を締結する場面が数多くみられる。その結果，消費者が，誤った情報の提供を受けて，あるいは取引の成否にかかわる重要な情報を提供されないまま契約を締結し，損害をこうむる事例が後を絶たない。裏を返せば，消費者が事業者と契約を締結するに際して，事業者からなされる情報提供が決定的な意味をもつことも少なくないといえる。

　このような関係は，事業者と消費者との関係に限られるわけではない。事業者どうしの取引であっても，例えば，フランチャイズ契約のように，双方の当事者の情報収集能力および交渉能力に大きな格差が存在するため，それ

第一章 序　論

らの能力に劣る当事者が十分な情報を得られずに，損害をこうむるケースも散見される。

　以上のように，能力的に対等であるとはいえない当事者間で契約が締結される場合には，情報収集能力および交渉能力にまさる当事者から，それらの能力に劣る当事者に対する情報提供が，きわめて重要になってくるといえるであろう。

　　二　現行法による対応——特別法

　一で述べたような状況をふまえて，消費者取引を念頭においた法律を中心として，情報収集能力および交渉能力の面で優位に立つ一方当事者——消費者契約の場合には，事業者——に，契約の締結に際して重要な情報の提供を義務づける規定がもうけられている。従来，取引類型によっては，いわゆる「業法」に，契約締結の際に情報を開示する義務を事業者に課す規定をもうけ，十分な情報提供の機会を確保することが試みられてきた。第二章で詳しく述べるように[4]，「特定商取引に関する法律」（以下「特定商取引法」という），「商品取引所法」，「金融先物取引法」など，消費者保護・顧客保護の観点から勧誘規制や情報開示規制を強化するとともに，クーリング・オフや中途解約権，契約取消権，説明義務違反に基づく損害賠償請求権といった，私法上の救済を充実させた法律が近時増加してきている点は，注目に値する。

　しかし，業法全体では，勧誘規制や情報開示規制に関する規定に違反した場合に，刑事罰が科されたり，行政処分が課されることはあっても，直接には，私法上の効力を生じないものが依然として多くみられる。また，開示規制の内容も，契約締結段階における書面の交付，重要事実に関する不実告知ないし不告知の禁止などを含んでいるが，その適用範囲は限定的である。さらに，現代社会において日常的な取引が複雑化，多様化していることから，個別の取引を対象とする取締法規では規制に限界があることも，しばしば指摘されている[5]。したがって，いわゆる「業法」による対応だけでは，消費者の私法上の救済を十分に図ることは困難であるといえよう。

　また，平成12年にあいついで立法された「消費者契約法」[6]および「金融商品の販売等に関する法律」（以下「金融商品販売法」という）[7]には，情

第一節　問題の所在

報格差のある当事者間における契約の締結過程を規律する規定がもうけられている。とりわけ，消費者契約法には，消費者の側に契約取消権を付与する規定，また金融商品販売法には，金融商品販売業者に「説明義務」を課したうえで，顧客に損害賠償請求権を認める規定が存在する(8)。この点のみを捉えるならば，消費者あるいは投資家保護という観点から，現状の改善へ向けて大きく駒を進めたといえるであろう。

　しかしながら，第二章で具体的に述べるように，「消費者契約法」も，「金融商品販売法」も，いずれも大きな問題を抱えている。まず，「消費者契約法」は，第3条で，事業者側からの情報提供義務について規定しているが，単なる努力規定であり，法的な効力をもたないものとされている。結局，消費者の契約取消権が認められるのは，「不実告知」，「断定的判断の提供」，または「故意による不利益事実の不告知」の場合であるが，その適用範囲はきわめて限定的である。さらに，消費者契約法が対象としているのは，事業者と消費者との間で締結される消費者契約のみであって，フランチャイズ契約のように，事業者間で締結されるという形式をとる契約には──能力的に格差があったとしても──適用されないことになる(9)。

　次に，「金融商品販売法」では，郵便貯金，商品先物取引，金融機関の融資については適用対象外とされ，郵便局の簡易保険も同法制定時には国営でありリスクがないとして適用対象とはならないと考えられていた(10)。商品先物取引については，監督官庁が異なることを理由として適用対象から除外されているが(11)，第五章で詳述するように，今現在でもさまざまな紛争が発生し，大きな社会的問題となっている（もっとも先に述べたように，近時は商品取引所法において，商品先物取引をめぐる勧誘規制・情報開示規制が強化されている点には留意する必要がある）。金融機関の融資についても，リスクを負うのは顧客ではなく金融機関であるという観点から適用対象外とされている。しかし，いわゆる変額保険に関する紛争事例では，金融機関が保険会社を紹介し，その取引資金を融資するという形で取引がなされることも多かったため，金融機関の責任が問題とされたものが数多く見受けられる(12)。また，郵便局の簡易保険でも，「生存保険金付養老保険」をめぐって，「貯金感覚でどうぞ」というような窓口の担当者による当初の説明とは異なり，生存保険

3

金が払込保険料より少なくなる商品が販売されていた旨の新聞報道がなされている[13]。さらに,「金融商品販売法」では,適用対象となる金融商品については個別に列挙されており（2条1項1～12号），かつ,それ以外のものについては政令で追加指定するという方法が採用されている（2条1項13号）。このような方法では,新たに開発された金融商品によって問題が生じた場合に,十分な対応ができないおそれがある。

以上のように,当事者間に情報格差がある場合に,その格差を是正するための特別法が数多く制定されているが,いずれも適用範囲が限定されている。そのため,これらの特別法の規定を適用したとしても,取引類型によっては,情報力が劣る者にとって十分な保護が図られない結果を招くことになる。

## 三　現行法による対応——民法典

以上では,特別法による立法的な解決についてみてきたが,いわゆる業法,または消費者契約法,金融商品販売法の規定だけでは,私法上,能力的に劣位に立つ契約当事者の救済を図るには不十分である。より幅広く救済しようとする場合には,民法典に規定された諸法理を用いて,問題の解決を図らざるをえないことになる。

この場合に考えられる民法典上の規定に基づく解決としては,次のようなものがある。一方では,錯誤による無効,詐欺・強迫による取消し,公序良俗違反に基づく無効等,契約を無効ないし取消しにすることにより,契約の効力自体を否定することが考えられる。また他方では,債務不履行に基づく契約解除・損害賠償,瑕疵担保責任に基づく契約解除・損害賠償,不法行為に基づく損害賠償等,契約が有効であることを前提として,契約の解除ないし損害賠償により解決が図られうる。

もっとも,これらの法理に関しては,以下に述べる理由から,ただちに情報収集能力および交渉能力に劣る当事者の救済につながるものではない。

まず,錯誤,詐欺・強迫については,通説によれば,その要件が厳格に解されている。例えば,詐欺については,相手方を欺罔して錯誤に陥れようとする故意と,錯誤によって意思表示をさせようとする故意という「二段の故意」の立証が必要であるとされている[14]。近時は,錯誤,詐欺・強迫という

規定の適用範囲を拡張しようとする努力がなされているが，こうした動きに対しては限界があることが指摘されている(15)。

　また，事業者の説明等に問題がある場合に，公序良俗違反の枠組みを柔軟に活用することによって契約の無効を導くべきであるという考え方も，近時有力に主張されている（もっとも，このような見解は，民法90条が一般条項であることも影響して，過渡的な理論であると位置づけられることも多い）(16)。これに対して，民法90条は本来は契約内容の規制手段であって，勧誘方法の不当性だけではなく取引内容・取引行為の不当性が具備されない限り適用されないという見解もある(17)。

　債務不履行については，能力的に優位に立つ当事者の一方が相手方に対して十分な説明あるいは情報提供をすることは，債務の内容となるか否かという問題がある。瑕疵担保責任についても，「瑕疵」の内容が何かということが問題となる。

　また，救済法理としてもっともよく用いられるのは不法行為であるが，本来，「作為」による場合が念頭におかれた規定であるにもかかわらず，例えば，事業者が消費者に対して必要な情報を提供しないという「不作為」の場合に，違法な行為といえるか否かが問題となる。さらに，契約関係を有効としつつ，そのような契約を締結させたことが不法行為になるという法律構成については，学説に強い批判が存在するうえ(18)，裁判例をみても，事業者に対する不法行為に基づく損害賠償請求を認めながら，事業者側から反訴としてなされた契約に基づく清算金等の支払請求を認めるという事態も生じている(19)。

　このように，民法上の規定による解決は，要件を厳格に解する従来の考え方に従う限り困難であるし，近時説かれているように，要件を柔軟に解するという方向性をもってしても，一定の限界があることは否めないであろう。

　四　「情報提供義務」（「説明義務」）の登場

　三でみたように，契約締結段階における事業者の説明等に問題があったとしても，従来の考え方によれば，民法上あるいは特別法上の規定だけで解決できる範囲は限られている。そこで登場してきたのが，事業者のように，あ

5

## 第一章 序　論

る取引に関して知識ないし情報収集能力をもつ当事者に対して，契約の成否にかかわるような重要な情報をあらかじめ提供する義務，すなわち「情報提供義務」（ないし「説明義務」[20]）を私法上も課し，それに違反した場合にはなんらかの責任を負わせるべきだとする考え方である。

　この「情報提供義務」という概念をめぐってはさまざまな研究がなされているが，「情報提供義務」という概念自体が非常に茫漠としたものであり，内容は必ずしも判然としていない。能力的に優位に立つ当事者の一方に，「情報提供義務」が課される根拠は何か，仮に課されるとして，どの範囲あるいはどの程度まで義務が課されるのか，さらにその法的性質，要件および義務違反の場合の効果は何かということにつき，さまざまな見解が提示されている。

　具体的には第四章で論ずることとするが，ここで簡単に述べておくならば，理論的な研究においては，大きく3つの方向性が存在するように思われる[21]。すなわち，第一に，フランス法を参照しつつ，詐欺および錯誤の適用範囲を拡張するための手段として情報提供義務違反ないし説明義務違反という概念を用いるもの[22]，第二に，ドイツ法を参照しつつ，いわゆる「契約締結上の過失」論により情報提供義務を基礎づけようとするもの[23]，第三に，契約当事者の自己決定基盤を確保するための手段として情報提供義務を用いるもの[24]である。

　ただ，いずれの方向性をとるにしても，依然として問題は残されている。第一の意思表示に関する既存の法理の拡張法理として情報提供義務を用いるという方向をとる場合には，従来指摘されてきたように，伝統的な法理の要件の厳格性という壁がある。また，第二の情報提供義務違反を「契約締結上の過失」に基づく責任と位置づけ，損害賠償，場合によっては解除まで認めていこうとする方向をとる場合には，「契約締結上の過失」をどう捉えるべきかということ自体に争いがある（なお，「契約締結上の過失」に基づく責任を，契約責任として位置づけるか，不法行為責任として位置づけるか，あるいはまったく契約責任とも不法行為責任とも別個の責任として位置づけるかという対立があることにも，留意する必要があろう[25]）。さらに，第三の情報提供義務を契約当事者の自己決定基盤を確保するための手段と位置づける見解をとる

場合にも，情報格差自体はどのような契約にも存在しうるのであり，仮にそのような見解をとるにしても，どのような場合に格差を是正すべき責任が存在するのかを個別の契約類型ごとに分析する必要がある。

## 五 小 括

本節では，事業者と消費者のように，情報収集能力および交渉能力に格差がある当事者が契約を締結する際に，能力的にまさる当事者側からの情報提供ないし説明が虚偽あるいは不十分であるため，能力的に劣る当事者が被害を受けるケースにおいて，どのような対応が可能であるかについて概観してきた。ここで，これまで検討してきた問題点について，簡単に整理しておくこととしよう。

まず，このようなケースにおいて用意されている立法的解決は，いずれも不十分である点があげられる。従来のいわゆる「業法」だけではなく，近時制定された「消費者契約法」あるいは「金融商品販売法」でも，その適用範囲が限られているため，完全に解決することができない問題が残されることになる。

次に，特別法等の立法によっても解決されない問題については，民法上の諸規定による解決が考えられることになるが，通説によれば，規定の要件がきわめて厳格に解されているため，やはり解決が困難であるという点があげられる。これについては，近時，民法上の規定の要件を緩和する試みも数多くなされているが，一定の限界があることは否めない。

また，「情報提供義務」という概念を用いることによって，詐欺または錯誤など，意思表示規定の要件の緩和を試みたり，あるいは，「契約締結上の過失」に基づく責任であるとして，損害賠償，場合によっては契約の解除まで認めていこうとする見解がある。とりわけ，後者については，わが国の学説あるいは判例による理論の展開に大きな影響を与えているといえよう。しかしながら，情報提供義務の根拠，また義務違反の要件・効果をめぐる問題，あるいは民法上の諸規定との整合性をめぐる問題などが，未解決のまま残されている。

さらに，一口に「情報」といっても，その内容は幅広く，どこまでを保護

# 第一章 序　論

の対象にすべきかということについては議論があろう。例えば，契約の締結にかかわる基礎的な事情に関する情報と，収支予測など事業者の判断に基づく情報とでは，同じ「情報」という名称で表現されようとも，同様に取り扱うことはできない。提供すべき情報の程度も，当事者の知識，経験，能力，資産状態等により，相当程度異なってくる。また，事業者と消費者との間で締結される消費者取引と，事業者間で締結される事業者取引とで，提供すべき情報の内容も変化するであろう。この点をめぐっては，事業者と消費者との取引であっても，いわゆる一般的な消費者取引と，投資を目的とした投資取引（利殖契約，資産形成契約）とでは異なる原理が支配しており，提供すべき情報の内容は異なってくるという見解も提示されている[26]。

　以上で概観したように，当事者間の情報収集能力および交渉能力に格差がある場合に，特別法および民法による解決の限界から，近時，注目を集めている「情報提供義務」という概念を用いて問題の解決を図ろうとする見解が数多く提示されている。しかしながら，そこでいう「情報提供義務」の根拠，範囲，義務違反の要件および効果は何かということについては，いまだ明確化されていないというのが現状であるといえる。

　(1)　星野英一「私法における人間──民法財産法を中心として」『民法論集第6巻』（有斐閣，昭和61年）16頁（初出は，『岩波講座　基本法学1──人』〔岩波書店，昭和58年〕137頁以下）。
　(2)　横山美夏「契約締結過程における情報提供義務」奥田昌道編『取引関係における違法行為とその法的処理──制度論競合論の視点から──』（有斐閣，平成8年）111頁（初出は，ジュリスト1094号〔平成8年〕129頁），沖野眞已「契約締結過程の規律と意思表示理論」河上正二ほか『消費者契約法──立法への課題』（別冊NBL54号）（商事法務研究会，平成11年）37頁。
　(3)　竹内昭夫「消費者保護」竹内昭夫ほか『現代の経済構造と法（現代法学全集52）』（筑摩書房，昭和50年）8頁以下，大村敦志「消費者・消費者契約の特性」『消費者・家族と法（生活民法研究II）』（東京大学出版会，平成11年）21頁以下（初出は，NBL477号〔平成3年〕36頁以下）。
　(4)　「業法」の具体的な内容については，第二章第二節二（26頁）を参照。

(5) 経済企画庁国民生活局消費者行政第一課編『消費者取引の適正化に向けて』（大蔵省印刷局，平成9年）16頁，同編『消費者契約法（仮称）の制定に向けて――国民生活審議会消費者政策部会報告と関連資料』（大蔵省印刷局，平成11年）13頁，落合誠一「消費者契約法の目的と概要」銀行法務21 578号（平成12年）28頁，同『消費者契約法』（有斐閣，平成12年）6頁以下。

(6) 消費者契約法については，第二章第二節三（33頁）を参照。

(7) 金融商品販売法については，第二章第二節四（44頁）を参照。

(8) 消費者契約法および金融商品販売法の概要を説明しつつ，その適用関係についてふれているものとして，山田誠一「消費者契約法と金融商品の販売等に関する法律」金融640号（平成12年）2頁以下。

(9) 実務の立場から，悪質商法的なフランチャイズ商法等の場合にも消費者契約法の適用対象とすべきだとする見解もあるが（齋藤雅弘「消費者契約法の適用範囲」法学セミナー549号〔平成12年〕15頁以下），事業者間で締結された契約という形式である以上，消費者契約法を直接に適用することは困難であろう。

(10) 消費者契約法と金融商品販売法の適用範囲については，大前恵一朗「金融商品の販売等に関する法律の概要について」ジュリスト1185号（平成12年）66頁の別表を参照。また，両法の適用範囲に関する問題点を指摘するものとして，伊藤進「金融商品販売法の概要」銀行法務21 578号（平成12年）30頁以下，松本恒雄「消費者契約法，金融商品販売法と金融取引」金融法務事情1587号（平成12年）6頁以下。

(11) 松本・前掲注(10)7頁は，このようないわゆる「縦割り行政」の弊害について指摘する。また，伊藤・前掲注(10)31頁も，商品先物取引を含めた投資商品取引のルール化を図るべきであると主張する。

(12) 変額保険に関する論稿は多数存在するが，そのうち銀行の法的責任に焦点を絞って論ずるものとして，松岡久和「変額保険の勧誘と銀行の法的責任」金融法務事情1465号（平成8年）17頁以下を参照。

(13) 朝日新聞平成11年8月29日朝刊1面。

(14) 我妻榮『新訂民法総則（民法講義Ⅰ）』（岩波書店，昭和40年）308頁以下。

(15) 森田宏樹「『合意の瑕疵』の構造とその拡張理論（3・完）」NBL484号

第一章　序　論

（平成3年）64頁。なお，山本敬三「民法における『合意の瑕疵』論の展開とその検討」棚瀬孝雄編『契約法理と契約慣行』（弘文堂，平成11年）167頁，170頁も参照。

(16)　大村敦志『公序良俗と契約正義』（有斐閣，平成7年）363頁以下，同『消費者法(第2版)(法律学大系)』（有斐閣，平成15年）109頁以下，今西康人「消費者取引と公序良俗違反」法律時報64巻12号（平成4年）85頁，山本・前掲注(15)171頁以下。

(17)　今西・前掲注(16)引用同頁，平野裕之「消費者取引と公序良俗」椿寿夫＝伊藤進編『公序良俗違反の研究——民法における総合的検討』（日本評論社，平成7年）317頁。なお，平野教授は，契約締結過程での問題の解決は本来それを規律する錯誤，詐欺，強迫の法理，とりわけ錯誤によるべきであるとする。

(18)　潮見佳男『契約法理の現代化』（有斐閣，平成16年）30頁以下（初出は，「規範競合の視点から見た損害論の現状と課題（2・完）」ジュリスト1080号〔平成7年〕91頁以下〔奥田昌道編『取引関係における違法行為とその法的処理——制度間競合論の視点から』（有斐閣，平成8年）23頁以下〕），小粥太郎「『説明義務違反による損害賠償』に関する2，3の覚書」自由と正義47巻10号（平成8年）41頁以下，山本・前掲注(15)165頁以下，等。

(19)　この点については，第五章第二節七（318頁）を参照。

(20)　なお本書では，特に断りのない限り，「情報提供義務」と「説明義務」とを区別せず，ほぼ同義のものとして用いることとする。「情報提供義務」と「説明義務」という用語の異同については，第三章第一節二（90頁）を参照。

(21)　潮見教授は，投資勧誘者の民事責任をめぐる学説には，投資勧誘者の民事責任（損害賠償）という観点からのアプローチと，投資契約の有効性からのアプローチの2種類があると指摘している（潮見・前掲注(18)74頁以下〔初出は，「投資取引と民法理論（2）——証券投資を中心として」民商法雑誌118巻1号（平成10年）2頁〕）。

(22)　詳しくは，第四章第二節（190頁）を参照。

(23)　詳しくは，第四章第三節（203頁）を参照。

(24)　詳しくは，第四章第四節（213頁）を参照。

⑮　「契約締結上の過失」をめぐる学説の対立状況については第四章第三節(203頁)で検討するが，さしあたり，潮見佳男「契約締結上の過失」谷口知平＝五十嵐清編『新版注釈民法(13)　債権(4)　契約総則』(有斐閣，平成8年) 95頁。

⑯　潮見・前掲注⑱ 116頁以下 (初出は,「投資取引と民法理論 (4・完) ―― 証券投資を中心として」民商法雑誌118巻3号〔平成10年〕51頁以下)。

第一章　序　論

## 第二節　本書の目的と構成

### 一　本書の目的

　第一節で検討してきた問題点をふまえて，本書においては，理論的な考察あるいは具体的な取引類型の分析を通して「情報提供義務」という概念を明らかにし，契約締結段階における情報提供に関する責任法理を再構築することを目的とする。より詳しくいえば，「情報提供義務」が契約の内容となると考えたうえで，情報提供義務違反による責任を契約責任と位置づけて損害賠償または解除を認めていくという形での再構築を試みる。

　従来，「情報提供義務」違反を契約責任であると考える見解は，本田純一教授に代表されるように，それを「契約締結上の過失」の一類型であると捉え，信義則を媒介にして契約責任の中に位置づけてきた[1]。もっとも，本田教授は，「契約締結上の過失」を，契約締結時にとどまらず，契約準備段階における義務違反群を総称する概念である捉える。そのうえで，「この領域では，契約がいまだ締結されていないので，契約当事者の"意思"は認められず，したがって，伝統的な意味での『意思を根拠とする義務（給付義務）の発生＝契約責任』を認めることはできない」と述べる[2]。すなわち，「意思に基づかない付随義務を民法上の債務と認め，その違反についても契約の解除を認めるべきである」という[3]。

　著者の立場は，情報提供義務違反を契約責任として位置づけるという点で本田教授の立場と一致するが，情報提供義務を付随義務と捉え，その違反は契約締結上の過失であるとして債務不履行責任を構成するというものではない。むしろ，「契約締結上の過失」という概念を用いずに，契約上の「債務」の内容を広く捉えることによって，「情報提供義務」を，当事者の意思に基づく義務として，「債務」の中にとりこもうとするものである[4]。そのうえで，第一に，情報提供義務を契約上の債務としてとりこむことができる場合には，契約責任の追及，第二に，当事者が契約を締結するための前提となる合意の形成に際して行われる情報提供の態様に信義則違反が認められる場合には，契約の無効の主張，第三に，契約交渉段階に情報提供義務違反が

あったものの，最終的な契約締結に至らなかった場合には，不法行為責任の追及が，それぞれ可能になると考えている（ただし，第三の問題については，本書では直接取り扱わない(5)）。

なお，第一節五（8頁）でも若干ふれたところではあるが，「情報提供義務」について論ずる際には，いわゆる消費者取引と，投資取引とでは異なる原理が支配しており，提供すべき情報の内容も異なるという見解があることに注意する必要があろう。

契約の一方当事者がみずからの有する資産を殖やす目的で行う投資契約をめぐっては，従前より消費者契約との異質性——さらには，「消費者」と「投資者」の異質性——が指摘されてきた(6)。より具体的にいえば，投資契約においては，投資をしようとする者が投資というリスクのある契約の締結をみずから決定した以上，通常の契約以上に自己責任原則が強調されるという点で，いわゆる消費者契約とは本質的に異なるというのである(7)。潮見佳男教授も，「自己決定に基づく自己責任」原則という基本的立場を重視すべきであるとし，少なくとも証券投資取引の場面では，投資者保護の場面で議論されてきた説明義務，助言義務などの理論を消費者契約法理論にスライドさせたり，投資者保護のための民法理論ないし解釈技術を消費者保護のためのものへと一般化させていくことには——取引主体として登場する場面では投資者保護と消費者保護が重なり合うことは認めながらも——，疑問があるとする(8)。

しかしながら，投資目的の取引であっても，自己決定および自己責任の自覚に乏しい一般投資者が，事業者からの勧誘により取引関係に引きこまれる場合が多いこと(9)，また，近時の「消費者トラブル」，特に契約締結時の適切な情報提供をめぐるトラブルの多くが投資取引等に属するものであること(10)も指摘されている。実際に，第二章および第五章で統計資料をもとに分析するように，商品先物取引をはじめとする投資取引において，「消費者トラブル」が多発している。潮見教授も，少なくとも商品先物取引については，投資取引でありながらも，消費者保護の問題として取り扱われるという可能性を留保している(11)。

以上の理論状況を前提として，本書では，「情報提供義務」を解明するに

第一章　序　論

あたり，具体的な取引類型として商品先物取引とフランチャイズ契約をとりあげる。前者の商品先物取引については，投資取引ではあるが，潮見教授も留保するように消費者取引としての側面を強く残すものである。後者のフランチャイズ契約については，事業者間の取引ではあるが，消費者取引を論ずる際にしばしば引き合いに出されるなど，消費者取引的な側面も有している。したがって，「消費者取引」は「投資取引」あるいは「事業者間取引」とは基本的に区別されるべきだとしても，少なくともこの2つの契約においては明確に区別することは困難といえるであろう。

　本書では，これら多重的な性格を備える契約類型を分析対象とすることで，多様かつ複雑な内容をもつ「情報提供義務」に関する理論を抽出することを試みる。

## 二　本書の構成

　以上のような目的と観点から，本書では，次のような形で論述を進めていく。

　まず，第二章では，すでに概要を述べたところではあるが，あらためて現行法の問題点とその解決の試みについて検証していく。具体的には，従来から存在する「業法」，そして近時制定された「消費者契約法」，「金融商品販売法」等，特別法の制定による解決の試みとその限界について検討したのち，詐欺，錯誤，強迫等の意思表示理論や，債務不履行や不法行為など，民法典上の諸法理を概観する。

　続いて第三章では，「情報提供義務」について理論面での研究が進んでおり，日本における理論展開にも影響を与えているドイツの議論を参考にしつつ，契約締結段階での情報提供に関する責任をめぐる理論的な考察を試みる。

　ドイツにおいても，日本と同様に，情報収集能力および交渉能力の異なる当事者間の契約において，能力的に優位に立つ当事者からの誤った情報提供，ないし契約の成否にかかわるような重要な情報の不提供をめぐる問題が，クローズ・アップされてきている。しかし，ドイツにおいても，この問題に関する包括的な規定は存在しない[12]。

　また，ドイツでは，民法上規定されている詐欺，錯誤，瑕疵担保責任等の

要件がきわめて厳格に解されていることから，それらを用いて，先に述べたようなトラブルを解決することは困難である。とりわけ，日本と大きく異なるのは，不法行為に関する規定の活用である。不法行為規定では保護法益が限定列挙されているため（ドイツ民法典〔以下「BGB」という〕823条1項），取引により財産的損害が生じた場合には，故意による良俗違反（BGB 826条）または保護法規違反（BGB 823条2項）に該当しなければ，損害賠償を請求することができないのである。

以上のように，民法上の規定を用いた解決が困難なため，契約責任を拡大して適用しようとする動きが古くからみられ，その一環として，「契約締結上の過失」の法理が大きく発展してきた。この法理は，当初，契約が無効または不成立の場合における責任を基礎づけるものとして登場したが，次第に契約が有効な場合にまで拡張されてきており，その中に情報提供義務違反に基づく責任も位置づけられてきている。

ここでいう情報提供義務の根拠，または義務に違反した場合の要件・効果については，日本と同様，さまざまな見解が提示されているが，義務違反の効果として，損害賠償だけではなく，契約の解除まで認めるものが多数を占める。

そのうえで，ドイツにおいては，情報提供義務に違反した場合に問題となる「契約締結上の過失」の法理に基づく責任と，BGBに規定されている詐欺，錯誤，瑕疵担保責任等の法理との整合性を確保するため，両者が「競合」（Konkurrenz）する状態につき，調整を図ろうとする動きもみられる[13]。すなわち，契約締結段階での情報提供義務違反に基づく責任を，民法体系に整合するような形で位置づけようとする試みがなされているといえる[14]。

もっとも，ドイツにおける情報提供義務をめぐる議論状況に関しては，わが国でもすでに数多くの論稿が発表されており[15]，とりわけ潮見教授が，包括的な検討を行っている[16]。しかしながら，「情報提供義務」という概念を民法体系に整合させようとするドイツの動きを再確認することは，第二章第三節（79頁）および第四章（187頁）にみるように，ドイツと同様の試みがなされているわが国の議論を探るうえでも，有意義なことと思われる。

## 第一章 序　論

　第四章では，第三章での検討結果をふまえながら，わが国における契約締結段階での情報提供に関する議論，とりわけ情報提供義務をめぐる議論について，ドイツと同様に，民法体系への接合を図ろうとしている学説・判例の動きを中心に考察する。

　この問題をめぐるわが国の学説状況を概観すると，民法上の規定の適用範囲を拡張しようとする見解は，一定の限界は指摘されてはいるものの，あくまで民法の中での問題の解決を図ろうとしている。また，「情報提供義務」という概念を用いることを主張する見解についても，詐欺や錯誤の要件を緩和するために用いようとするものはいうに及ばず，情報提供義務違反を「契約締結上の過失」に基づく責任ととらえる場合でも，契約責任の中に位置づけたうえで，民法上の法理の枠内で処理を図ろうとしているものがみられる。すなわち，わが国の学説は，契約締結段階における事業者の情報提供ないし説明にかかわる責任を，民法体系に位置づけようとすることによって問題の解決を図っているといえるであろう[17]。

　仮に，詐欺・錯誤をはじめとする，既存の法理の主観的要件などを緩和することによる適用範囲の拡張に一定の限界があるとするならば，「情報提供義務」という概念を用い，しかもその概念を民法上の法理にとりこんで問題を解決しようとする試みは，非常に魅力的なものである。ただし，そのために「契約締結上の過失」の問題であると捉える必要があるか否かについては，別途検討する余地があろう[18]。

　第五章からは，第四章までの理論的検討をふまえて，各論的検討を行う。まず第五章では商品先物取引を，次に第六章ではフランチャイズ契約をとりあげて，裁判例の分析も行いつつ，具体的な検討を進めていくこととする。

　契約締結段階における情報提供が問題となる取引は数多く存在するが，特に，商品先物取引およびフランチャイズ契約をとりあげるのは，以下の理由による。

　商品先物取引は，非常に複雑な取引であり，ハイリスク・ハイリターンな投資取引であるにもかかわらず，いわゆる消費者被害が続発している。この商品先物取引は，近時制定された「消費者契約法」の適用対象となり，契約関係に入った顧客は，事業者側に「不実表示」，「断定的判断の提供」，また

は「故意による不利益事実の不告知」があった場合には，契約取消権を行使できる。しかし，第二章第二節三（33頁）で述べるように，その適用場面は限定されているため，実際には契約取消権を行使できないことが多いであろう。また，同じく近時制定された金融商品販売法の適用対象とはされていないため，同法に基づいて損害賠償請求をすることができない。第二章第二節二（28頁）および第五章第二節三（280頁）で詳しく述べるように，平成16年の商品取引所法改正により，業者側の説明義務違反に基づく損害賠償責任が法定されたが，それだけでは商品先物取引をめぐって実際に生じている紛争をすべて解決することはできない。少なくとも，商品先物取引については，依然として民法による解決が非常に大きな意味をもつ分野であるといえよう。

また，フランチャイズ契約は，あくまで事業者間の契約であるため，消費者契約法の適用対象とはされていない。しかしながら，いわゆる「脱サラ」をした者や主婦が加盟店（フランチャイジー）となる場合に，本部（フランチャイザー）側からなされた収益予測等の情報提供をめぐり紛争が多発している。いわば，フランチャイズ契約においては，消費者契約類似の問題が続発し，消費者契約法の立法過程においてもしばしば引合いに出されるなど，いまや大きな社会問題となっている。これも私法的な効果という点に着目するならば，いわば立法的解決の狭間におかれた取引分野であるといえる[19]。

したがって，商品先物取引とフランチャイズ契約について検討することは，民法上の法理を用いた解決を考察するにあたって，有益であるように思われる。さらに，商品先物取引とフランチャイズ契約は継続的な取引であり，そのような継続的な取引関係における情報提供の問題を考えるにあたっても，有意義であろう。

最後に，第七章では，第六章までの検討をふまえて，「情報提供義務」という概念を民法体系に整合的な形でとりいれることにより，契約締結前ないし契約締結時における情報提供をめぐる問題の解決を試みる。

　　(1)　本田純一『契約規範の成立と範囲』（一粒社，平成11年）はしがき3頁以下，本文68頁以下，95頁以下。なお，本田教授がこのような見解を最初に提示したものとして，本田純一「『契約締結上の過失』理論について」遠

第一章　序　論

藤浩ほか監修『現代契約法体系　第 1 巻　現代契約の法理（1）』（有斐閣，昭和 58 年）204 頁以下（特に 208 頁，214 頁以下を参照）。
(2)　本田・前掲注(1)『契約規範の成立と範囲』96 頁。
(3)　本田・前掲注(1)『契約規範の成立と範囲』98 頁。
(4)　加藤雅信教授は，両当事者間で黙示的に合意されている前提的保証合意ともいうべき内容も契約の一部を構成していると考え，「原始的不能」および「契約締結上の過失」という概念を破棄した形での不能論の体系を提唱する（加藤雅信「不能論の体系──『原始的不能』・『契約締結上の過失』概念廃棄のために」名古屋大学法政論集 158 号〔平成 6 年〕55 頁以下〔前提的保証合意という考え方については，特に 61 頁以下の記述を参照〕，同『新民法大系Ｉ　民法総則（第 2 版）』〔有斐閣，平成 17 年〕212 頁以下）。情報提供義務が契約の中にとりこまれると考える本書の立場も，加藤教授の見解から示唆を受けたところが大きい。なお，加藤教授がこのような見解を最初に提示したものとして，加藤雅信「売主の瑕疵担保責任──危険負担的代金減額請求権説提唱のために」『現代民法学の展開』（有斐閣，平成 5 年）394 頁および 399 頁以下（初出は，森島昭夫編『判例と学説 3・民法Ⅱ（債権）』〔日本評論社，昭和 52 年〕179 頁および 184 頁以下）を参照。詳しくは第七章第二節四（457 頁）で検討する。
(5)　本書では，契約が成立した後に情報提供義務違反が問題になった場合に絞って検討を進めるので，契約成立に至らなかったが当事者の一方による情報提供義務違反が問題となる場合（その多くは，いわゆる「契約交渉の不当破棄」の問題として議論される）については，直接には取り扱わない。なお，「契約交渉の不当破棄」を取り扱った文献は枚挙にいとまがないが，例えば，河上正二「わが国裁判例にみる契約準備段階の法的責任──契約交渉破棄事例を中心に」千葉大学法学論集 4 巻 1 号（平成元年）189 頁，横山美夏「不動産売買契約の『成立』と所有権の移転（1）─（2・完）──フランスにおける売買の双務予約を手がかりとして」早稲田法学 65 巻 2 号 1 頁，3 号（以上，平成 2 年）85 頁，池田清治『契約交渉の破棄とその責任──現代における信頼保護の一態様』（有斐閣，平成 9 年）（初出は，北大法学論集 42 巻 1 号 1 頁，2 号〔以上，平成 3 年〕147 頁，3 号 1 頁，4 号 1 頁，5 号 1 頁，6 号 71 頁，43 巻 1 号〔以上，平成 4 年〕63 頁），有賀恵美子「契約交渉過程における『合意』の法的効果に関する一考察」明治大学法律論叢 73 巻 2 ＝ 3 号

(平成12年)457頁,同「契約交渉破棄事例における約束的禁反言の適用 (1)—(3・完)——アメリカの判例分析を中心に」明治大学法律論叢75巻2＝3号(平成14年)117頁,4号41頁,5＝6号(以上,平成15年)83頁,同「契約交渉破棄事例における約束的禁反言の適用——信頼保護の観点から」私法66号(平成16年)142頁,加藤雅信『新民法大系Ⅰ　民法総則(第2版)』(有斐閣,平成17年)282頁,同『新民法大系Ⅴ　事務管理・不当利得・不法行為　(第2版)』(有斐閣,平成17年)209頁,円谷峻『新・契約の成立と責任』(成文堂,平成16年)158頁以下,等を参照。

(6)　なお,「消費者」あるいは「事業者」とは何か,ということについては,古くから議論されてきており,消費者契約法制定の際にも問題とされた。この点については,第二章第二節三(35頁)を参照。

(7)　例えば,森田章「投資者保護の基本法」『投資者保護の法理』(日本評論社,平成2年)6頁以下(初出は,民商法雑誌94巻1号〔昭和61年〕30頁以下),長尾治助「消費者契約」谷口知平＝五十嵐清編『新版注釈民法(13)　債権(4)　契約総則』(有斐閣,平成8年)219頁を参照。

(8)　潮見佳男『契約法理の現代化』(有斐閣,平成16年)116頁以下(初出は,「投資取引と民法理論(4・完)——証券投資を中心として」民商法雑誌118巻3号〔平成10年〕51頁以下)。この点について,潮見教授は次のように述べる。「基本的に,『自己決定に基づく自己責任』原則……が機能不全をおこしている場面での機能不全の除去あるいは機能不全の危険からの防御という観点から,投資者保護のための法体系を捉え,『投資取引における公序』もしくは『基本権保護型公序良俗』の位置づけと法的構成を考えていくのが,少なくとも議論の出発点においては,望ましいものと言える」(117頁以下)。なお,潮見教授の見解に影響を与えている山本敬三教授の公序良俗論および自己決定権論については,山本敬三『公序良俗論の再構成』(有斐閣,平成12年)を参照。ちなみに,山本教授も,不実表示が問題となる場合には,事実については判断の前提となるものであり真実に反することを告げてはならないという要請が強く働くが,判断については本来みずからの責任で行うもので,相手が誤った判断を提供したとしてもみずから正確に事実を理解し,それに基づき主体的に判断すればよいとして,事実と判断につき,取扱いを変えている(山本敬三「民法における『合意の瑕疵』論の展開とその検討」棚瀬

第一章　序　論

孝雄編『契約法理と契約慣行』〔弘文堂，平成11年〕167頁以下）。
(9)　大村敦志『消費者法（第2版）（法律学大系）』（有斐閣，平成15年）264頁。
(10)　沖野眞已「『消費者契約法（仮称）』の一検討（2）」NBL 653号（平成10年）21頁。
(11)　潮見教授は，「商品取引とは異なり，証券取引では，少なくとも現在のところは，投資者保護公序の問題として処理すれば足り」るとしており（潮見・前掲注(8)118頁〔初出は，「投資取引と民法理論（4・完）」53頁〕），証券取引以外の場面では，消費者保護の論理が適用される可能性について留保している。
(12)　ドイツにおける，事業者に情報提供を義務づける特別法上の規制については，第三章第二節三（98頁）を参照。
(13)　Hans Christoph Grigoleit, Vorvertragliche Informationshaftung: Vorsatzdogma, Rechtsfolgen, Schranken, 1997, S.219ff., Walter G. Paefgen, Haftung für mangelhafte Aufklärung aus culpa in contrahendo, 1999, S. 26ff. なお，グリゴライトの見解については，藤田寿夫「説明義務違反と法解釈方法論——詐欺規定と評価矛盾するか？」神戸学院法学27巻1＝2号（平成9年）1頁以下，同「取引交渉過程上の法的責任」椿寿夫教授古稀記念『現代取引法の基礎的課題』（有斐閣，平成11年）533頁以下，潮見・前掲注(8)172頁以下（初出は，「ドイツにおける情報提供義務論の展開（2）」法学論叢145巻3号〔平成11年〕7頁以下）に，すでに紹介されている。
(14)　潮見教授も，自己決定基盤の確保という視点を通して，同様の指摘をしている（潮見・前掲注(8)205頁以下〔初出は，「ドイツにおける情報提供義務論の展開（3）」法学論叢145巻3号（平成11年）8頁以下〕）。
(15)　ドイツにおける情報提供義務に関する議論にふれる論稿のうち，いわゆる「契約締結上の過失」論との関係で情報提供義務をとりあげているものについては，第四章第三節（203頁）の記述に譲ることにする。これ以外に，上述の議論にふれる論稿には，次のものがある（ただし，後掲注(16)であげる潮見論稿を除く）。本書の検討対象とする情報提供義務とは異なり，相手側からの照会に基づく情報提供に関する責任を論ずるものとして，松本恒雄「ドイツ法における虚偽情報提供者責任論（1）—（3・完）」民商法雑誌79巻2号27頁，3号（以上，昭和53年）60頁，4号（昭和54年）76頁，岡孝「情

報提供者の責任」遠藤浩ほか監修『現代契約法大系　第7巻　サービス・労務供給契約』（有斐閣、昭和59年）306頁。また、近時のドイツでの議論状況を丹念にフォローするものとして、川地宏行「ドイツにおける投資勧誘者の説明義務違反について」三重大学法経論叢13巻1号（平成7年）85頁、同「金融機関の説明義務と融資者責任」三重大学法経論叢14巻2号（平成9年）39頁、同「ドイツ証券取引法における証券会社の情報提供義務」三重大学法経論叢16巻1号（平成10年）1頁、同「投資勧誘における適合性原則（1）―（2・完）」三重大学法経論叢17巻2号（平成12年）1頁、18巻2号（平成13年）1頁、同「ドイツにおける融資一体型不動産投資と金融機関の民事責任」クレジット研究27号（平成14年）168頁、同「ドイツにおけるディスカウントブローカーの民事責任」専修法学論集86号（平成14年）1頁、同「金融商品販売法における説明義務と適合性原則」専修大学法学研究所紀要27『民事法の諸問題XI』（平成14年）73頁、同「通信販売における情報提供義務とクーリング・オフ」専修法学論集89号（平成15年）57頁。

(16)　潮見・前掲注(8)142頁以下（初出は、「ドイツにおける情報提供義務論の展開（1）―（3・完）」法学論叢145巻2号1頁以下、145巻3号1頁以下、145巻4号〔以上、平成11年〕1頁以下）。

(17)　磯村教授は、契約の一方当事者から不実の情報を提供され、あるいは必要な情報提供を受けない結果として契約を締結した場合に考えられる救済手段が、「民法の体系の中で整合的にその位置を獲得することができるのかどうかが問題となる」と述べている（磯村保「契約成立の瑕疵と内容の瑕疵（2・完）」奥田昌道編『取引関係における違法行為とその法的処理――制度間競合論の視点から』〔有斐閣、平成8年〕50頁〔初出は、ジュリスト1084号（平成8年）80頁〕）。

(18)　「契約締結上の過失」論に対して疑問を呈する見解については、第四章第三節**五**（207頁以下）を参照。

(19)　フランチャイズ契約と消費者契約との類似性については、さまざまな見解が提示されている。例えば、事業経験のある加盟者に対しては、本部側にもある程度の駆け引きの余地があるとする反面、「主婦や脱サラした素人に対して加盟を勧誘するような場合には、一種の消費者取引とみるべきであ

## 第一章　序　　論

り，予測の合理性およびリスクの開示は厳しく要求される必要があるし，駆け引きの余地も認めるべきではあるまい」と主張する見解がある（山下友信「判批」商法〔総則・商行為〕判例百選〔第 3 版，別冊ジュリスト 129 号〕〔平成 6 年〕217 頁）。これに対し，加盟者たちの多くはいわば「商人予備軍」とも形容すべき存在であり，投資リスクに対する認識の甘さは，単なる対消費者取引の場合とくらべてより厳しく評価されるべきであるとの批判がある（淺木愼一「フランチャイズ契約──基本契約の締結前および終了後への契約規範の拡張論とその商法的運用」浜田道代ほか編・田邊光政先生還暦記念『現代企業取引法』〔平成 10 年，税務経理協会〕132 頁）。もちろん，フランチャイジーになろうとする者を単純に消費者として取り扱うことはできないが，まさに「商人予備軍」である以上は，契約締結前に事業経験のない者を，一般の事業者とまったく同様に取り扱うことも問題があるように思われる。行澤一人教授は，「通常の取引社会の駆け引き」が妥当してよい事業者間の契約であるか，消費者取引のように過度で誇張された勧誘に対する十分な警戒が必要とされる契約であるかによって，裁判例の判断がわかれていると指摘する（行澤一人「判評」判例評論 438 号〔平成 7 年〕44 頁）。なお，沖野眞已教授は，「消費者契約法（仮称）」に関する論稿において，フランチャイズ契約締結のための準備行為は，事業もしくは事業の準備行為であるが，一方の当事者が「はじめて『事業』に入るという場合で，反復・継続による蓄積が存在せず，その意味で『素人』の領域にあることが多い」ため，消費者ないし消費者契約の特性を備えていることが多いと述べる（沖野眞已「『消費者契約法（仮称）』の一検討（2）」NBL 653 号〔平成 10 年〕19 頁。ただし，「消費者契約法」との関連では，事業そのものあるいはその準備行為は，消費者ないし消費者契約からは排除されざるをえないとしている）。

# 第二章　わが国における具体的な問題状況

## 第一節　統計調査にみる問題状況

　公表されている統計調査の結果をみると，実にさまざまな取引に関して，契約締結段階における事業者側の説明あるいは勧誘態様に問題があるということがわかる。

　まず，平成15年度に「全国消費生活情報ネットワーク・システム（PIO-NET）」を通して，各都道府県・政令指定都市の消費生活センターから国民生活センターに寄せられた消費生活相談の件数は，実に137万1316件と過去最高を記録しているが，そのうち「契約・解約」に関する相談が82.5パーセント，「販売方法」に関する相談が42.9パーセントと高水準にある[1]。具体的な内容は明らかではないが，相談対象となった取引はこれも多岐にわたっており[2]，この中には契約締結段階での説明や勧誘態様に問題があるものが相当数含まれていると思われる。

　次に，経済産業省の『平成15年度　消費者相談報告書』によれば，平成15年度の消費者相談受付件数1万8329件のうち，契約にかかわる消費者相談は1万1925件であり，相談全体の65.1パーセントを占めている[3]。

　この契約にかかわる相談のうち，解約関係およびクーリング・オフ関係の相談が，合わせて5割近くを占めており，契約勧誘や書面交付，情報提供など，契約締結段階に直接かかわる相談は全体の1割強である[4]。もっとも，経済産業省が平成17年1月に公表した「平成16年度上期の消費者相談について」によれば，虚偽あるいは強引な勧誘など不当な方法を用いた勧誘により契約の締結に至る場合が多いと指摘されている。また，そこであげられている実際の相談事例をみても，そのような勧誘に基づいて締結した契約の解約またはクーリング・オフが問題となっているものが多い[5]。この点を考慮すれば，解約関係およびクーリング・オフ関係の相談に分類されている事例でも，そもそも契約締結段階での説明や勧誘態様に問題があるために，解約あるいはクーリング・オフをめぐるトラブルに発展しているものが相当

第二章　わが国における具体的な問題状況

数含まれているといえるであろう。

　さらに、日本弁護士連合会（日弁連）が全国各地の弁護士会に呼びかけて平成11年12月に実施した「消費者契約何でも110番」の速報[6]によると、契約の勧誘・成立段階に問題があると考えられているものが213件ある。トラブルの原因（複数回答可）をみると、情報の不提供が問題となっているものが92件、虚偽の説明が問題となっているものが107件、判断能力が不十分な者への勧誘が問題となっているものが25件、困惑させる勧誘が問題となっているものが44件、威迫的な勧誘が問題となっているものが34件、その他違法・不公正な勧誘が問題となっているものが33件である。

　この速報では、上の原因ごとに具体的な事例が紹介されているが、それによると、請負委任契約や証券取引・先物取引に関するケースで情報の不提供が、また証券取引・先物取引に関するケース等で商品・役務の性能についての虚偽の説明がそれぞれ問題となるなど、対象となる取引は多岐にわたっている。

　以上でみてきたように、いくつかの全国的な統計調査の結果は、事業者と消費者との間で締結される契約——いわゆる消費者契約——においては、事業者側の勧誘が強引または不誠実なものであったり、あるいは事業者側の説明が不十分であるなど、契約締結段階における事業者側の態度に問題があり、それにより取引関係に入った消費者が損害をこうむるというケースが多いことを示している（なお、本書で取り扱う商品先物取引およびフランチャイズ契約をめぐる問題状況については、第五章および第六章で詳論する）。

　(1)　国民生活センター編『消費生活年報2004』（国民生活センター、平成16年）12頁以下。
　(2)　詳しくは、国民生活センター編・前掲注(1) 20頁以下の表を参照。なおこの点については、すでに消費者契約法の立法をめぐる国民生活審議会消費者生活部会の報告でも指摘されている（経済企画庁国民生活局消費者行政第一課編『消費者契約法（仮称）の制定に向けて——国民生活審議会消費者政策部会報告と関連資料』〔大蔵省印刷局、平成11年〕11頁以下）。
　(3)　経済産業省商務情報政策局商務流通グループ消費経済部消費経済対策課

消費者相談室『平成15年度消費者相談報告書』（平成16年12月）10頁以下。事項別相談件数をみると，契約関係の全相談件数1万1925件のうち，通信販売が2741件（23.0パーセント／なお，いわゆる出会い系サイトの利用画像等の閲覧・鑑賞，迷惑メールをめぐるトラブルがそのうちの7割近くを占める），訪問販売が2273件（19.1パーセント），電話勧誘販売が1353件（11.3パーセント），業務提供誘引販売取引が1091件（9.1パーセント），特定継続的役務提供が844件（7.1パーセント），連鎖販売等が504件（4.2パーセント），前払割賦が491件（4.1パーセント），割賦販売が468件（3.9パーセント）である。ただし，それらの契約の対象となる商品または役務は多様であり，実際にはさまざまな種類の契約がそこに含まれている。なお，先物取引や特定継続的役務提供に該当しない役務に関する相談など，上記に分類できないその他の契約は，2160件（18.1パーセント）である。

(4) 経済産業省・前掲注(3) 34頁。

(5) 平成16年度上期の消費者相談における各取引ごとの特徴については，経済産業省「平成16年度上期の消費者相談について」（平成17年1月）10頁以下，また，具体的な相談事例とその特徴については，同12頁以下を参照。なお，本報告書については，経済産業省のホームページでも公表されている（アドレスは，http://www.meti.go.jp/policy/consumer/release/16kamikihou.pdf〔平成17年6月30日現在〕）。

(6) 尾崎敬則「日弁連『消費者契約何でも110番』の実施結果（速報）」消費者法ニュース42号（平成12年）44頁以下（特に46頁以下のグラフを参照）。

## 第二節　特別法上の諸規定による解決とその問題点

### 一　緒　論

　第一節では，統計資料に基づき，虚偽あるいは不十分な情報提供が原因で発生したトラブルの現状を概観した。このようなトラブルについては，特別法においていくつかの解決手段が用意されているが，必ずしも十分なものであるとはいえない。

　そこで，以下においては，情報提供をめぐる問題に対する現行法上の対応とその問題点について検討する。まず，従来より存在するいわゆる「業法」における開示規制について検討したのち，一種の包括的な規制立法として近時制定された「消費者契約法」および「金融商品販売法」について順次検討を加えていく。

### 二　従来の「業法」による規制とその限界

#### (1) 「業法」とは何か

　例えば，事業者と消費者のように，情報収集能力あるいは交渉能力が異なる当事者間で契約が締結された場合に，さまざまな業種において，能力にまさる当事者の一方からの虚偽の情報提供，あるいは情報の不告知等を原因とする被害が数多く発生している。また，事業者が契約内容を開示しないことから生じるトラブルも少なくない。

　そのため，従来から，トラブルが数多く発生している業種で行われる取引については，業種別行政的規制立法──いわゆる「業法」──において，契約内容等に関する開示規制あるいは勧誘規制がなされてきた[1]。

　契約締結段階における開示・勧誘規制についての規定をもつ法律のうち，特定の業種を規制する法律としては，以下のものがある[2]。すなわち，①宅地建物取引業法（以下「宅建業法」という），②旅行業法，③保険業法，④証券取引法，⑤銀行法，⑥商品取引所法，⑦海外商品市場における先物取引の受託等に関する法律（以下「海外先物取引法」という），⑧金融先物取引

法，⑨特定商品等の預託等取引契約に関する法律（以下「特定商品等預託法」という），⑩ゴルフ場等に係る会員契約の適正化に関する法律（以下「ゴルフ場等会員契約適正化法」という），⑪有価証券に係る投資顧問業の規制等に関する法律（以下「投資顧問業法」という），⑫商品投資に係る事業の規制に関する法律（以下「商品ファンド法」という），⑬抵当証券業の規制等に関する法律（以下「抵当証券業法」という），⑭不動産特定共同事業法，⑮信託業法，等である。また，特定の形態をとる取引を規制する法律としては，⑯貸金業の規制等に関する法律（以下「貸金業法」という），⑰特定商取引に関する法律（以下「特定商取引法」という），⑱割賦販売法，等がある。

以下においては，これらの法律について，開示・勧誘規制の内容，さらに効果という観点から検討を進めることとしよう[3]（なお，開示規制を含め，各法律の契約締結過程における規律に関する規定については，70頁以下に掲載した「『業法における契約締結過程の規律に関する規定』一覧」を参照されたい）。

### (2) 開示・勧誘規制の内容

#### (a) 書面交付義務

まずあげられるのは，契約内容にかかわる事項等を記載した書面を交付する義務を課す規定である。もっとも，書面交付をすべき時期については，①特定商取引法や割賦販売法のように，契約締結前（または申込時）および契約締結時とするもの[4]，②投資顧問業法のように，契約締結前や契約締結時だけではなく，契約締結後にも報告書の交付等を求めるもの[5]，③商品取引所法や海外先物取引法のように，受託契約等の締結前または締結時，および具体的な売買契約等の締結時にそれぞれ交付を求めるもの[6]とにわかれる。商品先物取引のように，リスクが大きく，かつ取引が継続的に行われるものにあっては，非常に慎重な対応が用意されているといえるであろう。なお，宅建業法では，媒介契約締結時および宅地建物の売買契約等の締結時に，それぞれ書面を交付する必要がある[7]。

契約締結前ないし契約締結時に書面の交付が義務づけられる場合に，そこに記載される内容としてあげられているのは，契約の対象となる商品ないし

役務の対価，履行時期，契約の解除やクーリング・オフに関する事項，特約等，契約の基本的な部分にかかわるものが多い。また，商品先物取引等，取引自体のリスクがきわめて高いものについては，取引にリスクが存在することを記載することが求められている[8]。

(b) 情報提供義務・説明義務

事業者側から顧客に対して，直接説明することを求める規定も存在する。

まず，平成16年の商品取引所法改正により新設された説明義務の規定について，言及しておく必要があろう。同法では，すでに(a)でもふれたように，商品先物業者は顧客に対して受託契約締結前に商品先物取引のリスク等について記載した書面を交付することとされているが（217条），同時にその顧客が専門的知識や経験のないいわば素人の顧客である場合には，それに加えて，書面に記載した事項につき説明することが要求されている（218条1項）。仮に，商品先物業者がこの説明を怠った場合には，32頁に述べるように，損害賠償義務を課されることになる（218条2項）。第五章で述べるように，商品先物取引をめぐる紛争では，商品先物業者に不法行為あるいは債務不履行に基づく損害賠償責任を課す裁判例が従来から非常に多くみられるが，そのような実態を反映しつつ，これまで裁判例でも確認されてきた商品先物業者の説明義務の存在を，法律上明確に位置づけたものともいえよう。

また，いわゆる外国為替証拠金取引をめぐる紛争に対応するために，やはり平成16年に改正された金融先物取引法でも，金融先物業者が一般の顧客に対して受託契約締結前に受託契約等の概要などを記載した書面を交付するとともに，その説明をすることが求められている(70条)。同年に改正された信託業法も，信託会社が信託契約による信託の引受けを行う際に，当該会社に対して書面交付義務とその書面の記載事項に関する説明義務を課している（25条）。

さらに，宅建業法35条は，宅地建物取引業者が，顧客に対して重要事項説明義務を負う旨を定め，旅行業法12条の4は，旅行業者等が，顧客に対して契約条件について説明する義務を負う旨を定めている。また，平成10年に行われた金融システム改革の一環としてもうけられた銀行法12条の2

は，第1項で銀行が預金等の受入れに関して顧客に対して情報提供を行う旨を定め，第2項でそれ以外の業務に関する重要事項を顧客に説明するなどの措置を講じなければならない旨を定めている[9]。

(c) 不実告知・断定的判断の提供の禁止

契約締結を勧誘する際に，契約に関する事項で顧客の判断に影響を及ぼすことになる重要事項等についての不実告知または不告知を禁止する業法が多くみられる[10]。また，リスクの高い投資取引においては，しばしば，顧客に対し，利益を生じることが確実であると誤解するような断定的判断を提供することが禁止されている[11]。

(d) 再勧誘の禁止

特定商取引法 17 条は，電話勧誘販売において契約を締結しない旨の意思を表示した者に対し，再度勧誘することを禁止するという，いわゆる「再勧誘の禁止」を定めている。

また，平成 16 年に改正された商品取引所法および金融先物取引法では，業者からの電話や訪問による契約の勧誘に際して，勧誘を受けた者が契約締結をしない旨の意思を表示した場合に，同様に再勧誘を禁止する規定が新設された[12]。その理由としては，これらの取引では，業者から繰り返しなされる勧誘によって，本来取引に参加する意思のなかった者が取引に参加した結果，紛争が生じるというケースが後を絶たないことがあげられる。このような「再勧誘の禁止」に関する規制を省令により定めている法律もいくつか存在するが，いずれもリスクの高い投資取引を規制するものである[13]。

(e) 不招請勧誘

第五章第三節二（334 頁）で詳しく述べるように，「外国為替証拠金取引」の規制を目的として平成 16 年に全面改正がなされた金融先物取引法では，いわゆる「不招請勧誘」の禁止が規定された。具体的には，同法 76 条 4 号で，契約締結の勧誘を要請していない顧客に対して，訪問したり電話をかけるなどして契約締結を勧誘すること自体を禁止している。これは第五章第一

節三（239頁）に述べるように，外国為替証拠金取引においては，その商品性にそもそも疑問が呈せられていることに加えて，詐欺まがいの不当な勧誘がなされるケースが後を絶たなかったことからもうけられた規定であるが，業者側からの勧誘そのものを禁止するという画期的な試みであり，注目に値する。

(f) 威迫・暴力による勧誘の禁止，適合性原則，広告規制

威迫や暴力等による勧誘を禁止する規定[14]や，いわゆる適合性原則にかかわる規定[15]も存在する。なお，広告に関してもさまざまな規制がなされているが，本書の直接の検討課題ではないので，ここでは省略する[16]。

(3) 開示・勧誘規制違反の効果

(a) 刑事罰・行政処分

上述のような開示・勧誘規制に違反した場合の効果としては，まず，刑事罰があげられる。刑事罰が科されるのは，重要事項に関する不実告知あるいは不告知の場合，または書面の不交付の場合がほとんどであり，前者の罰則が重くなっていることが多い[17]。また，刑事罰が科されない場合でも，開示・勧誘規制違反行為があった場合には，監督官庁から報告を求められたり，または，監督官庁の立入検査を受けることがある。場合によっては，監督官庁から指示あるいは勧告を受けたり，業務改善命令，業務停止命令等の行政処分を下される場合がある[18]。

(b) クーリング・オフ

(a)で述べたような公法的な面での効果に対して，開示規制違反の場合の直接の効果を定めたものではないが，私法的な面での効果としては，いわゆる「クーリング・オフ」の規定があげられよう。クーリング・オフ制度とは，一定の期間内であれば顧客は特別な理由なしに無条件で，かつなんらの負担もなしに，契約の申込みを撤回し，あるいは契約を解除できる制度である[19]。このクーリング・オフに関する規定をもつ法律は増加してはいる

が[20]，本節でとりあげたすべての法律で採用されているわけではない。

　なお，特定商取引法では，平成16年の改正に際して，この制度の実効性を確保するために，事業者がクーリング・オフに関して不実告知をしたり威迫をしてクーリング・オフを妨害した場合には，その妨害が解消されるまで，クーリング・オフできるという規定がもうけられた。具体的には，消費者が契約締結時に業者側からクーリング・オフに関する事項につき不実のことを告げられたり，威迫されたりしたことが原因で期間内にクーリング・オフをしなかった場合には，業者からクーリング・オフ妨害解消のための書面を受領してから一定期間を経過するまでは，あらためてクーリング・オフをすることが可能となるというものである。

　これには，次の(c)で述べる契約取消権の新設とあいまって，消費者保護を強化する法整備の一環として一定の評価が与えられるべきであろう。しかしながら，次頁の(4)で述べるように，特定商取引法では指定商品・指定役務制が採用されているため，すべての商品・サービスを対象しているわけではない。また，不実告知や威迫とまではいえない事例ではこの規定は適用されず，依然として特定商取引法ではカバーできない部分が存在することになる。

(c)　中途解約権・契約取消権

　(b)でも若干ふれたが，平成16年の特定商取引法改正により，業者側の不実告知や故意による重要事項の不告知等の違法勧誘によって契約を締結した場合に，消費者側に契約取消権を認める規定が新設された[21]。これにも，消費者保護を強化する施策として，一定の評価が与えられるべきである。もっとも(b)で述べたように，すべての取引をカバーするわけではないうえ，取消しができる場合を不実告知や故意による重要事項の不告知に限っている点で，三(5)（38頁以下）に述べるような消費者契約法と同様の問題が生じることになる。

　ちなみに，開示規制に直接関係するものではないが，特定商取引法などでは，契約が有効に成立したことを前提として，一部の契約につき中途解約権が認められている点にも留意する必要がある[22]。

#### (d) 損害賠償責任

すでに(2)(b)（28頁）で述べたように，平成16年に改正された商品取引所法では，商品先物業者がいわゆる素人の顧客に対して法律上定められた事項について説明を怠った場合に，当該業者に損害賠償責任を課す旨の規定が新設された（218条）。

また，保険業法283条は，生命保険募集人または損害保険募集人が保険募集につき発生させた損害につき，保険会社の賠償責任を規定している。この責任は民法715条の責任と同様の代位責任を定めたものとされており，保険業法300条1項に定める重要事実に関する不実告知または不告知等があった場合には，不法行為の違法性要件を充足するという見解もある[23]。

### (4) 小　括

以上においては，いわゆる「業法」による開示規制について概観した。このような規制は，さまざまな業種あるいは取引形態にわたっているが，取引類型ごとに個別の対応を図るものであるため，情報提供に関するトラブルが生じている取引のすべてに対応することはできない。また，その多くが非常に大きな被害が発生し社会的問題となったのちに制定されたもので，しかも政令により適用対象となる商品や役務を指定する「指定商品・指定役務制」を採用しているため，「後追い規制」であるとして批判が大きい[24]。

効果の面に目を向けると，ほとんどの法律で刑事罰ないし行政処分が予定されており，厳しい対応が用意されているといえる。ただ，顧客の私法的救済という観点からは，必ずしも十分ではない。もちろん，近時における消費者保護強化の一環としての開示規制の強化，とりわけ不招請勧誘・再勧誘の禁止や，クーリング・オフ期間の延長，契約取消権の新設などは，特筆に値する。しかし，いずれの制度も，現状では適用が予定されている場面が限定されているため，契約締結に際して情報提供が問題となる場面をすべてカバーできるわけではない[25]。

また，「業法」違反を理由として，民法上の規定に基づく責任を問おうとしても，取締法規違反の場合における私法的効力の有無という問題が生じて

くる(26)。

したがって，個別の取引を対象とする「業法」による規制は，その適用範囲を徐々に拡大してきてはいるものの，そこにはおのずから限界があるといわざるをえないであろう。

### 三 消費者契約法による保護とその限界

#### (1) 概　観

第一章第一節一（1頁）でも述べたように，契約の当事者間において知識や情報収集能力の格差が存在するために，能力的に劣る一方の当事者が，内容を十分に理解しないまま，みずからにとって不利な契約を締結してしまう事例は，しばしばみられるところである。とりわけ，そのような事例は，知識や情報収集能力の面でまさる事業者とそれらに劣る消費者との間でなされる，いわゆる消費者取引において，典型的な形で現れてくる。

すでに二で述べたように，消費者取引をめぐっては，「業法」においてさまざまな規制がなされてきたものの，それらは一部の取引のみを規制するにとどまるうえ，私法上の効果についても，十分な対応が図られているとはいいがたい。

そこで，先に述べたような消費者保護の要請，および事業者・消費者ともに自立した市場での効率的で公正な取引の基盤形成という2点をふまえて(27)，契約締結過程および契約条項に関する具体的かつ包括的な民事ルールを求める声が高まり，国民生活審議会における数次にわたる検討を経て，消費者契約を適正化するための法律の制定へ向けた動きが加速した。その結果，平成12年に「消費者契約法」が制定されることとなった(28)。

後述するように，消費者契約法は，契約締結段階において，事業者側に「不実告知」，「断定的判断の提供」，または「故意による不利益事実の不告知」があった場合に，消費者に契約取消権を認めるなど，消費者取引におけるトラブルを解決するための具体的な方法が規定されたという点では，消費者保護の面で一歩前進したという評価を与えることも可能である。

しかしながら，潮見佳男教授が，いみじくも「今回成立した消費者契約法

は，包括的民事ルールとして捉えたときに，理論面・技術面のいずれにおいても，民法研究者として見るに耐えないところがある」[29]と評するように，消費者契約法には，大きな問題点が存在している。とりわけ，本書の検討対象とする契約締結段階に関する規制については，事業者から消費者に対する情報提供義務を規定しているものの，単なる努力規定にとどめたり，契約取消権行使の原因となる「不実告知」，「断定的判断の提供」，または「故意による不利益事実の告知」も狭く捉えるなど，消費者取引をめぐるトラブルを根本的に解決するにはほど遠い内容となっている。

ここでは，消費者契約法をめぐる諸規定のうち，契約締結段階における規制を中心に検討することにしたい[30]。

(2) 消費者契約法の立法経緯

「消費者契約法」上の契約締結過程における規制に関しては，現在の形になるまでに紆余曲折した議論が展開されてきた[31]。

第15次国民生活審議会消費者政策部会が平成8年12月に公表した「消費者取引の適正化に向けて」と題する報告において，情報提供義務違反がある場合に契約解除権を認める具体的かつ包括的な民事ルールを制定するという方向性を打ち出したことを受け[32]，この点についての立法化に向けた大きな一歩がふみ出された。

引き続き設置された第16次国民生活審議会消費者政策部会は，「消費者契約法（仮称）の具体的内容について」と題する中間報告（以下「第16次中間報告」という）[33]において事業者の消費者に対する情報提供義務を明文化したうえで，契約取消権を認めることを提唱した。この流れは，「消費者契約法（仮称）の制定に向けて」と題する最終報告（以下「第16次最終報告」という）[34]でも，情報提供義務という言葉は用いられていないものの，基本的には維持されている[35]。

その後，平成11年4月に発足した第17次国民生活審議会消費者政策部会のもとにもうけられた消費者契約法検討委員会では，各団体等からの意見聴取も行ったうえで具体的な検討を進め，平成11年11月に「消費者契約法（仮称）の具体的内容について」という報告を公表した（以下「第17次委員会

報告」という）⁽³⁶⁾。なお，この「第17次委員会報告」の内容が公表された直後の平成11年12月には，第17次国民生活審議会報告「消費者契約法（仮称）の立法に当たって」が公表されているが，詳細については「第17次委員会報告」に譲られている⁽³⁷⁾。

しかしながら，「第17次委員会報告」の内容は，とりわけ契約締結過程に関する規制につき，事業者からの情報提供義務にかかわる規定を単なる努力規定として位置づけ，かつ，消費者契約の取消権を認めつつもその適用範囲を限定するなど，「第16次中間報告」ならびに「第16次最終報告」とくらべて，事業者側からの意見もふまえた結果，消費者保護という観点からは大きく後退したものとなった。「第17次委員会報告」が出された直後から，この報告に対しては強い疑問が呈されていたが⁽³⁸⁾，結局，ほぼその内容が踏襲される形で消費者契約法が立法されることになったのである。

(3) 消費者契約法の適用範囲――「消費者契約」，「消費者」，「事業者」とは何か

消費者契約法の適用対象となるのは，「消費者契約」である。消費者契約法は，「消費者契約」を「消費者と事業者との間で締結される契約」であるとし（2条3項），「消費者契約」の定義を，「消費者」と「事業者」の定義にかからしめている⁽³⁹⁾。そこで，「消費者」および「事業者」の定義についてみると，「事業者」を「法人その他の団体及び事業として又は事業のために契約の当事者となる場合における個人」としたうえで（消費者契約法2条2項），「消費者」を「個人（事業として又は事業のために契約の当事者となる場合におけるものを除く）」とする（2条1項）。すなわち，「消費者契約」であるか否かは，事業者側からみて契約の相手方が「事業として又は事業のために」契約の当事者となった個人であるか否かによって判断されることになろう⁽⁴⁰⁾⁽⁴¹⁾。

このように，消費者契約法が，適用除外⁽⁴²⁾を求める各種の業界からの意見を排除し，「事業者」と「消費者」との間で締結されるすべての契約（ただし，労働契約を除く〔12条〕）を適用対象とした点については一定の評価がなされている⁽⁴³⁾。ただし，「事業として又は事業のために」というメルクマ

第二章 わが国における具体的な問題状況

ールについては，その内容をめぐっていまだ議論の余地が残されている。

旧・経済企画庁（現・内閣府）が公表した『逐条解説　消費者契約法』（以下『逐条解説』という）では，個人が「消費者」か「事業者」か判断がつかない場合には，当該個人が「消費者」であることの立証責任は，消費者契約法の適用があることを主張する個人が負うことになるものとされている[44]。

また，『逐条解説』では，具体的な契約類型が消費者契約にあたるか否かについて検討されているが，消費者取引のなかでもトラブルが多くみられる内職商法，マルチ商法等については，内職の請負人ないしマルチ販売組織への加入者が「事業者」となるか「消費者」となるかは，個別具体的な判断に委ねられている[45]。また，第一章第二節二（17頁）でもふれたように，フランチャイズ契約についてはしばしば消費者被害類似の被害が生じており，消費者契約法の立法に向けた動きの中でもしばしば言及されていたにもかかわらず[46]，「事業のため」の契約であることから適用対象とはならないと考えられている[47]。

以上の点からすれば，具体的な契約類型の事業性の認定いかんによって消費者契約法の適用の有無が決定されるため，消費者契約法の適用対象とされない契約も少なからず存在することになろう[48]。

(4) 消費者契約法における「情報提供義務」

消費者契約法3条は，まず1項で，事業者側の情報提供義務について定めているものの，それは単なる努力規定にすぎないとされている。「第16次中間報告」の段階では，事業者に一般的な形で「情報提供義務」を課し，それに違反した場合の効果として契約取消権を付与することが明確に予定されていた[49]。しかし，情報提供義務の導入に強い抵抗を示す事業者側の意見に配慮し，「第17次委員会報告」の段階では一般的には単なる努力規定とされ，後述するように，一定の場合に限って契約取消権が付与されることとなり，そのまま立法化されるに至ったものである[50]。

『逐条解説』は，3条につき，「本条は努力規定であるので，本条に規定する義務違反を理由として契約の取消しや損害賠償責任といった私法的効力は発生しない」とするが，これに対しては学説から異論が述べられている。

第二節　特別法上の諸規定による解決とその問題点

　松本恒雄教授は，これらの努力規定も一種の行為規範であり，民法上の一般ルールである信義則，権利濫用，公序良俗などの規定を具体化させるものとして捉える可能性について言及する(51)。
　さらに，加賀山茂教授は，消費者契約法3条を根拠として，次頁の(5)で検討する4条を類推適用する可能性を指摘する。より具体的には，消費者契約法3条は事業者の情報提供義務を一般的に規定したものであるとし，4条は違反類型ごとに，事業者の情報提供義務違反の効果として消費者に取消権が与えられる場合の要件を明らかにした規定であるとする。そのうえで，4条に直接該当しない場合であっても，事業者に3条にいう情報提供義務違反がある場合には，4条を類推適用する途が開かれるとする(52)。
　次に，2項では，消費者に対しても情報活用等の努力義務を課している。『逐条解説』によれば，1項では「努めなければならない」とし，2項では「努めるものとする」としている点で，消費者に求められる努力のニュアンスが若干弱められているという(53)。この規定については消費者啓発的なものであるとして，本条を根拠に消費者側からの取消権行使の否定，あるいは損害賠償，過失相殺の根拠とすべきではないとするのが一般的であろう(54)。
　これに対して，松本教授は，契約取消権の行使や不当条項無効の主張が封じられることはありえないとしつつも，努力義務を著しく怠るような消費者を念頭におきつつ，事情によっては，民法上の一般ルールである信義則，権利濫用の規定が適用されることで消費者の権利行使が否定されたり，過失相殺の規定が適用される可能性があることを指摘する(55)。
　以上のように，消費者契約法3条をめぐっては，事業者側の情報提供義務が単なる努力義務にとどまるというマイナス点を克服するために，とりわけ1項に努力規定以上の意味をもたせようとする試みがなされている。しかしながら，若干の文言の違いがあるとはいえ，同一の条文で規定されている以上は，2項についても，消費者の自己責任という観点が強調されることにより，努力規定以上の意味が与えられる可能性がある。その結果，消費者にとって，消費者契約法3条がいわば「両刃の剣」となる可能性もありうる点には，十分留意する必要があろう(56)。

なお，潮見教授により，消費者契約法が一般的情報提供義務を承認しなかったといっても，それはあくまで契約の取消原因としないという効果との関連にとどまり，「『情報提供義務違反・説明義務違反を理由とする損害賠償』に関してこれまで積み重ねられてきた実務と理論に何らの変更をきたすものではない」という指摘がなされていることも(57)，忘れてはならないであろう。

(5) 消費者契約法4条における「契約取消権」

消費者契約法4条は，事業者側の不実告知，断定的判断の提供，あるいは故意による不利益事実の不告知により，消費者が「誤認」して契約の申込みまたは承諾の意思表示をした場合に，消費者に契約取消権を付与している（1項1号・2号，2項）。また，事業者が消費者のもとを退去せず，あるいは消費者が退去の意思表示をしているにもかかわらず，その者を退去させなかったことにより消費者が「困惑」して契約を締結した場合にも，消費者に契約取消権を付与している（3項）。前者は，民法上の詐欺には該当しない程度，後者は，強迫には該当しない程度の合意の瑕疵が存在する場合の取引をカバーするためにもうけられた規定であるとされる(58)。

国民生活審議会消費者政策部会の「第16次中間報告」の段階では，「契約の基本的事項その他消費者の判断に必要な重要事項」について情報提供義務違反ないし不実告知があった場合に，契約取消権が認められることになっていた(59)。「第16次最終報告」においても，「重要事項」および情報提供の態様をめぐり議論がなされていたものの，基本的には「第16次中間報告」の方向性が維持されていたように思われる(60)。

しかしながら，産業界からの強い反発もあいまって，「第17次委員会報告」においては，冒頭であげた類型に限って，契約取消権が付与されることとなり，最終的にそのまま立法されるに至った。消費者側に契約取消権が認められたことは「一歩前進」であろうが，本書で検討する「情報提供義務」をめぐる議論の観点からすれば，むしろ「後退」した印象を受ける。

そこで，ここでは，本書のテーマと密接に関連する，「誤認」による契約取消権を中心に，具体的な検討を加えていくこととしよう。

第二節　特別法上の諸規定による解決とその問題点

(a)　誤認による契約取消権・その1 ——「不実告知」

消費者契約法4条1項1号は，いわゆる「不実告知」があった場合に，消費者に契約取消権を付与するという規定である。①事業者による勧誘，②契約の重要事項であること，③事実と異なることの告知，④消費者の誤認，⑤不実告知と誤認，および誤認と意思表示との因果関係の有無が，その要件となる。

しかしながら，経済企画庁の『逐条解説』においては，各要件につき，きわめて厳格な絞りがかけられている。

まず，①の「勧誘」とは，消費者の契約締結の意思の形成に影響を与える程度の勧め方であり，特定の者に向けた勧誘方法は「勧誘」に含まれるが，不特定多数向けの勧誘方法は「勧誘」に含まれないとされる。具体的には，広告，チラシの配布，店頭に備え付けあるいは顧客の求めに応じて手交するパンフレット・説明書，約款の店頭掲示・交付・説明等は，「勧誘」に含まれないことになる[61]。この点については，「契約締結のための勧誘に際し，事業者が当該消費者に対して用いる手段を広く対象とすることが考えられる」[62]とした「第17次委員会報告」よりもさらに後退しており，強い批判が向けられている[63]。

②の「重要事項」については，4条4項に規定されている。それによれば，「重要事項」とは，消費者契約にかかる物品，権利，役務その他の当該消費者契約の目的となるものの質，用途その他の内容（4条4項1号），または対価その他の取引条件（4条4項2号）であって，消費者の当該消費者契約を締結するか否かについての判断に通常影響を及ぼすものであるとされる。

この点については，「第16次中間報告」では，「重要事項」の定義等，情報を提供するべき事項を客観的に明確化する必要性を強調しつつも，具体的な内容については検討されていなかった[64]。「第16次最終報告」では，「重要事項」を「契約締結の時点の社会通念に照らし，当該消費者契約を締結しようとする一般平均的な消費者が当該消費者契約を締結するか否かについて，その判断を左右すると客観的に考えられるような，当該契約についての基本的事項」であるとした[65]。ここでは，「重要事項」の内容を判断する基準を

「個別具体的な消費者」ではなく「一般平均的な消費者」とすることにより，「重要事項」とされるものを限定していこうという姿勢がみられる[66]。最終的には，産業界等からの強い抵抗も考慮し[67]，さらにその範囲が狭められることとなった。

とりわけ問題となるのは，4条4項の文言からすると，契約締結の前提となる事項や動機であっても，契約の目的となるものの内容，または対価等の取引条件ではないものについては，重要事項とはならないことである。例えば，『逐条解説』では，セールスマンが「いま使っている黒電話は使えなくなる」と述べて新しい電話機を購入させた場合には，事実と異なることを告げているにもかかわらず，黒電話は「当該消費者契約の目的となるもの」ではないとしている[68]。そうであるならば，消費者取引においてしばしば登場する「動機の錯誤」が問題となるような事例は，消費者契約法の適用対象外となり，実効性が著しく損なわれるおそれがあろう[69]。

③については，『逐条解説』では，真実または真正でないことにつき事業者に主観的認識がなくとも，告知の内容が客観的に真実または真正でなければ足りるとされている。すなわち，不実告知を理由とした契約取消しでは，事業者の故意・過失が問題とされることはない。しかしながら，「新鮮」，「安い」，「居住環境に優れた立地」，「当社のマンションは安心」等々，主観的な評価であって，客観的な事実により真正，または真正であるか否かを判断することができない内容は，「事実と異なること」の告知の対象とはならないとされる[70]。また，告知の内容が契約における債務の内容となっている場合には，債務不履行の問題であり「事実と異なること」の告知の対象とはならないとする[71]。

④⑤については，事業者が不実告知することにより消費者が誤認したこと，さらには消費者が誤認に基づいて消費者契約締結の意思表示をなしたことという二重の因果関係の存在を，消費者が立証しなければならない。もっとも，この点については，消費者契約法が成立する以前から，その立証の困難性が指摘されていた[72]。

(1)(33頁)に述べた消費者契約法の立法趣旨に鑑みれば，『逐条解説』で意図されている適用範囲の限定に捉われることなく，本規定の広範な活用可

能性を探るべきである。しかし，上に述べたところを前提とすれば，「不実告知」にあたる事例はきわめて限られることになり，この規定を活用してトラブルの解決が図られるケースが少なくなるおそれもあろう。

(b) 誤認による契約取消権・その2 ――「断定的判断の提供」

消費者契約法4条1項2号は，いわゆる「断定的判断の提供」があった場合に，消費者に契約取消権を付与するという規定であり，①事業者による勧誘，②契約の目的となるものに関し，将来における変動が不確実な事項，③断定的判断の提供，④消費者の誤認，⑤断定的判断の提供と誤認，誤認と意思表示との因果関係の有無が要件となる。①④⑤については，不実告知と同じ議論であるのでそちらに譲ることとし，ここでは②と③に焦点を合わせて，検討することにする。

まず，②についてであるが，『逐条解説』によれば，将来において消費者が財産上の利得を得るか否かを見通すことが契約の性質上そもそも困難である事項を指すものとされている。それに対して，事業者が商品・サービスについての効用・メリットを説明する場合で，使用条件等，一定の条件のもとで客観的に将来を見通すことが可能な情報を提供することは含まれないと考えられている[73]。これを前提とすれば，「将来における変動が不確実な事項」とは，収益・利益にかかわる事項に限られることになろう[74]。

次に，③については，『逐条解説』によれば，確実でないものを確実であると誤解させるような決めつけ方を指すものとされ，事業者の非断定的な予想ないし個人的予想を示すことは含まれないとされる。また，相場情報など消費者の判断の材料となるもの，および，「将来における変動が不確実な事項」であっても試算の前提としての仮定が明示されているものは，「断定的判断の提供」であるとはいえないとする。したがって，「今後も元本割れしない"だろう"」と告げることは，「断定的判断の提供」には該当しないものとされる[75]。

この点については，学説から，およそ「物品，権利，役務その他の当該消費者契約の目的となるもの」に関するものであれば，もれなく4条1項2号の対象となるという強い異論が示されており[76]，著者もそのように解すべ

きと考える。ただ，『逐条解説』で示された考え方を前提とするのであれば，消費者が「断定的判断の提供」の有無を含めて立証責任を負うことも考慮すると，その活用可能性は低くなるおそれがあろう。

(c) 誤認による契約取消権・その3 ——「故意による不利益事実についての不告知」

消費者契約法4条2項は，「故意による不利益事実についての不告知」があった場合に，消費者に契約取消権を付与するという規定であり，①事業者による勧誘，②契約の重要事項または重要事項に関連する事項であること，③②であげた事項が消費者の利益になる旨の告知，かつ，④当該重要事項について消費者の不利益となる事実の故意による不告知，⑤消費者の誤認，⑥不実告知と誤認，誤認と意思表示との因果関係の有無が，その要件となる。

ここでもっとも重要であり，かつ議論の対象となる要件は，④の「故意による不告知」であろう。この点については，過去の国民生活審議会消費者政策部会においても，議論されていたところである。

「第16次中間報告」では，故意の有無にかかわらず情報の不告知あるいは不実告知により消費者が受ける影響は同じであること，消費者が故意を立証するのは困難であることを理由に，故意または過失という主観的要件については特に要求されていなかった[77]。また，「第16次最終報告」においても，不実告知を含めて，主観的要件については不要であると考えられていた[78]。

ところが，「第17次委員会報告」においては，情報の不告知に関して事業者の「故意」が必要であるとされた。もっとも，故意等の主観的要件の要否，故意を要件とする場合の当該故意の内容等に関しては，委員会内部での共通認識が得られなかったとのことであるが，最終的に成立した消費者契約法では，情報の不告知の場合に事業者側の故意が要件とされることとなったのである。

しかしながら，「第16次中間報告」では，事業者の故意の立証がきわめて困難であるという前提から出発したにもかかわらず，最終的には故意を要件としたということに関しては強い疑問を呈さざるをえない[79]。

なお,「消費者の利益になる旨」の告知および「当該重要事項に不利益となる事実」の故意による不告知の有無は,消費者契約法4条2項が個別の勧誘場面に適用される規定であることを考慮して,個別具体的な消費者の利益または不利益について判断される。その意味では,個別の取引によりそくした形での判断がなされる可能性がある。ただし,「消費者の利益になる旨」の告知と「消費者の不利益となる事実」の故意による不告知とは,"かつ"という文言で結ばれており,その双方をみたすような勧誘でなければ契約取消権の対象とはならないため,実際にはさらに適用範囲が限定される可能性があることには,注意する必要がある[80]。

(6) 小　括

以上では,消費者契約法の適用範囲,消費者契約法における情報提供義務に関する規定,および消費者が誤認させられたことを原因として契約取消権が付与される場合につき,検討してきた。いずれの場合においても,少なくとも『逐条解説』によれば,消費者契約法はきわめて限定的な形での運用が予定されているといえる。

むろん,『逐条解説』はあくまで解釈指針であり,裁判等における実際の法の運用の場面においては,『逐条解説』とはまったく異なる解釈をしていくことも可能であろう。学界,実務界を問わず,「柔軟な解釈」[81]をすることを通して,消費者契約法をさまざまな場面で活用していくべきであると強く主張されている。実際に,契約取消権を行使しうる場合を広く捉えようとする試み等,解釈によって消費者契約法の欠陥を埋めようとする見解も登場している。

しかしながら,条文が厳然と存在する以上,解釈により適用範囲を拡大することには,やはり一定の限界が存在する。また,『逐条解説』は解釈指針にとどまるとはいえ,実際に立法作業を行った旧・経済企画庁(現・内閣府)が中心として編集したものであり,社会に与える影響はかなり大きいようにも思われる。

また,契約取消権の行使をめぐっても,立証責任の面で消費者側の負担が大きく,立証が困難である場合も多いことが予想される[82]。さらに,消費

者契約法では民法よりも広く取消しが認められることを理由に，契約取消権を行使できる期間が追認できるとき（誤認したことに気づいたとき）から6カ月間に限られている点も（7条1項），消費者保護という観点からは問題であろう。しかも，消費者契約法で契約締結過程を規律するものとして定められているのは契約取消権のみであり，損害賠償請求権等については依然として民法上の規定に委ねられることになる。

以上の点に鑑みれば，潮見教授による次のような主張が，現状をもっとも適切にあらわしていることになろう。「今となっては，もはや『消費者契約法は，消費者契約に妥当する包括的民事ルールの一部を定めた特別法のひとつにすぎない』ものととらえ，そこで扱われなかった問題を含め，『民法の枠内で，民法の継続形成による消費者契約のための包括的民事ルールの構築』をめざすほかない。……不十分な消費者契約法は，近未来における『民法の継続形成』——民法典の改正——を促すという副次的効果をもたらすことにもなる」[83]。

この指摘にように，消費者契約法が存在しようとも，契約締結段階の情報提供ないし説明をめぐる紛争が生じた場合には，民法上の法理を用いた解決が必要とされる場面は数多く存在する。そうである以上，本書がこれから試みようとしている民法上の法理を探求するという作業が，きわめて重要な意味をもつことになるのである。

## 四　金融商品販売法による保護とその限界

### (1)　概　観

第一章第一節一（1頁）でもふれたように，経済の高度な発展にともない，商品および取引内容が複雑で多様なものとなった結果，契約の当事者間で知識や情報収集能力の点において大きな格差が存在する場面が，数多くみられる。とりわけ，金融取引をめぐっては，多種多様でかつ複雑な取引形態を有する商品が次々と開発されてきている。その反面，このような商品について取引を行った顧客と業者との間でのトラブルが急増しているのも，紛れもない事実である。

第二節　特別法上の諸規定による解決とその問題点

　また，近時における金融システム改革の進展にともない，多種多様な金融商品・サービスを自由に選択できるような枠組みを実現するために，いわゆる「日本版金融サービス法」を制定し，新たな金融取引のルールを整備しようとする動きが強まってきた(84)。その中で，金融商品の販売・勧誘行為に関するルールの法制化につき検討を進めてきた金融審議会第一部会は，平成11年7月6日に「中間整理（第1次）」，平成11年12月21日に「中間整理（第2次）」をあいついで公表した。とりわけ，「中間整理（第2次）」とほぼ同時期に公表されたホールセール・リーテイルに関するワーキンググループの「金融商品の販売・勧誘ルールの整備について」と題する平成11年12月7日付の報告は，金融商品の販売・勧誘行為に関するルールの法制化への基本的方向性を示している(85)。

　このような流れを受けて，金融取引全体をカバーするルールについて金融審議会が最終報告を行うのを待たずに，「いわゆる『日本版金融サービス法』の第一歩として当面可能な法制化」の一環として，平成12年に，「金融商品の販売等に関する法律」（金融商品販売法）が制定されることとなった(86)（なお現在，金融審議会において，包括的な金融サービス立法である「投資サービス法」の制定へ向けた検討が進んでいるが，実際の制定にあたっては紆余曲折が予想されるところであり，その成り行きが注目される(87)）。

　この金融商品販売法は，情報提供義務を単なる努力規定とした消費者契約法と異なり，金融商品販売業者等（以下「販売業者」という）(88)の説明義務を明示的に規定するとともに，金融商品を販売するに際して説明義務違反があった場合に販売業者の無過失責任を認めるという形で不法行為制度を補完するという役割を担っている。すなわち，金融商品販売法は，投資商品の販売をめぐるトラブルの際にもっとも多く用いられてきた不法行為に基づく責任追及を，部分的であるにせよ，容易にするものであるといえよう。

　また，金融実務の立場からも，販売業者が負担すべき説明義務の範囲が明らかとなり，それを履行することによって訴訟リスクを避けることができ，円滑な取引が実現できるという点で評価されている(89)。

　しかしながら，金融商品販売法にはさまざまな問題点が残されている。以下においては，金融商品販売法の内容を紹介したうえで，その問題点につき

検討することとしよう。

(2) 金融商品販売法の内容

金融商品販売法には，大きな2つの柱がある。第一には，金融商品取引をめぐる訴訟が提起された際に顧客の立証責任の軽減を図るため，販売業者の説明義務を明確化したうえで，不法行為の特則をもうけるというものである。第二には，適正な勧誘を確保するために，業者側に勧誘方針を定め，すみやかに公表することを義務づけるというものである。以下においては，それぞれの柱について概観することとしよう。

(a) 説明義務の明確化と不法行為の特則としての損害賠償請求権

金融商品販売法制定の最大の眼目は，次の2点にある。第一に，金融取引の複雑さを反映し，そこで発生したトラブルをめぐる裁判が長期化していることなどを考慮して，顧客の立証責任の軽減を図るため，金融商品販売に際しての重要事項に関する説明義務の存在を明らかにしたことである。第二に，重要事項につき説明しないという説明義務違反があった場合には，不法行為の特則として損害賠償責任を負う旨を規定したことである。

まず，説明義務に関しては，従来，説明義務の存在の有無自体を争う必要があったことに鑑みて，説明義務の存在を明示し，訴訟で原告となる顧客の立証責任を軽減することが試みられている。具体的には，販売業者は，金融商品の販売を業として行おうとするときは，金融商品の販売が行われるまでの間に，以下の事項につき説明しなければならないとされる。すなわち，元本割れのリスクの有無とその要因（①金利，通貨の価格，証券市場の相場その他の指標にかかる変動，②販売業者の業務または財産状況の変化，③顧客の判断に影響を及ぼすこととなる重要なものとして政令で定める事由），および権利行使期間の制限・契約解除期間の制限につき，説明義務を負うことになる（3条1項）[90]。このように説明義務を明確化することにより，業者側・顧客側の双方にとって，損害賠償の前提となる説明義務違反につき高い予見可能性が得られるという点が強調されている[91]。

そのうえで，販売業者が重要事項について説明しなければならないにもか

かわらず，これをしなかった場合，すなわち，説明義務に違反した場合には，顧客に対し損害賠償責任を負うことになる（4条）。同規定は，説明義務違反があれば，不法行為における権利侵害（違法性）要件を充足するとしたもので，販売業者が金融商品販売のプロであることに着目した無過失責任を定めた不法行為の特則であるとされている。この損害賠償責任は，従業員の不法行為責任の存在を前提とした代位責任である民法上の使用者責任（民法715条）とは異なり，販売業者に直接追及することが可能である[92]。

また，説明義務が明示されたことで争点が因果関係の立証に移り，顧客の負担が増加することを防止するために，損害額の推定規定をもうけ，説明義務違反と顧客に生じた損害との因果関係の立証責任を被告である販売業者の側に転換している（5条）。

ただし，3条4項は，顧客が専門的知識および経験を有するものとして政令で定める者（いわゆる「プロ」）である場合（1号）[93]，あるいは説明を要しない旨の顧客の意思の表明があった場合（2号）には，販売業者には説明義務が発生しないとしている[94]。

なお，3条3項は，1つの金融商品の販売につき複数の販売業者が重要事項につき説明義務を負う場合には，いずれか1つの業者が説明をしたのであれば他の業者は説明することを要しないと定める。これは，ホールセール・リーテイルに関するワーキンググループ報告で，複数の販売業者が金融商品の販売・勧誘を行った場合に連帯責任が問われる可能性に言及していたことを反映した規定であると思われる。この報告は，本来金融商品販売法の適用対象とは考えられていない融資業者が他の販売業者と共同して販売・勧誘を行った場合でも，共同責任を問われる可能性にも言及している[95]。

(b) 金融商品販売業者等の適正な勧誘の確保

金融商品販売法は，(a)で概観したように説明義務を明確化して不法行為の特則をもうけたことにとどまらず，販売業者が顧客を勧誘する際にその適正の確保に努力するものとしたうえで（7条），業者側が勧誘方針を定め，すみやかに公表することを義務づけ（8条），この義務に違反した場合には50万円以下の過料に処す（9条）旨を定める。

第二章　わが国における具体的な問題状況

　8条2項は，勧誘方針には，勧誘の対象となる者の知識，経験および状況に照らし配慮すべき事項（1号＝いわゆる「適合性の原則」に関する事項），勧誘の方法および時間帯に関し勧誘の対象となる者に対し配慮すべき事項（2号）等を定めることとされているが，具体的な方針作成は業者に委ねられている。これを受けて，金融商品販売法の適用対象となる取引分野にかかわる業界では，説明義務についてのガイドラインが公表されている(96)。

(3)　金融商品販売法の問題点

　以上で述べたように，金融商品販売法は，説明義務違反があった場合に損害賠償請求を認めることを法文上で正面から認めたという点で，非対等当事者間の情報格差を原因とした問題の解決にとって，一歩前進したものと評することができるであろう(97)。

　しかしながら，金融商品販売法には以下のような多くの問題点が存在する。

　第一に，2条1項は，法の適用対象となる「金融商品の販売」につき，預金の受入れ，有価証券の取得などを限定列挙する形で規定する（1号～12号）。さらに，新種の金融商品により問題が生じた場合には政令による追加指定で"迅速に"対応するという，いわゆる「指定商品制」を採用しているが（13号），このような形式をとると後追い規制になりがちで現実的には"迅速に"対応ができない点で弊害が生ずる(98)。また，平成12年11月17日に公布された政令（「金融商品の販売等に関する法律施行令」）(99)では，簡易保険や商品先物取引などについては，本法の適用対象外とされているが，このような取引にあっても説明義務違反が問題となりうることについては，すでに述べたところである(100)。

　第二に，金融商品販売法3条1項は，説明義務の対象となる重要事項を次の事項に限定している。まず，元本割れのリスクとその直接の要因（①金利，通貨の価格，証券市場の相場その他の指標にかかる変動，②販売業者の業務または財産状況の変化，③顧客の判断に影響を及ぼすこととなる重要なものとして政令で定める事由）であり，次に，権利行使期間の制限・契約解除期間の制限である。

　政令では結局，上述した③の重要事項については定められなかったが，新

48

第二節　特別法上の諸規定による解決とその問題点

たに説明を要する重要事項については"迅速に"政令で対応することになっている点で，第一の問題点と同様の問題を生じうる。

　第三に，4条は，販売業者が「重要事項につき説明をしなければならない場合において，当該重要事項につき説明をしなかったとき」は，顧客に対し損害賠償責任を負うと定める。すなわち，販売業者に説明の「不作為」に関する損害賠償責任を課している。これは，本来「作為」を念頭においている不法行為において，重要事項を説明しなかったことに基づく説明義務違反のような「不作為」でも違法な行為であるとするという意味で，まさに不法行為の特則といえよう。

　ただし，この条文をみると，「不作為」による説明義務違反を念頭におくあまり，重要事項について説明をしたにもかかわらず，誤った説明をした場合には，本条が適用されないとも読めるような規定となっているのは，いささか問題がある。ここでは，誤った説明をなすことは重要事項について正確に説明したことにはならないとして，そのような場合も本条の適用対象となると考えるべきであろう。なお，仮に本条の適用対象とはならない場合であっても，五（52頁）で述べるように，消費者契約法や民法の規定が適用されることになる。

　第四に，6条は，説明義務違反による損害賠償責任については，本法のほか民法の規定によるとする。したがって，説明義務の存在，および説明義務違反と損害の発生との因果関係については本法により顧客の立証責任は軽減されているが，説明義務違反の有無自体については，依然として顧客が立証責任を負うこととなる[101][102]。しかし，従来の裁判例をみる限り，説明義務違反の有無の立証は相当困難であることが予想される。

　第五に，金融商品販売法における説明義務違反による損害賠償請求権に関する規定は，不法行為の特則であると考えられる以上，過失相殺については民法722条が適用されることとなる。しかし，従来の裁判例等をみると，販売業者側の説明義務違反に基づく損害賠償責任が認められたとしても，顧客側の過失を考慮し，非常に高率の過失相殺がなされる可能性もあることに留意する必要があろう（なお，過失相殺の問題性については，第五章および第六章であらためて論じる）。

第二章　わが国における具体的な問題状況

　第六に，8条は，販売業者に勧誘方針を定め，公表することを義務づけているが，この勧誘方針に違反した勧誘をなした場合の責任については規定していない。そうであるとすれば，例えば，8条2項1号にいう適合性原則に関する勧誘方針に違反して勧誘をした場合の責任はどのようにして追及されるのであろうか。この場合には，一般の不法行為の規定により解決が図られる可能性が大きいが，そこで違法性を判断する際に，勧誘方針に違反したという事実が考慮されることになるのであろうか。

　また，勧誘方針を定める際には，説明すべき重要事項の内容を取引類型ごとにより具体化していくこととなるが，実際に紛争が生じた場合には，その勧誘方針が3条1項の解釈指針としての意味をももつことになるのであろうか。

　これらの点に鑑みれば，3条1項と8条との関係につき，より精緻に検討することが必要となるように思われる[103]。

(4) 小　　括

　以上で概観してきたように，金融商品販売法は，説明義務の存在を明示した点と，不法行為の特則として重要事項の説明義務違反があった場合に販売業者に無過失責任を認めた点で，顧客保護という観点からは前進したといえるであろう。また，8条において販売業者に勧誘方針を定めたうえで公表することを義務づけたことにより，販売業者にある程度慎重な行動を喚起するという効果も期待しうるように思われる[104]。

　しかしながら，(3)であげたような種々の問題点が存在することを考えると，実際に説明義務をめぐって紛争が生じた場合には，その適用範囲が限定される可能性も高い。しかも，説明義務違反の場合における損害賠償請求権については，そもそもが不法行為の特則として定められたものであることも考えると，業者側からの情報提供をめぐる紛争の解決に際して，民法上の法理を探求する必要性はいささかも減じていないといえるであろう。

五　小　　括

　本節では，特別法上の諸規定による解決とその問題点につき，検討を加え

第二節　特別法上の諸規定による解決とその問題点

てきた。

　まず、二で検討したいわゆる「業法」による開示規制については、個別の取引を対象とするものにとどまるうえ、私法的救済という観点からは、救済に直接つながるような規定はあまり多くはない。この意味では、能力的にまさる契約の一方当事者からの情報提供をめぐる紛争の解決に業法が果たす役割には、おのずから限界がある。

　また、三で検討した消費者契約法については、取引類型ごとに開示規制を行う業法とは性格を異にする包括的な民事ルールを制定する目的で立法されたにもかかわらず、契約取消しの対象となる不実告知、断定的判断の提供、故意による不利益事実の不告知というずれの類型も、適用範囲が限定的に考えられている。もっとも、学説や裁判例では、その適用範囲の拡大へ向けた努力が続けられており、今後も消費者被害救済のため、より一層の活用が図られるべきである。しかし、上述したように、適用範囲が限定的であるという点に着目するのであれば、業法と同様に一定の限界があるといえよう[105]。

　さらに、四で検討した金融商品販売法については、金融商品の横断的な販売・勧誘についてのルールを制定する目的で立法されたにもかかわらず、規制対象となる金融商品の販売が限定列挙される形になっているうえ、新たに開発された金融商品については指定商品制を採用するなど、やはり適用範囲が限定されている。このような点を考慮すれば、やはり業法と同様の限界があるといえる。

　以上の検討の結果、「業法」、「消費者契約法」、「金融商品販売法」のいずれも、非対等当事者間の情報提供をめぐるトラブルを解決するためには、一定の限界があることが明らかとなった。消費者契約に関する包括的な民事ルールであるとされた消費者契約法も、金融商品の販売・勧誘についての商品横断的なルールであるとされた金融商品販売法も、同時に民法規定が適用される可能性を排除していない[106]。というよりはむしろ、このように特別法によったとしても紛争の解決が困難であるとすれば、民法に立ち戻ってその法理を用いた解決が求められるのであり、それを再度模索していかなければならないというべきであろう。

第二章　わが国における具体的な問題状況

(1)　いわゆる「業法」については、長尾治助「消費者契約」谷口知平＝五十嵐清編『新版注釈民法(13)　債権(4)　契約総則』(有斐閣、平成8年) 223頁以下を参照。
(2)　なお、商品の規格、品質等の表示を義務づける法律は、本書では取り扱わない。これらの法律については、浜上則雄＝加賀山茂「商品表示と消費者保護（上・下）」ジュリスト689号111頁以下、690号（以上、昭和54年）115頁以下、国民生活センター編『表示規制法概説』(日本評論社、昭和54年)、大村敦志『消費者法（第2版）(法律学大系)』(有斐閣、平成15年) 255頁以下、等を参照。
(3)　開示規制については、経済企画庁国民生活局消費者行政第一課編『消費者取引の適正化に向けて──第15次国民生活審議会消費者政策部会報告とその資料』(大蔵省印刷局、平成9年) 86頁以下、山田誠一「勧誘規制」ジュリスト1139号（平成10年）39頁以下でも紹介されている。
(4)　特定商取引法4条・5条（訪問販売）、18条・19条（電話勧誘販売／なお、申込みを承諾した場合にも通知が必要〔20条〕）、37条（連鎖販売取引）、42条（特定継続的役務提供）、55条（業務提供誘引販売取引）、割賦販売法3条・4条・4条の3（割賦販売）、29条の2・29条の3（ローン提携販売）、30条・30条の2（割賦購入あっせん）、旅行業法12条の4・12条の5、特定商品等預託法3条、ゴルフ場等会員契約適正化法5条、抵当証券業法15条・16条を参照。
(5)　投資顧問業法14条～16条、不動産特定共同事業法24条・25条、信託業法26条・27条・29条3項を参照。なお、証券取引法13条は目論見書の作成を義務づけ、15条は届出を有する有価証券の取得を届出の効力発生後に制限し、その場合に目論見書の交付を義務づける。また、同法40条は、証券先物取引等に関して、契約締結前の説明書の交付を義務づける。さらに、同法41条は、証券会社に対して、有価証券の売買、証券先物取引等の成立時に、顧客への取引報告書の交付を義務づけている。
(6)　商品取引所法217条・220条、海外先物取引法4～7条、金融先物取引法70～72条、商品ファンド法16条～18条（商品投資販売契約）、35～38条（商品投資顧問契約）、貸金業法17条を参照。
(7)　媒介契約締結時の書面交付義務については、宅建業法34条の2、また

売買契約締結時の書面交付義務については，同法37条に規定されている。

(8) 例えば，商品先物取引では，商品取引所法217条に基づき受託契約締結前に交付される書面に，取引額が当該取引について顧客が預託すべき取引証拠金等の額に比して著しく大きい旨（1項），相場の変動により顧客に損失が生ずることとなるおそれがあり，かつ，当該損失額が取引証拠金等の額を上回ることとなるおそれがある旨（2項）などを記載しなければならない。

(9) 金融システム改革により，銀行が投資信託等のリスクのある商品を取り扱うことが可能になったことから，銀行法施行規則（大蔵省令）では，預金者等に対する情報提供（施行規則13条の3）のみならず，債券の権利者に対する情報提供（施行規則13条の4），金銭債権等と預金等との誤認を防ぐための顧客に対する説明（施行規則13条の5）を義務づけている。この点については，松野知之「『金融サービス法』をめぐる今後の検討について——銀行等の説明義務を中心に」金融法務事情1535号（平成11年）20頁以下を参照。

(10) 宅建業法47条1項，旅行業法13条1項2号，保険業法300条1項1号，海外先物取引法9条，特定商品等預託法4条，ゴルフ場等会員契約適正化法7条，商品ファンド法23条，43条（23を準用），不動産特定共同事業法20条，信託業法24条1項1号，76条，96条（後ろの2つの条文は24条1項1号を準用），特定商取引法6条1項（訪問販売），21条1項（電話勧誘販売），34条1項・2項（連鎖販売取引），44条1項（特定継続的役務提供），52条1項（業務提供誘引販売取引）。

(11) 保険業法300条1項7号，証券取引法42条，商品取引所法214条1号，金融先物取引法74条1号，海外先物取引法10条1号，商品ファンド法24条1項，43条（24条1項を準用），不動産特定共同事業法21条1項，信託業法24条1項2号，76条，96条（後ろの2つの条文は24条1項1号を準用），ゴルフ場等会員契約適正化法8条3号に基づく同法施行規則（経済産業省令）11条。また，宅建業法は，利益に関する断定的判断を47条の2第1項で，周辺環境・交通等に関する断定的判断を47条の2第3項に基づく宅建業法施行規則（国土交通省令）16条の7第1号イで，それぞれ禁止している。

(12) 商品取引所法214条5号，金融先物取引法76条5号。

(13) 一般的な再勧誘の禁止を定めるものとして，海外先物取引法10条8号

第二章　わが国における具体的な問題状況

に基づく同法施行規則（経済産業省令）8条1号。電話による再勧誘の禁止を定めるものとして、抵当証券業法19条2号に基づく同法施行規則（内閣府令）10条8号、商品ファンド法24条3号に基づく商品投資販売業者の業務に関する省令（財務＝経済産業省令）7条、不動産特定共同事業法21条3号に基づく不動産特定共同事業法施行規則（財務＝国土交通省令）19条3号。

(14)　宅建業法47条の2第2項、金融先物取引法76条6号、特定商品等預託法5条1号、ゴルフ場等会員契約適正化法8条1号、投資顧問業法22条1項1号、30条の3第1項1号、抵当証券業法19条1項、不動産特定共同事業法21条2項、特定商取引法6条2項（訪問販売）、21条2項（電話勧誘販売）、34条3項（連鎖販売取引）、44条2項（特定継続的役務提供）、52条2項（業務提供誘引販売取引）、商品ファンド法24条3号に基づく商品投資販売業者の業務に関する省令（財務＝経済産業省令）7条1号。

(15)　証券取引法43条1号、金融先物取引法77条1号、商品取引所法215条、商品ファンド法24条3号に基づく商品投資販売業者の業務に関する省令7条3号、不動産特定共同事業法21条3号に基づく不動産特定共同事業法施行規則（財務＝国土交通省令）19条4号。なお、適合性原則については、第四章第六節二（225頁）および第五章第二章四（289頁）を参照。

(16)　広告に関する規制には、広告に表示すべき取引態様や内容を規定するものと、誇大広告を禁止するものとがある。前者にあたるものとして、宅建業法34条1項、旅行業法12条の7、投資顧問業法13条1項、商品ファンド法34条1項（投資顧問契約）、不動産特定共同事業法18条2項、貸金業法15条、特定商取引法11条（通信販売）、35条（連鎖販売取引）、53条（業務提供誘引販売取引）、割賦販売法3条4項（割賦販売）、29条の2第4項（提携ローン販売）、30条4項・5項（割賦あっせん販売）。後者にあたるものとして、宅建業法32条、旅行業法12条の8、金融先物取引法68条、ゴルフ場等会員契約適正化法6条、投資顧問業法13条2項、抵当証券業法14条、商品ファンド法15条（投資販売契約）、34条2項（投資顧問契約）、貸金業法16条、特定商取引法12条（通信販売）、36条（連鎖販売取引）、43条（特定継続的役務提供）、54条（業務提供誘引販売取引）。また、特定商取引法には、消費者が、電子メールにより一方的に送りつけられた広告メールの受取りを希望し

第二節　特別法上の諸規定による解決とその問題点

ない旨の連絡を事業者に行った場合に，当該メールの再送信を禁止する規定が存在する（12条の3〔通信販売〕，36条の3〔連鎖販売取引〕，54条の3〔業務提供取引販売取引〕）。なお，広告をめぐる法律問題については，長尾治助『広告と法——契約と不法行為責任の考察』（日本評論社，昭和63年），同編著『アドバタイジング・ロー』（商事法務研究会，平成2年），櫻井圀郎『広告の法的意味——広告の経済的効果と消費者保護』（勁草書房，平成7年），等を参照。

(17)　本書でとりあげた法律をみると，不実告知の場合には，懲役刑または罰金刑，あるいは双方を併科するものが多いが（宅建業法80条，特定商取引法70条など），書面の交付義務違反の場合には，罰金刑のみ科す（宅建業法83条，特定商取引法72条など），あるいは懲役刑を科す場合でも，不実告知とくらべて軽減されることが多い（特定商取引法71条〔連鎖販売取引・業務提供誘引販売取引〕など）。

(18)　なお，フランチャイズ契約については，昭和48年に公布・施行された中小小売商業振興法が，その11条で特定連鎖化事業に関する情報開示について規定している。ここでいう「特定連鎖化事業」とは，フランチャイズ・チェーンを念頭においたものであるが，ホテル・レンタル事業等のサービス業種等は含まれないとされている（佐藤英一「中業小売店の近代化をめざして——中小小売商業振興法のねらい」時の法令852号〔昭和49年〕8頁以下）。しかも，特定連鎖化事業を行う者がこれらの事項を開示しない場合には主務大臣が勧告をなすことができ，その勧告にも従わないと認める場合にはその旨を公表することができるのみで，罰則についてはまったく定めがないなど，規制としては非常に弱いものとなっている。

(19)　クーリング・オフ制度については，長尾治助「クーリング・オフ権の法理」『消費者私法の原理』（有斐閣，平成4年）272頁以下（初出は，立命館法学183＝184号〔昭和61年〕382頁以下），伊藤進「クーリング・オフ制度と契約理論」『消費者私法論（私法研究著作集第10巻）』（信山社，平成10年）123頁以下（初出は，法律論叢63巻4＝5合併号〔平成3年〕357頁以下），河上正二「『クーリング・オフ』についての一考察——『時間』という名の後見人」法学60巻6号（平成8年）166頁，等を参照。ちなみに，これらの見解では，クーリング・オフという法定された申込撤回権または契約解除権を民法

55

第二章　わが国における具体的な問題状況

理論と接合しようという試みがなされており，情報提供義務と民法理論との接合を図ろうとする本書の立場からは興味深い。

(20)　申込みの撤回または契約の解除が認められるものとして，宅建業法37条の2，保険業法309条，特定商品等預託法8条，ゴルフ場等会員契約適正化法12条，特定商取引法9条（訪問販売），24条（電話勧誘販売），40条（連鎖販売取引），48条（特定継続的役務提供），58条（業務提供誘引販売取引），割賦販売法4条の4（割賦販売），29条の4第1項（ローン提携販売／4条の4を準用），30条の6第1項（割賦購入あっせん／4条の4を準用）。契約の解除が認められるものとして，投資顧問業法17条，商品ファンド法19条，不動産特定共同事業法26条。クーリング・オフの期間はおおむね8日間であるが，投資顧問業法17条，商品ファンド法19条では10日間，特定商品等預託法では14日間，また連鎖販売取引につき，特定商取引法40条では20日間とされている。

(21)　特定商取引法9条の2（訪問販売），24条の2（電話勧誘販売），40条の3（連鎖販売取引），49条の2（特定継続的役務提供），58条の2（業務提供誘引販売取引）。

(22)　特定商品等預託法9条1項，特定商取引法49条。平成11年の旧・訪問販売法（現・特定商取引法）改正により，エステティックサロン，語学教室，家庭教師，学習塾等の特定継続的役務提供取引（現在では，パソコン教室，結婚相手紹介サービスも含む）に関しても，中途解約権が認められた。平成11年の旧・訪問販売法改正の経緯については，通商産業省産業政策局消費経済課編『平成12年版訪問販売等に関する法律の解説』（通商産業調査会，平成12年）344頁以下を参照。また，中途解約権をめぐる議論については，長尾治助「契約の継続的拘束からの離脱」『消費者私法の原理――民法と消費者契約』（有斐閣，平成4年）299頁以下（初出は，ジュリスト916号〔昭和63年〕100頁以下），等を参照。またその後，平成16年にいわゆるマルチ商法に対する規制強化の一環として行われた特定商取引法改正により，連鎖販売取引に関しても，中途解約権と商品の返品に関する規定がもうけられた（特定商取引法40条の2）。この点に関する平成16年特定商取引法改正の概要については，平野鷹子「連鎖販売取引に関する規制強化」国民生活平成16年7月号14頁，経済産業省商務情報政策局消費経済部消費経済政策課編『平

成 16 年版特定商取引に関する法律の解説』（経済産業調査会，平成 16 年）27 頁以下・206 頁以下，圓山茂夫『詳解特定商取引法の理論と実務』（民事法研究会，平成 16 年）13 頁以下・412 頁以下を参照。

(23)　木下孝治「損害保険代理店の説明義務と顧客による商品選択」損害保険研究 58 巻 2 号（平成 8 年）199 頁以下。

(24)　竹内昭夫「訪問販売と消費者保護」『消費者保護法の理論』（有斐閣，平成 7 年）351 頁以下（初出は，ジュリスト 808 号〔昭和 59 年〕9 頁以下），河上・前掲注(19) 189 頁以下。河上教授は，「『民法上の原則に介入しないように』との謙抑的な配慮によって，いささか奇妙な形で，いわば『業法的民法』の領域を拡大しつつあることは決して好ましい事態とは思われない」という。

(25)　河上・前掲注(19) 226 頁は，このような現状をふまえて，とりわけ高齢者の「クーリング・オフ権」の拡充を提言している。

(26)　行政的取締法規違反の契約の効力に関して，実務上，規定の趣旨と違反行為の態様の双方を総合評価し，具体的契約の有効・無効が判断されていると指摘するものとして，加藤雅信「行政的取締法規違反の私法的効力」『現代民法学の展開』（有斐閣，平成 5 年）167 頁を参照（初出は，独禁法審決・判例百選（別冊ジュリスト 81 号）〔有斐閣，昭和 59 年〕201 頁）。

(27)　落合誠一「消費者契約法の目的と概要」銀行法務 21　578 号（平成 12 年）28 頁以下，同「消費者契約法の目的と意義」江頭憲治郎＝岩原紳作編『あたらしい金融システムと法』（ジュリスト増刊）（有斐閣，平成 12 年）39 頁以下（特に 41 頁を参照）。

(28)　消費者契約法の概要については，経済企画庁国民生活局消費者契約法施行準備室「『消費者契約法』の概要」NBL 691 号（平成 12 年）6 頁以下，同「消費者契約法の概要」金融法務事情 1582 号（平成 12 年）18 頁以下，同「適正な消費者契約のための新しいルール――消費者契約法」時の法令 1626 号（平成 12 年）6 頁以下，経済企画庁国民生活局消費者行政第一課「消費者契約法の概要」法律のひろば 53 巻 11 号（平成 12 年）4 頁以下，潮見佳男編『消費者契約法・金融商品販売法と金融取引』（経済法令研究会，平成 13 年）2 頁以下（山下友信執筆部分），桜井健夫＝上柳敏郎＝石戸谷豊『金融商品取引法ハンドブック』（日本評論社，平成 14 年）60 頁以下を参照。

(29)　潮見佳男「消費者契約法と民法理論」法学セミナー 549 号（平成 12 年）

10頁。

(30) 消費者契約法は，契約条項の規制に関してもいくつかの条文を規定しているが，本書の直接の検討対象ではないので，ここではとりあげないことにする。なお，消費者契約法における契約条項の規制に焦点をあてて検討するものとして，消費者契約法制定直前のものであるが，山本敬三「消費者契約立法と不当条項規制──第17次国民生活審議会消費者政策部会報告の検討」NBL 686号（平成12年）14頁以下を参照。

(31) 消費者契約法制定へ向けた国民生活審議会消費者政策部会における審議状況を含めた大まかな立法経緯については，内閣府国民生活局消費者企画課編『逐条解説 消費者契約法（補訂版）』（商事法務研究会，平成15年）1頁以下（初版は，経済企画庁国民生活局消費者行政第一課編として，平成12年に公刊された），落合誠一『消費者契約法』（有斐閣，平成13年）1頁以下に紹介されている。なお，日本私法学会第63回大会で開催されたシンポジウムで，消費者契約法の立法過程における問題点がさまざまな角度から議論された。シンポジウムの詳細については，「『消費者契約法』をめぐる立法的課題」私法62号（平成12年）3頁以下を参照。

(32) 経済企画庁国民生活局消費者行政第一課編『消費者取引の適正化に向けて──第15次国民生活審議会消費者政策部会報告とその資料』（大蔵省印刷局，平成9年）40頁。

(33) 経済企画庁国民生活局消費者行政第一課編『消費者契約法（仮称）の具体的内容について──国民生活審議会消費者政策部会中間報告と関連資料』（大蔵省印刷局，平成10年）36頁以下（特に38頁を参照）。

(34) 経済企画庁国民生活局消費者行政第一課編『消費者契約法（仮称）の制定に向けて──国民生活審議会消費者政策部会報告と関連資料』（大蔵省印刷局，平成11年）27頁以下（特に29頁参照）。

(35) 経済企画庁・前掲注(34)「第16次最終報告」では，「情報提供義務」という表現が用いられていないことから，「第16次中間報告」とくらべて情報提供義務を明示する姿勢が後退したとするものとして，後藤巻則「消費者契約における契約締結過程の適正化と情報提供義務（1）」獨協法学49号（平成11年）26頁。

(36) 国民生活審議会消費者政策部会消費者契約法検討委員会報告「消費者契

第二節　特別法上の諸規定による解決とその問題点

約法（仮称）の具体的内容について」NBL 679 号（平成 11 年）55 頁以下。

(37)　経済企画庁国民生活局消費者行政第一課編「消費者契約法（仮称）の立法に当たって——国民生活審議会消費者政策部会報告と関連資料」（平成11年12月）。この報告については，内閣府のホームページ上で公開されている（アドレスは，http://www5.cao.go.jp/99/c/19991224c-17bukai.pdf〔平成17年6月30日現在〕）。なお，落合・前掲注(31) 192 頁以下にも，全文が掲載されている。

(38)　「第17次委員会報告」全体に疑問を呈するものとして，星野英一「『消費者契約法（仮称）の具体的内容について』を読んで」NBL 683 号（平成12年）6 頁以下。また，「第17次委員会報告」の契約締結過程に関する規律をめぐる部分について疑問を呈するものとして，沖野眞已「『消費者契約法（仮称）』における『契約締結過程』の規律——第17次国民生活審議会消費者政策部会報告を受けて」NBL 685 号（平成12年）16 頁以下。

(39)　「消費者契約」とは何か，さらに，「消費者」，「事業者」とは何か，という問題は，古くから争われてきた。学説をみると，「消費者契約」とは「消費者」と「事業者」との間で締結された契約であるとしたうえで，対立する概念である「事業者」の存在を念頭におきつつ「消費者」という概念を定義することによって，「消費者契約」の範囲を確定しようとするものが数多くみられる。例えば，竹内昭夫教授は，事業目的のために取引をする者以外の自然人を念頭におき，「消費者とは他人の供給する物資・役務を消費生活のために購入・利用する者であり，供給者に対立する概念である」と定義する（竹内昭夫「消費者保護」竹内昭夫ほか『現代の経済構造と法（現代法学全集52）』〔筑摩書房，昭和50年〕14頁）。これに対して，消費者契約法においては，「消費者」の内容を確定するのではなく，むしろ「事業者」の定義づけに重点をおくことによって，「消費者」ひいては「消費者契約」の範囲を広く捉えている。なお，消費者概念については，山田卓生「消費者保護法の意義」加藤一郎＝竹内昭夫編『消費者法講座　第1巻　総論』（日本評論社，昭和59年）18頁，長尾治助『消費者私法の原理——民法と消費者契約』（有斐閣，平成4年）19頁以下（初出は，「法上の消費者概念」立命館法学 201＝202 合併号〔昭和63年〕303頁），同「消費者契約」谷口知平＝五十嵐清編『新版注釈民法(13)　債権(4)　契約総則』（有斐閣，平成8年）216頁，鎌田薫「『消費者

第二章　わが国における具体的な問題状況

法』の意義と課題」『岩波講座現代の法13　消費生活と法』(岩波書店, 平成9年) 10頁, 大村敦志「消費者・消費者契約の特性」『消費者・家族と法 (生活民法研究Ⅱ)』(東京大学出版会, 平成11年) 3頁以下 (初出は, NBL 475号29頁以下, 476号42頁以下, 477号36頁以下, 478号〔以上, 平成3年〕52頁以下), 同『消費者法(第2版)(法律学大系)』(有斐閣, 平成15年) 19頁以下, 谷本圭子「契約法における人的適用範囲確定——序論的検討・ドイツ消費者保護法の概観」立命館法学249号 (平成8年) 108頁, 同「契約法における『消費者保護』の意義 (1) —(4・完)——適用範囲限定に着目して」立命館法学259号1頁, 260号1頁 (以上, 平成10年), 267号 (平成12年) 38頁, 287号 (平成15年) 237頁, 同「消費者契約法の人的適用範囲について」立命館法学271=272号 (平成13年) 522頁, 同「契約法における『消費者保護』の意義——ドイツ法を手がかりとして」私法60号 (平成10年) 197頁, 等を参照。

(40)　千葉恵美子教授によれば,「消費者契約」の内容を決定する方法には, 次の2つがあるという。すなわち, 第一に, 消費者契約の対象となる「行為」に着目する方法, 第二に, まず行為主体である「消費者」(および「事業者」) を定義したうえで, その主体間でなされた契約を「消費者契約」とする方法である (千葉恵美子「消費者契約法——国民生活審議会消費者政策部会中間報告を踏まえて」法律時報70巻10号〔平成10年〕16頁以下)。この点については, 経済状況の変化により新たな取引形態の出現, あるいは従来の取引形態の変化が予想されるため,「行為」に着目して消費者契約を定義づけると, そのような事態に柔軟に対応できないのではないかという懸念が示されていた (経済企画庁・前掲注(33)「第16次中間報告」25頁)。

(41)　消費者契約法制定へ向けた国民生活審議会消費者政策部会における議論では,「消費者」,「事業者」および「消費者契約」の定義に際しては, 一貫して「事業性」の有無が問題とされている (経済企画庁・前掲注(33)「第16次中間報告」25頁以下, 経済企画庁・前掲注(34)「第16次最終報告」25頁以下, 国民生活審議会・前掲注(36)「第17次委員会報告」56頁)。なお, 消費者契約法制定の過程でこの点を論じたものとして, 落合誠一ほか「消費者契約適正化のための検討課題 (1)」NBL 621号 (平成9年) 12頁以下, 沖野眞已「『消費者契約法(仮称)』の一検討 (2)」NBL 653号 (平成10年) 15頁以下, 岩原紳作

第二節　特別法上の諸規定による解決とその問題点

ほか「21世紀の消費者法を展望する」ジュリスト1139号（平成10年）178頁以下，千葉・前掲注(40) 16頁以下，河上正二「『消費者契約法（仮称）』について——消費者取引における包括的民事ルールの策定に向けて」法学教室221号（平成11年）68頁以下，同「総論」河上正二ほか『消費者契約法——立法への課題』（別冊NBL 54号）（商事法務研究会，平成11年）20頁以下，現代契約法制研究会「消費者契約法(仮称)の論点に関する中間整理」NBL 664号（平成11年）48頁以下，等。

(42)　消費者契約法の立法過程における適用除外の問題を取り扱ったものとして，山下友信「消費者契約法諸規定の位置づけ」河上正二ほか『消費者契約法——立法への課題』（別冊NBL 54号）（商事法務研究会，平成11年）234頁以下，河上・前掲注(41) 22頁。

(43)　山本豊「消費者契約法「総論」（1）——新法の背景，性格，適用範囲」法学教室241号（平成12年）80頁。

(44)　内閣府・前掲注(31)『逐条解説』44頁。

(45)　内閣府・前掲注(31)『逐条解説』46頁以下。

(46)　「第16次中間報告」には，参考資料として「我が国における契約締結過程の適正化に関する民事裁判例」が掲載されているが，そのうち情報提供義務違反をめぐる裁判例として学習塾のフランチャイズ契約をめぐる裁判例が，「事業者間契約」という形で紹介されている（経済企画庁・前掲注(33)「第16次中間報告」79頁）。フランチャイズ契約と消費者契約の類似性をめぐる議論については，第一章第二節注(19)（21頁）参照。

(47)　内閣府・前掲注(31)『逐条解説』49頁。

(48)　内職商法，マルチ商法等につき，基本的には消費者契約と解するべきであるとするものとして，齋藤雅弘「消費者契約法の適用範囲」法学セミナー549号（平成12年）15頁以下，山本豊・前掲注(43) 82頁以下。なお，齋藤弁護士は，フランチャイズ商法についても消費者契約法の適用対象とされるべきであるとするが，この点については第一章第一節注(9)（9頁）を参照。

(49)　経済企画庁・前掲注(33)「第16次中間報告」36頁以下（特に38頁を参照）。

(50)　国民生活審議会・前掲注(36)「第17次委員会報告」56頁以下。

(51)　松本恒雄「消費者契約法と契約締結過程に関する民事ルール」法律のひろば53巻11号（平成12年）17頁，升田純ほか「新しい消費者保護法制と

取引約款」金融法務事情 1596 号（平成 12 年）34 頁（松本恒雄発言）。

(52) 加賀山茂「消費者契約法の実効性確保策と今後の展望」法学セミナー 549 号（平成 12 年）46 頁以下。同様の指摘をするものとして，落合・前掲注(31) 61 頁以下。

(53) 内閣府・前掲注(31)『逐条解説』59 頁。同様の指摘をするものとして，松本・前掲注(51)法律のひろば 17 頁。

(54) 山本豊「消費者契約法（2）――契約締結過程の規律」法学教室 242 号（平成 12 年）88 頁。

(55) 松本・前掲注(51)法律のひろば 17 頁。

(56) 実際，消費者契約法施行前の事件に関する裁判例ではあるが，パソコン教室の受講契約において，同法 1 条・3 条・4 条 2 項を引用したうえで，その趣旨から事業者に信義則上の告知・説明義務違反があるとして消費者側からの不法行為に基づく損害賠償請求を認めながら，同法 3 条 2 項の趣旨及び公平の見地から 2 割の過失相殺をしたものがある（大津地判平成 15 年 10 月 3 日 TKC 法律情報データベース・LEX/DB〔判例：第一法規出版提供〕文献番号 28090191）。なお，山本敬三教授は，この点について「3 条 1 項で努力義務しか認めなかったのは，情報格差を理由とした一般的情報提供義務を否定する趣旨だと解するほかない」と述べる（山本敬三「消費者契約法と情報提供法理の展開」金融法務事情 1596 号〔平成 12 年〕10 頁）。

(57) 潮見編・前掲注(28) 26 頁以下（引用は 28 頁／いずれも潮見佳男執筆部分）。

(58) 内閣府・前掲注(31)『逐条解説』66 頁および 91 頁以下。主観的要件の緩和とのかねあいで，不実告知あるいは情報の不告知を民法上のどの規定に該当するものと捉えるかという問題については，消費者契約法成立前から論じられていた。河上正二教授は，欺罔に関する故意の立証を緩和し，不実告知あるいは情報の不告知という事実だけで故意があった場合と同視できることにしたものであるとして，詐欺に相当すると捉える（河上・前掲注(41)法学教室 69 頁以下）。これに対して，沖野眞已教授は，不実告知を詐欺（これを「不実告知型」という），情報の不告知を錯誤（これを「不告知型」という）の延長線上で捉える（沖野眞已「契約締結過程の規律と意思表示理論」河上正二ほか『消費者契約法――立法への課題』〔別冊 NBL 54 号〕〔商事法務研究会，平成 11 年〕38 頁以下〔特に 40 頁を参照〕）。なお，不実告知と情報の不告知の区別に関し

ては，沖野眞已「『消費者契約法（仮称）』の一検討（3）」NBL 654号（平成10年）41頁以下も参照。
(59) 経済企画庁・前掲注(33)「第16次中間報告」36頁以下（特に38頁を参照）。
(60) 経済企画庁・前掲注(34)「第16次最終報告」27頁以下。
(61) 内閣府・前掲注(31)『逐条解説』67頁。
(62) 国民生活審議会・前掲注(36)「第17次委員会報告」57頁。
(63) 山本豊・前掲注(54) 89頁，池本誠司「不実の告知と断定的判断の提供」法学セミナー549号（平成12年）19頁以下，道垣内弘人「消費者契約法と情報提供義務」ジュリスト1200号（平成13年）51頁以下，落合・前掲注(31) 73頁，潮見編・前掲注(28) 34頁以下（潮見佳男執筆部分）。
(64) 経済企画庁・前掲注(33)「第16次中間報告」38頁以下参照。同報告では，情報提供義務違反をめぐって争われた判例の分析を通して指標が得られる可能性，さらに，業界ごと，個々の契約類型ごとにある程度の指標を作る可能性があるとする。
(65) 経済企画庁・前掲注(34)「第16次最終報告」32頁以下。
(66) この点を指摘するものとして，後藤・前掲注(35) 27頁。
(67) 産業界等からの強い反発について，「第16次最終報告」の段階でも，内容の明確化・具体化を図り，裁量の幅が小さい規範となるよう法令上明文化すべきであるとの主張がなされていたことにつき，経済企画庁・前掲注(34)「第16次最終報告」33頁以下。
(68) 内閣府・前掲注(31)『逐条解説』105頁。
(69) これと同様の見解を示すものとして，後藤巻則「消費者契約法における取り消しうる行為（誤認・困惑類型）」銀行法務21　578号（平成12年）35頁以下，池本・前掲注(63) 20頁（この論稿では，消費者契約法4条4項1号，2号の規定を例示規定と解するべきであると主張されている），松本・前掲注(51)法律のひろば13頁，潮見編・前掲注(28) 37頁（潮見佳男執筆部分）。消費者契約法が成立する以前に「第17次委員会報告」に対して同様の指摘をなすものとして，沖野・前掲注(38) 19頁以下。
(70) 内閣府・前掲注(31)『逐条解説』68頁以下。
(71) 内閣府・前掲注(31)『逐条解説』71頁。なお，これらの点について批判的検討を加えるものとして，松本・前掲注(51)法律のひろば13頁，潮見編・前掲

第二章　わが国における具体的な問題状況

注(28) 37 頁以下（潮見佳男執筆部分）。

(72)　「第 16 次中間報告」が出された後，千葉教授は，事業者による「重要事項」の情報提供義務違反と，消費者による契約締結の意思決定との間の因果関係につき，その立証の困難性を指摘した（千葉・前掲注(40) 17 頁）。また，「第 16 次最終報告」でも，消費者による立証の困難性を考慮し，証明責任についてはさらに検討するものとされていた（経済企画庁・前掲注(34)「第 16 次最終報告」35 頁）。

(73)　内閣府・前掲注(31)『逐条解説』74 頁以下。

(74)　松本・前掲注(51)法律のひろば 14 頁。また，山本・前掲注(54) 92 頁は，「その他の将来における変動が不確実な事項」とは将来を見通すことができない経済的事項を念頭においたものであると指摘する。これに対して，上記事項をよりひろく捉えるべきであるとする見解として，横山美夏「消費者契約法における情報提供モデル」民商法雑誌 123 巻 4 = 5 号（平成 13 年）98 頁，潮見編・前掲注(28) 79 頁（潮見佳男執筆部分），落合・前掲注(31) 79 頁。

(75)　内閣府・前掲注(31)『逐条解説』77 頁以下。

(76)　潮見編・前掲注(28) 38 頁以下（潮見佳男執筆部分）

(77)　経済企画庁・前掲注(33)「第 16 次中間報告」38 頁。なお，沖野教授は，「第 16 次中間報告」のあげる理由については，次の 2 点から疑問を呈している。まず，①故意の要否は消費者の受ける影響の問題ではなく，それによる契約関係の覆滅を事業者に帰しうるかの問題であるという点，次に，②故意の立証困難性を回避するには，立証責任を転換したり，故意要件を緩和して重過失あるいは過失にまで要件を拡大するという方法もあり，ただちに事業者の帰責性を問わないという結論には結びつかないという点である（沖野・前掲注(58)「『消費者契約法（仮称）』の一検討 (3)」51 頁）。

(78)　沖野教授は，「第 16 次中間報告」が公表されたのちに執筆した論稿の中で，情報提供の対象を契約の「要素」に限定せず「重要事項」に拡張し事業者の義務を強化する以上，情報の不告知の場合には，事業者の帰責性ないし過失を要件としたうえで立証責任を事業者に転換することを提唱している。また，不実告知または故意による情報の秘匿の場合には，事業者の故意または重過失を要件としたうえで立証責任を事業者に転換することを提唱する（沖野・前掲注(58)「『消費者契約法（仮称）』の一検討 (3)」51 頁以下）。ただし，

第二節　特別法上の諸規定による解決とその問題点

同教授は、「第16次最終報告」を受けて執筆した論稿の中では，情報の不告知と不実告知とでは主観的要件等で異なる取扱いをすべきだと主張するが，情報の不告知に関して，特に主観的要件の有無を検討していない。また，不実告知について事業者が重過失により虚偽であることを知らない場合も含みうるとしているが，「『重過失』で線を引くべきであろうか」という形でそのトーンは弱まっている（沖野・前掲注(58)『消費者契約法』44頁）。これは，「第16次最終報告」では，「重要事項」の内容，および「情報提供」の有無について「一般的消費者」を基準として考えるという絞りがかけられたことを考慮したものであるように思われる。

(79)　同様の指摘をするものとして，潮見編・前掲注(28) 39頁以下（潮見佳男執筆部分）。

(80)　『逐条解説』は，デジタルCSチューナーセットを買えばすぐにCS放送を見ることができると考え購入した場合に，取付機材が必要なことがカタログに書かれていないし，販売店でも説明がなかったという事例では，事業者は消費者の利益となる旨を告げていないので，消費者契約法4条2項の適用対象外となるとする（内閣府・前掲注(31)『逐条解説』80頁以下）。

(81)　山本豊・前掲注(43) 80頁。なお，下級審裁判例においても，消費者契約法を積極的に適用していこうとする動きもみられる。まず，ダイヤモンド指輪の販売契約で販売業者の不実告知があったとして，同法4条1項1号に基づき契約取消しを認めたうえで，割賦販売法30条の4に基づきその取消しをもって割賦購入あっせん業者に対抗することができるとした事例（大阪高判平成16年4月22日消費者法ニュース60号156頁），完全な日本語の会話や理解のできない中国人に対する教材の訪問販売契約に関するクレジット契約（立替払契約）について，販売員の不実告知があったとして，同法4条1項1号および5条（契約媒介の委託を受けた第三者・代理人に対して4条を準用する旨の規定）をもとに契約の取消しを認めた事例（東京簡判平成16年11月29日TKC法律情報データベース・LEX/DB〔判例：第一法規出版提供〕文献番号28100407）がある。また，業務提供誘引販売契約において断定的判断の提供があったとして，同法4条1項2号を適用して契約の取消しを認めた事例（東京簡判平成16年11月15日TKC法律情報データベース・LEX/DB〔判例：第一法規出版提供〕文献番号28100409），商品先物取引で一部の具体的取引の勧

誘行為について商品先物業者による断定的判断の提供があったとして，その部分のみ同法4条1項2号に基づく契約取消しを認めた事例（名古屋地判平成17年1月26日 TKC 法律情報データベース・LEX/DB〔判例：第一法規出版提供〕文献番号28100749）がある（なお，最後の名古屋地裁判決については，石川真司弁護士のご厚意により原本を参照することができた。記して謝意を表する次第である）。

(82) 加賀山教授は，消費者の証明責任を軽減するために，契約取消権に関する一般条項をおいたうえで，一般条項に該当する事実の証明について法律上の推定規定をおくことを提案する（加賀山・前掲注(52) 49頁）。なお，消費者契約法制定以前のものであるが，千葉教授は，情報提供義務が法定されると，相対的に情報量が増加し因果関係の証明が消費者にはかえって困難になるので，すべての立証責任を消費者に負担させると情報提供義務違反を理由とする契約取消権は認められにくくなるとする。そのうえで，立法政策的には，因果関係の存在を問題とすることなく情報提供義務違反だけを要件とし，かつ，企業に情報提供義務違反があると推定することにより立証責任を転換することも考えられるとする（千葉・前掲注(40) 17頁）。

(83) 潮見・前掲注(29) 10頁。

(84) 松野知之「新しい金融の流れに関する懇談会『論点整理』の概要」金融法務事情1522号（平成10年）81頁以下，神田秀樹ほか「座談会・金融サービス法への展望と課題」金融法務事情1535号（平成11年）31頁以下。なお，平成10年の銀行法改正でもうけられた説明義務に関する規定をふまえて，金融サービス法のあり方を模索するものとして，松野知之「『金融サービス法』をめぐる今後の検討について――銀行の説明義務を中心に」金融法務事情1535号（平成11年）20頁以下を参照。

(85) 金融審議会第一部会「中間整理（第一次）」，「中間整理（第二次）」およびホールセール・リーテイルに関するワーキンググループ報告「金融商品の販売・勧誘ルールの整備について」は，ともに金融庁のホームページで公表されているので（アドレスは，http://www.fsa.go.jp/p-mof/singikai/kinyusin/top.htm〔平成17年6月30日現在〕），そちらを参照されたい。なお，「中間整理（第一次）」の概要については，森田宗男「金融審議会第一部会『中間整理（第一次）』の概要」金融法務事情1554号（平成11年）6頁以下を参照。

第二節　特別法上の諸規定による解決とその問題点

また，「中間整理（第一次）」および「中間整理（第二次）」の内容を含め，金融システム改革開始以降の動きをまとめたものとして，山田誠一「金融商品の販売等に関する法律の成立」金融法務事情1590号（平成12年）6頁以下。

(86)　金融商品販売法の概要については，牧田宗孝「金融商品の販売等に関する法律の概要」NBL 691号（平成12年）11頁以下，大前恵一朗「金融商品の販売等に関する法律の概要」金融法務事情1582号（平成12年）23頁以下，同「金融商品の販売等に関する法律の概要について」ジュリスト1185号（平成12年）61頁以下，同「金融商品の販売等に関する法律の概要について」法律のひろば53巻11号（平成12年）35頁以下，潮見編・前掲注(28) 6頁以下（山下友信執筆部分），桜井＝上柳＝石戸谷・前掲注(28) 4頁以下を参照。

(87)　投資サービス法をめぐる議論状況については，金融庁のホームページ上で公開されている金融審議会第一部会での議論を参照されたい（アドレスは，http://www.fsa.go.jp/singi/singi_kinyu/base.html〔平成17年6月30日現在〕）。

(88)　「金融商品販売業者等」とは，金融商品の販売を業として行う者であり（金融商品販売法2条3項），「顧客」とは，金融商品の販売の相手方である（同法2条4項）。

(89)　銀行実務の立場からこのような見解を示すものとして，渡辺博己「金融商品販売法における『説明を要する重要事項』」銀行法務21　578号（平成12年）33頁。

(90)　大前・前掲注(86)金融法務事情27頁，ジュリスト65頁，法律のひろば39頁は，金融商品販売法3条1項では明示されていない金融商品のしくみ等についても，本法にいう重要事項を説明する際に，重要事項に関連する部分として当然説明されることになると指摘する。

(91)　大前・前掲注(86)金融法務事情24頁以下，ジュリスト62頁，法律のひろば36頁。

(92)　大前・前掲注(86)金融法務事情25頁，ジュリスト62頁，法律のひろば37頁。なお，山田教授は，販売業者が重要事項を知らなかったとしても，重要事項につき説明しなかったときは損害賠償責任を負うものとする（山田誠一「金融商品の販売等に関する法律」江頭憲治郎＝岩原紳作編『あたらしい金融シス

第二章　わが国における具体的な問題状況

テムと法』〔ジュリスト増刊〕〔有斐閣、平成12年〕15頁）。

(93)　政令である「金融商品販売法施行令」8条では、特定顧客を金融商品販売業者等であるとする。なお、この政令については、後掲注(99)を参照。

(94)　同種の取引が繰り返し行われる場合、個別の取引ごとに説明義務を負うか否かという問題につき、山田教授は、金融商品販売法3条4項2号にいう「説明を要しない旨の顧客の意思の表明」の存否で判断すべきであるとする（山田・前掲注(92)14頁）。もっともこのような見解を前提とすると、顧客が明示的に意思表示をなしていない場合にも「説明を要しない旨の顧客の意思の表明」があったとされる可能性があり、山田教授も指摘するように（同17頁注(10)）、顧客保護の立場からの慎重な対応が必要であろう。

(95)　前掲注(85)ホールセール・リーテイルに関するワーキンググループ報告「金融商品の販売・勧誘ルールの整備について」59頁。

(96)　例えば、証券業界については、日本証券業協会「金融商品販売法に基づく説明義務に関するガイドライン（平成12年10月版）」金融法務事情1595号（平成12年）62～52頁を参照。また法律制定直後に、生命保険業界の法務担当者が実務上の論点をまとめたものとして、金融サービス法研究グループ「『金融商品の販売等に関する法律』における生命保険分野にかかる実務上の論点（上・下）」金融法務事情1592号13頁以下、1593号（以上、平成12年）11頁以下がある。さらに、商品別に説明義務の内容を具体的に考察するものとして、伊藤暢裕ほか「金融商品販売法等と説明義務――商品別の留意事項」金融法務事情1595号（平成12年）15頁以下も参照。

(97)　伊藤進教授は、金融商品販売法が説明義務に関する規定をもうけたことにつき、「説明義務ルールは、既に、判例により私法の法理のなかに採り入れられてきていることからすると明記的に追認したにすぎない」という（伊藤進「金融取引における消費者保護」法律のひろば53巻11号〔平成12年〕43頁）。伊藤教授は、さらに続けて、これまでの判例では、賠償責任の根拠として、適合性原則や不適正勧誘、あるいは断定的判断の提供の禁止と併存していたことを考慮すると、金融商品販売法が賠償責任の根拠を説明義務違反のみとしている点では一歩前進したと述べる（同頁）。なお、下級審裁判例ではあるが、金融商品販売法を積極的に適用していこうとする動きもみられる。例えば、無担保社債の販売契約について証券会社に同法3条1項2号所

第二節　特別法上の諸規定による解決とその問題点

定の重要事項に関する説明義務違反があったとして損害賠償を認めた事例（東京地判平成15年4月9日判時1846号76頁・金法1688号43頁、ただし過失相殺7割）、外国為替証拠金取引において同法3条を参照しつつ不法行為に基づく損害賠償を認めた事例（札幌高判平成16年2月27日先物取引裁判例集36巻211頁〔360頁の「外国為替証拠金取引に関する裁判例一覧」〔為8〕判決〕）がある。

(98)　第一章第一節二（4頁）および第二章第二節二（4）（32頁）を参照。なお、同様の指摘をするものとして、桜井＝上柳＝石戸屋・前掲注(28) 32頁以下。

(99)　「金融商品販売等に関する法律施行令」（平成12年政令第478号）については、金融法務事情1596号（平成12年）48頁以下に掲載されている。なお、その概要については、大前恵一朗＝滝波泰「金融商品販売等に関する法律施行令の概要」金融法務事情1596号（平成12年）45頁以下を参照。

(100)　第一章第一節二（3頁）の記述を参照。なお、同様の指摘をするものとして、桜井＝上柳＝石戸谷・前掲注(28) 33頁以下。ちなみに、融資についても、金融審議会第一部会の「中間整理（第一次）」では、融資をも含め広い範囲での規制をすることが考えられていた（前掲注(85)「中間整理（第一次）」8頁）。しかし、「中間整理（第二次）」では「金融商品の範囲を明確に画せる具体的かつ包括的な定義」をおくことは困難であるとされ（前掲注(85)「中間整理（第二次）」14頁）、ホールセール・リーテイルに関するワーキンググループ報告では、「販売・勧誘ルールは基本的には利用者が資金の出し手になる場合のルールであり、利用者が資金の受け手になる場合である融資に関する契約は、その対象には含まれない」とされた（前掲注(85)ホールセール・リーテイルに関するワーキンググループ報告「金融商品の販売・勧誘ルールの整備について」55頁）。

(101)　伊藤進「金融商品販売法の目的と概要」銀行法務21　578号（平成12年）31頁、同・前掲注(97) 43頁。

(102)　なお、山田教授は、金融商品販売法5条との関係では、重要事項を説明しなかったことと損害の発生との間に因果関係が存在しないことを、販売業者が立証すれば因果関係の推定が覆ることになると指摘する（山田・前掲注(92) 15頁）。ここでは、顧客が重要事項をすでに知りながら取引を行った場合

第二章　わが国における具体的な問題状況

## 【「業法における契約締結過程の規律に関する規定」一覧】

| 法律名 | 誠実義務 | 広告規制 | 表示・掲示等 | 書面交付義務 | 説明義務等 | 不実告知・不告知 |
|---|---|---|---|---|---|---|
| 宅建業法 | 31(信義誠実) | 32(誇大広告禁止)<br>33(開始制限)<br>34Ⅰ(取引態様明示) | 50(標識) | 34の2Ⅰ(媒介契約締結時)<br>34の2Ⅵ(媒介契約締結・登録後/登録証)<br>34の3(代理契約)<br>→34の2準用<br>35(売買契約等締結前/重要事項)<br>37(売買契約等締結時) | 34Ⅱ(注文時/取引態様明示)<br>34の2Ⅱ(媒介契約締結時/評価額)<br>34の2Ⅷ(媒介契約締結後/通知)<br>34の3(代理契約)<br>→34の2準用<br>35(売買契約等締結前/重要事項)<br>35の2(売買契約等締結前/供託所等) | 47① |
| 旅行業法 |  | 12の7(主催旅行)<br>12の8(誇大広告禁止)<br>13Ⅲ③(あっせん便宜) | 12(料金)<br>12の2Ⅲ(約款)<br>12の9(標識)<br>14の3Ⅲ(代理業者) | 12の4Ⅱ(契約締結前/取引条件)<br>12の5(契約締結時) | 12の4Ⅰ(契約締結前/取引条件)<br>14の3Ⅰ(代理業者/旅行業者名等明示) | 13Ⅰ② |
| 保険業法 | 299(誠実/媒介契約/保険仲立人) |  |  | 296(媒介契約締結前/保険仲立人/氏名等明示)<br>297(媒介契約締結前/保険仲立人/顧客の求めによる手数料等開示) | 294(保険募集前/保険募集人/権限明示) | 300Ⅰ①(契約条項の重要事項)<br>300Ⅰ⑥(他契約と比較して内容を誤解させる表示・告知)<br>300Ⅰ⑨→省令234④(重要事項) |
| 証券取引法 | 33(誠実公正) |  |  | 13, 15(募集・売出前/目論見書)<br>23の13Ⅱ・Ⅳ(機関投資家・少人数向勧誘前・勧誘時告知事項)<br>23の14Ⅱ(海外発行証券の少人数向勧誘前・勧誘時/売付条件)<br>27の9(公開買付前/公開買付説明書)<br>40(契約締結前/証券先物取引説明書)<br>41(取引成立時/取引報告書) | 23(違法表示禁止)<br>23の13Ⅰ・Ⅲ(勧誘時/機関投資家・少人数向勧誘での告知義務)<br>23の14Ⅰ(勧誘時/海外発行証券の少人数向勧誘での売付条件明示義務)<br>38(取引態様明示) | 42Ⅰ⑨→省令4①(虚偽表示、内容を誤解させる表示) |
| 銀行法 |  |  |  | 12の2<br>→省令13の3①②(対預金者)<br>→省令13の4(対債権の権利者) | 12の2<br>→省令13の3④(対預金者)<br>→省令13の4(対債権の権利者) | 12の2<br>→省令13の3③④⑤⑥(対預金者)<br>→省令13の4(対債権の権利者) |
| 特定商品等預託法 |  |  |  | 3Ⅰ(契約締結前)<br>3Ⅱ(契約締結・更新時) |  | 4Ⅰ・Ⅱ |
| ゴルフ場等会員契約適正化法 |  | 6(誇大広告禁止) |  | 5Ⅰ(契約締結前)<br>5Ⅱ(契約締結時)<br>5Ⅲ(計画等変更時) |  | 7Ⅰ・Ⅱ |
| 金融先物取引法 | 75(誠実公正) | 68(広告内容)<br>69(事実相違・誤認広告禁止) | 66(標識) | 70(受託契約締結前)<br>71(個別取引成立時)<br>72(委託証拠金受領時) | 70(受託契約締結前)<br>73(取引態様事前明示) |  |

## 【「業法における契約締結過程の規律に関する規定」一覧】

| 断定的判断 | 威迫等勧誘 | 不当勧誘禁止 | 適合性原則 | クーリング・オフ | 解約・取消権 | 損害賠償責任 | 契約締結の制限 |
|---|---|---|---|---|---|---|---|
| 47の2Ⅰ(利益) | 47の2Ⅱ | | | 37の2(8日) | | | 33の2(自己所有以外) |
| 47の2Ⅲ →省令16の7①イ (環境交通等) | 47の2Ⅲ →省令16の7①ハ (困惑) | | | | | | 36(契約締結時期制限) 38(損害賠償額の予定制限) 39(手付額制限) 40(瑕疵担保特約制限) |
| 300Ⅰ⑦ | | 300Ⅰ②③(告知義務違反を勧める行為禁止) 300Ⅰ④(不当な乗り換え募集行為) 300Ⅰ⑤(利益提供約束) 300Ⅰ⑨→省令234② (法人の不当乗り換え募集行為) | | 309(8日) | | 283(募集人の所属保険会社) | |
| 42Ⅰ①(有価証券,証券オプション) 42Ⅰ②(証券指数等先物) 42Ⅰ③(証券指数等先渡) 42Ⅰ④(証券指数等店頭スワップ) | | 42Ⅰ⑦(一斉に過度の勧誘) 42Ⅰ⑨→省令4② (利益保証約束)、⑨(発行会社の法人関係情報による勧誘)、⑪〜⑭ (一斉に過度の勧誘) 42の2(損失補てん約束) | 43①(証券会社の経営保全義務) | 27の12(公開買付) | | 16(目論見書不交付) 17(不実の目論見書使用者) 18(不実届出書・不実目論見書の届出者責任) 21,22(不実届出書・不実目論見書の関係者責任) 27の16〜27の20 (公開買付での違反者の責任) | |
| | 5① | | | 8(14日) | 9(中途解約) | | |
| 8③→省令11 | 8① | | | 12(8日) | | | 4(契約締結時期制限) |
| 76① | 76⑥(威迫) 138(偽計,暴行,脅迫) | 76②(利益保証) 76③(一任契約) 76④(不招請勧誘) 76⑤(再勧誘禁止) | 77 | | | | |

71

## 第二章　わが国における具体的な問題状況

| 法律名 | 誠実義務 | 広告規制 | 表示・掲示等 | 書面交付義務 | 説明義務等 | 不実告知・不告知 |
|---|---|---|---|---|---|---|
| 商品取引所法 | 213(誠実公正) | | 198(標識) | 217(受託契約締結前)<br>220(個別取引成立時通知) | 218 I (説明義務)<br>219(取引方法の別の明示) | |
| 海外先物取引法 | | | | 4(海外先物契約締結前)<br>5 I (海外先物契約締結時)<br>5 II (顧客の売買指示時)<br>6(保証金受領時)<br>7(個別取引成立時) | | 9 |
| 投資顧問業法<br>(投資顧問契約) | 21(忠実) | 13 I (広告内容)<br>13 II (事実相違,誤認広告禁止) | 11(標識) | 14(契約締結前)<br>15(契約締結時)<br>16(契約締結後/6月に一度以上作成交付)<br>22 I ⑧→省令26①(助言の内容等変更時) | 13 III (誤認表示) | |
| (投資一任契約) | 30の2(忠実) | 33→13 II を準用 | | 32(契約締結後/6月に一度以上作成交付)<br>33→14(I③除く), 15, 16を準用 | 33→13 III を準用 | |
| 商品ファンド法<br>(商品投資販売業) | | 15(事実相違,誤認広告禁止) | 13(標識) | 16(契約成立前)<br>17(契約成立時)<br>18 I・II (契約締結後/報告書)→省令5(計算期間の末日に作成交付) | | 23 I・II |
| (商品投資顧問業) | 41(忠実) | 34 I (広告内容)<br>34 II (事実相違,誤認広告禁止) | 43→13準用 | 35(契約締結前)<br>36(契約締結時)<br>37(契約締結後/報告書)→省令6(6月に一度以上作成交付)<br>38(契約締結後/顧客から一任されて行った取引と同種の取引を自己の計算でした場合)→省令6(6月に一度以上作成交付)<br>43→24③準用→省令11②(一任範囲等変更時) | | 43→23 I・II 準用 |
| 抵当証券業法 | | 14(事実相違,誤認広告禁止) | 12(標識) | 15(契約締結前)<br>16(契約締結時) | | |

## 【「業法における契約締結過程の規律に関する規定」一覧】

| 断定的判断 | 威迫等勧誘 | 不当勧誘禁止 | 適合性原則 | クーリング・オフ | 解約・取消権 | 損害賠償責任 | 契約締結の制限 |
|---|---|---|---|---|---|---|---|
| 214① | | 214②(利益保証約束) 214⑤(再勧誘禁止) 214⑥(迷惑勧誘) 214⑦(取引目的秘匿・勧誘意思未確認の勧誘) 214⑧(両建の勧誘) 214⑨→省令103⑤(利益提供約束),⑥(取引単位秘匿),⑦(手仕舞を意思表示した者への勧誘),⑧(虚偽表示・誤解表示による勧誘) | 215 | | | 218Ⅱ(説明義務違反) | |
| 10① | | 10②(損失補てん約束,利益保証) 10⑧→省令8①(契約しない意思表示をした者への電話勧誘)②(迷惑勧誘) | | | | | 3(海外先物契約以外の受託契約の無効) 8(顧客の売買指示の制限) |
| | 22Ⅰ①(偽計,暴行・脅迫) | 22Ⅰ②(損失補てん約束),③(利益提供約束),④〜⑦,⑧→省令26①〜③,22Ⅱ,23の2,23の3(助言方法) | | 17(10日) | | | |
| | 30の3Ⅰ①(偽計,暴行・脅迫) | 30の3Ⅰ②(損失補てん約束),③(利益提供約束) | | | | | |
| 24① | 24③→省令7①(威迫,困惑) | 24②(損失補てん約束,利益保証) 24③→省令7②(利益提供約束),④(買取あっせん表示),⑤(利益等供与表示),⑥(迷惑勧誘),⑦(契約しない意思表示をした者への電話勧誘) | 24③→省令7③ | 19(10日) | | | 21(商品投資顧問業者以外の者に一任する商品投資販売契約締結の禁止) |
| 43→24①準用 | 43→24③準用→省令11①(威迫,困惑) | | | | | | |
| | 19①(暴行・脅迫) 19②→省令15の2②(困惑) | 19②→省令15の2①(迷惑勧誘),②(契約しない意思表示をした者への電話勧誘) | | | | | |

## 第二章　わが国における具体的な問題状況

| 法律名 | 誠実義務 | 広告規制 | 表示・掲示等 | 書面交付義務 | 説明義務等 | 不実告知・不告知 |
|---|---|---|---|---|---|---|
| 不動産特定共同事業法 | 14Ⅰ(信義誠実)<br>14Ⅱ(適正利用) | 18Ⅰ(工事前広告制限)<br>18Ⅱ(権限明示)<br>18Ⅲ(事実相違、誤認広告禁止) | 16(標識)<br>17(業務管理者名簿備付、閲覧提供)<br>29(業務・財産状況書類備付、閲覧提供)、30(事業参加者名簿備付、閲覧提供) | 24(契約成立前)<br>25(契約成立時)<br>28Ⅲ・Ⅳ(契約締結後→報告書)→省令23条(1年を超えない期間ごとに作成交付) | 28Ⅰ(財産管理状況/顧客からの求めがある場合) | 20Ⅰ・Ⅱ |
| 信託業法<br>(信託会社) | 24Ⅱ(適切引受・営業)<br>28Ⅰ(忠実)<br>28Ⅱ(善管注意義務)<br>28Ⅲ(信用維持体制整備) | | 14(商号) | 26(信託契約締結時)<br>27(信託財産状況報告書)<br>29Ⅲ(自己取引時の取引状況記載面) | 25(信託取引時の説明義務) | 24Ⅰ① |
| (信託契約代理店) | 76→24Ⅱ準用 | | 72(標識) | | 74(信託契約代理・媒介時の説明義務)<br>76→25準用 | 76→24Ⅰ①準用 |
| (信託受益権販売業者) | 96→24Ⅱ準用 | | 92(標識) | 95(信託受益権売買契約成立時) | 94(信託受益権売買時の説明義務) | 96→24Ⅰ①準用 |
| 貸金業法 | | 15(広告内容)<br>16(誇大広告禁止) | 14(貸付条件)<br>19(帳簿備付)<br>23(標識) | 17Ⅰ(貸付契約締結時)<br>17Ⅱ(保証契約締結前)<br>17Ⅲ・Ⅳ(保証契約締結時)<br>18(弁済受領時/受取証交付) | | |
| 特定商取引法<br>(訪問販売) | | | 3(氏名等明示) | 4(契約申込時)<br>5(契約締結時) | | 6Ⅰ・Ⅱ |
| (通信販売) | | 11(広告内容)<br>12(誇大広告禁止)<br>12の3(電子メールによる広告の再送信の禁止) | | 13(申込承諾通知) | | |
| (電話勧誘販売) | | | 16(氏名等明示) | 18(契約申込時)<br>19(契約締結時)<br>20(申込承諾通知) | | 21Ⅰ・Ⅱ |
| (連鎖販売取引) | | 35(広告内容)<br>36(誇大広告)<br>36の3(電子メールによる広告の再送信の禁止) | 33の2(氏名等明示) | 37Ⅰ(契約締結前)<br>37Ⅱ(契約締結時) | | 34Ⅰ・Ⅱ |
| (特定継続的役務提供) | | 43(誇大広告) | 45(前払取引における業務・財産状況書類備付・閲覧提供) | 42Ⅰ(契約締結前)<br>42Ⅱ・Ⅲ(契約締結後) | | 44Ⅰ・Ⅱ |
| (業務提供誘引販売取引) | | 53(広告内容)<br>54(誇大広告)<br>54の3(電子メールによる広告の再送信の禁止) | 51の2(氏名等明示) | 55Ⅰ(契約締結前)<br>55Ⅱ(契約締結時) | | 52Ⅰ |

## 【「業法における契約締結過程の規律に関する規定」一覧】

| 断定的判断 | 威迫等勧誘 | 不当勧誘禁止 | 適合性原則 | クーリング・オフ | 解約・取消権 | 損害賠償責任 | 契約締結の制限 |
|---|---|---|---|---|---|---|---|
| 21 I | 21 II (威迫, 困惑) | 21 III→省令19①(利益提供約束), ②(迷惑勧誘), ③(契約しない意思表示をした者への電話勧誘), ⑤(買取あっせん表示), ⑥(利益供与等表示) | 21 III→省令19④ | 26(8日) | | | 19(工事完了前の事業実施の制限) |
| 24 I ② | | 24 I ③(利益提供約束・利益提供) 24 I ④(損失補てん約束・損失補てん) 24 I ⑤→省令30①(誤解表示による勧誘) | | | | 23(信託業務委託先の業務執行にともなう責任) 85(代理店の代理・媒介にともなう責任) | |
| 76→24 I ②準用 | | 76→24 I ③④準用 76→24 I ⑤準用 →省令77①(誤解表示による勧誘) | | | | | |
| 96→24 I ②準用 | | 96→24 I ③④準用 96→24 I ⑤準用 →省令99①(誤解表示による勧誘) | | | | | |
| | | | | | | | |
| | 6 III | 6 IV(アポイントメントセールス) | | 9(8日) | 9の2(取消) | | |
| | 21 III | 17(再勧誘禁止) | | 24(8日) | 24の2(取消) | | |
| | 34 III | 34 IV(アポイントメントセールス) | | 40(20日) | 40の2(中途解約), 40の3(取消) | | |
| | 44 III | | | 48(8日) | 49(中途解約), 49の2(取消) | | |
| | 52 II | 52 III(アポイントメントセールス) | | 58(20日) | 58の2(取消) | | |

## 第二章　わが国における具体的な問題状況

| 法律名 | 誠実義務 | 広告規制 | 表示・掲示等 | 書面交付義務 | 説明義務等 | 不実告知・不告知 |
|---|---|---|---|---|---|---|
| 割賦販売法<br>(割賦販売) | | 3Ⅳ(広告内容) | 3Ⅰ(販売価格等) | 3Ⅱ・Ⅲ(証票等交付時)，4(契約締結時)，4の3(営業所以外の場所で申込みを受けた場合に申込時) | | |
| (提携ローン販売) | | 29の2Ⅳ(広告内容) | 29の2Ⅰ(販売価格等) | 29の2Ⅱ・Ⅲ(証票等交付時)，29の3(契約締結時)，29の3の2, 29の4Ⅰ→4の3準用 | | |
| (割賦購入あっせん) | | 30Ⅳ・Ⅴ(広告内容) | 30Ⅱ(販売価格等) | 30Ⅰ・Ⅲ(証票等交付時)，30の2(購入・受領時)，30の2の2, 30の6→4の3準用 | | |

【一覧表の見方】

※1　本表の中のアラビア数字は条，ローマ数字は項，丸数字は号を表し，カッコ内に書かれた言葉は条文の規定内容を示している。また，「(数字)→省令(数字)」という表示は，前者の数字は法律の条文を，後者の数字は省令の条文を表す。法律の規定上は詳細については省令に委ねられているため，省令の該当個所を矢印の先に示したものである。さらに，「(数字)→(数字)を準用」という表示は，前者の数字の条文が，後者の数字の条文を準用していることを示している。なお，法律名には略称を用いているものもあるが，正式名称については本書26・27頁を参照。

※2　本表に出てくる「省令」とは，それぞれ次のものを指す。宅建業法：宅地建物取引業法施行規則，保険業法：保険業法施行規則，銀行法：銀行法施行規則，金融先物取引法：金融先物取引法施行規則，商品取引所法：商品取引所法施行規則，海外先物取引法：海外商品市場における先物取引の受託等に関する法律施行規則，ゴルフ場等会員契約適正化法：ゴルフ場等に係る会員契約の適正化に関する法律施行規則，投資顧問業法：有価証券に係る投資顧問業の規制等に関する法律施行規則，抵当証券業法：抵当証券業の規制等に関する法律施行規則，商品ファンド法：[商品投資販売業]商品投資販売業者の業務に関する省令・[商品投資顧問業]商品投資顧問業者の業務に関する省令，信託業法：信託業法施行規則，不動産特定共同事業法：不動産特定共同事業法施行規則。

【「業法における契約締結過程の規律に関する規定」一覧】

| 断定的判断 | 威迫等勧誘 | 不当勧誘禁止 | 適合性原則 | クーリング・オフ | 解約・取消権 | 損害賠償責任 | 契約締結の制限 |
|---|---|---|---|---|---|---|---|
| | | | | 4の4(8日) | | | 20(資産不足の場合における契約締結の禁止命令) |
| | | | | 29の3の3(8日) | | | |
| | | | | 29の3の3(8日) | | | 34(資産不足の場合における証票等交付の禁止命令) |

第二章　わが国における具体的な問題状況

には，販売業者が重要事項を説明しなくとも，損害の発生との間に因果関係が存在しないものと考えられている。この場合，重要事項につきすでに知っているか否かという判断は顧客の知識・経験等に基づきなされる可能性が高いと思われるが，知識・経験の捉え方によっては，顧客に不利な判断が下される可能性がある点に留意しなければならないであろう。

(103)　金融商品販売法7条および8条の問題性を指摘するものとして，潮見編・前掲注(28) 150頁以下および160頁以下（いずれも川地宏行執筆部分）。

(104)　金融商品販売法には直接関連するわけではないが，製造物責任法制定後，メーカーにはある程度慎重な行動を，消費者には訴訟に至らないまでも多少積極的な行動を喚起している点で，法制定による一種のアナウンスメント効果があることを指摘するものとして，加藤雅信「製造物責任法施行後の状況」同編『製造物責任法の現在』（別冊NBL 53号）（商事法務研究会，平成11年）4頁以下を参照。

(105)　山本豊・前掲注(43) 80頁は，消費者契約法に関しては，「第17次委員会報告」とりまとめの過程で，徐々に業法的センスが紛れこんだ部分があることに注意を促している。なお，「第17次委員会報告」を対象に論じたものであるが，「消費者契約法」に行政規制的ないし業法的色彩がみられる結果，契約締結過程に関しては限定された個別立法となっているということを指摘するものとして，沖野・前掲注(38) 25頁を参照。

(106)　消費者契約法11条1項は，契約の取消し等については，消費者契約法以外に，民法と商法の規定によるものと定める（ただし，11条2項は，民法および商法以外の個別法に別段の定めがあるときは，後者によるものとする）。また，金融商品販売法はもともと民法上の不法行為の特則と考えられているので，金融商品販売法6条によれば，損害賠償責任に関する規定についても，金融商品販売法と並んで民法の規定によるものとされている。なお，消費者契約法と金融商品販売法の適用関係については，両者は異なる類型を想定しているが，双方を重ねて適用することも許されると考えるのが一般的である。この点については，大前・前掲注(86)金融法務事情28頁，ジュリスト66頁，法律のひろば40頁にそれぞれ掲載されている別表を参照。また，山田・前掲注(85) 12頁，伊藤・前掲注(97) 44頁も参照。

## 第三節　民法上の諸規定による解決とその問題点

### 一　緒　論

　第二節で検討したように，契約当事者間の知識や情報収集能力の面における格差を理由とした紛争に関しては，従来の「業法」，または近時制定された「消費者契約法」，「金融商品販売法」など，特別法による解決が図られてきたが，それには一定の限界があることが明らかとなった。それら特別法の規定では解決できない場合には，結局，民法上の諸規定を用いた解決によらざるをえないことになる。

　しかし，この民法上の諸規定を用いて，右に述べたような紛争の解決を図ろうとする場合にあっても，これらの規定自体のもつ制約に由来する一定の限界が存在することは先に述べたところであるし[1]，すでに多くの論者によって指摘されている[2]。そこで，本節においては，民法上の諸規定の拡張等を図る見解のうち，情報提供義務が問題となる場合にしばしば言及される意思表示規定（とりわけ，錯誤および詐欺）の拡張理論，およびそれらの法理の枠を超えて統合を図ろうとする見解を中心に，ごく簡単な概観をするにとどめおくこととしたい。

### 二　錯誤・詐欺を個別に拡張しようとする見解とその限界

　事業者と消費者との間の紛争事例をみると，いわゆる「動機の錯誤」が問題となっているものが数多く存在する[3]。この「動機の錯誤」が「要素の錯誤」にあたり契約が無効になりうるか否かという問題をめぐり，動機の表示を要求する通説に対して，さまざまな見解が示されてきた[4]。また，消費者契約を念頭に，消費者の認識と客観的事実の不一致がある場合にまで錯誤無効の範囲を拡大しようとする見解[5]や，民法95条但書にいう表意者の重過失に着目し，事業者に情報提供義務が認められる場合には重過失を認定しないという形で要件が緩和されることに言及する見解[6]も存在する。

　しかしながら，以上のような錯誤法理を拡張しようという動きに対しては，いくつかの疑問が呈されている[7]。

第二章　わが国における具体的な問題状況

　先に述べたように，錯誤法理の柔軟な活用を志向し，民法95条の「要素」あるいは「重過失」という要件を緩和することによって，「錯誤の一般条項化」が進むことになる[8]。その結果，「要素」あるいは「重過失」の内容は，相手方の行為態様の悪性などを総合的に考慮することによって決められることになろう[9]。しかしながら，このような形で「要素」の範囲を拡大することには，その本来的な意味を失うなどとして異論があり[10]，錯誤より要件が厳格であるはずの詐欺との間で評価矛盾を招くとの指摘もある[11]。

　もっとも，これらの疑問を呈する論者も，動機の錯誤について保護の必要性があることは認めている。しかし，相手方の行為態様を考慮するのであれば，民法典の構造上，むしろ詐欺の拡張の問題として位置づけるべきである[12]，あるいは，動機の錯誤は要素の錯誤には含まれないものとし，別個のものとして考えていくべきではないか[13]という主張がなされている。

　詐欺に関しても，「二段の故意」の立証を必要とするが，消費者契約で情報提供義務が問題となるような場面では，それがきわめて困難であるのはすでに述べたとおりである[14]。また，要件の1つである「欺罔行為」には沈黙や評価的意見の陳述も含まれうるが，法律上または信義則上真実を告げる義務（告知義務）がある場合以外の沈黙は，違法性を欠き，詐欺にはあたらないとされている[15]。すなわち，積極的な欺罔，あるいは事実の隠蔽が詐欺の成立要件となっているが，とりわけ当事者間の情報力に大きな格差がある契約では，その立証は非常に困難であるといえる[16]。

　そこで，近時，非対等な当事者間で締結された契約，とりわけ消費者契約から消費者を離脱させる手段として，詐欺の要件を緩和することにより詐欺法理を積極的に活用していこうという動きがみられるようになってきた。具体的には，フランス法における議論を参照しつつ，情報提供義務違反がある場合には「詐欺的黙秘」にあたるとして詐欺の要件を緩和することが提唱されている。これらの見解については，情報提供義務の性質論にもかかわるところであるので第四章で詳しく検討するが，「故意」という要件の緩和にはやはり一定の限界があるといわざるをえない[17]。

第三節　民法上の諸規定による解決とその問題点

## 三　諸法理の枠を超えて統合的な適用を図ろうとする試み

二で述べたように、錯誤や詐欺の要件を緩和して、それぞれ個別の適用範囲を拡大していこうとする試みに対して、錯誤・詐欺・強迫という「合意の瑕疵」[18]と呼ばれる法理を、それぞれの法理の枠を超えて統合した形で捉えようとする試みが存在する[19]。ここでは、このような試みについて簡単に紹介することとしよう。

### (1)　「瑕疵ある意思表示」論

長尾治助教授は、消費者契約を念頭におきつつ、詐欺または強迫にあたるとはいえない「不当な行為を原因とする意思表示」であっても、民法120条にいう「瑕疵ある意思表示」に含まれるとする説を提唱している[20]。具体的には、事業者の「不当な干渉行為」[21]を原因としてなされた、詐欺または強迫による意思表示と異ならない実質を有する意思表示が、民法96条を実定法上の根拠として取消原因として認められ、また120条の「瑕疵ある意思表示」に含まれると解して、取消権行使の機会を広く容認している。長尾教授は、このような考え方を「瑕疵ある意思表示論」と呼び、「民法の解釈論として消費者取消権制度を提唱するものである」とする[22]。

具体的には、瑕疵ある意思表示をもたらす事業者の原因行為（これを「抑制的誘導因」という）と、それによって表意者が自由に判断できなくなる自縛的心理状況（これを「意思決定の拘束因」という）との関係に着目し、これらの有無は、人の内心を対象とする分析のみに依拠するのではなく、総合的に判断しなければならないとする[23]。

以上の考察の結果から、長尾教授は、詐欺、強迫のみならず、「不当威圧」、「誤認誘導」、「不当な異常心理操作」という事業者の不当行為による意思表示を「瑕疵ある意思表示」として位置づけ、その行為が消費者の意思表示にとっての誘導因、拘束因でなかったことを事業者が証明できない限り、消費者はその意思表示を取り消すことができるとする[24]。

### (2) 「合わせて一本」論

河上正二教授は，従来の錯誤・詐欺・強迫の枠組みでは捉えきれない要素が混在していたり，ひとつひとつの要件にあてはまるとはいいがたいが，全体としてみると詐欺的・欺瞞的・威圧的な諸要素が累積した結果，契約を維持することが不当と評される場合に，「合わせて一本」の形で契約の成立を否定し，取消しあるいは無効にすることも積極的に検討されてよいとして，「合わせて一本」論を提唱する。この合わせ技には，①錯誤・詐欺・強迫の「合わせて一本」と，②成立上の問題と内容的不当性の問題の「合わせて一本」の2つのタイプが考えられるとする[25]。

なお，加藤雅信教授は，河上教授が提唱した「合わせて一本」論という考え方を，民法90条の公序良俗違反による無効として実現させる可能性について言及している（これを加藤教授は，「合わせ技的公序良俗違反」という）[26]。「合わせて一本」論を，そもそも一般条項としての運用がなされている公序良俗の規定を用いることで実現させようとする考え方は，現行民法典との整合性を図る観点からは，きわめて興味深いものであるといえよう。

### (3) 95条・96条法理類推論

大村敦志教授は，消費者事件等では，契約の有効性を不問に付して不法行為の問題としつつ，実際には損害賠償を認めることにより契約を無効にするのと同じ結果を得ようとしていると指摘したうえで，そうであるならばより正面から詐欺の拡張を図るべきであると主張する[27]。この際の実質的な拡張理論として，情報提供義務ないし情報収集義務を意思表示理論に導入することを提唱する[28]。また，形式的にも詐欺を規定する民法96条の文言上，故意を厳格に認定しなければならないという必然性はないとして，取引上許されないような勧誘形態にあたる行為がある場合には欺罔行為の存在を認定し，当該行為をする意図がある場合には故意の存在を認定すべきであるとする[29]。

また，積極的な悪意がない場合には，動機の錯誤を理由とした無効という手法を用いるが，要素の錯誤とは別の独立の制度として位置づけるべきであ

るとする。そしてこのような場合には，形式的には，「意思決定に対する錯誤の重要性」と「相手方・表意者の錯誤の除去可能性（当事者の属性，契約目的の属性等を勘案して判断する）」の2つを要件として，95条と96条の法理を類推して，取消しという効果を導くべきであると主張する。

四　諸法理の枠を超えて統合的な適用を図ろうとする見解の検討

　以上みてきたように，諸法理を個別に拡張するなどして消費者被害に対応しようとする従来の試みに対して，近時では，諸法理の枠を超えて統合的な適用を図ろうとする見解が登場してきた。これらの見解は，従来の考え方では保護されることのなかった分野に，既存の法理に関する解釈論の枠内での保護を図ろうとしている点で注目に値する。また，河上教授は，詐欺・強迫の拡張理論について，「関係」や「状況」に着目し，内容の不当性と並んで，意思から相手方の行為態様へと視点をシフトさせる動きがあると指摘している[30]。このように，主観的要件よりも客観的要件を重視しようという流れは，消費者保護を図る法制を考えるうえで欠くべからざる観点ではあろう。

　しかしながら，そこには一定の限界も存在している。錯誤や詐欺という法理の活用にあたって，錯誤や詐欺という行為態様がもつ基本的構造からすれば，主観的な側面をまったく考慮しないということはできないであろう[31]。この点は，錯誤や詐欺といった規定について統合的な運用を図ろうという見解には，すべからく該当するといえる。

　また河上教授は，近時においては，「各制度がその外延を広げながら，『顧客側の意思的要素』，『事業者の非良心的態様』，『客観的な内容の不当性』という三つのモメントをみずからの中に見い出して，要件や効果の柔軟化を指向し，ひいては『多様な一般条項』への道を歩んでいるように思われる」と述べる[32]。そのうえで，「合わせて一本」の解釈論としての活用には，個別の法理の要件・効果をなし崩しにするおそれがあることなども指摘する[33]。そこで，「合わせて一本」論は，特定の制度群を基礎として導かれるようなものではなく，一般条項によって個別具体的になされる救済方法であるとし，要素の抽出により判断基準が策定されることになるとしている[34]。

第二章　わが国における具体的な問題状況

　このように，民法上の諸法理を一般条項的に取り扱う見解に一定の限界が存在するのは事実ではあるが，一方で消費者保護の観点から，その要件に対する考え方をできるだけ維持しつつ，民法の法理の枠内で救済を図るための手段を講じていくという姿勢には，従来の法的思考との整合性を保とうとする点で一定の評価が与えられるべきである。

　　(1)　第一章第一節三（4頁）を参照。
　　(2)　包括的な検討を加えるものとして，磯村保「契約成立の瑕疵と内容の瑕疵（1）―（2・完）」奥田昌道編『取引関係における違法行為とその法的処理――制度間競合論の視点から』（有斐閣，平成8年）39頁以下，47頁以下（それぞれ初出は，ジュリスト1083号81頁以下，1084号〔以上，平成8年〕77頁以下），消費者契約法の立法に際して従来の意思表示理論に関する議論をまとめたものとして，沖野眞已「契約締結過程の規律と意思表示理論」河上正二ほか『消費者契約法――立法への課題』（別冊NBL 54号）（商事法務研究会，平成11年）24頁以下。
　　(3)　英会話教材および学習教材の販売に関する裁判例を中心に紹介したものとして，山本映子「消費者取引における不当な勧誘行為と錯誤（上・中・下）」NBL 346号14頁以下，347号（以上，昭和61年）48頁以下，379号（昭和62年）28頁以下，同「消費者取引と錯誤をめぐる最新判例の動向（上・中・下）」NBL 372号22頁以下，374号56頁以下，377号（以上，昭和62年）32頁以下を参照。
　　(4)　錯誤に関する学説史および判例史を詳細に研究したものとして，中松纓子「錯誤」星野英一編『民法講座　第1巻　民法総則』（有斐閣，昭和59年）387頁以下，森田宏樹「民法95条（動機の錯誤を中心として）」広中俊雄＝星野英一編『民法典の百年　個別的観察（1）　総則編・物権編』（有斐閣，平成10年）141頁以下を参照。
　　(5)　具体的には，「事業者の宣伝，説明内容と事実との不一致が立証され，かつ，これが合理的消費者を基準として契約の重要部分にあたるとき」（長尾治助『消費者私法の原理』〔有斐閣，平成4年〕105頁〔初出は，「消費者契約における意思主義の復権」判例タイムズ497号（昭和58年）21頁〕），あるいは，その不一致が客観的判断により「消費者にとって不用なもの」（伊藤進「錯誤

論——動機の錯誤に関する一考察」山本進一教授還暦記念『法律行為論の現代的課題』〔第一法規出版，昭和63年〕56頁）であるときに，錯誤無効となるとされる。もっとも，これに対しては，「契約の重要部分」，あるいは「消費者にとって不用なもの」の内容が不明確であるという指摘がなされている（早川眞一郎「広告と錯誤——広告の視点から見た契約法・序説（3・完）」NBL 493号〔平成4年〕46頁）。

(6) 森田宏樹「『合意の瑕疵』の構造とその拡張理論（1）」NBL 482号（平成3年）28頁，大村敦志『消費者法（第2版）（法律学大系）』（有斐閣，平成15年）82頁。なお，重過失という要件に着目して解釈論を展開するものとして，加賀山茂「錯誤における民法93条但書，96条2項の類推解釈——重過失による錯誤，動機の錯誤における相手方悪意の場合の表意者の保護の法理」阪大法学39巻3＝4号（平成2年）349頁以下を参照。

(7) 大村・前掲注(6) 79頁は，錯誤はいわれているほどに拡張が容易な制度であるとは思われないという。

(8) 「錯誤の一般条項化」を指摘するものとして，河上正二「契約の成否と同意の範囲についての序論的考察（2）」NBL 470号（平成3年）51頁，大村・前掲注(6) 89頁以下。

(9) 要素を限定するか，あるいは総合判断枠組みとして捉えるかという対立については，沖野・前掲注(2) 30頁以下を参照。

(10) 早川・前掲注(5) 50頁の注(48)，沖野・前掲注(2) 32頁，大村・前掲注(6) 90頁。なお，大村教授は，相手方の認識可能性という要件が加えられるとしても，相手方への配慮は「要素」に含まれているとする。

(11) 磯村・前掲注(2)「契約成立の瑕疵と内容の瑕疵（2・完）」50頁。

(12) 森田・前掲注(6) 30頁。

(13) 林良平＝安永正昭編『ハンドブック民法Ⅰ　総則・物権』（有信堂高文社，昭和62年）41頁以下（磯村保執筆部分），石田喜久夫『民法総則（現代民法講義1）』（法律文化社，昭和60年）153頁以下（磯村保執筆部分）。なお，磯村教授は，当事者が合意した契約内容と現実との間に不一致が存在した場合には，錯誤という法律行為的救済ではなく，契約法的救済の問題として考えるとする（磯村・前掲注(2)「契約成立の瑕疵と内容の瑕疵（1）」88頁の注(16)）。なお，大村・前掲注(6) 90頁以下も参照。沖野・前掲注(2) 29頁は，動機の錯誤

のとりこみにより詐欺と錯誤が競合することを指摘する。

(14)　第一章第一節三（4頁）参照。

(15)　我妻榮『新訂民法総則（民法講義Ⅰ）』（岩波書店，昭和40年）309頁。

(16)　今西康人教授は，国内公設市場における商品先物取引を例として，商品取引員は，最低限「先物取引の基本構造に関する説明」および「先物取引の投機性・危険性に関する説明」を具体的に行う義務があり，それゆえ先物取引に関する一般的・概括的説明に終始した場合は説明義務違反，すなわち相手方の不作為（沈黙）による欺罔行為として詐欺または錯誤を肯定すべきであると主張する（今西康人「契約の不当勧誘の私法的効果について——国内公設商品先物取引被害を中心として」中川淳先生還暦祝賀論集『民事責任の現代的課題』〔世界思想社，平成元年〕234頁以下）。

(17)　「情報提供義務」と「詐欺的黙秘」をめぐる議論については，森田宏樹「『合意の瑕疵』の構造とその拡張理論（2）」NBL 483号（平成3年）58頁以下を参照。なお，フランス法上の情報提供義務に関する議論については，第四章第二節一（190頁）を参照。

(18)　森田・前掲注(6) 22頁以下を参照。

(19)　近時，錯誤と詐欺という2つの制度は，表意者の情報収集の自己責任と，相手方による表意者の錯誤利用という形で協力して1つの規律を形成しているという観点から，従来の個別の制度解釈や要件論に関する議論ではなく，契約締結過程全体に及ぶ規律を明らかにしていこうとする試みも登場している（山下純司「情報の収集と錯誤の利用（1）——契約締結過程における法律行為法の存在意義」法学協会雑誌119巻5号〔平成14年〕1頁以下）。

(20)　長尾治助『消費者私法の原理』（有斐閣，平成4年）117頁以下（初出は，「瑕疵ある意思表示論——消費者行動の取消原因」法律時報60巻9号〔昭和63年〕54頁以下）。なお，同書105頁以下（初出は，「消費者契約における意思主義の復権」判例タイムズ〔昭和58年〕22頁以下）も参照。

(21)　事業者の「不当な干渉行為」とは，「消費者に自発的とはいえない意思表示をなさしめた事業者の誘導的行為で，かつ，表意者の意思表示の効果を受けさせないことを妥当とする不当な行為」であるとされ，法の理念，正義，健全な取引秩序への適合性，消費者の正当な利益の擁護等，抽象的一般的概念をその評価基準とする。そのため，長尾教授は基準を具体化するために，

「不当な干渉行為」の類型化を試みている（長尾・前掲注(20) 121頁以下）。
(22) 長尾・前掲注(20) 120頁の注(3)参照。
(23) 長尾・前掲注(20) 123頁以下。なお、長尾教授は、「抑制的誘導因」については、偶発的な外部的抑制因（外発的動機づけ＝勧誘等）により消費者から選択の余地を奪うことや、コミュニケーションの双方向性の欠如（一方的な情報提供）を理由として、抑制因としての事業者の販売等促進行動を、瑕疵ある意思表示の誘導因として明確化できる、とする。また、「意思決定の拘束因」については、「自由に判断することが可能であるとしたならば、消費者として、それに向けて自発的に意思形成をしたと考えられる事実的効果を想定し、事業者の不当干渉行為による意思表示の意図する事実的効果の方が、消費者にとり不利なものであるときは、その意思表示は自由な判断を妨げる拘束因によったものということができる」（同128頁）とする。
(24) 長尾・前掲注(20) 129頁以下。
(25) 河上正二「契約の成否と同意の範囲についての序論的考察（4・完）」NBL 472号（平成3年）41頁以下。
(26) 加藤雅信『新民法大系Ⅰ　民法総則（第2版）』（有斐閣、平成17年）234頁以下。
(27) 以下の記述を含めて、大村・前掲注(6) 89頁以下。
(28) 大村教授は、「情報提供義務」はあくまで「原理」であって「法理」ではないとして、この「原理」を錯誤・詐欺の適用に活かし、それが困難であれば立法をするべきという考え方を前提としている（大村・前掲注(6) 88頁）。
(29) なお、大村教授は、判例では不法行為の問題とされている「リスクについての沈黙」と「利益保証」は、むしろ詐欺の問題であるとする（大村・前掲注(6) 80頁以下）。
(30) 河上・前掲注(25) 39頁以下。
(31) 河上教授は、関係や状況に対する配慮の重要性を説きながら、意思（表示）の瑕疵としての詐欺・錯誤の拡張は最終的に当事者の意思の問題として説明すべきであるとする（河上・前掲注(25) 41頁）。また、森田教授は、詐欺・強迫の拡張が問題となる場面においては、「『自由な意思の欠如』のみで『合意の瑕疵』を導くのは困難であり、『意思の自由さ』の要素のウェイトが軽くなるほど、意思ではなく、契約内容の公正さそれ自体が問われている」点

で「合意の瑕疵」の拡張の限界があるとする（森田宏樹「『合意の瑕疵』の構造とその拡張理論（3・完）」NBL 484号〔平成3年〕64頁以下）。

(32)　河上・前掲注(25) 44頁。河上教授は，このことを「『ハードな契約法』から『ソフトな契約法』への展開」と表現している。

(33)　河上・前掲注(25) 42頁。要件・効果以外の面においても，要件をみたさないものに部分的効果を与えることは新しい規範の創造になるのではないか，契約をめぐる活動の自由に原則的な形で大きな不安定要因をもちこむことになりはしないか，主張する側の主張・立証範囲の見通しが立たないのではないか，さまざまな要素を数量的に部分評価することの困難さ（恣意性）はないか等，種々の疑問が提示されると指摘する。

(34)　河上教授は，立法論として要件面で「第三のカテゴリー」を立てることや，効果面で契約の不成立・無効・取消しに加えて，「技あり」に相当するような損害賠償を考える可能性を指摘している（河上・前掲注(25) 42頁）。

# 第三章　ドイツにおける情報提供義務をめぐる議論状況

## 第一節　はじめに

### 一　緒　論

　第二章では，わが国における具体的な問題状況と，それに対して現行法上用意されている解決方法について概観してきた。契約の一方当事者，とりわけ消費者契約における事業者のように，情報収集能力や交渉能力にまさる当事者に対して，特別法により，情報開示を求めるためのいくつかの規定が用意されているが，十分なものであるとはいえない。また，このような適切な情報開示がなされなかった場合に，民法上の諸規定により救済を図ることについても，伝統的な解釈枠組みに由来する限界が存在する。そこですでに第一章で言及したように，近時，情報収集能力や交渉能力にまさる当事者に対して情報提供義務を課すことにより，適切な情報開示がなされなかった場合にはその義務違反があったものとして，他方当事者の救済を図るという考え方が登場してくることになる。

　このような考え方に大きな影響を与えているのは，諸外国における議論の展開，とりわけドイツ法とフランス法における議論状況である。このうち，ドイツでは，民法上の規定が厳格に解釈されているがゆえに，不適切な情報開示があった場合の解決法理に関する議論が「契約締結上の過失」理論のもとで大きく発展してきたが，これらの議論はわが国における情報提供義務をめぐる理論状況に大きな影響を与えてきた。また，EU指令の国内法化にともなう2000年6月のドイツ民法典（以下「BGB」という）改正により消費者保護に関する規定がBGB上に新設され[1]，さらに翌2001年11月には，長年の懸案であったドイツ債務法現代化法が制定され，消費者保護に関するいくつかの法律がBGBにとりこまれるなど[2]，いわゆる消費者契約をめぐる問題について，民法典を主体に据えた対応が試みられている点でも，きわめ

第三章　ドイツにおける情報提供義務をめぐる議論状況

て注目に値する。

　そこで本章では，ドイツ法における情報提供義務の議論について考察することとしよう。なお，ドイツにおける情報提供義務をめぐる議論状況については，第一章第二節二（14頁）にも述べたように，学説状況の包括的な検討を含めすでに多くの研究が発表されているが，最近の動向もふまえつつドイツ法のおかれた状況を再度考察することは，わが国もこれから直面するであろう状況を考えると，きわめて重要な作業であるといえよう。

## 二　「情報提供義務」と「説明義務」

　本書においては，「情報提供義務」と「説明義務」とを特に区別することなく，ほぼ同様の意味で使用している。ただし，この2つの用語が示す内容については，厳密にいうと，若干の差異が認められる。そこで，本書における議論の対象を限定する意味も含めて，ドイツ法における「情報提供義務」および「説明義務」という用語の意味を再確認しておくこととしよう[3]。

　まず，わが国において「情報提供義務」と訳されるのは，Auskunftspflicht および Informationspflicht である[4]。このうち前者の Auskunft とは，例えば信用情報の提供のように，情報提供を求める者の照会に基づいて事実の具体的な伝達，あるいは評価の具体的な伝達をすることを指すものとされる[5]。本書では，情報収集能力および交渉能力にまさる当事者からそれに劣る当事者への自発的な情報提供の要否を検討課題とするため，Auskunft という意味での「情報提供義務」については直接は取り扱わない。また，後者の Information には，広い意味で説明（Aufklärung），助言（Beratung），警告（Warnung）などを含むものとされることもあるが[6]，通常はそれよりも狭い意味をもつものとして用いられる。

　そこで，狭い意味での「情報提供義務（Informationspflicht）」と「説明義務（Aufklärungspflicht）」との異同が問題となる。これを厳密に区別する立場では，狭義の情報提供（Information）と説明（Aufklärung）とは情報のアンバランス状態を是正するために事実を伝達することが問題となる点では同様であるが，前者は，事実の伝達がなされなかったか否かという不作為が問題となるのに対し，後者は，実際に事実の伝達がなされたか否かという作為

第一節　はじめに

が問題となる点で異なると指摘される(7)。もっともこのような立場であっても,「情報提供」と「説明」とは一定の限度で重なり合うことが認められている(8)。また, 厳密な意味で両者を区別することに, さほどの実益は認められないとする見解も存在する(9)。そしてわが国でも, 両者について上記の意味での厳密な区別はなされていない。そこで, 本書では, 基本的に「情報提供義務」および「説明義務」という用語をほぼ同義の内容をあらわすものとして取り扱うが, 積極的な情報提供が問題となる場合と情報提供を行わなかったことが問題となる場合との違いや, 各論者がその用語にどのような意味を与えているかという点にも留意して論ずることとする。

また, 情報提供・説明と助言 (Beratung) との違いについても, 一言しておく必要があろう。助言 (Beratung) は, 単なる事実の伝達にとどまらず, 推奨 (Empferlung) あるいはアドバイス (狭義の助言／Rat) という形で相手方の行為の可能性を示して, 相手方の判断に助力を与える, すなわち助言者の評価・考えの伝達まで含むものである。この概念は, とりわけ投資取引において問題となりうるが, 助言契約の存在を前提としている点で, 情報提供義務や説明義務が生ずる場面とは異なる。もっとも, 助言を行う者が積極的な行動をとるという意味においては, 説明 (Aufklärung) と共通する点もあるといえる(10)。本書は「助言義務」を直接の検討対象とはしないが,「情報提供義務」あるいは「説明義務」を論ずるうえで必要がある範囲内でとりあげることとする。

(1)　2000年のBGB改正の詳細については, 今西康人「ドイツ民法典の一部改正と消費者法——消費者, 撤回権等の基本概念に関する民法規定の新設について」関西大学法学論集50巻5号 (平成12年) 200頁以下を参照。
(2)　ドイツ債務法現代化法は, Bundesgesetzblatt, Teil Ⅰ, Nr.61, S.3138, 2001. に掲載されている (なお, 同法を含んだ新しいBGBについては, Bundesgesetzblatt, Teil Ⅰ, Nr.2, S.42, 2002. に掲載されている)。条文の新旧対照には, Michael Bartsch = Jörg Mauner und Peter Sester, Beck'sche Synopse zum neuen Schuldrecht, 2002. が便利である。改正の背景や内容を簡単にまとめたものとして, 山口和人「海外法律情報　ドイツ　債務法

第三章　ドイツにおける情報提供義務をめぐる議論状況

現代化法の成立・民法大改正」ジュリスト1219号（平成14年）73頁。また，改正法成立前後の状況をふまえて改正法の内容を紹介・検討するものとして，小野秀誠「ドイツの2001年債務法現代化法——給付障害法と消費者保護法」『司法の現代化と民法』（信山社，平成16年）193頁以下（初出は，国際商事法務29巻7号809頁以下，8号〔以上，平成13年〕924頁以下），岡孝編『契約法における現代化の課題（法政大学現代法研究所叢書21）』（法政大学出版局，平成14年），半田吉信『ドイツ債務法現代化法概説』（信山社，平成15年），ユルゲン・バセドウ編（半田吉信＝滝沢昌彦＝松尾弘＝石崎泰雄＝益井公司＝福田清明訳）『ヨーロッパ統一契約法への道』（法律文化社，平成16年）がある。なお，改正法の翻訳については，岡編・前掲書181頁以下（草案段階の試訳である岡孝＝青野博之＝渡辺達徳＝銭偉栄「ドイツ債務法現代化法案（民法改正部分）試訳」学習院大学法学会雑誌37巻1号〔平成13年〕129頁以下を修正したもの），および半田・前掲書433頁以下（初出は，千葉大学法学論集17巻1号〔平成14年〕41頁以下）を参照。草案の内容を紹介するものとして，「ドイツにおける民法改正と消費者保護法の統合」NBL 701号（平成12年）4頁以下。草案の内容をふまえて瑕疵担保責任の異同について論じたものとして，今西康人「ドイツにおける売主の瑕疵担保責任の改正問題——債権法の現代化に関する法律の検討草案について」関西大学法学論集51巻2＝3合併号（平成13年）169頁以下。また，草案のうち，債務不履行を理由とする帰責構造と消費者契約の民法典への統合を中心に包括的な検討を加えたうえで，わが国の債権法の現代化への示唆を得ようとするものとして，潮見佳男『契約法理の現代化』（有斐閣，平成16年）339頁以下（初出は，「ドイツ債務法の現代化と日本債権法学の課題（1）—（2・完）」民商法雑誌124巻3号1頁以下，124巻4＝5号〔以上，平成13年〕171頁以下）。

(3)　本書とは別の観点から，「情報提供義務」と「説明義務」の異同について論ずるものとして，内山敏和「情報格差と詐欺の実相（1）——ドイツにおける沈黙による詐欺の検討を通じて」早稲田大学法研論集111号（平成16年）17頁以下の注(7)を参照。

(4)　フォン・モーレンフェルスも，「情報提供義務」(Informationsleistungspflicht) という語を用いているが，本書で取り扱う「情報提供義務」の内容とは若干異なっている。彼は，助言契約等の存在を前提とした主たる給付，

第一節　はじめに

ないし主たる給付との関係であまり意味をもたない場合には従たる給付として，法律上認められる範囲で独立に合意することができ，かつ単独で訴求可能なものを「自律的情報提供義務」(autonome Informationsleistungspflicht) と呼ぶ。また，情報提供に関する合意なしに間接的な目的を実現するため法律上の規定に基づいて導き出される義務を「派生的情報提供義務」(abgeleitete Informationsleistungspflicht) と呼ぶ。Peter Winkler von Molenfels, Abgeleitete Informationsleistungspflichten im deutschen Zivilrecht, 1986, S.2ff., Stephan Breidenbach, Die Voraussetzungen von Informationspflichten beim Vertragsschluß, 1989, S.1. なお，フォン・モーレンフェルスの見解を簡単に紹介するものとして，大木満「ドイツにおける前契約上の説明義務——その範囲と限界について」ソシオサイエンス（早稲田大学大学院社会科学研究科）1号（平成7年）82頁以下。

(5)　Markus Lange, Informationspflichten von Finanzdienstleistern: Zivilrechtliche Vorfeldpflichten bei Anlagegeschäften an Finanz- und Terminmärkten unter Berücksichtigung der §§ 31, 32 WpHG, 2000, S.31. なお，Auskunft の意味での情報提供義務を取り扱った論稿として，Fredy Müller, Auskunftshaftung nach deutschem und englischcem Recht, 1995.

(6)　Lange, a.a.O. (N.5), S.23ff. なお，本書では，警告義務 (Warnpflicht) や指示義務 (Hinweispflicht) については検討の対象としない。警告義務や指示義務は製造物責任等で問題とされるが，第一義的には相手方の生命や身体の保護を目的としたもので，純粋な財産的利益の保護を目的としたものではないからである。Vgl. Breidenbach, a.a.O. (N.4), S.4., Holger Fleicher, Informationsasymmetrie im Vertragsrecht, 2001, SS.5-6.

(7)　Lange, a.a.O. (N.5), SS.24-25., SS.29-30., SS.60-64., S.96. なお，説明義務が作為義務であることを指摘するものとして，Hans Christoph Grigoleit, Vorvertragliche Informationshaftung, 1997, SS.4-5.参照。

(8)　Lange, a.a.O. (N.5), S.23.

(9)　Breidenbach, a.a.O. (N.4), S.4., Grigoleit, a.a.O. (N.7), SS.4-5.

(10)　Vgl. Lange, a.a.O. (N.5), SS.25-29. なお，ドイツにおける助言義務をめぐる議論については，川地宏行「ドイツ証券取引法における証券会社の情報提供義務」三重大学法経論叢16巻1号（平成10年）3頁以下および21頁

第三章　ドイツにおける情報提供義務をめぐる議論状況

以下，同「投資勧誘における適合性原則（2・完）」三重大学法経論叢第18巻2号（平成13年）2頁以下，同「ドイツにおけるディスカウントブローカーの民事責任」専修法学論集86号（平成14年）1頁を参照。

## 第二節　ドイツ法における情報開示に関する規定とその限界

### 一　緒　論

　ドイツにおいても，情報提供義務が問題となるようなケースは，わが国と同様に古くから数多く存在する。しかしながら，情報提供義務を一般的な形で直接定めた法律は，これまでも残念ながら存在してこなかったし，2002年1月1日から施行されているドイツ債務法現代化法に基づく新しいBGBでも，そのような規定はもうけられなかった。

　この問題に対処するために考えられる手段としては，個別の事例に対応して制定された特別法，あるいはBGB上の諸規定を用いた解決があげられる。ただ，ドイツ債務法現代化法に基づくBGB改正により，従来特別法として制定されていた法律が，相当数，BGBの中にとりこまれる形となった。また，BGB上に規定されていた法理も，例えば，瑕疵担保責任の規定については「瑕疵」の範囲が拡大されるとともに，瑕疵のない物の給付を義務づけ，その義務違反の有無により損害賠償や解除が可能となるなど，大きな変容をみせている。その反面，詐欺や錯誤などの規定は，従来の形を維持したままである。さらに，契約締結上の過失やいわゆる行為基礎論[1]など，従来は民法典の枠外で認められていた法理が明文化されたが，抽象的な規定にとどまっている。

　そこで本節では，情報提供義務が問題となる場合において，まず2001年の改正によりBGBにとりこまれた，あるいは特別法に規定されている「情報提供義務」に関する規定について検討する。そしてさらに，改正前，そして改正後の状況もふまえ「情報提供義務」に関する規定以外のBGB上の一般法理による解決の可能性とその限界についても検討する。

### 二　BGB上の「情報提供義務」に関する規定

　本書においては，BGB上の情報提供に関する規定のうち，契約締結に際して情報提供を義務づけている規定を中心に検討する。したがって，BGB

675条2項（助言契約等の存在を前提とした助言または推奨を行う者についての責任に関する規定）[2]，また，BGB675a条（事務処理契約において事務処理を行う者の情報提供義務の規定）[3]については，いずれも義務の発生を基礎づける契約の存在を前提として認められている義務であるため，本書では検討の対象とはしない[4]。

先に述べたように，2001年に改正された新しいBGBでは，消費者保護に関する規定が，従来特別法により規定されていたものも含めて，かなりの部分とりこまれることとなった。このBGB改正は，1999年から2000年にかけて矢継ぎ早に出された「消費用動産指令」[5]，「電子商取引指令」[6]，「支払遅滞指令」[7]という3つのEU指令の国内法化が迫られたことを直接のきっかけとして行われたものである[8]。なお，消費者保護に関しては，今回の改正に先だって，2000年6月に，「通信販売における契約締結の際の消費者保護に関するEU指令」[9]を国内法化するためのBGB改正により，「消費者」（13条）および「事業者」（14条）の定義規定や，消費者契約における撤回権（旧361a条・現355条）・返還権（旧361b条・現356条）の規定が新設されている[10]。

このように，2000年の改正で消費者保護に関する規定がBGBにいくつかもうけられたにもかかわらず，債務法現代化法の立法提案理由は，EU指令により法のヨーロッパ化が進み，民法典の外で消費者保護のための特別法が数多く立法されたことで，法の適用や実際の商取引において非常に不透明な状況が生まれたことを指摘する。そして，事業者と消費者との間で締結される消費者契約は債務法上の契約の典型的なあらわれであり，消費者保護は債務法に内在する一般的な保護概念であって，すでに長い間にわたって民法典に受けいれられてきたということを強調している[11]。このような理由から，従来特別法で取り扱われていた消費者保護の規定を民法典へ統合する動きが加速し[12]，結果的に債務法現代化法6条により，「消費者信用法」[13]，「普通取引約款法」[14]，「訪問販売等撤回法」[15]，「一時的居住権法」[16]，「通信販売法」[17]等が廃止され，それらの特別法で規定されていた条文はBGBに組みこまれることとなったのである[18][19]。

そこで本書では，2001年の改正によってBGBに新設され，ないしとりこ

まれ，あるいは従前より規定されていた消費者保護に関する条文のうち，特定の消費者契約を対象として情報提供に関する規定がなされたものについて検討することとしたい。

まず，通販販売契約について，BGB312c条に定める事業者の情報提供義務があげられる。これは，従来の通信販売法2条を基本にしたものであり，事業者は消費者に対して，通信販売契約の締結前に，販売目的等[20]につき明確かつわかりやすく情報提供しなければならないとする。また，電子商取引指令を受けて新設された312e条1項1文2号では，電子商取引契約において消費者が注文を発する前に事業者が一定の情報提供をすることが義務づけられている[21]。ちなみに，通信販売契約と電子商取引契約はいずれも，さらに広い範囲にわたる情報提供義務を課すことが可能である（通信販売契約につき312c条4項，電子商取引契約につき312e条3項）。

次に，従来の一時的居住権法2条を基礎としたBGB482条は，事業者として一時的居住権契約の締結を申し込む者に，消費者に対する説明書（Prospekt）の交付を義務づけている[22]。この説明書の内容は，BGB484条により，原則として契約の内容となる（なお，同条では，一時的居住権契約は，書面により行うことが義務づけられている[23]）。

また，旅行契約においては，BGB651a条3項で，旅行主催者は，旅行契約時あるいはその締結後遅滞なく旅行契約書を自由に利用させるようにしなければならないとされている。なお，旅行主催者がパンフレット（Prospekt）を利用する場合には，「BGBに基づく情報提供義務に関する命令」に定める事項を記載しなければならない[24]。

以上のように，BGB上の情報提供に関する規定を概観したが，いずれもわが国においては特別法により規定されているようなタイプの取引を対象としたものである。すなわち，一般法たるBGBに規定されているとはいえ，その内容は，次の三に述べる特別法上の情報提供に関する規定ともあいまって，わが国の特別法のおかれた状況と類似しているといえる。ただ，これらの義務に違反した場合には，後述するBGB241条2項および311条2項の新設により，それらの規定を介して損害賠償責任などが発生する途が開かれていることに留意すべきであろう[25]。

ところで，法律上撤回権が認められている消費者契約については，BGB 355条（旧361a条）に基づいて，一定の期間内（2週間，ただし，一時居住権契約は1カ月〔485条2項〕）であれば，理由なしに撤回することができる。撤回権が認められている消費者契約には，訪問販売（Haustürgeschaft 312条），通信販売（312条），消費者消費貸借契約（495条），一時的居住権契約（485条）等がある[26]。

また，消費者契約については，BGB 356条（旧361b条）により，契約上，販売説明書（販売パンフレット/Verkaufsprospekt）に基づいて契約を締結する場合には，法律上認められている限り，無制限の返還権が認められることもある。例えば，継続的関係の維持を意図した場合の訪問販売（312条1項），商品引渡契約の場合の通信販売（312d条）等がある。

この撤回権と返還権は，いずれも債務法現代化法制定前の2000年BGB改正により導入されたものである。撤回権にくらべて強い効力を有する返還権については，その適用範囲が限定されているが，EU指令を受けて消費者保護という観点から，立法的に大きな進展をみせていることは注目に値する。

### 三　特別法上の「情報提供義務」に関する規定

二で述べたように，情報提供に関する責任を規定した特別法は，かなりの部分がBGBにとりこまれることとなったが，いくつかの規定については，いまだ特別法として存在している。そこで，これらについても同様にみておくこととしよう[27]。

まず個別の顧客に対して，事業者の情報提供を義務づける規定がある。

証券取引法（Wertpapierhandelsgesetz〔WpHG〕）31条2項は，1993年5月10日の証券業務に関するEC指令の国内法化として1995年1月1日に施行された規定であるが，投資勧誘時に個々の顧客に対して，投資目的にかなったあらゆる情報を伝える義務を証券会社に課している[28]。また，2002年6月の改正で，同法37d条には，金融先物取引に関する業者の情報提供義務が定められている[29]。

これに対して，不特定多数の者を対象に，事業者の情報提供を義務づける規定がある。例えば，不正競争防止法（Gesetz gegen den unlauteren Wettbewerb〔UWG〕）13a条1項は，不正確な広告を記載した場合には，それによって誤導された者に契約の解除権が発生すると規定する[30]。

また，2003年12月15日に成立し，2004年1月1日より施行されている投資現代化法（Investmentmodernisierungsgesetz）に基づき制定された投資法（Investmentgesetz〔InvG〕）[31]にも，有価証券の発行者の事業や当該証券の内容を説明したいわゆる「目論見書」に関する責任を中心に，情報提供に関する規定がいくつか用意されている。例えば，42条では，資本投資会社（Kapitalanlagegeselschaft）の特別財産に関する販売目論見書（Verkaufsprospekt）の記載事項が定められている。そのうえで，121条では，資本投資会社等が投資持分の取得者に簡略または詳細な最新版の販売目論見書を，無償でかつ自主的に提供しなければならないとされている。また，127条では，販売目論見書の記載が不正確または不十分である場合には，投資持分の購入者は，投資資本会社等に対してその支払った金額の補償を引換えに持分を引き受けるよう請求できるという責任（目論見書責任）が定められている[32]。

四　BGB上の諸規定による解決とその問題点

(1)　従来のBGBをめぐる状況

情報提供義務の問題をめぐっては，適用範囲が限定される特別法でカバーできない場合に，民法典上の一般法理による解決を求めざるをえなくなることは，ドイツにおいても，わが国の状況と同じである。

ところが，両国にはその民法典の規定および解釈につき違いがあるため，民法上の一般法理による解決のあり方にも差異が生じている。わが国では不法行為の要件がきわめて柔軟に捉えられているため，情報提供義務をめぐる争いにおいては不法行為の有無が問題となることが多い。これに対して，ドイツでは不法行為を定めるBGB 823条1項で権利侵害の要件が限定列挙されており，債権侵害が含まれていないため，保護法規違反（823条2項）あるいは良俗違反（826条）があったとき以外は，不法行為法で債権侵害があった場合の責任を問うことは困難となる。とりわけ，一方当事者が契約締結

前に提供した情報が誤っていたことにより他方当事者が損害をこうむった場合には、刑法上の詐欺（ドイツ刑法典〔StGB〕263条）にあたるとして保護法規違反となるか、あるいは民法上の詐欺（BGB 123条）にあたるとして良俗違反になる場合しか不法行為が成立しない。しかし、詐欺が成立するには単なる誤導を生じさせるだけではなく、それが故意によらなければならないのであり、過失または重過失による契約締結前の誤導が826条に基づく請求権を発生させることはない(33)。

また、上述のようにBGB 123条では、詐欺がなされた場合に取消権を認めているが、詐欺取消しを主張する者は、まず「欺罔」（＝錯誤の惹起）があったという客観的要件、そして次に欺罔者が「故意」により行為をしたという主観的要件を立証しなければならない。しかし、これはすでに第一章第二節二（14頁）で検討したようにきわめて困難であるし、なによりもまず故意によらない、すなわち単なる過失または重過失による誤導は、BGB 123条1項の構成要件を充足しないこととなる(34)。

同様に表意者に錯誤があった場合には、BGB 119条により、錯誤を理由とした取消しも可能となる。しかし、情報提供義務が問題となるような事例においては、いわゆる動機の錯誤が問題となるケースが多いが、動機の錯誤は、「取引上重要と考えられる人または物の性状に関する錯誤」（119条2項）を除いて取り消すことができない(35)。

また、債務法現代化法により改正される前の瑕疵担保責任の規定では、目的物が保証された性質を有しない場合（BGB旧459条2項）、そして売主が重大な過失により目的物の瑕疵を知らない場合であっても、その瑕疵を知りながら告げなかった場合（悪意による沈黙）にのみ、売主は責任を負うことになっていた。後者については、詐欺と同様に解釈されており、やはり過失または重過失に基づき瑕疵について沈黙していた場合には、責任を負わなくてもよいこととなる(36)。

上述のように、BGB上には契約締結前の情報提供義務を基礎づける規定が数多く存在しているものの、そこでは故意による誤導の場合にしか責任を生じないことが予定されている。グリゴライトは、この点に着目して、BGBには「情報提供に関する故意のドグマ」が存在すると指摘した(37)。

以上のような状況のもとで，過失により誤った情報を提供して誤導した者の責任を基礎づけるための法理として，契約締結上の過失が，俄然注目を浴びることとなった。また，情報提供義務違反が問題となる場合に，損害賠償における原状回復義務を定めた BGB 249 条の規定を媒介にして，契約の解除が認められるようになった[38]。この契約締結上の過失をめぐる問題は，情報提供義務の根拠をめぐる議論とも密接に絡んでくるので，第三節（114頁）であらためて論ずることとする。

(2) 「瑕疵担保責任」と「義務違反」

2001 年の BGB 改正では，瑕疵担保責任の規定の改正が大きな話題を呼んだ。目的物に瑕疵がある場合の売主の責任を，「義務違反」という形で給付障害法に位置づけたという点で，大きな変化が生じたのである。すなわち，BGB 433 条1項では，売買契約の売主は，物の瑕疵や権利の瑕疵がない目的物を引き渡す義務を負うと規定された。そして 434 条1項1文では，物が危険移転時に合意した「性状」を有するときは，その物に物の瑕疵がないものとするとされ，また，性状につき合意がなくとも，物が契約において前提とした使用に適する場合（434 条1項1文1号），または物が買主の期待する性状を有する場合（434 条1項1文2号）には，物の瑕疵がないと規定された。さらに，売主・製造者等の公の表示，とりわけ広告またはラベル表示により買主が期待した性質も，その表示が買主の態度決定に重大な影響を与える場合には，434 条1項1文2号のいう性状に含まれるとされる（434 条1項2文）。そして，目的物に瑕疵があった場合には，買主は，給付障害法の規定に従い，追完請求権，解除権または代金減額請求権，あるいは損害賠償請求権を行使することができるとされた（BGB 437 条）。

この瑕疵担保責任規定の改正をめぐっては，すでにわが国ではいくつかの論稿によって詳細な紹介がなされているので[39]，瑕疵担保の規定そのものの変容について論じることは避けるが，改正前とは異なり，物の性状に関する情報提供義務が問題となる場面で瑕疵担保責任の適用が検討される機会が増えるように思われる。

### (3) 「契約締結上の過失」の法定

2001年のBGB改正で注目すべき点は，従来，「契約締結上の過失」論で処理されてきた問題について明文の規定がおかれたことである[40]。

まず，改正前のBGB 241条では，債務関係により債権者に給付請求権が発生し，債務者に給付義務が発生すると定められていたが，これを第1項とし，第2項を新設して，債務関係の内容により，各当事者がそれぞれ相手方の権利，法益および利益を考慮するよう義務づけた[41]。

また，BGB 311条では，「法律行為上及び法律行為類似の債務関係」と題して，債務関係を基礎づけるには当事者間の契約が必要であるとする旧305条を第1項としたうえで，第2項で，241条2項にいう義務をともなう債務関係が発生する場合として，次の3つをあげる。すなわち，①契約交渉 (Vertragsverhandlung) の開始，②一方の当事者が，法律行為上の関係が発生しうることを考慮して，他方当事者に対しみずからの権利，法益及び利益に影響を及ぼす可能性を与え，または他方当事者に対しこれを委ねる契約の準備 (Anbahnung)，③これらと類似する取引上の接触 (geschäftliche Kontakt) である。さらに第3項では，契約当事者以外の第三者にも債務関係が発生しうる旨を定める[42]。

このBGB 241条と311条との関係について，立法提案理由では，次のように説明される。241条は，利害関係をもつ者の債務関係から，他方当事者の権利と法益を考慮して注意義務を発生させうる。311条2項および3項は，契約締結前の債務関係に関する典型例を規定している。その結果，このような契約締結前の債務関係から生ずる義務に違反した場合には，280条1項に基づいて損害賠償請求権が発生する。すなわち，損害賠償責任に関する一般規定が，これまで契約締結上の過失を理由としてきた請求の根拠となる[43]。

また，改正前のBGBでは，契約締結上の過失に基づく請求と，契約の履行または契約上の主たる義務の違反を理由とした請求の関係は大きく異なっており，かつ完全には明確になっていなかった。契約締結上の過失は，予定されていた契約締結がなされないという事例を含むことが多い。さらにそこ

には，後に現れた契約当事者にとって不利な契約内容を導くという契約締結前の段階における行為義務違反，とりわけ情報提供義務違反にかかわる事例も含まれる。先に述べた改正により，これらの事例ではいずれも，契約交渉の開始を理由に，責任を発生させることができる。その結果，損害賠償責任の根拠は，どのような事例であっても280条となる[44]。

以上のように，BGBでは，契約締結の前における債務関係の存在を法定することによって，契約締結前あるいは契約締結時の情報提供義務に法律上の根拠を与えることが可能となった。これは，能力格差のある当事者間の関係を規律する規定としてきわめて大きな意義を有しているばかりでなく，契約締結前の債務関係を認めることで，契約という概念自体にも大きな転換を迫るものである点できわめて重要である。

ただし，情報提供義務違反を理由に，被害者が249条に基づき原状回復としての契約解消を請求しうるか否か，またはすでに引き受けた契約上の義務の修正を考慮するか否かは，決着がついておらず，判例に委ねられたままである。あるいは，義務がどの程度まで及ぶのかという問題も依然として判例に委ねられている[45]。その意味でとりあえず法律上の根拠は確保したとはいえ，要件や効果についてはさらに具体的な検討が必要となろう。

## 五　小　括

以上では，ドイツにおける情報提供に関する現行法の状況を概観してきた。その結果，BGBの改正により，特別法上規定されていた情報提供義務に関する規定がBGBにとりこまれたばかりでなく，それらも含めて契約締結前の債務関係に基づく義務が一般的な形で認められたことにより，本書で検討対象とする情報提供義務が問題となる場面での紛争解決の可能性は格段に大きくなったといえよう。

しかし，BGBにおいては情報提供義務を直接規定する一般的な規定がもうけられることがなかったため，その根拠については一応の解決がみられたものの，その要件・効果をめぐっては依然としてあいまいであるという印象が否めない。

そこで，次節においては，ドイツでこれまで繰り広げられてきた情報提供

第三章　ドイツにおける情報提供義務をめぐる議論状況

義務をめぐる議論を考察し，問題解決の糸口を探ってみることとしたい。

(1)　2001年のBGB改正を含めて，行為基礎論をめぐる議論状況を概観するものとして，中野邦保「行為基礎論前史（1）――後期普通法における『意思』概念の変質を中心に」名古屋大学法政論集204号（平成16年）1頁以下。

(2)　BGB制定時より676条に規定されていたが，国際振込みに関するEU指令を受けて振込法をBGB内に規定するために行われた1999年のBGB改正にともない，従来の676条は675条2項とされた。この旧676条をめぐる議論状況については，松本恒雄「ドイツ法における虚偽情報提供者責任論（1）―（3・完）」民商法雑誌79巻2号27頁，3号（以上，昭和53年）60頁以下，4号（昭和54年）76頁以下，岡孝「情報提供者の責任」遠藤浩ほか監修『現代契約法大系　第7巻　サービス・労務供給契約』（有斐閣，昭和59年）306頁以下を参照。

(3)　BGB675a条は，注(2)にも述べたように，振込法をBGBに規定する際に新設された規定であり，事務処理の実施のため選任された者または事務処理の実施を申し出た者に事務処理の対価と費用支出についての情報提供，さらには金融機関に事務処理の行使期間等についての情報提供を義務づけている。なお，振込法の導入にともなうBGB改正に関しては，岩原紳作「振込取引と法――1999年ドイツ振込法制定（民法典改正）を中心として」法学協会雑誌117巻2号（平成12年）223頁以下，今井克典「振込取引における仕向銀行の義務と責任（1）」名古屋大学法政論集184号（平成12年）53頁以下を参照。

(4)　なお，同様に本書では検討対象とはしないが，委任契約について報告義務を定めるBGB666条についての議論状況を検討したうえでわが国への示唆を得ようとするものとして，岩藤美智子「ドイツ法における報告義務と顛末報告義務（1）―（4・完）――他人の事務を処理する者の事後的情報提供義務の手がかりを求めて」滋賀大学彦根論叢327号177頁，328号（以上，平成12年）125頁，331号（平成13年）185頁，337号（平成14年）97頁。なお，この論稿については，小池泰助教授による書評がある（法律時報76巻9号〔平成16年〕114頁）。

(5)「消費用動産売買および消費用動産についての保証の一定の側面に関する EU 指令」Richtlinie 1999/44/EG des Europäischen Parlaments und des Rates vom 25. Mai 1999 zu bestimmten Aspekten des Verbrauchsgüterskaufs und der Garantien für Verbrauchsgüter (ABl. EG Nr. L 171 S.12).

(6)「域内市場における情報提供団体のサービス，とりわけ電子商取引の一定の法的側面に関する EU 指令（電子商取引に関する指令）」Richtlinie 2000/31/EG des Europäischen Parlaments und des Rates vom 8. Juni 2000 über bestimmte Rechtlinie Aspekte der Dienste der Informationsgesellschaft, ins besondere des elektronischen Geschäftsverkehrs, im Binnenmarkt („Richtlinie über den elektronischen Geschäftsverkehr") (ABl EG Nr. L 178 S.1). なお，そのうち直接関係する条文は，10条，11条および18条である。

(7)「商取引における支払遅滞を克服するための EU 指令」Richtlinie 2000/35/EG des Europäichen Parlamtens und des Rates vom 29. Juni 2000 zur Bekämpfung von Zahlungsverzug im Geschäftsverkehr (ABl. EG Nr. L 200 S.35).

(8) なお，これらの指令の具体的な内容については，潮見佳男『契約法理の現代化』（有斐閣，平成16年）345頁以下（初出は，「ドイツ債務法の現代化と日本債権法学の課題（1）」民商法雑誌124巻3号〔平成13年〕8頁以下を参照）。

(9) Richtlinie 97/7/EG des Europäischen Parlaments und des Rates vom 20. Mai 1997 über den Verbraucherschutz bei Vertragsabschlüssen im Fernabsatz (ABl. EG Nr. L 144 S.19).

(10) 2000年の6月のBGB改正をめぐる状況については，今西康人「ドイツ民法典の一部改正と消費者法——消費者，撤回権等の基本概念に関する民法規定の新設について」関西大学法学論集50巻5号（平成12年）200頁以下を参照。

(11) BT-Drucks. 14/6040, S.91. なお同様に，特別法上の消費者保護に関する規定につき民法典への統合の必要性を強調するものとして，Thomas Pfeiffer, Die Integration von „Nebengesetzen" in das BGB, in: Zivilrechtswissenschaft und Schuldrechtsreform, 2001, S.489ff.

(12) BT-Drucks. 14/6040, S.92., Reinhard Zimmermann, Schuldrechtsmodernisierung?, in: Zivilrechtswissenschaft und Schuldrechtsreform, 2001, S.16ff.

(13) 廃止されたのは、Verbraucherkreditgesetz in der Fassung der Bekanntmachung vom 29. Juni 2000 (BGBl. I S.940), geändert durch Artikel 16 des Gesetzes vom 13. Juri 2001 (BGBl. I S.1342). これは、1987年に出された「消費者信用についての構成国の法規定および行政規則の統一に関するEC指令」(Richtlinie 87/102/EWG des Rates vom 22. Dezember 1986 zur Angleichung der Rechts- und Verwaltungsvorschriften der Mitgliedstaaten über den Verbraucherkredit〔ABl. EG. Nr. L 42 S.48〕) に従い1990年12月3日に国内法化されたが (BGBl. I S. 2840)、1998年2月16日のEU指令の改正 (Richtlinie 98/7/EG des Europäischen Parlaments und des Rates vom 16. Februar 1998 zur Änderung der Richtlinie 87/102/EWG zur Angleichung der Rechts- und Verwaltungsvorschriften der Mitgliedstaaten über den Verbraucherkredit (ABl. EG. Nr. L 101 S.17)) にともなって、2000年に改正されたものである。

(14) 廃止されたのは、AGB-Gesetz in der Fassung der Bekanntmachung vom 29. Juni 2000 (BGBl. I S.946). 普通取引約款法が成立したのは1976年12月9日であるが (BGBl. I S.3317)、その後、1993年の「消費者契約における不公正条項に関するEC指令」(Richtlinie 93/13/EWG des Rates vom 5. April 1993 über mißbräuchliche Klauseln in Verbraucherverträgen〔ABl. EG. Nr. L 95 S.29〕) に基づく改正など、数次の改正を経ている。

(15) 廃止されたのは、Gesetz über dem Widerruf von Haustürgeschäften und ähnlich Geschäften in der Fassung der Bekanntmachung vom 29. Juni 2000 (BGBl. I S.955). 当初は、「営業所以外で締結された契約の場合における消費者保護に関するEC指令」(Richtlinie 85/577/EWG des Rates vom 20. Dezember 1985 betreffend den Verbraucherschutz im Fälle von außerhalb von Geschäfträumen geschlossenen Verträgen〔ABl. EG. Nr. L 372 S.31〕) にしたがい、1986年1月16日に成立した。

(16) 廃止されたのは、Teilzeit-Wohnrechtegesetz in der Fassung der

第二節　ドイツ法における情報開示に関する規定とその限界

Bekanntmachung vom 29. Juni 2000 (BGBl. I S.957), geändert durch Artikel 19 des Gesetzes vom 13. Juli 2001 (BGBl. I S.1342). 当初は,「不動産上の一時的利用権の取得に関する契約の一定の側面を考慮した取得者を保護するためのEU指令」(Richtlinie 94/47/EG des Europäischen Parlaments und des Rates vom 26. Oktober 1994 zum Schutz der Erwerber im Hinblick auf bestimmte Aspekte von Verträgen über den Erwerb von Teilzeitnutzungsrechten an Immobilien〔ABl. EG Nr. L 280 S.83〕) にしたがって1996年に制定された(BGBl. I S.2154)。なお, 一時的居住権法における情報提供義務による消費者保護とその限界を取り扱う文献として, Sandra Kind, Die Grenzen des Verbraucherschutzes durch Information — aufgezeigt am Teilzeitwohnrechtegesetz, 1998.を参照。

(17)　廃止されたのは, Fernabsatzgesetz vom 27. Juni 2000 (BGBl. I S.897). 通信販売法制定のもとになったEU指令については, 注(9)を参照。

(18)　このような統合の状況について旧法と新法を比較しつつ紹介するものとして, 青野博之「消費者法の民法への統合——解除の効果と撤回の効果の比較を中心にして」岡孝編『契約法における現代化の課題(法政大学現代法研究所叢書21)』(法政大学出版局, 平成14年) 131頁以下, 半田吉信『ドイツ債務法現代化法概説』(信山社, 平成15年) 321頁以下。

(19)　「通信教育受講者保護法」(Gesetz zum Schutz der Teilnehmer am Fernunterricht (Fernunterrichtsschutzgesetz) vom 24. 8. 1976 (BGBl. I S. 2525).) は, 今回のBGB改正では統合の対象とはされなかった。なお, 通信教育受講者保護法については, ペーター・ギルレス(安達三季生訳)「通信教育制度における受講者(顧客)の保護——西ドイツにおける通信教育保護のための新立法とその消費者保護法の発展における意義について」ペーター・ギルレス著＝竹内俊雄編『西ドイツにおける消費者法の展開』(法学書院, 平成元年) 93頁以下, 近藤充代「継続的な消費者契約における中途解約権について——ドイツ通信教育法5条を中心として」東京都立大学法学会雑誌32巻1号(平成3年) 335頁以下, 同「継続的な消費者契約における中途解約権——西ドイツ通信教育受講者保護法との関連で」私法54号(平成4年) 199頁以下を参照。

(20)　BGB 312 c条1項は, 販売目的(2号)のほか, 民法施行法240条に基

第三章　ドイツにおける情報提供義務をめぐる議論状況

づく命令で定められる契約の細目（1号）につき情報提供義務を課す。ここでいう命令とは，2002年1月2日の「BGBに基づく情報提供義務に関する命令」(Verordnung über Informationspflichten nach bürgerlichem Recht 〔BGB-Informationspflichten-Verordnung-BGB-InfoV〕vom 2. Januar 2002, Bundesgesetzblatt, Teil Ⅰ, Nr.2, S.342, 2002.) であり，その1条1項では，事業者は消費者に，本人であること（1号）・住所（2号）・商品またはサービスならびにどのような契約が成立するかということについての重要なメルクマール（3号）等の情報を提供しなければならないと規定されている。また，BGB 312 c条2項についても，同命令2条および3条に規定された情報を，契約の完全な履行，あるいは商品の引渡しまでに提供することが義務づけられている。なお，この命令の簡単な概要については，半田・前掲注(18) 350頁以下を参照。

(21)　情報提供すべき内容の詳細については，§3 BGB-InfoV (N.20). なお，電子商取引指令とBGB 312 e条の情報提供義務との関係を論ずるものとして，窪田充見「電子商取引指令のドイツ国内法化――情報提供義務を中心に」NBL 762号（平成15年）16頁を参照。

(22)　説明書の記載事項の詳細については，§2 BGB - InfoV (N.20). なお，一時的居住権契約で事業者に要求される情報提供の内容については，旧一時的居住権法に関するものではあるが，Kind, a.a.O. (N.16), S.79ff.

(23)　同様に書面による契約締結が義務づけられているものとして，消費者消費貸借契約（Verbraucherdarlehensvertrag/492条1項），資金援助（Finanzierunghilfe/499条1項〔492条1項準用〕），ファイナンスリース契約（Finanzierungs-leasingvertrag/500条〔492条1項準用〕），分割払取引（Teilzahlungsgeschäft/501条〔492条1項準用〕），分割供給契約（Ratenlieferungvertrag/505条2項），消費貸借仲介契約（Darlehensvermittlungsvertrag/655b条）。

(24)　パンフレットの記載事項の詳細については，§4 BGB-InfoV (N.20).

(25)　Vgl. BT-Drucks. 14/6040, S.173. この点については，第三節二(2)（116頁以下）を参照。

(26)　事業者・消費者間の電子商取引を含む通信販売に関する撤回権がBGBに導入される過程を紹介するものとして，鶴藤倫道「ドイツ法における事業者・消費者間電子商取引への撤回権の導入」NBL 762号（平成15年）33頁

第二節　ドイツ法における情報開示に関する規定とその限界

を参照。

(27)　なお，保険契約法16条1項1文は，保険に付されるべき危険にとって重要で，保険契約者に知られているすべての事情に関して，保険契約者が契約締結時に保険者に対して告知する義務を定めている。この点については，Holger Fleicher, Informationsasymmetrie im Vertragsrecht, 2001, S. 504ff. この条文は，情報提供義務の例としてしばしばとりあげられる。むろん保険契約者と保険者との間に情報格差があることは事実ではあるが，そもそも交渉能力等が低い者（保険契約者）から高い者（保険者＝通常は保険会社）への情報提供が問題となる場面であるので，本書では検討の対象外とする。ちなみに，ドイツ保険監督法10a条では，保険者の保険契約者に対する情報提供義務が定められている。この点については，木下孝治「ドイツ保険監督法上の保険者の情報提供義務及び契約締結(2)」阪大法学47巻3号（平成9年）116頁以下，小林道生「ドイツ法における保険募集と説明義務」損害保険研究62巻3号（平成12年）123頁以下を参照。

(28)　Markus Lange, Informationspflichten von Finanzdienstleistern: Zivilrechtliche Vorfeldpflichten bei Anlagegeschäften an Finanz- und Terminmärkten unter Berücksichtigung der §§ 31, 32 WpHG, 2000, S. 270ff. なお，川地宏行「ドイツ証券取引法における証券会社の情報提供義務」三重大学法経論叢16巻1号（平成10年）7頁以下，同「ドイツにおけるディスカウントブローカーの民事責任」専修法学論集86号（平成14年）1頁も参照。

(29)　この点の詳細については，川地・前掲注(28)「ドイツにおけるディスカウントブローカーの民事責任」10頁を参照。なお，この証券取引法37d条の前身ともいえる旧取引所法（Börsengesetz〔BörsG〕）53条2項の規定については，川地宏行「投資勧誘における適合性原則(2・完)」11頁以下，角田美穂子「金融商品取引における適合性原則(3)──ドイツ取引所法の取引所先物取引能力制度からの示唆」亜細亜法学37巻1号（平成14年）111頁以下を参照。

(30)　Hans Christoph Grigoleit, Vorvertragliche Informationshaftung, 1997, S.51ff.

(31)　投資現代化法の正式名称は，「投資制度の現代化および投資財産の課税

第三章　ドイツにおける情報提供義務をめぐる議論状況

に関する法律（投資現代化法）」(Gesetz zur Modernisierung des Investment-wesens und zur Besteuerung von Investmentvermögen〔Investment- modernisierungsgesetz〕vom 15. Dezember 2003.)であり，Bundesgesetz-blatt, Teil I Nr.62, S.2676, 2003 に掲載されている。これは，「証券取引における共同投資に関連する特定の機関の法規定および行政規定の調整に関する EC 指令」(Richtlinie 85/611/EWG des Rates vom 20. Dezember 1985 zur Koordinierung der Rechts- und Verwaltungsvorschriften betreffend bestimmte Organismen für gemeinsame Anlagen in Wertpapieren〔OGAW〕〔ABl EG Nr. L375 S.3〕) を国内法化することを求める 2 つの修正指令 (Richtlinie 2001/107/EG des Europäischen Parlaments und des Rates vom 21. Januar 2002 zur Änderung der Richtlinie 85/611/EWG des Rates zur Koordinierung der Rechts- und Verwaltungsvorschriften betreffend bestimmte Organismen für gemeinsame Anlagen in Wertpapieren〔OGAW〕zwecks Festlegung von Bestimmungen für Verwaltungsgesellschaften und vereinfache Prospekte〔ABl EG Nr. L 41 S.20〕, Richtlinie 2001/108/EG des Europäischen Parlaments und des Rates vom 21. Januar 2002 zur Änderung der Richtlinie 85/611/EWG des Rates zur Koordinierung der Rechts- und Verwaltungsvorschriften betreffend bestimmte Organismen für gemeinsame Anlagen in Wertpapieren〔OGAW〕hinsichtlich der Anlagen der OGAW〔ABl EG Nr. L 41 S.35〕) に基づき制定されたものである。

(32)　このほか，投資現代化法により制定された投資法では，126 条で，常設の営業所以外の場所で口頭による意思表示で契約が締結された場合には，投資持分の購入者は，2 週間以内であれば書面により契約を撤回できるという撤回権（Widerrufsrecht）が認められている。なお，目論見書責任は，投資現代化法の制定により効力を失った投資会社法（Gesetz über Kapitalanlagegesellschaften〔KAGG〕）20 条，および外国投資法（Gesetz über den Vertrieb ausländischer Investmentanteile, über die Besteuerung ihrer Erträge sowie zur Änderung und Ergänzung des Gesetzes über Kapitalanlagegesellschaften〔AuslInvestmG〕）12 条・15i 条にも規定されていたが，これらの旧規定につ

いては，Vgl. Lange, a.a.O. (N.28), S.32.

(33) Grigoleit, a.a.O. (N.30), S.19ff. なお，この点については，ハイン・ケッツ（潮見佳男＝中田邦博＝松岡久和訳）『ヨーロッパ契約法Ⅰ』（法律文化社，平成11年）230頁以下も参照。

(34) Grigoleit, a.a.O. (N.30), SS.16-19. 詐欺をめぐる議論については，Fleicher, a.a.O. (N.27), S.244ff. も参照。なお，ここでいう詐欺にいわゆる「沈黙による詐欺」が含まれるかをめぐっては議論があるが，この点については，内山敏和「情報格差と詐欺の実相（1）――ドイツにおける沈黙による詐欺の検討を通じて」早稲田大学法研論集111号（2004年）1頁以下を参照。

(35) 錯誤については，Fleicher, a.a.O. (N.27), S.338ff.

(36) Grigoleit, a.a.O. (N.30), SS.25-27.

(37) Grigoleit, a.a.O. (N.30), S.37ff. なお，「情報提供に関する故意のドグマ」に関するグリゴライトの見解については，藤田寿夫「説明義務違反と法解釈方法論――詐欺規定と評価矛盾するか？」神戸学院法学27巻1＝2号（平成9年）1頁以下，潮見・前掲注(8)172頁以下（初出は，「ドイツにおける情報提供義務論の展開（2）」法学論叢145巻3号〔平成11年〕7頁以下），川角由和「ドイツ債務法の現代化と『契約締結上の過失』」川角由和＝中田邦博＝潮見佳男＝松岡久和編『ヨーロッパ私法の動向と課題』（日本評論社，平成15年）253頁以下にも紹介されている。

(38) Grigoleit, a.a.O. (N.30), S.13ff. なお，BGB 249条の原状回復義務を媒介にした契約解消をめぐる議論状況については，潮見・前掲注(8)148頁以下（初出は，「ドイツにおける情報提供義務論の展開（1）」法学論叢145巻2号〔平成11年〕6頁以下）を参照。

(39) 岡孝「目的物の瑕疵についての売主の責任」同編『契約法における現代化の課題（法政大学現代法研究所叢書21）』（法政大学出版局，平成14年）103頁以下，半田・前掲注(18)249頁以下，田中志津子「ドイツ民法売買契約法における瑕疵担保責任――物の瑕疵概念を中心に」明治大学大学院法学研究科法学研究論集18号（平成15年）39頁，青野博之「売買目的物に瑕疵がある場合における買主の権利と売主の地位」判例タイムズ1116号（平成15年）12頁，今西康人「消費者売買指令と目的物の瑕疵に関する売主の責任――

指令の国内法化からの検討」判例タイムズ1117号（平成15年）38頁。また，法案段階の議論をふまえたものとして，潮見・前掲注(8) 368頁以下，今西・前掲注(10) 169頁以下。法案段階でのドイツでの議論状況については，Vgl. Daniel Zimmer, Das geplante Kaufrecht, in: Zivilrechtswissenschaft und Schuldrechtsreform, 2001, S.191ff.。なお，改正法における仕事の瑕疵と請負人の担保責任について検討するものとして，今西康人「ドイツ新債権法における仕事の瑕疵に関する請負人の責任」関西大学法学論集52巻4＝5合併号（平成15年）85頁。

(40) なお，本章のもとになった拙稿「契約関係における情報提供義務(3)－(5)──非対等当事者間における契約を中心に」名古屋大学法政論集193号280頁以下，194号（以上，平成14年）325頁以下，195号（平成15年）263頁以下の発表後に，ドイツ債務法現代化法と契約締結上の過失責任の関係について論じたものとして，川角・前掲注(37) 211頁以下，ヨハンネス・ハーガー（半田吉信訳）＝半田吉信「ドイツ民法からみたユニドロワ原則およびヨーロッパ契約法原則における契約締結上の過失」ユルゲン・バセドウ編（半田吉信＝滝沢昌彦＝松尾弘＝石崎泰雄＝益井公一＝福田清明訳）『ヨーロッパ統一契約法への道』（法律文化社，平成16年）90頁以下。

(41) BGB 241条の規定は，次の通りである（なお，第1項の訳出にあたっては，椿寿夫＝右近健男編『ドイツ債権法総論』〔日本評論社，昭和63年〕4頁〔床谷文雄執筆部分〕，第2項の訳出にあたっては，岡孝ほか「ドイツ債務法現代化法（民法改正部分）試訳」同編『契約法における現代化の課題（法政大学現代法研究所叢書21）』〔法政大学出版局，平成14年〕189頁，半田・前掲注(18) 442頁を参照した）。

「BGB 241条　債務関係に基づく義務
　第1項　債務関係の効力により，債権者は債務者に対して給付を請求する権利を有する。給付は，不作為でも存在しうる。
　第2項　債務関係により，その内容に応じて，各当事者は，他方当事者の権利，法益及び利益を考慮するよう義務づけられうる。」

(42) BGB 311条の規定は，次の通りである（なお，第1項の訳出にあたっては，椿＝右近編・前掲注(41) 180頁，第1項～第3項の訳出にあたっては，岡ほか・前掲注(41) 201頁，半田・前掲注(18) 460頁を参照した。

「BGB 311 条　法律行為上及び法律関係類似の債務関係

　第 1 項　法律行為により債務関係を発生させ，及び債務関係の内容を変更するには，本法に特段の定めがない限り，当事者間の契約を必要とする。

　第 2 項　241 条 2 項にいう義務をともなう債務関係は，次の各号によっても発生する。

　1　契約交渉（Vertragsverhandlung）の開始

　2　一方の当事者が，法律行為上の関係が発生しうることを考慮して，他方当事者に対しみずからの権利，法益及び利益に影響を及ぼす可能性を与え，または他方当事者に対しこれを委ねる契約の準備（Anbahnung）

　3　これらと類似する取引上の接触（geschäftliche Kontakt）

　第 3 項　241 条 2 項にいう義務をともなう債務関係は，みずからは契約当事者にはなりえない者にも発生しうる。当該債務関係は，とりわけ，第三者が特別な信頼をみずから要求し，それにより契約交渉または契約の締結に重大な影響を及ぼす場合に発生する。」

(43)　BT-Drucks. 14/6040, SS.94-95., S.162.; BT-Drucks. 14/7052, S.175.
(44)　BT-Drucks. 14/6040, SS.162-163.
(45)　BT-Drucks. 14/6040, SS.162-163.

第三章　ドイツにおける情報提供義務をめぐる議論状況

## 第三節　情報提供義務の根拠をめぐる議論

### 一　緒　論

　本節においては，わが国の情報提供義務論に大きな影響を与えているドイツ法の議論を参照しながら，情報提供義務論のもつ意味を考察することにしたい。

　ドイツでは，一方で，情報提供義務違反が問題となった事例で損害賠償や解除が認められるようになってきたことを受けて，その根拠や要件を明確にしようという議論がなされるようになった。また他方で，今度は情報提供義務違反が問題となる場面と同様の状況を規律するBGB上の法理との効果の違いに着目して，相互の調整を図ろうという動きがみられるようになっている。この点に注目して，これまでドイツにおいて形成されてきた議論を整理することとしたい。

　なお，すでに第一章第二節二（15頁）で述べたように，ドイツにおける情報提供をめぐる議論状況については，潮見佳男教授による詳細な検討がなされている[1]。それによれば，「情報提供モデル」・「情報パラダイム」の考え方[2]により，もともと競争法など民法外の法制度が担当していた領域である自己決定基盤の確保自体が，憲法上の価値である自己決定権・個人意思ないし個人の決定自由を保障するために不可欠なものとして，民法の枠内に組みこまれることになるとされる[3]。

　本書では，潮見教授の紹介との重複はできるだけ避けながらも，必要に応じて，その紹介でとりあげられている文献についても言及することとする。

### 二　契約締結上の過失論と情報提供義務論との関係

(1)　契約締結上の過失論と「契約締結前の債務関係」

　ドイツにおいては，情報提供義務は，一般に，契約締結前の債務関係（あるいは契約準備段階の債務関係，契約締結前の特別関係ともいわれる）から導き出される行為義務であると考えられている[4]。そして，契約締結前の情報

## 第三節　情報提供義務の根拠をめぐる議論

提供に関する責任は，契約締結上の過失に基づく責任として議論されてきた。

周知のように，イェーリンクが「契約締結上の過失」論を提唱して以来[5]，学説および判例の展開によって，この「契約締結上の過失」論は，ドイツでは，民法上の一般的な責任制度として定着してきた[6]。

しかし，本来は，契約締結上の過失という概念自体の有効性が問われるべきであろう。この点については，契約締結上の過失論の基礎となった原始的不能概念を否定しようという動きがあり，2001年改正後のBGBでは，国連動産売買条約やユニドロワ国際商事契約原則，ヨーロッパ契約法原則などの国際的なルールもふまえて，「不能」という概念を給付障害法の中心から外すことになった[7]。わが国においても，原始的不能論を廃棄し，かつ契約締結上の過失という概念も否定する動きがみられる[8]。ただこれまでは，わが国においても，契約締結上の過失が契約責任と不法行為責任との間でどこに位置づけられる責任法理であるのかが議論されてきた[9]。これに対して，ドイツにおいては，すでに契約締結上の過失という概念を用いることが定着してきたという現状を追認する形で，この制度は「慣習法上承認された」ものと考えられてきた[10]。

もっとも，実定法の外部にある契約締結前の債務関係から導き出される情報提供義務が，契約締結上の過失が慣習法上承認されたことをもって基礎づけられるというだけでは，その根拠としては不十分である。情報提供義務が契約締結上の過失によって基礎づけられるというのであれば，さらにふみこんで契約締結上の過失の根拠は何か，そして契約締結上の過失の根拠がはたして情報提供義務の根拠を基礎づけることができるのか，ということこそが，なによりも先に明らかにされなければならないことになる[11]。

以上のように，契約締結上の過失に関しては，民法の体系の中でいかに位置づけるか，さらには，民法典上の諸法理との調整をどのように図るかという観点から議論がなされてきた。そして，契約締結上の過失において論じられることの多かった情報提供義務も，そのような議論の中で再度検証されるべきこととなる。

これらの議論は，一方では，BGB上の諸法理との調整を図る中で，これまで所与のものとして与えられてきたそれらの諸法理の見直しという形で深

化をみせ，他方では，2001年のBGB改正において，従来は契約締結上の過失として議論されてきた分野がBGBにとりこまれるという形で結実したといえよう。

とりわけ後者に関しては，もし仮に立法によって情報提供義務の発生が明確に根拠づけられたとするのであれば，少なくとも上述した問題はクリアーできることになるのであるが，はたして問題は解決できたのであろうか。そこで，次に，BGB改正において制定された契約締結上の過失に関する規定について，上記の観点から検討してみることとしよう。

(2) BGB改正後の契約締結上の過失論と情報提供義務論との関係

第二節（95頁以下）では，ドイツ債務法現代化法に基づいてBGBにとりこまれた旧特別法上の情報開示に関する規定，およびいまだBGBにとりこまれていない特別法上の情報提供に関する規定を概観し，わが国と同様，個別の取引に適用対象が限定され，情報開示に関する包括的な規定が存在しないことを確認した。ただ，わが国では，「業法」という行政的規制に主眼をおいた枠組みの中で，情報開示義務違反があった場合に，開示の相手方の私法的救済を図るには，民法上の諸法理の適用可能性を別途検討する必要があった（50頁以下参照）。これに対して，ドイツでは，少なくともBGBにとりこまれた情報開示による規定に違反した場合には，新しいBGB241条2項および311条2項を介して，契約法上の責任を追及することが可能となった点には留意しなければならない。

また，今回のドイツ債務法改正で上述のBGB241条2項および311条2項が新たに制定されたことにより，契約締結上の過失の概念で語られてきた分野がBGBにとりこまれることとなった。具体的には，BGB311条2項2号は，契約の準備（Anbahnung）がなされた場合にも，契約が締結されたときと同様に債務関係の発生を認め，かつBGB241条2項は，発生した債務関係の内容に応じて，債務関係におけるそれぞれの当事者に，相手方の権利，法益，そして単なる利益の考慮義務を課している。

従来，いわゆる情報提供義務違反が問題となる事例は契約締結上の過失の重要な適用事例であると理解されてきたので，情報提供義務もこの241条2

第三節　情報提供義務の根拠をめぐる議論

項にいう考慮義務に含まれることになる[12]。

その結果，一方の当事者の情報提供義務違反があった場合には，次のような効果が生ずることになる[13]。まず，情報提供義務違反は241条2項にいう考慮義務の違反にあたるものとして，たとえそれが過失によるものであっても，債務関係により生じた義務に違反した場合の損害賠償請求権を定めたBGB 280条1項に基づき，他方当事者は損害賠償を請求することができる[14]。また，仮に債権者が情報提供義務を負う債務者からの給付を期待することができないときには，BGB 282条に基づき，履行に代わる損害賠償を請求することができる。さらに，もはや契約を維持することができない場合には，BGB 324条に基づいて契約を解除することも可能となる[15]。

以上のように，ドイツにおいては，従来，契約締結上の過失論で処理されてきた問題について明文の規定がおかれたことにより，情報提供義務違反の事例を実定法上の根拠をもって解決することが可能となった。

しかし，なにゆえに契約締結以前に当事者間に債権関係を発生させるのか——この合意による契約債権の発生という枠組みをはみ出す債務発生の根拠の意味の説明には，誰も成功していない。

債務化法現代化法の改正作業にあたったカナーリスによれば，契約締結上の過失の規定は，単にBGBに規定されていない法制度をとりいれ，現在判例で実際に行われている法状況を再現しようと試みたにすぎないとされている[16]。さらに彼はいう。ここでは，単に一般条項のような包括的な規定を用意すれば足りると考えられ，契約締結上の過失につながる義務のプログラムを分離し，事例ごとに具体化することは意図的に放棄されている[17]。したがって，BGB 311条2項および241条2項は，たしかに情報提供義務を基礎づけうるが，その義務がどのような場合に課されるか，また，それがどのような内容のものであるかまで決定するものではない。このようにカナーリスの説くところをふまえて，241条2項で問題となる行為義務がどのようなものであるかは，個別に基礎づけられなければならないとする見解も示されている[18][19]。

以上の点からすると，契約締結上の過失に関する条文がBGB上に規定されたとはいえ，それをもって，これまで情報提供義務違反が論じられてきた

問題が解決するわけでないことは明らかであろう。また，ドイツ法のもとにあっても，情報提供義務違反が問題となる場面では，契約締結上の過失の法理だけではなく，詐欺や錯誤という意思表示に関する規定，さらには，瑕疵担保責任に関する規定の適用が可能であり，その効果をめぐる相互調整が問題となりうる（この点については，第六節〔167頁〕で詳しく検討する）。

2001年のBGB改正によって情報提供義務を基礎づけうる包括的な一般規定がもうけられたものの，当事者の一方がどのような根拠をもってその相手方に情報を提供しなければならないのか，あるいは，仮に情報を提供しなければならないとして，どのような場合に，どのような要件で情報を提供しなければならないのかということは，現時点でも依然として問題である。

そこで，次の(3)では，この問題を解決するために展開されてきた，情報提供義務の根拠と契約締結上の過失の根拠との接合を試みる議論について検討を加えることとしたい。

(3) 情報提供義務の根拠と契約締結上の過失の根拠との接合

(a) 情報提供義務の根拠を追究する必要性

情報提供に関する責任を動的システム論の観点から把握しようと試みるブライデンバッハは，次のようにいう（なお，ブライデンバッハによる動的システム論自体の紹介は，136頁に述べるように，わが国にもすでに存在する）。契約交渉段階の過失に基づく責任は，積極的な作為，または——適切な説明がなされない場合には——不作為により，法律上の義務に違反する場合に問題となるが，その責任を問うためには，まずこの「法律上の義務」の存在が要件となる。このような法律上の義務は，どのような内容のものであっても，それがいまだに実定法上規定されていないのであれば，現行法の体系の中で基礎づけることが必要となる。つまり，法体系による基礎づけなしに，単にその義務の存在のみを主張することはできない。したがって，契約締結前の情報提供義務違反に基づく責任の内容を明らかにする前提として，まずその責任の根拠の検討がなされなければならないのである[20]。

(b) 契約締結上の過失の根拠を追究する必要性

　情報提供義務違反に基づく責任根拠は，(1)でも述べたように，情報提供義務が契約締結上の過失によって基礎づけられるという見解が主流を占める。そこで，契約締結上の過失の根拠といわれているものがはたして情報提供義務の根拠となりうるのかが，なによりも先に明らかにされなければならないことになる。

　例えば，グリゴライトは，故意による誤導があった場合の責任しか規定していないBGB上の規定（とりわけ，取消しの効果を定めた123条の詐欺の規定）と過失による誤導から生じた責任との民法上の整合性を図る試みをしているが，その際に，契約締結上の過失論を基礎づける概念を考察する必要性を強調する(21)。

　これは，グリゴライトの次のような考えに基づいている。BGB 123条以下の詐欺に関する規定と契約締結上の過失の原則との関係を検討する際に，123条以下が特殊な規定であるという観点から，あるいは，双方の規範が競合するという観点から，契約締結前の情報提供に関する法律効果を調整しようとする試みは，方法論的には間違っている。なぜなら，そのような試みは，過失による情報提供義務違反に基づく責任を一般的に正当化することを当然の前提としているからである。しかし，判例および学説では，契約締結前の情報提供に関する過失責任の根拠は，契約締結上の過失の根拠と関連して理解されている。そこで，契約締結上の過失という一種の法創造により生み出された概念によって，情報提供に関する過失責任を基礎づけることができるか，さらに第二節四（100頁）で述べたような，BGBでは故意による場合を除いては情報提供に関する責任を問えないという「情報提供に関する故意のドグマ」を克服できるかが問題になるというのである(22)。

(4) 契約締結上の過失と実定法上の諸法理との調和

　契約法における当事者間の情報の非対称性という観点から分析を行うフライシャーは，契約締結上の過失に関して，次のような見解を示している(23)。

まず，契約締結上の過失論は，現段階で4つの方向性を示している。

第一に，さまざまな契約に特有な情報提供義務の基準を導き出すための包括的な基礎としての方向性である。売買契約，賃貸借契約，請負契約，委託契約，組合契約，保証契約，保険契約など，広範にわたる契約類型で，情報提供の必要性が説かれている。

第二に，契約締結上の過失は，情報提供に関する保護を主観的な観点から拡大するという方向性である。すなわち，BGB では情報提供義務違反が問題となる事例では故意による責任しか認めていないが，契約締結上の過失論によって，故意に限らず過失がある場合にまで責任を拡大されるという。具体的には，過失による情報提供義務違反も契約締結上の過失に基づく責任に含まれることになるし，また，判例では，その場合に，原状回復に基づく契約解除権が付与されることになる。

第三に，契約締結後に債務関係が発生するという伝統的な考え方に対して，契約締結上の過失論により，契約締結前にも債務関係が存在するものとしたうえで情報提供義務の存在を基礎づけることができるようになり（この点は，前述した立法に結実している――著者注），さらにその契約締結前の債務関係が存在することによって，情報提供義務が情報調達義務へと強化されるという方向性である。つまり，現在の意思を伝達するのにとどまらず，その他情報提供の源泉となるところから情報を収集するということも義務づけられることになる。

第四に，契約準備段階の法律関係に基づき，一定の事例においては，単なる準備にとどまらず，データ資料の評価や集められた情報を基礎として，個別の助言義務が発生するという方向性である。この場合，情報提供義務と助言義務が同時に問題となり，両者の区別は難しくなるが，個別の義務の独自性にこだわることは不可能ではないという。したがって，ある者に調査義務や助言義務が課されている場合には，みずからの保有する情報を正確に伝達したとしても，それらの義務に基づく責任を追及される可能性がある。

以上のように，契約締結上の過失という概念はさまざまな方向性をもって展開されている。この点に関して，フライシャーは，この契約締結上の過失論に基づく情報提供に関する責任を，実定法上その責任が問題となりうるす

べての法構造にあてはめて、実際に法典のうえで規定されている法的救済手段と調和させることの重要性を強調する（この点はフライシャーも別途検討しているし、本書でも第六節〔167頁以下〕で検討するところである。例えば、契約締結上の過失に基づく情報提供に関する責任と、故意に基づく情報提供に関する責任を規定したBGB 123条〔詐欺〕との関係が問題となる）。そして、契約締結前の情報提供義務が、契約当事者間における個別の信頼の保護だけではなく、社会における取引交渉を機能的なものにすることにも役立つのは明らかであるとする。フライシャーはこのように述べたうえで、個別的な保護と制度的な保護の理論的な相互関連性を探ることにより、契約締結に関する情報提供義務を具体的な形で明らかにしていくための貴重な理解が与えられるとするのである。

(5) 契約締結上の過失と情報提供義務の相互関係

以上でみてきたように、これまでドイツでは、情報提供義務を契約締結上の過失論にとりこんで理解しようとする議論が支配的であった。そのため、情報提供義務の根拠は何かという問題を考える前提として、契約締結上の過失の根拠が情報提供義務の根拠となりうるかという点が、そして情報提供義務が問題となる場面における契約締結上の過失とBGB上の諸法理との調整をどのように図るかという点が検討されてきた。

そこで次の三では、上述の前提をふまえたうえで、情報提供義務の根拠に関する議論について検討することとしたい。

三 情報提供義務の抽象的な根拠をめぐる議論の展開

(1) 契約締結上の過失の形式的根拠と情報提供義務

二で示した観点から、以下においては、まず契約締結上の過失の根拠としてあげられてきたものが、情報提供義務を基礎づける根拠となりうるか否かを検討することとしよう。

もっとも、この点に関しては、2001年のBGB改正により、少なくとも形式的には契約締結上の過失がカバーしていた領域に実定法上の根拠が与えら

第三章　ドイツにおける情報提供義務をめぐる議論状況

れることとなった。しかし，従来，学説において説かれていた形式的な根拠をめぐる議論も，情報提供義務を基礎づけることが可能であるか否かという問題を考えるうえで有用であると思われるので，簡単に振り返ってみることとしたい。

　第一に，従来の議論では，契約締結上の過失は，本来保護されるべきである法制度が実定法上存在していないがゆえに，法の欠缺を補充する法創造として形成されてきたと説かれてきた[24]。むろん，契約締結上の過失でカバーされていた内容が法定されたことによりこの問題が解決されたわけではあるが，情報提供義務を認める必要性を論ずることなくして，法の欠缺という観点からだけで基礎づけられるものではない。

　第二に，すでに二(1) (115頁) で述べたように，契約締結上の過失は，慣習法上すでに承認されているという考え方を説く見解が，従来の議論では主流となっていた。しかし，長年その概念が裁判上用いられて慣習法化したという説明で満足するのではなく，むしろそれが慣習として必要とされる理由を積極的に見いださなければならないということは，従前からも指摘されていた[25]。仮に，契約締結上の過失が慣習法上承認されてきたものであるとしても，情報提供義務が慣習法上認められたというには，結局，それを積極的に認めるための理由を見いださなければならないことになる。

　第三に，情報提供義務が存在する根拠として，2001年のBGB改正でも241条2項に規定された「契約締結前の債務関係」をあげる見解は，以前から存在していた。そして従来は，情報提供義務は，BGB242条の信義則の規定から導き出されるものであり，この規定こそが義務の根拠を決定するものであると考えられてきた[26]。すなわち，情報提供義務は，BGB242条に基づいて課される保護義務（Schutzpflicht）であり，相手方の法益の不可侵を義務づけるものである。それは，相手方の自己責任による判断を可能にし，または強化するという意味で，相手方の意思の自由を保護することになる[27]。

　しかし，この第三の見解についても批判がある。信義則はあくまで一般条項であって，次の段階として，説明義務が「取引慣行を考慮した信義則」[28]から導き出されるとしても，どのような場合にそれが可能であるの

かという具体化の作業が必要となってくるからである(29)。

いくつかの見解では，情報提供義務が存在する状況をある種定式化することによって，その具体化が志向されている。例えば，他方の当事者が，信義則および契約の解釈によって，誠実な説明を期待することが許されている場合にのみ説明義務が存在するという見解(30)や，さらに一般化した形で，すべての当事者は相手方に，その者が知らない，契約成立に関して認識可能な決定的に重要な事情を説明しなければならないという見解(31)がある。

しかし，このように定式化したところで，結局，それが実際にはどのような場合であるかを検討することになり，さらなる具体化の作業を行わなければならなくなる。これらの見解は，いずれも信義則を別の言葉で繰り返したに過ぎず，定式化としての機能をまったく果たしていない。

以上のようにみると，これまで契約締結上の過失の形式的な根拠として学説により説かれてきた見解は，いずれも結局はその実質的な根拠を探究することなしには意味をもたないものである(32)。たしかに，BGB上に契約締結上の過失が事実上法定されたことにより，その形式的根拠という点では一定の解決をみたわけであるが，情報提供義務をそこに位置づけることができるかという問題を解決するためには，結局，その実質的な根拠を探っていかなければならないことになる。

(2) 情報提供義務の一般的な根拠をめぐる議論

(a) 情報提供義務を基礎づける抽象的概念

(1)で検討したところをふまえて，以下においては，情報提供義務に関する根拠をめぐる議論について検討する。なお，ここでいう根拠とは，どの条文あるいはどのような法理論によって情報提供義務違反の場合の責任が基礎づけられるかということではなく，あくまで当事者の一方に情報提供義務が課される実質的な根拠は何か，という観点から論じられるものである。

もっとも，以下に述べる分析は，すでに潮見佳男教授の研究においても展開されている分析と一部重複することになる。しかし，ドイツの学説において，まず情報提供義務による保護の対象とされる抽象的な概念を明らかにす

第三章　ドイツにおける情報提供義務をめぐる議論状況

るための試みがなされ，それが必ずしも有効なものではないという理解からより具体的な保護の要素を抽出しようという試みへと進んでいく過程をあらためて確認することは，わが国における情報提供義務をめぐる議論状況を分析するうえで，大きな示唆を与えるように思われる。

そこで，ここではまず，保護の対象を明らかにするという観点から，抽象的な概念によって情報提供義務を基礎づけようとする試みに注目し，その検討を行うこととしよう。このような抽象的な概念には多種多様なものが存在するが，そのうち，わが国における議論でもしばしばとりあげられる消費者保護，職業上の責任，信頼の諸概念を中心に簡単にふれることとしたい。

(b)　消費者保護の概念

情報提供義務を根拠づけるものとしてしばしばあげられるのが，消費者保護の原理である。これは，消費者が事業者と対立している——消費者は構造的に事業者よりも情報収集能力が劣っている——という前提のもとで，それを補充するために，事業者に情報提供義務を課すというもので，「消費者保護の情報提供モデル」[33]ともいわれる[34]。

フライシャーは，この消費者保護の概念について，広範囲にわたる消費者層がより質の高い情報を数多く提供されることにより，市場の透明性が高まり，多くの競争に寄与することになるという。そして，そのような情報提供によって，消費者は，慎重にかつ自己責任により意思決定をなす立場におかれることになると指摘している。そのうえで，このような消費者保護をめぐる議論は，法律行為上の自己決定を実現するうえで契約当事者の情報の有無が密接に関係しているという意識を喚起したという点で，大きな功績があると評価している[35]。

それでは，なぜ消費者であるという理由で，事業者と比較して保護されなければならないのであろうか。ブライデンバッハは，消費者がみずからが行う経済的行為ないし法律行為に関する経験がないことをその理由として認める見解について言及する。それらの見解によれば，消費者が取引によりみずからの利益を実現するためには，利益判断ができる状況にあることが必要となるが，取引について経験が豊かな者と経験がない者との間では，その機会

第三節　情報提供義務の根拠をめぐる議論

の不平等が存在している。そして，そのような機会の不平等を解消するためには，前者から後者への情報提供を認めるのが適切であるという[36]。

しかし，この消費者保護の概念により情報提供義務を基礎づけようとする考え方には，次のような疑問が呈されている。

まず，そもそもなぜ消費者が保護されるのか，その根拠が問題となる。この消費者保護の概念はBGB 242条の信義則により実定法上基礎づけられることになるであろうが，はたしてどのようにしてそこに根拠づけられるのか。また，消費者保護という考え方と私的自治の原則との調和が図られるべきであるが，それはどのようになされるのであろうか[37]。

また，消費者とはそもそも何かという問題もある。もっとも，この点については，2000年6月のBGB改正により，その13条に消費者概念について規定がもうけられたため，立法的な解決が図られている[38]。

しかし，そもそも消費者保護という言葉ではカバーできない領域においても，情報提供義務という概念により保護されるべき場合が存在する。この点について，ランゲは，投資家には消費者という意味では捉えられない者がいるという[39]。逆に，ブライデンバッハは，消費者ではない完全な商人であってもその規模が小さな場合には保護が与えられることがありうると指摘する。さらにブライデンバッハは，消費者のように「人」という観点から把握するのではなく，具体的な契約目的との関係で「情報提供の必要性」を考慮にいれなければならないとして，消費者保護の概念は無用であると説くのである[40]（この議論は，ブライデンバッハの主張する情報提供義務の動的システム論による把握にも関係してくるが，これについては第四節〔136頁以下〕で詳論する）。

以上のような問題点を考慮するのであれば，消費者保護の概念だけで情報提供義務を基礎づけることは困難であるといえよう。

(c)　職業上の責任の概念

職業上の責任という概念は，すでにわが国においても検討がなされているところであるが[41]，行為者の職業上の役割を強調し，専門的な知識を有する行為者がその職務を果たす義務を負うことから，その者の情報提供に関す

る責任が基礎づけられるというものである。すなわち，その専門性が当該当事者に情報提供義務を課す根拠となる(42)。

この点について，投資取引を分析対象とするランゲによれば，情報提供に関する職業上の責任を主張する学説には，不法行為法上の責任を問題にするものと契約法上の責任を問題にするものがあるという。

このうち前者の学説は，情報提供義務が契約上の義務であることを前提とするものであり，契約締結前の債務関係に基づく情報提供義務の根拠・内容の探究という本書の課題とは，直接関係しない。

また，後者の学説には，情報提供義務の根拠を取引上の接触における一方当事者の職業上の行動に求める見解や，職業上の行為者の行動を強調し，情報提供義務の根拠をその専門性に求める見解などがある。

しかし，職業上の責任という狭い観点だけが情報提供義務を基礎づける唯一のものであるということはできない。投資取引に限定しても，情報提供義務を基礎づけるような職業上の包括的な責任に関する規定は現行法上存在しないし，そもそもそのような義務を課せられる「職業」とはどのようにして定義づけられるのか不明であるという批判がなされている(43)。

(d)　信頼の概念

契約締結前の債務関係は，しばしば契約締結前あるいは契約類似の信頼関係と呼ばれるが，そのように呼ぶ見解によると，契約締結前の情報提供義務は，信頼（Vertrauen）に基づくものとなる。

ランゲの分析によれば，信頼の概念は2つの役割を担っている。第一に，契約締結前の情報提供義務を，信頼の観点から説明する点である。すなわち，情報提供義務は，信頼の付与と要求に基づいて生じることになる。第二に，信頼責任は民法上きわめて重要な原理であり，法律行為論の規定を補充するものとしても役立つ点である。すなわち，法律上の債務関係が信頼から発生するものと捉え，そのようなカテゴリーを契約責任と不法行為責任との間の責任に関する「第3のレール」として位置づけることができるようになる(44)。後者の役割については，2001年のBGB改正で第二節四(3)（102頁）および第三節二(2)（116頁）に紹介した311条2項および241条2項が新設

## 第三節　情報提供義務の根拠をめぐる議論

されたことにより，より一層明確になったものといえる。

　しかし，このような信頼の概念を，情報提供義務の根拠に据えることにも，やはり批判がある。

　まず，「信頼」という言葉自体が非常に曖昧で多義的であるため，この概念によるとしても，情報提供義務の基礎づけが非常に不確実なものとならざるをえない点である[45]。

　一口に信頼といっても，法律行為上の特別に強化された信頼関係だけではなく，法律行為上の取引とは無関係なところに存在する法的な保護に値しない一般的な信頼関係がある。もっとも，これについては，第四節（136頁以下）に述べる動的システムの中で考慮すれば足りるという見解もある[46]。

　また，潜在的な情報提供義務者（例えば投資勧誘者）によって信頼が惹起されるか否かという客観的な要素（＝信頼の要求）と，その相手方（例えば投資家）が実際に信頼していたか否かという主観的な要素（＝信頼の付与）という2つの信頼の要素が重畳的に存在している。しかし，このような観点から「信頼」の有無を十分な，または的確な形で判断することは困難であるという指摘がなされている[47]。

　さらに，信頼という概念をもとに完全な保護を図ろうとするのであれば，契約締結前の情報提供義務は，信頼関係が始まった瞬間から発生し，かつ存在し続けなければならない。しかし，いつから信頼関係が始まったのかという信頼関係開始の時点を確定すること，さらにはどの程度の信頼があれば情報提供義務を基礎づけることが可能なのかを判断することは，信頼概念にアウトラインが存在しない以上，困難であることもあげられる[48]。

　ランゲは，投資取引を念頭において議論を進めているが，投資取引の場面における投資勧誘者と投資家の関係を，次のように述べる。すなわち，投資家は，投資勧誘者を信頼しているのではなく，投資勧誘者の行動とその情報提供を信頼する以外に何も残されていないので（それどころか，投資家は自分にはどのような知識が欠けているのかすらわからない場合があるので），知識において優位に立つ投資勧誘者の情報提供に期待するのである。この意味で主観的な意味での信頼は，説明義務を根拠づけない。また，客観的な信頼は，一定の期待を惹起するのに適した投資勧誘者の行動がなされることを意味す

るが，そうであるならば信頼という概念をあえてもち出す意味がないことになる(49)。

以上のような批判を著者なりにさらに推し進めていえば，「信頼」の保護という概念は虚構のものであって，情報提供義務の根拠を具体的に形成しうる根拠とはなりえないといえる。

(e) その他の根拠

上記のほか，情報提供義務の根拠として学説で検討されているのは，法の経済的分析の観点である。すなわち，経済学の観点から考慮すると，市場で商品やサービス給付を交換する際には，常に不平等な情報関係が支配しているので情報調達の費用が生ずるが，これが最小化され，市場の機能が効率的になるには，情報調達にわずかな費用しか生じない市場参加者が情報を調達し，必要な場合にはそれを先に伝達する方がよいというものである(50)。しかし，これに対しては，現行法上の規定を経済的効率という観点からだけで説明できないし(51)，そもそも規範の総体としての法は価値中立的な経済的効率基準によってのみ説明しうるものではないという批判がなされている(52)。

(3) 小　括

以上で概観してきたように，情報提供義務を抽象的な概念によって基礎づけようとする試みがなされているが，いずれの概念もそれぞれ根拠となりうる要素は有しているものの，逆にその抽象性ゆえに外延が画しにくいこともあり，具体的な義務を基礎づける根拠として決定的なものであるということはできないと評価される。そのために，個別具体的な形で情報提供義務の根拠を探る試みが登場してくることとなる。

そこで，このような個別具体的な形で情報提供義務の根拠を探る試みにつき，とりわけ情報提供義務を把握するためにいわゆる動的システム論を導入しようとする見解を中心に，第四節であらためて検討することにしよう。

　　(1) 潮見佳男『契約法理の現代化』（有斐閣，平成16年）142頁以下（初出

第三節　情報提供義務の根拠をめぐる議論

は、「ドイツにおける情報提供義務論の展開(1)―(3・完)」法学論叢 145 巻 2 号 1 頁以下、145 巻 3 号 1 頁以下、145 巻 4 号〔以上、平成 11 年〕1 頁以下〔特に、178 頁以下〕）を参照。

(2)　「情報提供モデル」とは、「契約締結の際の説明は、顧客の知識水準を高め、融資のリスクを目に見えるようにするものであり、その結果として顧客は、融資を受けた結果につき無制限に責任を負うことができる（かつ、責任を負わなければならない）」というものである。また、「情報パラダイム」とは、「情報こそが合理的な決定を可能にするとの理解に出て、自己決定に基づいて自らの利益を調整できるにふさわしい地位としての『情報を与えられた市民』・武器の対等性を主張する考え方」である（以上の叙述に関しては、潮見・前掲注(1) 193 頁以下〔初出は、「ドイツにおける情報提供義務論の展開（3・完）」2 頁以下〕）。

(3)　潮見・前掲注(1) 209 頁以下〔初出は、「ドイツにおける情報提供義務論の展開（3・完）」11 頁以下〕。

(4)　Hans Christoph Grigoleit, Vorvertragliche Informationshaftung : Vorsatzdogma, Rechtsfolgen, Schranken, 1997, S.1ff.; Holger Fleischer, Informationsasymmetrie im Vertragsrecht, 2001, S.416f.

(5)　イェーリンクの「契約締結上の過失」論については、オッコー・ベーレンツ＝河上正二『歴史の中の民法――ローマ法との対話』（日本評論社、平成 13 年）287 頁以下を参照。

(6)　なお、カナーリスは、ドイツ債務法現代化法に関する 2001 年 3 月 6 日付の討議草案の整理案を受けて執筆した論文で、契約締結上の過失について次のように述べている。「今日の法状況では、契約締結上の過失なしに、契約法も不法行為法も適切に理解することができないし、そしてそれゆえ、権利を探究する者、とりわけ外国人や学生は BGB の教科書でここ（BGB 311 条 2 項・3 項――著者注）にその根拠を見出すことになる」。Claus-Wilhelm Canaris, Die Reform des Rechts der Leistungsstörungen, JZ 2001, S.519.

(7)　ドイツ債務法現代化法の制定段階における「不能」概念をめぐる議論については、潮見・前掲注(1) 368 頁以下および 385 頁以下（初出は、「ドイツ債務法の現代化と日本債権法学の課題(1)」民商法雑誌 124 巻 3 号〔平成 13 年〕29 頁以下および 45 頁以下）、渡辺達徳「ドイツ債務法現代化法における一般給

第三章　ドイツにおける情報提供義務をめぐる議論状況

付障害法――債務者の給付義務からのアプローチ」岡孝編『契約法における現代化の課題（法政大学現代法研究所叢書21）』（法政大学現代法研究所，平成14年）56頁以下，半田吉信『ドイツ債務法現代化法概説』（信山社，平成15年）136頁以下を参照。また，国連動産売買条約（ウィーン売買条約）については，曽野和明＝山手正史『国際売買法（現代法律学全集60）』（青林書院，平成5年）57頁，ペーター・シュレヒトリーム（内田貴＝曽野裕夫訳）『国際統一売買法』（商事法務研究会，平成9年），甲斐道太郎＝石田喜久夫＝田中英司編『注釈国際統一売買法Ｉ　ウィーン売買条約』（法律文化社，平成12年），甲斐道太郎＝石田喜久夫＝田中英司＝田中康博編『注釈国際統一売買法Ⅱ　ウィーン売買条約』（法律文化社，平成15年）を参照。ユニドロワ国際商事契約原則については，廣瀬久和「ユニドロア（UNIDROIT）国際商事契約原則（仮題）」星野英一先生古稀祝賀『日本民法学の形成と課題　下』（有斐閣，平成8年）1384頁，曽野和明＝廣瀬久和＝内田貴＝曽野裕夫訳『UNIDROIT国際商事契約原則』（商事法務，平成16年）を参照。ヨーロッパ契約法原則については，角田光隆訳「ヨーロッパ契約法原則第1部・第2部」・半田吉信訳「ヨーロッパ契約原則第3部」ユルゲン・バセドウ編（半田吉信＝滝沢昌彦＝松尾弘＝石崎泰雄＝益井公司＝福田清明訳）『ヨーロッパ統一契約法への道』（法律文化社，平成16年）311頁以下を参照。なお，国連動産売買条約，ユニドロワ国際商事契約原則，ヨーロッパ契約法原則の翻訳については，加賀山茂教授のホームページ（http://lawschool.jp/kagayama/〔平成17年6月30日現在〕）にも掲載されている。

(8)　原始的不能論を廃棄し，かつ契約締結上の過失という概念も否定するものとして，加藤雅信「不能論の体系――『原始的不能』・『契約締結上の過失』概念廃棄のために」名古屋大学法政論集158号（平成6年）55頁以下，同『新民法大系Ｉ　民法総則（第2版）』（有斐閣，平成17年）212頁以下を参照。なお，わが国における契約締結上の過失をめぐる議論については，第四章第三節（203頁以下）で詳論する。

(9)　契約締結上の過失責任を契約責任と不法行為責任との関係でどこに位置づけるかという議論の状況については，潮見佳男「契約締結上の過失」谷口知平＝五十嵐清編『新版注釈民法(13)　債権(4)　契約総則』（有斐閣，平成8年）84頁以下。

第三節　情報提供義務の根拠をめぐる議論

(10)　契約締結上の過失に関する従来の議論状況については，Grigoleit, a.a. O. (N.4), S.1.; Walter G. Paefgen, Haftung für mangelhafte Aufklärung aus culpa in contrahendo : Zur Taüschung über den Vertragsinhalt und ihren Folgen im Zivilrecht, 1999, S.13ff.; Claus-Wilhelm Canaris, Wandlungen des Schuldvertragsrechts−Tendenzen zu seiner „Materialisierung", AcP 2000, S.304ff.

(11)　Grigoleit, a.a.O. (N.4), S.40.; Fleischer, a.a.O. (N.4), S.416. なお，グリゴライトは，契約締結上の過失責任をめぐる議論については，契約締結前の義務違反に関する契約類似の原則による責任の「有無」という点では一致していても，具体的な責任の「性質」については議論の余地を残しているという。Grigoreit, a.a.O. (N.4), S.1.

(12)　Peter Krebs, in: Barbara Dauner-Lieb / Thomas Heidel / Manfred Lepa / Gerhard Ring (Hrsg.), Schuldrecht : Erläuterungen der Neuregelungen zum Verjärungsrecht, Schuldrecht, Scadensersatzrecht und Mietrecht (Anwaltkommentar), 2002, §311 Rn.29.

(13)　Krebs, a.a.O. (N.12), §311 RN.49.

(14)　損害賠償請求権が行使された場合に，どのような損害がその賠償の対象となるのであろうか。基本的には，BGB 280 条で認められる損害賠償請求の範囲を定めた BGB 249 条に基づいて財産的損失の損害賠償を行うことになる。その場合には，義務違反により一方当事者が不必要な費用を支出した場合，そのような消極的利益について契約が後に成立したか否かとは無関係に損害賠償が可能となる。これに対して，契約締結前の義務違反により，本来除去することが可能であった障害をもはや除去することができなくなった場合には，損害は，そうでなければ契約が実現されたであろう場合における利益，すなわち無駄な費用の支出のみではなく，積極的な履行利益の賠償に向けられることとなる。なお，契約締結前の情報提供義務違反により期待に沿わない契約が締結された場合には，契約締結により財産的損害が発生するか否かを問わず，契約の巻戻しが契約違反の効果となり，その場合には消極的利益の賠償が問題となる。以上の点に関しては，Krebs, a.a.O. (N.12), § 311 RN.39-42.

(15)　BGB 324 条は，241 条 2 項の保護義務違反による解除権を規定している。

131

つまり，契約締結前の保護義務違反またはその重大な結果が契約締結後になってはじめて判明したような場合には，契約締結前の保護義務違反を理由として直接解除権が生ずることになる。これは，契約締結前の保護義務違反があった後に契約が締結された場合における BGB 282 条に基づく履行に代わる損害賠償の場合にもあてはまることとなる。以上の点に関しては，Krebs, a.a.O. (N.12), §311 RN.48.

(16) Claus-Wilhelm Canaris, a.a.O (N.6), S.519. なお，注(6)でも述べたように，このカナーリスの論文は，ドイツ債務法現代化法に関する 2001 年 3 月 6 日付の討議草案の整理案を受けて執筆されており，ドイツ債務法現代化法施行前のものである。ただし，整理案と成立した新しい債務法を比較してみると，整理案の段階では，241 条 2 項で「他方当事者の権利，法益及び利益を考慮する」という条文の「考慮」の前に入っていた「特に (besondere)」という文言が，新しい債務法では削除されたのみで，241 条 2 項も 311 条もその他の部分に変更はされていない。したがって，この部分の議論については，新しい債務法のもとでも同様だと思われる。

(17) Canaris, a.a.O. (N.6), S.519. なお，カナーリスは，契約締結上の過失による責任についての法律効果については，それが原則として 249 条から生じるとされてきたことを指摘したうえで，契約締結上の過失に必要不可欠な規定の現代化は，給付障害法改革の射程外であるとしている。

(18) Krebs, a.a.O. (N.12), §311 RN.48.

(19) なおこの見解によれば，「過失」の存在は，276 条 1 項 1 文にしたがって一般的な注意基準により判断されることになる。しかし，情報提供義務が問題となる場合には，一般的な注意基準とは内容に若干差異を生じる。通常は，例えば，投資勧誘者と顧客のように一般的な情報格差の存在を前提とする場合もあるが，それに対して，一般的な情報格差がなくとも，情報提供義務を負う者の知識，反対当事者の情報提供を受ける必要性があること（個別的な情報格差），および情報提供義務を負う者に対して情報提供を要求する可能性のあることが認められれば，情報提供義務違反が肯定されることとなる (Krebs, a.a.O. (N.12), §311 RN.48.)。なお，2001 年に改正された BGB 276 条 1 項 1 文を中心に，損害賠償および解除と帰責事由との関係について論じたものとして，渡辺達徳「ドイツ債務法現代化における帰責事由——その内容

第三節　情報提供義務の根拠をめぐる議論

及び機能について」判例タイムズ 1116 号（平成 15 年）22 頁を参照。
(20)　Stephan Breidenbach, Die Voraussetzungen von Informationspflichten beim Vertragsschluß, 1989, S.23f. さらに，ブライデンバッハは次のようにいう。このように責任の基礎を探ることは，現行法における接点を生み出し，義務の内容を決定するための「枠」を形成するが，それ自体は一般的な原理であって規範的な性質を有していないし，また義務内容を包摂することはできない。そのために，新しい独自の評価を導入することで，責任の基礎から生ずる内容を明らかにしなければならない。しかし，このような独自の評価は，事案ごとに存在する下位の原理と個別の評価が，責任の基礎と結びついて明らかとされる限りにおいて生じることとなる。
(21)　なお，以下の叙述のうち，グリゴライトの「情報提供に関する故意のドグマ」に関する見解については，すでに藤田寿夫教授や潮見佳男教授などにより紹介がなされている。この点については，第二節の注(37)（111 頁）を参照。
(22)　Grigoleit, a.a.O. (N.4), S.40.
(23)　Fleischer, a.a.O. (N.4), S.238f., 416ff.
(24)　Grigoleit, a.a.O. (N.4), S.40f.
(25)　Grigoleit, a.a.O. (N.4), S.41f.
(26)　Markus Lange, Informationspflichen von Finanzdienstleistern : Zivilrechtliche Vorfeldpflichten bei Anlagegeschäften an Finanz- und Terminmärkten unter Berücksichtigung der §§ 31, 32 WpHG, 2000, S.98.
(27)　Breidenbach, a.a.O. (N.20), S.11ff.
(28)　Lange, a.a.O. (N.26), S.99.
(29)　Grigoleit, a.a.O. (N.4), S.44f.
(30)　Helmut Heinrichs, in: Palandt Bürgerliches Gesetzbuch (Kommentar), 61. Aufl., 2002, §242 RdNr. 37., Günter H. Roth, in: Münchener Kommentar zum Bürgerlichen Gesetzbuch: Band 2, Schuldrecht Allgemeiner Teil (§241-432), 3. Aufl., 1994, §242 RdNr. 215. なお，ロートは，第 4 版ではこの見解を改めている (Roth, in: Münchener Kommentar zum Bürgerlichen Gesetz-buch: Band 2, 4. Aufl., 2001, RdNr. 270.)。
(31)　Max Vollkommer, Jauering Bürgerliches Gesetzbuch (Kommentar),

133

9. Aufl., 1999, §242 RdNr. 19.

(32) グリゴライトは，上述した根拠のほか，裁判官による法形成が制度的に委任されているという点を根拠とする見解が存在することを指摘するが，仮にそのような制度的委任がなされているとしても限界があり，立法作業により規定されたものを部分的にせよ廃止するということだけでは正当化されないという。Grigoleit, a.a.O. (N.4), S.45f.

(33) Barbara Dauner-Lieb, Verbraucherschutz durch Ausbildung eines Sorderprivatrechts für Verbraucher, 1983, S.62ff.

(34) 以上の叙述については，Lange, a.a.O. (N.26), S.102f.

(35) Fleischer, a.a.O. (N.4), S.570f.

(36) Breidenbach, a.a.O. (N.20), S.24ff.

(37) Lange, a.a.O. (N.26), S.102f. なお，フライシャーは，契約類型に応じて特別法上さまざまな形で特別法上の情報提供義務が規定されているが，その結果として体系的な調和が崩れていることを指摘し，これらの社会法的な特別法上の情報提供義務に関する規定と一般的な契約法上の情報提供義務とを調和させる必要性を説いている。Fleischer, a.a.O. (N.4), S.571f.

(38) BGBにおける「消費者」および「事業者」に関する規定の新設に関しては，今西康人「ドイツ民法典の一部改正と消費者法――消費者，撤回権等の基本概念に関する民法規定の新設について」関西大学法学論集50巻5号（平成12年）202頁以下。

(39) Lange, a.a.O. (N.26), S.102f.

(40) Breidenbach, a.a.O. (N.20), S.29f. なお，フライシャーは，消費者に特有な情報提供義務を，「人」という基準から切り離して，交渉当事者間の「情報格差」という点から分類することが必要であると説く。Fleischer, a.a.O. (N.4), S.571f.

(41) 潮見・前掲注(1) 181頁以下（初出は，「ドイツにおける情報提供義務論の展開（2）」11頁以下）。

(42) この点をめぐる議論状況については，Lange, a.a.O. (N.26), S.104f.

(43) Breidenbach, a.a.O. (N.20), S.33f.

(44) Lange, a.a.O. (N.26), S.108ff.; vgl. Breidenbach, a.a.O. (N.20), S.47ff.

㊺　Lange, a.a.O. (N.26), S.109.
㊻　Breidenbach, a.a.O. (N.20), S.47ff.
㊼　Lange, a.a.O. (N.26), S.110.
㊽　Lange, a.a.O. (N.26), S.111f.
㊾　Lange, a.a.O. (N.26), S.112.
㊿　Lange, a.a.O. (N.26), S.105.
(51)　Breidenbach, a.a.O. (N.20), S.42f.
(52)　Lange, a.a.O. (N.26), S.106.

## 第四節　情報提供義務の具体的な根拠を探究する見解の検討
　　　——いわゆる「動的システム論」による基礎づけの試みを中心に

### 一　情報提供義務と動的システム論

　第三節で述べたように，消費者保護等の抽象的な概念によって情報提供義務を基礎づけようとする見解に対して，情報提供義務の内容を探究する具体的な作業を行う中で検討対象として現れる諸要素を率直に受けとめ，それらが部分的には相関し影響を及ぼしあうことを正面から認めていこうとする見解がある。すなわち，いわゆる「動的システム論」を用いて情報提供義務の根拠を明らかにしようとする見解である[1]。このように，事例を個別具体的に把握する中で情報提供義務の本質を捉えようとする試みは，わが国における情報提供義務に関する議論にとってもきわめて有益なものであるように思われる。そこで，以下においては，情報提供義務を「動的システム論」により捉えようとする見解について，——すでにわが国にもある程度紹介されているところではあるが[2]——その代表的な論者であるブライデンバッハの見解を中心に，より詳細に検討することとしよう。

### 二　ブライデンバッハによる動的システム論の展開

(1)　情報提供義務を基礎づける3つの要素

　ブライデンバッハによれば，「動的システム論」に基づいて情報提供義務を根拠づける諸要素として，次の3つがあげられている[3]。すなわち，①情報提供を必要とする者の「情報提供の必要性（Informationsbedarf）」，②知識を有しており情報提供を求められる側の「情報提供の可能性（Möglichkeit der Information）」，③潜在的に情報提供義務を負う者の「機能（活動）領域（Funktionskreis）」である。

　ただ，ここで注意をしておく必要があるのは，ブライデンバッハは，第三節三(2)（123頁以下）で検討した抽象的概念の有用性を否定しているわけで

はなく，むしろ「信頼」という概念の重要性を前提とし，いわば信頼責任の具体化という形の議論を展開していることである(4)。すなわち，情報提供義務の発生の基礎を「特別な信頼関係」に求め，さらに，そのような特別な信頼関係の発生の基礎を，長年にわたる取引関係の存在に求めるのである(5)。ただし，ブライデンバッハ自身も，情報提供義務に関する責任を基礎づける信頼の保護という考え方は，契約と不法行為の間に存在する債務関係（契約締結前および契約締結後の保護義務を含む）の根拠となるものであるが——実定法上の根拠はBGB 242条の信義則に求められる——，それは，現行法と情報提供義務との接点を提供するだけで，どのような場合に情報提供義務が存在するのかという問題には回答を与えることができないと理解している(6)（また，長年にわたる取引関係についても，それだけで情報提供義務の相手方が情報提供に依存することを説明することはできず，むしろ(4)〔141頁〕で述べる「機能（活動）領域」という観点が重要であるとする)(7)。そこで，ブライデンバッハは，この問題に回答するために「動的システム論」を用いた解決を志向している。後述するように，この「信頼」という概念は，上記の3要素の形成にも影響を与えているが，とりわけ，③の「機能（活動）領域」の場面では，契約当事者間の特別な信頼関係という側面が強調されることになる。

　また，ブライデンバッハの試みは，情報提供義務を基礎づける要素の探究にあるが，その結果として，情報提供義務の構成要件を明らかにする作業にもつながっていると評価できる。

　以下においては，ブライデンバッハの見解によりながら，それぞれの要素について，より具体的に検討することとしよう（なお，各部分の小見出しは，著者がブライデンバッハの見解の内容を要約したうえでつけたものである。ブライデンバッハはそのような小見出しをつけていないことには留意されたい）。

(2) 情報提供の必要性——動的システムの要素・その1

(a) 概観——「重要な情報」と情報提供の必要性

　ブライデンバッハは，「情報提供の必要性」が，契約締結段階の情報提供

義務を決定するための重要な要素であるとして，次のような形で論述を展開する[8]。彼の分析によれば，判例では，「(相手方の)契約目的を無に帰せしめる可能性があり，それゆえにその相手方の決断にとって重要な意味をもつ事情について説明がなされなければならない」という命題が打ち立てられている。しかし，ここでいわれている情報の重要性を判断するためには，情報の重要性を判定するための基準として情報提供の保護目的を考慮しなければならず，さらにそのうえで，情報提供の必要性の強さ（程度）に立ち入って検討することが必要であるとする。

(b) 情報提供の必要性と具体的な契約目的

情報提供の必要性（または，その強さ）を探究する際に問題となるのは，当事者の一方に情報提供義務を課すことにより相手方保護を保護する可能性とその目的である[9]。保護の対象となるのは，契約判断を適切になすための十分な判断の基礎の確保である。もっとも，契約上の判断をする際には，主観的には数多くの事情が重要な意味をもつことになるので，それを限定するために，具体的な契約目的との関係を考慮に入れる必要がある。個々の契約当事者は，説明，質問，目的を定めることなどによって，特定の情報提供の重要性を明示し，相手方が認識可能な状態にしなければならない。

そして重要なのは，情報提供の必要性を有する者を類型化することではなく，具体的な取引の際にどの情報を必要不可欠なものとみなすのか，ということである。ここでは取引経験の有無ではなく，法制度によって意思の自由を実現するために保護される情報のうち最低限のものが存在しないか否かが，決定的に重要となる。例えば，株式取引において，過去に取引経験はあるもののその後しばらく取引をしたことがなく，かつ，取引未経験の者と同程度の知識しか有していない者については，類型的に説明義務の対象となる未経験者のグループには属さない。しかし，事実上，情報提供の必要性を有しているので，そのような者に対しても情報提供義務が発生することになる。

第四節　情報提供義務の具体的な根拠を探究する見解の検討

(c)　法政策的な判断が必要とされる場面における情報提供の必要性の不存在

　情報提供の必要性という要素は，当事者の一方に情報提供義務を課すことにより相手方を保護する可能性を限定する[10]。すなわち，情報提供により実質的な判断の可能性が確保されるのではなく，法政策的に望ましくない結果の修正が問題となる場合には，情報提供の必要性は存在しない。その場合には，実定法上予定されている別の救済手段を用いることになる。

　例えば，消費貸借の貸主が暴利を請求する場合，その貸主は利子が著しく市場の水準を超えていることを説明する必要はない。この場合，説明の有無にかかわらず，契約自体がBGB138条の良俗違反により無効であるがゆえに，そもそも情報提供の必要性が存在しないのである。

(d)　判断過程における情報提供の重要性

　ブライデンバッハは，動的システムを全体的に考察する際には，各要素の目的と強さ（程度）が問題となるとして，情報提供の必要性の存在を確定するだけでなく，契約締結の判断の過程における情報提供の重要性を判断し，その段階に応じて説明の有無を検討する必要があると説く[11]。

　まず，①必要不可欠とされる情報は，契約目的を無に帰せしめるような，それゆえに他方当事者の判断にとって重要な意味をもつ事情に関するものである。次に，②完全には必要であるともいえない情報は，契約目的を無に帰せしめるわけではないが，やはり契約締結にあたっては重要な意味をもつものである。

　なお，一般的な市場の状況や，競争相手の価格との関係や価格の算出方法については説明をする必要がない。ただし，投資家が投機を手段として利益を獲得することを目的としている場合には，市場の状況が重要な情報となることがある。ブライデンバッハは，例として，ドイツの仲介業者を介してロンドン市場での商品先物取引が行われる場合におけるロンドン市場の状況に関する情報提供の必要性をあげている。

139

### (3) 情報提供の可能性――動的システムの要素・その2

(a) 概観――効率性の原理と情報提供の可能性

ブライデンバッハによれば，「情報提供の可能性」は，(2)で検討した「情報提供の必要性」よりもさらに重要な基準である[12]。なぜなら，現在有している知識を自由に利用できる者（潜在的に情報提供義務を負う者）は，最初の段階で苦労して高い費用をかけて情報を提供しなければならない者よりも先に説明をなすべきであり，その方が効率的だからである。このような効率性の原理から，説明義務違反の責任の基礎が導き出されることになる。

(b) 現在有する知識と情報提供の必要性

情報提供義務は，情報提供を受ける者による重要な情報の提供を受ける必要性と，情報提供義務を負う者が現在有している知識に基づいて生ずる[13]。

さらに，さほど重要とはいえない情報であっても，それを入手するための費用が高く，またはもっぱらある者が支配する領域でのみ生じる場合には，このような実際に当該情報を自由に取り扱うことのできる者（＝情報提供義務を負う者）が，その情報を提供しなければならない。このような場合には，効率性の原理とは無関係に，情報提供を受ける者が情報自体を調達（入手）することが困難であるか否かを，動的システムの中で総合的に考慮することになる。

(c) 現在有していない情報と情報調達（入手）

情報提供の必要性と情報提供義務を負う者の機能（活動）領域という2つの要素が共働する場合には，包括的な情報提供義務が生ずる[14]。すなわち，情報提供義務と不可分に結びつくものとして，情報提供義務を負う者が，現在有していない知識について調査義務（Untersuchungs- oder Nachforschungsverpflichtung）を負うか否かが問題となる。つまり，この場合，情報提供義務を履行する前提として，情報調達義務（Informationsbeschaffungspflicht) の存在が必要となる。

　この場合には，情報提供の可能性という要素は，著しく弱くなる。もっとも，ここでは，情報の調達（入手）の困難さの度合いによって，要素はさらに細分化されることになる。情報の調達（入手）がその義務を負う者にとって負担になればなるほど，情報提供の可能性という要素は弱くなることになる。

(d)　情報調達（入手）の困難性

　情報調達（入手）が著しく困難な状況にある場合，または，義務者も第三者の情報に頼らざるをえない場合には，調査義務は，現在有する知識に関する情報の範囲に限縮されることになる[15]。

　ちなみに，重要な情報の調達（入手）が困難であるか，あるいは不可能である場合には，少なくとも情報調達（入手）が困難であると説明することが，情報提供義務の内容となる。また，情報提供義務を負う者が第三者の保有する情報に頼らざるをえない場合には，情報の出所と，その情報が他では調査されていないことを説明すればよい。

(4)　特別な信頼関係における機能（活動）領域——動的システムの要素・その3

(a)　概観——機能（活動）の細分化と機能（活動）領域の形成

　「機能（活動）領域」は，当事者の一方が職業上の責任を負う場合および特別な専門的知識を有している場合，さらに長期にわたる継続的取引関係が存在する場合における当事者の特別な信頼関係に立脚して形成される[16]。すなわち，当事者の一方がその機能（活動）を引き受け，その相手方がそれを信頼して，自己の努力で情報を調達（入手）することを放棄するのであれば，相手方を保護する必要が生じるのである。

　ここでは，個別事例ごとに細分化された機能（活動）領域の具体的な形成が問題とされることになる。

第三章　ドイツにおける情報提供義務をめぐる議論状況

(b)　機能（活動）領域の決定

　情報提供義務を負う者の機能（活動）領域を明らかにするには，その義務を負う者の機能（活動）とその範囲を決定する必要がある(17)。

　まず，情報提供義務を負う者の機能（活動）とその射程範囲（機能〔活動〕領域）を確定するためには，当事者間の事情や関係がすべて考慮されなければならない。また，それらが確定した後には，情報提供が機能（活動）の実施と関係づけられるのか，さらにどの程度明確に関係づけられるのかを明らかにしなければならない(18)。

　また，機能（活動）領域を決定したのちに，情報提供が職務の遂行と関連するのか，あるいは関連するとしてどの程度明確に関係づけられるのかが明らかにされなければならない。例えば，証券取引の場合に，顧客に助言することが銀行の職務とみなされるのであれば，それは質的にも量的にも単なる情報提供を超える意味をもつことになる。

(5)　動的システム論の要素と相互関係

　以上，(2)から(4)までは，情報提供義務が問題となる場面で，ブライデンバッハが動的システムの要素としてあげた３つの基準を検討した。これらの要素の数と強さに応じて，将来契約当事者となるであろう者の間における情報提供の責任配分が決定されることになる。そしてこれは，一義的に明確なものではなく，潜在的に情報提供義務を負う者の行為の解釈により決定されるが，少なくとも無限の可能性を３つの基準に限定するという働きをもつと評価されるのである(19)。

　以上のように，「動的システム論」を情報提供義務の根拠を探究するための手段として用いようとするブライデンバッハの試みは，情報提供義務が問題となりうる事案それぞれに，義務の根拠となる要素が含まれているという観点から具体的な検討を促すものであってきわめて興味深い。

## 三 動的システム論と要素の具体化

(1) 要素の具体化を志向する学説の出現

二で検討したブライデンバッハの見解をふまえて，情報提供義務を基礎づける根拠について，その要素を具体化する中で捉えていこうとする学説がいくつか現れている。そこで，以下では，それらの学説を検討していくこととしよう。

(2) ホープトの見解

ホープトは，投資取引における説明義務や金融機関の説明義務に関する論稿の中で，説明義務を基礎づける要素として，①説明の必要性，②(顧客と金融機関との) 話合い，③相関関係の強さ，④(顧客の側からの) 保護の放棄，⑤経営上および財政上負担できる可能性をあげる[20]。ただし，ホープトは，ブライデンバッハの研究が発表される以前から，このような5つの要素が説明義務を決定する基準となることを指摘している[21]。むしろブライデンバッハが，このホープトの見解も参照したうえで，動的システム論を用いた分析を展開している点には注意が必要である[22]。

(3) 動的システムにおける各要素の具体化の動き

二でとりあげたブライデンバッハの見解を受けて，他の論者からも，動的システムの要素に関してさまざまな具体化の動きが示されている。

例えば，アベッグレンは，銀行取引における説明義務に関する研究において，その要素として，①認識可能な情報提供の必要性，②現在有する知識の優位，③(潜在的な) 説明義務者の役割，④(潜在的な) 説明義務者の機能 (活動) 範囲をあげる[23]。

この他の論者も，さまざまな要素をあげている[24]。ただ，論者により要素としてあげる事項は異なるものの，実際にはそれらのすべてが情報提供義務の存在にとって重要な要素となりうるということも指摘されている[25]。

第三章　ドイツにおける情報提供義務をめぐる議論状況

(4) ランゲの見解

ランゲは，投資取引における説明義務に関する論稿[26]において，契約締結前の説明義務を義務づける事情を検討する必要性を強調する。

ランゲによれば，契約締結前の説明義務の根拠は，BGB 242条の信義則を具体化することによって求められる[27]。そして，契約締結前の説明義務は，準備中の契約の目的が達成されうることを保証するが，このような一般的意味における契約目的とは，適切な危険分配とそれに応じた利益調整であり，当事者が双方ともに自己責任により契約を締結する場合には，その目的はすでに達成されているといえる。しかし，この場合には双方が保有する情報の基礎においてバランスがとれていないことが多いので，両者のバランスをとることが必要となる。そこで，説明義務という概念を用いることによって，潜在的な契約の当事者間で，情報格差という形でアンバランスな状態が存在している状況に介入していくことになる[28]。

ランゲによれば，この場合において重要なのは，判断にとって重要な事情についてのみ説明がなされるということである。そして，重要な事情であるか否かに関して，当事者の一方がプロの投資勧誘者で，相手方が投資家である場合には，投資家が投資勧誘者にくらべて類型的にあるいは構造的に劣っているというのではなく，実際に存在する情報格差を前提に，個別的な情報提供義務である説明義務を根拠づけることになる。この情報格差の存在は，投資勧誘者がどの程度専門的な知識を有するか否か，および投資家が情報をほとんど利用することができないか否かによって判断されることになる[29]。

そして，専門的知識を有する投資勧誘者の情報状態は，動的システムが形成するメルクマールによって判断されるとして[30]，次のような要素があげられている。

まず，専門的知識を有する投資勧誘者の側からみると，①投資勧誘者の情報源への特別な接近，②投資勧誘者の行動（情報源への特別な近さを利用した法的取引の有無），③提供者の実際の知識の有無があげられる。このうち，③については，実際には有していない情報を調査により調達（入手）する必要

があるか否かが問題となる[31]。

　これに対して，専門的知識という点で投資勧誘者に劣る投資家の側からみると，①投資家には情報源への特別な接近がないこと，②投資家が情報提供を受ける必要性があげられている[32]。

　四　動的システム論に対する批判

　二で検討した情報提供義務論と「動的システム論」との接合を図るブライデンバッハの試みは，三で検討したように，他の学説に対しても大きな影響を与えており，その後の動きもふまえて，「さまざまな評価の観点をいろいろな形式で動的システムに凝縮しようとする定式がいくつも立てられている」[33]ともいわれている。

　しかし，このような「動的システム論」を情報提供義務論にとりこもうとする立場，とりわけその主唱者であるブライデンバッハには，以下に述べるとおり，非常に強い批判がなされている。

　まずフライシャーは，次のように述べて，ブライデンバッハの見解を強く批判する。動的システムにおいては，広範囲にわたる個別の判断がいくつも必要となるが，しかし，その個別の要素はあらかじめ予測することができないものである。それゆえ，ブライデンバッハのいう3要素——情報提供の必要性，情報提供の可能性，機能（活動）領域——は，具体的な個別事案を解決するにあたって，法を適用する者を確実に導いていくには，あまりにも抽象的すぎるというのである[34]。

　またローレンツは，フライシャーと同様に，ブライデンバッハの見解によっても，説明義務を包括的にカバーするような確定した基準が導かれるわけではないことを指摘する。また，上述した3要素が恣意的に判断される危険性にも言及している[35]。このような点をふまえて，ローレンツは，ブライデンバッハのいう動的システム論であっても，説明義務の構成要素を決定することで法的安定性を確保し，かつ具体的事例に応じた柔軟な対応を維持しようという高度の要請には合致しないという[36]。

　もっとも，いずれの批判的見解にあっても，ブライデンバッハが情報提供義務の内容を具体的に探究する契機を作り出したことについて一定の評価が

与えられている点には，留意する必要がある[37]。

### 五　小　括

以上では，情報提供義務の根拠を具体化するための取組みとして，ブライデンバッハの「動的システム論」を用いた情報提供義務の根拠を探究する試みを中心に概観した。

動的システムの要素としてあげられるものが論者によって一致していないのはたしかであるが，単に抽象的な議論にとどまることなく，具体的な取引状況にまでふみこんで根拠を探ろうという姿勢がみられるようになってきたことは，動的システム論を用いた試みの大きな功績のひとつであろう。

しかしながら，**四**でみたように，このような試みに対しては，法の適用に対する予測可能性を失わせるとして，非常に強い批判がなされている。事案ごとに要素を抽出するとしても，その要素がどのようなものであるかが実際に抽出してみるまではわからないというのでは法的安定性が害される，という批判は，たしかに正当ではある。

それでもなお，このような試みが具体的な事案の中からの基準の抽出というところに目を向けた点は，高く評価されるべきであろう。

(1) Markus Lange, Informationspflichen von Finanzdienstleistern : Zivilrechtliche Vorfeldpflichten bei Anlagegeschäften an Finanz- und Terminmärkten unter Berücksichtigung der §§ 31, 32 WpHG, 2000, S. 100. なお，動的システム論はヴィルブルグによって提唱されたものであるが，この点をめぐる議論状況については，山本敬三「民法における動的システム論の検討――法的評価の構造と方法に関する序章的考察」法学論叢138巻1＝2＝3号（平成7年）208頁以下を参照。山本教授によれば，動的システム論とは，「『一定の法領域においてはたらきうる諸「要素」を特定し，「それらの数と強さに応じた協働作用」から法規範あるいは法律効果を正当化する』という基本構造をもった考え方」であると説明される（同213頁）。

(2) 潮見佳男『契約法理の現代化』（有斐閣，平成16年）196頁以下（初出は，「ドイツにおける情報提供義務論の展開（3・完）」法学論叢145巻4号〔平成

## 第四節　情報提供義務の具体的な根拠を探究する見解の検討

11年〕5頁以下)。なお，ブライデンバッハの見解をごく簡単に紹介するものとして，大木満「ドイツにおける前契約上の説明義務——その範囲と限界について」ソシオサイエンス（早稲田大学大学院社会科学研究科）1号（平成7年）81頁。

(3) Stephan Breidenbach, Die Voraussetzungen von Informationspflichten beim Vertragsschluß, 1989, S.61ff.

(4) Breidenbach, a.a.O. (N.3), S.47ff. ブライデンバッハによれば，信頼の観念が実定法上有する意義は，カナーリスの研究によって説得力のある形で証明されており，そこに付け加えるべきものは存在しないとされている。カナーリスの研究については，Vgl. Claus-Wilhelm Canaris, Die Vertragshaftung im deutschen Privatrecht, 1971. なお，ブライデンバッハが信頼責任という概念を重視しているという点については，ランゲとフライシャーによる指摘がある。Lange, a.a.O. (N.1), S.109.; Holger Fleischer, Informationsasymmetrie im Vertragsrecht, 2001, S.418.

(5) Breidenbach, a.a.O. (N.3), S.52ff.

(6) Breidenbach, a.a.O. (N.3), S.51.

(7) Breidenbach, a.a.O. (N.3), S.54ff.

(8) 以下の叙述も含めて，Breidenbach, a.a.O. (N.3), S.62-63.

(9) 以下の叙述も含めて，Breidenbach, a.a.O. (N.3), S.63-65.

(10) 以下の叙述も含めて，Breidenbach, a.a.O. (N.3), S.65-66.

(11) 以下の叙述も含めて，Breidenbach, a.a.O. (N.3), S.67-70.

(12) 以下の叙述も含めて，Breidenbach, a.a.O. (N.3), S.70.

(13) 以下の叙述も含めて，Breidenbach, a.a.O. (N.3), S.70-71.

(14) 以下の叙述も含めて，Breidenbach, a.a.O. (N.3), S.71-72.

(15) 以下の叙述も含めて，Breidenbach, a.a.O. (N.3), S.72.

(16) 以下の叙述も含めて，Breidenbach, a.a.O. (N.3), S.73-75.

(17) 以下の叙述も含めて，Breidenbach, a.a.O. (N.3), S.75-78.

(18) なお，ブライデンバッハは，実際には，市場における機能（活動）は，例えば金融機関の助言という機能（活動）などのように，一定の職業グループに分類されうるという。また，特定の領域のために予防措置を講じることによっても，個別事例では，機能（活動）領域が拡大されるとしている。

第三章　ドイツにおける情報提供義務をめぐる議論状況

Breidenbach, a.a.O. (N.3), S.75-78.

⑲　Breidenbach, a.a.O. (N.3), S.91f.

⑳　Klaus J.Hopt, Der Kapitalanlagerschutz im Recht der Banken, 1975, S.413ff.; ders., Funktion, Dogmatik und Reichweite der Aufklärungs-, Warn- und Beratungs-pflichten der Kreditinstitute, in: Festschrift für Joachim Gernhuber, 1993, S.185ff.

㉑　ホープトは，このような基準をブライデンバッハのようにトポス（Topos）と呼ぼうと，方法論的に動的システムの適用事例とみなそうと，結果において違いは生じないと指摘する。Hopt, Fs Gernfuber (N.20), S.185f.

㉒　Breidenbach, a.a.O. (N.3), S.52ff.

㉓　Sandro Abegglen, Die Aufklärungspflichten in Dienstleistungsbeziehungen, inbesondere im Bankgeschäft, 1995, S.171ff.; vgl. Lange, a.a.O. (N.1), S.100.

㉔　リュムカーは，次の5つの要素をあげている。すなわち，①情報提供の必要性（情報提供の重要性，説明の必要性），②情報の伝達（の可能性），③個人的な信頼の要求，④（潜在的な）説明義務者の機能（活動）領域，⑤その他の基準（取引関係の強さ，銀行―顧客間の話合い，保護の放棄，経営上および財政上負担できる可能性，違反がなされた義務の保護目的）である。Dietrich Rümker, Aufklärungs- und Beratungspflichten der Kreditinstitute aus der Sicht der Praxis, in: Aufklärungs- und Beratungspflichten der Kreditinstitute―Der moderne Schuldturm? / Bankrechtstag 1992., 1993, S.29, 38ff.; ähnlich Eva-Maria Kieninger, Informations-, Aufklärungs- und Beratungspflichten beim Abschluß von Versicherungsverträgen, AcP198, 1998, S.232ff.; vgl. Lange, a.a.O. (N.1), S.100.

㉕　この点をめぐる議論状況については，Lange, a.a.O. (N.1), S.102.

㉖　以下の記述を含めて，Lange, a.a.O. (N.1), S.116ff.

㉗　Lange, a.a.O. (N.1), S.98, 350. なお第一節二（90頁）でも述べたように，ランゲは，情報提供義務と説明義務を厳密に区別する立場をとるため，説明義務や助言義務を包含する広義の情報提供義務を観念する。そこでランゲは，真実の情報提供をなすべき義務という考え方が，説明の状況において

第四節　情報提供義務の具体的な根拠を探究する見解の検討

も，助言の状況においても一定の役割を演じるものであって，契約締結前の債務関係から発生するものであるとしている。Lange, a.a.O. (N.1), S.350.
(28)　Lange, a.a.O. (N.1), S.116.
(29)　Lange, a.a.O. (N.1), S.116, 350.
(30)　Lange, a.a.O. (N.1), S.351.
(31)　Lange, a.a.O. (N.1), S.117ff, 351.
(32)　Lange, a.a.O. (N.1), S.153ff, 352.
(33)　Fleischer, a.a.O. (N.4), S.274.
(34)　Fleischer, a.a.O. (N.4), S.275. このほかにもフライシャーは，ブライデンバッハのあげる個別要素についても，次のような批判を加えている。まず情報提供の可能性の場面で論じられる情報調達（入手）に関して，現に有する情報の提供には費用がかからないのに対して，現に有しない情報を取得して将来において提供するには費用がかかるが，その間に存在する物的および時的な競合関係が考慮されていない。また，契約締結に関する情報提供義務が存在することで，法的交渉をどこまで容易にできるのか，あるいは情報提供を必要とする市場の失敗をどこまで阻止できるのかという点についても考慮されていない。さらに，ブライデンバッハは，通常の契約締結の場面では重視されないことを理由に，一般的な市場関係に関する説明義務を排除するが（このブライデンバッハの見解については，二(2)(d)〔139頁〕を参照），その根拠が不十分である。同様に，機能（活動）領域の場面で求められているように，情報提供義務の形成に際して，なぜ個々の契約関係の性質に留意しなければならないのか，十分な説明がなされていない。そして，詐欺取消しや契約締結上の過失による解決と錯誤法の評価との間で，体系的および目的論的調和が図られていない。以上の点については，Fleischer, a.a.O. (N.4), SS.275-276.
(35)　Stephan Lorenz, Der Schutz vor dem unerwünschten Vertrag : Eine Untersuchung von Möglichkeiten und Grenzen der Abschlußkontrolle im geltenden Recht, 1997, SS.320-321. ここでローレンツは，ブライデンバッハのあげる「情報提供の必要性」において，法制度によって意思の自由を実現するために保護される情報のうち最低限のものの存否が最大限考慮される点を例にあげて（この点のブライデンバッハの見解については，二(2)(b)〔138

149

第三章　ドイツにおける情報提供義務をめぐる議論状況

頁〕を参照），恣意的な判断の危険性を指摘する。

(36)　Lorenz, a.a.O. (N.35), S.321.

(37)　フライシャーは，契約締結前の情報提供義務の構造化を進めるために重要な貢献をした点を，ブライデンバッハの功績と評価する。Fleischer, a.a.O. (N.4), S.276. また，ローレンツも，これまで判例で用いられてきた基準を3つの主な基準にまとめ，それによって要素を詳細に定義することで情報提供義務の観念を明確にしたのは，ブライデンバッハの功績であると評価する。Lorenz, a.a.O. (N.35), S.321.

## 第五節　情報提供義務の具体化を志向する見解の検討

### 一　緒　論

　第三節では，情報提供義務を一般的な概念で根拠づけようとするドイツにおけるいくつかの議論を概観した。しかし，そこであげられる概念は抽象的なものにとどまり，実際の義務の発生根拠の探究は，最終的に個別の事例をふまえた具体的な分析を待たねば明確とならないものであった。

　そこで第四節では，情報提供義務の具体的な分析を行うブライデンバッハの議論を紹介した。彼は，上述の抽象的な概念による基礎づけを前提としつつも，具体的な事例の分析を通して，情報提供義務を基礎づける要素を抽出することを試みている。その作業によって見いだされた情報提供義務を基礎づける3つの要素——情報提供の必要性，情報提供の可能性，機能（活動）領域——をめぐっては，その抽出基準が明確でないことについて批判も存在する。しかしながら，取引分野に応じて要素をとり出して確定しようという動きがあることそれ自体は，情報提供義務の内容を具体化するという意味できわめて重要である。

　また，情報提供義務が問題となる場合には，どのような事情についての情報提供が問題となるのかそれ自体が事前には明らかではないことが多く，実際に損害が発生してはじめて情報提供義務違反があったという事実が判明することになる[1]。この点を考慮すれば，ブライデンバッハの見解は，単に情報提供義務の内容を具体化するというにとどまらず，情報提供義務違反の要件を具体化するという意味をもっているともいえよう。

　ドイツにおける，情報提供義務を具体化しようとする試みは，これにとどまるものではない。以下においては，ブライデンバッハのように動的システム論を用いるのではなく，別の視点から情報提供義務の内容や範囲の具体化を図る見解を検討することとしよう。

### 二　情報提供の重要性や情報格差に注目する見解

　説明義務を保護義務の一種と捉えるポールマンは，説明義務の範囲を決定

## 第三章　ドイツにおける情報提供義務をめぐる議論状況

する基準を一般的な形で述べることはできず，説明義務を含む保護義務の範囲はすべて個別事例ごとの事情と信義則によって決定されるとする。そして，説明義務は，他方当事者の契約締結にとって認識可能で重要な意味を有し，信義則によりその伝達が期待されるあらゆる事情に関して存在するという[2]。

ポールマンは，判例を分析することにより，その基準として，「情報提供の重要性」と契約当事者間の「情報格差」に着眼する。

第一に，「情報提供の重要性」について，説明義務を基礎づける事情は契約当事者にとって重要な意味をもっているものでなければならないとする[3]。具体的には，まず，取引に際しての形式の必要性や官庁による認可の必要性など，契約の有効性あるいは実現可能性に不利に働く事情をあげる。また，契約目的を無に帰せしめるような事情[4]，本来契約交渉の際に伝えなければならず，かつ，契約締結の際にすでに認識可能であった契約の実現を危うくする事情[5]，契約をすること自体が当事者の一方にとって意味がないと認識可能であるような事情[6]，そして契約の目的物に重大な不利益があるという事情[7]などについても，説明がなされなければならない。

第二に，説明義務の目的は「情報格差」の是正にあるとして，情報提供義務を負う者と情報提供を求める権利を有する者の両者の側面から，これを検討している[8]。

まず，前者の情報提供義務を負う者の側からみると，情報を提供するためにはそもそも情報を有していることが必要であるとされ，仮に情報を有していないのであれば，情報入手の困難性も考慮して限定的な範囲においてではあるが，場合によっては，情報に関する調査義務まで課されることになる。

また，後者の情報提供を求める権利を有する者については，みずから情報を入手する可能性が低くなるにつれて相手方に説明義務が発生する。すなわち，契約締結にあたって問題となっている事情が契約の相手方の領域に属するもので，みずからの照会による入手が不可能であったり，あるいは困難である場合には，契約の相手方に説明義務が課されることとなる。また，この際には，情報提供の義務を負う者が契約の相手方の有する専門的知識について照会を求めなくとも，契約の相手方が情報提供の必要性を有しているので

あれば説明義務を負うことになる。とりわけ，情報提供を求める権利を有する者が知識を有しているとあまり期待されない状況では，一定の事情の開示が要求されることになる。ただし，例えば売買契約において，売主だけではなく，買主みずからが専門的知識をもちあわせており，いわば買主が売主に対して照会をなす義務を負うような場合には，説明義務は，その程度を弱められるか，あるいはまったく課されないことになる。

　以上のように，ポールマンは説明義務の内容と範囲を抽象的に決定することは不可能であるとして，判例の分析をもとに，具体的な要素を抽出することにより決定しようとしている。その意味では，情報提供義務を，具体的な要素を抽出しその協働関係の中で基礎づけようとするブライデンバッハの見解と共通するところがあるといえよう。ただ，そうであるならば，ブライデンバッハの場合と同様に，それらの要素は事例ごとに変化することとなり，法的安定性という面からは疑問が呈せられることとなろう。

三　「先行行為」に着目する見解

(1)　はじめに

　情報提供義務の根拠として，「先行行為」という概念に着目する見解が存在する。ここでは——いずれも，ドイツ債務法現代化法の制定によりBGBが改正される以前に発表されたものであるが——，「先行行為」という概念に最初に言及したローレンツと，その概念のさらなる具体化を図ったペーフゲンの見解を紹介することとしよう。

(2)　ローレンツの見解

(a)　望ましくない契約からの保護と自己決定の自由

　ローレンツは，1997年に出版されたハビリタチオンの中で，当事者にとって「望ましくない契約（unerwünschten Vertrag）」が締結された場合の法律関係を詳細に分析している。そこで彼は，当事者の一方が自由な意思に基づく自己決定をしないまま「望ましくない契約」を締結した場合における契

約解消あるいは損害賠償の可能性について検討している。

　その中でも，契約締結上の過失に基づく責任をめぐる問題については，次の2点を強調する。第一に，「契約締結上の過失」は，説明義務違反が問題となる場面において意思決定の自由を保護するための法制度として用いられているが，それには「過失による詐欺（fahrlässiger Täuschung）からの保護」と，決定の自由に直接影響を与える「不意打ち（Überrumpelung）からの保護」という2つの場合が含まれる点である。第二に，「過失による詐欺」で問題となる説明義務違反の場合における責任の根拠について，具体的な事例を検討したうえで説明義務の存否に関する具体的な基準を提示している点である。

　このようなローレンツの見解のうち，第一の点については，すでにわが国にもいくつかの紹介がなされている[9]。そこで本書では，まだわが国で紹介されていない第二の点，すなわち，説明義務違反に基づく責任の具体的な根拠にふみこんで分析がなされている部分に着目し，詳細に検討することとしたい。

　まず，ローレンツによれば，契約準備段階において説明義務違反がある場合には，「過失による詐欺」についても責任を追及することが可能となるという。この場合，説明義務の存否は，不作為による詐欺と同様の要件で判断されることになる[10]。そして，説明義務の有無に関しては，①自己責任原則，②契約当事者各自の利益，③信義則という3点を考慮することになるが，そもそも説明義務を概念上精緻にそして抽象的に定義をするのは，一般的には不可能だと考えられるという。

　そこで，彼は，説明義務を発生させる具体的な事例に着目し，それを事例グループごとに分類して検討すべきことを提言する。この類型的検討という手法ですぐに想起されるのは，第四節（136頁以下）で検討したブライデンバッハの動的システム論を用いて，説明義務が発生する場合における諸要素を抽出する作業であろう。しかし，そこでも述べたように，ローレンツは，ブライデンバッハの見解について，個別の要素は予測不可能であるにもかかわらず，その要素をもとに動的システム論で説明義務の発生を根拠づけようとすると，法的安定性を害する危険性があると批判していた[11]。

第五節　情報提供義務の具体化を志向する見解の検討

ところが，彼は，説明義務を類型別にそれぞれの場面で検討すること自体を否定しない。そのような手段をとっても，必要最小限の法的安定性を確保しさえすれば不都合は生じないからである。むしろ，契約締結上の過失責任が問題となる場合には，個別類型ごとに考察する必要性を説くのである。

ローレンツによれば，説明を行わなかったという不作為による説明義務違反は，契約交渉を開始しさえすれば発生するというものではなく，契約締結前の関係において特別な根拠をもつことを必要とするという。そして，従来のように契約類型ではなく，当事者間における「利益評価」という観点に基づいて事例を分類するのであれば，動的システム論とは異なる形で，説明義務を導き出す抽象的な基準の明確化が可能であるとする[12]。

そこでローレンツは，以上のような考察をふまえて，次の5つの場合に説明義務の発生が義務づけられるとする。すなわち，①「契約目的を無に帰せしめること」，②「契約目的に違反すること」，③「特別な契約の危険」（の存在），④「先行行為」（の存在），⑤「特別な信頼」（の存在）である[13]。そこで以下においては，この5つの要素について，順次検討することとしよう。

(b)　説明義務を発生させる5つの要素

①「契約目的を無に帰せしめること」

まず最初の「契約目的を無に帰せしめること」とは，相手方の契約目的を無意味にするような事情があったにもかかわらず，当事者の一方の説明に致命的な欠陥があった場合を指す。そこで問題となる事情とは，契約の相手方がもつ契約目的からすると，当該契約をする意味がないため，それを知っていたのであれば，相手方は契約の締結を断念したであろうという事情である。また，当事者間の利害が対立する契約交渉においても，当事者の一方は，相手方が取引の解釈によって当該事情に関する情報提供を期待しうると判断される限り，上述のような事情について説明する義務を負うことになる[14][15]。

すなわち，この「契約目的を無に帰せしめること」とは，契約の「第一目的（Primärziel）」，すなわち「取引の根拠」が侵害されることを指す。また，「第一目的」の侵害は，契約による給付が達成不能な場合にも生じる。

なぜなら，両者は，当事者の一方が追求する目的にとって給付が無意味であるという点で共通するからである。この場合には，説明義務の存在とその程度は，説明を受けるべき者にとって当該事情を認識することが可能であるか否かによって決定される。すなわち，説明義務は，契約目的にとって当該事情が本質的なものであるかどうかによって基礎づけられることになる。

しかし同時に，ローレンツは，本来は情報の面での優位を活用することは，経済秩序において不可欠な構成要素であるという。すなわち，契約当事者となる可能性のある者の間での情報の均衡を図ること自体は，法のなすべきことではないというのである。

そこでローレンツによれば，説明義務が発生するのは以下の場合に限られる。それは，当事者間の情報格差が大きく，能力的に劣る一方の当事者が，能力的にまさる他方の当事者に対して契約の目的物について適切な質問をしたり，あるいは能力的にまさる当事者からの説明以外の方法で専門的知識を得ることができない場合である。そして，説明義務の存否を判断するには，単に能力的に劣る他方の当事者が当該事情について知らないということだけではなく，なぜ知らないかということ（＝不知の原因）を考慮しなければならないという。

さらに，自由な意思決定そのものを保護することを目的とした契約締結上の過失においては，ある事情について説明を必要とする当事者にとって，その事情が"主観的に"重要なものか否かのみが考慮されなければならない。すなわち，説明義務の存否は，説明を必要とする当事者の側が当該事情に関して知らないということを正当化しうるか否かによって判断されるのである。

なお，契約の当事者が個別の事情を認識可能であったか否かについては，説明義務の存在を前提にしたうえで，過失の有無というレベルで判断されることになる。したがって，ローレンツによれば，「消費者」や「事業者」といった当事者の特殊な役割は，説明義務の存在を基礎づけるものとはならないとされる。

②「契約目的に違反すること」

次に「契約目的に違反すること」とは，説明がなされなかったことにより

第五節　情報提供義務の具体化を志向する見解の検討

一方当事者の契約目的が達成されない場合を指す。ただし，それにとどまらず，当初の契約目的は達成されているが，それに必要な費用が高くアンバランスであることが説明されなかったような事例も含まれることになる(16)。また，例えば，説明義務を負う当事者により履行されるべき反対給付が相手方により履行されるべき給付を下回る場合のように，等価関係を破壊するような契約も，目的に違反するものと考えられるという。

　この場合も，①で述べた「契約目的を無に帰せしめること」と同様に，情報提供を受ける側の情報提供の必要性や，情報提供義務を負う側の専門的知識を一般的に考慮に入れるだけでは，説明義務の存在を根拠づけることができない。ローレンツは，むしろ，これらの要素は，ある事情について情報を提供される側（情報提供を必要とする側）がその事情について知らないこと（＝不知）を正当化するような特別な信頼と結びついているとする。

③「特別な契約の危険」
　「特別な契約の危険」とは，個別の事例において，当該事例に典型的な危険を超え，契約目的が問題となるような特別な危険がある場合には，説明義務が存在しうることをいう。したがって，一般的な契約の危険があるというだけでは，説明義務は存在しない(17)。
　ここで説明義務の対象とされるのは，契約目的を実現する見通し――それ自体が契約の危険の対象となるものである――がまったく存在しないゆえに，契約目的そのものが疑問視されるような特別な事実である。例えば，投機的な取引において，利益を得る機会がまったくなく投機性が完全に存在しない場合などが，これにあたる。

④「先行行為」
　「先行行為 (Ingerenz)」とは，先行する義務違反の行為に基づいて行為義務が存在することを意味する(18)。これはもともと，刑法の不真正不作為犯に関する議論(19)や不法行為法において用いられてきた概念である。ローレンツは，「先行行為」があるとされる場合には，行為の有責性が問題となるのではなく，その行為の客観的な違法性が問題となるという。

また，ローレンツは，ここで義務の内容と義務違反の有無とは，厳格に区別されなければならないという。すなわち，説明義務を負う者が誤った情報を提供した場合であっても，その情報が誤っていることにつき認識していなければそもそも責任を負わないという認識可能性の問題に関しては，説明義務の有無を決定する際に考慮するのではなく，責任の主観的な構成要件（＝過失の有無）の判断に限定して考慮すべきであるとしている[20][21]。

⑤「特別な信頼」

上記4つの場合以外に，説明義務を根拠づけるものとしては，交渉当事者間に「特別な信頼」が存在している場合がある。この「特別な信頼」が発生する場合として，ローレンツは，次のようなものをあげている[22]。

まず，交渉当事者間にすでになんらかの契約関係が存在しており，しかも信頼関係を基礎づけることが重要となる場合があげられる。例えば，組合契約や助言契約，さらに他人の利益の実現を目的とするすべての契約など，十分な信頼のもとで協力がなされることを前提とする契約関係が存在する場合である。

次に，交渉当事者が一定の機能（役割）を引き受ける場合，すなわち信頼が事実上要求される場合があげられる。例えば，義務の存在とは無関係に助言を引き受けた者は，高度の信頼が要求されることとなり，その限りでその者の相手方が情報を提供する義務は軽減され，もしくは消滅するという。

(c) ローレンツの見解の特徴

ローレンツは，上述のように5つの要素をあげ，説明義務の要素を検討している。ここで注意しなければならないのは，ローレンツが説明義務の存否の判断と，説明義務違反の存否の判断との区別を念頭において論じていることである。

すなわち，5つの諸要素は，契約当事者間が自由な意思決定を行うにはどのような説明が必要かという，いわば情報提供の必要性に着目して導き出された「説明義務の存否」そのものを判断する基準である（なお，この点については160頁で述べるように，ペーフゲンも指摘している）。それに対して，156

第五節　情報提供義務の具体化を志向する見解の検討

頁で述べたように，個別の事情に関して認識可能であったかどうかという，いわば情報提供の可能性は，「説明義務違反の存否」を判断する基準とされている。

ブライデンバッハは，情報提供の必要性も情報提供の可能性も，動的システムの中で同時に考慮するという立場をとっていた。これに対し，ローレンツは，情報提供の必要性と情報提供の可能性を，違う次元での判断要素と捉えることにより，とりわけ説明義務の存否の判断の基準をできるだけ客観化しようとしているといえるであろう。

そして，このようなローレンツの見解をさらに推し進めて具体化を図ろうとするのが，ペーフゲンである。そこで，次にペーフゲンの見解について検討することとしよう。

(3)　ペーフゲンの見解

(a)　ローレンツのあげる 5 つの基準の具体化

ペーフゲンは，説明に欠陥がある場合における契約締結上の過失に基づく責任を論じた著作の中で，(2)で述べたローレンツのあげる 5 つの基準に示唆を得ながら，判例をもとにして具体例を詳細に検討して整理している。

ペーフゲンによれば，ローレンツのいう 5 つの基準は次のように具体化される。

①「契約目的を無に帰せしめること」には，次のような場合が含まれる。すなわち，ある事情についてなされた説明に欠陥があり，その欠陥が非常に重大なため，もし説明に欠陥がなければ当事者が契約を断念したであろう場合である。なぜなら，その場合には，欠陥のある説明を受けて誤信した当事者の目的に合致しない契約であるか，もしくはローレンツのいうように，契約の「第一目的」それ自体が実現しないからである[23]。

②「契約目的に違反すること」については，その具体例として，買主の資金調達の可能性を上回るような不動産売買の例があげられている[24]。

③「特別な契約の危険」とは，例えば投資取引における複雑な投資商品のように，「特別に専門化した知識」が問題となるような場合を指すものであ

るとされる[25]。

　また、④「先行行為」が存在するのは、次のような場合であるという。まず、契約の当事者の一方が、他方当事者の積極的な行為により契約にとって重大な事情について一定の表象を惹起させられた場合である。次に、契約にとって重要な事情について、契約締結前に補充的な変更があったにもかかわらず、時機を逸することなくその変更を説明しなかった場合である[26]。

　さらに、⑤「特別な信頼」が存在する場合について、ローレンツも「すでに契約関係が存在している場合」をあげているが、さらにペーフゲンは次のような場合もこれにあてはまるという。すなわち、契約当事者間における人的または取引上の接近した関係がある場合、特別な鑑定書が存在する場合、あるいは当事者の一方によりなされた相手方に配慮する旨の表示などから「特別な信頼」が発生した場合である[27]。

(b)　5つの基準の根拠

　ペーフゲンは、以上のような形で具体的に分析を加えた5つの基準を、さらに①～③と④・⑤との2つに分けて、次のようにいう[28]。

　まず①～③の基準の場合、責任の根拠は、交渉の相手方における判断の基礎を侵害したことにある。そして、その責任は、相手方に与えられなかった、もしくは虚偽に与えられた情報が契約の本質そのものであるという基準によって限定されている。

　これに対して、④・⑤の基準の場合、判断の基礎の侵害という要素を超え、相手方からの特別な信頼がその根拠となっている。そして、このような特別な信頼関係は、契約上の結びつき、家族の絆、友情という当事者間の特別な関係、あるいは、注意深く相手に配慮する旨の見解の表明、専門家としての地位、先行行為といった契約交渉における一方当事者の特別な態度もしくは行為から生じることになる。

　ペーフゲンによれば、ローレンツのあげる5つの基準のすべてにおいて、その基礎には相手方における情報提供の必要性があるとされる。5つの基準を個別にみると、まず①と②においては、当事者の一方の有する情報提供の可能性と比較しつつ情報提供の必要性が判断されている。また、③において

第五節　情報提供義務の具体化を志向する見解の検討

は，説明を必要とするような特別な契約の危険性という，まさに情報提供の必要性という観点から説明義務の存否が判断される。さらに④と⑤においては，当事者の一方に特別な義務を負わせる特別な信頼を根拠づける事情に基づき，その契約の相手方における情報提供の必要性を考慮しつつ，説明義務の存否が判断されることになる。

(c)　ローレンツの見解に対するペーフゲンの評価

ペーフゲンは，抽象的な規定や一般条項を説明義務の有無を判断する基準にするのは困難であると指摘したうえで，ローレンツが，責任を正当化する事情をケースバイケースで判断している判例に着目したことを高く評価する。そのうえで，ローレンツの提示した5つの基準について，契約締結上の過失に基づく責任をいかに正当化するかという観点から，その基準を再検討する作業を試みている[29]。

まず，①「契約目的を無に帰せしめること」と②「契約目的に違反すること」については，そもそも責任を「契約目的」によって限定することが困難であると指摘する。これらの事例の場合には，交渉当事者の経済上およびその他の動機，目的，取引戦略，さらにいえば「説明を必要とするという契約意思に関して，説明義務を正当化するような事情の主観的な性質」が問題となる。そうであるならば，説明に際しては，契約の「第一目的」や「最終目的」のみが考慮されるわけではない。また，競争原理に基づく市場経済的な秩序においては情報提供の際に情報の優位を利用することによって経済的な利益を得ようとする努力が評価されるというのが基本であり，それを出発点とすれば，交渉の相手方の動機，目的，取引戦略により一般的に説明義務を生じさせる必要はないことになる。

この点で，①「契約目的を無に帰せしめること」と②「契約目的に違反すること」では，情報提供が問題となる事情の契約上の重要性が考慮されているが，それは，結局のところ，動機，目的，取引戦略を考慮するということを意味するだけで，責任を正当化するには不十分であると指摘する。

また，③「特別な契約の危険」についても，次のような事例を考えると適切ではないという。例えば，情報提供義務を負う者が，仮に他方当事者の動

機，目的，取引戦略にとって重要な情報を調査するという適切な努力をしたとしても情報入手が不可能であるような場合である。この場合に「特別な契約の危険」のみを基準とすると，情報入手が不可能であるにもかかわらず，情報提供義務を負う者が他方当事者にそのことを指摘しなければ，どのような努力をしても常に責任が発生することとなる。

以上の点からペーフゲンは，ローレンツのあげた④「先行行為」および⑤「特別な信頼」の場合にのみ，説明義務違反に基づく責任が正当化されることとなるという（なお，すでに述べたように，ローレンツのあげた④・⑤の場合に，ペーフゲンが独自の意味を付加している点には注意が必要である）。すなわち，説明義務違反という契約締結上の過失に基づく責任は，説明の必要とされる事情が，他方当事者にとって契約上重要であるか否かというメルクマールのみで正当化されるのではない。さらに加えて「特別な信頼」を惹起するような「先行行為」，もしくは説明義務を負う者から情報提供を受ける相手方のためになされた「注意深い」行為の存在によって正当化されることになるというのである。

## 四 「先行行為」の有無と情報提供義務の存在

以上で検討してきたように，ペーフゲンは，説明義務あるいはそれに基づく責任の発生する根拠として，当事者間における「特別な信頼」の存在を強調する。そして，その「特別な信頼」は，当事者の一方による「先行行為 (Vorverhalten＝Ingerenz)」によって惹起されるとしている。

このような形で，情報提供義務を「特別な信頼」という抽象的な概念により発生するとしつつ，それを「先行行為」という，より具体的な行為の有無で決定すべきであると強調するペーフゲンの主張は注目に値しよう。

ちなみに，ローレンツやペーフゲンがその見解を発表する以前に，ブライデンバッハも，保証契約において動的システム論の利用可能性を検討する論稿で，「先行行為」を動的システム論の一要素になりうることを指摘している。具体的には，保証契約において保証債権者の先行行為により保証債務者が誤信した場合には，その先行行為が動的システムで検討されるべき一要素となりうるという[30]（ただし，ローレンツが，ブライデンバッハと「先行行

第五節　情報提供義務の具体化を志向する見解の検討

為」に対する捉え方が異なると主張している点には，注意が必要である(31)。

　また，ブライデンバッハは動的システム論の中で，情報提供の必要性，情報提供の可能性，そして機能（活動）領域という3つの要素を考慮して，情報提供義務の根拠を判断することを提唱していた。これに対して，ローレンツやペーフゲンのように，まずは情報提供の必要性から説明義務の有無を判断し，次に情報提供の可能性から説明義務違反の要件となる過失の有無を判断する観点からの分析も注目に値する。いわば，ローレンツやペーフゲンの試みは，情報提供義務の根拠を具体化するだけでなく，客観化を図ろうとするものであるといえよう。

(1)　ポールマンは，このような状況を指して，説明義務はいわば「回顧的(restrospektiv)」なものであるという。André Pohlmann, Die Haftung wegen Verletzung von Aufklärungspflichten : Ein Betrag zur culpa in contrahendo und zur positiven Forderungsverletzung unter Berücksichtigung der Schuldrechtsreform, 2002, S.29.
　なお，ポールマンは，二で述べるように，説明義務を保護義務の一種として捉える立場をとっているが（Pohlmann, a.a.O., S.22ff），説明義務は回顧的なものであるがゆえに，情報提供がなされる権利を有している者には，保護義務違反を理由とした損害賠償請求しか途が残されていないと説く（Pohlmann, a.a.O., S.29. ただしこの点については，第六節六〔175頁〕で検討する）。また，上述のように説明義務は一種の遡及的な意味をもつことから，先行する質問や要求がなくとも，自発的に履行されなければならない義務であるとしている（Pohlmann, a.a.O., S.29.）。

(2)　Pohlmann, a.a.O. (N.1), S.29.

(3)　以下の叙述を含めて，Pohlmann, a.a.O. (N.1), S.103f. なお，ポールマンは，ここでの叙述で説明義務（Aufklärungspflicht）の他に，指示義務（Hinweispflicht）という言葉を用いている。ただ，ポールマン自身は，説明（Aufklärung）という用語が指示（Hinweis），伝達（Mitteilung），告知（Anzeige）という用語で置き換えられていたとしても，それは文章表現上の意味しかもたないものとしている（Pohlmann, a.a.O. (N.1), S.35.）。そこで本

163

書では，これらの用語の違いには注意せず紹介することとする。

(4) 例えば，土地の売主が，強制競売に関する注記があるのに買主にそれを告げなかった場合である。

(5) 例えば，使用者が被用者に，間近に迫った会社の倒産を理由として労働契約が期限前に終了することを告げなかった場合である。

(6) 例えば，自動車保険契約を締結する際，トルコ人の保険契約者に対し，締結後にトルコに旅行すると考えるのが自然であるのに，当該保険の地域的な保護範囲がトルコというアジア地域には及ばないということを告げなかった場合である。

(7) 例えば，家屋の売買において，夜の静寂を継続的に乱されることや地下室の湿度が高いことを，売主が買主に告げなかった場合である。

(8) 以下の叙述を含めて，Pohlmann, a.a.O. (N.1), S.104f.

(9) ローレンツの見解のうち，自己決定の自由に着目する部分に関しては，藤田寿夫「説明義務違反と不当威圧」岡山大学法学会雑誌48巻2号（平成10年）177頁以下（特に183頁以下），潮見佳男『契約法理の現代化』（有斐閣，平成16年）170頁以下（初出は，「ドイツにおける情報提供義務論の展開（2）」法学論叢145巻3号〔平成11年〕5頁以下），川角由和「ドイツ債務法の現代化と『契約締結上の過失』」川角由和＝中田邦博＝潮見佳男＝松岡久和編『ヨーロッパ私法の動向と課題』（日本評論社，平成15年）252頁以下。

(10) Stephan Lorenz, Der Schutz vor dem unerwünschten Vertrag : Eine Untersuchung von Möglichkeit und Grenzen der Abschlußkontrolle im geltenden Recht, 1997, S.416ff.

(11) 第四節四（145頁）を参照。

(12) Lorenz, a.a.O. (N.10), S.416ff.

(13) Lorenz, a.a.O. (N.10), S.416ff.

(14) 以下の叙述を含めて，Lorenz, a.a.O. (N.10), S.417ff.

(15) なお，ブライデンバッハは，この「契約目的を無に帰せしめる事情」を動的システムの一要素である「情報提供の必要性」において考慮している。Stephan Breidenbach, Die Voraussetzungen von Informationspflichten beim Vertragsschluß, 1989, S.62. この点については，第四節二(2)（138頁）を参照。

第五節　情報提供義務の具体化を志向する見解の検討

(16)　以下の叙述を含めて，Lorenz, a.a.O. (N.10), S.426ff.
(17)　以下の叙述を含めて，Lorenz, a.a.O. (N.10), S.428ff.
(18)　Lorenz, a.a.O. (N.10), S.431ff.
(19)　ローレンツは，「先行行為」の概念は，ドイツ刑法13条が規定する不真正不作為犯の可罰性においていわゆる保証義務を確定するために用いられていると指摘する。Lorenz, a.a.O. (N.10), S.431.

　なお，ドイツ刑法13条の規定は，以下の通りである（訳出にあたっては，法務大臣官房司法法制調査部「ドイツ刑法典」法務資料439号〔昭和57年〕を参照した）。

　「ドイツ刑法典第13条　不作為による犯罪［第2項は省略］
　第1項　刑法の構成要件に該当する結果を回避することを怠った者は，本法（ドイツ刑法典――著者注）に従って，その者が当該結果の発生しないことを法的に保証した場合，およびその不作為が作為による法律上の構成要件の実現に準ずる場合にのみ処罰されうる。」

(20)　Lorenz, a.a.O. (N.10), S.432.
(21)　ちなみにローレンツによれば，先行行為に基づく説明義務は，その内容において他の説明義務と区別されるという。その理由は，先行行為に基づく説明義務の発生根拠（すなわち，先行する不正確なもしくは誤導的な情報提供）は，当該事実に関する情報提供義務の存否ではなく「真実を述べる義務（Wahlheitpflicht）」とのみ関連するものであって，先行して提供された情報の不正確性を説明すれば，すでにその説明義務が履行されていると考えられることにある。ある情報が不正確であると示すことを超える説明義務（すなわち情報を修正する義務）は，真実を述べる義務に基礎をおく先行行為という概念からは発生しないという。Lorenz, a.a.O. (N.10), S.433.

　なお，「真実を述べる義務」とは，本来は，民事訴訟等において当事者や関係人に課される事実について真実を述べる義務を指すものであり，主観的に真実を述べれば，客観的に不真実であっても真実を述べる義務に反したことにはならないとされている。この点については，山田晟『ドイツ法律用語辞典　（改訂増補版）』（大学書林，平成5年）716頁を参照。

(22)　以下の叙述を含めて，Lorenz, a.a.O. (N.10), S.433ff.
(23)　Walter G. Paefgen, Haftung für mangelhafte Aufklärung aus culpa

165

in contrahendo : Zur Täuschung über den Vertragsinhalt und ihren Folgen im Zivilrecht, 1999, S.49.

(24) Paefgen, a.a.O. (N.23), S.49.
(25) Paefgen, a.a.O. (N.23), S.49.
(26) Paefgen, a.a.O. (N.23), S.49f.
(27) Paefgen, a.a.O. (N.23), S.50.
(28) Paefgen, a.a.O. (N.23), S.50ff.
(29) 以下の叙述も含めて，Paefgen, a.a.O. (N.23), S.48ff.
(30) Breidenbach, a.a.O. (N.15), S.81f.
(31) ローレンツは，「先行行為」に対する考え方に関するブライデンバッハとの違いを次のように述べる。まず，ブライデンバッハは，ローレンツと異なり，「先行行為」という概念を独自の概念とせず，みずからの提唱になる動的システム論の要素のうちの下位要素として位置づける。また，ローレンツが強調する法律の不知という概念は，ブライデンバッハによれば「情報提供の必要性」という要素に包摂される。さらに，ブライデンバッハは，明らかに錯誤を説明義務を基礎づけるものとして捉えているが，そこでは情報提供を必要とする「原因」についての問題が無視されており，先行行為の問題も単に「付加的に立証されるメルクマール」としての意味しかもたなくなるという。Lorenz, a.a.O. (N.10), S.432.

## 第六節　情報提供義務に関するBGB上の諸法理の相互調整

### 一　緒　論

　第三節（114頁以下）でも述べたように，従来，ドイツにおいては，情報提供義務を基礎づける法理として，契約締結上の過失という概念が用いられ，かつ，この概念に基づき，損害賠償および契約解除が認められてきた。

　ただ，情報提供義務違反が問題となる事例において，BGBに明文で規定されていない契約締結上の過失に基づく損害賠償および契約解除を肯定した場合には，次のような問題が浮上してくる。それは，同様の状況を規律するBGB上の諸法理との関係，すなわちそれらの規定が予定している取消しや解除，損害賠償などの効果との調整をどう図るかという問題である。

　このような状況の中で，2001年に改正されたBGBにおいては，すでに述べてきたように（102頁以下および116頁以下），従来，「契約締結上の過失」の分野とされてきたものに，BGB311条2項および241条2項の新設により法律上の根拠が与えられることとなった。その結果，過失による情報提供義務違反が問題となる場合にも，契約締結前の債務関係により発生した義務違反を根拠として，実定法上その責任を追及することが可能となった。

　しかしながら，第三節で述べたように，これらの条文は単に判例上承認されてきた制度を，とりあえずそのままBGBのもとにとりこむことを意図したものである。したがって，情報提供の態様が問題となりうる他の制度との整合性という観点は，基本的には考慮されていない。

　そこで，以下においては，契約締結上の過失法理とBGB上の他の法理との関係を論ずることとしたい。具体的には，二で詐欺，三で錯誤，四で瑕疵担保責任，五で不法行為法，六で損害賠償の各法理との関係をとりあげ，それぞれの間の調整を図ろうとする見解を検討したうえで，七でその結果をまとめることにしよう。

第三章　ドイツにおける情報提供義務をめぐる議論状況

## 二　契約締結上の過失と詐欺

### (1) 調整の必要性

2001年のBGB改正以前から，情報提供義務が問題となりうる場面では，契約締結上の過失論を適用することで解決が図られてきたといわれている。相手方の過失による誤導に基づき契約を締結させられた当事者は，BGB 249条1文により，契約の解除を請求することができる。より具体的にいえば，249条1文は損害賠償義務を負う者に原状回復義務を負わせるが，情報提供義務違反により損害賠償責任を負う場合には，原状回復を理由とした契約の解除を認めてきた。このことは，いわゆる「丸鋸判決（Kreissäge-Entscheidung）」[1]以来のドイツ連邦裁判所（BGH）の確定した判例であるとされている[2][3]。

メディクスは，この判決に対して，かつては次のような疑問を呈していた。BGHの考え方によれば，情報提供義務を負う者に軽過失しかなくとも契約は解消されることになる。しかし，契約の解消について，BGBは123条で詐欺による取消しという手段を用意している。同条に基づく取消しは故意による欺罔を要件としており，それゆえ，契約締結上の過失に基づき軽過失があるというだけで契約の解消を認めることは，同条による故意の要求をないがしろにすることになる[4]。

第二節四（99頁以下）でもすでに述べたように，従来からBGBは，情報提供義務を負う者が故意により義務違反をなした場合にのみ責任を認めているという，いわゆる「情報提供に関する故意のドグマ」に支配されてきた。そこで，かつてメディクスの説いたように，詐欺法理の効果としての取消しと，契約締結上の過失に基づく契約解除との関係——すなわち，情報提供義務違反があった場合に，契約締結上の過失に基づく契約解除が認められるか否か——が問題となったのである。

以上のような状況のもとで，学説は，「過失による誤導」があった場合にその誤導をした者の責任を認めることを前提にしながら，その体系的な整合性を図ることに腐心してきた[5]。とりわけそこで重視されたのは，詐欺取

消しと契約解除の場合の効果の違いについての調整である。

　このような違いは，詐欺に基づく取消しと契約締結上の過失に基づきBGB 249条1文を媒介にする場合の解除との要件の違いに応じて生じることとなる。例えば，「故意」や「過失」という要件をとりあえず除外して考えても，詐欺に基づく取消しは，被欺罔者に財産的損害が生じたことを要件としていない[6]。

　ところが，従来の判例にしたがうような形で，契約締結上の過失に基づく解除が認められる場合には，結果として財産的損害の発生が要件とされる。249条は，一方の当事者に損害賠償義務が発生していることを前提として，その内容と範囲を定めているものとされる[7]。つまり，契約締結に際して情報提供義務があった場合に，249条1文にいう原状回復を媒介にして契約を解除するには，過失により誤導された者に財産的損害が生じていなければならないこととなる[8]。

　このように両規範の要件が異なるため，BGB上の詐欺に基づく取消しと契約締結上の過失に基づく解除との間の調整が必要とされたのである。

　そこで以下では，まず「情報提供に関する自己責任」という視点から両者の調整を図るグリゴライトの見解と，それを受けて出されたフライシャーの見解を検討することとしよう。

(2)　契約締結上の過失論の民法体系への接合

(a)　「情報提供に関する故意のドグマ」の克服

　まず，グリゴライトの見解をみていくこととしよう。なお，111頁でも述べたように，この部分についてのグリゴライトの見解は，すでに藤田寿夫教授や潮見佳男教授などによってわが国に紹介されているところである。そこでここでは，本書の検討において必要な限りで，簡潔に紹介することとしよう[9]。

　グリゴライトは，BGBにおける法律行為の考え方は私的自治を背景としたもので，同じ程度の能力を有する経済主体の自己決定および自己責任があってはじめて最善の利益調整がなされることをまず強調する。そして，すべ

第三章　ドイツにおける情報提供義務をめぐる議論状況

ての当事者が，完全な自己責任において法律行為に関する判断の責任を負わなければならないのと同様に，情報の入手といった自己決定行為の準備も当事者の準備に委ねられると指摘する。このような「情報提供に関する自己責任」は，契約締結について判断する際に自由な意思決定を認めることの必然的な帰結であるという。そこで，積極的に誤った情報提供がされる場合，あるいは悪意の欺罔に情報提供責任が限定がされる場合は，情報提供に関する自己責任原則の徹底として理解されなければならないという原則論を主張する。

　そのうえで，故意のドグマを克服し，法律効果の統一を図るという観点から，契約締結前の過失による情報提供に関する責任と，BGB 123 条，826 条に定められている故意に基づく情報提供による責任との体系的な整合性を図ることの重要性を強調する[10]。そして，契約締結上の過失論により，過失による誤導に基づく責任が一般に認められるようになった以上，「故意による誤導」について定めた BGB 123 条は，逆に例外的な事例であるという。

　そのうえでグリゴライトは，次のようにいう。詐欺について規定した BGB 123 条と契約締結上の過失に基づく情報提供責任の構成要件上の規定範囲は，客観的にみれば同じ「契約締結前の誤導」の事例を把握している点で共通している。そしてこのような事例において，詐欺に基づく責任と契約締結上の過失に基づく責任とは，故意と過失という単に主観的な要件のみで区別されているにすぎない。

　ところで，BGB 123 条は，契約の相手方の意思形成に対する責任が認められうるケースで，取消権を付与した規定と解される（なお，BGB 826 条は，不法行為による損害賠償請求権について，123 条とパラレルに規定されたものであるとされる）。民法理由書（Motive）に述べられている BGB 123 条の基本思想によれば，法秩序は，法律行為の分野での自由な自己決定を違法に侵害することを許さないとされる。そして，過失による情報提供義務違反は，たとえ立法起草者によって意識されていなかったとしても，今日の理解によれば，法律行為の分野での自由な自己決定の侵害そのものである。したがって，契約締結前の情報提供義務違反の法律効果はすべて，詐欺取消しを定めた BGB 123 条および詐欺取消しの期間を定めた 124 条に適合させる必要が

ある。したがって，過失による情報提供義務違反が問題となる場合であっても，これらの条文の法律効果を援用することが可能である[11]。

(b) 契約締結上の過失論の補完機能

(a)で述べたグリゴライトの見解を受けて，フライシャーは，構成要件の点からみると，過失による情報提供に関する責任と詐欺とが併存することについて，さらに熟慮しなければならないという[12]。すなわち，このような併存は，学説で広く主張されるようになってきた原理的な批判に対して，実際の必要性を考慮した実定法を超えた法形成がなされていることを示すものである。そして，近時BGHの判例では，過失による情報提供義務違反の場合に具体的な財産権侵害の有無が要件とされているとする。したがって，その限りで，契約締結上の過失は，詐欺について規定したBGB 123条1項の補完機能を果たすことになり，契約締結前の情報提供義務は，どちらの規定によっても法律行為上の決定の自由の保護という観点から位置づけられることとなる。

(c) 法律効果の整合性という観点からの相互調整

もっとも，これらの見解は，BGB 123条と契約締結上の過失とを効果の点で調整しようとするものである。その主眼はBGB 124条に規定された詐欺に基づく契約取消権の消滅時効を，契約締結上の過失に基づく解除権にも及ぼすことが可能であるか否かというところに主眼がおかれたものであった。ただ，この点については，2001年のBGB改正により，契約締結上の過失に基づく請求権には195条による消滅時効が適用されることになったので，現在では議論の実益に乏しい（さらに，195条に定める時効期間が，30年から3年に短縮された）[13]。

ただ，これらの見解をその分析手法という観点からみると，民法上の法理論を，法律効果の整合性という観点から調整を図ろうとするものであるといえる。そしてこれは，そのような法律効果を発生させるBGB上の規定である詐欺について，従来は所与のものとして考えられてきた要件の再検討という観点から立法趣旨にまでさかのぼり，当該規定を含めた諸法理を民法上に

再度位置づけようという試みであるといえよう。

### 三　契約締結上の過失と錯誤

　BGB 119条2項は、「取引において重要な性状の錯誤」があった場合の取消権を規定する。そこで、性状について不適切な情報提供があった場合に、性状の錯誤があったものとして、この規定を用いることも可能となる。

　この点をめぐっては、いくつかの見解が提示されている。例えば、クラーマーは、そこでいう「取引において重要な性状の錯誤」がある場合には、その錯誤が契約の相手方によって惹起されたり、または明らかにその錯誤に注意が向けられるに違いないと思われる（または実際に注意が向けられている）場合も含まれるとする[14]。その際には、どちらが契約上の危険を引き受けるかという観点が問題となるが[15]、通常は、その相手方による契約締結前の説明義務違反が存在するので、情報提供義務を負う者が危険を引き受けることになると指摘する[16]。そして、上述のような錯誤を惹起する場合に取消しを認めることによって、契約締結の際の故意によらない無意識の誤導という、いわばBGB 119条2項と123条との間に存在する隙間が埋められると考えるのである[17]。その結果、過失による情報提供義務違反には119条2項が、さらに故意による情報提供義務違反には123条が適用されることとなる[18]。

　このクラーマーの見解に対して、グリゴライトは、「取引において重要な性状の錯誤」という概念は、錯誤に付随した事情を考慮に入れるが、錯誤の惹起に関する責任を考慮に入れるものではないなどとして批判する[19]。

　また、フライシャーは、このような錯誤の問題について、次のように述べる。法が錯誤に取消権を認める限り、情報提供により惹起された瑕疵ある決定の事後的な修正を可能にする。つまり、取引の相手方が錯誤に陥っている者の考えに欠陥があることを認識し、または認識しなければならなかった場合には、錯誤に陥った者は損害賠償義務すら負わない（BGB 122条2項）という形で修正される。つまり、122条2項は、詐欺取消しでは限界があるところを側面から補充的に保護する規定であると評価するのである。そして、価値の錯誤、相手方の信用度の錯誤、みずからの給付の錯誤、および将来の

事実の錯誤は，計算の錯誤であって，契約の相手方が計算に欠陥があると認識していた，または問題なく認識しえたであろう限りにおいて，不平等な知識の分配の問題となるとする。そのうえで，錯誤の要件と契約締結に関する情報提供義務との体系的かつ論理的な整合性に留意しつつ，119条2項の拡大適用を認めている[20]。

以上の錯誤に関する見解も，BGB 119条2項が性状の錯誤がある場合の取消権を認めているというところから出発している。そして，同様に取消権を認める123条の詐欺を念頭におきながら，契約締結上の過失を含めて情報提供に関する責任が問題となりうる場面での体系的な整合性を図ろうとするものであるといえよう。

四　契約締結上の過失と瑕疵担保責任

すでに第二節四(2)（101頁以下）でも簡単にふれたように，2001年のBGB改正により，瑕疵担保責任に関する規定が，義務違反に基づく責任として，過失責任まで包含するものに大きく変容した。そのため，従来，契約締結上の過失と瑕疵担保責任規定との「競合（Konkurrenz）」問題として論じられてきたものにも，かなり大きな変化が生じることとなった。

BGB旧459条以下では，売買の目的物に瑕疵がある場合における瑕疵担保責任について規定されていた。また，旧463条2文では，売主が物の瑕疵について悪意により沈黙した場合には，損害賠償責任を負うと規定されていた。そこで，旧463条2文は，詐欺取消しを定めた123条と，売買法上パラレルに規定されたものであると理解されてきたのである[21]。

そのため，売買の目的物の性状もしくは性質に関して，売主が買主を過失により誤導した場合における責任，すなわち契約締結上の過失に基づく責任が認められるか否かが問題とされた。つまり，瑕疵担保責任の規定による処理と契約締結上の過失理論による処理とのどちらが優先するかという問題である。

判例・通説によれば，BGBにおいては，売主による目的物の性質保証が存在するか，あるいは売主が悪意である場合にのみ瑕疵担保責任が認められていることを考慮し，瑕疵担保責任に関する規定が優先して適用されるものと

されていた[22]。同じような問題は，BGB 上の他の規定（詐欺・錯誤）との関係でも生じていた[23]。

ところが，今回の BGB 改正の結果，BGB 473 条 3 号および 276 条 1 項 1 文により，故意にとどまらず過失の場合にあっても，瑕疵担保責任に基づく損害賠償義務が認められるようになった。したがって，瑕疵担保責任を故意による情報提供義務違反がある場合に限定することは，もはや正当化されないことになったのである[24]。

こうした状況をふまえると，瑕疵担保責任の有無が問われる場面で，契約締結上の過失責任を拡張して適用することも可能ではある。しかし，このような考え方に対して，瑕疵担保責任法の適用領域においては，それとパラレルな契約締結上の過失責任は依然として正当化されないという見解も存在する[25]。この見解によれば，他と異なる法的救済と特別な消滅時効が規定されている瑕疵担保責任法は，現在の性状と本来あるべき性状とが相違する場合における利益衝突を克服するための総合的な立法判断により制定されたものだという。そのため，契約締結上の過失を適用することにより，このようなシステムを失わせてはならないというのである。

### 五　契約締結上の過失と不法行為法

すでに第二節四（99頁）で述べたように，ドイツにおいては不法行為の要件がきわめて厳格に解されているため，当事者の一方の情報提供義務違反により相手方に財産的な損害が発生した場合であっても，従来は，BGB 826 条にいう故意による良俗違反の場合にあたらない限り，民法上は損害賠償を負うことはなかった。そのため，過失による誤導に基づいて損害が発生した場合には，契約締結上の過失を用いる形で，損害賠償が認められるものとされてきた[26]。

これに対して，すでに第二節四(2)（102頁）および第三節二(2)（116頁）に述べたように，従来，契約締結上の過失論で処理されてきた分野が法定されたことにより，情報提供義務違反に基づく責任は，債務関係から発生する義務に違反したものとして給付障害法の一般規定に従って処理されることとなった。したがって，その意味において不法行為法との BGB 上の調和が図ら

れたことになる。

　しかし，ポールマンのように，そもそも説明義務違反による責任をこのような形で処理することに対する批判もある。説明義務を基本的に保護義務と捉えるポールマンは，保護義務は，本来不法行為法で処理されるべき分野であり，説明義務をカバーするBGB 311条2項が一般債務法の中心部分に規定されているのは，「場違い」であるとしている(27)。

## 六　契約締結上の過失と損害賠償

　2001年に改正されたBGBによれば，過失により誤導された債権者は，債務関係により生じた義務に違反した場合の損害賠償を定めたBGB 280条1項に基づき，情報提供義務に違反した債務者に対して損害賠償を請求することが可能となる。また，仮に債権者が情報提供義務に違反した債務者からの給付を期待できない場合には，BGB 282条に基づき，履行に代わる損害賠償を請求できることになる。

　ただし，この場合に，どの範囲までの損害賠償請求が認められるかは，ひとつの問題である。

　この点について，BGB改正後に発表されたポールマンの著作の中で詳しく検討がなされている。

　ポールマンは，債務法現代化法に基づくBGB改正作業では，契約締結上の過失責任を義務違反に基づく責任であると構成しながら，その責任の結果の検討には十分に取り組まなかったと強く批判する(28)。

　そもそも，ポールマンは，説明義務違反に基づく損害賠償の範囲は，消極的利益（信頼利益），または完全性利益（契約における財産的利益とは無関係の，身体・健康などといった権利・法益を侵害されないという利益）の賠償にとどまり，原則として積極的利益（履行利益）の賠償には及ばないものとする(29)。しかしながら現在のBGBのもとでは，契約締結に際してある事情に関する説明義務違反があった場合に，当該事情に関する説明がなされたならば，別の有利な契約が説明義務を負う者との間で成立しそれが履行されたであろうということを，被害を受けた者が立証に成功したときは，積極的利益の損害賠償責任が結果的に発生することになる(30)。

また，契約締結の際にすでにその給付が妨げられている場合には，BGB 311a条2項に基づき損害賠償を請求できるが，この場合に過失責任であるとして積極的利益の損害賠償をすることには問題がある。なぜなら，この場合には，債務者の説明義務違反に基づき，単に信頼利益の喪失による損害を惹起したにすぎないし，通常は，説明義務違反と損害との因果関係が存在しないからである。

　このような点をふまえて，ポールマンは，従来，瑕疵担保責任の場面で展開されてきた保証責任の考え方に注目する。彼の分析によれば，従来のBGHの判例は，説明義務違反が問題となる多くの事例において，過失によらずに損害賠償を認めており，いわば「過失原則」を逸脱しているとされる(31)。それでは，判例はどのような方法を用いて「過失原則」からの逸脱を可能にしたのであろうか。この問題について彼は，契約締結に関する説明義務違反は消極的利益の賠償のみを導き出すが，情報提供を求める債権者が契約の履行を期待しているような場合には，保証責任という考え方を用いて，積極的利益の賠償まで可能にしていたというのである(32)。

　その意味で，契約締結上の過失責任に加えて瑕疵担保責任をも義務違反に基づく責任と構成した新たなBGB上の法理は，ポールマンによれば，情報提供に関する場面では効果の整合性という観点からはきわめて不十分なものであるという。すなわち，損害が消極的利益に限定されるのは説明義務のもつ本質であり，その損害の内容は過失原理と無関係な保証責任によってのみ変更されうることを理由に，過失責任の例外としての保証責任を再評価するという観点からBGB上の法理の再考を求めるのである(33)。

　ポールマンの批判は，BGBにとりこまれた契約締結上の過失に関する規定が，その効果の特性を考慮することなく，履行障害法の一般規定に委ねられたことに向けられている。その意味では，情報提供義務違反がなんらかの根拠をもって認められるとしても，その効果の面にも目を向けて検討する必要性を強調しているものといえるであろう。

## 七　契約締結上の過失論と他の法理との調整——まとめ

　以上のように，情報提供義務違反が問題となる場合に，契約締結上の過失

第六節　情報提供義務に関するBGB上の諸法理の相互調整

と詐欺，錯誤，瑕疵担保責任，不法行為法，そして損害賠償に関する諸制度との調整を図ろうとする見解は，いずれもすでに明文で制定されていた法制度がもつ法律効果と，契約締結上の過失により認められる法制度とをいかに調和させるかという観点から，その制度間の原理的な相違点にまでさかのぼり考察を加えている。

　もっとも，上述のように，情報提供義務違反があった場合の責任についてBGB上の規定との整合性を図ることを試みる諸見解は，従前は過失による誤導に基づく責任に関して，BGBにおいて直接規定する条文がなかったことから，その実定法上の基礎づけを図るという点から提示されてきたものであった。その点を考慮すると，現在では損害賠償の範囲などの効果をめぐる一部の議論を除き，従来，契約締結上の過失論がカバーしてきた分野をBGB上の諸規定とのかねあいでいかに位置づけるかという議論それ自体に，それほど大きな意味があるわけではない。

　ただ，本書で着目している情報提供義務の根拠を探究するという観点からすると，上述の議論の中で発展してきた「情報提供に関する自己決定」に基づいて従来の法理の適用範囲を拡張するという考え方は注目に値する。

　ここに属するのは，グリゴライトのように，自由な自己決定を理由として詐欺に関する規定であるBGB 123条および124条に規定された詐欺取消しという法律効果を過失による情報提供義務違反の場合にも及ぼしていこうという考え方である[34]。そして，このような見解は，その結論の当否はともかくとして，情報提供に関する自己決定権の確保を根拠としたうえで，契約において能力的にまさる一方の当事者に情報提供義務を課していこうとするものである。

　第三節から第五節まで検討してきた見解は，契約当事者間の信頼関係という主観的な関係に着目したものであった。これに対して，本節でとりあげた見解は，同じ当事者間の関係であっても，自己決定権の実質的な確保など，その能力格差等の客観的な関係に着目したものであるといえるであろう。

　もっとも，情報提供義務という観点からみると，前者の当事者間の主観的な関係に着目した見解は，責任を認めるための要件論の調整に重きをおいている。これに対して，後者の客観的な関係に着目した見解は，責任を認める

177

ことを前提として，効果の面からの整合性をとるために重きをおく傾向がある点には留意する必要があろう。

(1) BGH v. 31. 1. 1962, NJW 1962, S.1196. なお，この事件については，潮見教授が詳細な紹介を行っている（潮見佳男『契約法理の現代化』（有斐閣，平成16年）149頁以下〔初出は「ドイツにおける情報提供義務論の展開（1）」法学論叢145巻2号（平成11年）7頁以下〕）。事件の概要は，以下の通りである。被告が原告から丸鋸を購入した。その際，原告の代理人に現在使用している古い丸鋸を設置している場所に収納できるかどうかを確認したところ，その代理人が設置可能である旨回答したため当該丸鋸を購入したが，その回答が誤っていることが判明したので，丸鋸の受取りを拒否した。なお，この「丸鋸判決」では，被告による自発的な説明ではなく，「助言（Beratung）」が問題となっていることに注意が必要である。なお，後掲注(3)の記述も参照。

(2) Claus-Wilhelm Canaris, Wandlungen des Schuldvertragsrechts – Tendenzen zu seiner „Materialisierung", AcP 2000, S.305. なお，BGHの一連の判例をわが国に紹介するものとして，潮見・前掲注(1) 149頁以下（初出は，「ドイツにおける情報提供義務論の展開（1）」7頁以下）。

(3) なお，この「丸鋸判決」を情報提供義務違反があった場合に契約締結上の過失に基づく契約解除が認められた最初の判例とする見解に対しては，ペーフゲンは次のように述べて，注意を促している。BGHの判決では，一方で「契約締結時の違反を理由とする損害賠償の提起」あるいは「ここで検討する契約締結上の過失に基づく損害賠償」という表現を多用しているが，他方で売主による買主に対する助言を「売買契約に基づく独立した付随義務」と判断し，さらに「売買契約に基づく付随義務の有責な違反を理由とした損害賠償請求権の行使」という表現も多用している。そうであるとすると，BGHは契約締結上の過失に基づく責任と契約上の義務違反に基づく責任との境界線上にある事例では，実務上有益な法的救済手段として契約締結上の過失を用いているが，まさにその実務上の問題の解決に本来欠くことのできない理論的な調和と体系的な整合性を欠いたまま，当事者の真意を深くくみとろうとしているといえる。以上のペーフゲンの見解に関しては，Walter G. Paefgen, Haftung für mangelhafte Aufklärung aus culpa in con-

trahendo: Zur Täuschung über den Vertragsinhalt und ihren Folgen im Zivilrecht, 1999, S.13ff.

(4) Dieter Medicus, Grenzen der Haftung für culpa in contrahendo, JuS (5. Jahrgang), 1965, S.211. なおその後，メディクスは，詐欺と契約締結上の過失の関係について考え方を改めている。すなわち，過失により不正確な情報を提供した契約当事者に，特別な情報提供義務が生ずる場合には，契約締結上の過失に基づく契約の解消を肯定する。この点に関するメディクスの見解については，ディーター・メディクス著＝河内宏・河野俊行監訳『ドイツ民法（上）』（信山社，平成9年）136頁以下。同書で翻訳の対象とされたのは第16版であるが，第20版でも主張は変更されていない。Dieter Medicus, Bürgerliches Recht, 20. Aufl., 2004, S.98f.

(5) なお，詐欺と過失による説明義務違反との関係を諸外国の状況も含めて考察するものとして，ハイン・ケッツ（潮見佳男＝中田邦博＝松岡久和訳）『ヨーロッパ契約法Ⅰ』（法律文化社，平成11年）378頁以下を参照。

(6) Hans Christoph Grigoleit, Vorvertragliche Informationshaftung: Vorsatzdogma, Rechtsfolgen, Schranken, 1997, S.16ff.

(7) BGB 249条1文の解釈論をわが国に紹介するものとして，椿寿夫＝右近健男編『ドイツ債権法総論』（日本評論社，昭和63年）46頁以下（右近健男執筆部分）を参照。

(8) 財産的損害の有無をめぐる議論については，後掲注(26)を参照。

(9) 藤田教授と潮見教授によるグリゴライトの見解の紹介については，藤田寿夫「説明義務違反と法解釈方法論——詐欺規定と評価矛盾するか？」神戸学院法学27巻1＝2号（平成9年）1頁以下，潮見・前掲注(1) 172頁以下（初出は，「ドイツにおける情報提供義務論の展開（2）」法学論叢145巻3号〔平成11年〕7頁以下）を参照。

(10) Grigoleit, a.a.O. (N.6), S.84ff.

(11) 以上の叙述については，Grigoleit, a.a.O. (N.6), S.137ff.

(12) 以下の叙述を含めて，Holger Fleischer, Informationsasymmetrie im Vertragsrecht, 2001, S.1006f.

(13) この点を指摘するものとして，Dieter Medicus, Schuldrecht Ⅰ・Allgemeiner Teil, 15. Aufl., 2004, S.66ff.

(14) Ernst Kramer, in : Münchener Kommentar zum Bürgerlichen Gesetzbuch : Band 1, Allgemeiner Teil (§§1-240 / AGB-Gesetz), 4. Aufl., 2001, §119 Rdnr. 114.

(15) Kramer, a.a.O. (N.14), §119 Rdnr.110. なお，クラーマーは，性状に関する説明義務違反——すなわち，性状の黙秘——によって錯誤が惹起された場合には，説明義務および錯誤の惹起の範囲，錯誤に陥った者以外に情報提供に関する危険が生ずる範囲が問題となるとする。ただし，それらの問題は，法律上定められた危険の分配や具体的な行為を考慮して解決されねばならないという。Kramer, a.a.O., §119 Rdnr.118.

(16) Kramer, a.a.O. (N.14), §119 Rdnr.120.

(17) Kramer, a.a.O. (N.14), §119 Rdnr.119.

(18) Vgl. Grigoleit, a.a.O. (N.6), S.150.

(19) Grigoleit, a.a.O. (N.6), S.150f. なお，グリゴライトは，BGB 123 条の過失による誤導への適用というみずからの主張に対しても，法文上の根拠がないという批判もありうると指摘する。しかし彼は，この点について，クラーマーは体系的な検討をしていないのに対して，みずからの主張は体系的な根拠を有していると反論する。また，グリゴライトは，クラーマーのいう「契約上の危険」という概念は非常に漠然としており，契約締結上の過失という概念を用いる方が適切であるという。

(20) Fleischer, a.a.O. (N.12), S.236f., S.1006f.

(21) Fleischer, a.a.O. (N.12), S.239f.

(22) 瑕疵担保責任と契約締結上の過失の競合をめぐる議論状況については，Vgl. Grigoleit, a.a.O. (N.6), S.219ff.

(23) Vgl. Fleischer, a.a.O. (N.12), S.239f.

(24) Peter Krebs, in: Barbara Dauner-Lieb / Thomas Heidel / Manfred Lepa / Gerhard Ring (Hrsg), Schuldrecht : Erläuterungen der Neuregelungen zum Verjährungsrecht, Schuldrecht, Schadensersatzrecht und Mietrecht (Anwaltkommentar), 2002, §311 Rn.30.

(25) 以下の叙述を含めて，Krebs, a.a.O. (N.24), §311 Rn.33.

(26) なお，この点で問題となったのは，情報提供義務違反が問題となる場合に，違法に意思形成が妨害されたものとして意思の自由の侵害の有無が検討

第六節　情報提供義務に関する BGB 上の諸法理の相互調整

されるが，この意思の自由の侵害自体が BGB 249 条以下にいう損害に含まれるか否かということである。この点について，グリゴライトは，これらの条文は，特定の法益の不可侵性を優先的に保護するものであって，財産そのものを保護するわけではないという理由で肯定する。Grigoleit, a.a.O. (N.6), S.19ff.

(27)　André Pohlmann, Die Haftung wegen Verletzung von Aufklärungspflichten: Ein Betrag zur culpa in contrahendo und zur positiven Forderungsverletzung unter Berücksichtigung der Schuldrechtsreform, 2002, S.20. なお，情報提供責任をめぐる契約法と不法行為法との交錯については，クリスティアン・フォン・バール（窪田充見編訳）『ヨーロッパ不法行為法（2）』（弘文堂，平成 10 年）262 頁以下も参照。

(28)　Pohlmann, a.a.O. (N.27), S.198ff.

(29)　ドイツにおける「積極的利益」，「消極的利益」，および「完全性利益」の区分については，高橋眞『損害概念論序説』（有斐閣，平成 17 年）39 頁以下（初出は，「ドイツ瑕疵責任法における積極的契約利益・消極的契約利益・完全性利益の区別」奥田昌道編集代表・林良平先生還暦記念『現代私法学の課題と展望 下』〔有斐閣，昭和 57 年〕198 頁以下を参照）。

(30)　Pohlmann, a.a.O. (N.27), S.108ff., 198ff.

(31)　Pohlmann, a.a.O. (N.27), S.20.

(32)　Pohlmann, a.a.O. (N.27), S.108ff., 198ff.

(33)　Pohlmann, a.a.O. (N.27), S.20.

(34)　潮見教授は，ドイツの学説状況に関する分析をふまえて，情報提供義務が問題となる場面と詐欺・強迫の問題となる場面とを同列に論じることはできないとする。その理由として，前者は自己決定原則の妥当性を確保しようとするものであり，後者は他者による意思形成過程の支配・操縦に対する規制（国家による介入）であると指摘する。また，潮見教授は，契約解消とともに金銭的賠償を認める場合，情報提供義務違反に基づく責任は，「相手方の自己決定基盤整備に対する情報提供義務者の（作為または不作為による）加担責任」という色彩をもつとする。そのうえで，情報提供義務違反の効果として契約解消を原則とすることは困難であると指摘している（潮見・前掲注(1) 211 頁以下〔引用は 214 頁〕〔初出は，「ドイツにおける情報提供義務論の展開

## 第三章　ドイツにおける情報提供義務をめぐる議論状況

（3）」法学論叢145巻4号（平成11年）13頁以下（引用は15頁）］）。この点は，日本における学説の展開とも関連するところであるので，詳しくは第四章第四節（213頁以下）で検討する。

## 第七節　小　括

　前節までの検討結果をふまえると，ドイツにおける契約締結上の過失に関する議論の展開については，次のような形でまとめることができよう。

　まず，ドイツにおいては，いわゆる「情報提供に関する故意のドグマ」と呼ばれる状況が支配する中で，「過失による誤導」がなされた場合の責任をどのように構成するかという問題が浮上してきた。そこで，信義則上，契約締結前の債務関係が発生することを前提に，「過失による誤導」に関する責任を契約締結上の過失責任として位置づける見解が主流となった。しかしながら，そのような責任の前提となる契約締結前の債務関係の発生する根拠は何か，また，その要件は何かをめぐって，さまざまな議論が展開されてきた。この流れの中で，情報提供義務の存在，およびそれに違反した場合の責任が法的観点から正当化されるとともに，その効果として損害賠償にとどまらず，BGB 249 条を媒介として契約の解除まで認められるようになってきた。

　しかし，その一方で，効果の発生という観点からすると，従来の「情報提供に関する故意のドグマ」が支配する，すなわち，契約当事者の完全な自己決定を前提とした BGB 上の規定との衝突が問題となってくる。つまり，BGB は，詐欺や錯誤があった場合に，あるいは瑕疵担保責任が追及できる場合に契約を解消できる場合を限定しているにもかかわらず，BGB に規定されていない法理によって契約の解消を認めることは可能か，という問題である。

　そこで，BGB 上の法理が前提としている意思の自由の保護および自己決定という概念に着目して，情報提供義務が問題となる場面はまさに意思の自由の保護および自己決定が問題となる場面であるという観点から，契約締結上の過失責任と BGB に明文をもって規定された諸法理との調整をしようという試みがなされてきた。その結果，実質化が図られた自己決定権が，逆に，契約締結前の情報提供義務の存在を基礎づける根拠としてクローズアップされるという結果を生みだしたといえよう。

　しかしながら，情報提供義務の根拠をめぐる議論は，抽象的な形で展開されることが多く，そのどれもが説得力に欠けている。そこで，とりわけ情報

第三章　ドイツにおける情報提供義務をめぐる議論状況

提供の必要性，情報提供の可能性，機能（活動）領域の範囲という3つの要素に着目したブライデンバッハの動的システム論を用いた分析をはじめとして，抽象的な根拠を前提としながらも，個々の事例を総合的に分析したうえで情報提供義務の具体的な根拠を探究しようという動きが活発となってきたことは注目に値する。

以上のようなドイツ法における営為は，わが国の法状況を分析するうえでも，次の点において示唆的であるように思われる。

まずは，わが国の情報提供義務に関する議論状況を分析する際に，民法上のさまざまな法理との原理面およびその要件・効果面での調整をどのように図っているかという観点からの分析視角を提供する(1)。そして，その際には，民法の全体系における位置づけを常に念頭におきながら，原理や要件・効果を導き出すうえでの学説や裁判例の思考過程に焦点をあてて分析を行うことが要請されよう。

また，情報提供義務を具体的な事例を探究する中から根拠づけようとするドイツにおける学説の営為からは，その分析にあたって，単に義務の根拠は何か，義務の要件は何かということを抽象的に検討するのではなく，さまざまな事案に直接アプローチしたうえで具体的な検討を行い，その根拠を抽出し昇華させる作業を行うことが迫られているといえよう。その作業の中で，個々の事例で情報提供義務違反の対象とされているものについて，そもそもなぜ情報提供義務を課されるのか，その要素を分析することは，きわめて重要である。

さらに，このようなドイツ法の営為は，情報提供義務違反を基本的には契約締結上の過失に基づく責任として契約の周辺にあるものとして位置づけながらも，その具体化を図りつつ，BGB上の諸法理との連続性を確保しようとしている点で，情報提供義務のあり方を考えるうえで，非常に興味深い示唆を与えているように思われる。

そこで，上記の諸点をふまえ，第四章においてはわが国における情報提供義務をめぐる議論の展開を検討することとしよう。

　　(1)　潮見教授は，わが国では，情報提供義務の内容及びその違反の程度，義

第七節 小　括

務違反と契約締結との因果関係，証明責任の分配問題についてあまり議論がなされていないという。また，法律効果を意識して情報提供義務の内容と程度を確定するという問題関心も薄い現状を指摘する（潮見佳男『契約法理の現代化』（有斐閣，平成 16 年）217 頁の注(62)〔初出は，「ドイツにおける情報提供義務論の展開（３）」法学論叢 145 巻 4 号〔平成 11 年〕20 頁の注(62)〕）。

# 第四章　わが国における情報提供義務をめぐる議論状況

## 第一節　情報提供義務をめぐる議論状況の概観

　本章では，これまでわが国においてなされてきた，情報提供義務をめぐる学説状況について概観することにしよう。

　すでに第一章第一節四（6頁）でも述べたところであるが，情報提供義務という概念は，大きく分けて3つの方向で用いられてきた。第一に，詐欺や錯誤など既存の法理適用範囲を拡大するために，それらの要件を緩和する手段として情報提供義務を用いようとする方向である。第二に，情報提供義務違反による責任を「契約締結上の過失」責任と捉え，損害賠償や場合によっては解除を認めていこうとする方向である。第三に，情報提供義務を，情報格差のある契約当事者の自己決定を可能にする基盤を確保する手段として用いようとする方向である。

　また，情報提供義務に関する議論は，その発生根拠をめぐる対立や，その違反に基づく責任を契約責任とみるか不法行為責任とみるかという対立をも内包しており，多岐にわたる。

　情報提供義務ををめぐる学説の状況については，すでにいくつかの論稿で検討がなされている[1]。このうち潮見佳男教授は，証券投資を中心にして，第一に，投資勧誘者の民事責任（損害賠償）という観点，第二に，投資契約の有効性という観点から，情報提供義務を含めて，幅広く投資取引における責任の民法理論への接続を検討している。そして，情報提供義務に関する学説には，第一の観点からみると，信頼保護原理を強調するアプローチと自己決定権との関連づけを強く意識したアプローチの2つがみられるとする[2]。また，第二の観点からみると，情報提供義務を用いて，契約締結上の過失に基づく契約の解除や詐欺・錯誤を拡張しようとするものがあると指摘する[3]。

　もっとも，そこで潮見教授が展開する「情報格差是正義務」・「自己決定基

## 第四章　わが国における情報提供義務をめぐる議論状況

盤の整備を目的とした情報提供義務」論を含めて，情報提供義務を，意思表示のための環境基盤整備をする責任という形で意思表示の内容自体とは直接かかわらないものとして捉える見解が登場してきた。また，本田純一教授の見解のように，契約締結前の情報提供義務を意思に基づかない付随義務としたうえで，その義務違反に基づく責任を追及するための理論として「契約締結上の過失」の活用を説く見解も公表されている。さらに，その後の学説の展開をみても，情報提供義務という概念自体がもつ曖昧さ，そして参照する外国法の状況もあいまって，さらに混迷の度を深めているような印象を受ける。本書で考察を進めるにあたって，このような混迷状況を整理し，わが国での学説の展開を確認しておく必要があろう。

そこで本章では，情報提供義務に関する学説状況を，意思表示理論との関わりで捉えようとしているか否かという点を中心に，各学説が参照している外国法の状況にも注目しながら，投資取引に限らず，より一般的に検討することとしよう。なお，情報提供義務が問題となるような場面で民法上の諸規定の活用を説く見解についてはすでに第二章第三節（79頁以下）で論じたところであるので，本章では，情報提供義務そのものを対象とする議論に限ってとりあげることとする。

まず，第二節では，情報提供義務を，詐欺・錯誤といった従来の意思表示に関する規定の要件を緩和しその適用範囲の拡張を図る手段として捉える見解，また，第三節では，「契約締結上の過失」論により，情報提供義務を基礎づけようとする見解について検討する。そして第四節では，当事者の情報格差に着目し，情報提供義務を自己決定基盤を確保するための手段として位置づける見解について検討する。さらに第五節では，いわゆる信認義務により助言義務を基礎づけようとする見解についてもとりあげる。助言義務そのものは本書の直接の検討対象ではないが，情報提供義務と助言義務とは非常に密接な関連性があるうえ，近時では，助言義務ばかりでなく情報提供義務も信認義務によって基礎づけようとする見解が若干みられるからである。これらの各節においては，それぞれの論者が情報提供義務の根拠をどのように考えているか，また，それらの義務違反による責任をどのように捉えているかという点についても検討を加えることとする。そのうえで，第二節から第

第一節　情報提供義務をめぐる議論状況の概観

五節までの検討の結果をふまえて，第六節で今後の分析の方向性を提示することとしたい。

(1)　後に本文でとりあげるもの以外に，わが国における情報提供義務をめぐる議論状況について検討した論稿として，松本恒雄「詐欺・錯誤と契約締結における情報提供義務──消費者取引における不当勧誘からの救済」池田真朗＝吉村良一＝松本恒雄＝髙橋眞『マルチラテラル民法』（有斐閣，平成14年）1頁（初出は，法学教室177号〔平成7年〕55頁），山田誠一「情報提供義務」ジュリスト1126号（平成10年）179頁，野澤正充「情報提供義務（説明義務）違反」法学教室273号（平成15年）35頁，田處博之「契約締結過程における不適切な情報提供と不法行為責任」札幌学院法学20巻2号（平成16年）139頁，等。

(2)　潮見佳男『契約法理の現代化』（有斐閣，平成16年）86頁以下（初出は，「投資取引と民法理論（2）──証券投資を中心として」民商法雑誌118巻1号〔平成10年〕14頁以下）。なお平野裕之教授も，投資取引を例にして，契約解消型の救済法理について学説状況を概観する論稿を発表している。平野裕之「投資取引における被害者救済法理の相互関係について（1）─（2・未完）──投資取引における事業者の情報提供義務」法律論叢71巻1号1頁以下，2＝3号（以上，平成10年）83頁以下。

(3)　潮見・前掲注(2) 106頁以下（初出は，「投資取引と民法理論（3）──証券投資を中心として」民商法雑誌118巻2号〔平成10年〕8頁以下）。

第四章　わが国における情報提供義務をめぐる議論状況

## 第二節　意思表示規定の適用範囲拡張と情報提供義務

### 一　緒　論

　情報提供義務という概念を用いて，詐欺・錯誤といった民法典の意思表示に関する規定の要件を緩和しようと試みる見解には，フランス法における議論を参照するものが多い。そこで本節では，これらの見解のうち，日本法への示唆についてふれているものを中心に検討する[1]。それに先だって，ここではまず，後藤巻則教授の論稿によりながら，フランスにおける情報提供義務に関する一般的な理解を紹介しておくこととしよう。

　フランスでは，「契約前の情報提供義務」が，詐欺・錯誤の適用領域を拡張して表意者の保護を図るために重要な役割を果たしている[2]。まず，情報提供義務とは，「知識や情報において劣位するBが契約について明確な認識をもったうえで契約締結の意思決定をなすことを確保するために，より多くの知識・情報を有している相手方AがBに対して契約の重要な事項について情報を提供する義務」である。そしてこれは，「知識・情報において優位する者が虚偽の情報を与えたり重要な情報を与えないという不誠実な行為態様を捉えて，従来の概念によれば詐欺にも錯誤にも該当しない領域につき詐欺・錯誤の双方を拡張して被害者の救済を図った結果として生まれた概念」といえる[3]。

　この情報提供義務という概念を用いることにより，当事者間の知識や情報に格差がある取引において詐欺の適用要件が緩和される。具体的には，情報提供義務違反があれば詐欺的沈黙による詐欺が成立し，詐欺の故意の立証がなくとも情報提供義務違反があれば詐欺が成立する。

　また，知識・情報の面で優位に立つ契約の一方当事者に不誠実な行動があれば，他方当事者の錯誤の主張を容易に認めることになる。具体的には，錯誤の場合には，詐欺とは異なり一般的な信義則を用いて錯誤の領域が拡張されているが，情報提供義務違反があれば錯誤が容易に認められる。さらにフランスの判例によれば，上述の例のAに詐欺が成立しない場合でも，Bの錯誤につきAにフォートがある場合には，Aは損害賠償責任を負うとされ，学

説によれば，その根拠は情報提供義務違反に求められる[4]（なお馬場教授は，フランスにおいては，情報提供義務が詐欺の枠にとどまらない独自の法理論として発展しているとするが，この点については二(5)（195頁）を参照）。

## 二 詐欺・錯誤法理の拡張を図る手段としての情報提供義務

### (1) 詐欺・錯誤の要件の統一的な緩和と情報提供義務

#### (a) 詐欺・錯誤の中間的法理としての情報提供義務

フランス法における情報提供義務論については，柳本助教授の論稿[5]をはじめ，いくつかの紹介がなされている[6]。その中でも，フランス法の詳細な分析をふまえて，わが国の情報提供義務論への示唆を得ようとする最初の本格的な研究を行ったのは，後藤教授の論稿である。

後藤教授は，一で紹介したフランス法の分析をふまえ，わが国でも，情報提供義務違反を理由として，沈黙による詐欺の拡張が検討されるべきであるとする。ただし，このように詐欺の要件である「故意」の緩和が図られるのはフランスでも事業者―消費者間の契約など限定的な場面であり，わが国でも「故意」を詐欺の本質的な要素とする考え方が一般的であることを考慮して，「故意」を詐欺の拡張という方向から捉えるのは慎重にすべきだという[7]。

また，フランスでは錯誤理論との関係で論じられてきたところであるが，情報提供義務が存在する要件として表意者の不知の正当性を必要とするという点が，情報提供義務の範囲の限定という観点から重要であると指摘する[8][9]。

以上の点をふまえて，後藤教授は，「情報提供義務の違反は，詐欺の要件を緩和したものというより詐欺・錯誤の要件を統一的に緩和したものと見るべきである」として，情報提供義務違反を詐欺・錯誤の中間的な法理と捉える。そして，そのような法理を探究することは，従来の学説が相手方の「認識可能性」に目を向けてきたのに対して，相手方の「行為態様」を重視した意思表示理論を導くものであると位置づけるのである（さらに，現代社会に

おける契約関係は，個人の意思というよりもむしろ社会的，道義的な正義〔契約正義〕を問題としているという観点から，当事者の意思を捉え直す可能性についても言及している）(10)。

(b)　「消費者利益擁護義務」としての情報提供義務

　後藤教授は，(a)で述べたような情報提供義務による詐欺・錯誤の要件の緩和は，いわゆる消費者契約の場面では意味があるが，民法の意思表示理論一般に影響を与えるか否かは慎重な検討を要するとしている(11)。そのうえで，当事者の行為態様を信義則の観点から評価して意思表示理論の中にとりこむことにより，契約の拘束力を否定するために契約前の信義則を適用しうるという。その結果，消費者契約の場面で認められる情報提供義務を，特別法ではなく，民法の意思表示理論の中に位置づけることが可能であるというのである(12)(13)。

　さらに後藤教授は，この見解を発展させて，消費者契約の締結過程において事業者には「消費者利益擁護義務」が存在し，それを具体化したものが情報提供義務や助言義務であると捉えている。例えば，金融商品のしくみや元本割れについて説明する義務は，売買契約に付随する義務というよりも，契約当事者間の情報格差，商品の複雑さから生ずる独立の義務であるという。すなわち，いわゆる消費者契約における事業者の義務は，当事者が細部まで合意しておかなくとも信義則上生ずる協力義務であり，事業者の地位に基づく独立の（本来的な）義務として捉えられることになる。そして，このような「契約内容を形成する過程で不利な立場にある消費者の利益について適切に配慮する義務」という「消費者利益擁護義務」は，契約締結過程においても一般的に認められる義務であるとする。そのうえで，消費者契約の締結過程における事業者の情報提供義務および助言義務は，この「消費者利益擁護義務」が具体化したものと考えるのである(14)。

　ここでは，情報提供義務発生の根拠は，情報格差の存在，あるいは契約の属性そのものに求められている。

## 第二節　意思表示規定の適用範囲拡張と情報提供義務

(2) 要件緩和の限界と類型化による故意の推定

森田宏樹教授は，フランスにおいて情報提供義務という概念を用いて詐欺の拡張がなされていることを，次の2つの点で意義があると評価する[15]。第一に，古典的な契約法を修正し，事業者と消費者の情報取得能力の格差を是正するという役割を情報提供義務の理論に認めることで，詐欺の法理に消費者保護の観点からの考慮を付加した点である。第二に，詐欺・錯誤などが問題となる場面での「合意の瑕疵」を，意思ではなく当事者の行為態様という新たな視角から検討することを可能にした点である。

しかしながら同時に，森田教授は，情報提供義務を用いて詐欺を拡張することの限界を指摘する。情報提供義務違反の場合に「故意」の要件を緩和するという考え方に対しては，事業者の情報不提供という不作為による過失（過失による詐欺）と詐欺的黙秘を同視することには無理があると指摘する。そのうえで，故意の要件を維持したうえで，具体的な事情にそくした類型化等によって故意の推定を認めるなどして，立証負担の軽減を図ることが望ましいとする[16]。

なお森田教授は，情報提供義務違反による詐欺・錯誤の拡張については，表意者の意思の観点から，ともに正確な事実認識を欠くという表意者の錯誤の論理によって，消費者に対する契約の拘束力の否定が正当化できるとする。ただし，後述する「契約締結上の過失」法理を用いて，消費者の動機に関する「過失による詐欺」にまで契約解消を認めることが妥当であるかは十分に議論されておらず，また，契約締結上の義務である「助言義務」との関係を議論する必要があるとしている[17]。

(3) 欺罔行為の違法性判断基準としての情報提供義務

横山美夏教授は，情報提供義務の根拠について，フランス法を参照しつつ，まず契約自由の実質的保障という点をあげる。それに加えて，消費者契約のような情報力に構造的格差のある契約を念頭において，事業者に対する「信頼」の保護という観点も強調する[18]。

また，情報提供義務の対象についても，フランスにおける議論を参照しつ

つ，2つに分類する。第一に「契約の締結に向けられた情報提供義務」，そして，第二に「契約の履行に向けられた情報提供義務」である。第一の義務は，「不十分ないし不実の情報提供によって，……表意者がその目的に適合しない契約，言い換えるならば，適切な情報を得ていたならば締結しなかったであろう契約を締結した場合」に問題となる。その場合には，合意の瑕疵を理由とした契約解消か，あるいは不法行為に基づく損害賠償請求が可能となる。第二の義務は，「適切な情報を得ていても当該契約を締結していたであろうが，不十分または不実の情報提供によって，その契約から期待された結果を得ることができなかった場合」に問題となる。この場合には，債務不履行責任が問題となるという[19]。

続いて，上述の分類をもとに，このうち第一の「契約の締結に向けられた情報提供義務」の内容について，わが国の判例分析もふまえた検討がなされている。ここでは，当事者の信頼保護の観点，および自己責任による情報収集というルールがもはや妥当しないという観点から，当該契約が事業者―消費者間における消費者契約であるか否かによって，違いが生じることになるとされる。すなわち，消費者契約であれば，事業者は消費者に対して，その契約締結の意思を左右しうる事実について情報提供義務を負い，その義務違反は，故意のみならず過失による場合にも違法となると考えるのである[20]。また，この場合には情報提供義務は，事業者としての地位により生じる義務として，事業者が情報を有していない場合には，当該情報を取得するための調査義務を課されることがあるとする[21]。

さらに横山教授は，情報提供義務違反と「合意の瑕疵」（とりわけ詐欺）との関係について言及する。ここでは，情報提供義務は，詐欺が成立しない場合に契約解消を認めるための拡張理論とは捉えられていない。むしろ，詐欺の要件のうち，「欺罔行為の違法性判断」の基準となる概念として情報提供義務が位置づけられることになる。そして，契約類型ごとに，契約当事者の属性を考慮しながら情報提供義務の内容を具体化・明確化することで，詐欺の違法性判断基準が明確になるだけでなく，情報提供義務の内容が高度化されれば，それだけ違法な欺罔行為の範囲が拡大することになるというのである（もっとも，この具体化・明確化の作業はここではなされていない）。

第二節　意思表示規定の適用範囲拡張と情報提供義務

　また，詐欺のもう1つの要件である「二段の故意」（相手方を錯誤に陥らせる故意＋その錯誤によって意思表示をさせる故意）については，情報を相手方が保有しないこと，およびその情報が相手方にとっての重要であることを認識して情報提供義務違反が行われたときには，推定されるとする。その理由は，詐欺取消しと故意による情報提供義務違反が，ともに契約締結過程において表意者の意思形成に故意に不当な評価を与えることを違法と評する点に求められる[22][23]。

(4)　情報提供義務の意思表示理論への導入──95条・96条法意類推論

　大村敦志教授は，フランスの情報提供義務論が「原理」のレベルの議論にとどまり，「法理」として提案されていないという。そこで，情報提供義務の原理を錯誤・詐欺の適用に活かすこと，それが困難であればそれに適した具体的な制度を立法により設けることが必要であるとする[24]（なお，大村教授は，「契約締結上の過失」という概念を否定する立場をとるが，この点については第三節五〔208頁〕を参照）。

　そして，消費者を相手方とする契約の場合には，取引類型ごとに消費者の情報収集能力・情報処理能力を考慮に入れて，事業者側に一定の補助義務を課すことができるとする。大村教授は，上述のような原理（考え方）を「情報提供義務」（情報収集義務）と呼び，この義務を意思表示理論に導入する必要性を説くのである[25]。

　結論としては，情報提供義務違反が問題となる場面では，95条の錯誤および96条の詐欺の法意を類推して取消しを認めるのであるが，この点についてはすでに第二章第三節三(3)（82頁）で述べたところであるので，そこでの叙述に譲ることとする。

(5)　情報提供義務の要件と「高度の相対性」

　馬場圭太教授によれば，現在のフランス法における情報提供義務理論は，詐欺・錯誤の枠内にとどまらないとされる。馬場教授は，むしろ詐欺・錯誤において問題となる情報提供義務は，情報提供義務理論のもつ広い射程のうちの主要ではあるが一部分をなしているものにすぎないとして，助言義務を

も包含した形での情報提供義務論を検討する必要性を強調している[26]。

また，フランスにおける情報提供義務という概念は「高度の相対性」を帯びており，それが多くの局面でみられることを指摘する。そのひとつの局面が情報提供義務という概念の射程であり，その範囲は，近接する諸制度との相関関係によってはじめて定まり，かつ時代の要請に応じて大きく変動するという。また，もうひとつの局面が要件面であって，フランスにおける情報提供義務の成否は，情報の不均衡と債務者に課される調査義務という2つの要素を両軸として，その間に事案に応じて存在する複数の要素の相関関係によって判断されるという[27]。

さらに馬場教授は，フランスの情報提供義務論は，わが国にくらべて相対的性格が一層強調されているとして，要件論を例に次のように指摘している。「一つの概念のもとに各種情報提供義務を包括してその『要件』を論じる場合，一つの軸によってすべての情報提供義務を説明するよりも，複数の軸をたててその相関関係によって説明するという方法をとることで，構造的に情報提供義務の多様性をより受け止めやすくなる」[28]。なお，馬場教授は，説明義務の履行と立証責任について検討した論稿においても，このような相対性に着目した分析を試みている[29][30]。

## 三　小　括

以上のように，フランスの議論を参照しつつ情報提供義務の有用性を説く見解は，情報提供義務違反がある場合に詐欺または錯誤を認めるという形で，情報提供義務を詐欺・錯誤法理の拡張を図る手段として捉えている。ただ，近時においては，馬場教授のように，詐欺・錯誤法理の拡張を図る手段として情報提供義務を捉えることは基本に据えつつも，より広い視点からその適用場面を考察しようとする見解も提示されている。

いずれの視点も，情報提供義務という概念を用いることで，詐欺・錯誤を，契約当事者の意思ではなく，行為態様の面から捉え直し，かつ当事者間の情報格差がある消費者契約を中心に情報提供義務を認めていこうとする点では，共通している。

しかし，詐欺・錯誤法理を拡張するにしても，すでに指摘されているよう

に，詐欺であれば「故意」という要件の緩和には限界があるし，また錯誤についても仮に動機の錯誤がある場合に無効を認めるとしても，すべての動機が考慮されるわけではない以上，やはり限界があることは否めない。

　また，いずれの見解においても，どのような場合に情報提供義務が課され，あるいはその違反が問題になるかという点は，個別の契約類型ごとの検討に委ねられている。そうであるならば，その要件の具体化こそがまずなされなければならず，逆にその結果を待たなければ，情報提供義務が，例えば欺罔行為の違法性判断の基準となるか否か，あるいはなるとして具体的な基準はどうなるかも判断できないことになる。この点で，情報提供義務を1つの概念で捉えようとすることによって逆に概念の相対化を招くことになるという馬場教授の指摘は，きわめて興味深いものである。

　以上のように，詐欺または錯誤の適用範囲を拡張しようとする，あるいはそれを基本に据えようとする見解については，詐欺・錯誤という規定に由来する制約から限界があるのみならず，仮にそのような拡張を認めるとしても，その基準の具体化のために具体的な事例の分析が必要となるのである。

(1)　なお，英米法の開示義務に関する比較研究を通して，わが国における「沈黙による詐欺」の要件を緩和する可能性を探ろうとする試みもいくつか存在する。例えば，三枝健治「アメリカ契約法における開示義務(1)—(2・完)——契約交渉における『沈黙による詐欺』の限界づけを目指して」早稲田法学72巻2号1頁，3号（以上，平成9年）81頁（この論稿については，佐久間毅教授による書評がある〔法律時報69巻12号（平成9年）99頁〕），笹川明道「イギリス契約法における契約締結前の開示義務——判例法を中心に」九大法学75号（平成10年）129頁，等。また，情報提供義務を債権者の期待あるいは動機という観点から比較法的に考察するものとして，湯川益英教授の一連の著作がある。湯川益英「民法（債務法）の体系と，『契約締結上の過失』法理の現代的展開(1)—(2・完)——契約法秩序と契約の動機・覚書」山梨学院大学商学論集21号（平成8年）243頁，22号（平成9年）89頁，同「英米私法に於ける債権者の『期待』の保護法理——契約法秩序と債権者の『期待』・覚書(1)」山梨学院大学社会科学研究23号

第四章　わが国における情報提供義務をめぐる議論状況

（平成 10 年）1 頁，同「契約の準備段階における説明義務の基礎づけに関する中間的考察——契約法秩序と債権者の『期待』・覚書」成蹊大学法学政治学研究 18 号（平成 10 年）51 頁，同「フランス私法における『協力義務』の概念——契約法秩序と契約の動機・覚書」山梨学院大学商学論集 24 号（平成 11 年）1 頁，同「契約法秩序と契約における動機の保護——日本私法学会第 63 回大会に於ける研究報告」山梨学院大学商学論集 25 号（平成 11 年）87 頁，同「契約法秩序と契約における動機の保護——契約の準備段階でなされた不実表示と契約責任」私法 62 号（平成 12 年）198 頁，同「契約規範として成立する契約準備交渉段階の説明義務(1)—(3・未完)——契約規範と契約における動機の保護・覚書」山梨学院大学法学論集 49 号 51 頁，50 号（以上，平成 15 年）37 頁，51 号（平成 16 年）343 頁。

(2)　後藤巻則『消費者契約の法理論』（成文堂，平成 14 年）2 頁以下（初出は，「フランス契約法における詐欺・錯誤と情報提供義務(1)—(3・完)」民商法雑誌 102 巻 2 号 58 頁以下，3 号 78 頁以下，4 号〔以上，平成 2 年〕54 頁以下。なお，同書の公刊にあたって大幅に加筆されている）。

(3)　後藤・前掲注(2) 5 頁。

(4)　後藤・前掲注(2) 5 頁以下。

(5)　柳本祐加子「フランスにおける情報提供義務に関する議論について」早稲田大学大学院法研論集 49 号（平成元年）161 頁以下。

(6)　なお，本文でとりあげる議論以外に，フランス法における情報提供義務論に言及するものとしては，以下のものがある。北村一郎「諸外国における消費者（保護）法(4)——フランス」加藤一郎＝竹内昭夫編『消費者法講座　第 1 巻　総論』（日本評論社，昭和 59 年）232 頁以下，須永醇「ジャック・ゲスタン『契約における有用性と正義適合性』」法学志林 82 巻 3 ＝ 4 号（昭和 60 年）128 頁，平野裕之『製造物責任の理論と法解釈』（信山社，平成 2 年）62 頁以下（初出は，「製造物責任の現代的意義と法解釈論(2)——責任法体系の序説的考察をかねて」法律論叢 58 巻 2 号〔昭和 60 年〕116 頁以下），山口康夫「フランスにおける消費法の展開——フランス消費立法の動向を中心として」札幌法学 2 巻 2 号（平成 3 年）27 頁，潮見佳男「比較法の視点から見た『消費者契約法』——比較法からの『摂取』と比較法への『発信』」民商法雑誌 123 巻 4 号（平成 13 年）171 頁以下，等。

(7)　後藤・前掲注(2) 71頁以下。
(8)　後藤・前掲注(2) 72頁。
(9)　さらに，後藤教授は，わが国の消費者契約法は不実告知および不利益事実の不告知を「重要事項」に限定しているが，動機の表示がなされることを要件として，動機に関する不実告知や不利益事実の不告知についても消費者契約法を適用しうると解すべきであるという（後藤・前掲注(2) 72頁）。
(10)　後藤・前掲注(2) 72頁。なお後藤教授が，情報提供義務違反がある場合に詐欺・錯誤を活用する可能性を示唆するものとして，後藤巻則「詐欺・錯誤理論はどのような活用可能性があるか」椿寿夫編『講座　現代契約と現代債権の展望　第4巻　代理・約款・契約の基礎的課題』（日本評論社，平成6年）99頁以下。
(11)　後藤・前掲注(2) 73頁。
(12)　後藤・前掲注(2) 74頁以下。
(13)　なお，柳本助教授も，まず消費者保護を目的として展開されている情報提供義務論が民法理論に与える影響を指摘する。そしてフランスにおける判例と学説を検討したうえで，情報提供義務違反により責任の有無を判断するのは，従来の民法理論のように「表意者の意思に重点を置いて検討する方法」ではなく，「相手方の帰責性のある行動に重点を置いて検討する方法」であるとする（柳本・前掲注(5) 179頁）。
(14)　後藤・前掲注(2) 192頁以下。
(15)　以下の論述を含めて，森田宏樹「『合意の瑕疵』の構造とその拡張理論（2）」NBL 483号（平成3年）59頁以下。ここで森田教授は，事業者に欺罔の故意を要求するのは，行為態様の誠実さという信義則の要請と，取引安全や当事者の自己責任等の諸原理の要請との調和を図るものであるという見解を前提としている。
(16)　森田教授は，情報提供義務の内容についても限界があると指摘する。すなわち，「情報提供義務の対象となる情報とは，消費者が合意を決定するさいの重要な事項に関する事実を対象とするものであって，契約が当該当事者にとって結果的に有益なものか，という評価に関する情報は当然には含まれない」という。後者の評価に関する情報提供の義務は「助言義務」と呼ばれるが，自分に不利な情報の提供までも契約の相手方の義務として一般的に課

すのは無理であると指摘する。両当事者が「対立する協力関係」にあるという点で，助言義務を広く事業者に課すことは，契約交渉過程のもつ本質的な性格に反するという（森田・前掲注(15) 60頁）。なお，助言義務については，第五節（219頁以下）を参照。

(17) 森田宏樹「『合意の瑕疵』の構造とその拡張理論（３）」NBL 483号（平成３年）61頁以下。

(18) 横山美夏「契約締結過程における情報提供義務」奥田昌道編『取引関係における違法行為とその法的処理——制度間競合論の視点から』（有斐閣，平成８年）111頁以下（初出は，ジュリスト1094号〔平成８年〕129頁以下）。

(19) 横山・前掲注(18) 112頁以下。なお，この見解はファーブル・マニャンの議論を参照して展開されている。このファーブル・マニャンの議論については，馬場教授により，調査義務論の再発見，および本文で情報提供義務の第二の対象として紹介した契約履行段階における情報提供義務に焦点を絞った紹介がなされている（馬場・後掲注(26) 71頁以下）。

(20) 横山・前掲注(18) 113頁。

(21) 横山・前掲注(18) 113頁。ここでいう「情報」とは，契約目的との関係で当該契約が適合的か否かを相手方が判断するために必要な情報とされる。また，「調査義務」とは，事業の性質により，同種の事業者として通常の注意義務を払って情報を取得するための調査をする義務とされる。なお横山教授は，消費者契約法と民法との関係で情報提供義務について論じた際に，事業者はその社会的信頼を基礎として専門的事業活動を展開していることに応じた責任を負うべきであるとして，調査義務につき次のように述べている。「複雑あるいは専門的な取引においては，事業者は，消費者が当該契約を締結するために必要な事項につき，自ら進んで情報を提供して説明し，消費者の誤解を認識しえた場合には，その誤解を是正する義務を負う。その際，必要があれば，自らが保有しない情報について調査する義務をも負うと解される」（横山美夏「消費者契約法における情報提供モデル」民商法雑誌123巻４＝５号〔平成13年〕108頁）。

(22) 横山・前掲注(18) 116頁以下。なお，横山教授は，消費者契約法における不実告知・不利益事実の不告知を理由とした契約取消権に関する規定（消費者契約法４条１項・２項）と民法上の詐欺・錯誤の規定との関連でも，「故意の

第二節　意思表示規定の適用範囲拡張と情報提供義務

推定」という点を強調する。まず，不実告知に関しては，事実と異なることを認識しながらそれを告げることは，民法上も違法と評価され，かつ相手方を錯誤に陥れ，それによって意思表示をさせる故意があると推定しうるので，民法上の詐欺も成立することになる。そのため，不実告知に関する消費者契約法の規定は，違法性および故意の点で詐欺の要件を緩和したというよりは，消費者契約について詐欺の故意に関する事業者の反証を許さない規定と理解できるという（横山・前掲注(21)「消費者契約法における情報提供モデル」93頁）。次に，不利益事実の不告知に関しては，民法上は沈黙による詐欺の成立が問題となるが，不利益事実の存在を認識しながらあえてそれを告げないことで，民法上も詐欺の故意が推定されるとする。また違法性についても，詐欺の成立要件が緩和されたと解する余地もあるが，利益となる事実だけを告げるという行為と一体となった場合には，消費者契約に限らず，民法上も沈黙による詐欺を成立させる違法な欺罔行為と評価される可能性が十分あると指摘している（同・前掲注(21)「消費者契約法における情報提供モデル」97頁）。

(23)　なお，横山教授は，契約を有効と評価しつつ，契約締結に向けられた情報提供義務違反を理由とする損害賠償請求を肯定することが評価矛盾にならないか否かを検討する。その結果，法律行為法は一定の場合についてのみ契約の取消し・無効という救済手段を与え，それ以外の場合には損害賠償のみが許容されていると考えている（横山・前掲注(18) 118頁）。この点については，民法における情報提供義務の位置づけともかかわる部分であるので，第七章第五節三（482頁）において検討する。

(24)　大村敦志『消費者法（第2版）（法律学大系）』（有斐閣，平成15年）88頁。

(25)　大村・前掲注(24) 92頁以下。大村教授は，その理由として，情報優位者が一定の程度までの情報を開示する方が，社会全体としてのコストがかからないことをあげている。

(26)　馬場圭太「フランス法における情報提供義務理論の生成と展開（１）」早稲田法学73巻2号（平成9年）61頁以下。なお，本文に述べたところからもわかるように，馬場教授は，「情報提供義務」という用語を，狭義の情報提供義務（客観的な情報が対象），警告義務（物理的あるいは法的なリスクが対象），助言義務（客観的事実に関する情報の提供にとどまらず意見の提供をも含

む）を含む最広義の意味で使用している。また，一般的な概念としてではなく個別的概念として認識されていたにすぎなかった時代の「情報を提供する」義務，あるいは道徳上の義務としての「情報を提供する義務」をも含むものとする（同73頁以下）。

⑵⑺　以上の記述につき，馬場圭太「フランス法における情報提供義務理論の生成と展開（２・完）」早稲田法学74巻１号（平成９年）82頁以下。なお，後者の情報提供義務の要件論について，馬場教授は，フランスでは，情報提供義務の成否判断が情報の不均衡という積極的作用要素と各当事者の調査義務という消極的作用要素とを軸とした二局構造のうえに成り立っているとして，次のようにいう。「情報提供義務の成否の判断における二つの軸（情報の不均衡と調査義務）をあわせて情報提供義務の『根拠』，その具体的現れを情報提供義務の『ファクター』と表現するとしよう。フランスにおける情報提供義務の要件論は，より抽象性が高く情報提供義務が問題となるすべての類型に当てはまる図式としての『根拠』と，より具体性が高く各問題類型に密着した『ファクター』との二層構造から成り立っていることになる」（同55頁以下）。

⑵⑻　馬場・前掲注⑵⑺83頁。

⑵⑼　馬場圭太「説明義務の履行と証明責任──フランスにおける判例の分析を中心に」早稲田法学74巻４号（平成11年）551頁以下，同「説明義務と証明責任」私法64号（平成14年）146頁以下。馬場教授が相対性を重視していることは，1997年にフランスで出された立証責任の転換を認めた判決の射程をめぐる学説状況に対して述べている次のような批判に，非常によく現れている。「確かに……情報提供義務に共通に見られる性質を根拠に，あらゆる事業者は情報提供義務の履行について証明責任を負うべきだと言うことはできる。しかし，各種情報提供義務の個性を無視して一律に債務者側が情報提供義務を履行したことの証明責任を負うとすることは，契約締結時における情報提供義務の認知可能性という観点からは必ずしも妥当な方法とは言えないであろう」（「説明義務の履行と証明責任」610頁）。

⑶⑴　なお，上述した馬場教授の「フランス法における情報提供義務理論の生成と展開」と「説明義務の履行と証明責任」の２つの論稿については，松岡久和教授による書評がある（法律時報72巻１号〔平成12年〕145頁）。

## 第三節 「契約締結上の過失」論と情報提供義務

### 一 緒　論

　第二節で検討したような情報提供義務を，詐欺または錯誤という意思表示に関する規定の適用範囲を拡大する手段として用いる見解に対して，損害賠償ないし解除を認める手段として捉える見解が存在する。そしてこれらの見解は，ドイツ法にいう「契約締結上の過失」論を用いて情報提供義務の基礎づけを図る点で共通している[1]。

　そこで，以下においては，契約締結上の過失論に着目して情報提供義務違反に基づく責任について論じている見解を，その責任が問われる場合に発生する効果という点にも着目しつつ検討することとしよう[2][3]。

### 二 消費者保護の観点からみた「契約締結上の過失」論の活用

　まず，消費者保護という観点から，消費者契約において事業者に情報提供義務を課し，その違反による民事責任を導くための理論として，契約締結上の過失を用いる議論が存在する。ここでは，契約締結上の過失に基づく解除の可能性について言及している北川善太郎教授と森泉章教授の議論を紹介することとしよう。

　北川教授は，取引上有利な地位に立つ当事者が情報を独占し，情報操作をすることに対し「わが契約法はきわめてナィーヴであり，無関心に近い」と述べ，それにこたえる理論として契約締結上の過失論の有用性を指摘する。ここでいう契約締結上の過失論とは，「主観的には，契約締結にさいし相手方の意思決定に重要な事実，客観的には目的たる行為との内部的関連に立つ重要な事実の開示を内容とした附随義務（調査義務，説明義務，通知義務などともいわれる）が契約準備行為中に発生するとし，自己の一方的に有利な取引上の地位や相手方の専門的知識の不足を悪用した取引をこの義務違反で救済しようとするもの」であり，「消費者の誤導された動機形成や意思形成に対する救済理論」であるとされる[4]。そして，この付随義務違反の効果としては，損害賠償と解除が考えられるとする。そのうち解除は，付随義務違

反が給付義務に影響を及ぼす場合に認められるが，要件等の検討は今後の課題であるという[5]。

また，森泉教授は，取引関係の多様化と進展により，これまでの民法理論では対処しきれない新たな事態について，現代契約法は情報・専門知識で劣る消費者の保護のために有効な武器を提供しなければならないとして，契約締結上の過失論に注目する。すなわち，伝統的な民法理論を修正・補完する法理として，また，契約締結に至るまでの一連の過程における当事者の合理的な信頼保護および契約締結方法の適正化を図る理論として，契約締結上の過失論を位置づけている[6]。そして，この理論を活用することは，「取引上有利な立場に立つ者に一定の開示義務を負わせることによって，劣弱な立場にある相手方の無知，無経験を悪用した不当な取引を防止し，もつて契約締結の意思形成への不相当な介入を排除することに資する」という[7]。（ママ）

ただし，森泉教授は，契約は有効であるが不利な内容の契約を締結させられた場合に，契約締結上の過失を根拠に損害賠償責任を追及しうると指摘する一方で[8]，消費者被害の救済という観点から契約の解除まで認めることには慎重であり，「解除権の行使の要件には厳格な枠づけが要求され」るという[9]。

以上のように，消費者保護という観点から契約締結上の過失論の活用を説く見解にあっても，それを根拠にして契約解除という効果まで付与するか否かについては，その可能性には言及するものの，慎重な態度を示すことが多い。これは，契約締結上の過失という概念自体が茫漠としたものであり，明文の規定がない以上は契約解除という非常に強い効果を与えることに慎重にならざるをえないためであろう[10]。

### 三　意思に基づかない付随義務違反としての「契約締結上の過失」論

二で述べたように，消費者保護を念頭においた議論であっても，契約締結上の過失に基づいて契約解除まで認めることには慎重な態度を示す見解が多い。これに対して，むしろ契約解除を積極的に肯定すべきであると強く主張するのが，本田純一教授である。

本田教授が，ドイツ・日本の裁判例と学説に詳細な検討を加えつつ，契約

## 第三節 「契約締結上の過失」論と情報提供義務

締結上の過失を付随義務違反と捉える見解を主張したのは，昭和58年に公表された「『契約締結上の過失』理論について」という論稿においてである。本田教授は，契約締結上の過失論を，有効に成立した契約によって一方が受けた不利益を矯正する手段であるとし，契約上の義務違反を理由とする契約責任の1つとして民法415条の中に位置づけて解釈論の展開を試みる[11]。

まず，本田教授は，損害賠償と解除という効果の面から契約締結上の過失論の適用範囲を検討する。ここで問題となるのは，専門知識のある売主が買主の意思決定に重要な意義をもつ事実について，信義則に反するような申立て，説明を行った場合，あるいは買主の意思決定に対する原因となるような事実のうち，売主が信義則上告知・調査・解明義務を負う事項について，故意または過失によりその義務を怠った場合には，一種の契約責任に基づき損害賠償をしなければならないという[12]。

また，ドイツの判例を参考にしつつ，不意打ちによる販売で，かつ専門家による不十分な説明または詐欺まがいの虚偽の説明により意思決定を誘導されたケースでは，契約の拘束力を認めるべきではないとする。具体的には，不意打ちによる相手方の無知を利用した不当な取引の場合には，①当事者間に専門知識や情報量の差があること，②有効な契約成立の障害となる事実を一方のみが知っていたこと，③適切な説明を受けたなら契約を締結しなかったであろうこと，という3つの要件を満たした場合に，契約締結上の過失を補充的債務不履行責任として，契約の解除まで認めるべきであるとする。つまり，民法415条を「債務不履行のための開かれた構成要件」とみれば，契約交渉時における保護義務違反としての契約締結上の過失も債務不履行となり，契約目的達成不能の場合として履行不能に準じて民法543条により解除が可能となるというのである[13]。

そして，本田教授は，別稿で，信義則上売主が義務を負う場合を類型化し，認定基準の具体化を図っている[14]。そこで信義則違反の類型としてあげられているのは，①告知・説明・助言義務違反（具体的には，取締法規違反，危険性があり複雑な契約内容に関する説明義務違反，取引数量に関する説明義務違反），②不実告知義務違反，③誠実交渉義務違反（欺瞞的・強迫的セールストーク，

長時間拘束），④調査義務違反である。このような義務違反があった場合には，契約締結上の過失に基づく責任が問題となりうるのである。

さらに，すでに第一章第二節一（12頁）でもふれたように，平成11年に発表された『契約規範の成立と範囲』において，本田教授は，このような考えを推し進めて，契約締結上の過失を，契約準備段階における義務違反群を総称する概念であると捉えている。そのうえで，「この領域では，契約はいまだ締結されていないので，契約当事者の"意思"は認められず，したがって，伝統的な意味での『意思を根拠とする義務（給付義務）の発生＝契約責任』を認めることはできない」と述べる[15]。すなわち，「意思に基づかない付随義務を民法上の債務と認め，その違反についても契約の解除を認めるべきである」というのである[16]。

このように，本田教授は，契約締結上の過失論を意思に基づかない付随義務違反による責任の根拠として，一般的な形で民法の中にとりこんでいこうとする。ただし，それと同時に，そのような理論が裁判規範として十分に機能するためには，要件が法律上類型化されていないこととの関係で，信義則上の義務の認定基準をできるだけ明確にしておく必要があるとして，従前の裁判例により蓄積された義務違反の判断基準を類型化する必要性を強調していることにも留意すべきである[17]。

四 「契約締結上の過失」論の活用を説く見解の全体的検討

以上に紹介した，契約締結上の過失論の活用を説く諸見解について，あらためて全体的に検討してみよう。

まず，いずれの見解も，消費者取引に際して，事業者の側に一定の付随義務を負わせるという点で共通している。そして，事業者がこのような義務を負う決定的な理由として，消費者に対して取引上有利な立場にあること——つまり，情報や専門知識に格差があることをあげている。そして，その義務に違反する際に契約締結上の過失責任が認められるのである。

次に，契約締結上の過失責任で考えられうる効果として，損害賠償と解除があげられる。この2つの効果に応じて，消費者取引で主に問題となる契約が有効な場合の要件を考えてみることとする。

まず、損害賠償について、北川教授は、付随義務違反の効果として信頼利益・消極利益の賠償が原則であるとする[18]。森泉教授は、①契約の内容をなす給付以外の一定の重要性を有する事項の表示が契約締結の重要な動機となっていること、および②表示の違背によって当初意図していた契約目的を十分に達することができずに実質的損害をこうむることの２点を、損害賠償の要件としている。そのうえで、当事者間の交渉能力に著しい格差がある場合には、取引上有利な立場にある者に課される一定の開示義務違反が問題になるとするが[19]、効果については、契約締結上の過失の類型ごとに適切な賠償範囲も変わってくるという[20]。また、本田教授は、損害賠償の効果については、信頼利益・履行利益の区別にとらわれず、当事者の意思解釈などをふまえ、内容の妥当性から決すべきであるとする[21]。森泉、本田両教授は、北川教授とくらべ、損害賠償の効果についてかなり柔軟に捉えているということができるであろう。

次に、解除については、北川、森泉両教授は、解除の可能性は認めるものの、その具体的な要件には言及しておらず、解除そのものに慎重な姿勢を示している。これに対し、本田教授は、当初は不意打ちによる取引の場合に解除を認めうるとしていたが、さらに契約締結上の過失を正面から契約責任の中に位置づけることによって、より一般的な形で解除を認めている。

このように、契約締結上の過失責任を、なんらかの形で民法上に位置づけようとしている点ではいずれの見解も共通している[22]。なかでも本田教授が、契約締結上の過失責任を契約責任と明確に位置づけ、解除の効果も民法543条で認めるものとして、契約締結上の過失責任と民法上の規定との融合を図っていることは注目に値しよう。

### 五　「契約締結上の過失」論の必要性に対する疑問

以上で考察してきたところからも明らかなように、ドイツにおける議論の発展もふまえ、わが国においても契約締結上の過失論を活用すべきであるという見解が多くなってきている。このような動きは、消費者保護の視点から現行法制の不備を補う理論を民法理論と接合しようとするものとして、評価することができるであろう。

ただ，契約締結上の過失論は，ドイツにおいて，不法行為法や瑕疵担保責任といった法制度の要件が厳格であり利用しにくかったことから発達してきた議論であることに注意する必要がある。

 したがって，他の法制度による解決が比較的容易であるわが国にそのまま移入することには慎重になるべきである。また，他の法制度による解決が困難な場合であっても，契約締結上の過失という理論を用いるべきかどうかについてはさらに検討が必要であろう[23]。

 この点につき，加藤雅信教授は，従来原始的不能が問題となってきた場面では，物の有する属性・機能もまた当事者の合意内容に含まれ，その属性・機能に関する合意（前提的保証合意）も契約債務に含まれるとする。さらに，加藤教授は，契約が有効な場合についての契約締結上の過失責任について，「契約が有効に成立したことを前提として責任を追及しているものについては，契約責任の追及という枠組で考えるべき」であるとして，契約締結上の過失概念を廃棄すべきことを提唱している[24]。

 大村敦志教授も，契約締結上の過失論を，契約成立前であっても一定の義務を負う原理として捉える主張にはもっともなところもあるが，これを独自の法理として認めようとする主張には問題があるとする。その理由として，契約締結上の過失でカバーされる範囲は雑多であり，ドイツの理論を導入する必然性がないという。また，契約交渉過程における当事者の注意義務を基礎づけるための原理が契約締結上の過失であるとすれば，それは不法行為理論によっても意思表示理論によっても実現可能であり，ことさらに新たな法理を導入する必要はないというのである[25]。

 さらに，潮見佳男教授もこれまで議論されてきた契約締結上の過失論を，「虚構の『契約締結上の過失』理論」であると批判する。すなわち，類型決定因子とそれを規定する思想的基盤を示さないままの「類型化」という名前のもとでの「場合分け」，基礎に据えたはずのドイツ法の思想的基盤を捨象したとしかみえないような方法論上の問題などが積み重なって作りあげられた結果であるという[26]。

 このように，契約締結上の過失そのものの存在意義が疑われるようになってきている中では，それを根拠にして情報提供義務違反があった場合の責任

第三節 「契約締結上の過失」論と情報提供義務

を基礎づけようとする試み自体の正当性が疑われることとなろう。

(1) なお、「契約締結上の過失」とは別の観点からドイツ法における情報提供に関する責任を検討するものとして、松本恒雄「ドイツ法における虚偽情報提供者責任論(1)―(3・完)」民商法雑誌79巻2号27頁、3号(以上、昭和53年)60頁以下、4号(昭和54年)76頁以下、岡孝「情報提供者の責任」遠藤浩ほか監修『現代契約法大系　第7巻　サービス・労務供給契約』(有斐閣、昭和59年)306頁以下を参照。

(2) 「契約締結上の過失」との関連で情報提供義務についてふれた論稿は枚挙にいとまがないが、本書の目的は情報提供義務の意義を探究することにあるため、「契約締結上の過失」論を基礎にしながら、情報提供義務違反によって発生する効果という点にも目を向けて理論分析を行っているものを中心に検討している。本文であげたもののほかに、情報提供義務の性質について契約締結上の過失責任との関係でふれているものとして、今西康人「ドイツにおける契約締結上の過失責任理論の展開(1)―(2・未完)」六甲台論集28巻2号13頁、3号(以上、昭和56年)45頁、渡辺博之「契約締結上の過失責任をめぐる体系化の傾向と『信頼責任』論——カナリスおよびシュトルの所論を中心として」民商法雑誌88巻2号(昭和58年)102頁、宮本健蔵「契約締結上の過失責任法理と附随義務」明治学院大学法学部20周年記念『法と政治の現代的課題』(第一法規出版、昭和62年)63頁、藤田寿夫『表示責任と契約法理』(日本評論社、平成6年)205頁以下(初出は、「性質保証・契約締結上の過失責任と表示」神戸学院法学18巻3＝4号〔昭和62年〕1頁、「表示についての私法上の責任(1)―(2・完)――契約締結上の過失を中心に」民商法雑誌89巻5号42頁、6号〔以上、昭和59年〕46頁)、同「表示についての私法上の責任――ドイツ法における性質保証、契約締結上の過失責任を中心に」私法50号(昭和63年)103頁、同「説明義務違反と法解釈方法論――詐欺規定と評価矛盾するか？」神戸学院法学27巻1＝2号(平成9年)1頁、同「取引交渉過程上の法的責任」椿寿夫教授古稀記念『現代取引法の基礎的課題』(有斐閣、平成11年)533頁、半田吉信「ドイツ民法における瑕疵担保責任と契約締結上の過失責任」山畠正男＝五十嵐清＝藪重夫先生古稀記念『民法学と比較法学の諸相Ⅰ』(信山社、平成8年)11頁、ノルベルト・ホ

ルン（和田安夫訳）「契約締結上の過失」民商法雑誌114巻3号（平成8年）1頁、松下英樹「原始的ドグマ克服論の体系」九大法学73号（平成9年）201頁、加藤新太郎編『判例check　契約締結上の過失』（新日本法規出版，平成16年）91頁以下（住友隆行執筆部分），等。

(3)　契約締結上の過失による責任を認める学説は，その法律構成として債務不履行構成をとるもの，不法行為構成をとるもの，さらに双方の中間的構成をとるものにわかれるが，これらの点については，潮見佳男「契約締結上の過失」谷口知平＝五十嵐清編『新版注釈民法(13)　債権（4）　契約総則』（有斐閣，平成8年）93頁以下（特に96頁を参照）。また，契約締結上の過失論の主唱者であるイェーリンクの思想に焦点をあてて紹介・検討するものとして，オッコー・ベーレンツ＝河上正二『歴史の中の民法──ローマ法との対話』（日本評論社，平成13年）287頁以下。

(4)　北川善太郎『現代契約法Ⅰ』（昭和48年）140頁（初出は，「消費者契約序説（2・完）」NBL37号〔昭和48年〕35頁以下）。なお，北川教授は，別の機会にもドイツ法を参照しつつ付随義務の内容について論じている。それによると，この付随義務は給付義務に従属するもので，準備行為の開始による法定の債権関係（特別結合）を基底として抽出され，その効果は信頼利益の賠償と契約の解除であるとする。さらに，給付義務と独立した注意義務も問題とし，付随義務と合わせて「補充的契約責任」として考察が加えられている（北川善太郎『契約責任の研究』〔有斐閣，昭和38年〕286頁以下）。

(5)　北川善太郎「契約締結上の過失」『契約法大系Ⅰ　契約総論』（有斐閣，昭和37年）233頁以下，同・前掲注(4)『契約責任の研究』339頁以下。

(6)　森泉章「『契約締結上の過失』に関する一考察（1）」民事研修285号（昭和55年）9頁。

(7)　森泉章「『契約締結上の過失』に関する一考察（3・完）」民事研修290号（昭和56年）10頁。

(8)　森泉・前掲注(7) 9頁。

(9)　森泉・前掲注(7) 6頁。

(10)　例えば，円谷峻教授は，ドイツ民法では原状回復が損害賠償の原則であるから，契約締結上の過失による責任に基づいて原状回復の一環として契約の解消が認められることには納得がいくが，金銭賠償を損害賠償の原則とす

るわが国において，ドイツの判例の結論をただちに導入することには問題があるという（円谷峻『契約の成立と責任（第 2 版）』〔一粒社，平成 3 年〕33 頁）。
(11)　本田純一「『契約締結上の過失』理論について」遠藤浩ほか監修『現代契約法大系　第 1 巻　現代契約の法理（1）』（有斐閣，昭和 58 年）204 頁以下（特に 208 頁，214 頁以下を参照）。
(12)　本田・前掲注(11) 206 頁。
(13)　本田・前掲注(11) 208 頁以下。
(14)　本田純一「消費者問題と契約法理」法律時報 60 巻 8 号（昭和 63 年）19 頁以下。
(15)　本田純一『契約規範の成立と範囲』（一粒社，平成 11 年）96 頁。
(16)　本田・前掲注(15) 98 頁。
(17)　本田・前掲注(15) 99 頁。
(18)　北川・前掲注(5)「契約締結上の過失」233 頁以下，同・前掲注(4)『契約責任の研究』287 頁。
(19)　森泉・前掲注(7) 10 頁。
(20)　森泉・前掲注(7) 5 頁以下。
(21)　本田・前掲注(11) 211 頁，同・前掲注(15) 34 頁。
(22)　なお，森泉教授は，「契約締結上の過失」論に契約利益の達成を直接目的としない交渉相手の身体，財産の保持義務を含まれる場合があることを念頭において，契約責任と不法行為責任の双方にまたがる中間的領域の特殊な責任として，独自の要件・効果論を構築すべきであるという（森泉・前掲注(7) 3 頁）。
(23)　円谷教授は，契約締結上の過失による責任を，契約締結の際に生じる個々の責任問題の総称であり，いわば「風呂敷」のようなものだという。そのうえで，事件の具体的事情に応じもっとも適切な法規が利用されるべきであるとして，次のように述べる。「私の主張したいことは，……契約締結上の過失による責任を規範化するべきでない，従って culpa in contrahendo の意味での契約締結上の過失による責任という言葉は法的に無意味である，本来は使用しないほうが誤解を避けることができる，使用するとしても契約の締結段階に生じる諸々の責任問題の見出し程度に考えればよい，ということである」。以上の叙述に関しては，円谷・前掲注(10) 33 頁以下（引用は，34

第四章　わが国における情報提供義務をめぐる議論状況

頁以下）。なお，円谷教授が最初にこのような考えを提唱した論稿として，同「契約締結上の過失」内山尚三＝黒木三郎＝石川利夫先生還暦記念『現代民法学の基本問題（中）』（第一法規出版，昭和58年）183頁（特に214頁以下を参照）。

(24)　加藤雅信『新民法大系Ⅰ　民法総則（第2版）』（有斐閣，平成17年）212頁以下，同「『不能論の体系』──『原始的不能』『契約締結上の過失』概念廃棄のために」名古屋大学法政論集158号（平成6年）62頁以下。

(25)　大村敦志『消費者法（第2版）（法律学大系）』（有斐閣，平成15年）88頁。

(26)　潮見・前掲注(3)159頁。

## 第四節　自己決定基盤を確保する手段としての情報提供義務

### 一　緒　論

　第二節および第三節では，情報提供義務を従来の民法法理との関係でどのように整合的に位置づけるかという点に中心をおいた議論を検討してきた。それらの議論で情報提供義務の根拠としてあげられることが多いのは，契約当事者の「信頼」の保護，すなわち，契約当事者間の情報格差を前提として，能力的にまさる当事者の言動に対する，能力的に劣る相手方の「信頼」を保護するという考え方である[1]。

　これに対して，本来の原則である契約当事者各自の自己責任を実質化するために，能力的にまさる当事者に情報提供義務を課し，能力的に劣る者の自己決定権を保障しようとする考え方が近時有力になってきている。そこで本節では，民法上の各法理との整合性は念頭におきつつ，情報提供義務を自己決定基盤を確保するための手段として位置づけようとする見解について検討することとしよう。

### 二　情報環境の整備と情報提供義務の役割

#### (1)　「情報環境整備責任」論

　小粥太郎教授は，表意者の意思決定の基盤となる情報環境を整備する責任が表意者から契約の相手方にシフトされるという観点から，情報提供義務（説明義務）を理解することが適切であるという。ここでは「情報環境整備責任」がシフトされる，すなわち表意者の情報収集責任が免除されて，相手方に情報提供義務が課されることになる。むろん，民法の原則は表意者みずからが情報環境を整備するというものであるが，表意者が自分で情報を収集しないことが正当視される場合に限って，相手方に情報提供義務が認められる。小粥教授は，この「情報環境整備責任」という考え方が，特定の事案において業者側の説明義務を軽減する趣旨で情報収集義務を強調するのではなく，情報提供義務の体系的位置を把握するためのものであるという[2]。

第四章　わが国における情報提供義務をめぐる議論状況

　また，十分な情報に基づかないで行われた意思決定には拘束力がないという考え方に対しては，情報収集段階における自己責任が妥当する場面では，例えば「動機の錯誤」のように，不十分な情報に基づく意思決定であっても表意者を拘束することがあると指摘する。そして，十分な情報に基づかないで行われた意思決定に拘束力がないといえるのは，相手方に情報環境整備責任が課されている場合など，表意者の情報環境整備責任が免除される場面に限られるというのである[3]。

(2)　「情報格差是正義務」論・「自己決定基盤整備義務」論

　潮見佳男教授は，投資取引における情報提供義務に焦点を合わせた論稿の中で，情報提供義務について「情報格差是正義務」という観点を強調する。すなわち，投資取引における情報提供義務は，当事者間の情報格差を是正することによって，自己決定の前提となる情報環境（自己決定基盤）を確保するためのものであり，逆にそれに尽きるものであるとする。そして，この意味での情報提供義務を「情報格差是正義務」という[4]。

　また，潮見教授は，「勧誘方法（行為態様）の不適正・不公正」があった場合には，従来「合意の瑕疵」論が対象としてきた自己決定そのものへの侵害ではなく，その前提となる自己決定基盤レベルでの一方当事者の行為態様の不当性が問題となり，いわば「自己決定基盤侵害」が情報提供義務違反により基礎づけられるとする[5]。

　なお，潮見教授は，投資取引において「自己決定に基づく自己責任」原則が機能不全をおこしている場合には，消費者保護とは異なり，山本敬三教授のいう「基本権保護型公序良俗」[6]に属する「投資者保護公序」の問題となるという前提に立つ[7]。そのうえで，「投資判断能力を補完するための教育的情報提供」が必要となる「財産権保護型投資者保護公序」と，そもそも生存の基盤を破壊する危険を含んだ投資商品については「適合性原則」により取引勧誘・交渉自体が排除される「生存権保障型投資者保護公序」が存在するという[8]。もっとも情報提供義務にしろ，適合性原則にしろ，一般的・抽象的に捉えられるものではなく，具体的投資者の資産状況を考慮し，投資商品，投資目的および投資規模の相対的関連で捉える必要があるとす

る(9)。

　その結果，従来の「合意の瑕疵」の枠組みに含まれない形態の自己決定権侵害があった場合に，「基本権保護公序」の実現を図るため，取引を公序良俗違反により無効とする可能性について言及している(10)。

　これらをふまえて，潮見教授は，投資取引においては，自己決定権の確保という側面だけではなく，投資販売者と投資者（顧客）との間に特別の結合関係が存在する，すなわち両当事者の取引的接触関係から一種の信認関係（信頼関係）が形成される点を看過するべきではないという。そのうえで，場合によっては，投資者に対して適切な助言を行うことで投資計画への積極的支援を義務づけることに向けられた行為規範としての「ベスト・アドバイス義務」が問題となる場面が存在するというのである(11)（なお，いわゆる信認義務と情報提供義務・助言義務との関係については，第五節で詳しく検討する）。

　さらに，潮見教授は，消費者契約法を比較法的に検討する論稿において，同法の立案過程では正面からとりあげられなかったものとして，「自己決定基盤の整備を目的とした情報提供義務」という視点を強調する。そのうえで，「重要事項の説明義務」（情報提供義務）は，「自己決定の前提となる基盤整備につき，消費者・事業者のいずれが負担を引き受けるべきか」という観点から，本来は情報収集面での自己責任という考え方を基礎におく近代民法の原理を，消費者契約において修正し，情報収集リスクの一部を消費者から事業者に転嫁するものであると理解されるという(12)。

　以上のように，潮見教授は，小粥教授の見解をさらに徹底した形で，情報提供義務を自己決定基盤整備のための手段と位置づけているといえよう。

### 三　小　括

　以上，本節においては，情報提供義務を，契約当事者の自己決定基盤を確保するための手段として位置づける見解について検討してきた。これらの責任は，いずれも情報提供義務を，契約に付随する義務と捉えるのではなく，契約の前提となる自己決定の基盤を整えるための独立の義務として捉えている。そして，小粥教授と潮見教授の見解は，その根拠を，情報格差があることを前提として，民法上の本来の原則である自己決定ないし自己責任を具体

化(=自己決定基盤を確保)することに求めている。

　このように，契約当事者の自己決定基盤の確保という点に目を向けた見解は，きわめて興味深いものである[13]。しかしながら，そもそもなぜ情報能力にまさる当事者がそれに劣る当事者の自己決定基盤を確保しなければならないのかということは，依然として問題となる。情報格差はどのような契約であっても存在しうるのであり，それが存在するというだけでは，情報提供義務の存在を基礎づけることはできないであろう。したがって，このような立場をとるとしても，個別の事例にあたって自己決定基盤を整備すべき場面を検討する必要があるといえる。

　　(1)　例えば，本田純一『契約規範の成立と範囲』(一粒社，平成11年)62頁以下を参照。
　　(2)　以下の記述を含めて，小粥太郎「『説明義務違反による損害賠償』に関する二，三の覚書」自由と正義47巻10号(平成8年)39頁以下。
　　(3)　小粥教授は，さらに説明義務違反による不法行為責任と法律行為論をめぐる議論に関して，次のようにいう。「説明義務違反による不法行為は，不法行為法の論理に服するとはいえ，その目的とするところは『合意の瑕疵』と同じであって，表意者の意思，あるいは自己決定権の保護である。そうだとすれば，不法行為法による救済を，法律行為法によるそれと全く無関係のものとするほうが不自然であろう」(小粥・前掲注(2)43頁)。
　　(4)　潮見佳男『契約法理の現代化』(有斐閣，平成16年)125頁(初出は，「投資取引と民法理論(4・完)——証券投資を中心として」民商法雑誌118巻3号〔平成10年〕60頁)。
　　(5)　潮見・前掲注(4)126頁(初出は，「投資取引と民法理論(4・完)」61頁)。なお，潮見教授は，別稿で，情報提供義務論をめぐるドイツの学説状況に関する分析をふまえて，情報提供義務違反に基づく責任が「相手方の自己決定基盤整備に対する情報提供義務者の(作為または不作為による)加担責任」という色彩をもつと指摘するが，この点については第三章第六節七の注(34)(181頁)を参照。
　　(6)　「投資者保護公序」は，山本教授のいう「基本権保護型公序良俗」のう

ち、「契約自由侵害型」として分類されているものに関連する。この点については、山本敬三『公序良俗論の再構成』（有斐閣、平成12年）10頁以下（初出は、奥田昌道先生還暦記念『民事法理論の諸問題　下巻』〔成文堂、平成8年〕19頁以下）を参照。

(7)　潮見・前掲注(4) 116頁以下（初出は、「投資取引と民法理論（4・完）」51頁以下）。

(8)　潮見・前掲注(4) 121頁以下（初出は、「投資取引と民法理論（4・完）」56頁以下）。

(9)　潮見・前掲注(4) 121頁以下（初出は、「投資取引と民法理論（4・完）」56頁以下）。

(10)　潮見・前掲注(4) 129頁以下（初出は、「投資取引と民法理論（4・完）」64頁以下）。

(11)　潮見・前掲注(4) 130頁以下（初出は、「投資取引と民法理論（4・完）」66頁以下）。

(12)　潮見・前掲注(4) 449頁以下（初出は、「比較法の視点から見た『消費者契約法』——比較法からの『摂取』と比較法への『発信』」民商法雑誌123巻4号〔平成13年〕185頁以下）。

(13)　この点で非常に興味深いのが、消費者契約法と金融商品販売法の関係を検討した千葉恵美子教授の論稿である（千葉恵美子「金融取引における契約締結過程の適正化ルールの構造と理論的課題——消費者契約法・金融商品販売法に関する理論上の問題と立法的課題」金融法務事情1644号〔平成14年〕34頁以下）。具体的には、消費者契約法4条1項（不実告知による契約取消権）・2項（不利益事実の不告知による契約取消権）と、金融商品販売法3条（説明義務に関する重要事項の種類）・4条（説明義務違反の場合の無過失損害賠償責任）の競合を広く認めるか否かという問題について、両法の関係を検討している。千葉教授によれば、「金融商品販売法」は、「取引環境の整備」を求めるものである。すなわち、一般的平均的顧客を基準として説明義務を事業者に課すことで、情報力において劣位にある者に必要となる一定の判断材料をあらかじめ与えておいて、それらの者が取引に参加できるようにするものである（同43頁）。これに対して、消費者契約法が契約の取消しという効果を付与するのは、同法4条1項・2項に定める行為が「消費者の信頼」を裏切る不正行為に他な

第四章　わが国における情報提供義務をめぐる議論状況

らない（同44頁）。このように，消費者契約法と金融商品販売法が競合する場面を，「取引環境の整備」と「信頼」という2つの観点から把握しようとしている点は，情報提供義務で行われている議論を立法のレベルに還元しようとするものと評価できるであろう。

## 第五節　信認義務としての情報提供義務・助言義務論

### 一　「信認義務」とは何か

　近時，わが国においては，信託法を民商法の観点から捉え直し，両者の整合性を確保しようという強い動きがみられる[1]。このような状況の中で，情報提供の有無が問題とされる当事者間の関係を「信認関係」とみたうえで，情報提供義務や後述する助言義務をいわゆる「信認義務」の一種として捉える見解が提示されている。そこで，このような見解について若干検討しておくこととしよう。

　信認関係とは，信託法上の概念である。信託とは，わが国においては，信託法上の信託，すなわち「ある者（委託者）が法律行為（信託行為）によって，ある者（受託者）に財産権（信託財産）を帰属させつつ，同時に，その財産を，一定の目的（信託目的）に従って，社会のためにまたは自己もしくは他人——受益者——のために，管理処分すべき拘束を加えるところに成立する法律関係」を意味する[2]。信託は本来英米法のエクイティ上の制度として発達したもので，コモンロー上発展してきた契約とは異質のものであり，当事者が明示の意思をもって設定したものに限られない。しかしながら，わが国においては，信託の設定は信託法の定める要件に従って意思表示により行われるものに限られるため，英米法よりも信託の成立する範囲が狭くなっている[3]。

　ところで，英米法上の信託においては，義務を負う受託者と義務の相手方との間に契約関係が存在せず，それがゆえに義務の根拠を導くものとして「信認関係」の概念が登場し，そこで受託者が負う義務を「信認義務」というと説明される[4]。ここでいう信認関係は「開かれた概念」であり[5]，「信託を越えて，一方の他方に対する信頼を基礎とする法律関係において，義務者に対して信託の受託者に類似する義務を課すための概念として機能している」[6]。実際に，信認義務という考え方は，英米法においては信託の受託者にとどまらず，医師（患者に対するカルテ開示義務）や弁護士などの専門家にまで対象範囲を拡大してきている[7]。

## 二　信認義務と情報提供義務・助言義務

一で述べたように，信認関係が契約関係のないところに義務を発生させる概念であることに着目して，情報提供義務を信認関係により生じた信認義務の1つとして位置づける見解が登場してきている。もっとも，信認義務としての情報提供義務は，本書が対象とする契約成立段階における情報提供義務とは異なり，わが国では契約成立「後」の問題とされている部分についてカバーするものと考えられている[8]。その結果，いわゆる情報提供義務というよりは，むしろ「助言義務」を基礎づけるものとして，信認義務という概念を用いる見解が多い[9]。

すでに第二節二（192頁）でも指摘しているように，契約当事者間に情報格差が存在する場合には，情報提供義務にとどまらず，しばしば助言義務についての必要性が強調される[10]。

この助言義務について，「ベスト・アドバイス義務」という形で積極的にその必要性を説いているのは，潮見佳男教授である。潮見教授は，投資取引を例にして，助言義務を次のように説明する。投資取引においては，個別取引に先行して，投資専門家である投資販売者と顧客（投資者）との間に，「リスクを伴う投資取引の基礎となるような特別の結合関係」が存在する。そしてこのような場合には，「契約および契約交渉に先行し，あるいは事実上の前提とされている両当事者間の取引的接触関係から，当該投資取引の基礎として一種の信認関係（信頼関係）が形成される」ことになる[11]。このように信認関係が存在する場合には，情報提供義務のみで行為規範を捉えるのは適切ではなく，「投資商品販売者には，投資判断に必要な情報を提供するのみならず，投資者のリスクをできるだけ抑え，投資目的と投資者の資産状態により適合した商品を積極的に提示」することが求められる。すなわち，保険仲立人や投資顧問業者に課されるベスト・アドバイス義務と同様に，投資販売者にも，投資者に適切な助言を行い，投資計画への積極的支援を義務づける行為規範が必要となる[12]。

同様に，アンドリュー・M・バーデック弁護士も，アメリカにおける信認義務論の展開をふまえ，わが国の証券取引に関する裁判例を分析したうえで，

## 第五節　信認義務としての情報提供義務・助言義務論

信認関係ないし信頼関係に基づき証券業者に助言義務が課される場合があることを指摘する[13]。

さらに，今川嘉文教授は，証券取引において事実上の一任勘定取引が行われている場合には，証券業者と顧客との間に「誠実公正義務に基づく専門家責任としての『信頼関係』が成立」するという。この信認関係に基づき，証券業者には，投資リスクについての説明義務やいわゆる適合性原則の遵守義務などが課されることになる[14]。また，商品先物取引についても，証券取引の分析がただちにあてはまるわけではないが，証券取引と同様に，商品先物業者には適切な取引方法の助言指導義務や，信義則上，基本契約締結後の個別取引について，その仕組みや投資リスクに関する説明義務などが生じることになるという[15]。

このように信認関係の存在を助言義務の根拠とする見解に対して，さらに進んで，契約締結前の情報提供義務までも信認義務として捉えようとする見解も存在する。例えば，内田貴教授は，みずからの提唱する「関係的契約」論と信認関係を結びつけることによって，情報提供義務を基礎づけようとする。「関係的契約」論とは，契約内容は，当事者の当初の合意だけですべて決まるわけではなく，当該契約の属する社会関係の中でおのずから決定されるとして，契約内容そのものよりもそれを決定するプロセスを重視する考え方である[16]。内田教授は，この「関係的契約」論を前提として，情報提供義務（および助言義務）について次のように述べる。「従来，……裁判例や法律に現れた情報提供ないし助言義務は，個別領域ごとにバラバラに分析されていた。たとえば，医療契約における説明義務にはいくつかの類型が存在するが，特定の診療行為についての契約締結に際して要求される説明義務とフランチャイズ契約締結時の情報提供義務が同列に論じられることはなかった。しかし，関係的契約という観点からみると，これらの義務は，いずれも，情報や専門的知識のアンバランスを背景に一種の fiduciary relationship が成立した場合に，その関係から生ずる説明・情報提供・助言義務を具体化したものとして理解できる。そこには，統一的な契約原理を構成することが十分可能である」[17]。

以上のように，助言義務をめぐっては，当事者間の関係そのものに着目し

て，契約外の義務として捉える傾向が強まっているように思われる。しかしながら，投資取引というだけで，ただちに助言義務が発生するわけではなく，実際には助言義務も当事者間の個別具体的な取引関係や態様によって，その発生そのものが左右されているといえる。例えば，商品先物取引においては商品先物業者やその営業担当者は助言義務を有するという一般論を展開しながら，実際には，過大な枚数の取引がなされていたという具体的な事情をもとに，「100 枚を超えない枚数の建玉を更に相当期間にわたって繰り返し経験し，商品先物取引の実際について更に習熟するように助言・指導すべき義務」を負っていたと認定した裁判例がある[18]。

そもそも助言とは，契約締結段階における情報提供ないし説明とは異なり，いったん基本契約を締結した後の個別の取引について問題となる場合がほとんどである。そうであるならば，あえて信認義務という契約そのものとは切り離された義務として構成する必要はなく，むしろ端的に基本契約上の義務と構成すべきである。また顧客が契約締結段階で業者からの助言があることを前提に契約を締結することも考えられるが，その場合には助言をすることが契約上の内容であると考えれば，同様に契約上の義務として処理することが可能となろう。

 (1) 信託法と民商法との交錯については，2004 年度の日本私法学会シンポジウムのテーマとなっているが，さしあたり「日本私法学会シンポジウム資料　信託法と民商法の交錯」NBL 791 号（平成 16 年）の一連の論稿を参照。また，道垣内弘人＝大村敦志＝滝沢昌彦編『信託取引と民法法理』（有斐閣，平成 15 年）所収の諸論稿，および能見善久『現代信託法』（有斐閣，平成 15 年）も参照。

 (2) 四宮和夫『信託法(新版)（法律学全集 33―Ⅱ)』（有斐閣，平成元年）7 頁（引用は，第 7 刷〔平成 14 年〕）。

 (3) 以上の記述については，四宮・前掲注(2) 39 頁，道垣内弘人『信託法理と私法体系』（有斐閣，平成 8 年）10 頁以下を参照。なお，英米法とわが国の信託の相違については，能見・前掲注(1) 5 頁以下も参照。

 (4) 道垣内・前掲注(3) 21 頁以下。

第五節　信認義務としての情報提供義務・助言義務論

(5)　道垣内・前掲注(3) 23 頁。
(6)　道垣内・前掲注(3) 54 頁。
(7)　樋口範雄『フィデュシャリー［信認］の時代』（有斐閣, 平成 11 年）5 頁以下。なお, 道垣内・前掲注(3) 31 頁以下も参照。
(8)　樋口・前掲注(7) 173 頁以下。
(9)　内田貴『契約の時代――日本社会と契約法』（岩波書店, 平成 12 年）77 頁, 潮見佳男『債権総論(第 2 版) I ――債権関係・契約規範・履行障害』（信山社, 平成 15 年）578 頁以下。
(10)　なお, 助言義務については, 本文で紹介する信認義務により説明する見解以外にも, すでに第二節二 (192 頁) で紹介したように, 消費者契約における事業者の義務を事業者の地位に基づく独立の（本来的な）義務と捉えたうえで, 情報提供義務や助言義務は「消費者利益擁護義務」が具体化したものと捉える後藤巻則教授の見解なども存在する（後藤巻則『消費者契約の法理論』〔弘文堂, 平成 14 年〕192 頁以下）。このほか, 第三者による情報開示・助言義務につき検討するものとして, 栗原由紀子「契約交渉段階における第三者の情報開示・助言義務について――ドイツ判例法を中心として」成城法学 72 号（平成 16 年）89 頁。
(11)　潮見佳男『契約法理の現代化』（有斐閣, 平成 16 年）130 頁以下（初出は, 「投資取引と民法理論（4・完）――証券投資を中心として」民商法雑誌 118 巻 3 号〔平成 10 年〕66 頁）。
(12)　潮見・前掲注(9) 579 頁。
(13)　アンドリュー・M・バーデック『証券取引勧誘の法規制――「開示義務」「説明義務」を越えて』（商事法務研究会, 平成 13 年）231 頁以下。
(14)　今川嘉文『過当取引の民事責任』（信山社, 平成 15 年）「はじめに」16 頁（引用も同ము）。なお, 同様の指摘をするものとして, 今川嘉文「信認義務と自己責任原則――継続的証券取引を中心として」神戸学院法学 33 巻 3 号（平成 15 年）5 頁以下。
(15)　今川・前掲注(14) 487 頁以下。なお, 同書「はじめに」20 頁以下も参照。
(16)　内田貴『契約の再生』（弘文堂, 平成 2 年）145 頁以下（特に 156 頁以下）, 同「現代契約法の新たな展開と一般条項（2）」NBL 515 号（平成 5 年）19 頁以下。

第四章　わが国における情報提供義務をめぐる議論状況

(17)　内田貴「現代契約法の新たな展開と一般条項（3）」NBL 516号（平成5年）25頁。

(18)　名古屋地岡崎支判平成12年9月7日先物取引裁判例集29巻52頁（338頁の「国内公設市場における商品先物取引裁判例一覧」[国204]判決）。具体的には，「一般投資家から依頼を受けた商品取引員及びその営業担当者は，顧客の予期しない過大な不利益が顧客にもたらされないように配慮すべき注意義務を負っており，ある方法で取引する場合にもたらされる一定の不利益について予測できる場合には，顧客に注意を促し，そのような不利益を回避するように助言・指導すべき義務を負っている」という（引用は，66頁）。

## 第六節　情報提供義務をめぐる議論の評価

### 一　情報提供義務の具体化の必要性

　以上においては，情報提供義務をめぐるわが国の議論を概観してきた。
　第二節で検討した詐欺または錯誤の適用範囲を拡大しようとする議論，および第三節で検討した損害賠償や解除を認めるための手段として情報提供義務を活用しようとする議論は，いずれも情報提供義務という概念をいかに民法上の理論と接合させるかという点に腐心してきた。しかしながら，民法上の法理がもつ限界，あるいは本来民法上では予定されていなかった契約締結上の過失論を用いることの限界がある。そしてなによりも，情報提供義務を一般的に把握するためには，その具体化の作業を必要としているといえる。
　また，第四節で検討した情報提供義務を契約当事者の自己決定基盤を確保するための手段として位置づける見解も，民法上の原則である自己決定あるいは自己責任の原則という点に注目しており，やはり民法理論への接合を念頭において展開されてきた。しかしながら，同様にその根拠や内容について，具体的な事例に基づく分析を必要とし，簡単に一般化できるものではないといえる。
　なお，第五節で検討した信認義務を用いて情報提供義務あるいは助言義務を基礎づけようという見解については，情報格差が存在する契約当事者の関係そのものに義務発生の根拠を求めようとしている。もっとも，実際には，そのような関係が一般的に存在することを理由として情報提供義務あるいは助言義務が発生するのではなく，より個別具体的な取引関係・態様からそれらの義務が導き出されている点に留意する必要がある。
　結局のところ，いずれの見解も，一般論にとどまらず情報提供義務を具体化する必要に迫られているといえるのである。

### 二　「適合性原則」と情報提供義務論との関係

　ところで，当事者間に情報格差のある取引において紛争が生じた場合に，情報提供義務の有無だけで処理することの限界を指摘し，それとは別の概念

第四章　わが国における情報提供義務をめぐる議論状況

——具体的にはいわゆる「適合性原則」——を用いてその紛争の解決を図ろうとする見解もある。

「適合性原則」とは，もともと証券取引の分野で用いられてきた概念であるが，近時は投資取引一般に用いられるようになってきたものである。この「適合性原則」をどのように捉えるかについてはさまざまな見解が存在するが[1]，一般的には，「投資勧誘に際して，投資者の投資目的，財産状況および投資経験等にかんがみて不適合な証券取引等を勧誘してはならないとの原則」と解されている[2]。

この「適合性原則」が適用されるような場面では，そもそも取引の適格性を欠いている以上，いかに正確な情報提供ないし説明をしてもそれ自体意味をもたないのではないかという疑問が生じうる。そのような観点から，適合性を有しない顧客を勧誘したこと自体が違法であるという見解が登場してきた[3]。

川地宏行教授は，さらにこのような見解を一段進めて，「適合性原則」を説明義務違反とは別個の「勧誘それ自体」を禁じる法理であると捉えている。すなわち，適合性原則は，「『勧誘の是非』それ自体を問題にし，投資家に適合しない金融商品の勧誘そのものを禁じる法理」であるという。これに対して，説明義務は，「勧誘のプロセスにおいて投資勧誘者に課せられた義務」であって，「投資家に適合した金融商品の勧誘において投資家の判断能力を補完するために投資勧誘者に課せられる」ものであるというのである[4]。

川地教授によると，説明義務違反と「適合性原則」は，別個独立した違法性判断基準であって，前者が重要な情報の提供を目的とするのに対して，後者は適合性判断を業者に義務づける法理であって，義務の内容が異なっているという[5]。具体的には，「適合性原則」は，「適合性判断義務」と，その前提としての「顧客情報収集義務」から構成されており，行為義務のレベルで捉えられることになる[6]。

このように「適合性原則」を「行為義務」と捉える見解には，潮見教授から，情報収集活動は情報提供・説明，投資助言のために必要なものとして取り扱えば足り，独立の「行為義務」と捉えるべきではない等の批判がなされ[7]，それに対する川地教授の再反論もなされている[8]。

第六節　情報提供義務をめぐる議論の評価

ただ，川地教授もみずから予想しているように，「適合性原則違反を説明義務違反の中に吸収しても，業者の行為について違法性が認定されることには変わりはなく，両者を区別する実益が乏しいのではないかという批判」はありえよう（同教授は，適合性原則違反が認められる場合には，過失相殺の途を封ずることができるという点に大きな実益があるとする）[9]。第五章第二節四(2)（289頁以下）で詳しく検討するように，適合性原則違反を理由として直接責任を認めることには一定の実益があると著者も考える。ただその一方で，適合性原則違反による責任が問われる場合の違法性の認定については，情報提供義務違反と同様，その基準の不明確さがつきまとうという問題が生じうるのである。そうであるならば，適合性原則違反による責任を認めるとしても，その根拠や内容についての具体的な分析を行う必要があろう。

　三　本書での分析の方向性

以上で検討してきたように，従来わが国で展開されてきた議論には，情報提供義務を一般的に把握しようとしてそれが貫徹されていないきらいがある。しかし，情報提供義務の内容を把握しようとするならば，個別事例を分析する必要があるということは，共通の認識であろう。

そこで，本書では，商品先物取引とフランチャイズ契約という具体的な取引の分析を通して，情報提供義務の具体的な把握を試みる。

これらの取引は，すでに第一章第二節二（16頁以下）でも述べたように，情報提供義務が問題となる場面が，典型的に現れてくるものである。

商品先物取引は，非常に複雑で，かつハイリスク・ハイリターンな投資取引であるにもかかわらず，事業者からの不当な勧誘や不十分な説明により損害をこうむるケースが続出している。このような状況の中で，近時は商品取引所法の改正により顧客保護が図られているが，まだまだ対応が十分であるとはいえない。その意味で，商品先物取引に関しては，依然として民法による解決が大きな役割を果たしうる取引分野であるといえる。

また，フランチャイズ契約も，いわゆる「脱サラ」をした者や主婦などが加盟店となる場合に，本部側からなされた収益予測等の情報提供をめぐって紛争が多発している。ところが，契約当事者の一方がいわば「素人」である

第四章　わが国における情報提供義務をめぐる議論状況

にもかかわらず，あくまで事業者間の契約であるとされ，現状では，消費者契約法などの保護を受けることができない。しかしながら，フランチャイズ契約は，消費者契約法の立法過程においてもしばしば言及されたように，消費者契約類似の契約であるにもかかわらず，やはり立法的解決の狭間におかれた取引分野であるといえる。

　以上の点から，第五章では商品先物取引，第六章ではフランチャイズ契約をとりあげて，情報提供義務がどのような形で展開されているか，分析を進めることとしよう。

(1)　「適合性原則」をめぐる議論状況については，潮見佳男『契約法理の現代化』（有斐閣，平成16年）78頁以下（初出は，「投資取引と民法理論(2)——証券投資を中心として」民商法雑誌118巻1号〔平成10年〕6頁以下を参照）。
(2)　吉原省三ほか編集代表『金融実務大辞典』（金融財政事情研究会，平成12年）1204頁。ちなみに，適合性原則には，広義の意味と狭義の意味があるとされる。平成11年に出された金融審議会第一部会の報告書によれば，「適合性原則」は，広義には「業者が利用者の知識・経験，財産力，投資目的に適合した形で勧誘（あるいは販売）を行わなければならない」というルールであり，狭義には「ある特定の利用者に対してはどんなに説明を尽くしても一定の商品の販売・勧誘を行ってはならない」というルールであると説明される（金融審議会第一部会「中間整理（第一次）」17頁以下）。この点については，角田美穂子「金融商品取引における適合性原則(1)——ドイツ取引所法の取引所先物取引能力制度からの示唆」亜細亜法学35巻1号（平成12年）147頁，川地宏行「投資勧誘における適合性原則(2・完)」三重大学法経論叢18巻2号（平成13年）29頁以下を参照。
(3)　山下友信「証券投資の勧誘と説明義務——ワラントの投資勧誘を中心として」金融法務事情1407号（平成7年）36頁，三木俊博＝櫛田寛一＝田端聡「証券投資勧誘と民事的違法性——外貨建ワラント取引を巡って」判例タイムズ875号（平成7年）28頁，川浜昇「ワラント勧誘における証券会社の説明義務」民商法雑誌113巻4＝5号（平成8年）169頁以下。これらの見解の相違点については，潮見・前掲注(1)80頁以下（初出は，「投資取引と民法理論(2)」8頁以下）を参照。

第六節　情報提供義務をめぐる議論の評価

(4)　川地宏行「ドイツにおける投資勧誘者の説明義務違反について」三重大学法経論叢 13 巻 1 号（平成 7 年）117 頁以下。

(5)　川地・前掲注(2) 36 頁。

(6)　川地・前掲注(2) 38 頁以下。なお,「適合性原則」を調査義務と捉える点に関しては，川地・前掲注(4) 122 頁以下，同「金融商品販売法における説明義務と適合性原則」専修大学法学研究所『民事法の諸問題XI』（平成 14 年）114 頁以下も参照。

(7)　潮見・前掲注(1) 122 頁以下（初出は,「投資取引と民法理論( 4・完) ——証券投資を中心として，民商法雑誌 118 巻 3 号〔平成 10 年〕58 頁以下）。

(8)　川地・前掲注(2) 38 頁以下。なお，過失相殺の問題性については，第五章第二節六(2)（313 頁以下）および第六章第二節五(2)（428 頁以下）で詳しく検討する。

(9)　川地・前掲注(2) 37 頁以下。

# 第五章　商品先物取引と顧客の保護

## 第一節　商品先物取引をめぐる問題状況の概観

### 一　商品先物取引とは何か

　日本商品先物取引協会(以下「日商協」という)[1]が発行する『商品先物取引委託のガイド』によれば、先物取引とは、「将来の一定時期に物を受渡しすることを約束して、その価格を現時点で決める取引」であると説明される[2]。商品先物取引は、本来、商品の価格変動のリスクを軽減し、安定した取引を可能にする、いわゆるリスク・ヘッジ機能を果たすものであり、約定した期日において現物を引き渡してもらうこともちろん可能である。しかし、約束の期日が到来する前にいつでも反対の売買をすることで、「売り」や「買い」の契約を相殺し、その差額を清算して取引を終了するという「差金決済取引」によるのが通常である。
　契約締結という観点からみると、商品先物取引は、まず当該取引全体に関する基本委託契約を締結し、それに基づいて個別の取引が行われるごとに個別の契約が締結されることになる。
　また、商品先物取引は、総取引金額の5～10パーセント程度の委託証拠金を預託すれば開始することができる。ただ、商品相場自体、その商品の特性や世界情勢等によって複雑に変動するものであるため、場合によっては委託証拠金に比して大きな利益を生むこともあるが、逆に多大な損失をこうむる可能性もある。その意味で、商品先物取引は、非常に投機性の強い、ハイリスク・ハイリターンな取引であるともいえる。
　このように、商品先物取引は、リスクという観点からすると、一方でリスク・ヘッジ機能を果たし、一方でその投機性からハイリスクであるという二面性をもつ取引であるが、わが国においては、本来のリスク・ヘッジ目的で利用されることはきわめて少なく、むしろ投機目的で行われることがほとん

どである⁽³⁾。ある新聞報道によれば，アメリカと日本の商品先物取引には，以下のような違いがあるとされる。アメリカでは，例えば価格変動の激しい穀物を生産する農家といったヘッジャー（当業者）や機関投資家など，実際に先物取引を必要とする実需家の参加がほとんどを占めているという⁽⁴⁾。これに対し，日本の商品取引所の2001年中の売買高は過去最高の1億2100万枚（「枚」とは市場での取引単位をいう）を記録したが，その「参加者の8〜9割までが個人」であるとされる。そしてこのような状況の中，個人取引中心の日本の商品先物市場が海外のディーラーから狙い打ちされ価格が大きく変動するなど，日本では「実需家の不在から価格形成のゆがみが目立つ」とも評されている⁽⁵⁾。実際，やや古い資料ではあるが，旧・通商産業省（現・経済産業省）の調査によれば，商品先物取引の委託玉全体のうち一般顧客筋の委託玉（「玉」とは商品取引所で取引の成立した売買契約をいう）が占める割合は，昭和35年度には33.3パーセントであったが，その後増減を繰り返しつつも，昭和48年度には実に69.1パーセントを占めるに至っている⁽⁶⁾。また，平成16年に国民生活センターが公表した「商品先物取引に関する消費者相談の傾向と問題点——知識・経験・余裕資金のない人は手を出さない！」という資料によれば，日本とアメリカの商品先物取引市場参加者の違いについて，次のような指摘がなされている。「アメリカの場合，多くの商品において当業者の取引高の方が投機家の取引高よりも多くなっている。たとえば，シカゴ商品取引所（CBOT）においては，当業者の取引高と非当業者の取引高がほぼ等しくなっている。一方，日本の商品先物取引市場においては，当業者（生産者・商社等）による取引玉は全体の数パーセントに過ぎない」⁽⁷⁾。

　以上の状況をふまえると，わが国における商品先物取引への参加者は，本来，そこに参加する必要のない個人顧客が大半を占めており，かつ，商品先物業者の勧誘を契機とした投機目的によるものがほとんどであるといえる。このような状況について，先に引用した国民生活センターの資料である「商品先物取引に関する消費者相談の傾向と問題点」では，次のように指摘されている。「日本の商品先物取引市場においては，当業者のリスク回避（リスクヘッジ）目的の利用よりも投機目的の利用のほうが圧倒的に多くなってい

第一節　商品先物取引をめぐる問題状況の概観

る。多くの投機家が市場に参加することで当業者によるリスクヘッジが円滑に行えるようになる面もあるが，一方で，本来投機的取引にふさわしくない消費者が投機的取引に参加しているケースもアメリカに比べて多いと考えられる」[8]。

　しかも，第二節における裁判例の分析からも読みとれるように，多くの場合，顧客みずからが当初から投機目的をもって取引を開始するわけではなく，商品先物業者の勧誘を受ける際に高い利益を得られる可能性を強調されることによって，業者の強いイニシアティブのもとに取引に引きこまれている[9]。ところが，その際に取引のもつリスクが説明されず，あるいは十分な説明を受けずに，いわば素人である個人顧客がその危険性を理解しないまま商品先物取引に関する契約を締結した結果，後に莫大な損害が発生してトラブルへと発展するケースが後を絶たない。実際，商品先物取引を所轄する農林水産省と旧・通商産業省の「委託者保護に関する研究会」が平成9年9月8日に出した「委託者保護に関する中間とりまとめ」（以下「中間とりまとめ」という）[10]と平成10年6月30日に出した「委託者保護に関するとりまとめ」（以下「最終とりまとめ」という）[11]では，商品先物取引の委託者のうち実に8割にのぼる者について最終的な収支が損失に終わっているとの結果が示されている（具体的な数値については，四〔252頁〕を参照）。実際，「中間とりまとめ」を引用して，商品先物取引の危険性を指摘する裁判例も存在する（［国237］／以下，［カッコ］内の数字で，その数字の前に「国」とあるものは，338頁以下に掲載した「国内公設市場における商品先物取引裁判例一覧」の番号を指す。また数字の前に「海」とあるものは354頁以下の「海外市場における商品先物取引裁判例一覧」，「私」とあるものは358頁以下の「国内私設市場における商品先物取引裁判例一覧」，さらに「為」とあるのは360頁以下の「外国為替証拠金取引裁判例一覧」の番号を指す）。このように顧客に損害が発生するケースが多いという傾向は，なにも近時に限られたものではない。昭和40年代後半の裁判例にあっても，「穀物の先物取引は……過去その無知が原因となって多数の顧客が回収不能の損害を蒙っていることは公知の事実である」と指摘するものも存在するのである（［国19]）[12]。

　このような状況の中，商品先物取引は，バブル崩壊後の不況にもかかわら

233

ず，ますます拡大を続けている。平成14年に公表された日商協の統計資料をみても，平成に入ってからの13年間に，勧誘にあたる登録外務員の数が約1.5倍，委託者の数が約1.4倍，委託者1人あたりの預かり委託証拠金額はほぼ横ばい，出来高枚数（取引回数）が約3.3倍，取引金額が約4倍となっている[13]。また，専業型商品取引員（顧客からの委託の取次ぎを専門に扱う商品先物業者）84社における経常収益に占める委託手数料収入の割合は，平成13年度には1社平均で90.1パーセントという高率となっている[14]。これらの数字からは，外務員が個人顧客をターゲットとして取引を拡大させ，1人あたりの委託手数料金額は横ばいではあるものの，数多くの顧客を取引に引きいれて全体の取引回数を増やしている現状が読みとれるであろう。その結果，手数料稼ぎをはじめとして，客殺し商法など種々の手口により，高額の被害に遭う可能性のある一般顧客の数も拡大している状況が浮かびあがってくる。

　以上の点に鑑みれば，第一章第二節一（14頁）でも述べたように，商品先物取引は投機目的の取引でありながら消費者取引の側面を色濃くもつといえる。また，そのトラブルは，取引内容もさることながら，商品先物業者の勧誘形態に起因するものが多く，かつ当事者間に著しい情報格差が存在することもあいまって，いわば情報提供義務が典型的に問題となるケースが数多く含まれている。

　そこで本章では，情報提供義務の各論的検討の対象として，まず商品先物取引をとりあげる。以下においては，商品先物取引に関する裁判例であって一般大衆の被害が顕在化してきた昭和40年代以降のもののうち，著者が探しえた限りで400件近くに及ぶ公表裁判例の分析をもとに，検討していくこととしたい[15]。

　二　商品先物取引被害の歴史

　まず，わが国の商品先物取引被害の歴史について，いくつかの文献を参照しながら振り返ってみることとしよう。

　わが国においては，欧米とは異なり，株式取引所よりも先に商品取引所が発生した。これは，江戸時代には，米がわが国の経済の中心をなしており，

米価の安定こそが徳川幕府の最重要政策であったことに起因している(16)。すなわち，当時，大名諸侯は大阪（江戸時代当時は「大坂」）の蔵屋敷に米を運び，そこで米を換金していたが，豊作・凶作にかかわらず，一定の時期に米を事前に約定した価格で売却することとすれば，大名諸侯の財政は安定し，さらに米価も一定の価格で維持できると考えられたのである。そこで，大阪における堂島帳合米市場の公認などを経て，商品取引所は，わが国独自の制度として発展してきた(17)。

　明治時代に入っても，初期の段階では米価安定の要請は変わらなかった。一時期取引所の開設が禁止されたこともあったがすぐに復活し，商品取引所は引き続き隆盛をきわめた。この間，明治政府は，明治6年から7年にかけて発行された金札引換公債・家禄引換公債等，諸公債を流通させるために，明治7年にロンドン株式取引所の規則をそのまま直訳する形で「株式取引条例」を制定した。その際，米などの商品取引所も同時に規制しようとしたが，わが国のこれまでの旧慣旧習と大きく異なるため反発が強まり，米穀に関しては証券と異なる取扱いがなされることとなった(18)。

　その後，対象商品が米以外の商品に拡張されるなど，商品取引所における取引が拡大する中で，明治26年に「取引所法」が制定されるに至った。しかしながら，外国からの制度導入の試みは結局のところ，「全敗に帰した」結果となり，取引所法は「本邦独自の制度」として確立されることとなった(19)。商品先物取引は，日中戦争の勃発により物品の配給制度が確立されたことにともない商品取引所が解散されたため休止されたが（旧取引所法は，昭和23年の新しい証券取引所法制定にともない，「商品取引所法」と名称変更），戦後の昭和25年に旧法の全面改正という形で新たに「商品取引所法」が制定されたことで復活したのである(20)。

　このように戦後新たな商品取引所法のもとで取引が開始されたが，制定当初，紛争はあまり多くはなかった。商品先物取引の投機性や危険性は江戸時代からも，つとに認識されてきたところであるが，明治時代から戦前，そして戦後の混乱期にかけても，商品先物取引に参加する者は投機に積極的に関心を示すいわゆる「相場師」が多かったこともあり，社会的に大きな問題を生じることはなかった(21)。また，制定当初の「商品取引所法」は，自由経

済への基盤が整う中で行われた「占領下における自由主義を徹底した立法の一つ」であるともいわれ，商品取引員の自主性を最大限尊重することを主眼としていた。そのため，取引所に所属する会員も「許可制」ではなく「登録制」を採用し，行政当局の干渉は最小限に抑えられ，一般大衆を念頭においた委託者保護という観点はまったく存在しなかった[22]。

　ところが，昭和27年の商品取引所法改正により，商品外務員制度が導入されてから状況が次第に変わり始める。それまでは，投機を不健全なものとみなす風潮もあって，商品先物取引は，委託者が商品先物業者のもとを来訪して注文を行うという，いわば「客を待つ商売」であり，一般大衆との間で紛争が発生することはほとんどなかった[23]。ところが，外務員制度が導入されてから，商品先物業者のセールス活動が行われるようになる。そして，昭和30年代に入り，「もはや戦後ではない」という言葉が象徴するように，経済が復興するにつれて一般大衆にも資金的な余裕が生じ，土地や証券取引などへの投資も活発になってきた。また，商品先物取引の投資性に着目し，商品仲買人（現行法上の「商品取引員」＝商品先物業者）として登録する者が急増するとともに，その外務員が外交活動により積極的な顧客の獲得競争を始めたため，従来の顧客を相手にしているだけでは生き残りを図ることができなくなった。そのため，商品先物取引の知識をほとんどもたない一般大衆をターゲットとした勧誘活動が積極的になされることとなり，それら一般大衆との間での紛争が多発するという状況が生じてきたのである[24]。実際に，当時の商品取引所のおける商品仲買人と一般委託者の紛議件数は，昭和37年には192件であったのに，昭和38年には335件，昭和39年には547件と急増している[25]。

　そこで，業者間の取引を念頭においたそれまでの商品取引所法ではこのような状況に対応できなくなったこともあって，一般大衆の参加を前提に委託者保護を図るため，昭和42年に，商品取引員（商品先物業者）を登録制から許可制とし，また不当勧誘や一任売買を禁止するなど，商品取引所法の大改正がなされた。その後も，昭和50年に，商品先物取引の受託に際して説明書の交付を義務づけるなどの改正がなされたが，紛争は一向に減らないどころか，後述する国内私設市場における取引をめぐるトラブルなどが頻発した。

第一節　商品先物取引をめぐる問題状況の概観

　そこで，平成2年に委託者保護を法の目的に盛りこみ，国内私設市場の開設禁止や委託者資産の分離保管，紛議処理体制の整備などを定めた改正を行った[26]。

　また，平成10年には，「国際水準の商品先物市場の整備」のための諸改革を提言した商品取引所審議会答申[27]を受け，商品先物取引の国際化にともなう取引活性化を目指して規制緩和を図るため，新規商品上場の認可基準の緩和[28]や委託手数料の段階的自由化などを定めるとともに，商品先物業者が委託を受けた際の誠実公正原則や，委託者に関する適合性原則の導入など，委託者保護の強化を目的とした改正がなされた[29]。

　さらに，平成16年には，同年末に実施された委託手数料の完全自由化をふまえ，商品先物業者が破綻した場合を想定して，業者による委託証拠金の保管の原則禁止やクリアリングハウス（商品取引所とは別の清算機関）[30]の創設など，機関投資家等の大口顧客の参加を促し市場拡大を図るための改正が行われた[31]。立法をめぐる議論の中でも，上述のように市場を拡大するためには，商品取引員（商品先物業者）による市場仲介機能を適正化へ向けた諸施策の必要性が強調されたことから，この改正では，商品先物業者に対する行為規制が強化された。すでに第二章第二節二（26頁以下）でもふれたところであるが，具体的には，委託をしない意思を表示した者への再勧誘の禁止，迷惑な方法での勧誘の禁止，商品先物取引であることを告げない，また事前に勧誘を受ける意思の有無を確認しない勧誘の禁止，同一数量・同一限月の両建勧誘の禁止など，不当勧誘の禁止の大幅な拡充（214条），適合性原則の法定（215条），受託契約締結前の書面交付義務の大幅な拡充（217条），商品取引員（商品取引業者）の説明義務の法定と当該説明義務違反に基づく無過失損害賠償責任規定の新設（218条）である。この改正により，本書のもととなる「契約関係における情報提供義務（7）―（9）」（名古屋大学法政論集198号～200号）で指摘した商品取引所法の不備が大きく改善されたことについては，一定の評価を与えることができよう。しかしながら，本書でも述べるように，この改正を経ても残された問題は多く，また過去の度重なる改正によっても商品先物取引被害が増加の一途をたどってきた事実を考慮すると，決して楽観できない。平成16年の改正を実効化するための取組み

237

を主務官庁を中心として積極的に展開するとともに，さらなる被害改善を図るための法改正の途を探るべきである（商品取引所法のあり方に関する著者の具体的な提案については，第三節二〔332頁〕を参照）。

### 三　商品先物取引をめぐる紛争の背景

(1)　2つの背景——商品先物業者の問題性と主務官庁の姿勢

以上のような数次にわたる法改正を経ても，四（248頁）に述べるように紛争が多発する背景には，紛争当事者となる商品先物業者の問題性と，その商品先物業者を監督する主務官庁の姿勢があることを指摘しておく必要がある。

(2)　商品先物業者の問題性

まず，商品先物業者の問題性については，昭和42年の商品取引所法改正時にも，商品先物業者も会員であった「全国商品取引所連合会」の解説によってすでに指摘されている。それによれば，一般大衆の投資意欲が高まる中で，当時普及したテレビ等の媒体を介して誇大宣伝をしたうえで不当な勧誘を行い，利益保証の約諾のもとに一任取引を繰り返し，あるいは無断売買を行う業者も少なくなく，中には「委託者の取引と勝負をする形で利害の全く相反する取引を商品仲買人自らが行なう『客殺し』の事例もしばしば見うけられた」とされる[32]。

現在においても，数多くの紛争の当事者となっている業者の幹部や従業員は，元をたどると人脈的に繋がりがあり，かつ次々と会社を移ることが多い。例えば，ある海外商品先物取引業者に関する調査では，次のような事実が明らかとなっている。「苦情の多い業者をリストアップして，その幹部がもとはどこの業者にいたのかさかのぼる調査を行なうと，海外商品先物取引の業者も大部分はもと国内公設市場の商品取引員のセールスを経験した者である。しかも，その商品取引員は九州の○○取引所の会員として昭和30年代半ば頃から勢いを得て被害を多発させてきた業者に行き着く」[33]。このような状況は，「悪質業者が被害を多発させる手口は殆ど同じであって，いわば

第一節　商品先物取引をめぐる問題状況の概観

金銭収奪のノウハウともいうべき技術を身につけた集団が集合離散しながらその悪のノウハウは人脈とともに伝授されて拡大されていくものであろう」とも評されている[34]。また，悪徳商法として詐欺罪に問われ起訴された者の系譜をたどったある論稿では，公設市場での国内先物取引について営業経験のある者が，国内先物取引の規制強化にともない，国内私設市場や海外市場における取引へと転じ，さらには豊田商事による金のペーパー商法など，他の取引へと散らばっていった様子が浮き彫りにされている[35]。

さらに近時，商品先物業者の相当数が，「外国為替証拠金取引」に参入しているが，この外国為替証拠金取引をめぐっても紛争が多発している[36]。外国為替証拠金取引とは，平成15年に出された裁判例によれば，「顧客が相手方（外国為替証拠金取引取扱業者）に対し，一定の証拠金を預け，証拠金の何倍もの外国為替取引を依頼するものであり，相手方は，その依頼に基づきインターバンク市場（主として銀行を取引の参加者とし，通貨の交換取引をする市場——著者注）の参加者である銀行などに依頼して，その依頼のとおりの外国為替取引をし，顧客から手数料を取得する取引」をいう（[為２]）[37]。この取引では，「売り」と「買い」のいずれも取引ができ，一定期間の間に反対売買で決済する[38]。これは平成10年の外国為替及び外国貿易法（いわゆる「外為法」）改正により外国為替業務が自由化されたことにともない開発された金融派生商品であるが[39]，一定額の証拠金を預託することによって，実際にはその何倍もの取引をする点では，商品先物取引に類似する。ところが，商品先物取引とは異なり，外国為替取引が自由化された後は事実上所轄官庁がない状態が続き[40]，被害が急増することとなった。新聞報道によれば，「ある仲介業者は『新規に取引を始める人の9割がドルなど外貨の買いから始めるが，円高ドル安が急に進んだため，多くの投資家が損を出している』と話」しているとのことである[41]。

先にあげた判決では，この外国為替証拠金取引に参入した商品先物業者により外国為替取引を依頼された外国の業者が実際には当該取引を実行していなかったことが認定され，その外国為替取引の実行行為を前提とする外国為替証拠金取引は「賭博行為に過ぎない」ものと判示されている。そして，外国為替証拠金取引業者たる商品先物業者は，外国為替取引が実行されないことを

知りながら顧客に虚偽の事実を説明したとして，不法行為に基づき顧客の委託した証拠金全額についての損害賠償請求が認容されている（[為2]）[42]。

すでに第二節二（29頁以下）で述べたように，この外国為替証拠金取引については，平成16年度の金融先物取引法改正により同法の規制対象とされ，業者からの「不招請勧誘」を禁止するなど，事実上素人の顧客が取引に参入できない形への立法的対応がなされたが[43]，対応が後手に回る間に被害は急速に拡大しており，遅きに失した感が強い。

以上のように，商品先物業者が規制の網をすり抜けてさまざまな形で被害を生じさせている点からも，商品先物取引をめぐる紛争の深刻さをうかがい知ることができるであろう。

(3) 主務官庁の姿勢——商品先物業者の保護

(a) 主務官庁の対応と過当勧誘の増加

商品先物取引を管掌する官庁は，工業品に関しては経済産業省（旧・通商産業省），また農産品に関しては農林水産省であるが，昭和51年当時，東京穀物商品取引所の企画部長であった森川直司氏により，次のような指摘がなされている。

昭和30年代後半から業者による一般大衆への過当勧誘が問題となったが，この背景には，昭和37年3月に，商品取引所法上，商品取引所が会員である商品先物業者から預託を受けることのできない投資信託受益証券を，委託証拠金の充用証券として主務官庁が認めたことがある。しかもこれは，「当時，取引所事務局の一部に反対論があったにもかかわらず，商品取引員側の要望に押されて陳情に及んだ取引所の準則改正を主務省は安易に認めた」ために行われた[44]。

また，昭和42年7月に委託者保護をも目的として商品取引所法が大改正され，従来の商品仲買人は昭和43年1月から3カ年の猶予期間内に主務官庁に申請し，適格性の審査を受けたうえで改めて商品取引員として許可が与えられることとなった。ところが，その猶予期間内に，資産内容の充実と取引所への担保率の引上げが必要であるとして業者間の過当競争がさらに勢い

を増し,「この3年間が商取市場最高の売買増大率であった」にもかかわらず,「法改正当初,許可基準についての主務省の基本的姿勢が示されず,したがって営業姿勢評価基準についても具体的には示されぬままであった」。そして,「商取業界に対する世論が厳しさを増し許可問題が煮詰まった昭和45年に至って,はじめて具体的に営業姿勢評価の基準が主務省から示されたが,それまで業界のこの問題に対する受取り方は,従来の主務省,取引所の姿勢を反映して,紛議を主務省,取引所の目にさらさぬことと理解していた」というのである[45]。

(b) 国内私設市場(ブラック・マーケット)と「8条逆転解釈」

さらに,昭和55年には,昭和40年代の終わりから平成のはじめにかけて大きな社会的問題となった国内私設市場(いわゆる「ブラック・マーケット」)における取引に関して,商品取引所法の「8条逆転解釈」問題が発生した。国内私設市場とは,平成2年に改正される前の商品取引所法が,指定商品制を採用し,法律により規制される商品を限定していたために,業者が指定外の商品について開設したものである。当時の商品取引所法8条は「何人も,先物取引をする商品市場に類似する施設……を開設してはならない」と規定していたが,ここで開設を禁じられている商品市場が指定商品に関するものに限られるか否かが,法律上明確にされていなかった。ただ,従来の政府解釈においては,同法8条は,政令指定された商品以外の市場開設を禁ずる規定であると考えられていた。しかし,上述した私設市場では,公的機関の監督がなされなかったため,委託を受けた業者が実際には市場で取引を行わない,いわゆる「呑み行為」が横行するなどトラブルが頻発することとなった[46]。

ところが,そのような状況のもとで,昭和55年4月23日付で内閣法制局は,商品取引所法8条は,指定商品以外の物品の先物取引をする市場の開設を禁止していないとする政府見解を示した。その理由は,次のようなものである。価格の形成等が公正に行われることを保障しようとする法の目的からすると,「同条の商品とは指定商品であることは明らかであって,法の目的には指定商品以外の物品について価格の形成の公正等を図ることは含まれて

いない。……このためには，指定商品について『先物取引をする商品市場に類似する施設』の開設を禁止すれば足りるのであって，指定商品以外の物品の先物取引をする市場をも禁止して投機の弊害を防止することは同項の適用の範囲外であると考えられる」[47]。これは，従来の政府見解——「同項の禁止がその取り扱う商品の如何を問うことなく，広く『先物取引をする商品市場』と同一の経済的機能を果す施設を対象としていることを示すものというべきである」とした昭和26年2月7日付の政府見解[48]——を180度変更するものであったため，「8条逆転解釈」と呼ばれることとなった。主務官庁も，一般委託者保護の必要性は認め，ブラック業者に対する指導を強化するとの姿勢は示したものの，法の解釈については「過渡的」であり慎重に議論するという姿勢をとり続けた[49]。

　この「8条逆転解釈」は，龍田節教授をはじめとして学界からの痛烈な批判を受けた[50]。また，商品先物業者も加盟していた全国商品取引所連合会などからも，「わが国でのブラック業者の跳梁跋扈は目に余るものがあり，委託者保護の観点から，正規の商品取引員に課せられている規制と同等の規制を課すべきである。このまま看過すると，商品先物業界全体の信用に傷がついてしまう」との声まであがった[51]。実際に，主務官庁も金私設市場被害の拡大を受けて，昭和55年に政令を改正し金を指定商品としたが，ブラック業者は，他の商品で私設市場を開設し，なおも被害を拡大し続けた。そのため，この「8条逆転解釈」は，「金先物取引被害から，プラチナ，海外先物取引被害に拡大する契機となった」とも指摘されている[52]。国内私設市場をめぐる取引に関しては，多数の訴訟が提起された結果，「8条逆転解釈」を否定し，指定商品以外にも商品取引所法8条が適用されるとした裁判例が登場するに至ったのである（[私3]など）。

　このような状況を受けて，平成2年の商品取引所法改正により指定商品制が撤廃されることになった。それ以降は，8条で私設市場の開設が法律上全面的に禁止されることとなったため，同種の被害は現在では発生していない。しかし，主務官庁を含めた政府の対応が，国内私設市場における被害を助長する結果となったといわざるをえない。

第一節　商品先物取引をめぐる問題状況の概観

(c)　主務官庁・商品取引所の姿勢と被害の発生

(ｱ)　主務官庁による行政処分のあり方

　近時は，商品先物取引に関する紛争が拡大していることを受けて，商品取引所法の改正に加えて，商品取引員（商品先物業者）への立入検査[53]や行政処分[54]も増加するなど，商品先物取引被害の防止に向けた主務官庁の取組みも以前よりも活発になってきている。しかしながら，依然として，主務官庁の消極的姿勢もみられるところである。

　例えば，平成13年～16年の4年間の行政処分実績をみると，平成13年度は4社4件（いずれも受託業務停止命令），平成14年度は3社3件（受託業務停止・自己取引停止命令が1件，受託業務停止命令が1件，業務改善命令が1件），平成15年度は6社9件（業務改善・受託業務停止命令が4件，受託業務停止命令が3件，自己取引停止命令が1件，業務改善命令が1件），平成16年度は8社9件（許可取消しが1件，業務改善・受託業務停止命令が3件，受託業務停止命令が3件，自己取引停止命令が1件，業務改善命令が1件），それぞれ存在する。もっとも厳しい処分は許可取消しであるが，後述するように，当該処分が下されるまでの経緯にはかなり疑問がある。また，次に厳しい処分である受託業務停止命令が下されても，ほとんどの商品先物業者にはせいぜい1日～7日（平均すると3日程度）の受託業務停止が命じられているにとどまっている。

　さらに，行政処分の理由をみると，その多くが商品取引所法旧136条の15（平成16年改正後の210条）に規定する受託財産の分離保管義務違反（商品取引員が倒産した場合でも一般投資家の債権保全が図られるよう，売買取引に際して商品取引員が一般投資家から受託した財産と，商品取引員のみずからの財産を区別しないこと）である。もちろん，委託者保護という観点からすると，顧客から市場での取引のために委託された財産を，自己の財産と混同することは，いわば呑み行為にも近い行動であり，厳しい処分は当然であろう。近時はそれにとどまらず，さまざまな紛争の直接の原因となる勧誘段階や取引内容の違法行為に関して，いわゆる適合性原則に違反する勧誘がなされた

243

第五章　商品先物取引と顧客の保護

ことを理由として改善命令が下されたケースや，無断売買，一任売買，仕切拒否・回避などを理由に受託業務停止命令が下されたケースもみられるようになってきている。ただ先に述べたように，受託業務停止命令の期間が短く，処分の実効性を確保するために，より厳格な対応が望まれる。

　ところで，平成15年中には，主務官庁が，同一の業者に対して4件の行政処分を行い（うち1件は，商品投資販売契約に関するもの），その中で最大6カ月間の受託業務停止を命じている。さらに，同社は，立入検査の際に，銀行の残高証明などを偽造し，顧客の資産を銀行口座に保管している旨の虚偽の報告をしながら，50億円もの顧客資産の不足が生じていたことなどから，主務官庁は，同社の幹部を刑事告発している（実際，その後，同社の幹部は逮捕されている[55]）。

　このような状況からは，主務官庁が悪質な業者に対してきわめて厳しい対応をとっているように見受けられる。しかしながら，主務官庁は，同じ業者に対して，平成14年中に，商品取引所法136条の18第3号（平成16年改正後の214条3号）で禁止されている無断売買等を行ったとして受託業務停止命令を下しているが，その期間はわずかに3日間である。ところが，同社の有価証券報告書による苦情・紛争の状況をみると，平成13年は1件であったのに，平成14年は17件に急増し，そのうち14件が取引の終了に関するものとなっている。翌年の平成15年中に行われた処分の理由として，負債の合計金額の純資産額に対する比率が悪化したことや受託財産の分離保管がなされていないことなどがあげられている点を考慮すれば（ちなみに，公刊されている商品先物業者各社の平成13年度3月期決算をみると，当該業者の負債比率は同業他社に比してきわめて高く[56]，主務官庁がこのような情報を入手するのは比較的容易であったと考えられる），委託証拠金の返還遅延などが原因となって取引終了時に紛争が多発していた可能性が高い。業者の自己申告によっても紛争が多発している実態が明らかにされている以上，いかに虚偽報告がなされているとはいえ，それ以前の段階で主務官庁もこのような状況の把握が十分可能であったと思われる。その後，当該業者は平成15年1月には経営危機により都市銀行の支援を受け経営を縮小する旨の報道がなされるなど，経営危機が顕在化していることも考えると[57]，平成14年中に軽微な処分を

第一節　商品先物取引をめぐる問題状況の概観

したにとどまり，遅くとも平成 15 年のはじめの段階で行政当局が有効な対策を講じないまま，経営破綻に近い状況になるまで営業を継続をさせていたことの責任は大きい。最終的には，平成 16 年 1 月 6 日付で，当該業者に対して営業許可取消処分がなされているものの，遅きに失した感がある[58]。

(イ)　主務官庁による商品先物業者への配慮と委託者保護のあり方

また近時の新聞報道では，ある商品先物業者の財務内容が悪化したことを把握した主務官庁である農林水産省の要請により，業界が当該業者に対する資金援助をしていたにもかかわらず，同省はその情報を開示しなかったことが明らかにされている。最終的に，当該業者は平成 14 年 12 月に破産宣告を受け，財務内容悪化の事実を知らずに取引を委託した顧客の証拠金が約 20 億円も焦げつく事態となった。この新聞報道によると，「官民の不透明な関係が浮き彫りになった形で，元顧客らの間で商品取引所や農水省の責任を問う動きも出ている」とのことである[59]。当該業者は平成 13 年 10 月に 2 つの会社の合併を受けて社名を変更しているが，合併前の 1 社が，平成 12 年に顧客への委託証拠金返還遅延を理由に日商協から過怠金 1000 万円の制裁を，さらに合併後も状況が改善されないことを理由に過怠金 3000 万円の制裁を科されている[60]。また，合併前の同じ 1 社については，当該業者が自己申告した平成 13 年度中における苦情の受付件数が 17 件と，同業他社にくらべるとかなり多いうえに[61]，日商協に平成 14 年 4 月から 10 月までに寄せられた返還遅延による苦情 165 件のうち 150 件前後が当該業者のものであるとされている[62]。そのような中でも，平成 13 年 11 月に，主務官庁は，当該業者に対して営業許可を更新しているのである[63]。

この問題について，農林水産省は，同省，当該業者の支援に関係した他の商品取引業者，東京穀物商品取引所および商品取引受託債務保証協会の関係者から事情聴取したうえで，平成 16 年 2 月 6 日付で調査報告を発表している。それによれば，資金繰りの悪化した当該業者の救済を「農林水産省が主導し又は主体的に指導したという事実は認められなかった」として，報道の内容は否定されている[64]。ちなみに，営業許可を更新したことについては，次のように述べている。「同社は許可更新以前に顧客に対する返還遅延

第五章　商品先物取引と顧客の保護

のトラブルがあったこと等から，許可更新の際に同社に条件を付して財務及び経営管理体制について毎月の報告義務を課した。なお，許可更新時の11月末においては顧客とのトラブルも解消し，財務に関しても純資産の基準が法令の基準を上回っていた」[65]。ただし同時に，「商品先物取引への信頼の低下や債権者への不安の惹起を防ごうとして，行政をはじめ関係者が同社を延命させようとした結果，破綻処理のコストの増加を招いたことは問題と言わざるを得ない」として，主務官庁である同省が「立入検査を行い，資産の管理を把握できなかったため，適切な処置ができなかった」ことを認めている[66]。

いずれにせよ，遅くとも日商協が制裁を科した時点で，顧客の委託証拠金を返還できないほどに同社の経営状態が悪化し，また顧客との紛争も増加しているという事実を主務官庁は当然把握していたはずである。そのような中で業者保護を優先し，資金援助を黙認する形で経営を継続させ，さらに被害を拡大した主務官庁の責任は，きわめて重いといわなければならない。

(ウ)　主務官庁の消極的対応と被害の拡大

日商協では，過去の苦情等が多い場合にはなんらかの処分を行うこと[67]や制裁の多様化[68]も検討する方針であるが，あくまで自主規制である以上，限界がある。業界団体である日本商品先物振興協会（日商協とは別組織）ですら，「悪質な取引員が会員であっては，制度として成り立たなくなる」として，悪質業者については主務大臣による許可取消し処分を行うよう主務官庁に要請している[69]。

このほか，日本弁護士連合会消費者対策委員会からの商品先物取引についての苦情・相談受付件数に関する問い合わせに対して，経済産業省からは回答があったものの，「農水省関係の商品の場合は相談は主として農水省にいくのであり，同省にも多数の相談が寄せられている」にもかかわらず，農林水産省からは「公表しないことにしている」として回答が得られなかったとのことである[70]。

このように，従来から主務官庁がとってきた商品先物業者保護の姿勢によって，商品先物取引における一般大衆たる委託者の被害を拡大してきたとい

う面があることは，否めないであろう。所轄官庁があたかも紛争の実態を隠すかのようにとられかねない行動をとることは，現行の商品取引所法が掲げる委託者保護の理念を損ないかねないものであると評価せざるをえない。

(イ)でふれた農林水産省の調査報告では，同報告で指摘されている問題点をふまえて，「多数の投資家から出捐を募る商品先物取引のような業務に関しては，ルール重視の客観性・透明性をもった対応をすべきとの考え方を確立する必要がある」とされている(71)。実際に，この問題が，平成16年の商品取引所法改正を後押しする結果となったことは否定できない。しかし，第三節二（332頁以下）で述べるように，この改正でも，紛争の解決には必ずしも十分なものであるとはいいがたい。経済産業省を含め，主務官庁が被害拡大を防止するためにより積極的に対応することが望まれる。

(エ) 商品取引所のあり方

(イ)でふれた農林水産省の調査報告によれば，当該業者への支援は，東京穀物商品取引所の役員らが業界の主要な業者数社へ依頼する形で行われたという。このような「業界内の助け合いは慣行的に行われていた」とのことであるが(72)，本来，公正な取引を確保するために商品取引所法に基づき主務大臣の許可により設立される国内公設市場において，同法の目的にもある「委託者保護」をないがしろにするような行為がなされていたことは，断じて容認できることではない。同調査報告でも，取引所による支援要請は，「不透明な奉加帳方式を主導したとの誤解を招きかねないものであり慎重に対応すべきであった」とされている(73)。

平成16年の商品取引所法改正では，国際的な経済状況の変化を受けて信頼性，利便性の高い商品市場を実現するために，主務官庁の許可により株式会社商品取引所を設立することも可能となった。このような流れの中で，従来から開設されている商品取引所では，取引額の拡大をめざして，上場商品の拡大などを積極的に展開する動きもみられる(74)。しかし，238頁以下でふれた商品取引業者の問題性を考慮すれば，次の四に述べるように顧客のほとんどが商品先物取引の経験のない現状で，商品取引所がひたすら取引の拡大のみを図ることは，それと同時に商品先物取引被害を拡大させることにも

第五章　商品先物取引と顧客の保護

つながりかねない。さらに加えて，商品取引所が先に述べたような業界との不明朗な関係を続けるのであれば，市場そのものの信頼性すら揺らぐことになろう。商品取引所が真の市場の発展を図ろうとするのであれば，まずは委託者保護を念頭においた公正な取引を確保するためのより積極的な対応が求められるであろう。

　　四　社会問題化する商品先物取引——統計調査にみる被害の現状

　商品先物取引に関しては，取引形態が複雑で，かつ取引のリスクがきわめて高いにもかかわらず，一般消費者が巻きこまれるケースが後を絶たないこともあり，従来から消費者被害の中でも非常に大きな問題として捉えられてきた。ここでは，商品先物取引に関する統計的調査から，その問題状況を具体的にみてみることとしよう。

　例えば，平成15年度に「全国消費生活情報ネットワーク・システム(PIO-NET)」を通して，各都道府県・政令指定都市の消費生活センターから国民生活センターに寄せられた消費生活相談の件数は，実に137万1316件を数えるが[75]，そのうち商品相場に関する相談は8899件であり，全体では19位に位置づけられる（もっとも，消費生活相談の全相談件数のうち半数近くが，平成15年中に急増したいわゆる架空請求に関する相談であり，商品相場に関する相談件数は一見少なくみえるが，前年度よりも増加している）[76]。しかし，相談件数の上位商品・役務25種類のうち，「平均契約金額」が654万8320円，「平均既支払金額」が686万1703円と，いずれも1位を占めている[77]。すなわち，商品先物取引がハイリスク・ハイリターンな取引であることを反映して，ひとつひとつの事例の被害金額がきわめて高額となっていることがわかる。

　相談の内容をみても，特徴として，「電話による執拗な勧誘等の販売方法に関するトラブルが多」く，「『必ず値上がりする』と言われたのに損をした」というような，いわば不当勧誘や断定的判断の提供が問題となるケースが多い[78]。

　また，経済産業省の『平成15年度消費者相談報告書』によれば，平成15年中に寄せられた相談のうち，国内公設先物（経済産業省物資）に関するも

第一節　商品先物取引をめぐる問題状況の概観

のが489件，先物・先物類似・その他の先物（他省庁）に関するものが92件，海外先物（経済産業省物資）に関するものが47件，先物・先物類似・その他の先物（経済産業省物資）が7件と，先物関連の相談は，合計635件を占める[79]。これらの項目が含まれる「契約その他」に関する相談は2160件であるが，その相談内容をみると，「解約関係」が817件，「債務不履行」が128件，「勧誘・強引」が118件，「クーリング・オフ関係」が110件，「業者の信頼性」が99件，「勧誘・不実虚偽」が64件，「情報提供」が39件などとなっている[80]。商品先物取引に関する相談の「契約その他」に占める割合が3割近くにのぼっていることも考慮すると，商品先物取引に関して寄せられた相談でも，解約や勧誘段階の業者側の行為を問題にするものが多いといえる。

このほか，日弁連が全国各地の弁護士会に呼びかけて平成9年10月に行った「先物取引被害110番」[81]によれば，全相談件数470件のうち，業者からの勧誘が取引のきっかけとなったものは306件と約65パーセントであるが，自分の意思で取引を行ったと考えていないものが209件，取引に納得していないものが255件（納得しているのは，18件）にのぼる。ここでは，相談の結果，契約締結段階での説明や勧誘の態様に問題があると考えられているものも相当数にのぼっているといえる。例えば，全相談件数470件のうち，説明義務違反であると考えられるケースが127件，不適格者の勧誘であると考えられるケースが80件，断定的利益判断の提供であると考えられるケースが225件，投機性の説明が欠如していると考えられるケースが81件存在するとのことである[82]。

もちろん，商品先物取引においては，その取引過程において，いわゆる「客殺し商法」が行われるなど，取引方法自体に問題が生じるというケースも非常に多く見受けられる。取引期間をみると，1年未満のものが229件に及び，2年以内に終わったもの（66件）を合わせると，実に全体の60パーセント強を占めているところからも，短期間に損害が大きくなるということが読みとれるであろう。

しかも，それだけではなく，業者側の虚偽あるいは不十分な説明がきっかけとなって取引関係に入り，当初は予期しなかったような損害をこうむるケ

ースも，前述したようにきわめて多いといえる。ちなみに，被害額は最高3億円，多くは100万円から3000万円に及ぶなど，非常に高額であることが特徴的である。

さらに，一（233頁）でもふれた「委託者保護に関する研究会」の最終とりまとめによれば，平成8年度に寄せられた苦情件数は，旧通商産業省の所管する通算物資関係については180件，農林水産省の所管する農水物資関係については370件と，合計550件に及んでいる(83)。

このような商品先物取引による被害が問題となる事例では，ほとんど取引に対する知識をもたない者がみずから取引をする意思がないにもかかわらず商品先物業者による勧誘により取引に入った結果，被害額が非常に高額に及ぶことが多い。この点については，先にあげた農林水産省と旧・通商産業省による「委託者保護に関する研究会」の最終とりまとめにおいてさまざまな角度からの指摘がなされているので，以下，そこに掲げられている表の数値にしたがいながら紹介することとしよう(84)。

まず，顧客が商品先物取引を開始するきっかけをみると，電話勧誘によるものが42パーセント，飛び込み訪問によるものが22パーセントと，みずからが取引開始を積極的に望んだとはいえないケースが，実に64パーセントにのぼっている（【表1】参照）。また，委託者の年齢層をみると，各世代にまんべんなく広がっているが，60歳以上の委託者が，30パーセント以上にのぼっている（【表2】参照）。

このような数値からは，本来，商品先物取引に関心のない者が，商品先物業者の積極的な勧誘行為により取引に入っていく様子が読みとれるであろう(85)。

次に，委託者の資金的な状況についてみてみることとしよう。証券取引と比較すると，商品先物取引の委託者数（＝顧客数）はきわめて少ないにもかかわらず，委託者1人あたりの委託手数料額がきわめて高いことが特徴的である。具体的には，証券取引全体の委託者数は1900万人で，証券取引業者が受けとる手数料は1兆6324億円であるのに対し，商品取引全体の委託者数は10万人で，商品先物業者が受けとる手数料は3118億円である。この手数料を委託者1人あたりに換算すると，証券取引ではわずか8.6万円にすぎ

第一節　商品先物取引をめぐる問題状況の概観

【表１】商品取引員と取引を行ったきっかけ
　　　　※商品取引員による積極的勧誘が60％強

| 電話勧誘 | 42％ |
| 飛び込み訪問 | 22％ |
| 友人・知人の紹介 | 13％ |
| 新聞・雑誌等により興味を持った | 12％ |
| その他 | 11％ |

出所：商品取引員経営構造調査報告書（農林水産省委託調査）
（農林水産省商業課＝通商産業省商務室「委託者保護に関するとりまとめ」〔平成10年6月30日〕より転載）

【表２】年齢別委託者層
　　　　※60歳以上の委託者が30％

| ～30歳未満 | 3％ |
| 30歳～40歳未満 | 20％ |
| 40歳～50歳未満 | 23％ |
| 50歳～60歳未満 | 20％ |
| 60歳～70歳未満 | 23％ |
| 70歳～ | 7％ |

　　　（年齢不明　4％）

出所：商品取引員経営構造調査報告書（農林水産省委託調査）
（農林水産省商業課＝通商産業省商務室「委託者保護に関するとりまとめ」〔平成10年6月30日〕より転載）

ないのに対し、商品取引では実に312万円にも及ぶこととなる[86]。

　また、委託者の年収をみると、1000万円以上の年収をあげている者はわずか14パーセントに過ぎず、80パーセント強が1000万円未満である。しかも、年収300万円にもみたない者が12パーセント、300万円以上500万円未満の者が26パーセントと、年収すべてをもってしても上述した手数料を支払うことが不可能あるいは困難であると思われる者まで含まれているのである（【表３】参照）。

251

第五章　商品先物取引と顧客の保護

【表3】委託者の年収

※1,000万円以下の委託者が80％強

| | |
|---|---|
| 〜　　　　300万円未満 | 12％ |
| 300万円以上〜　500万円未満 | 26％ |
| 500万円以上〜　700万円未満 | 25％ |
| 700万円以上〜1,000万円未満 | 22％ |
| 1,000万円以上〜 | 14％ |

（年収不明1％）

出所：商品取引員経営構造調査報告書（農林水産省委託調査）
（農林水産省商業課＝通商産業省商務室「委託者保護に関するとりまとめ」〔平成10年6月30日〕より転載）

　さらに、一（233頁）でもふれたように、商品先物取引における委託者の損益状況をみると、委託者全体の約8割が損失をこうむっているという結果が出ている。具体的には、損失額が3000万円以上の者が9パーセント、1000万円以上3000万円未満の者が14パーセント、500万円以上1000万円未満の者が16パーセント、500万円未満の者が36パーセントと、損失をこうむる場合はきわめて多額に及んでいる。ところが、残り2割の利益を得ている者となると、3000万円以上の者はわずか1パーセント、1000万円以上

【表4】委託者における取引開始以来の損益状況（含む手数料）

※委託者全体の80％弱が損（20％強がプラス）

| | |
|---|---|
| ＋3,000万円〜 | 1％ |
| ＋1,000〜＋3,000万円未満 | 1％ |
| ＋500〜＋1,000万円未満 | 2％ |
| 0〜　＋500万円未満 | 19％ |
| 0〜　△500万円未満 | 36％ |
| △500〜△1,000万円未満 | 16％ |
| △1,000〜△3,000万円未満 | 14％ |
| △3,000万円〜 | 9％ |

（損益不明　2％）

出所：商品取引員経営構造調査報告書（農林水産省委託調査）
（農林水産省商業課＝通商産業省商務室「委託者保護に関するとりまとめ」〔平成10年6月30日〕より転載）

第一節　商品先物取引をめぐる問題状況の概観

の者を合計しても4パーセントに過ぎず，500万円未満の利益にとどまる者が19パーセントを占めるのである（【表4】参照）。

このような数値をみると，商品先物取引にあっては，その損失がきわめて高額に及び，また，利益を得る可能性がほとんどないにもかかわらず，本来取引に参加するべきではない資力に乏しい一般大衆が多大な被害をこうむっている状況が明らかとなる。

第二節四（293頁以下）で検討するように，裁判例をみても，顧客の中には自己資金だけでは足りず，借入金により資金を調達している者も少なくない。中には，商品先物業者の担当者が顧客にサラ金等からの金員の借入れを勧めたうえで取引に参加させるケースまでみられる。

さらに，商品先物取引は，時として，それが原因となり悲惨な事件を惹き起こすことがある。大神周一弁護士の調査[87]によれば，平成6年2月から平成12年2月までの6年間に，新聞で先物取引に関する事件として報道されたものは，57件存在する。そのうち，先物取引の顧客が借金を返済するために，勤務先において横領ないし背任，勤務先の顧客に対する詐欺，または公務員による収賄等を行った等の事件は，実に48件にのぼる。また，先物取引による借金の支払いに窮して，保険金目当てで自宅に放火し逮捕された事件も紹介されている。そのうえ，先物取引をめぐり先物取引業者と顧客との間でトラブルが発生した結果，追いつめられた顧客が先物取引業者の従業員を殺害する事件まで生じているのである（ちなみに，殺人事件として報道されたものが2件，殺人未遂事件として報道されたものが1件である）[88]。

むろん，犯罪行為自体は許されるべきものではない。しかし，これらの事件にみられるように，もともとはなんら関心のない素人が商品先物業者の勧誘によって商品先物取引に引きこまれた結果，いわば「泥沼」に落ちていくという状況は[89]，単なる金銭的な損害にとどまらず，大きな社会問題となっていることを如実に表している。

このように，商品先物取引は，単に顧客個人が金銭的な損害をこうむるというにとどまらず，いまや大きな社会的問題となっており，その問題の解決は急務であるといえるであろう。

## 五 「客殺し商法」の存在

　さらに，商品先物取引においては，顧客の実に8割までが損失をこうむっていることは四に述べたところであるが，いわゆる「客殺し商法」がしばしば行われる。この「客殺し商法」の内容については，刑事判決ではあるが，国内公設市場での取引に関する「同和商品事件」をめぐる最高裁決定（以下「同和商品事件決定」という）[90]でも明らかにされている。最大のポイントは，顧客の委託玉に対し，商品先物業者が，一定の割合（同和商品事件では約9割）でいわゆる「向い玉」を建てて，顧客と会社の利益が逆となる利益相反の状況を確保し，顧客が損失を出している状況で手仕舞をし，顧客の損失をそのまま業者の利益とするということにある（同和商品事件決定では，このような状況を「顧客の損失に見合う利益を先物取引会社に帰属するようにする」と表現している）[91]。

　なお，同和商品事件決定では，「客殺し商法」においては，次のようなことも行われるとしている。無差別に訪問する「飛び込み」という方法で，先物取引に無知な主婦や老人などを，外務員の指示通りに売買すれば儲かると勧誘する。実際の取引では，外務員の意のままに，相場動向に反するあるいはそれと無関係な売買を頻繁に行い，利益が生じた場合でも利益が大きくならないようにして，利益金を委託証拠金に振り替えて取引を拡大・継続するよう説得したり，利益の支払要求を引き延ばし，さらに頻繁に売買を行う。そして，最終的に顧客に損失を生じさせ，委託手数料を増大させて委託証拠金の返還と利益金の支払いを免れるというものである。

　民事裁判においても，「客殺し商法」はしばしば問題となる。詳しくは後に述べるが，現段階で著者が調べえた裁判例のうち，そもそも「呑み行為」などを行うための詐欺目的で行われたとされることの多い国内私設市場および海外市場の取引を除いた280件近くに及ぶ国内公設市場に関する事例にあっても，このようないわば会社ぐるみでシステマチックな形の詐欺まがいの行為がなされているとされるものは多い。ところが，実際には「客殺し商法」といえる取引や勧誘がなされているにもかかわらず，「客殺し商法」と認定する裁判例は少ない。国内公設市場に関していえば，事実上の一任売買

で恒常的な向い玉が行われていたとして明確に「客殺し商法」と認定した事例（[国232]）や，ほとんどすべてに向い玉が行われており，元従業員の証言からしても「客殺し」の可能性があるとした事例（[国98]）などが，わずかにみられる程度である（なお，やや古い事例で向い玉が行われていたことを理由に詐欺取消しが認められた事例があるが，第二節三(2)〔284頁〕で後述する）。

　これに対して，顧客の建玉に対し商品先物業者の建玉が全量向い玉になっており，かつ自己玉の自主規制にも違反すると認定しながら，自己の利益を図るために委託者（顧客）を意のままに操縦して損失をこうむらせようとする故意が立証されていないことを理由に，「客殺し」性を否定する事例も存在する。それにもかかわらず，当該事例では，当該事案以外に被告会社をめぐる紛争が多発しているとして，組織的な形で違法行為が行われていることを示唆しているのである（[国53][国54]）。また，向い玉につき違法性を認定し，それをも含めて業者の行為が不法行為を構成するとしながら，顧客の学歴・経歴等を考慮して，過失相殺をする事例も存在する（[国195]）（なお，このような過失相殺の問題点については，第二節六〔313頁〕で詳しく検討する）。

## 六　本章の検討対象

　以上述べてきたように，商品先物取引においては，当初の勧誘の段階において情報提供義務の問題になる場面が，典型的に現れてきている。しかし商品先物取引は，第一章第二節二（16頁以下）で述べたように，従来の民法法理による解決が非常に大きな意味をもつ分野である。ところが，被害者救済という観点からすると，根本的な解決が図られていないケースが多くみられる。

　そこで，第二節においては，商品先物取引に関して公表されている裁判例を中心に，分析を進めることとしたい。むろん，紛争は裁判で争われたものに限らず，裁判上あるいは裁判外を問わず，和解で処理されている事例も相当数存在する[92]。例えば，日商協が平成13年4月から平成14年3月にかけて受け付けた苦情の申出件数は426件にのぼるが（このうち不当勧誘を原因とするものは112件で，全体の26.3パーセントを占める），この苦情処理によ

って解決をしているものが225件（このうち不当勧誘を原因とするものは69件）存在している[93]。しかしながら、和解事例は、公表されていても簡単な紹介にとどまるものが多く、その解決へ向けた判断過程が不明確なものが多い。商品先物取引における情報提供義務の根拠ないし内容を具体的に探るという本書の目的からすると、紛争の内容・過程を詳細に把握することが必要であり、そのためには裁判例を対象とした分析を行うことが適当であろう。

商品先物取引については数多くの研究がなされているが、その被害への対応を含めて、取引のあり方を本格的に論じたものとしてまずあげなければならないのが、『先物取引被害の救済』と題された一連の著作である[94]。また、平成元年の判例タイムズの特集[95]も、商品先物取引による被害を網羅的に検討したものである。また、実務の現状をふまえた『先物取引被害救済の手引』（現在は7訂版）[96]および『実践先物取引被害の救済』[97]は、単なる手引書を超えて、近時の判例などを分析し、被害救済のための理論的検討も行っている。

さらに、違法な勧誘行為があった場合における商品先物業者の責任に関して、従来は不法行為という法律構成をとる判決が多いが、契約法理を用いて被害救済の途を広げるという観点から、債務不履行構成の有用性を説いた三木俊博弁護士[98]や松岡久和教授[99]の論稿も注目に値しよう。さらに、これも後述するところであるが、商品先物業者の説明義務違反という構成の限界もふまえて、適合性原則という当事者の人的側面に焦点を合わせた法理に着目する見解も登場している[100]。

また、近時、大阪地方裁判所民事部に所属する裁判官が、同裁判所における裁判および和解の実情に関するアンケート調査をふまえて、勧誘段階あるいは取引継続段階における違法性の根拠法令等を整理したうえで、訴訟進行のあり方について検討した論稿を発表した[101]（過失相殺にあたってこの論稿を引用した判決なども現れているが、この論稿の問題点については、第二節六〔316頁〕で述べる）。

本書においては、以上の研究動向もふまえつつ、商品先物取引に関する裁判例の総合的な分析に基づいて、情報提供義務違反があった場合の責任について考えてみることとしたい。もっとも、これまでにも裁判例について全体

第一節　商品先物取引をめぐる問題状況の概観

的な検討を試みたものはいくつか存在する(102)。しかし，取引内容の分析やどのような法律構成が可能かという検討に焦点を合わせたものが多く，情報提供義務の根拠ないし内容を具体的に探るという観点はそれほど重視されていない。そこで本書では，まさに後者の情報提供義務（または情報提供義務違反）の有無を具体的に導き出す原因となったと思われる事情は何かという点に注目しながら，分析を進めることとしたい。

　本書では，近時においても大きな問題となっている国内公設市場における取引をめぐる裁判例を中心にとりあげて検討するが，商品先物取引をめぐっては，国内公設市場における取引以外に，国内私設市場における取引，および海外市場における取引が問題となる。国内私設市場における取引は，三(241頁)に述べたように，委託を受けた業者が実際には市場で取引を行わない，いわゆる「呑み行為」が行われるなどのトラブルが頻発し，社会的に問題となったものである。また業者の勧誘態様に関して，業者の勧誘態様を公序良俗違反であると判断した最高裁判所の裁判例もあり（[私28]），私設市場の特殊性には注意する必要はあるものの，国内公設市場における問題と共通するところも存在する。

　また，海外市場における先物取引については，国内での先物取引におけるリスクに加えて為替リスク等もあり，より危険性の取引であるにもかかわらず，当初は明確な法規制がなかったため，トラブルが後を絶たなかった。この海外先物取引については，昭和57年に「海外市場における先物取引の受託等に関する法律」（以下「海外先物取引法」という）が制定され(103)，厳しい規制がなされるようになってから紛争が激減した。もっとも，海外先物取引法は，規制すべき取引が行われている市場と取引対象となる商品について政令で指定するという形をとっているため（「指定商品制」），いわゆる「後追い規制」になりがちな側面は否めず，事実，現在においても紛争が散見される。また，海外市場における特殊性には注意する必要はあるものの，勧誘態様などに関しては国内公設市場と共通する面も少なくない。

　以上のような点をふまえて，本書では，現在，もっとも紛争が多発している国内公設市場に関する裁判例をとりあげることとするが，必要に応じて，国内私設市場および海外市場に関する裁判例にもふれることとする。

第五章　商品先物取引と顧客の保護

(1) 日本商品先物取引協会は，平成10年に改正された商品取引所法旧136条の36（平成16年改正後の241条）に基づき，商品市場における取引等の受託等を公正かつ円滑ならしめ，かつ，委託者の保護を図ることを目的として設立された法人である。
(2) 日本商品先物取引協会『商品先物取引委託のガイド』（第13版，平成16年）2頁。
(3) 商品先物取引のもつリスク・ヘッジと投機という2つの側面については，全国商品取引所連合会『昭和50年度商品取引所問題研究会速記録　商品取引所における投機の役割』（昭和51年3月）および同『昭和51年度商品取引所問題研究会速記録　商品取引所におけるヘッジングの役割』（昭和52年12月）も参照。
(4) なお，この点については，日本弁護士連合会消費者問題対策委員会が平成15年1月にシカゴ商品取引所（Chicago Board of Trade: CBOT）に対して行った調査の結果によれば，商品先物市場への参加者の構成・割合は，ローカルズ（投機の専門家である個人会員）またはプロのトレーダーが75パーセント，当業のヘッジャーと小口委託者が19パーセント，ファンド（ヘッジファンドと商品売買顧問〔Commodity Trading Adviser: CTA〕）が6パーセントをそれぞれ占めている（日本弁護士連合会消費者問題対策委員会編『日弁連・米国先物調査団中間報告書』〔平成15年〕79頁以下，同編『日弁連・米国先物調査団最終報告書』〔平成16年〕60頁以下）。この点からすると，アメリカでは個人顧客も相当存在するようであるが，いわばプロの顧客が多数を占めているのであり，素人の顧客がターゲットとなっている日本とは，いずれにしろ大きく状況が異なることとなる。
(5) 以上の記述については，「先物大競争時代――米国からの警鐘（上）」日本経済新聞平成14年10月30日朝刊28面。
(6) 木原大輔『商品先物取引の基礎知識』（時事通信社，昭和55年）291頁，名古屋先物取引被害研究会『先物取引被害の救済（II）――違法性の立証』（名古屋先物取引被害研究会，昭和61年）21頁。
(7) 国民生活センター「商品先物取引に関する消費者相談の傾向と問題点――知識・経験・余裕資金のない人は手を出さない！」（平成16年4月15日）

第一節　商品先物取引をめぐる問題状況の概観

【付表1】シカゴ商品取引所における当業者玉と委託玉の取引高の割合（売り玉のみ）

| 商品名 | 報告の必要な建玉 | | 報告の不要な建玉 |
|---|---|---|---|
| | 非当業者 | 当業者 | |
| 小麦 | 41.0% | 42.4% | 16.5% |
| コーン | 43.6% | 41.4% | 15.0% |
| オート麦 | 18.1% | 16.3% | 65.6% |
| 大豆 | 36.7% | 36.5% | 26.7% |

＊ CFTCの「The Commitments of Traders Report」を元に作表。
http://www.cftc.gov/cftc/cftccotreports.htm
＊数値は2004年3月2日時点のもの。なお、「報告の不要な建玉」の当業者・非当業者別データはない。

（国民生活センター「商品先物取引に関する消費者相談の傾向と問題点——知識・経験・余裕資金のない人は手を出さない！」〔平成16年4月15日〕より転載）

【付表2】わが国における商品先物取引における売買取引玉の分類（農林水産省所管物資）

| 商品名 | 売買玉の分類 | | | | 計 |
|---|---|---|---|---|---|
| | 自己玉 | 委託玉 | | | |
| | | 生産者・商社等 | 一般顧客 | 計 | |
| 小豆 | 28.8% | 3.9% | 67.3% | 71.2% | 100% |
| 輸入大豆 | 28.5% | 2.2% | 69.3% | 71.5% | 100% |
| とうもろこし | 24.9% | 1.5% | 73.6% | 75.1% | 100% |
| 粗糖 | 42.2% | 4.4% | 53.4% | 57.8% | 100% |
| 生糸 | 46.2% | 5.9% | 47.9% | 53.8% | 100% |
| 乾繭 | 55.6% | 1.1% | 43.3% | 44.4% | 100% |

（注）数値は平成9年度のもの。
＊室屋有宏「わが国の農産物先物市場の現状と課題」『金融市場』2000年12月号（農林中金総合研究所）より転載。

（国民生活センター「商品先物取引に関する消費者相談の傾向と問題点——知識・経験・余裕資金のない人は手を出さない！」〔平成16年4月15日〕より転載）

第五章　商品先物取引と顧客の保護

11頁。この資料については，国民生活センターのホームページで閲覧できる（アドレスは，http://www.kokusen.go.jp/cgi-bin/byteserver.pl/pdf/n-20040415.pdf〔平成17年6月30日現在〕）。なお，同資料には，アメリカ（シカゴ商品取引所）と日本における商品先物取引における売買取引玉を示す表が掲載されている。両国の状況が非常に対照的に現れているので転載しておく（前頁の【付表1】および【付表2】を参照）。日本では，商品先物取引が，本来のリスク・ヘッジ目的で行われることがいかに少ないかがわかるであろう。

(8)　国民生活センター・前掲注(7)11頁。

(9)　この点について，池尾和人教授は，以下のように指摘する。「当然のことですが，個人投資家は自発的に先物市場にはきません。ですから，個人投資家を先物市場に呼び込むためには，勧誘の活動がどうしても必要になります。……乱暴な言い方をさせてもらうと，結局は外務員の方が勧誘して個人投資家をつれてくるしかないのです。そうすると，市場規模が外務員のキャパシティで，ほとんど決まってしまうことになります」（池尾和人「基調講演 デフレ・インフレと商品先物」一橋大学大学院商学研究科編『新世紀の先物市場』〔東洋経済新報社，平成14年〕229頁）。

(10)　農林水産省商業課＝通商産業省商務室「委託者保護に関する中間とりまとめ」（平成9年9月8日）。なお，この中間とりまとめは，日本弁護士連合会消費者問題対策委員会編『先物取引被害救済の手引（7訂版）』（民事法研究会，平成16年）461頁以下にも掲載されている。

(11)　農林水産省商業課＝通商産業省商務室「委託者保護に関するとりまとめ」（平成10年6月30日）。

(12)　引用は，判例時報689号108頁。

(13)　具体的な数値については，次頁の【付表3】を参照。

(14)　日本商品先物取引協会『商品先物取引の現況（統計資料）』（平成14年12月）3頁。

(15)　なお，戦前の取引所法のもとでの学説や判例などを同法の条文にそくして詳細にまとめたものとして，田中徳一編『取引所学説判例総覧』（田中徳一法律事務所，昭和12年）がある。

(16)　小谷勝重『日本取引所法制史論』（法経出版社，昭和28年）113頁以下。同書は，江戸時代から戦前までの商品先物取引の歴史について，その間に出

第一節　商品先物取引をめぐる問題状況の概観

【付表3】商品先物取引業の概要

| 年度 | 商品取引員数 | 営業所数 | 登録外務員数 | 委託者数 | 預り委託証拠金額 | 出来高 | 取引金額 |
|---|---|---|---|---|---|---|---|
|  | 社 | 所 | 人 | 人 | 百万円 | 千枚 | 億円 |
| 平成元年度 | 162 | 572 | 9,540 | 82,685 | 510,747 | 38,893 | 379,829 |
| 2年度 | 156 | 692 | 9,864 | 78,490 | 501,269 | 43,613 | 394,055 |
| 3年度 | 151 | 771 | 10,735 | 80,361 | 412,928 | 42,980 | 359,363 |
| 4年度 | 149 | 761 | 10,653 | 81,862 | 423,093 | 45,279 | 411,179 |
| 5年度 | 143 | 735 | 11,449 | 92,966 | 435,526 | 59,093 | 557,819 |
| 6年度 | 138 | 712 | 11,984 | 92,280 | 420,371 | 60,723 | 536,206 |
| 7年度 | 129 | 686 | 12,367 | 101,414 | 512,350 | 71,979 | 728,240 |
| 8年度 | 126 | 688 | 12,414 | 105,276 | 506,601 | 72,711 | 889,865 |
| 9年度 | 120 | 659 | 12,740 | 102,440 | 450,191 | 72,233 | 783,950 |
| 10年度 | 113 | 602 | 12,785 | 106,831 | 434,224 | 74,974 | 752,874 |
| 11年度 | 110 | 589 | 13,163 | 101,332 | 430,896 | 88,282 | 1,061,379 |
| 12年度 | 106 | 595 | 13,766 | 110,473 | 438,508 | 111,146 | 1,312,628 |
| 13年度 | 105 | 589 | 14,301 | 115,480 | 483,708 | 127,200 | 1,514,617 |

（日本商品先物取引協会『商品先物取引の現況（統計資料）』〔平成14年12月〕1頁より転載）

されたすべての法令を掲載したうえで，その背景などをきわめて詳細に論じている。また，欧米の法制度の沿革についてもふれながら，わが国の取引所法の沿革を詳細に紹介するものとして，高窪喜八郎『取引所法ヲ論ス』（非売品，発行年不詳〔小谷・本注引用文献によれば，大正11年ではないかとされている〕）122頁以下。なお，取引所法制定にいたるまでの法制度の沿革については，藤田國之助『取引所論（商学全集13巻）』（千倉書房，昭和6年）43頁以下，同『日本取引所解説』（千倉書房，昭和17年）486頁以下，田中徳一・前掲注(15)23頁以下，田中耕太郎『取引所法（新法学全集17巻の2　商法V）』（日本評論社，昭和13年）11頁以下，桑田勇三『増訂我國取引所の理論と實際』（有斐閣，昭和16年〔初版発行は，昭和15年〕）18頁以下，倉八正『新しい商品取引所法の内容と運営』（商工会館出版部，昭和25年）18頁以下，倉八正＝高原基『商品取引所要論』（時事通信社，昭和25年）40頁以下，上林正矩『商品取引所の知識（現代経済知識全集43）』（中央経済社，昭和

第五章　商品先物取引と顧客の保護

29年)，木原・前掲注(6) 364頁以下，羽路駒次『我が国商品取引所制度論』(晃洋書房，昭和60年) 3頁以下，龍田節編『逐条商品取引所法』(商事法務研究会，平成7年) 1頁以下，等を参照。

(17)　以上の記述については，小谷・前掲注(16) 111頁以下。

(18)　小谷・前掲注(16) 165頁以下。元老院会議の議事録に基づき，明治初年における「取引所法」制定以前の状況について紹介するものとして，加藤福太郎編『取引所史料——元老院会議筆記抄』(財政経済学会，昭和11年)。

(19)　小谷・前掲注(16) 175頁以下（引用は176頁)。なお，戦前の「取引所法」あるいは取引所の状況については，河合良成『取引所講話』(二酉社，大正10年)，小山正之助『最新取引所の研究』(厳松堂書店，大正14年)，鈴木武志『取引所法通論』(厳松堂書店，昭和5年)，藤田・前掲注(16)，田中・前掲注(16)，桑田・前掲注(16)も参照。また，戦前の日本を含む各国の取引所における取引状況を概観したものとして，上林正矩『商品取引所論』(岩波書店，昭和10年)。

(20)　昭和25年の商品取引所法制定の経緯については，倉八・前掲注(16) 21頁以下，倉八＝高原・前掲注(16) 61頁以下。なお，上林・前掲注(16) 51頁以下，木原・前掲注(6) 235頁以下，龍田・前掲注(16) 5頁以下も参照。また，昭和25年制定時の商品取引所法の内容については，倉八・前掲注(16) 37頁以下，倉八＝高原・前掲注(16) 71頁以下に詳しい。

(21)　酒巻俊雄＝吉井溥編『商品取引の判例と紛議処理』(昭和51年，同文社) 245頁以下（森川直司執筆部分)。

(22)　全国商品取引所連合会『改正商品取引所法の解説』(昭和43年) 2頁以下。

(23)　酒巻＝吉井・前掲注(21) 246頁以下（森川直司執筆部分)。

(24)　以上の叙述については，全国商品取引所連合会・前掲注(22) 7頁以下および名古屋先物取引被害研究会『先物取引被害の救済（Ⅰ）——違法性について』(名古屋先物取引被害研究会，昭和60年) 3頁による。なお，外務員が一般大衆に積極的な勧誘を行っている状況については，羽路・前掲注(16) 216頁以下を参照。

(25)　全国商品取引所連合会・前掲注(22) 12頁。

(26)　以上の点については，龍田・前掲注(16) 10頁以下。また，平成2年改正の

第一節　商品先物取引をめぐる問題状況の概観

要項等については，全国商品取引所連合会編『商品取引所論体系　7』（全国商品取引所連合会，平成3年）191頁以下。

(27)　商品取引所審議会「商品先物取引制度の改革について（答申）――国際水準の商品先物市場の整備のために」（平成10年1月26日）。

(28)　上場商品については，日本先物取引協会『上場商品の基礎知識（第2版）』（平成13年）を参照。

(29)　以上の点については，河内隆史＝尾崎安央『商品取引所法（三訂版）』（商事法務研究会，平成12年）4頁。また平成10年改正の要項については，全国商品取引所連合会編『商品取引所論体系　10』（全国商品取引所連合会，平成10年）191頁以下。さらに，平成10年改正の具体的内容については，神崎克郎編『平成10年改正　商品取引所法逐条解説』（商事法務研究会，平成12年）の各解説を参照。

(30)　いわゆるクリアリングハウスについては，宇佐見洋『入門先物市場』（東洋経済新報社，平成12年）39頁以下を参照。

(31)　改正の経緯については，産業構造審議会商品取引所分科会「商品取引所分科会における議論の整理」（平成15年10月8日）および同「商品先物取引市場制度の改革について（中間報告）」（平成15年12月24日）が参考になる（いずれも経済産業省のホームページで閲覧可能である〔前者のアドレスはhttp://www.meti.go.jp/report/downloadfiles/g31008b10j.pdf，後者のアドレスはhttp://www.meti.go.jp/feedback/downloadfiles/i31226cj.pdf（いずれも平成17年6月30日現在）〕）。なお，これらの資料も含め，産業構造審議会商品取引所分科会の議論状況については，経済産業省のホームページを参照（アドレスは，http://www.meti.go.jp/policy/commerce/index.html〔平成17年6月30日現在〕）。また，法改正のあり方と内容について概観するものとして，上村達男「先物取引と委託者保護のあり方」先物取引被害研究23号（上）（平成16年）4頁。

(32)　全国商品取引所連合会・前掲注(22) 14頁以下。

(33)　名古屋先物取引被害研究会・前掲注(6) 47頁。

(34)　名古屋先物取引被害研究会・前掲注(6) 49頁。

(35)　松永榮治「起訴事例に見る悪徳商法詐欺事犯の実態とその系譜」法律のひろば42巻7号（平成元年）4頁以下（特に7頁〔私設市場を利用した会社代表者の経歴〕，11頁〔海外先物取引業者の経歴〕，および24頁〔悪徳詐欺商法の系

263

譜に関する図〕を参照）。

(36) 「全国消費生活情報ネットワーク・システム（PIO-NET）」を通して，各都道府県・政令指定都市の消費生活センターから国民生活センターに寄せられた消費生活相談のうち，外国為替証拠金取引に関するものは，2001年度が41件，2002年度が388件，2003年度が1231件と，短期間で急増している（国民生活センター編『消費生活年報2004』〔国民生活センター，平成16年〕100頁）。

(37) 引用は，金融商事判例1174号46頁。

(38) 朝日新聞平成14年7月8日朝刊7面。

(39) 平成10年外為法改正の経緯と概要については，御園生功「外国為替管理制度の抜本的自由化──我が国金融・資本市場の一層の活性化のために」時の法令1561号（平成10年）6頁。ここでは，「外国為替業務の自由化」について，次のように説明されている。「外国為替の売買を銀行以外の者でも自由に業務として行うことができるようになる。証券会社の窓口でスワップ等様々な外為売買が可能となる。通貨関連のデリバティブ等を専門に扱う会社をつくることも可能になる」（15頁以下）。なお，平成10年外為法改正の経緯と実務への影響を論じるものとして，長久保隆英「外為法改正と金融実務への影響」金融法務事情1493号（平成9年）6頁も参照。

(40) 朝日新聞・前掲注(38)。

(41) 朝日新聞・前掲注(38)。なお，外国為替証拠金取引被害については，荻野一郎「外国為替証拠金取引」先物取引被害研究19号（平成14年）46頁，同「外国為替証拠金取引について──札幌における被害状況」消費者法ニュース54号（平成15年）93頁，中村歩「外国為替証拠金取引被害」先物取引被害研究20号（平成15年）42頁，日本弁護士連合会消費者問題対策委員会編・前掲注(10)『先物取引被害救済の手引（7訂版）』88頁以下，荒井哲朗「外国為替証拠金取引被害とその救済の基礎」先物取引被害研究23号（上）（平成16年）15頁を参照。また，益永研「米国の為替証拠金取引の現状」JCFIA（日本商品先物振興協会会報）8号（平成14年）4頁も参照。

(42) なお，控訴審（［為6］）では，第一審と同様に顧客の請求を認容して業者側からの控訴を棄却しているが，「賭博行為に過ぎない」という第一審の判示部分は削除されている。ただし，当該業者とその業者が外国為替取引を

委託したとするオーストラリアの業者との間で、実際にはそのような取引ではなく単に直物の相対取引が行われているにすぎないにもかかわらず、外国為替取引を前提とした委託手数料や、外国為替取引において交換取引の対象となる通貨間に金利差があることを理由としたいわゆる「スワップ金利」が発生するとしており、この取引は「正当な取引とは認められない」とされている。他の裁判例をみても、上述した点などを指摘したうえで、外国為替証拠金取引は、「そもそも取引の公正性に疑問があり、一般消費者向けの商品の適格性が疑われるものというべきである」と判示するものも存在する（［為10］／ただし、被告となっているのは商品先物業者ではなく、外国為替証拠金取引を行うことを目的に設立されたいわゆる独立系の業者である）。

(43) 平成16年の金融先物取引法改正前にも、いくつかの対応がなされている。まず、金融庁は、金融商品販売法施行令4条を改正し、いわゆる業法の規定に基づかずに業者が外国為替証拠金取引を行う場合も金融商品販売法の対象とし、当該業者に同法に基づく説明義務を課すこととした。また、商品先物取引の主務官庁である経済産業省と農林水産省は、商品取引所法施行規則31条（平成16年改正後の87条）を改正し、商品取引員（商品先物業者）が兼業業務として外国為替証拠金取引を行う場合に、商品取引所法133条3項（平成16年改正後の196条）に基づく主務大臣への届出を義務づけ、外国為替証拠金取引を行う商品先物業者の状況を把握できるようにした。

(44) 酒巻＝吉井・前掲注(21) 248頁以下（森川直司執筆部分）。

(45) 酒巻＝吉井・前掲注(21) 253頁以下（森川直司執筆部分）。

(46) この間の経緯については、石田喜久夫「金先物取引の法的問題点」法律時報55巻2号（昭和58年）68頁、黒沼悦郎「非公認市場における金地金の先物取引と公序良俗」新証券・商品取引判例百選（昭和63年）88頁以下、河内隆史「商品先物取引の判例の概観」商品取引所法研究会（関東部会）編『商品取引判例体系』（平成5年）27頁以下（初出は「先物取引に関する判例」判例タイムズ701号〔平成元年〕72頁以下）、堀口亘「商品取引所法8条の趣旨」商品取引所法研究会（関東部会）編『商品取引判例体系』（平成5年）42頁以下、河内隆史「商品取引所法8条2項に違反する商品先物取引の効力」商品取引所法研究会（関東部会）編『商品取引判例体系』（平成5年）63頁を参照。

第五章　商品先物取引と顧客の保護

(47)　東京穀物商品取引所『東京穀物商品取引所40年史』(東京穀物商品取引所，平成5年) 157頁以下（引用は158頁）。

(48)　東京穀物商品取引所・前掲注(47) 159頁以下（引用は160頁）。

(49)　田勢修也「商品取引所法第8条をめぐる諸問題について」全国商品取引所連合会編『商品取引所論体系　3』(全国商品取引所連合会，昭和57年) 143頁以下（特に147頁）。

(50)　龍田節「商品取引所の類似施設」商品取引市場5巻1号（昭和56年1月号）2頁。このほかに「8条逆転解釈」を批判したものとして，石田・前掲注(46) 68頁，金先物取引被害問題研究会＝商品取引被害をなくす会「金・海外商品取引被害の実情と問題点」法律時報55巻2号（昭和58年）71頁，等を参照。

(51)　東京穀物商品取引所・前掲注(47) 163頁。

(52)　金先物取引被害問題研究会ほか・前掲注(50) 72頁。

(53)　主務官庁のうち経済産業省は，商品取引員（商品先物業者）に対する立入検査実績についても公開している。それによると，平成12年度は15社，平成13年度は13社，平成14年度は21社，平成15年度は20社，平成16年度は13社である。この数値については，経済産業省のホームページを参照 (http://www.meti.go.jp/policy/commerce/inspection.html〔平成17年6月30日現在〕)。

(54)　行政処分の具体的内容については，経済産業省のホームページを参照（アドレスは，http://www.meti.go.jp/policy/commerce/shobun.html〔平成17年6月30日現在〕)。

(55)　経済産業省と農林水産省は，平成15年11月6日に，商品取引所法違反（虚偽報告）容疑で当該業者を告発している（朝日新聞平成15年11月6日朝刊28面および日本経済新聞平成15年11月6日夕刊14面）。また，平成16年5月17日には，当該業者の社長ら幹部3名が商品取引所法違反（虚偽報告）および有印私文書偽造・同行使の容疑で逮捕されている（日本経済新聞平成16年5月18日朝刊39面）。なお，後者の新聞記事では，逮捕された同社の社長が，旧・大蔵省（現・財務省）の元主計局次長が開設した借名口座に3000万円を振り込んだり，一部の政治家に政治献金を行っていた事実（ただし，平成15年の当該業者に対する強制捜査後に返済がなされている）が明らかにされている。

第一節　商品先物取引をめぐる問題状況の概観

このように，本来商品先物業者とこれらの業者を規制・監督すべき政官界とが癒着しているともいえる現状は，本書で再三指摘している商品先物取引をめぐる被害の急増という実態をふまえると，厳しく戒められるべきであろう。

(56)　『商品先物取引 2001』週刊東洋経済 2001 年 9 月 19 日号（5718 号）107 頁。

(57)　日本経済新聞平成 15 年 1 月 14 日夕刊 3 面。

(58)　新聞報道によれば，当該業者の受託許可取消しは，二（237 頁）でふれた平成 16 年の商品取引所法改正を控えて，主務官庁が「違法行為に対し厳しい姿勢を示すことでウミを出し切り円滑な審議につなげる狙い」があったとされている。この新聞記事では，「委託手数料の完全自由化を年末に控え，所轄官庁は違法行為に対してきぜんとした態度を示した格好だが，ここまで問題を先送りしてきた所轄官庁に対する批判の声も上がっている」とのことである（日本経済新聞平成 17 年 1 月 7 日朝刊 27 面）。

(59)　朝日新聞平成 15 年 11 月 20 日朝刊 1 面。

(60)　日商協の制裁状況については，日本弁護士連合会消費者問題対策委員会『先物被害白書　2002 年度版』（平成 15 年）37 頁以下。

(61)　前掲注(56)『商品先物取引 2001』114 頁。なお，日商協は会員の情報開示を行っているが，それをもとに同様の実態を明らかにしたものとして，日本弁護士連合会消費者問題対策委員会・前掲注(60) 9 頁以下。

(62)　商取ニュース 1828 号（平成 14 年 12 月 3 日付）1 面。

(63)　この間の状況については，吉岡和弘＝齋藤雅弘「アイコム破産にみる問題点と課題」先物取引被害研究 22 号（平成 16 年）24 頁以下も参照。

(64)　以上の記述については，農林水産省総合食料局「商品取引員アイコムの破綻に関する調査結果について」（平成 16 年 2 月 6 日／引用は 4 頁）。なお，同報告書は，農林水産省のホームページで閲覧可能である（アドレスは，http://www.maff.go.jp/www/press/cont/20040206press_6b.pdf〔平成 17 年 6 月 30 日現在〕）。

(65)　農林水産省総合食料局・前掲注(28) 2 頁。

(66)　農林水産省総合食料局・前掲注(28) 4 頁。

(67)　商取ニュース 1839 号（平成 15 年 3 月 4 日付）1 面。

(68)　商取ニュース 1850 号（平成 15 年 5 月 27 日付）1 面。

第五章　商品先物取引と顧客の保護

(69)　商取ニュース 1854 号（平成 15 年 6 月 24 日付）1 面。

(70)　日本弁護士連合会消費者問題対策委員会『先物被害白書 2002』（平成 13 年）17 頁。

(71)　農林水産省総合食料局・前掲注(28) 4 頁。

(72)　農林水産省総合食料局・前掲注(28) 2 頁。

(73)　農林水産省総合食料局・前掲注(28) 4 頁。

(74)　例えば，東京金融先物取引所では，取引高の拡大を図るため，個人顧客を意識しながら，239 頁でふれた外国為替証拠金取引や，金融派生商品である天候デリバティブの上場を検討している（日本経済新聞平成 16 年 11 月 16 日朝刊 7 面）。また，東京工業品取引所では，商品先物取引の利便性を向上させ，内外の投資資金を呼びこむことをねらい，大納会を現行より 2 日繰り下げて，証券取引所や海外の商品取引所と同じ 12 月 30 日に変更したが，これには他の国内の取引所も一斉に追随する見通しとのことである（日本経済新聞平成 16 年 12 月 4 日朝刊 27 面）。

(75)　国民生活センター・前掲注(36) 12 頁以下。

(76)　国民生活センター・前掲注(36) 40 頁。

(77)　国民生活センター・前掲注(36) 40 頁。なお前年度の統計までは，「契約・購入金額及び既支払金額別にみた上位商品・役務等」という項目がもうけられていた（国民生活センター編『消費生活年報 2003』〔国民生活センター，平成 16 年〕41 頁）。それによると，契約・購入金額の合計は 262 億 4126 万 9255 円（平均金額 622 万 8642 円）で第 5 位であるが，既支払金額の合計は 210 億 9652 万 1952 円（平均金額 704 万 1563 円）で第 1 位を占めている。

(78)　国民生活センター・前掲注(36) 41 頁。

(79)　経済産業省商務情報政策局商務流通グループ消費経済部消費経済対策課消費者相談室『平成 15 年度消費者相談報告書』19 頁および 44 頁。なお，平成 15 年に経済産業省に寄せられた消費者相談は 1 万 8329 件であるが（同 4 頁），そのうち架空請求等を含む「その他」に分類される相談が 5628 件（同 7 頁および 24 頁），いわゆる出会い系サイトや迷惑メール等を含む「通信販売」に分類される相談が 2741 件（同 13 頁）を占めている。また本文で述べたように，経済産業省が所管する物資（工業品）の商品先物取引が相談の中心であって，農林水産省が所管する物資（農産品）についてはあまり相談

が寄せられていないにもかかわらず，とりわけ国内公設先物に関する相談は，平成13年度の364件，平成14年度の445件にくらべて増加している（同19頁）。このような点をふまえると，商品先物取引に関する相談は全体数からすると一見少なくみえるが，上述したように，商品先物取引で大きな割合を占める農産品については，所轄官庁が異なるため相談数が少ないという特殊事情を考慮すれば決して少ないとはいえないであろう。

(80)　経済産業省・前掲注(79) 49 頁。

(81)　津谷裕貴「先物取引被害110番報告」先物取引被害研究11号（平成10年）19頁以下，日本弁護士連合会消費者問題対策委員会編『先物取引被害救済の手引（6訂版）』（民事法研究会，平成11年）4頁以下。

(82)　津谷・前掲注(81)「先物取引被害110番報告」26頁以下。もっとも，具体的な事例については詳らかにされていないので，取引に入ってからの説明等々が問題となっているケースも相当数含まれているであろうが，契約締結段階での勧誘や説明等に問題があるケースも相当数にのぼるものと思われる。

(83)　前掲注(11)・農林水産省商業課＝通商産業省商務室「最終とりまとめ」。

(84)　前掲注(11)・農林水産省商業課＝通商産業省商務室「最終とりまとめ」。

(85)　国民生活センターの公表した資料でも，商品先物取引に関する相談で実際に契約を行った者のほとんどが男性であるが，近時は，女性と60歳以上の高齢者の割合が増える傾向にあり，無職者も増加していると指摘されている（国民生活センター・前掲注(7) 2 頁）。特に，契約当事者全体に占める60歳以上の高齢者の割合についてみると，商品先物取引に関しては，平成11年は22.2パーセントであるが，平成12年は26.9パーセント，平成13年は28.8パーセント，平成14年は33.0パーセント，平成15年は37.6パーセントと，5年間で15パーセント以上も増えている（国民生活センター・前掲注(7) 3 頁）。

(86)　前掲注(11)・農林水産省商業課＝通商産業省商務室「最終とりまとめ」。

(87)　大神周一「先物取引と犯罪との関連調査結果」消費者法ニュース43号（平成12年）97頁以下，同「不祥事件の報告と対応」先物取引被害研究15号（平成12年）15頁以下。

(88)　例えば，平成12年1月には大分で，先物取引を行っていた26歳の会社員が，商品先物業者の22歳の従業員を殺害するという事件が起きた。この

会社員は，電話勧誘をきっかけに取引を始めたが，わずか1カ月半ほどの間に約630万円もの損失を出し，あいつぐ追証請求に追いつめられて，実際に勧誘にあたった従業員の殺害に及んだものである。この事件では，当該会社員は強盗殺人罪に問われ，第1審では懲役15年の判決が下された。ただ判決では，取引の進め方については，それ自体が組織的な違法行為であったとして，次のような判示がなされている。多少長くなるが，先物取引被害の特徴を端的に表していると思われるので，以下に引用することとしよう（大分地判平成14年2月14日先物取引裁判例集31巻355頁〔引用は，370頁以下〕）。

「被告人に対する○○社の勧誘は，……被害者の上司らが取引をやめれば多額の損失が確定するなどと言葉巧みに申し向けて被告人の不安をあおった状況が窺われることからすると，被告人は，個々の取引の内容を十分に理解できないまま，ほぼ同社の社員のいうがままに取引を行っていたものと考えられ，同社が被告人の自己資金が底をついた後もサラ金会社まで利用させて新たな資金を用意させ，他方，被告人にとってさして利益の残らない取引を繰り返して合計260万円もの手数料を稼いでいた（……）ことも合わせて考えると，かかる同社の取引の進め方は，全体として組織的な違法行為であった可能性が極めて高いというべきである」。

本判決自体は確定し，加害者は刑に服しているが，その後，当該商品先物業者に対して損害賠償を求めた民事裁判で勝訴している（[国274]）。この判決では，当該業者が客殺し商法や会社ぐるみの欺罔行為を行っていたことは認めなかったが，適合性原則違反，一任売買，断定的判断の提供，仕切拒否，誠実公正義務違反，過当取引ないし新規委託者保護義務違反があったとして，当該会社と，実際に勧誘や取引にあたった従業員に不法行為による損害賠償責任を認めている（ただし，殺害後も取引を継続したことを理由に2割の過失相殺がなされている）。なお，帳尻損金および殺害された従業員へ支払われた弔慰金・葬儀費用を請求する反訴が当該業者から提起されたが，葬儀費用の一部を除いて，請求は認められていない。ちなみに，被害者の両親は，加害者に対して損害賠償請求を提起し，平成14年6月7日に大分地裁が3000万円の損害賠償請求を認める判決を下している。

本事件の刑事判決に関しては，鋤柄司「大分刑事事件」先物取引被害研究19号（平成14年）30頁以下を参照。また，民事裁判については，城野雄博

第一節　商品先物取引をめぐる問題状況の概観

「大分先物取引被害賠償請求事件」先物取引被害研究17号（平成13年）29頁以下。なお，当該民事裁判において原告側が提出した訴状については，冊子の形で公表されている（名古屋先物・証券問題研究会『大分先物取引損害賠償請求事件　訴状』〔名古屋先物・証券問題研究会，平成12年〕）。

(89)　大神弁護士は，調査結果をふまえて次のようにいう。「横領行為者等に重大な責任があることは事実であろうが，勧誘されるまでは，先物に何の関心も知識もなかった者が，先物取引の泥沼に落ち苦悩の果てに横領等の行為に及んでいるのであり，解雇されて生活の道は閉ざされ，被害弁償等に親族までが多額の資産を失い，多くの場合実刑判決を受ける。……わずか80社にすぎない先物業界でこのような不祥事を続発させ続けているのであり，この現状はまさに社会的害悪といえる」（大神・前掲注(87)「先物取引と犯罪との関連調査結果」97頁）。なお，近時の先物取引関連事件について紹介するものとして，大神周一「2003年3月以降の先物取引関連不祥事」先物取引被害研究23号（上）（平成16年）31頁。

(90)　最決平成4年2月18日刑集46巻2号1頁，判時1416号137頁，判例タイムズ781号117頁，先物取引裁判例集12巻125頁。本判決の調査官解説として，大谷直人「判解」法曹会編『平成4年度最高裁判所判例解説刑事篇』（法曹会，平成6年）1頁，同「判解」法曹時報46巻3号（平成6年）182頁がある。また，本判決の判例評釈として，岩橋義明「判批」法律のひろば45巻5号（平成4年）44頁，山中敬一「判批」法学セミナー453号（平成4年）126頁，京藤哲久「判批」法学教室145号（平成4年）142頁，朝倉京一「判批」専修法学論集58号（平成5年）275頁，長井圓「判批」判例セレクト '92（月刊法学教室150号別冊）（平成5年）38頁，伊藤渉「判批」警察研究64巻5号（平成5年）49頁，江藤孝「判批」平成4年度重要判例解説（ジュリスト1024号）（平成5年）177頁，中空壽雅「判批」判例タイムズ835号（平成6年）30頁。なお，同和事件判決については，垣口克彦『消費者保護と刑法──悪徳商法をめぐる犯罪』（成文堂，平成15年）83頁以下も参照。

(91)　なお，本判決の調査官解説では，客殺し商法と向い玉の関係について，次のように述べられている。「客殺し商法の中には，手数料の獲得を目的とした方法も含まれないわけではないが，その目的の中心は，顧客に損失を与

第五章　商品先物取引と顧客の保護

え、そのことにより自己が利益を得ることにあるということができよう。もっとも、顧客が市場取引において損失を生じても、そのことだけで取引員側に利益が発生するわけではない。したがって、客殺し商法による詐欺事犯を認定するためには、顧客の損失分を自己の利益に転化する方途が講じられていなければならないが、前記のような機能に照らすと、向かい玉は、右の方途として利益の受け皿の役割を果たすものと解することができよう。そして、現在のところは、向かい玉以外に受け皿となる手段が問題となったことはないようであり、このような意味で、客殺し商法による詐欺の類型が成立するためには、向かい玉の認定が不可欠であるということもできよう」（大谷・前掲注(90)『平成4年度最高裁判所判例解説刑事篇』23頁以下。同・前掲注(90)法曹時報205頁も参照）。

(92)　例えば、大阪地方裁判所・後掲注(101)「商品先物関係訴訟について」111頁以下の「和解一覧表」を参照。

(93)　日本商品先物取引協会『商品先物取引の現況（統計資料）』（平成14年12月）7頁。なお、日商協の苦情処理状況については、日商協のホームページで公表されているので（アドレスは、http://www.nisshokyo.or.jp/consulting/kujou.html〔平成17年6月30日現在〕）、そちらも参照されたい。

(94)　名古屋先物取引被害研究会『先物取引被害の救済（Ⅰ）――違法性について』（名古屋先物取引被害研究会、昭和60年）、同・『先物取引被害の救済（Ⅱ）――違法性の立証』（名古屋先物取引被害研究会、昭和60年）、同・『先物取引被害の救済（Ⅲ）――判例の紹介』（名古屋先物取引被害研究会、昭和63年）。

(95)　「特集・先物取引法の展開と課題」判例タイムズ701号（平成元年）。

(96)　日本弁護士連合会消費者問題対策委員会編・前掲注(10)『先物取引被害救済の手引（7訂版）』。

(97)　津谷裕貴＝大神周一＝茨木茂＝石戸谷豊『実践先物取引被害の救済』（民事法研究会、平成12年）。

(98)　三木俊博「債務不履行構成の試み――不法行為から契約法域への転換」先物取引被害研究5号（平成7年）23頁。

(99)　松岡久和「商品先物取引と不法行為責任――債務不履行構成の再評価」ジュリスト1154号（平成11年）10頁、同「商品先物取引被害救済における

第一節　商品先物取引をめぐる問題状況の概観

債務不履行構成の再評価」先物取引被害研究 18 号（平成 14 年）5 頁。
(100)　川地宏行「金融機関の説明義務と融資者責任」三重大学法経論叢 14 巻 2 号（平成 9 年）39 頁，同「投資勧誘における適合性原則（1）—（2・完）」三重大学法経論叢 17 巻 2 号（平成 12 年）1 頁，18 巻 2 号（平成 13 年）1 頁。また，適合性原則に関して，ドイツ取引所法の先物取引能力制度から示唆を得ようとするものとして，角田美穂子「金融商品取引における適合性原則（1）—（3・未完）——ドイツ取引所法の取引所先物取引能力制度からの示唆」亜細亜法学 35 巻 1 号（平成 12 年）117 頁，36 巻 1 号（平成 13 年）141 頁，37 巻 1 号（平成 14 年）91 頁，同「金融商品取引における適合性原則——ドイツ取引所法の取引所先物取引能力制度からの示唆」私法 64 号（平成 14 年）164 頁，同「先物取引における投資家の適合性——ドイツ取引所法の取引所先物取引能力制度の史的素描」先物取引被害研究 19 号（平成 14 年）5 頁。
(101)　大阪地方裁判所金融・証券関係訴訟等研究会「商品先物取引関係訴訟について」判例タイムズ 1070 号（平成 13 年）94 頁。
(102)　商品先物取引の不当勧誘があった場合における法律構成に焦点を絞って論ずるものとして，今西康人「契約の不当勧誘の私法的効果について——国内公設商品先物取引被害を中心として」中川淳先生還暦記念『民事責任の現代的課題』（世界思想社，平成元年）217 頁。商品先物取引に関する適合性との関係で裁判例を紹介し，その判断基準を検討するものとして，尾崎安央「裁判例からみた商品先物取引委託者の適格性」判例タイムズ 774 号（平成 4 年）40 頁。商品先物取引に関する裁判例を紹介し若干の検討をするものとして，河内隆史・前掲注(46)「商品先物取引の判例の概観」3 頁，同「商品先物取引の被害の救済と判例法理——不当勧誘・一任売買を中心として」法学新報 97 巻 1 = 2 号（平成 2 年）319 頁，土橋正「判例にみる商品先物取引契約の諸問題（1）」青山法学論集 36 巻 2＝3 合併号（平成 7 年）393 頁。個別の論点ごとの判例評釈をまとめたものとして，商品取引所法研究会（関東部会）編『商品取引判例体系』（商事法務研究会，平成 5 年）。実際の紛争事例で争われた法律構成に焦点を合わせて裁判例をまとめたものとして，日本弁護士連合会消費者問題対策委員会編・前掲注(96) 91 頁以下，津谷ほか・前掲注(97) 241 頁以下。なお，津谷ほか・前掲注(97) 109 頁以下では，いわゆる「客殺

第五章　商品先物取引と顧客の保護

し商法」の内容と根拠を探るという観点から判例の検討がなされている。また，国内外の裁判例分析を通して，商品先物取引における不当勧誘の問題性を検討するものとして，マーク・デルナウアー「商品先物取引の不当勧誘と消費者保護——ドイツ法との比較（2）—（5）」国際商事法務30巻12号（平成14年）1655頁，31巻1号47頁，2号197頁，3号（以上，平成15年）343頁，今川嘉文『過当取引の民事責任』（信山社，平成15年）437頁以下。

(103)　海外先物取引法制定の経緯については，細川昌彦「一般委託者の保護を図るため，海外商品市場における先物取引の受託等の規制を行う」時の法令1174号（昭和58年）5頁，同「海外先物市場における先物取引の受託等に関する法律について」全国商品取引所連合会編『商品取引所論体系　4』（全国商品取引所連合会，昭和59年）205頁以下。

## 第二節　商品先物取引に関する裁判例の分析
　　　――国内公設市場における被害を中心に

### 一　緒　　論

　本節においては，国内公設市場における商品先物取引に関する裁判例を，本書の具体的な検討対象である情報提供義務違反に関する判断を中心として分析することとしたい。商品先物取引に関する裁判例では，情報提供義務違反が問題となっているものが多数存在するというだけでなく，第一節一（231頁）で述べたように複雑でリスクの高い取引であることを反映して，義務違反の判断基準も多岐にわたっており，情報提供義務の分析にあたって格好の素材を提供しているからである。

　もっとも，商品先物取引は一種の継続的取引であり，違法性が問題となりうる行為が取引のすべての段階にわたって存在しうる。そのため，商品先物業者の責任が認められる場合であっても，情報提供義務違反だけで違法性が判断されているものはあまり存在せず，具体的な取引内容とあいまって違法性が認定されることが多い。

　また第一節一（231頁）でも述べたように，商品先物取引に関する契約は基本委託契約と個別取引から成り立っていることから，それぞれの部分の契約に関して，情報提供義務違反の有無が問題となりうる。したがって，以下の分析においては，取引過程の全体に目を向けながら，情報提供義務違反と判断する際に重視された具体的な事情を探っていく必要があろう。

　ただその際には，情報提供義務違反に基づく責任を追及するための実定法上の根拠も問題となることはいうまでもない。

　そこで本節では，まず，二で裁判例全体の状況を概観したうえで，三で情報提供義務違反がある場合の責任を追及するための実定法上の根拠を簡単に整理する。そのうえで，四では，個別事例の分析をもとに，勧誘行為における違法性判断の際に重視される具体的な根拠を検討することとしたい。具体的には，いわゆる適合性原則に関する問題，基本委託契約に関する情報提供義務違反の判断基準，さらに個別取引における情報提供義務違反の判断基準

を順次検討する。また，**五**では，本書の目的とは直接の関係をもたないが，商品先物取引の違法性判断の際に勧誘行為と同様に重視される具体的な取引内容の違法性判断基準を検討する。続いて，**六**では，違法性があると判断された場合の法律上の効果について，もっとも多く用いられている損害賠償とその際の過失相殺の状況を中心に検討する。さらに，**七**では，取引を手仕舞（＝顧客に損失が生じて終了）した結果，委託した証拠金を超える額の損害が生じた場合に，商品先物業者からの差損金支払請求が認められるか否かを検討する。

## 二 裁判例全体の概観

個別の検討を進める前に，国内公設市場における商品先物取引について，338頁以下に掲げた裁判例一覧表をもとに，概観しておくこととしよう。

まず，裁判の勝敗について顧客の側からみると，公表されている裁判例のうち，勝訴判決が8割以上にのぼる。しかしながら，勝訴判決のうち過失相殺の有無が争点となった事例は8割近くにのぼり，そのような事例のうち過失相殺がなされなかったものは約8パーセントにすぎない。しかも過失相殺がなされた判決のうち，7割以上の非常に高い割合で相殺されたものは約7パーセントであり，逆に割合が3割未満のものは約6パーセントしかない。ほとんどの事例で3割から6割の間で相殺されているが，相殺割合が5割のものが26パーセント，4割のものが22パーセントを占めており，損害賠償請求が認められても，実際にはせいぜい損害の半額程度しか填補されないのが実情である。

次に，投機的取引に関する顧客の経験という点からみると，先物取引の経験があると認定した事例は，裁判例全体の18パーセント弱しかない。しかもそのうち，過去に行った取引の損益状況が事実認定から読みとれる約6割の判決をみると，実にその9割までが顧客に損失を生じる結果に終わっている。また，先物取引以外に株式の信用取引など，投機性の高い取引をしたと認定されたものが若干存在する。さらに，株式の現物取引をした経験があると認定された事例は裁判例全体の5分の1ほど（約19パーセント）存在するが，その半数以上はみずからの勤めている会社の株やごくわずかな株式を1

第二節　商品先物取引に関する裁判例の分析

回〜数回購入したにとどまり，継続的に株式売買等の投資取引を行っていたとされた事例はあまりない。以上のことから，商品先物取引をめぐる裁判例における顧客の大半が，商品先物取引を含めた投資取引の経験がまったくないか，きわめて少ない人間であることがわかる。しかしながら，このような未経験者が取引をした事例に限ると，損害賠償請求が認められたときに過失相殺をされるものは 85 パーセントにも及ぶ。そのうち相殺割合が 3 割〜5 割のものが 70 パーセント近くを占め，場合によっては 6 割から最大 9 割にも及ぶものまで存在する（なお，過失相殺の問題については，六〔313 頁以下〕で本格的に検討する）。

　また，取引期間を読みとることができる裁判例をみても，1 カ月以内に損失を生じて終了したものが裁判例全体の約 9 パーセント，1〜3 カ月で終了したものが約 17 パーセント，3〜6 カ月で終了したものが 22 パーセント，6 カ月〜1 年で終了したものが 25 パーセントである。つまり，1 年以内に取引が終了したものが，合計で 72 パーセントと，実に 7 割以上に及んでいるのである。

　さらに，裁判例全体の約半数の事例で取引開始時の顧客の年齢が判明しているが，それをみると，顧客の年齢層は 20 歳代から 70 歳代までまんべんなく分布している。これらの事例のうち，60 歳代以上の高齢者が顧客となっているものが 30 パーセント以上に及んでおり（最高齢は 81 歳），上述のように顧客の多くが商品先物取引の未経験者であることをも考えると，老後のために蓄えた財産を食い物にするような形での被害が多発していることがわかるであろう。また逆に，20 歳代と 30 歳代という資産的には必ずしも十分ではない顧客が当事者となっている事例も 30 パーセント近くに及んでおり（20 歳代だけみると約 8 パーセントを占め，最少齢は 22 歳），本来であれば商品先物取引に参加するべきではない者にまで被害が及んでいる状況も読みとれる。

　以上のように裁判例を概観してみると，商品先物取引をめぐる紛争の当事者には，必ずしも十分な資産をもっているとはいえない取引未経験者が多く，多額で短期間に損失を生じているにもかかわらず，投機取引という点を考慮され，高い割合の過失相殺がなされているということができよう。

277

## 第五章　商品先物取引と顧客の保護

### 三　情報提供義務違反に基づく責任の実定法上の根拠

#### (1)　「業法」等

##### (a)「業法」違反と民事上の効果

　情報提供義務違反に基づく責任を追及するための実定法上の根拠として，まず考慮されるべきは，①商品取引所法や海外先物取引法などの業法による規制，②わが国に 7 カ所存在する公設の商品取引所の定める定款や受託契約準則などによる規制，③日商協の定款や受託業務規則などによる規制，あるいは④商品取引員（商品先物業者）の自主規制たる社内規則等における勧誘規制あるいは取引内容規制である。それぞれの規制の内容については，四以下で具体的な検討を進める中で必要な範囲でふれることにするが（なお，商品取引所法および海外先物取引法の勧誘規制については，第二章〔72 頁〕に掲載した「【業法における契約締結過程の規律に関する規定】一覧」を参照），これらの規定に違反したことから直接契約の効力を否定できるか否かは問題である。

　280 件近く存在する国内公設市場の取引をめぐる下級審裁判例をみると，初期のものではあるが，（商品仲買人の営業所または事務所以外での受託を禁じ，かつ登録外務員に限定して委託の勧誘を許容する規定）昭和 42 年改正前の商品取引所法旧 91 条 1 項を強行法規であると解して委託契約の成立を認めなかったものがある。この事案では，業者（商品仲買人）側から，顧客が業者の従業員（外務員）に対して売買取引を包括的に委託したという主張がなされていた。これに対して，判決では，商品取引所法旧 91 条 1 項の法意は外務員の不正な委託契約の成立を防止することであり，そもそも「外務員による包括的委託なるものを許容する趣旨とは考えられず，同条の規定の精神に照らせば，同条は委託者保護の強行法規であると解するのが相当である」として，包括的委託契約が成立したという主張自体が失当であると判示されている（[国 2 ]）<sup>(1)</sup>。しかし，その後に出された最高裁判例で，商品取引所法旧 91 条 1 項は訓示的規定であって，その違反がただちに契約の効力に影響を及ぼすものではないと判示されている点には注意が必要である（[国

24]）。なお，この最高裁判例では，昭和42年改正後・平成10年改正前の商品取引所法旧94条1項1号に違反して不当な委託勧誘が行われた場合でも，商品先物取引の経験がある顧客の自由な判断ないし意思決定により契約が締結された場合には，公序良俗違反とならず，契約の効力に影響はないとされている。さらに，最高裁は，この判例を含め，昭和42年改正前の商品取引所法旧96条1項に依拠する受託契約準則に基づき準則（書面）を交付せず，かつ委託者から準則に従って契約する旨の書面または契約書を徴収しなかった場合（［国3］参照／［国24］は，［国3］を上述の内容を判示したものとして引用），あるいは商品取引所法旧97条1項所定の委託証拠金を徴収しなかった場合（［国4］）にも，契約の効力に影響はないと判示している。

　また，国内私設市場における取引では，平成2年改正前の商品取引所法旧8条が商品先物市場の類似施設の開設を禁じていたにもかかわらず，当時の商品取引所法が指定商品制を採用していたことを理由として，指定商品以外の商品先物取引には同条が適用されないという政府見解（いわゆる「8条逆転解釈」）が公表されたためブラック・マーケット被害が拡大したことは，第一節三(3)（241頁）ですでに述べた。しかしながら，下級審裁判例ではあるが，この「8条逆転解釈」を否定し，国内私設市場における指定商品以外の商品に関する取引は同条に違反し，公序良俗違反により無効であるという判断を下しているものが散見される（［私3］［私8］［私11］［私16］）。一連の下級審判決は，政府見解によって導き出された誤った方向性を是正するものと評価できよう。

　さらに，海外市場における取引では，下級審判決ではあるが，海外先物契約締結日から14日を経過しなければ売買指示を受けてはならないという海外先物取引法8条1項と，同項の規定に違反した注文は業者の計算によってしたものとみなすとした同条2項を強行規定であると解して，契約当日に取引がなされたことを理由に，海外先物取引委託契約自体を無効としたものがある（［海12］［海31］）。

　以上のように，裁判例をみると，取締法規違反を直接の根拠として契約の無効を認めているものもみられるが，ごく少数にとどまっており，比較的積極的な判断を示している下級審判決に比して，最高裁レベルでは消極的姿勢

が顕著であるといえる。この点については，業法の行政的取締規定に違反する行為であっても，違反の程度はさまざまであり，規定の趣旨と違反行為の程度の相関から，具体的契約ごとに契約の有効・無効を考えなければならないという指摘も重要である[2]。取締法規違反の程度が甚だしい場合には，むしろ積極的に契約は無効であると判示すべきであろう。

もっとも，裁判例全体を通してみれば，取締法規違反等の事情は，後述する民法上の諸法理の適用を考慮する際の一要素とされるのが一般的である。そこで後に，(2)以下においては，この点もふまえて民法上の規定による解決について検討することとしよう。

(b) 不法行為・債務不履行と商品取引所法上の説明義務違反との関係

ところで，すでに第二章第二節二(2)（28頁以下）で述べたように，平成16年改正で新設された商品取引所法218条は，商品先物業者に対して，同法217条で交付が義務づけられる書類に記載する事項について，主務省令で商品先物取引に関する専門的知識及び経験を有する者[3]とされていない顧客に説明することを義務づけたうえで（1項），顧客に対し1項の規定により説明をしなければならない場合においてその説明を怠ったときには損害賠償責任を負わせる旨を定めている（2項）。業法である商品取引所法の中にこのような私法的効果を定めた規定がもうけられたことにより，商品先物取引をめぐって多発する紛争の解決へ向けて一歩前進したといえるであろう。

しかしながら，その規定を詳細にみると，必ずしも十分な対応がなされているとはいいがたい。同法217条1項は，商品先物業者が交付する書面に記載する事項として，①実際の取引額が取引証拠金等の金額に比して著しく大きいこと（1号），②相場の変動により損失が生じるおそれがあり，かつその損失が取引証拠金等の金額を上回るおそれがあること（2号），③受託契約に関する事項で顧客の判断に影響を及ぼす重要なものとして政令で定めるもの（3号），④受託契約の概要その他の主務省令で定める事項（4号）の4点をあげている。そして，続く218条1項では，上述した①～④の事項につき，商品先物業者に顧客への説明義務を課している。ところが，2項に定める損害賠償責任については，「前条第1項第1号から第3号まで」，すな

わち上述した①〜③の事項について説明しなかった場合には損害賠償責任を負うが，第4号，すなわち上述した④の主務省令で定める事項について説明しなかった場合には，少なくとも文言上は，同条に基づく損害賠償責任を負わないこととされている。そのうえ，平成17年に改正された政令（商品取引所法施行令）をみると，商品取引所法217条1項3号に関する事項を定める規定は存在しない。すなわち，商品取引所法2項がカバーする損害賠償責任の範囲は，商品先物取引の一般的な危険性の指摘にとどまり，きわめて狭くなっているのである（なお，上述した④の主務省令で定める事項については，施行令と同様に平成17年に改正された商品取引所法施行規則104条で規定されている。しかし，従来からの紛争で問題となってきた個別具体的な商品先物取引における危険性に関する事項は含まれていないなど，必ずしも十分であるとはいえない[4]）。

このような状況をふまえると，商品取引所法217条および218条がもうけられたからといって，次の(2)で検討するように，これまで不法行為責任あるいは債務不履行責任として裁判例や学説で展開されてきた説明義務違反に基づく損害賠償責任をめぐる議論の意味を，いささかも減じるものではない。むしろ，平成16年の改正は，これまで裁判例や学説により蓄積されてきた理論の一部が立法により確認されたと評価すべきであり，さらなる立法を加速させるための第一歩をふみ出した状態であるといえよう。

(2) 民法上の規定

(a) 商品先物取引をめぐる紛争の解決と民法上の規定

商品先物取引をめぐる裁判例において勧誘行為の違法性が問題となる場合に，顧客の側から主張される民法上の規定としては，詐欺取消しあるいは錯誤無効，公序良俗違反による無効，不法行為あるいは債務不履行に基づく損害賠償などがあげられる。このうち，当事者間の争いの中心に据えられるのは，ほとんどの場合においては，不法行為による損害賠償である。近時においては，債務不履行に基づく損害賠償を認める事例も増えてきたが，契約の無効・取消しを認める事例はほとんど存在しない。いわば，錯誤・詐欺や公

序良俗違反などの無効・取消事由は，付随的に問題となっているにすぎない。仮に，詐欺や公序良俗違反が認められたとしても，ほとんどの場合には，それらは不法行為の違法性判断の一要素として考慮されている。

そこで，以下においては，不法行為ないし債務不履行による損害賠償請求の形で勧誘行為の違法性が問題となった裁判例を中心に，順にみていくこととしよう。

(b) 不法行為

商品先物業者に責任を認める法律構成としては，取引全体に違法性が認められるとして不法行為責任を負わせるという，いわゆる「一体的不法行為」とされる場合がきわめて多い。これは，商品先物取引が継続的な取引であり，違法性が問題となる行為が取引のすべての部分にわたって存在しうることを反映している。

すでに松岡久和教授によって指摘されているように，この一体的不法行為論は，詐欺や錯誤などの法律行為法上の保護の困難さを背景に登場してきたものである。その長所としては，①過失相殺を通じた部分的救済が可能であること，②業者の従業員等に対する併存的な責任追及が可能となること，③弁護士費用・慰謝料の請求が容易であることがあげられている[5]。

しかし，これもすでに松岡教授が指摘しているように，「一体的不法行為」論をとる場合には，いくつかの問題点が存在する[6]。まず，不法行為一般の問題点として，有効な契約に基づく適法な給付を損害と評価できるか，あるいは，過失判断の前提となる重い義務を根拠づけられるかという疑問に加えて，過失相殺が安易になされやすいことが指摘されている。また，未清算の個別取引が残っている場合に，商品先物業者からの履行請求が認められる可能性もある。実際，いくつかの裁判例においては，商品先物業者の一連の行為について不法行為による損害賠償を認めながら，それと同時に，商品先物業者からの未精算委託証拠金の履行請求が認められることも少なくない[7]。商品先物取引をめぐる裁判例では，不法行為による損害賠償請求を認容する際に過失相殺されることが多いが（二〔276頁〕を参照），上述のような事例では，商品先物業者からの履行請求権が信義則上，過失相殺の割合

まで縮減されるというものもしばしばみられる（詳細については，七〔318頁〕で検討する）。しかし，このような解決は理論的根拠を欠くものであり，「剥き出しの恣意的な公平判断」につながるものであるという批判もなされている[8]。

こうした点を考慮するならば，著者としては，不法行為が問題となる場面であっても，その状況に応じて契約が無効であると構成することも必要であり，またそうすることの意味は非常に大きいと考える。実際に，国内私設市場における取引をめぐる下級審裁判例ではあるが，商品先物業者から顧客になされた差損金支払請求を，「金取引及びその委託契約は（被告会社の行為が不法行為を構成することはもとより）公序良俗違反行為として無効といわなければならない」として認めなかったものも存在する（[私29]／なお，この判決では結果的に公序良俗違反に基づく不法行為責任を認めつつ過失相殺を行っているが，このような処理の理論的な問題性については，286頁を参照）。

なお学説では，一体的不法行為論固有の問題点として，理論構成が柔軟にすぎて判断基準が明確ではないことなどがあげられている点にも留意する必要がある[9]。

(c) 債務不履行

(b)であげた不法行為構成の問題点をふまえて，近時，債務不履行により契約責任を追及するという構成をとることの有効性が指摘されている[10]。その理由としてあげられているのは，次の2点である。まず，①信認関係に基づく受任者や受託者の忠実義務ないし説明義務や，商品取引所法旧136条の17（平成16年改正後の213条）に定められた商品取引員（商品先物業者）の顧客に対する誠実公正義務[11]などを媒介にして業者の責任を認めることが可能となる点である。また，②立証責任の点で被害者に有利であるとされている点である。

実際に，近時現れたいくつかの裁判例には，債務不履行構成をとるものが散見される。これらの中には，全体的に違法であるという認定がなされていなくとも，誠実公正義務違反や，新規委託者の建玉を一定期間は一定枚数に制限するという新規委託者保護義務違反[12]などがあれば，業者の責任を認

めるものがみられる。

　ただ，債務不履行構成をとる場合であっても，不法行為構成と同様に，当事者の主張に沿って取引の全体にわたって違法性の判断がなされていることが多く，その判断基準にはあまり大きな違いがみられない。例えば，上述した誠実公正義務違反は，債務不履行構成をとった判決でも（[国224]），不法行為行為構成をとった判決でも（[国234]），それぞれ債務不履行ないし不法行為を基礎づける理由としてあげられている。また，これも上述した新規委託者保護義務違反[13]，あるいは基本委託契約上の善管注意義務違反[14]についても，まったく同様に，債務不履行ないし不法行為の双方の理由づけとして登場している。そして，認定された同一の事実から一連の行為を，「社会的相当性を逸脱した行為として不法行為の評価を受ける」とともに，商品先物業者は「問屋として善管注意義務違反を負い，信義則上も誠実公正義務を負うものであるところ，前記一連の行為は債務不履行とも評価せざるを得ない」とする判決も存在するのである（[国237]）[15]。

　また，債務不履行責任が認められる場合であっても当該義務違反が取引全体に損失を与えたと認定しているため，効果において不法行為の場合と大きな違いはみられないし，不法行為責任と同様に，高率の過失相殺がなされることも多い（過失相殺の問題性については，六〔313頁以下〕で述べる）。

　以上の検討によれば，不法行為責任か債務不履行責任かという法律構成の違いだけによって，業者の責任の軽重が変わってくるというわけではないといえる。むしろ，その違法性判断にあたってどのような事情が考慮されているかという具体的な分析こそ必要であろう。

　(d)　詐欺および錯誤

　国内公設市場における商品先物取引をめぐる裁判例で，詐欺を理由として契約の取消しが直接認められた事例は，若干ではあるが存在する。やや古いものではあるが，大量の買玉を建てている仕手筋が被告業者の社長に資金協力を求めてきたなどという，単なる「相場情報や意見の域を脱し，極めて具体的，確定的な」情報を顧客に伝えて売建玉を勧め，かつその動きに合わせて被告業者が反対の建玉をしたことは，向い玉の方法をとっているのを推認

## 第二節　商品先物取引に関する裁判例の分析

させるとして，詐欺取消しを認めた事例がある（［国23］／なおこの事例では，顧客自身が数年前まである商品先物業者の外務員であり，商品先物取引の知識に精通していることを逆手にとって勧誘している点が注目される）。また同様にやや古いものではあるが，外務員が以前勤務していた会社で行っていた投資信託の損失を補塡すると差し向けて，一任取引（いわゆる「委せ玉（まかせぎょく）」）を勧誘した事例もある（［国1］）。

　このほかにも，商品先物業者の勧誘行為が詐欺にあたるとされた事例は存在するが，それは当該業者の不法行為を主張する際にその一要素として考慮され，不法行為による損害賠償という形で救済されている。

　国内公設市場における取引で，不法行為の違法性判断にあたって詐欺が認定された事例は，明らかに事実と異なる勧誘を行ったり，外務員が金員を着服したようなものに限られる。例えば，契約前でも建玉した以上はキャンセルできないと虚偽の事実を差し向け契約締結を強制した事例（［国206］）[16]や，外務員が「利益保証」をするかのような言動をして委託証拠金名目で金員の交付を受けたのにそれを会社に入金しなかった事例（第1審［国163］・控訴審［国185］）[17]などがある。

　ただし，詐欺とまではいえないまでも，それに近い形であると指摘する事例がいくつか存在する。例えば，小学校入学が1年遅れるなど知能程度が低い者と契約を締結したことを詐欺まがいの行為であるとした事例がある（［国81］／もっともこの事例は，本来は四(2)（289頁）で述べる「適合性原則」が問題となる事案であろう）。さらに，第一節五（254頁）に述べた「客殺し商法」において，勧誘形態が会社の営業方針に沿ったものでいわば組織的な，あるいは会社ぐるみの違法勧誘がなされたとする事例がある（［国83］［国165］）。

　このように，詐欺が認定されにくい国内公設市場における取引とくらべると，国内私設市場ないし海外市場における取引では，比較的容易に詐欺が認定されている。国内私設市場における取引については，実態は先物取引なのに現物取引であるという誤解を生じさせるような勧誘をすることが会社の営業方針となっていたことを理由に，組織的な詐欺行為であると認定するものが多い（［私10］［私20］［私26］［私31］［私33］［私34］）。また，海外市場に

おける取引については，顧客から委託証拠金名目で委託を受けた金員を実際には海外市場に送金せず費消していたことなどを理由に，同様に組織的な詐欺行為であると認定するものが多い（[海11][海16][海17][海19][海27][海48][海49]）。

また，錯誤による無効は，**四**(3)（299頁）に述べる断定的判断の提供などにより商品先物取引は必ずもうかると誤信したとして，しばしば被害を受けた顧客の側から主張される。しかし，裁判例では，商品先物取引が価格の変動が激しい取引であることを顧客は承知していることなどを理由として，この主張を認めないことが多い（[国15][国46][国58][国128]）。もっとも，錯誤無効の主張が認められない場合であっても，ほとんどの事例において，不法行為による損害賠償が認められている点には注意が必要である。

(e) 公序良俗違反

公序良俗違反による契約の無効についても，詐欺による取消しと同様に，不法行為の一要素として主張されることが多い。もっとも，公序良俗違反による無効を理由として契約の効力自体を否定する事例もいくつか存在する。例えば，担当外務員が途中で一任取引を確約したことを理由に，以後の取引は公序良俗違反で無効であるとして，当該取引の証拠金の代用として預託した株券の返還を命じた判決がある（[国162]／ただし，当初の建玉は一任取引ではなかったとして，有効であるとする）。

また，取引全体における特定売買の割合を示す特定売買比率あるいは顧客の損失に占める手数料の割合を示す手数料化率（これらの詳細については，308頁で述べる）が高いことから手数料稼ぎが行われていたことを理由に，基本委託契約自体を公序良俗違反で無効であるとして，業者からの清算金支払請求を棄却した事例がある（[国144]）。この場合に，顧客からの損害賠償を求める反訴が，業者の不法行為を理由に認容されている点は，283頁に述べた，契約が無効の場合における不法行為の可否の問題に絡んで重要である。ただし，本事例では，一級建築士の建設請負会社社長で年収も1千万円前後ある顧客が，損失が出ているのに取引を継続したことなどを重くみて，8割にも及ぶ過失相殺をしている。このような形で過失相殺を行えば，顧客は本

来無効である取引により生じた損失のほとんどの部分を回復できないという，奇妙な状態が生じることとなる。そのような問題を考慮したためか，控訴審においては，公序良俗違反が否定されて業者からの清算金支払請求が認められるとともに，顧客からの反訴請求も過失相殺の割合を7割強にしたうえで認容するという形がとられている（[国159]／なお本件は，業者側から最高裁に上告されたが棄却されている〔[国169]〕）。

　また，国内私設市場や海外市場における取引では，公序良俗違反が認められるものが散見される。とりわけ，国内私設市場における取引に関する最高裁判例で，「著しく不公正な方法」によることを理由に公序良俗違反による無効を認めたものがあることに留意すべきであろう（[私28]）(18)。すでに第一節三(3)（241頁）で述べたように，指定商品について私的市場での取引を禁止していた商品取引所法8条の規定が，指定商品ではなくとも先物取引の実態をもつ取引には適用され，かつ不法な方法で取引が行われていたことを理由に公序良俗違反による無効を認めた大津地裁の判決（[私3]）を契機にして，公序良俗違反を認める下級審判決がいくつか出されていた。これに対して，上にあげた最高裁判例（[私28]）では，商品先物取引に関してなんら知識のない主婦に，長時間にわたり，実態は先物取引である「延べ取引」，「予約取引」につき，その危険性を説明せず，かえって安全で有利な取引であることを強調して執拗に勧誘することは，著しく不公正な方法によるものであって，商品取引所法8条違反の有無を問うことなく，当該契約は公序良俗違反で無効であると判示されている。

　この最高裁判例は，勧誘態様に直接焦点をあてて出されたものであり，国内私設市場での取引という特殊性を考慮する必要はあるが，国内公設市場における取引に関する判決にも援用することは可能であると思われる。

## 四　勧誘行為に関する違法性判断の際に重視される具体的な事情

### (1)　契約締結段階における不当勧誘規制と無差別勧誘

商品先物取引をめぐっては，そもそも契約締結段階に不当な勧誘が行われたとして争われることが少なくない。このような状況を受けて，平成16年

の改正により、従来は主務省令で規制されるにとどまっていた不当勧誘を禁止する規定が、商品取引所法上にもうけられることになった。

商品取引所法214条6号では、「迷惑を覚えさせるような仕方」で取引の委託を勧誘することが禁止されている[19]。平成17年に制定・実施された経済産業省と農林水産省の「商品先物取引の委託者の保護に関するガイドライン」(以下「先物ガイドライン」という)では、ここでいう「迷惑を覚えさせるような仕方」の例として、「迷惑な時間帯に、電話又は訪問による勧誘を行うこと」や「顧客の意思に反して、長時間に亘る勧誘を行うこと」があげられている(先物ガイドラインB—3)。

また同様に、商品取引所法214条5号では、委託を行わない旨を表示した顧客への勧誘の禁止(「再勧誘の禁止」)、7号では、勧誘の際に商品先物取引であることを告げたうえで顧客にその勧誘を受ける意思を確認しないまま勧誘することの禁止(取引目的を秘匿した勧誘の禁止)が定められている。これらも平成16年改正前は主務省令により規制されていたが[20]、法令事項として定められるという形で規制が強化されることとなった。もっとも、これらの規定に違反した場合には、行政処分の対象とはなるが(まず、主務官庁による報告徴収・立入検査〔231条〕、業務改善命令〔232条1項〕、3カ月以内の取引受託業務停止命令〔232条2項〕、勧告〔233条〕が行われ、これらの処分に違反したときは6カ月以内の取引受託業務停止命令または許可の取消しの対象となる)、私法上の効果は直接発生しない。

ここで重要なのは、商品先物取引においては、すでに第一節四(250頁)であげた統計調査にもみられるように、商品先物業者による無差別の勧誘、とりわけ無差別の電話勧誘あるいは突然の訪問による勧誘により、そもそも取引自体に興味のなかった顧客が取引にひきこまれることで被害が拡大しているという問題である。この点について、上述した平成16年改正後の商品取引所法、あるいは同法に基づき制定・実施されている先物ガイドラインは、無差別電話勧誘等を直接の対象とはしていない。

しかしながら、このような無差別電話勧誘等を野放しにすることは、被害を拡大し続ける結果となり、その問題性は大きい。無差別電話勧誘等をすること自体を明確に規制の対象すべきであるが(この点は、第三節二〔332頁〕

で詳論する)，さしあたりは無差別電話勧誘等を商品取引所法214条6号にいう「迷惑を覚えさせるような仕方」で勧誘がなされた場合として同法の規制対象になると考えるべきである。また，再勧誘や取引目的を秘匿した勧誘の禁止を含めて，商品取引所法の規定に違反したと考えられる場合には，そのような事情を，取引の違法性判断の際により積極的に考慮すべきであろう。

(2) 勧誘当初におけるいわゆる「適合性原則」の適用の有無

(a) 適合性原則に関する規制とその有効性

次に問題となるのは，本来，先物取引を行う資格を有しない者，すなわち，商品先物取引に必要な知識，情報，経験または資金が不十分な者に対しては，そもそも商品先物取引への勧誘を行ってはならないという考え方である。商品先物取引に関しては，このような取引不適格者への勧誘を禁止するという「適合性原則」が，平成10年に改正された商品取引所法においてはじめて法定された（旧136条の25第1項4号）。ただ，これは，主務大臣による改善命令あるいは3カ月以内の業務停止命令の対象となる事項を規定するものにすぎなかった。その後，平成16年に行われた同法の改正で，「適合性原則」は215条として独立して定められることとなり，それに違反した行為をした場合には，より広い行政処分を行うことが可能となった（具体的には，すでに(1)で述べたように，まず，主務官庁による報告徴収・立入検査〔231条〕，業務改善命令〔232条1項〕，3カ月以内の取引受託業務停止命令〔232条2項〕，勧告〔233条〕が行われ，これらの処分に違反したときは6カ月以内の取引受託業務停止命令または許可の取消しの対象となる)。もっとも，私法上の効果については，依然として直接規定されているわけではない。

なお，(1)でふれた先物ガイドラインでは，215条で適合性原則違反とされる場合が例示されている。まず，「常に不適当な勧誘」として，①未成年者・成年被後見人・被保佐人・被補助人・精神障害者などへの勧誘，②生活保護を受けている世帯に属する者への勧誘，③破産者で復権を得ない者への勧誘，④商品先物取引をするための借入れの勧誘があげられている（先物ガイドラインA−3−(1))。次に，「原則として不適当と認められる勧誘」として，①

年金等生活者への勧誘，②一定以上の収入（年間500万円以上が目安）を有しない者への勧誘，③投資可能金額を超える取引証拠金等（五〔308頁〕で述べるいわゆる追証も含む）を必要とする取引の勧誘，④一定の高齢者（75歳以上が目安／ただし75歳未満でも厳格な社内審査が必要）への勧誘である（先物ガイドラインA—3—(2)）。

　もっとも，後者の「原則として不適当と認められる勧誘」については，厳格な社内審査をしたうえで適格性を確認した場合には，ただちに不適当な勧誘とはいえないとされている。さらに，これらの勧誘のうち，①～③については資産を有している場合，④については過去一定期間以上（直近の3年以内に延べ90日以上が目安）にわたる商品先物取引の経験があり，かつ商品先物取引の仕組みやリスクなど説明を受けた事項を的確かつ十分に理解している場合には，それぞれ不適当とは認められないとされている（先物ガイドラインA—3—(2)）。

　しかしながら，このガイドラインによって完全な委託者保護が図られるかは疑わしい。**五**（303頁）でも述べるように，従来の紛争事例をみると，商品先物業者は厳格な社内審査を行ったと主張しても，実際には形式的な審査しか行っていなかったと認定されることも少なくない。また第一節四（251頁以下）で述べたように，目安とされている500万円程度の資金では，取引による生ずる可能性のある損失をカバーするどころか，場合によっては手数料すらまかなうことができない金額でしかない。

　それに加えて，原則として勧誘することが不適当とされる一定の高齢者が75歳以上とされている点も，第一節四（250頁）でふれた「委託者保護に関するとりまとめ」でも紛争当事者のうち60歳以上の者が30パーセント以上を占めていることや，第一節の注(85)（269頁）で述べたように，国民生活センターの公表した資料でも60歳以上の者による相談がここ数年で急増していることを考慮すると，年齢があまりにも高く設定されている感が否めない。しかも，このような高齢者が取引可能な資産を有していたとしても，それは老後の蓄えであることが多く，必ずしも余裕資金とはいいがたい。

　さらに，これも292頁で述べるように，商品先物取引の経験があるとはいっても，むしろそのような顧客をターゲットにして甘言を差し向けて勧誘す

る場合もみられる。また，293頁で述べるように，1年以上にわたって取引を行っていても適合性原則違反を認める裁判例もいくつかみられる。そうであるならば，素人の顧客が複雑な商品先物取引を3カ月ほど経験したからといって，完全な理解が得られたとはいえないことも多いであろう。

　以上のように考えると，先物ガイドラインはきわめて不十分なものであり，必ずしも紛争の解決には結びつくものではない点に留意しなければならない。

(b)　2つの観点からみた適合性原則

　近時の裁判例をみると，適合性原則違反が違法であるか否かが問題となることが多い。ところが，その請求が認められたものはあまりみられない。裁判例においては先物取引の適合性の有無は——当然のことながら上述した適合性原則の定義に対応する形となるが——，第一に，知識，情報，経験からみて理解力があるといえるか，第二に，資産が十分にあるかという2つの観点から判断され，それらが複合的に適合性があるとの判断理由としてあげられていることが多い。

　以下，順に検討していくこととしよう。

(c)　第一の観点——年齢・学歴・経歴・取引経験

　第一の観点からは，年齢・学歴・経歴を子細に検討するケースが多いが，その際には顧客からの積極的な申告があった場合（[国235]），顧客がみずから電話をして取引を申し出た場合（[国216]）など，顧客からのなんらかの積極的行動が認められると，適合性原則違反が否定される傾向がある。なお，裁判例の中には，商品先物業者が用意した書類への署名，アンケートへの回答を適合性原則違反を否定する理由としてあげるものも存在するが（[国205] [国235]），すでに二（276頁）でも述べたように，商品先物取引の経験のない者が顧客に占める割合はきわめて高いのであるから，署名をしたり，アンケートに回答したことのみをもって取引への理解があると判断するべきではない。

　また，この第一の観点からは，顧客の取引経験の有無も問題となる。ここで問題となる取引経験とは，商品先物取引の経験，あるいは証券取引・信用

291

第五章　商品先物取引と顧客の保護

取引などの商品先物取引以外の投資取引の経験のいずれかまたは双方を指すものである。

　前者の商品先物取引の経験に関しては，なんらかの形で経験をしている場合には，顧客の請求は認められないか，あるいは認められても非常に高率の過失相殺がなされている。興味深いのは，過去に取引経験のある者のほとんどがその過去の取引では損失をこうむっていることについて，損失をこうむりリスクを十分に認識しているにもかかわらず再度取引を行ったとして，顧客に対して非常に厳しい判断を下す裁判例が少なくないことである。しかし，このような損失をこうむった顧客に「損を取り戻す」というような甘言を差し向けて勧誘を行うものがみられる点には，注意しなければならない（[国26]）。

　さらに，考慮しなければならないのは，同じ商品先物取引であっても，対象となる商品が異なれば，需給関係とそれにともなう価格変動等に関して必要な知識や情報は，当然異なるという点である。対象商品は，大まかに農産品と工業品とにわかれるが，さらにいくつもの商品に細分化される。農産品であれば，その商品の産地の作付けや生育動向に左右されるし，工業品も含めて各国の経済状況・政治状況により，その商品ごとにさまざまな値動きをみせる[21]。そうであるならば，単にある商品について先物取引の経験があるからといって，すべての商品先物取引に精通しているとはいえないことになる。

　例えば，過去に小豆の先物取引をした経験のある者が，再び小豆の先物取引をしようとしたところ，商品先物業者の勧めにより貴金属の先物取引も同時に行った事例で，取引適合性（判決では「適格性」としている）の判断にあたり，商品の相違に注目している判決がある。ここでは，結果的には「商品の特性についての知識が不十分であっても，先物取引の機構についての十分な理解があれば一応は慎重な投資判断を期待することができる」として，適合性原則の適用は否定されている（[国93]）[22]。ただ，この事例では，過去に小豆の取引経験がある顧客が，小豆の価格が上昇すると予測しみずから取引を希望して来店したことが判決の結論に大きな影響を与えている点には留意する必要がある。

他の事例をみると，過去に取引経験があるとされる場合でも，ある業者との間で行ったはじめての取引で損失をこうむった者に対して，別の業者が損失を回復できると申し向け，商品を換えて新たな取引を勧誘したものがある（[国226]）。中には，外国為替証拠金取引に関する裁判例ではあるが，商品先物業者の元従業員が，在職中に当該業者の担当者から勧誘され外貨預金の一種であると信じて開始した外国為替証拠金取引について，取引の適格性に疑問があり，かつ担当者の説明義務違反があるとされ，不法行為による損害賠償請求が認容された事例もある（[為1]）。

さらに，第一の観点からは取引期間の長さ，すなわち，取引期間が長くなるにつれて，取引に習熟していくのではないかという点も問題となる。しかし，裁判例をみると，商品先物取引を含め，まったく投資取引の経験がない取引開始当時79歳の男性が2年あまりにわたって取引を継続していた事例であっても，取引開始時に商品先物取引に関する十分な知識を有していなかったばかりでなく，「本件先物取引の開始後も自己の損益額の算定方法など商品先物取引の基本的な事項さえ理解していなかったことが窺われる」として，違法な勧誘がなされたと認定したものがある（[国203]）[23]。このように，取引期間が長いからといって，必ずしも顧客が取引に習熟したとはいえないことにも留意しなければならない。

以上で検討してきた点を考慮するならば，適合性原則違反の判断に際して商品先物取引の経験の有無を考慮するときは，取引対象となる商品や過去の経験期間等にも注目しつつ，慎重に対応することが求められよう。

ちなみに，商品先物取引以外の投資取引の経験があることを理由に，適合性原則の適用を否定する裁判例も少なからず存在する。しかし，商品先物取引と同様に一定の委託証拠金を証券会社に差し入れて株式の売買を行う株式の信用取引のようなリスクの非常に高い取引の経験がある場合（[国107]）はともかく，通常の株式取引の経験があるということだけを理由に適合性原則の適用を否定するのは早計であろう。

(d) 第二の観点——自己資金（資産）の有無

第二の観点については，多額の自己資金（資産）を有していることを理由

に適合性原則違反を認めないものがある（[国144][国207][国223]）。しかし，自己資金を有していても年金生活者などで他に収入がなかったり（[国206]），収入はあるものの借入金の返済を続けている最中であるなど（[国154]），余裕資金があるとはいえない場合には，適合性原則違反が認められている。これに対して，アルバイトと年金で生活している68歳の顧客に自己資金と借入余力があることを理由として適合性原則違反を認めなかった事例もあるが（[国256]），本来，自己でリスクを負担することを前提とする投機取引において借入余力の有無を判断すること自体，本末転倒であろう。

(e) 裁判例にみる適合性原則違反の判断基準

適合性原則違反が認められた事例をみると，その違反が認められなかった事例の分析で述べた観点に対応する形で，第一に，根本的に理解力に欠けている場合，第二に，資産がまったくない場合，そして，第三に，その双方の要素がある場合に分けることができる。

まず，第一の理解力に欠けているとされた場合として，顧客が一時在留資格をもつものの日本語に習熟していない中国人主婦であった事例がある（[国108]／ただし，この事例では同席した夫が日本語に堪能であることを理由に4割の過失相殺がなされているが，この問題については，六〔315頁〕で詳述する）。

第二の資産不足とされた場合としては，かつて先物取引を行って多大の損失をこうむった結果，事実上破産状態になり，取引終了時において仕切差損金すら支払えない状況にあった者があげられている（[国177]）[24]。なお，この事例では，適合性原則違反を一種の調査義務違反と捉えている点にも注意しなければならない。すなわち，商品取引員（商品先物業者）の担当者は，顧客の財産状況の変化等について，顧客から事情聴取し，不十分な場合には独自に調査するなどして，特段の事情を確認したうえで取引を開始する注意義務があると判示されている。

さらに第三に，上述の第一と第二の双方の性質を併せもつ例としては，顧客がスイス国籍の宣教師であった事例がある（第1審[国237]・控訴審[国251]）。この宣教師は，日常会話は可能であるが書面を理解する能力に欠けているうえ，そもそも個人資産を有しておらず，投資した資産はみずからが

代表を務めていた公益法人のものであったことから，適合性原則違反が肯定されている。また，書面の交付を受ける際に英文の書面を要求したものの結局交付されなかったことから，商品取引所法136条の19（平成16年改正後の217条）で定められた受託契約時の書面の交付義務を果たしたとはいえないとして，説明義務違反も肯定している。

ところで，上で第二の場合として検討した事例のように，適合性原則違反の有無を，商品先物業者の調査義務違反の有無と捉える見解は，裁判例に限らず，近時の学説においても主張されている(25)。

しかしながら，ここでとりあげた判決をふまえると，適合性原則違反が認められる事例は限られているといえる。裁判例の中には，78歳の年金生活者であり，かつ長文の文章を読破することが困難な視覚障害者であるにもかかわらず，まったく文字が読めないわけではなく，かつ資産を有していることを理由に，適合性原則違反が否定されている事例も存在する（[国222] ／もっとも，長文の読破が困難であるのにガイドを受領した翌日に取引を開始したことなどを理由として，損害賠償請求自体は肯定されている）。

たしかに，相当程度の判断能力と資産を有しているのであれば，一般の消費者であっても商品先物取引を行うこと自体は，不可能であるとまではいえない。そのため，裁判所も，そもそも取引への参加を勧誘すること自体の違法性を問うことには，慎重にならざるをえないのであろう。しかし，そのような制約があるとはいえ，上述した3つの場合のように「適合性原則」が大きな役割を果たしている場面も存在するのであり，その点を積極的に評価する必要がある。

このほか，資産が十分にあるため不適格者とまでは認定できないとしつつ，業者に顧客の能力に関する調査義務があるとして，その違反の有無を問う判決もある。具体的には，顧客が夜間中学を中退した元会社員で資産は有しているが（預金1億円＋有価証券6,000万円），第2種身障者4級・病気加療中であって，老齢年金と内妻の給料で生計を維持している場合である（[国145]）。この判決では，顧客は「不適格者といえないまでも，十分な知識能力を備えた者とはいえない」とされ，業者側が顧客の状況を知らなかったことは，顧客の知識能力の調査義務違反にあたると判示されている。

なお，そもそも取引自体に参加することが不適合であると判示されているにもかかわらず，損害の認定にあたっては高率の過失相殺をされているものが多いが，この点については六（315頁）で述べることとする。

(3) 基本委託契約に関する説明義務違反

(a) 違法性判断の基準と説明義務違反

すでに述べてきたように，不法行為構成をとるにしろ，債務不履行構成をとるにしろ，商品先物取引における一連の行為の一部のみを捉えて違法性を判断する判決は少ない。もっとも，一連の行為をいくつかの場面に分けて，それぞれについて違法性を検討している判決がほとんどである。以下では，本書の目的との関係で，勧誘段階での違法性を論じている場面に注目することとしよう。適合性原則についてはすでに(2)で論じたところであるので，ここでは，説明義務違反と断定的判断の提供が問題となる場面で，裁判所がどのような事情に着目して判断を下しているかに着目しながら検討する。

(b) 説明義務違反に関する判断基準

(ア) ガイド等説明書類の交付と説明義務

商品先物取引の開始にあたっては，商品取引所法217条に基づき，商品取引員（商品先物業者）から委託者（顧客）に対して「法定交付書面」が交付されることになっている。その法定交付書面として用いられるのが，社団法人日本商品先物取引協会の作成した「商品先物取引委託のガイド」（以下「ガイド」という）である。ガイドには，商品先物取引のしくみや契約の手順，取引のしくみ，取引の具体的な内容が書かれており，中でも商品先物取引の危険性については，赤線枠で囲まれて強調されている[26]。このほか，契約締結時には，各社の受託契約準則などが交付されることがあるが，ガイドはほぼ必ず交付されている。そこで，このガイドを交付したことによって説明義務が履行されたことになるか否かが問題となる。

この点について判決を概観すると，ガイドを単純に交付したことのみをもって，説明義務が果たされたとするものはほとんどない。ガイドの交付に際

して口頭でどのような説明がなされたかということとともに，年齢・経歴・経験などを考慮して，ガイドを理解する能力があるか否かを問題とするものが多い。以下，詳細に検討することとしよう。

　まず，具体的な説明行動が問題となった事例がある。ガイドにアンダーラインを引き，読みあげたことを認定し，説明義務違反はないとしたもの（[国244]）(27)や，説明の際に外務員が「半分以上のマイナス」，「最低限の損失」とメモを記載したことで証拠金の半分が損失の最低限と誤解したと認定されたもの（[国109]）などが典型例であろう。ただし，先物取引会社の外務員が，高齢・無職・先物取引無経験という属性をもっている顧客であることを認識して勧誘したと認定しながら，ガイドに基づき説明したことをもって，顧客の一定の理解を得たと判示した裁判例もある（[国233]）。もっとも，この事例では，取引の具体的な内容において，上記のような属性の者に多数回の複雑な取引をさせたことと，多額の手数料を得ていることを認定して顧客勝訴の判決を下しているので，明確な立証のない説明義務違反をあえて認定しなかったと理解することも可能である。

　次に，時間的な観点，すなわち，第一に，ガイドを交付して実際に説明する時間，あるいは，第二に，ガイドを交付し基本委託契約を締結してから個別取引を開始するまでの時間に着目する判決がある。

　第一の点については，ガイドを交付して説明に要した時間がわずか25分であることを認定して，十分な説明がなかったとする事例がある（[国224]）(28)。

　第二の点については，295頁でも述べたように，顧客が長文読解が困難な視覚障害者であるにもかかわらず，ガイドを受領した翌日に取引を開始させている事例がある（[国222]）。これに対して，同様にガイド交付直後に取引を開始しているが，説明義務違反が認められなかった事例もある。ここでは，顧客が以前行っていた株の信用取引で多額の損失をこうむったにもかかわらず，直後に取引を開始していることが重視されている（[国240]）。

　もっとも，同じ事件であっても，第一審と控訴審で判断が異なるものもある。この事件では，第一審ではガイドを交付されてから8日後に面談をして取引が開始されたことを重視し，説明義務違反がないと判示したが（[国

190])，逆に，第二審では契約締結時にガイドを交付したのみで説明をしていない点を重視し，説明義務違反を認定している（[国219]）。このように裁判官がどの事実に着目したかで，判断が180度変わる可能性があることには留意する必要があろう。

(イ) 約諾書等への署名・押印

商品先物取引の基本委託契約締結にあたって，顧客が，業者の求めに応じて，先物取引の危険性を了解したうえで取引開始を承諾した旨の「約諾書」や，先物取引経験の有無などを記した「アンケート」などの提出を求められることがある。年齢や経験，あるいは他の事情（例えば，何度も電話や訪問を受けたなど）とがあいまって，それらの書類への署名・押印をしたことが説明義務違反の有無の判断材料となっている判決が散見される（[国139] [国160] [国205] [国210] [国230] [国241] [国246] 等）。

しかし，先物取引の危険性について一般的な危険性は認識しているものの，「アンケート」には担当者の判断にしたがった回答がなされていることを認定したり（[国100] [国236]），あるいは説明義務違反を認めている事例も存在する。

ここでは，最低限みずからの判断で署名・押印しているか否かという事実の認定が重視されている。

(ウ) 積極的な勧誘行為

業者からの勧誘が，顧客の積極的な行動を促す形で行われる場合には，説明義務違反が認定されることがある。ここでは，第一に，顧客に一応のリスクは説明しながら，その危険性を打ち消すような発言をしている場合，第二に，顧客に必要以上に積極的な投資を決意させるような発言をしている場合，第三に，現物取引と区別のできない顧客にその勘違いを肯定するような発言をしている場合があげられる。

第一の場合には，例えば，一応リスクを説明しつつも外務員がみずから「プロ」であることを強調していたことから，顧客に対して自己責任の自覚を促さなかったとして説明義務違反が認められた事例がある（[国228]）。同

様に，リスクについて一定の説明はしたものの，儲け話をすることによってその十分な理解を妨げたと判示しているものもある（[国235]）。

　第二の場合には，例えば，直前にある商品先物業者との間で行った先物取引で多大な損失をこうむった未亡人に対して，その業者から別の業者に移籍した外務員が，「借金はすぐ返せる」と勧誘したうえ，借入金で取引をするよう促した事例で，説明義務違反が認められている（[国226]）。

　第三の場合には，例えば，知識が不十分でもともと金の現物取引に興味をもっている顧客に対して，現物よりも有利であると勧誘した事例などがある（[国228]）。

(エ) 取引の継続

　当初の説明が十分であったか否かを判断する際に，その後の取引状況を考慮する事例もある。ここでは，仮に業者による説明が不十分であったとしても，顧客の側で手仕舞をする機会があったにもかかわらず，取引を継続したことから，説明義務違反はなかったと判断されている（[国207]）[29]。しかしながら，**五**（311頁）で述べるように，業者側の巧みな誘導によって顧客の側から取引を中止することが困難であるということもままあるのであり，取引の継続という点は，少なくとも説明義務違反の有無を判断する際には考慮するべきではないように思われる。

(c) 断定的判断の提供に関する判断基準

　断定的判断の提供とは，顧客に対し利益を生ずることが確実であると誤解されるべき判断を提供することを指し，商品取引所法214条1号でも，不当な勧誘行為として禁止されている（なお，同条2号では利益保証による勧誘を禁止している）。この断定的判断の提供に関しては，単なるセールストークとの区別が問題となる。

　断定的判断の提供を認定するにあたっては，断定的であると受けとれる言辞があったことを示す証拠の存在が重要である。例えば，「他の客は儲かっている」，「120パーセント信じてほしい」（[国228]）と述べたり，「プロであり損はさせない」（[国237]）[30]，「必ずあがるから損はしない」（[国

219］)，あるいは預金と同じようなものであると強調して「利息が3割つきお得」（［国243］）などと述べている場合である。

しかしこれ以外に，外務員の言動そのものではなく，実際に行われた取引の客観的な状況から断定的判断の提供の存在を推測するものがある。例えば，従来の外務員の予想と逆行しているにもかかわらず，売買を繰り返し，売建玉が増加している場合などである（［国235］）。

逆に，断定的判断の提供の否定例をみると，先物取引の危険性を認識していたという心証を抱かせたことが理由となっているものもあるが（［国244］)，客観的事情を考慮するものが多い。例えば，株の信用取引で実際に損失をこうむった経験があることや経歴を考慮するもの（［国235］)，あるいは顧客が貸金業者であり当然リスクは承知しているとするもの（［国224］)などである。

このように，断定的判断の提供の有無にあっては，商品先物業者の側の勧誘行為の有無が問題となる場合もあるが，それ以上に顧客の側の態様によって，断定的判断の提供が否定される可能性がある点には注意が必要であろう。

(d) 小　　括

説明義務違反ないし断定的判断の提供の判断基準については，第三節一(331頁以下)にも述べるが，上で検討した点をまとめると，ひとまず次のようなことがいえるであろう。

まず，業者の側が単に書類を交付するにとどまらず，取引開始までの間に相手の能力に応じて十分な理解を得られる時間をとることを前提としたうえで，具体的に取引の危険性について説明をなしているかどうかが説明義務の内容となろう。仮に経験もなく，かつ理解に乏しい顧客を勧誘するのであれば，なおのこと，そのような顧客に対して説明をなす義務が課されることとなろう。

そして，業者が通常の勧誘行為を超えて，顧客に積極的な行動を求めるような形で勧誘を行った場合には，いわばそのような勧誘にあたって説明内容の正確性を保証したような状況を生ずるといえる。このような場合，その説明と実際の取引結果が異なることによって生じた責任を負うことになる。

(4) 個別取引における情報提供義務違反

　基本委託契約締結後に行われる個別取引において問題となる行為は，次の**五**に列挙するとおりであるが，とりわけ説明の有無が問題となるのは，「両建」（りょうだて）があった場合である。

　両建とは，1人の顧客が既存玉（＝既存の取引）と反対のポジションの建玉（たてぎょく）をすることをいう[31]（ちなみに，「建玉」とは，商品取引所において成立した売買契約のうち，未決済のものをいう）。これは，建玉の値洗い（ねあらい＝建玉について，建てた時点の約定値段と，その後のある時点での約定値段との価格差を計算すること）が損になってもすぐに仕切らずに（仕切る＝取引を終了すること），反対の建玉をすることによってその後の相場の変動による損失の拡大を防いでおき，適当と思うときに一方を反対売買して，残った建玉の方で利益を得ようとすること等を目的とする取引の方法をいう[32]。両建をすること自体は違法な行為ではないとされているが，新たな資金や手数料が必要となるうえ，両建を外すタイミングを判断するのが難しいため，しっかりした相場観と的確な判断力が要求されることになる[33]。

　商品先物取引の裁判例をみると，相当数の事例で両建の違法性が争われている。そこでは，上述のように判断が難しい両建を，顧客がみずからの判断で行ったのか，その前提として業者の側から両建に関する説明があったか否かという点が問題となる。

　両建の違法性を認定する裁判例の中には，業者の外務員がこのままでは「追証（おいしょう）になる」と述べて，焦る顧客に「避けるには両建しかない」と差し向けたということを，当事者の証言をもとに認定したうえで，説明義務違反を認めたものもある（[国237]）（追証については，**五**〔308頁〕で説明する）。

　しかしながら，両建の違法性の認定にあたっては，説明の有無よりも，全取引回数中の両建の回数，あるいは両建や**五**（307頁）で述べる途転（どてん）などを含む特定売買の回数を対比した特定売買比率をもとに，取引の合理性を考慮し，違法性を認定するものが多くなってきている[34]。

　両建の違法性を認定しない裁判例には，両建があることは認めつつも，そ

れが因果の流れ、あるいは相場状況にしたがったものとするものが多いが、それ以外に顧客側の態様を問題にするものもある。例えば、顧客が、以前は両建を拒否したにもかかわらず、問題となった両建の際に異議を申し立てなかった場合などがある（[国240]）。

## 五　具体的な取引内容の違法性判断基準

### (1)　検討の必要性

**四**で検討したもの以外に、商品先物取引の内容や方法に関して違法性が問題となる事情がいくつか存在する。商品先物取引をめぐる紛争では、ほとんどの場合において、勧誘段階だけではなく、個別具体的な取引の場面でも商品先物業者の取引態様の違法性が問題となる。そのため商品先物取引をめぐる問題については、勧誘段階の違法性を論じるだけではやや一面的にすぎるきらいがある。そこで、情報提供義務の根拠および内容を探求する本書の直接の目的とは多少ずれることとなるが、ここで範囲を広げて論じておくこととしよう。

### (2)　違法性判断で考慮される主な事情

#### (a)　新規委託者保護義務違反

新規委託者保護義務とは、商品先物取引にあたって新規の取引を行う者に対しては、契約後一定の期間は一定枚数以上の建玉を同時にしてはならないという制限を商品先物業者に義務づけることにより、顧客の保護を図るものである。これは、いわば、次の(b)で述べる過当取引の禁止を特に新規委託者について明確に規定したものであると同時に、**四**(2)（289頁）で検討した勧誘段階における適合性原則と同様の配慮を、具体的な取引の場面でも特に求めるものといえる。新規委託者保護については、従来は商品取引業界全体の自主規制として、最低3カ月の保護育成期間を設けてその期間中の取引枚数を20枚に制限したうえで、例外的に、本人からの申し出があれば商品先物業者の社内審査を経て枚数制限を超える建玉が許されることとなってい

## 第二節　商品先物取引に関する裁判例の分析

た(35)。ところが規制緩和の流れを受けて行われた平成 10 年の商品取引所法改正の結果，平成 11 年 4 月 1 日に同法が施行された後は，日商協の「受託業務管理規則制定に係るガイドライン」に基づき，新規委託者保護の具体的内容については各業者の定める受託業務管理規則に委ねられることになった(36)。そのため現在では，20 枚を超える枚数制限を設定したり，あるいは収入や取引経験に応じて金額や枚数の限度を変えるなど，それぞれの業者ごとにその取扱いが異なっている(37)。

この新規受託者の建玉制限については，会社で社内審査を行うことになっているものの，裁判例ではこの社内審査のあり方自体が問題となっており，違法性判断の大きな要素となっている。実際に，枚数制限を超える取引がなされている事例では，商品先物業者の外務員が顧客への聞きとりなどの調査もせずに，推測で数値を記入したカードに基づき形式的な審査のみを行ったり，あるいはそもそもそのようなカード審査を行わずに許可されていることから，義務違反が認められたものが相当数みられる(38)。また，新規委託者保護義務違反については，例えば，新規委託者の取引枚数を「3 カ月で 20 枚以内」に制限するというように，他の違法性判断要素にくらべると，違法性の判断基準がかなり明確である。そのためか，他の判断要素については違法性を否定しながら，新規委託者保護義務違反のみを理由として違法性を認定する裁判例も存在する（[国 113]［国 244]）(39)。

しかし，いくつかの事例には，社内規則に基づき審査がなされていること，さらにそれに加えて顧客の希望があることを理由に，新規委託者保護義務違反を認めないものがある（例えば [国 243]）(40)。また，顧客自身の属性により，当該義務違反が認められないこともある。例えば，一定の資産を有していて株式取引経験があり，損失が出る可能性が高いことを承知のうえで現金を預託した場合（[国 149]）や，20 年以上前ではあるが過去に商品先物取引の経験がある場合（[国 151]）などである。

すでに，第一節でも述べたように，商品先物取引はきわめて複雑な構造をもち，本来はプロたる投資家が参加するべき取引である以上，商品先物業者の勧誘により参加した，知識も経験ももちあわせていない新規委託者が，経験者と同様の取引をしていること自体，商品先物業者からのなんらかの誘導

303

第五章　商品先物取引と顧客の保護

がある可能性を含んでいる。例えば，金融機関（信用金庫）の管理職である者について，第一審ではその職業等が考慮された結果，一定の判断能力を有しているとして新規委託者保護義務違反が認められなかったが（[国158]），控訴審では，従業員が顧客カードに実際には資産状況等を調査することなく事実と異なる記載をし，3カ月の期間内に641枚もの建玉をしたとして義務違反が認められた事例もある（[国171]）。このような点をふまえると，顧客が商品先物取引そのものの経験者である場合はともかく，新規委託者保護義務違反の有無を判断する際に顧客の属性を考慮することには，慎重な対応が必要であろう（もっとも，商品先物取引の経験者であっても，取引対象となる商品により必要な知識が異なることや取引期間を考慮しなければならない点については，四〔292頁〕を参照）。

　なお，この点については，四（287頁以下）で述べた先物ガイドラインによって，過去一定期間以上（直近の3年以内に延べ90日以上が目安）にわたり商品先物取引の経験がない者に対し，受託契約締結後の一定の期間（最初の取引を行う日から最低3カ月が目安）において商品先物取引の経験がない者にふさわしい一定取引量（投資可能資金額の3分の1が目安）を超える取引を勧誘することは，適合性原則に照らして不適当と認められる勧誘となるとされている。もっとも，商品先物取引に習熟していると認められる顧客本人が一定取引量を超える取引を希望している場合には，不適当な勧誘とはならない。具体的には，商品先物業者は，厳格な社内審査により，商品先物取引の経験がない者を保護するために取引量を制限する措置が設けられていることなどを理解している旨について，顧客から書面で申告を得たうえで，習熟度を客観的に確認するよう義務づけられている（先物ガイドラインA－5）。しかし上述したように，従来の紛争をみると，実際には社内審査が形骸化していることも多く，このような例外をもうけるのであれば先物ガイドラインの実効性は著しく低くなるであろう。

(b)　過度の売買取引（過当取引）

　建玉回数や建玉枚数が過大となる取引を，「過当取引」という。この「過当取引」という概念は，証券取引の分野で発達してきたものであるが，商品

先物取引の分野にもその理論が導入されて定着しつつある(41)。実際に，裁判例をみても，この過当取引の有無が違法性判断の大きな要素となっている。過当取引が行われたと判断された事例では，307頁で検討する無意味な反復売買や特定売買の存在が同時に認定されることが多い。近時は，この過当取引の存在を客観的に測るものとして，「（月間）回転率」を算出する事例がみられる。「（月間）回転率」とは，もともと証券取引の分野で発達してきた概念であり，取引の行われた回数÷取引期間の全日数×30日という形で算出する数値である(42)。これは，平均して1カ月間にどれくらいの取引が行われているのかという取引頻度を表す数値であるが，売買回数や売買数量が多ければ業者の手数料収入も増大するのであるから，この数値が高ければ，業者が顧客に必要以上の取引をさせていわゆる「手数料稼ぎ」をした可能性があることを示す指標となる(43)。

この「（月間）回転率」とともに，307頁で述べる「特定売買比率」・「手数料化率」が高いことを考慮し，いわゆる「手数料稼ぎ」が行われていたとして違法性を認定する判決は，平成4年に東京地裁で下された判決（[国98]）を嚆矢として，近時急増している(44)。

(c) 無断売買，一任売買

本来，商品先物取引では，委託者の指示がなければ個別取引を行ってはならないが，委託者に無断で業者が建玉をしてしまう場合（無断売買）や，委託者の指示なしに取引を行う旨一任を受けて建玉をする場合（一任売買）もしばしばみられる。また，明確な同意を与えていなくとも，実際には売買指示を出さないことを前提に勧誘を受け，取引に入る場合も散見される（実質的な一任売買）。この点も違法性判断の一要素である(45)。商品取引所法214条3号も，数量，対価の額，約定価格などにつき顧客の指示を受けずに取引の委託を受けること（無断売買）を禁止している。さらに，商品取引所法施行規則103条3号では，商品取引所法214条9号の主務省令で定める事項として，顧客の指示を受けず顧客の計算によるべきものとして取引すること（一任売買）を禁止している。

このような一任売買に至る心境について，ある下級審判決は次のように判

示している。「例えるならば，危険な道を目隠しをされたまま，営業外務員の手に引かれ歩むようなものであり，営業外務員の導くまま歩いていたところつまづいて倒れた場合に，その不安と恐怖から，より営業外務員の手にしがみつくという心理が働くのである。その段階で営業外務員を責め，その手を振り解かれれば，自力ではどのような方向に進んでよいかも分からず，この間投資した全ての資金を失う不安と恐怖を味わうからである」（［国237］）(46)。

ただし，この点についての違法性判断は，取引後に送付される報告書や計算書の取扱いをめぐって，大きく2つに分かれている。

まず，事後報告であっても，報告書や計算書が送付されている以上，取引内容を確認することが可能であるにもかかわらず，とりたてて異議を申し立てなかったことを理由に，無断売買や一任売買を認めない事例がある（［国204］［国214］［国221］等）。

しかし，取引経験がなく，かつみずから率先して取引に参加したわけではない顧客は，仮に報告書や計算書を受領しても，業者側の説明態様によっては，そのような書類による報告をとりたてて重視せず，取引を継続する可能性も大きい。そのことを考慮して，業者側が事後報告しか行っていないことを理由に，報告書や計算書が送付されていたとしても無断売買や一任売買を肯定する事例がみられる点には，注意が必要である（［国54］［国73］［国80］［国196］［国199］等）。

(d) 難　平

難平（なんぴん）とは，売建玉（買建玉）をしたのち値段が上がった（下がった）場合に，さらに売建玉（買建玉）を増やして，売りの平均値段を引き上げる（買いの平均値段を引き下げる）方法のことをいう。ただし，難平については，「思惑どおり相場が反転せず，さらに値段が上昇したり下落したときには当初より損失が大きくなるので，しっかりした相場観が必要」であるとされる(47)。そのため，この難平だけでは違法とはいえないが，理解の不十分な顧客にこれを勧めることは，手数料稼ぎの一徴表と考えられる場合もある。実際に，顧客が難平の意味をまったく理解していないのにこの取引を

勧誘したことを違法であると判示した判決も存在する（[国187]）。

(e)「転がし（ころがし）」・無意味な反復売買・特定売買

とりたてて意味があるとも思えない売買を繰り返す，手数料稼ぎの一徴表と考えられる取引を，「転がし」あるいは「無意味な反復売買」という。とりわけ，このような反復売買の手法として，いわゆる「特定売買」が行われることが多い。特定売買とは，かつて，商品先物取引を管轄する農林水産省と旧・通商産業省が受託業務の適正化を図るために通達によって行っていたチェックシステム（農林水産省）とミニマムモニタリング（略称MMT／旧・通商産業省）において，監視対象となっていた「直し」・「途転」・「日計り」・「両建」・「手数料不抜け」という次の①～⑤に掲げる5つの取引を総称するものである(48)。この通達は，規制緩和の流れを受けて，平成11年4月1日をもって廃止されたが，現在も裁判例等では，違法性判断の一要素とされている(49)。

① 売り直し，買い直し
　売り直しおよび買い直しとは，既存建玉を仕切るとともに，同一日内で新規に売り直し，あるいは買い直しを行うことを指す。
② 途転（どてん）
　途転とは，既存建玉を仕切るとともに，同一日内に新規に反対の建玉を行うことをいう。
③ 日計り
　日計りとは，新規に建玉し，同一日内に手仕舞を行うことをいう。
④ 両建玉（両建）
　両建玉（両建）とは，すでに四(4)（301頁）で述べたように，既存建玉に対応させて，反対の建玉を行うことをいう。平成16年に改正された商品取引所法214条8号は，同一数量，同一期限の両建を禁止している（なお，平成16年改正前は，主務省令である商品取引所法施行規則46条11号で禁止されていた）。しかし，実際には，必ずしも同一数量とはいえず，異なる期限（異限月）の場合が多くみられる。

307

⑤ 手数料不抜け

手数料不抜けとは，取引により利益が発生したものの，当該利益が委託手数料より少なく差し引くと損となることをいう。

これらの取引は，いずれもそれ自体が違法というものではないが，数多く行われている場合には，業者により手数料稼ぎが疑われることになる。近時は，特定売買比率（＝上記5つの特定売買が行われた回数÷取引の合計延べ回数×100）を計算したうえで，この数値が高いことを理由に，業者の違法性を判断する裁判例もみられる(50)。

それに加えて，顧客がこうむった損害全体にしめる手数料の割合を手数料化率として算定し，この数値が高いことを理由に，業者が手数料稼ぎをしているものとして，業者の違法性を判断する裁判例もある（[国122][国223]等）。

特定売買比率，手数料化率，そして前述した回転率は，独自にとりあげられることもあるが，3つの数値が高いことを指摘し，手数料稼ぎが行われていたことが強く推認されるとして，違法性を認めた裁判例も存在する（[国200][国216][国226][国239][国242]等）。

(f) 無敷，薄敷

委託証拠金を徴収しないまま建玉をすることを「無敷（むじき）」，委託証拠金が不足したまま不十分な状態で建玉をすることを「薄敷（うすじき）」という。裁判例をみると，「無敷」あるいは「薄敷」の状態で，十分な資金がないにもかかわらず取引をさせたことを違法であると判断するものもある(51)。しかし，委託証拠金は業者の側がその経営基盤を確保するための担保として徴収するものであって，顧客を保護するためのものではないということを理由に，違法性を否定するものも散見される(52)。

また，本来不要であるはずの委託証拠金や「追証（おいしょう）」と呼ばれる委託追証拠金(53)を徴収したり，あるいは，不要となった委託証拠金の返還を遅延することは，違法性判断の一要素とされている(54)。

### (g) 向い玉

　向い玉（むかいぎょく）とは，すでに第一節五（254頁）で「客殺し商法」についてとりあげた際に言及したが，顧客の委託玉に対して商品先物業者が自己玉を建てることをいう。商品先物取引では，業者が自己玉を建てること，すなわち自己取引を行うことが認められているのでそれ自体違法とはならないが，故意に顧客に損失をさせ自己の利益を図る目的で自己玉を建てた場合には，違法であると判断されることになる[55]。

　ところが，国内私設市場ないし海外市場における取引のように組織的な違法行為を認められることが少ない国内公設市場における取引では，上述のような故意を認める証拠がないとして，請求を認めないものが多い[56]。また，業者の自己玉と顧客の委託玉が直接向かい合っているということは，他の委託玉が存在することを考えると立証が難しいということを理由として，業者の自己玉と顧客全体の委託玉が向い玉になっていることを認定しながら，違法性を否定するものもみられる（[国152]）。中には，向い玉をなされた証拠がない以上，自己玉を建てることは法令で許された行為でありそれだけでは違法とはいえないとする判決もある（[国225]）。

　これに対して，すでに第一節五（254頁以下）で述べたように，近時の裁判例では，国内公設市場をめぐる取引であっても，このような「向い玉」の存在を「客殺し商法」の存在を推認させるものとして，違法性を認定するものが増えてきている。具体的には，商品先物業者が「恒常的に委託玉に対当させて自己玉（向かい玉）を建てて，毎日の取組高が売り買いほぼ同数になるように調整していたと推認することができる」と認定したうえで，業者が「恒常的に向かい玉を建てている事実は，被告（商品先物業者——著者注）にいわゆる『客殺し』の体質があることを推認させる事情であることは否定できない」とするものである（[国232]）[57]。

　また，「少なくとも○○取引所における輸入大豆の取引において，場節・限月ごとに，被告会社の売りと買いの取組高が例外なく一致ないし近似していることが認められるのであって，このような売買取組高の一致ないし近似のすべてを偶然といえるものではなく，被告会社において差玉の向い玉を建て

ていたか，委託玉の建玉を装った自己玉（ダミー玉）を建てていたのではないかとの疑いを払拭できない」と指摘したうえで，「被告会社が自己玉を向い玉として建てていたことから被告会社が客殺しの体質を有することを強く推認できる」として，他の要素と合わせて違法性を認定した判決もある（[国256]／ただし，顧客側が主張した詐欺罪にあたる違法行為があったという点は，業者側社員の共謀関係がないことを理由として否定している）[58]。

　以上でみてきたように，裁判例では違法性肯定例が近時増えつつあるとはいえ，顧客の委託玉と業者の自己玉が向い玉であることを認定しながら，違法性を認めないというケースがしばしば見受けられる。しかし，ここで見逃してはならないのは，わが国特有の商品先物取引における構造的な問題である。わが国の商品取引所では，「バイカイ付出し」という制度がある。この制度は，「立会中または立会終了後の20分以内であれば，業者自身が売方および買方となって売買同一枚数の売買を成立させることができる」ものである。すなわち，「競争売買が行われて値段が決まった後から売買同数の取引を申し出て，それも競争売買で成立したものとする制度」と説明される。そして，この「バイカイ付出し」は，「委託玉同士を付出して成立させる場合と委託玉に対当させる自己玉を付出して成立させる場合とがあるが，特に後者の場合を『向いバイカイ』と言い，これが『向い玉』など不正取引の温床になっているのではないか」という指摘もなされているのである[59]。このような点をふまえると，「差玉向い」（さぎょくむかい／顧客が買玉，売玉双方の建玉をしている場合に，その差額についてだけ反対の建玉をすること）も含めて，高い割合での向い玉の存在が立証できたのであれば，「全量向い」（顧客の建玉すべてに対して反対の建玉をすること）という完全な形で向い玉が存在しなくとも，かなりの割合で組織的な形での「客殺し商法」の存在が推認されるといえよう[60]。

　なお，商品取引所法施行規則103条2号では，商品取引所法214条9号にいう主務省令で定める行為として，「故意に，商品取引受託業務にかかる取引と自己の取引を対当させて，委託者の利益を害することとなる取引をすること」が禁止されている。ここでは，第一章第一節三（4頁以下）で述べた詐欺の場合と同様に，「故意」を厳格に捉えることが前提とされている。し

かし，上述した裁判例の動向もふまえて，明確に「客殺し商法」とまではいえなくとも，その存在が相当程度推認できる場合には，「故意」の存在を積極的に認定すべきであろう。

(h) 満玉，利乗せ満玉

満玉（まんぎょく）とは，証拠金の限度いっぱいの建玉をすることをいい，利乗せ満玉（りのせまんぎょく）とは先物取引で得た利益を委託証拠金に振り替え，新たな建玉をすることをいう。これもそれ自体違法ではないが，顧客が利益を実際に手にすることなしに取引を拡大するものであり，過大な取引につながりやすいものである。このような場合も，違法性判断の一要素となりうる（[国200][国232]）。

(i) 仕切回避，拒否

顧客が取引の終了（仕切り）を希望しているのに，取引継続の利点，あるいは仕切ると損失が確定することを強調するなどして仕切指示を撤回させ，既存の建玉を継続させたり，新規の取引をさせることを仕切回避といい，仕切りを希望しているのに仕切らないことを仕切拒否という（なお，顧客に損失が生じる形で取引を終了させることを「手仕舞」というが，同様に回避と拒否が問題となる）。

このような仕切回避ないし拒否により取引を継続することで，本来仕切りの時点で確定するはずであった損害がさらに拡大する可能性があり，違法性判断の一要素となりうる[61]。

六　違法性があると判断された場合の法律上の効果——損害賠償と過失相殺を中心に

(1) 「損害」の内容

(a) 財産的損害

顧客が商品先物業者に対して被害の救済を求める際には，すでに述べたよ

うに，不法行為ないし債務不履行による損害賠償請求を中心とするものがほとんどである。その請求が一部ではあっても認容された事例は，全体の約9割にも及ぶ。この際の「損害」としては，通常は，顧客が商品先物業者に対して支払った委託証拠金（または差損金＋業者が徴収する手数料）のうち未返還部分の金額（有価証券を預託した場合には，その有価証券自体の返還ができなければ有価証券の評価額[62]）に遅延損害金や弁護士費用などを加えたものとなる[63]。ただ，「損害」の認定は一律ではなく，事案の特性に応じた解決もみられる。商品先物業者が自己資金をもたない顧客に金融業者からの借入れを勧めて取引を継続させた事例で，借入金の支払利息についても損害として認められているものがあることは，注目に値しよう（[国226]）。

また，裁判例の中には，預託した株券の売却金に加えて「うべかりし利益」まで損害賠償を認めるものもある（[国33]）。もっともこの事例では，損害額につき商品先物業者が争っていないことに加えて，業者の従業員がみずから勝手に他の顧客名義で行った取引の穴埋めをするため，利益保証を条件に顧客を勧誘したうえで，その顧客から得た株券以外の金銭を他の顧客名義での投資に回していたという特殊事情がある点に留意しなければならない[64]。

さらに，一部の取引にのみ違法性があると判断された場合であっても，当該取引が全体の取引に影響を与えるものであれば，その取引全体で生じた損失が損害とされることが多い。ただ，そのような場合には，その取引により生じた直接の損失のみが因果関係のある損害とされている事例もいくつか存在する[65]。しかし，それらの事例をみると，商品先物業者の不当な勧誘をきっかけに取引を開始したものがほとんどであり，そもそも取引を開始しなければそのような損失は発生しなかった点に留意する必要がある。このように考えると，損害の認定に際しては，形式論理にとらわれて損害の範囲を限定することのないよう慎重な対応が必要となろう[66]。

(b) 精神的損害

商品先物取引の被害にあったと主張する顧客は，商品先物業者が行った違法な勧誘や取引により精神的な損害をこうむったとして，当該業者に対して

慰謝料を請求することが多いが，ほとんどの場合には，財産的損害が賠償されれば十分であるとして，その請求は認められない（[国222]，[国226]，[国229]，[国232]，[国237]等）。これは，商品先物取引被害において損害賠償が問題となるほとんどの事例で過失相殺がなされていることからもわかるように，顧客の側にも落ち度があるとされることに理由がある（過失相殺については，次の(2)で詳論する）。

ただ，国内私設市場や海外市場における取引については，そもそも欺罔目的で取引が行われたことを理由に慰謝料請求が認められているものも多く（国内私設市場に関するものとして[私2] [私4] [私8] [私26] [私29]，海外市場に関するものとして[海6] [海10] [海24] [海28] [海52]），国内公設市場にあっても一部の事例では慰謝料請求が認められている（[国91] [国95] [国114] [国125] [国161] [国166]）。国内公設市場における取引の例としては，商品先物取引によって多大な損害を受けたことで顧客が離婚した場合（[国125]／50万円），金の現物購入が目的であると告げたにもかかわらず，鑑定が必要であるから現物は引き渡せないなどと虚偽の事実を告げ取引を継続した場合（[国114]／200万円），顧客が弁護士に解決を依頼したにもかかわらず，商品先物業者が執拗に直接交渉を要求した場合（[国95]）などがある。これに対して，商品先物取引での多大な損害を苦にして妻が自殺したことを理由に慰謝料を請求した事案では，その因果関係が明らかでないとして慰謝料の請求は棄却されている（[国101]）。

非常に興味深い事例として，財産的損害が発生していないにもかかわらず，慰謝料請求が認められたものがある。これは，いまだ建玉をしていないのにすでに行った旨の虚偽の事実を差し向け，電話で執拗に取引を勧誘したが，その直後に弁護士に相談し取引には至らなかったというものである（[国91]）。

(2) 過失相殺

(a) 過失相殺の状況

(1)でみたように，不法行為ないし債務不履行による損害賠償を請求した事

第五章　商品先物取引と顧客の保護

例ではその請求が認められる事例がほとんどである。しかしながら，損害賠償が認められるといっても，顧客の側の過失を考慮して，非常に高率の過失相殺がなされた事例が，請求認容例のうちの9割以上に及ぶ。

過失相殺が認められない事例としては，例えば，すでに第一節五（254頁）で述べたいわゆる「客殺し商法」であると認定されたもの（［国232］），および四(2)（289頁以下）の適合性原則について論じた部分でもふれたスイス国籍を有する宣教師が当事者であったもの（第一審［国237］・控訴審［国251］）がある。後者の事例では，顧客の日本語読解能力に問題があり，またそもそも個人の資産ではなく，公益法人の資産を用いている点から経済的にも問題があるとして，過失相殺はまったくなされていない。

しかしながら，このような場合はきわめて稀であり，中には組織的な違法行為が行われたと認定されているものであっても，すでに第一節五（255頁）で述べたように高率の過失相殺がなされているのである。

以下では，各裁判例で過失相殺がなされた理由について，検討しておくこととしよう。

(b)　過失相殺の具体的な理由

過失相殺のなされた裁判例をみると，その理由として，①顧客の経歴，②先物取引あるいは証券取引の経験の有無，③損失が出ているにもかかわらず取引を継続すること，④先物取引の危険性の記載されたガイド等を交付されているのにそれを読まないこと，⑤契約書や理解度を測るアンケート等の書類に署名・押印したこと，⑥利殖目的で取引を開始したことなどがあげられる。以下，詳しくみていくこととしよう。

まず顧客が，先物取引，あるいは株信用取引など，過去にハイリスク・ハイリターンな取引をして損失をこうむった経験があると，高率の過失相殺がなされる場合が多い（例えば，［国240］等）。この点は，顧客が過去の失敗を反省することがなく，簡単に利益を追求しようとした姿勢を非難したものであろう。しかしながら，すでに四（291頁以下）で述べたように，商品先物取引の経験者であっても商品先物業者からの執拗な勧誘により再び取引を開始する場合も少なくないうえ，取引対象となる商品により必要な知識が異な

ることや，過去の取引期間がきわめて短い場合には，必ずしも商品先物取引に習熟したとはいえないことには注意が必要である。

　さらに，取引が急激に増大して短期間に被害をこうむるという事情は，加害者側の違法性判断に影響を与えるだけではなく，被害者側の過失判断にも大きく影響している（[国236] 等）。また，損失が出ているのに取引を継続したり，追証を求められたのに断らなかったということが重視されている場合にも，被害者側の過失判断に大きな影響を与えている（[国234] 等）。ただ，短期間に顧客に資金を提供させ追いこんでいくというのは，顧客の不安な心理につけこみ，向い玉や手数料稼ぎをしようとする業者の常套手段でもある。むろん，顧客の属性などを考慮すれば顧客の過失が認定される場合もあろうが，いわゆる「客殺し商法」とはいえないまでも，手数料稼ぎであると認定されているケースでは，高率の過失相殺を行うことはきわめて問題である(67)。

　顧客の側が積極的に取引にかかわったと認定された場合には，高率の過失相殺がなされている。しかし，仮に取引への関与を認定するとしても，その際には具体的な事情を吟味する必要がある。例えば，一度だけみずから積極的に電話をして指示を出したことが重視され，6割の過失相殺がなされているケースがある。ただ，たしかに取引期間中に面談は繰り返しているものの，外務員の巧みな勧誘によって37歳の会社員がわずか1カ月で過大な取引に追いこまれたものであり，顧客の過失の方が大きいという判断は，バランスを失しているようにも思われる（[国244]）。

　また，すでに四(2)（295頁）でもふれたところであるが，顧客にそもそも商品先物取引の適合性がないのに勧誘したとして顧客の側からなされた損害賠償請求を認容する判決であっても，過失相殺を行うものが多い。その理由としては，取引開始後に損失が出ているにもかかわらず取引を継続したことなど，取引開始後の事情が考慮されているが，契約締結時になんらかの形でリスクの認識が可能であったことを強調するものもみられる。例えば，295頁でふれた当事者が視覚障害者であった事例では，契約時に質問等をしてリスクの確認をしなかったとして1割の過失相殺がなされている（[国222]）。また同様に294頁でふれた顧客が中国人の主婦であった事例でも，みずから

資料請求をしたこと，先物取引の投機性の説明を受けたうえで，理解度はともかく，みずからの判断で取り引きしたこと，日本語の堪能な夫の役割も大きかったこと等を理由として，4割の過失相殺がなされている（[国108］／もっとも，当事者以外の第三者の過失をどの程度考慮するかという点も問題となる(68)。さらに，同様に四（294頁）であげた商品先物取引で損失をこうむった結果，事実上の破産状態にあった者が顧客であった事例では，みずからの自由な意思で取引を行ったこと，先物取引の経験が豊富なことなどから，8割5分にも及ぶ過失相殺がなされている（［国177]）。一番最後にあげたケースでは，裁判例をみるかぎり，商品先物取引の経験が相当回数に及び，リスクを熟知した顧客であるため，効率の過失相殺もやむをえない側面もあるが，他の事例においては，そもそも取引に対する適合性がないと判断した以上，過失相殺を認めることは論理的にも矛盾をきたしているといえる。

(c) 過失相殺のあり方

(b)で述べたように，裁判例ではかなり安易に過失相殺が行われる傾向があるが，後に詳しく述べるように，少なくとも組織的な欺罔行為が行われているような場合には，いわば商品先物業者による構造的詐欺であることに留意すべきである。

たしかに，商品先物取引には，いわば一攫千金を夢みて投資を行うというイメージが強く，裁判例にも，投資をみずからなした顧客には厳しい対応をとるべきであるという考えが，しばしばみられるところである。これが，他の取引とくらべても高率な過失相殺につながる原因であろう。例えば，大阪地方裁判所民事部に所属する裁判官で組織された研究会名で出された論稿では，最高裁平成7年7月4日の判決で，違法事由の一体的把握と過失相殺という手法が是認されたとして，商品先物取引に関する判決で過失相殺をすることを当然の前提としている(69)。実際に過失相殺にあたってこの論稿を引用した判決が現れるなど（[国230]），大きな影響を与えていることに注意しなければならない。

また，先ほど315頁で述べたのとは別の判決であるが，業者に「『客殺し』の体質」があり，それをふまえると「違法行為は，被告会社の営業の一

環として……行われたもので，全体としてみれば，相互に密接な関連性を有しつつ，原告からの金員の獲得に向けられていたものと認められることができる」と認定しながら，顧客が過去に商品先物取引で二度にわたり損失をこうむったにもかかわらず取引を行ったことなどを理由に，6割もの過失相殺を行っている事例がある（[国256]）。

　さらに，学説の中にも，橋本佳幸助教授のように，投資への不当勧誘事例は，顧客に過失があるがゆえに詐欺取消制度の射程外におかれていたものであり，説明義務違反構成の実質が詐欺取消制度の拡充にすぎず，広く過失相殺を認めるべきだとして，あたかも過失相殺を当然の前提であるかのごとく主張するものまで存在する[70]。

　しかしながら，裁判例を概観しても，まったく商品先物取引の経験のない素人が，電話勧誘によって取引を開始した結果，損害をこうむったとして訴えるケースが後を断たず，第一章第二節一（13頁以下）にもみたように，商品先物取引による被害は消費者被害の側面ももちあわせていることを忘れてはならない。しかも，先物市場自体が複雑で，かつ取引の多くが専門の業者のイニシアティブで行われることを考えると，そもそも商品先物業者の勧誘により取引に無理に引きこまれた顧客の過失を考慮するということ自体に慎重態度が必要である[71]。裁判例にも，組織的な手数料稼ぎなどの悪質な行為が認定されているものが相当数存在する。

　このように，組織的な欺罔行為が行われているような場合は，本来，取引に参加する意思のない顧客をリスクの高い取引へと巧みに勧誘したにもかかわらず，その顧客が利益を得る可能性は事実上存在しないという，いわば業者の構造的詐欺ともいえるものである。故意に詐欺を行った業者と過失がある顧客との間で過失相殺をし，詐欺による利益を業者に残すという構造を，裁判官はいかに考えているのであろうか。加藤雅信教授が指摘するように，「過失相殺の比較較量的性格」を基礎にして，故意による不法行為の場合には被害者の単なる過失では過失相殺が認められないという議論を，ここで再考する必要があるように思われる。なぜなら，欺罔的商法では，騙された者に過失があったとしても，故意に騙して儲けようとした悪質な業者の悪性が圧倒的に強く，そのような業者に利得の一部を残す理由は何もないからであ

る。加藤教授が説くように、「過失相殺の主張にも、クリーンハンドの原則と同様の考慮が必要」であろう[72]。

## 七　商品先物業者からの差損金支払請求の可否

商品先物取引において最終的に差損金が発生し、それが未清算である場合には、商品先物業者の側から、差損金の支払請求が、本訴あるいは反訴の形で提起されることがある。ほとんどの事例では、顧客の側は、契約が有効に成立していることを前提として、不法行為に基づく損害賠償請求を行うため、業者の側の請求がなんらかの形で認められることが多い。

もちろん、顧客の請求を否定して業者の請求のみを認める事例もあるが、顧客の請求も認めつつ業者の請求を認容するという事例もある（［国64］［国76］［国88］［国96］［国106］［国140］［国159］［国224］等）。また、場合によっては、顧客の損害賠償請求を認めながら、業者から請求のあった差損金分を相殺するという判決もある[73]。ただ、このような相殺を認めると、裁判所が違法な結果の実現に手を貸すことになり違法ではないかという批判がある[74]。

そこで近時は、差損金支払請求について、信義則の観点から過失相殺の割合にまで限縮する（例えば、顧客の損害賠償支払請求が認容され、6割の過失相殺がなされたとしたら、差損金支払請求も6割の限度で認めると判示する）という判決が出されている[75]。しかし、これに対しても、理論的根拠を欠き剥き出しの公平判断につながるものであるという批判がある。また、この問題については、債務不履行構成を用いるか、あるいは端的に法律行為論による契約の無効を認めれば、回避できるという主張も近時有力である[76]。

悪質な商品先物業者からの差額金支払請求を認めることは、316頁で検討した過失相殺と同様の効果をもたらすことになる。不法行為を認める以上、契約は有効であるという形式的なことにとらわれず、むしろ第七章第四節二(2)（471頁以下）で述べるように、合わせ技的公序良俗違反を理由とする契約の無効などを認めることによって、商品先物業者からの契約に基づく請求を封ずるべきであろう。

第二節　商品先物取引に関する裁判例の分析

(1)　なおこの事案では，委託があったとされた初回を除く2回目以降の取引について，顧客から業者に委託がなされた否かも争われた。この点につき，判決は次のように述べて，業者の主張を否定している。すなわち，昭和42年改正前の商品取引所法旧96条は，商品仲買人のする受託業務は取引所の定める受託契約準則にしたがって行わなければならないと規定しており，当該取引がなされた大阪穀物商品取引所受託契約準則4条は，個別取引ごとに委託者が商品仲買人に同条所定の事項について具体的な指示をする旨規定している。そのため，商品仲買人たる業者が顧客から売買取引の委託を受けたというには，同準則4条所定の事項（顧客が何月何日にどのような取引を具体的に委託したかというような事実）を同準則の規定にしたがって立証すべきであるが，業者はそのような立証に成功していない。ちなみに本事案は，判例時報のコメントでは，商品取引所法91条1項を強行法規と解してこれに反する行為を無効とした事例として紹介されているが，判決文中に「無効」という表現は使われていない。

(2)　加藤雅信『新民法大系Ⅰ　民法総則（第2版）』（有斐閣，平成17年）219頁以下，同「行政取締法規違反行為の私法上の効力」『現代民法学の展開』（有斐閣，平成5年）166頁（初出は，『独禁法審決・判例百選（第3版）』〔別冊ジュリスト81号〕〔有斐閣，昭和59年〕201頁）。

(3)　商品取引所法218条1項にいう主務省令で定める者とは，商品取引員（商品先物業者），証券取引法上の適格機関投資家，商品投資販売業者・商品投資顧問業者等である（商品取引所法施行規則107条）。

(4)　商品取引所法施行規則104条では，商品取引所法217条1項4号の書面記載事項として次のものが予定されている。①商品取引員の商号，住所および代表者の氏名，②取次ぎを行う商品取引員の商号，住所及び代表者の氏名，③委託者が商品取引員に連絡する方法，④上場商品等の種類，市場における取引の期限，数量，対価等の委託者が指示すべき事項，⑤取引証拠金等の種類，額，徴収・返還時期，⑥委託手数料の額・徴収時期，⑦商品取引所法214条9号に規定される禁止行為に関する事項，⑧取引の手続に関する事項，⑨日商協の定める受託業務に関する規則等に規定される協会員が遵守すべき事項，⑩顧客が苦情相談をするときの連絡先，⑪紛争の処理に関する事項，⑫紛争回避のために顧客が契約締結時に留意する事項，⑬紛争件数の照会に

関する事項，⑭商品市場における取引の概要，⑮登録外務員の氏名・連絡先とその外務員の所属する商品取引員の住所・連絡先。ここでは，**五**（302頁以下）で述べるように，従来から商品先物取引をめぐる紛争で問題となっている向い玉や両建など，具体的な取引の危険性に関する事項はあげられていない。

(5)　松岡久和「商品先物取引と不法行為責任──債務不履行構成の再評価」ジュリスト1154号（平成11年）11頁。

(6)　松岡・前掲注(5)12頁。

(7)　商品先物業者からの清算金支払請求が問題となった事例は多数にのぼるが，具体的には，338頁以下に掲げた「国内公設市場における商品先物取引裁判例一覧」の「業者請求」の項目を参照。

(8)　松岡・前掲注(5)14頁。

(9)　松岡・前掲注(5)12頁。

(10)　三木俊博「債務不履行構成の試み──不法行為から契約法域への転換」先物取引被害研究5号（平成7年）23頁以下，松岡・前掲注(5)14頁以下，松岡久和「商品先物取引被害救済における債務不履行構成の再評価」先物取引被害研究18号（平成14年）8頁以下。

(11)　平成10年の商品取引所法の大改正で導入された旧136条の17（平成16年改正後の213条）は，「誠実かつ公正の原則」と題して，次のように定める。「商品取引員並びにその役員及び使用人は，顧客に対して誠実かつ公正に，その業務を遂行しなければならない」。

(12)　新規委託者保護義務の詳細については，**五**(2)（302頁以下）を参照。

(13)　新規委託者保護義務違反を債務不履行の理由づけとしてあげるものとして裁判例［国233］，不法行為の理由づけとしてあげるものとして裁判例［国244］。

(14)　善管注意義務違反を債務不履行の理由づけとしてあげるものとして裁判例［国237］（問屋としての善管注意義務違反），不法行為の理由づけとしてあげるものとして裁判例［国236］。

(15)　引用は，先物取引裁判例集32巻171頁。なお，控訴審（［国251］）では，不法行為のみを理由としている。

(16)　ただし，この事件では，顧客は高齢で資力も十分ではないが，完全に理

解力がないわけでもないのに取引を継続したことを理由に，欺罔された当初の取引による損失は過失相殺しないものの，それ以後の取引での損失について，3割の過失相殺がなされている。

(17) この事件では，3名の原告に対して，第一審で，甘言を信頼したことや領収書が正規の形式でないことは容易に判明したことを理由に，4割の過失相殺がなされた。控訴審では，さらに動機に不法があることも加味され，割合が5割に引き上げられている。なお，前掲注(16)の記述も含め，過失相殺の問題性については，六(2)（313頁）を参照。

(18) なお，第一審判決（[私8]）および控訴審判決（[私16]）でも，公序良俗違反による無効が認められているが，同時に違法な勧誘がなされたことを理由に不法行為に基づく慰謝料請求も認められている（認容額10万円）。

(19) 平成16年の商品取引所法改正前は，主務省令である商品取引所法施行規則旧46条6号で，迷惑な，執拗な，目的を告げない，または誤認させる勧誘が禁止されていた。

(20) 平成16年の商品取引所法改正前は，主務省令である商品取引所法施行規則旧46条5号で再勧誘の禁止が，7号で取引目的を秘匿した勧誘の禁止がそれぞれ規定されていた。

(21) 商品先物取引の対象となる個別の商品に関する価格変動等については，日本商品先物取引協会『上場商品の基礎知識(第2版)』（日本商品先物取引協会，平成13年）を参照。

(22) 引用は，判例タイムズ802号192頁。なお，近時の裁判例にも，先物取引の対象となる商品ごとに必要な知識が異なることを指摘するものがある（名古屋高判平成17年6月22日判例集未登載〔平成16年（ネ）1128号〕）。この判決は，五（302頁以下）に後述する新規委託者保護義務違反の有無についての判断ではあるが，次のように判示している。「控訴人（顧客―著者注）の最初の取引はとうもろこしであり，これとは全く別個の商品であるガソリンや灯油の値段の動向について控訴人が知識を有するとは限らないにもかかわらず，ガソリンや灯油の値動きの動向・要因等に関する知識の有無を確認することなく，わずか9日の間にガソリンについては130枚，灯油については20枚の合計150枚の新規建玉をさせたのは，新規取引者保護の規定に実質的に違反するものであって，違法であるというべきである」（なお，本判決に

第五章　商品先物取引と顧客の保護

ついては，太田清則弁護士のご厚意により原本を参照することができた。記して謝意を表する次第である）。

(23)　なお，この事例では，商品先物業者の側から，顧客みずからの指示により取引を行った以上，顧客には先物取引を行う能力があった旨の主張がなされているが，短期間に非常に頻繁な多数の取引が行われていることと，顧客に投資経験がなかったことを理由として，その主張は排斥されている。

(24)　ただし，時間の経過により財産状況が好転し，再び自己資金で取引を行えるような財産状況となったなどの特段の事情がある場合は別であるとされている。

(25)　この点につき，適合性原則を調査義務という投資勧誘者の行為義務の観点から捉える見解として，川地宏行「ドイツにおける投資勧誘者の説明義務違反について」三重大学法経論叢 13 巻 1 号（平成 7 年）122 頁以下参照。

(26)　日本商品先物取引協会『商品先物取引委託のガイド』（第 13 版，平成 16 年）4 頁。

(27)　もっとも，この事例では，後に六（315 頁）でもふれるが，本人尋問の結果，先物取引の危険性を認識していたという心証を抱かせたこと，みずから一度は積極的に電話をして指示を出したことが重視されている。

(28)　同様に，説明時間がわずか 1 時間にすぎなかったことから説明義務違反を認めた事例がある（［国 249］）。

(29)　原告となった顧客は敗訴している。なお，控訴審（［国 223］）では顧客は勝訴したが（ただし，過失相殺 5 割），この点の判断は維持されている。

(30)　なお，控訴審でも同様の事実認定がなされている（［国 251］）。

(31)　津谷ほか・前掲注(12) 94 頁以下。

(32)　日本商品先物取引協会・前掲注(26)『ガイド』32 頁。なお，『ガイド』では，両建を，同一商品・同一限月の売建玉と買建玉を同時期に保有することと定義するが（同頁），しばしば問題となるのは，同一商品であっても異限月の両建，あるいは，別商品の両建であるので，本書ではこの定義にしたがうことはしなかった。

(33)　日本商品先物取引協会・前掲注(26)『ガイド』32 頁。

(34)　詳しくは五（307 頁）でふれることとするが，ここでは「特定売買」の意味だけを確認しておこう。「特定売買」とは，「両建」，「直し」，「途転」，

「日計り」,「手数料不抜け」という5つの取引手法を総称するもので,時として手数料稼ぎの手段として用いられる。特定売買比率とは,全取引回数を分母として,特定売買の回数を分子として割り出した数値をいう。以上の説明については,津谷ほか・前掲注(12) 94頁。

(35)　昭和53年に主務官庁の受託業務改善の要求に応じて業界が定めた「受託業務の改善に関する協定書」のうち,「新規委託者保護管理協定」では,各業者は「新規委託者保護管理規則」を定めるものとされていた。具体的には,新規顧客については,取引開始前に資産・収入の状況や商品先物取引の経験の有無について調査を行い,顧客カードを作成するとともに,最低3カ月の「新規委託者保護育成期間」および「受託枚数の管理基準」をもうけることが求められている。また,新規委託者からの売買取引の受託については,原則としてその建玉枚数が20枚を超えないこととされていた(「受託業務の改善に関する協定書」については,日本弁護士連合会消費者問題対策委員会編『先物取引被害救済の手引(5訂版)』〔民事法研究会,平成9年〕257頁以下を参照)。

　この「受託業務の改善に関する協定書」は,平成元年11月27日に廃止されたが,それ以降も業界が定めた「受託業務に関する協定」により,顧客の資産状況や商品先物取引の経験に照らして,適切な顧客管理をすることが求められた(本協定については,前掲『先物取引被害救済の手引(5訂版)』252頁以下を参照)。また,平成2年に改正された商品取引所法に基づき設立された社団法人日本商品取引員協会(平成10年商品取引所法改正により日本商品先物取引協会に改組)が各業者の社内規則の指針として作成した「受託業務管理規則」では,新規委託者には3カ月の習熟期間をもうけ保護育成措置をとることが明記されていた。さらに同様の指針である「商品先物取引の経験のない新たな委託者からの受託に係る取扱い要領」では,新規委託者の建玉枚数に関する外務員の判断枠を20枚とし,それを超える建玉をするには各業者の管理担当班の審査が必要であると定められていた(これらの指針については,前掲『先物取引被害救済の手引(5訂版)』272頁を参照)。

(36)　日商協の自主規制規則である「受託等業務に関する規制」8条に基づき定められた「受託業務管理規則の制定に係るガイドライン」5(2)では,「委託者の取引意思,取引の経験,資金力,判断力等適格性の審査結果に応じて受託取引数量を制限する等特段の管理措置を講ずること」とされ,具体的な

第五章　商品先物取引と顧客の保護

　　管理措置の内容は各業者の社内規則に委ねられている。本規則およびガイドラインについては、日本商品先物取引協会『自主規制規則』（平成13年3月）、また、ガイドラインの内容の解説については、日本商品先物取引協会『登録外務員のための受託業務の基礎知識』（平成9年）159頁以下を参照。また、ガイドラインの概要については、津谷ほか・前掲注(31) 18頁以下も参照。

(37)　各業者の受託業務管理規則の内容については、斉藤英樹「受託業務管理規則一覧」先物取引被害研究12号（平成11年）42頁以下を参照。なお、各社の受託業務管理規則については、日商協のホームページ（http://www.nisshokyo.or.jp/disclosure/index.html〔平成17年6月30日現在〕）でも確認できる。

(38)　新規委託者保護義務違反を違法性の判断要素とする事例は多数にのぼるが、具体的には、338頁以下に掲げた「国内公設市場における商品先物取引裁判例一覧」の「新規」の項目を参照。

(39)　ただし、裁判例［国113］では、顧客が商品先物取引についてまったくの初心者であり、かつ3カ月間で500枚以上の建玉がなされているにもかかわらず、9割にも及ぶ過失相殺がなされている。また、裁判例［国244］でも、6割の過失相殺がなされている。このような過失相殺の問題については、六（313頁）を参照。

(40)　この事例では、1カ月で120枚の建玉がなされている。

(41)　過当取引に関しては、今川嘉文教授が非常に詳細な研究を行っている。今川嘉文「過当取引の民事責任（1）―（3・完）」神戸学院法学31巻2号43頁、3号（以上、平成13年）245頁、4号（平成14年）57頁（商品先物取引については、（3・完）で取り扱っている）、同『過当取引の民事責任』（信山社、平成15年）。

(42)　津谷ほか・前掲注(31) 93頁以下。

(43)　なお、過当取引の判断基準については、今川・前掲注(41)『過当取引の民事責任』475頁以下を参照。

(44)　なお、307頁でとりあげる「チェックシステム」や「ミニマムモニタリング」の対象となる取引の存在を強調し、さらに（月間）回転率、特定売買比率、手数料化率など、具体的に数値を用いて商品先物業者の行為態様の違法性を認定しようとする手法は、「客観的アプローチ」と呼ばれる。この点

第二節　商品先物取引に関する裁判例の分析

については、白出博之「客観的アプローチによる違法性論争の現状について（1）―（2）」先物取引被害研究 10 号（平成 10 年）25 頁、14 号（平成 12 年）47 頁、先物取引被害研究編集部『先物取引被害救済の基礎　第 1 号』（平成 13 年）12 頁以下を参照。

(45)　一任売買・無断売買の存在を違法性の判断要素とする事例は多数にのぼるが、具体的には、338 頁以下に掲げた「国内先物取引に関する商品先物取引裁判例一覧」の「一任」および「無断」の項目を参照。

(46)　引用は、先物取引裁判例集 32 巻 167 頁。

(47)　日本商品先物取引協会・前掲注(26)『ガイド』32 頁。

(48)　「チェックシステム」あるいは「ミニマムモニタリング」に関する通達の具体的内容については、日本弁護士連合会消費者問題対策委員会編『先物取引被害救済の手引（7 訂版）』（民事法研究会、平成 16 年）372 頁以下。以下の①〜⑤の定義については、津谷ほか・前掲注(31) 137 頁以下を参照。

(49)　これに対して、裁判例の中には、「チェックシステム」や「ミニマムモニタリング」で定める基準をみたしていても、明確な基準がなくただちに違法であるとはいえないとして、違法性を否定するものもある。例えば、裁判例［国 151］［国 204］［国 245］。

(50)　例えば、裁判例［国 98］（直しおよび両建てが取引全体の 63 パーセントを占めることを指摘している）、［国 137］、［国 138］、［国 144］、［国 159］、［国 175］、［国 181］、［国 200］、［国 201］（取引全体の回数に占める特定売買の回数と、取引枚数全体に占める特定売買に関する枚数の双方で特定売買比率を計算している点が注目される）、［国 205］、［国 215］、［国 216］、［国 226］。特定売買比率は明示していないが、取引回数全体に占める特定売買の回数を明示しているものとして、裁判例［国 184］、［国 214］、［国 236］。特定売買比率を算定はしているが、同時に算定されている回転率や手数料化率など他の要素の方が判断に大きな影響を与えていると思われる事例として、［国 221］、［国 237］。特定売買比率は算定していないが、取引全体に占める特定売買の割合が高いことを指摘するものとして、裁判例［国 191］、［国 203］。なお、顧客側が特定売買の割合が高いことを主張したもののそれが認められなかったものとして、裁判例［国 151］（市場における平均値が明らかでない以上、比較することはできないという）、［国 204］。

第五章　商品先物取引と顧客の保護

(51)　裁判例［国88］，［国195］，［国188］，［国230］等（ただし，［国230］では，無敷自体の違法性は少ないとされている）。そのほか，無敷・薄敷それ自体の違法性はないが，無敷・薄敷であることが違法性判断に影響を与えているのもいくつか存在する。無敷それ自体の違法性は判断しないが，無敷あるいは証拠金を徴収しなかったことを指摘するものとして［国64］，［国79］（資金がないのに両建を勧誘したことを指摘している），［国85］，［国87］（顧客に対して，証拠金は少額でも問題ない旨の説明があったと認定されている），［国127］（入金がないのにあった旨の虚偽記載がなされたと認定されている），［国128］，［国139］，［国191］，［国206］。手数料稼ぎの1つの徴表として違法性判断の材料としているものとして［国223］。入金の見込みがないのに取引を継続させたことを指摘するものとして［国229］。また，違法性については直接判断していないが，証拠金不足であることを指摘するものとして［国148］。追証（追証については，後掲注(53)を参照）を請求せず放置したことを指摘するものとして［国101］。追証を一部しか徴収しないことを指摘するものとして［国142］。証拠金を事後徴収したことを指摘するものとして［国86］，［国150］。

(52)　裁判例［国15］，［国89］，［国125］，［国144］，［国157］，［国165］，［国204］，［国221］等。委託証拠金の性質には特にふれないが，無敷・薄敷の違法性を否定するものとして，［国207］（顧客に，消極的ではあるが取引意思がある以上，無敷であること自体に違法性はないと判断している），［国214］（無敷であっても取引は可能であることを理由とする）。なお，追証については通知義務がないとした事例として［国38］。

(53)　「追証」（委託追証拠金）とは，未決済の建玉の値洗い損（計算上の損失）が委託本証拠金の50パーセント相当額を超えてしまった場合に発生するものである。追証が発生した後も建玉を維持するためには，翌営業日の正午までに委託本証拠金の50パーセント相当額を預託しなければならない。追証については，津谷ほか・前掲注(31)61頁以下および日本商品先物取引協会・前掲注(26)『ガイド』11頁を参照。

(54)　裁判例［国53］，［国70］（不要な倉荷証券の委託がなされた事例），［国92］（不要な倉荷証券の委託がなされた事例），［国126］，［国216］。利益金を無断で証拠金に振り替えて取引を継続したことを指摘するものとして［国

第二節　商品先物取引に関する裁判例の分析

97］。

(55)　裁判例［国70］（ほぼ連日50パーセント以上が向い玉であり，うち10回はすべての枚数が向い玉であるとして「呑み行為」であると認定している），［国98］（元従業員の証言をもとにして，恒常的に向い玉が行われていることを認定し，客殺し商法の可能性を指摘している），［国150］，［国195］。このほか，直接の違法性を認定しないものの，ほとんどすべてが向い玉であることを認定し，会社が利益を得ることを目的としたおそれがあることと指摘したものとして［国86］。

(56)　裁判例［国53］，［国54］，［国77］，［国89］，［国97］，［国146］，［国151］（全量向い玉で，自己玉規制に違反することも認定しながら，客殺しではないとして違法性を否定），［国152］（個別の顧客に対応した向い玉は困難であると指摘する），［国202］，［国204］，［国221］，［国225］。

(57)　本判決では，顧客は元教員で，かつ資産も預貯金も有していたが，恒常的向い玉，また反復売買，利乗せ満玉，両建などが頻繁に行われていたことから，いわゆる「客殺し」商法であることを認定している。なお，控訴審判決（［国267］）では，商品先物業者からの控訴が棄却され，原告である顧客が全面勝訴した結論は維持されているが，次のような理由で「客殺し商法」の存在が否定されている。「ある一連の取引がその当初からこのような客殺しの意図のもとに行われた構造的詐欺行為であったと認められるためには，相応の根拠が必要というべきであり，たとい当該取引において結果的に顧客に多額の損失が生じ……当該取引員が当該取引の期間中常時その総取組高を均衡させていたといった事情が認められたとしても，そのことから直ちに，当該顧客に対する取引が全体としてみて相場の動きや当該取引員ないしその従業員のいわゆる相場観とは無関係に行われた構造的詐欺行為であったということはできない」。しかしながら，当該取引（東京工業品取引所におけるゴム取引）については，控訴審では，顧客の取引期間に対応する各取引日における各建玉（取組高）の売買の枚数差（玉尻）が，その日の取組高全体（売玉と買玉の合計）に占める割合をみても，全期間，全限月にわたって売買の取組高がほぼ均衡していることを認定している。連日，取組高が均衡している状況が続いている事実を前にして，業者の従業員の相場観のみでそのような状況が作出することができるというのは，相当無理な論理である。むしろ，

327

このような事情の存在は，他の顧客に対しても同様な手法がとられていることを強く推認させるように思われる（なお，本判決については，平田元秀弁護士のご厚意により原本を参照することができた。記して謝意を表する次第である）。

(58) なお，この判決では，業者に「『客殺し』の体質」があるとしながら2割の過失相殺を行っているが，このような過失相殺の問題性については，本書六（313頁以下）を参照。

(59) 以上の部分については，引用も含めて津谷ほか・前掲注(31) 49頁以下。

(60) このような向い玉と客殺し商法との関係を詳細に分析するものとして，名古屋先物・証券問題研究会『大分先物取引損害賠償請求事件　訴状』（平成12年）64頁以下。なお，「差玉向い」の具体的な内容と立証方法については，『先物取引被害研究・実務編　岩本雅郎弁護士講演録（先物取引研究別冊）』（先物取引被害全国研究会，平成16年）23頁以下に詳細に述べられている。

(61) 裁判例［国53］，［国149］，［国150］，［国151］（取引の途中では利益が出ていることから手仕舞の指示はないと認定したが，取引の最後は手数料稼ぎのために取引を継続させたと認定している），［国172］（ただし，顧客に優柔不断な言動があったとして過失相殺している），［国196］。なお，市場休会中に撤回を指示したのに手仕舞がなされたことを理由に業者の責任を認めるものとして［国36］。

(62) 有価証券評価額については，いつの時点をもとに評価するかをめぐって，①預託（交付）時の時価評価額とするもの（［国8］，［国30］〔ただし，「被害時」の損害とする〕，［国100②］，［国142］〔ただし，「証拠金代用時」の損害とする〕）と，②裁判の口頭弁論終結時を基準とするもの（［国92］，［国124］，［国128］）とに，判断がわかれている。なお，商品先物業者が預託された有価証券を売却した場合には，その売却額を損害とするものもある（［国33］，［国35］）。

(63) なお，差損金＋手数料の支払いを損害と認定する判決には，取引税や消費税などの税金徴収分も損害として認めるものがある（［国225］［国248］）。

(64) さらにこの事例では，顧客が経験者でありそのような取引が違法であることは知っていたと推認できるとして，7割の過失相殺を行っている。

(65) 具体的には，次のような事例がある。撤回を指示したにもかかわらず手

第二節　商品先物取引に関する裁判例の分析

仕舞をした事例で，実際の差損金＋手数料から，指示通りに手仕舞した場合の差損金＋手数料を引いた金額が損害とされたもの（[国36]）。4回の取引のうち無断売買が1回行われた事例で，やはり委託証拠金から本来負担すべき損失額を引いた金額が損害とされたもの（[国46]）。商品先物業者に断定的判断の提供を含む不当な勧誘を受けた事例で，当初の取引について違法性があるとはいえないとして，その部分について損害を認めないもの（[国59]，[国78]）。業者からの追証請求以降は顧客が危険性を認識したとして，それまでの損失についてのみ相当因果関係があるとするもの（[国112]）。知人の忠告を受けたにもかかわらず取引を継続したことを理由に，その忠告を受ける以前の損失のみ損害と認めるもの（[国132]）。複数回にわたる取引を行った場合に，過大な取引をさせた担当者の担当期間に生じた損失のみ損害とするもの（[国139]）。無断売買分および顧客の経営する接骨院名義で取引をした部分のみ損害とするもの（[国140]）。業者により仕切拒否があった場合に，委託証拠金のうち仕切拒否の際に仕切っていれば返還された金額から実際に返還された金額の差額を損害とするもの（[国149]，[国151]，[国231]）。不十分な説明により両建を行ったとして，両建後の違法な損失のみを損害とするもの（[国178]）。みずから積極的に取引を行う以前の損失のみを損害とするもの（[国209]）。

(66)　前掲注(65)にあげた裁判例でも，形式論にとらわれすぎているように見受けられる事例がいくつか存在する。例えば，裁判例［国59］および［国78］は，いずれも不当勧誘を違法性判断の理由にしており，顧客の側の立証の問題はあるにせよ，最初の建玉の部分だけを損害から排除するのは論理的整合性を欠いているといえよう。また裁判例［国209］は，本来，金の現物を入手する目的で問い合わせたところ，業者の詐欺的な勧誘により商品先物取引を開始した事例で，途中からは業者の従業員の助言にしたがうと損失が拡大すると考えてみずからの指示で取引を行ったと認定しているのであり，顧客の積極性を過度に強調しているきらいもある。なお，取引全体にわたって違法行為があるとしながら，損害全体の一部のみを相当因果関係のある損害と認定するものもあるが（[国143]），これは事実上の過失相殺を行っていると考えられよう（なお過失相殺の問題性については，六〔313頁以下〕を参照）。

(67)　例えば，短期間での売買が業者の手数料稼ぎと認定されていながら，元

第五章　商品先物取引と顧客の保護

市会議員などの経歴が考慮されて，最終的に6割の過失相殺をされたケース（［国241］）も存在するが，後に(c)でも述べるように，業者に違法行為により得た利益を残すことになる点に注目しなければならない。

(68)　なお，過失相殺に際して第三者の過失をどのように考慮するかという視点は，窪田充見教授によってもすでに指摘されている（窪田充見『過失相殺の法理』〔有斐閣，平成6年〕213頁以下）。

(69)　大阪地方裁判所金融・証券関係訴訟等研究会「商品先物取引関係訴訟について」判例タイムズ1070号（平成13年）95頁以下。

(70)　橋本佳幸「取引的不法行為における過失相殺」奥田昌道編『取引関係における違法行為とその法的処理——制度間競合論の視点から』（有斐閣，平成8年）135頁（初出は，ジュリスト1094号〔平成8年〕135頁）。

(71)　なお，長尾治助教授は，直接にはマルチ商法やネズミ講などの連鎖販売取引について，検討する論稿ではあるが，利殖商法における過失相殺のあり方について次のように述べている。「被告側の行為が被告の設定する利殖の仕組みに伴う危険性を隠蔽し，はじめから，安全確実な利殖であることに向けて顧客の心理を形成させるものであるとき，それは『特異な違法性の強い方法』であり，このことから顧客の過失は否定される傾向にある」（長尾治助『消費者保護法の理論』〔信山社，平成4年〕181頁以下〔初出は，「連鎖取引と消費者保護（下）」NBL408号（昭和63年）33頁〕）。商品先物取引においても，「客殺し商法」など組織的な欺罔行為が行われている場合には，まさに上述の指摘にあるように『特異な違法性の強い方法』といえるであろう。

(72)　加藤雅信『新民法大系Ⅴ　事務管理・不当利得・不法行為(第2版)』（有斐閣，平成17年）311頁以下。

(73)　裁判例［国101］（5割認容で相殺），［国177］（8割5分），［国217］（4割認容で相殺），［国235］，［国236］。

(74)　松岡・前掲注(5)13頁。

(75)　裁判例［国188］（5割認容），［国215］（全額認容），［国223］（5割認容），［国244］（6割認容）。

(76)　松岡・前掲注(5)13頁以下。

## 第三節 小　括

### 一　適合性原則，説明義務違反および断定的判断の提供の判断基準

　商品先物取引被害においては，通常，不法行為ないし債務不履行構成での処理がなされるが，損害賠償請求という観点からは，どちらをとっても，さほど大きな違いが生じるわけではない。

　本章では，まず，本書のテーマとの関係で，基本委託契約締結に関する説明義務違反や断定的判断の提供，適合性原則について，その具体的な判断基準を概観した。

　まず，適合性原則違反については，第一に根本的に理解力に欠けている場合，第二に資産がまったくない場合など，限られた場合にしか認定されていないが，積極的に活用することが可能である場面が存在することには注意する必要がある。

　次に，説明義務違反および断定的判断の提供の判断基準については，裁判官の商品先物取引に対する考え方の違いも反映してはいるが，業者の側が単に書類を交付するにとどまらず，取引の開始までの間に相手の能力に応じて十分な理解を得られる時間をとることを前提としたうえで，説明をなしているかどうかが説明義務の内容となるといえるであろう。仮に経験もなく，かつ理解に乏しい顧客を勧誘するのであれば，なおのこと，そのような顧客に対して説明をなす義務が課されることとなろう。

　そして，業者が通常の勧誘行為を超えて，顧客に積極的な行動を求めるような形で勧誘を行った場合には，そうした勧誘にあたって正確な説明をなすことを保証したともいえる状況が生じることになる。このように，いわば業者側の先行行為が存在すると考えられる場合には，業者は，みずからがなした説明が不十分であることによって生じた責任を負うことになる。

　上述の場合には，基本委託契約を締結するにあたって，商品先物取引のリスク等を説明する義務がその契約の内容にとりこまれているとも考えられる。そのような場合には，当該契約上の義務違反として，債務不履行責任に基づく損害賠償，さらに解除を求めることも可能になるであろう。また，契約の

内容にとりこまれたとまではいえない場合であっても，業者の積極的な勧誘行為が欺罔的であると評価できるようなときは，合わせ技的公序良俗違反による契約の無効などを理由として，業者からの契約に基づく主張を封ずることも可能であろう（これらの点については，第七章第四節二(2)〔471頁以下〕で詳論する）。

なお，情報提供義務違反，あるいは業者側の取引態様の違法性を判断する際に顧客の属性が考慮されていることに着目して，近時，適合性原則が上述のような場面に影響を及ぼしていることを指摘する見解がある[1]。もちろん通常の場合には，そのような違法性判断に適合性原則と同様の考慮が必要であることはいうまでもないが，業者が組織的な欺罔行為をしている場合には，顧客の属性を考慮し過失相殺等をすることで業者側に違法行為によって得られた利益を残すべきではない。

さらに，説明の具体的な内容・程度については，顧客の理解力や経験にもよるのはたしかであるが，少なくともまったくの未経験者については，相当具体的な数字をあげて説明をすることが要求されるべきである。近時の判決にも，顧客が業者からハイリスク・ハイリターンである旨の記載のある書類の交付を受け，一定程度記載内容を理解する能力もあるとしながら，具体的な数字による説明がなされたことまで認定できず，書類にも実際の取引の場面で具体的にどのような意味をもつのかまでの具体的な記載がないことを理由に，説明義務違反を認めたものがある（[国253]）。

ちなみに，両建など基本委託契約締結後の個別取引に関する説明についても，説明義務違反が問題となりうる。この点については，基本委託契約締結時に当事者間で個別取引の具体的な内容および危険性について説明することが含意されていると考えることにより，基本委託契約上の債務不履行責任を追及することが可能となろう[2]。

## 二　商品先物取引の被害防止と商品取引所法のあり方

(1) 無差別電話勧誘および広告規制の必要性

商品先物取引は，高度の専門的知識を要求されるリスクの高い取引である

第三節 小　括

ことに鑑みれば，本来，十分な知識と資力をもたない個人顧客が安易に参加するべきものではない。しかしながら，第一節四（251頁）に掲げた表をみると，商品先物取引を行うきっかけは，電話勧誘や飛び込み訪問など，商品先物業者による積極的勧誘によるものが6割以上を占めている。また第一節二（236頁）で述べたように，歴史的にみても，登録外務員制度の導入が紛争拡大の契機となったという事実がある。つまり，もともと商品先物取引にさしたる関心もなく，取引内容について事前に十分な検討もしないまま，業者の巧みな勧誘により取引に引きこまれることによって，被害がさらに拡大しているといえよう。

　以上のような点を考慮するならば，商品先物取引においては，少なくとも無差別電話勧誘を認めるべきではないように思われる。無差別電話勧誘については，以前は「商品取引員の受託業務に関する取引所指示事項」1項において，「新規委託者の開拓を目的として面識のない不特定多数者に対して無差別に電話による勧誘を行うこと」が明示的に禁止されていた（平成元年11月27日廃止）(3)。近時の裁判例においては，問題となった取引の当時，この指示事項が存在していたことにふれつつ，電話，訪問による無差別かつ執拗な勧誘があったことを認定して，不法行為における違法性判断の一要素として考慮しているものがある（[国252]）。

　わが国においては，特定商取引法で電話勧誘販売に関して一定程度の規制がなされているが，商品先物取引は規制対象外である。これに対して，アメリカでは，悪質な勧誘電話が社会問題化していることを受けて，平成15年から連邦取引委員会により，セールス電話を拒否したい人をリスト登録し，違反した業者に高額の罰金を科すなど，商品先物取引に限らず，一般的に無差別電話勧誘に対する規制が強化されている(4)。

　また，広告による勧誘も問題である(5)。例えば，近時のある商品先物業者の新聞広告では，「今，気になる金投資　どうなる金価格!?」，「値下がりリスク低下の金は，見逃せない投資チャンスです」と謳い，あたかも金の現物取引の勧誘であると錯覚させるような記述がなされている。そして，実際には商品先物取引の勧誘であるにもかかわらず，そのことは広告の下の方に，一見してはわからないようなきわめて小さなポイントで，「商品先物取引

は，元本が保証されるものではなく相場の変動により損失が生じる場合もあります」と記しているにすぎないのである[6]。実際，裁判例をみると，当該会社の広告をみて金の現物取引を行うつもりで資料請求をした75歳の女性に対して，従業員が「金の現物を見せることまでしておきながら，なし崩し的に先物取引の勧誘に切り替えたことが認められる」と判示するものがある（[国271]）。

さらに，別の裁判例では，商品先物業者が有名タレントをゲストに招いて経済講演会を開催するとの名目で聴衆を募集したうえで，後日自宅を訪問し「株券を預けて貰えれば，投資して旨く儲けてあげる」などと，商品先物取引の勧誘を行ったことを違法性判断要素としているものもある（[国112]）[7]。

このような状況に鑑みると，本来は投機のプロともいうべき顧客が参加するべき商品先物取引にあっては，一般大衆を対象とした無差別電話勧誘等による勧誘，あるいは広告による勧誘を規制する手段を講じることが求められよう。

(2) 不招請勧誘導入の必要性

さらに進んで考えると，商品先物取引を本来予定されていた「プロの取引」へと戻すことこそが，商品先物取引をめぐる被害をくいとめる最良の手段であるといえよう。実際，第一節一（232頁）でふれた国民生活センターが公表した資料でも，消費者へのアドバイスとして「一般消費者は絶対に手を出さない」ように強調している[8]。逆に，本来「プロの取引」である商品先物取引に知識も経験もない一般消費者が参加しないようにするためには，そもそも商品先物業者が相手方から要請されていないのに勧誘を行うという，いわゆる「不招請勧誘」自体を禁止するべきである。

この不招請勧誘については，すでに第二章第二節二（29頁）で述べたように，外国為替証拠金取引を規制するために先頃改正された金融先物取引法76条4号で，禁止行為として明定された。具体的には，「受託契約等の締結の勧誘の要請をしていない一般顧客に対し，訪問し又は電話をかけて，受託契約等の締結を勧誘すること」が禁止されている。同法の改正に向けての議

## 第三節 小 括

論がなされた金融審議会金融分科会第一部会報告「外国為替証拠金取引に関する規制にあり方について」では，不招請勧誘の制定をめぐって次のような見解が述べられている。「外国為替証拠金取引については，その商品性に疑問を呈する意見もある中，電話や戸別訪問による勧誘を受け，リスクについて理解しないまま受動的に取引を開始したことによるトラブルから社会問題に発展していることに鑑みると，外国為替証拠金取引及びこれに類似するデリバティブ取引については，取引を希望しない消費者に対する勧誘（いわゆる「不招請の勧誘」）を禁止することが望ましい。……なお，英国では，価格変動の激しい商品について，顧客の要求に基づかない電話・訪問勧誘を禁止しているが，わが国においても同様の規制を導入することが適当である」[9]。

　外国為替証拠金取引のみならず「価格変動の激しい商品」について，諸外国では不招請勧誘が禁止されていることを前提として，わが国の金融先物取引法が改正されている点には留意が必要であろう。この点は，金融庁が公表した「金融先物取引法の一部を改正する法律案の概要」でも，「トラブル防止のため，一般顧客が希望しない限り，電話や訪問による勧誘を禁止（主要国でも類似の規制）するなど，勧誘規制を整備」したと説明されていることからも確認できる。商品先物取引は，まさに価格変動の激しい商品の典型例であり，同様の規制をもうけることは，国際的にも要請されているといえよう。

　すでに述べてきたように，業者が一般顧客との間で行われる商品先物取引の問題性そのものが問われている中，まさに「電話や戸別訪問による勧誘を受け，リスクについて理解しないまま受動的に取引を開始したことによるトラブルから社会問題に発展している」現状をみると，商品先物取引においても不招請勧誘の禁止を規定することは，急務の課題であると思われる。

　商品先物取引が社会問題化する中，商品先物取引への理解に乏しい一般顧客のこれ以上の被害をくいとめることは，主務官庁に課せられた喫緊の課題である。いまこそ主務官庁が，商品先物取引の正常化を図るために，商品先物業者の保護ではなく，顧客となりうる一般消費者の保護へ向けて，責任をもって積極的な役割を果たさなければならない時期が来ているといえるであ

第五章　商品先物取引と顧客の保護

ろう。

(1)　例えば，今川嘉文『過当取引の民事責任』（信山社，平成15年）180頁。
(2)　以上の点については，松岡久和「商品先物取引と不法行為責任──債務不履行構成の再評価」ジュリスト1154号（平成11年）14頁以下も参照。
(3)　平成元年11月27日に廃止された「商品取引員の受託業務に関する取引所指示事項」に関しては，日本弁護士連合会消費者問題対策委員会編『先物取引被害救済の手引（7訂版）』（民事法研究会，平成16年）342頁。
(4)　毎日新聞平成15年6月29日朝刊2面。その後アメリカでは，この規制をめぐって業者側から訴訟が起こされている（朝日新聞平成15年9月28日朝刊3面）。なお，アメリカ連邦取引委員会による無差別電話勧誘規制については，同委員会のホームページを参照（アドレスは，http://www.ftc.gov/bcp/rulemaking/tsr/tsrrulemaking/index.htm〔平成17年6月30日現在〕）。
(5)　本書では，紙幅の関係で広告提供者の民事責任についてふれることはできないが，例えば，長尾治助『広告と法──契約と不法行為責任の考察』（日本評論社，昭和63年），同『アドバタイジング・ロー──広告の判例と法規制の課題』（商事法務研究会，平成2年），櫻井圀郎『広告の法的意味──広告の経済的効果と消費者保護』（勁草書房，平成7年）等を参照。
(6)　朝日新聞平成15年10月22日朝刊28面。
(7)　なお，控訴審判決（〔国118〕）では，「経済講演会」に参加し，アンケートに答えたことを商品先物取引に相当な関心を示していたことの一徴表として捉えている。しかし，この事案でなされた取引は商品先物取引の中でも「ストラドル取引」（2種の貴金属の価格比差の変動に着目して行われる取引）という「ヘッジング機能もない純粋のマネーゲーム」といわれるものであった。控訴審判決では，業者の外務員が，それらのしくみについて顧客が具体的に理解できるような説明をせず，断定的判断の提供をなして実質的な一任売買を行ったことから，違法性を判断している。この点を考慮すると，当初の「経済講演会」でも投資への関心を駆り立てるだけで，商品先物取引についての説明はなされなかった可能性もあり，より慎重な判断をする必要があったように思われる。なお，現在でも，このような「講演会」をきっかけとした勧誘活動は行われている（例えば，朝日新聞平成15年10月9日朝刊11面）。

(8) 国民生活センター「商品先物取引に関する消費者相談の傾向と問題点——知識・経験・余裕資金のない人は手を出さない!」(平成16年4月15日) 8頁。

(9) 金融審議会金融分科会第一部会報告「外国為替証拠金取引に関する規制にあり方について」(平成16年6月23日) 6頁。

第五章　商品先物取引と顧客の保護

## 【国内公設市場における商品先物取引裁判例一覧（昭和40年以降）】

| 番号 | 裁判所 | 年月日 | 掲載誌 | 審級関係 | 訴訟 | 勝敗 | 過失相殺 |
|---|---|---|---|---|---|---|---|
| 国1 | 神戸地判 | S40.11.5 | 判時442-50 | | | ○ | |
| 国2 | 松山地判 | S41.9.20 | 下民17-9=10-828・判時477-38 | | | ○ | |
| 国3 | 最高裁 | S41.10.6 | 判タ199-123 | | | ○ | |
| 国4 | 最高裁 | S42.9.7 | 判時500-25・金判79-10 | | | ×(3) | |
| 国5 | 名古屋地判 | S43.4.2 | 金判188-5 | 11一審 | | × | |
| 国6 | 東京高判 | S43.5.27 | 判時546-92(理由のみ)・金判148-4 | 9控訴 | | × | |
| 国7 | 札幌地小樽支判 | S43.8.30 | 金判169-10 | 12一審 | | × | |
| 国8 | 京都地判 | S43.11.26 | 判タ234-206・金判157-15 | | | ○ | 3分の1 |
| 国9 | 最高裁 | S43.12.20 | 判時546-91・判タ232-101・金判148-2 | 6上告 | | × | |
| 国10 | 最高裁 | S44.2.13 | 判時551-49・判タ233-87・金判151-10 | | | × | |
| 国11 | 名古屋高判 | S44.4.16 | 金判188-4 | 5控訴 | | × | |
| 国12 | 最高裁 | S44.6.5 | 金判169-9 | 7上告 | | × | |
| 国13 | 東京高判 | S44.8.29 | 判時571-79・判タ241-104・金判196-13 | | | ○ | |
| 国14 | 最高裁 | S44.10.28 | 判時576-79・判タ242-176・金判188-2 | 11上告 | | × | |
| 国15 | 福岡地判 | S46.5.26 | 判タ266-266・金判278-12 | | | △ | |
| 国16 | 神戸地伊丹支判 | S46.10.14 | 判時652-75 | | | △ | |
| 国17 | 札幌地判 | S47.5.24 | 判時674-100・金判326-13 | | | × | |
| 国18 | 名古屋地判 | S47.8.31 | 判時683-124・金判334-16 | | | ○ | |
| 国19 | 大阪地判 | S47.9.12 | 判時689-104 | | 乙 | ○ | 5割 |
| 国20 | 大阪地判 | S47.9.12 | 金判341-17 | 22一審 | | × | |
| 国21 | 名古屋地判 | S48.8.4 | 判時727-70 | | | ○(3) | なし |
| 国22 | 大阪高判 | S49.4.17 | 金判484-5 | 20控訴 | | ○ | |
| 国23 | 東京地判 | S49.4.18 | 判時746-93 | | | ○ | |
| 国24 | 最高裁 | S49.7.19 | 判時755-58 | | | × | |
| 国25 | 最高裁 | S49.12.17 | 金判484-2・金法745-32 | 22上告 | | ○ | |
| 国26 | 東京地判 | S50.1.28 | 判時775-165 | | | ○(3) | 3割 |
| 国27 | 最高裁 | S50.10.3 | 金判777-28 | | | ○ | |
| 国28 | 最高裁 | S50.10.3 | 判時799-37 | | | ○ | |
| 国29 | 函館地判 | S50.10.24 | 判タ334-292 | | | × | |
| 国30 | 大阪地判 | S50.10.31 | 判時817-106・金判486-28 | | | ○ | 2割 |
| 国31 | 東京高判 | S51.2.25 | 判時809-47 | | | △ | 250/600 |
| 国32 | 京都地判 | S51.10.29 | 金判616-13 | 37一審 | | × | |
| 国33 | 札幌地判 | S52.2.25 | 判時854-109 | | | ○ | 7割 |
| 国34 | 東京地判 | S52.3.29 | 判時872-115・金判534-43 | | 甲 | ○ | |
| 国35 | 大阪地判 | S53.7.20 | 金判664-13 | 43一審 | | × | |
| 国36 | 名古屋高金沢支判 | S53.10.25 | 判タ381-155・金判577-36 | | | ○ | |

【国内公設市場における商品先物取引裁判例一覧】

| 慰謝料 | 業者請求 | 経験 | 年齢 | 取引月数 | 適合 | 説明 | 断定 | 新規 | 両建 | 無断 | 一任 | 反復 | 過当 | 向玉 | 特定 | 無薄 | 仕切 |
|---|---|---|---|---|---|---|---|---|---|---|---|---|---|---|---|---|---|
|  |  | b |  | 2 |  |  |  |  |  |  |  |  |  |  |  |  |  |
|  | ×相殺 |  |  | 8？ |  |  |  |  |  |  |  |  |  |  |  |  |  |
|  |  |  |  |  |  |  |  |  |  |  |  |  |  |  |  |  |  |
|  | ○ |  |  | 10 |  |  |  |  |  |  |  |  |  |  |  |  |  |
|  | ○ |  |  | 0.5？ |  |  |  |  |  |  |  |  |  |  |  |  |  |
|  | ○ | C |  | 5 |  |  |  |  |  |  |  |  |  |  |  |  |  |
|  |  | D |  | 4 |  | △ | △ |  |  |  | △ |  |  |  |  |  |  |
|  | ○ |  |  | 0.5？ |  |  |  |  |  |  |  |  |  |  |  |  |  |
|  |  |  |  | 0.5？ |  |  |  |  |  |  |  |  |  |  |  |  |  |
|  | ○ |  |  | 10 |  |  |  |  |  |  |  |  |  |  |  |  |  |
|  | ○ | C |  | 5 |  |  |  |  |  |  |  |  |  |  |  |  |  |
|  |  |  |  | 1？ |  |  |  |  |  |  |  |  |  |  |  |  |  |
|  | ○ |  |  | 10 |  |  |  |  |  |  |  |  |  |  |  |  |  |
|  | △ |  |  | 1 |  | × |  |  |  |  |  |  |  |  | × |  |  |
|  | △ |  |  | 0.1？ |  |  | ○★ |  |  |  |  |  |  |  |  |  |  |
|  |  |  |  | 1.5 |  |  |  |  |  | × |  |  |  |  |  |  |  |
|  |  |  |  | 2 |  |  |  |  |  |  |  |  | ○ |  |  |  |  |
|  | ○ | D |  | 5 |  | △ |  |  |  |  |  |  |  |  |  |  |  |
|  |  |  |  | 12 |  |  |  |  |  |  |  |  |  |  |  |  |  |
|  |  |  |  | 取引なし |  |  |  |  |  |  |  |  |  |  |  |  |  |
|  |  |  |  | 12 |  |  |  |  |  |  |  |  |  |  |  |  |  |
|  |  |  |  | 3 |  | △ |  |  |  |  |  |  | △ |  |  |  |  |
|  |  |  |  | 0.25？ |  |  |  |  |  |  |  |  |  |  |  |  |  |
|  |  |  |  | 12 |  |  |  |  |  |  |  |  |  |  |  |  |  |
|  |  |  | B | 2 |  | △ |  |  |  |  |  |  |  |  |  |  |  |
|  | × |  |  | 3 |  |  |  |  |  |  |  |  |  |  |  |  |  |
|  |  |  | B | 2 |  |  |  |  |  |  |  |  |  |  |  |  |  |
|  |  |  |  | 2 |  | △ |  |  |  |  |  |  |  |  |  |  |  |
|  |  |  |  | 24？ |  |  |  |  |  |  |  |  |  |  |  |  |  |
|  |  |  |  | 2 |  | △ |  |  |  |  |  |  |  |  |  |  |  |
|  | ○ |  |  | 2 |  |  |  |  |  |  |  |  |  |  |  |  |  |
|  |  |  | AB | 0.5？ |  |  | ☆ |  |  |  |  |  |  |  |  |  |  |
|  | × |  | B | 1 |  | △ | △ |  | △ |  |  |  |  |  |  |  |  |
|  | ○ |  | Cc | 5 |  |  |  |  |  | × | × |  | × |  |  |  |  |
| × |  |  | C | 1 | × |  |  |  |  |  |  |  |  |  |  |  | △ |

第五章　商品先物取引と顧客の保護

| 番号 | 裁判所 | 年月日 | 掲載誌 | 審級関係 | 訴訟 | 勝敗 | 過失相殺 |
|---|---|---|---|---|---|---|---|
| 国37 | 大阪高判 | S53.11.30 | 金判616-12 | 32控訴 | | × | |
| 国38 | 東京地判 | S54.5.28 | 判時948-110・判タ397-144・金判582-32 | | | × | |
| 国39 | 東京高判 | S54.8.29 | 判時942-128・判タ398-88・金判588-27 | | | × | |
| 国40 | 札幌地判 | S55.3.28 | 判時981-117 | | 乙 | ○ | 4割 |
| 国41 | 最高裁 | S56.2.17 | 判時997-154・判タ438-88・金判616-10 | 37上告 | | × | |
| 国42 | 東京地判 | S56.7.21 | 判タ455-154 | | | × | |
| 国43 | 大阪高判 | S56.7.22 | 金判664-9 | 35控訴 | | × | |
| 国44 | 大阪地判 | S57.9.27 | 金判670-40 | | | △ | 5割 |
| 国45 | 最高裁 | S57.11.16 | 判時1062-140・判タ485-73・金判664-3 | 43上告 | | × | |
| 国46 | 京都地判 | S58.3.23 | 判タ506-195 | | | ○ | |
| 国47 | 札幌地判 | S59.2.16 | 判タ527-156 | | | ○ | 3割 |
| 国48 | 京都地判 | S59.10.29 | 金判713-37 | | | × | |
| 国49 | 京都地判 | S60.6.20 | 判タ566-179・先物5-90 | | | ○ | |
| 国50 | 京都地決 | S60.7.22 | 先物5-99 | | | ○ | |
| 国51 | 大阪地判 | S60.9.27 | 先物8-1 | 62一審 | | ○ | 4割 |
| 国52 | 神戸地判 | S60.10.30 | 判タ612-84 | | | × | |
| 国53 | 静岡地浜松支判 | S61.1.27 | 判時1187-103・先物6-21 | | | ○ | 4割 |
| 国54 | 静岡地浜松支判 | S61.1.27 | 先物6-36 | | | ○ | 3割 |
| 国55 | 大阪地判 | S61.1.31 | 金判742-18 | | 乙 | × | |
| 国56 | 長崎地判 | S61.3.17 | 判時1202-119・判タ608-83・先物6-60 | | | ○ | 3割 |
| 国57 | 名古屋地判 | S61.5.9 | 判タ621-171・金判750-18 | | 甲 | × | |
| 国58 | 大阪地判 | S61.5.30 | 判タ616-91・先物7-37 | | | ○ | 3割 |
| 国59 | 長崎地判 | S61.7.17 | 先物7-53 | | | ○ | |
| 国60 | 秋田地判 | S61.9.24 | 判時1216-119・判タ650-223・先物8-16 | | | ○ | 4割 |
| 国61 | 名古屋高判 | S61.10.31 | 判時1240-73 | | 乙 | ○ | 4割/7割 |
| 国62 | 大阪高判 | S62.2.6 | 判タ650-239・先物8-10 | 51控訴 | 乙 | △ | 5割 |
| 国63 | 東京地判 | S62.2.20 | 金判788-26 | | | × | |
| 国64 | 大阪地判 | S62.2.27 | 先物11-37 | 87一審 | | ○ | 4割 |
| 国65 | 神戸地判 | S62.4.30 | 判タ661-210 | | 乙 | × | |
| 国66 | 横浜地判 | S62.9.22 | 判タ671-182 | 67関連 | | × | |
| 国67 | 横浜地判 | S62.12.18 | 判時1284-118 | 66関連 | | ○ | 7割 |
| 国68 | 新潟地佐渡支判 | S62.12.21 | 先物8-44 | | | ○ | 3割 |
| 国69 | 札幌地判 | S62.12.25 | 先物8-56 | | | ○ | |
| 国70 | 京都地判 | S63.3.25 | 先物8-65 | 92一審 | | ○ | 6.5割 |
| 国71 | 名古屋地判 | S63.4.21 | 先物8-79 | | | ○ | 5割 |
| 国72 | 大阪地判 | S63.10.7 | 先物9-7 | | | ○ | 3割 |
| 国73 | 京都地判 | H1.2.20 | 判時1323-100・先物9-31 | | | ○ | 2割 |

【国内公設市場における商品先物取引裁判例一覧】

| 慰謝料 | 業者請求 | 経験 | 年齢 | 取引月数 | 適合 | 説明 | 断定 | 新規 | 両建 | 無断 | 一任 | 反復 | 過当 | 向玉 | 特定 | 無薄 | 仕切 |
|---|---|---|---|---|---|---|---|---|---|---|---|---|---|---|---|---|---|
|  | ○ |  |  | 2 |  |  |  |  |  |  |  |  |  |  |  |  |  |
|  | ○ | C |  | 10 |  | × |  |  |  |  |  |  |  |  |  | ○ |  |
|  |  |  |  | 25以上？ |  |  |  |  |  |  |  |  |  |  |  |  | △ |
|  | × |  |  | 15(中断) |  | × |  |  | △ |  | △ | ○ |  |  |  |  |  |
|  | ○ |  |  | 2 |  |  |  |  |  |  |  |  |  |  |  |  |  |
|  | × | C |  |  |  | × | ○ |  |  |  |  |  |  |  |  |  |  |
|  |  | Cc |  | 5 |  | × |  |  |  | × | × |  |  |  |  | × | × |
|  | ○相殺 | C |  | 12 |  |  | ☆ |  |  | △ |  |  |  |  |  |  |  |
|  |  |  |  |  |  | × |  |  |  |  |  |  |  |  |  | × |  |
| × | × |  |  | 0.5 | × | ★ |  | △ | ○ |  | ○ |  |  |  |  |  |  |
|  |  | D |  | 2 | △ | △ |  | △ |  | △ |  | △ |  |  |  |  |  |
|  |  |  |  | 0.5 |  |  |  |  |  |  |  |  |  |  |  |  |  |
|  |  | Dd |  | 1 | △ |  |  |  |  |  |  |  |  |  |  |  |  |
|  |  | Bc | 58 | 9 |  | ▲ |  |  |  |  |  |  |  |  |  |  |  |
|  |  |  |  | 4 | × |  |  |  |  |  |  |  |  |  |  |  |  |
|  |  | D |  | 2 | ○ | ○ |  |  | ○ |  |  |  | ○ | × |  |  | ○ |
|  |  | D |  | 3 |  | ○ |  | △ | ○ |  |  |  | ○ | × |  |  |  |
|  | ○ | CE |  | 8 | × | × |  |  |  | × |  |  |  | × |  |  |  |
|  |  | Dd | 57 | 3 | △ | △ | △ | △ |  |  |  |  |  |  |  |  |  |
|  | ○ |  |  | 6 |  |  |  |  |  |  |  |  |  |  |  |  | × |
| × |  | D | 70 | 5 | △ |  | △ |  |  | ○ |  |  |  |  |  |  |  |
|  |  | D |  | 6 |  | ○ | ○ | △ |  | × |  |  |  |  |  |  |  |
|  |  | Dd | 57 | 6 | △ |  | ○ | △ |  |  |  |  |  |  |  |  | △ |
| × | ○ | Dc | 31 | 5 | △ | △ |  |  | △ |  |  |  |  | △ |  |  |  |
|  |  |  | 56 | 3？ |  | × |  |  |  |  |  |  |  |  |  |  |  |
|  | ○ | Dd |  | 2 |  | × | × | ○ | ○ |  |  |  |  | △ |  |  |  |
|  | ○ | Dd | 55 | 7 |  | × | ×★ | × | × | × | × |  |  |  |  |  | × |
|  |  | B | 45 | 4 |  |  | × | × | × |  |  |  | × |  | × |  |  |
|  |  | E |  | 9 |  | ○ | ○ | ○ | ○ |  |  | ○ |  |  |  |  |  |
|  |  | Dc |  | 3 | △ | △ | △ | △ | △ |  | ○ | ○ |  |  |  |  | △ |
| × |  |  |  | 1 |  | △ | △ |  |  |  |  |  |  |  |  |  |  |
|  |  | B |  | 22 | ○ | ○ |  |  |  | × |  | ○ | × |  |  |  |  |
| × |  | D | 25 | 8 | △ | △ |  | △ |  |  | ○ | ○ |  |  |  |  |  |
|  |  | Dd | 63 | 4 |  | ○ | ○ | △ |  | △ |  |  |  |  |  |  | △ |

第五章　商品先物取引と顧客の保護

| 番号 | 裁判所 | 年月日 | 掲載誌 | 審級関係 | 訴訟 | 勝敗 | 過失相殺 |
|---|---|---|---|---|---|---|---|
| 国74 | 秋田地判 | H1. 3. 14 | 判タ701-210・先物9-58 | | | ○ | 3.5割 |
| 国75 | 秋田地判 | H1. 3. 22 | 判タ716-169・先物10-196 | 83一審 | | × | |
| 国76 | 大阪地判 | H1. 6. 15 | 判時1337-73・先物9-72 | | | ○ | なし |
| 国77 | 名古屋地判 | H1. 7. 26 | 先物9-211 | | | ○ | 5割 |
| 国78 | 大阪地判 | H1. 11. 30 | 先物10-1 | | 甲 | ○ | 5割 |
| 国79 | 名古屋地判 | H2. 1. 16 | 判タ733-158・先物10-46 | | | ○ | 4割 |
| 国80 | 名古屋地判 | H2. 2. 22 | 判タ733-142・先物10-67 | | | ○ | 5割 |
| 国81 | 金沢地判 | H2. 8. 6 | 先物10-136 | | 乙 | | |
| 国82 | 大阪地判 | H2. 11. 19 | 先物10-172 | | | ○ | |
| 国83 | 仙台高秋田支判 | H2. 11. 26 | 判時1379-96・判タ751-156・先物10-186 | 75控訴 | | ○ | 4割 |
| 国84 | 仙台高秋田支判 | H2. 11. 26 | 判タ751-152・先物10-179 | | | ○ | 3.5割 |
| 国85 | 名古屋地判 | H3. 3. 27 | 先物10-238 | | | ○ | 3割 |
| 国86 | 大阪地判 | H3. 5. 14 | 先物11-1 | | | ○ | 5割 |
| 国87 | 大阪高判 | H3. 9. 24 | 判時1411-79・先物11-21 | 64控訴 | | ○ | なし |
| 国88 | 仙台地判 | H3. 12. 9 | 判時1460-125・先物12-1 | | 甲 | ○ | 4割 |
| 国89 | 大阪地判 | H3. 12. 12 | 先物12-15 | | | ○ | 3割 |
| 国90 | 名古屋地判 | H3. 12. 20 | 先物11-65 | | | ○ | 5割 |
| 国91 | 仙台地判 | H4. 3. 31 | 先物12-36・NBL496-26 | | | ○ | なし |
| 国92 | 大阪高判 | H4. 4. 21 | 先物19-33 | 70控訴 | | ○ | 5割 |
| 国93 | 旭川地判 | H4. 6. 16 | 判タ802-185 | | 甲 | × | |
| 国94 | 仙台地判 | H4. 7. 16 | 先物14-1 | | | ○ | 4割 |
| 国95 | 仙台地判 | H4. 7. 16 | 先物14-24 | | | ○ | 2割 |
| 国96 | 大阪地判 | H4. 7. 20 | 先物13-1 | | 甲 | ○ | 4割 |
| 国97 | 大阪地判 | H4. 7. 24 | 先物13-28 | | | ○ | 3割 |
| 国98 | 東京地判 | H4. 8. 27 | 判時1460-101・判タ812-233・金判922-39・先物13-151 | | | ○ | |
| 国99 | 東京地判 | H4. 9. 29 | 判タ823-241 | | 甲 | × | |
| 国100① | 仙台地判 | H4. 12. 17 | 先物14-106 | | | ○ | 6割 |
| 国100② | 仙台地判 | H4. 12. 17 | 先物14-106 | | | ○ | 4割 |
| 国101 | 名古屋地判 | H4. 12. 25 | 先物14-141 | | 乙 | ○ | 5割 |
| 国102 | 東京地判 | H5. 3. 17 | 判時1489-122 | | 乙 | × | |
| 国103 | 大阪地判 | H5. 3. 25 | 先物18-1 | | | ○ | 5割 |
| 国104 | 大阪地判 | H5. 3. 26 | 判タ931-266 | 134一審 | | × | |
| 国105 | 鹿児島地判 | H5. 3. 29 | 先物15-1 | | | ○ | 5割 |
| 国106 | 仙台地判 | H5. 4. 22 | 先物15-16・NBL527-42 | | | ○ | 2割 |
| 国107 | 鹿児島地判 | H5. 5. 17 | 先物15-35 | | | ○ | 5割 |
| 国108 | 東京地判 | H5. 8. 31 | 判時1499-86・金判942-29・先物15-70 | | | ○ | 4割 |
| 国109 | 岡山地判 | H5. 9. 6 | 先物15-69 | | 乙 | ○ | 3分の1 |

【国内公設市場における商品先物取引裁判例一覧】

| 慰謝料 | 業者請求 | 経験 | 年齢 | 取引月数 | 適合 | 説明 | 断定 | 新規 | 両建 | 無断 | 一任 | 反復 | 過当 | 向玉 | 特定 | 無薄 | 仕切 |
|---|---|---|---|---|---|---|---|---|---|---|---|---|---|---|---|---|---|
|  |  |  |  | 6 |  | △ |  | △ |  | △ | ○ |  |  |  |  |  |  |
|  |  | Dc | 37 | 6 | × | × | × | × | × | × | × | × |  |  |  |  |  |
| × |  | Dd |  | 8 |  | △ |  | △ |  |  | ○ |  |  |  |  |  |  |
| × |  | Dd | 58 | 6 | × | △ | ○ | △ | △ |  | ○ | × |  | △ |  |  |  |
|  | ○ | Dd |  | 4 | ○ |  | ○ | ○ |  |  |  |  |  |  |  |  |  |
| × |  | Df | 42 | 11 |  | △ | ○ | ○ | × |  | ○ | ○ |  |  |  |  |  |
| × |  | D |  | 2 |  | ○ | ○ | ○ | △ | △ | ○ |  |  |  |  |  | △ |
|  | × |  | 38 | 12 |  | △ |  |  |  | △ | △ | △ |  |  |  |  |  |
|  |  |  |  | 12 |  |  |  |  | △ |  |  |  |  |  |  |  |  |
| × |  | Df | 37 | 6 |  | △ | △ | △ | △ |  | △ | ○ | ○ |  |  |  | ○ |
|  |  | Dd | 33 | 6 |  | △ | △ | △ | △ |  | △ | ○ |  |  |  |  | ○ |
| × |  | D | 47 | 18 | × | ○ | ○ | ○ | × | ○ | ○ |  |  | △ | △ |  |  |
|  |  | Dc | 40 | 2 |  | △ | △ | △ | △ | ○ |  |  | △ |  | △ |  |  |
|  | × | Dd |  | 2 |  | ○ | ○ |  |  |  |  | △ |  |  | △ |  |  |
| × | ○ | Dd |  | 2 |  | ○ | × | ○ | ○ | ○ |  |  |  |  | ○ | △ |  |
| × |  | Dc | 45 | 7 |  | △ | △ | △ | △ |  | ○ |  | × |  | × |  |  |
| × |  | D |  | 4 |  | △ | ○ | ○ | ○ |  | △ | ○ |  |  |  |  |  |
| ○ |  | D | 40 | 0.4 |  | ○ | △ |  |  |  |  |  |  |  |  |  |  |
|  |  | E | 32 | 22 |  | ○ | ○ |  |  |  |  | △ |  |  |  |  |  |
|  | ○別判決 | Cc | 60 | 5 | × |  | × |  |  |  | × |  |  | × |  | × | × |
|  |  |  |  | 7 |  | △ | ☆ |  | △ | △ |  |  |  |  |  |  |  |
| ○5万 |  |  |  | 1 |  | △ |  |  |  |  |  |  |  |  |  |  |  |
| × | ○ | Dd |  | 2 |  | ○ | ○ |  |  |  | ○ |  |  |  |  |  |  |
|  |  | Df | 59 | 14 |  | ○ | ○ | ○ | △ |  | ○ | ○ | × |  |  |  | △ |
| × |  | D |  | 9 |  | ○ | ○ | × | △ |  | ○ | ○ | ○ |  | ○ |  | ○ |
| × | × | B |  | 5 |  |  | × |  |  | ×※ |  |  |  |  |  |  |  |
| × |  | Dc |  | 3 |  | ○ | ○ | ○ | △ |  |  |  |  | × |  |  |  |
| × |  | Dc |  | 5 |  | ○ | ○ | ○ | △ |  | ○ |  |  |  |  |  |  |
| × | △5割・相殺 | Bd |  | 6 |  | × | ○ |  |  |  | ○ |  | × |  |  |  | × |
|  | ○5割 |  | 39 | 1 |  |  | × | ×※ |  | × |  |  |  |  | × |  | ×※ |
|  |  | Df |  | 7 | × |  | ○ | ○ | ○ |  |  |  |  |  |  |  |  |
|  |  | D | 35 | 6 |  |  | △? | △? |  | △? |  |  |  |  |  |  |  |
|  |  | Dd |  | 4 |  |  | ○ | ○ |  |  |  |  |  |  |  |  |  |
| × | ○ | E |  | 6 | ○ | ○ | ○ |  |  | ○ |  |  |  |  |  |  |  |
|  |  | Dc |  | 3 |  |  | ○ | ○ |  | ○ |  | ○ |  |  |  |  |  |
|  |  | D |  | 3 | ○ |  |  |  |  |  |  |  |  |  |  |  |  |
|  | × | D | 26 | 1 |  | ○ |  |  |  |  |  |  |  |  |  |  |  |

第五章　商品先物取引と顧客の保護

| 番号 | 裁判所 | 年月日 | 掲載誌 | 審級関係 | 訴訟 | 勝敗 | 過失相殺 |
|---|---|---|---|---|---|---|---|
| 国110 | 仙台地判 | H5.12.24 | 先物17-1 | | | ○ | |
| 国111 | 最高裁 | H6.1.31 | 先物15-77 | 87上告 | | ○ | |
| 国112 | 新潟地判 | H6.2.3 | 先物16-1 | 118一審 | | ○ | 相因5割 |
| 国113 | 東京地判 | H6.3.29 | 判タ858-218 | | | ○ | 9割 |
| 国114 | 岡山地判 | H6.4.28 | 先物16-43 | | | ○ | |
| 国115 | 山形地判 | H6.7.18 | 先物17-13 | | | ○ | 3割 |
| 国116 | 盛岡地一関支判 | H6.9.14 | 先物17-35 | | | ○ | |
| 国117 | 横浜地判 | H6.12.15 | 先物17-99 | 130一審 | | ○ | |
| 国118 | 東京高判 | H7.3.14 | 判時1530-58・金判976-23・先物18-102 | 112控訴 | | ○ | 相因5割 |
| 国119 | 東京地判 | H7.6.30 | 判タ911-177 | | 甲 | ×(5) | |
| 国120 | 最高裁 | H7.7.4 | "先物18-110, 19-1・NBL590-60・消費者法ニュース27-44" | 81上告 | | ○ | |
| 国121 | 最高裁 | H7.9.14 | 先物20-1 | 118上告 | | ○ | |
| 国122 | 最高裁 | H7.9.19 | 先物19-14 | 92上告 | | ○ | |
| 国123 | 大阪地判 | H7.10.13 | 先物19-68 | | | ○ | 3割 |
| 国124 | 東京地判 | H7.11.15 | 先物19-133 | | | ○ | |
| 国125 | 仙台地古川支判 | H7.11.20 | 先物19-167 | | | ○ | 4割 |
| 国126 | 東京地判 | H7.12.5 | 判時1580-120・先物19-213 | | | ○ | 4割 |
| 国127 | 鹿児島地判 | H7.12.14 | 先物19-233 | | | ○ | なし |
| 国128 | 大阪地判 | H7.12.22 | 先物20-3 | | | ○ | |
| 国129 | 東京地判 | H7.12.22 | 判タ926-220 | | | × | |
| 国130 | 東京高判 | H7.12.25 | 先物19-253 | 117控訴 | | △ | |
| 国131 | 大阪地判 | H8.2.19 | 判時1587-125・判タ912-194 | | | ○ | 5割 |
| 国132 | 新潟地判 | H8.3.27 | 先物20-38 | | | ○ | 5割 |
| 国133 | 仙台地判 | H8.3.28 | 先物21-70 | 141一審 | | ○ | 5割 |
| 国134 | 大阪高判 | H8.4.26 | 判タ931-260 | | | × | |
| 国135 | 大阪地判 | H8.5.31 | 先物20-140 | 148一審 | | ○ | 4割 |
| 国136 | 大阪地判 | H8.6.11 | 先物20-161 | | | ○ | 5割 |
| 国137 | 大阪地判 | H8.6.14 | 先物20-170 | | | ○ | 4割 |
| 国138① | 岡山地倉敷支判 | H8.7.12 | 先物20-218 | | | ○ | 4割 |
| 国138② | 岡山地倉敷支判 | H8.7.12 | 先物20-218 | | | ○ | 3.5割 |
| 国139 | 大阪地判 | H8.11.29 | 先物21-1 | | | ○ | 7割 |
| 国140 | 名古屋地豊橋支判 | H9.1.28 | 先物21-23 | | 乙 | ○ | |
| 国141 | 仙台高判 | H9.1.29 | 先物21-62 | 133控訴 | | ○ | 4割 |
| 国142 | 大阪地判 | H9.1.29 | 先物21-89 | | | ○ | 2割 |
| 国143 | 大阪地判 | H9.1.30 | 先物21-122 | | | ○ | 相因5割 |
| 国144 | 大阪地判 | H9.2.24 | 判時1618-104・先物21-139 | 159一審 | 乙 | ○ | 8割 |
| 国145 | 東京地判 | H9.2.25 | 判時1625-66・先物21-162 | | | ○ | 3割 |

【国内公設市場における商品先物取引裁判例一覧】

| 慰謝料 | 業者請求 | 経験 | 年齢 | 取引月数 | 適合 | 説明 | 断定 | 新規 | 両建 | 無断 | 一任 | 反復 | 過当 | 向玉 | 特定 | 無薄 | 仕切 |
|---|---|---|---|---|---|---|---|---|---|---|---|---|---|---|---|---|---|
| | | | | 29 | | | ○ | | | | | | | | | | |
| | | D | 61 | 7 | | ○ | | | | | | | | | | | |
| × | | Dd | | 12 | × | × | × | ○ | × | × | × | × | | | | × | × |
| ○200万 | | Df | | 12 | △ | △ | | △ | | | | | ○ | | | | |
| | | D | 71 | 3 | ○ | | | | | △ | | | | | | | |
| | | B | | 57 | | | | | | | | | | | | | |
| | × | | | | | | | | ○ | | | | | | | | |
| | | Dc | | 7 | | ○ | | ○ | | | △ | | | | | | |
| | ○ | C/c | | 6〜36 | | × | | | | | | | | | | | |
| | | D | | | | △ | | △ | | △ | ○ | | | | | | △ |
| | | Dd | | 4 | × | ○ | | ○ | | × | ○ | × | | | | | |
| | | Df | | 22 | △ | ○ | △ | △ | | | ○ | | | | | | △ |
| ○50万 | | Df | 29 | 8 | △ | △ | ○ | △ | × | | ○ | ○ | | × | △ | | |
| | | c | | 6 | ○ | ○ | ○ | | | | | | | | | | |
| | | Dd | 66 | 30(6) | ○ | | ○ | | △ | | ○ | ○ | | | △ | △ | |
| | × | Dc | 66 | 1 | ○ | ○ | ○ | ○ | ○ | | | | | △ | | | |
| | ○ | c | 63 | 32 | × | × | × | | × | × | | × | | | × | × | |
| △3割 | | C | | | | | △ | | | | | | | | | | |
| | | b | 55 | 6 | × | | × | ○ | × | | × | × | | × | | | |
| | | Dd | 52 | 7 | △ | × | × | × | ○ | | | | | | | | |
| × | | Dd | 42 | 1 | ○ | ○ | ○ | ○ | | | | | | | | | |
| | | D | 35 | 6 | × | | × | × | × | × | | | | × | | | |
| | | Dd | | 2 | ○ | ○ | △ | | | | | | | | | | |
| × | | Dc | 51 | 3 | △ | ○ | | | | | | | | | | | △ |
| | | C | 77 | 53 | × | | × | × | △ | × | × | ○ | ○ | | ○ | | |
| | | Dc | 52 | 12 | △ | △ | △ | △ | | | ○ | ○ | | ○ | | △ | |
| | | Dd | 41 | 12 | △ | △ | | △ | | | ○ | | | ○ | | | |
| | | | | 21 | × | × | × | ○ | | | | ○ | | | △ | | |
| × | ○ | B | 30 | 5 | × | | × | | ○ | | × | | | | × | | |
| | | Dd | 42 | | | | | | | | | | | | | | |
| | | Db | 57 | 6 | △ | | △ | ○ | △ | | | ○ | | △ | △ | △ | |
| | | Dc | 31 | 10 | ○ | ○ | | | | | | | | | | | |
| | × | Dc | 37 | 26 | × | × | × | ○ | | | ○ | ○ | | ○ | × | | |
| | | Ec | 72 | 3 | △ | ○ | × | ○ | △ | | | | | | | | |

345

第五章　商品先物取引と顧客の保護

| 番号 | 裁判所 | 年月日 | 掲載誌 | 審級関係 | 訴訟 | 勝敗 | 過失相殺 |
|---|---|---|---|---|---|---|---|
| 国146 | 前橋地判 | H9. 3. 4 | 先物23-56 | 155一審 | | × | |
| 国147 | 秋田地判 | H9. 3. 25 | 先物25-431 | 177一審 | | × | |
| 国148 | 大阪高判 | H9. 3. 27 | 先物22-1 | 134控訴 | | ○ | 4割 |
| 国149 | 大阪地判 | H9. 4. 25 | 先物22-42 | | | ○ | 3割 |
| 国150 | 岡山地判 | H9. 5. 27 | 先物22-80 | | | ○ | 5割 |
| 国151 | 福岡地判 | H9. 6. 17 | 先物22-114 | | | ○ | 3割 |
| 国152 | 神戸地判 | H9. 9. 26 | 判タ986-255・先物23-1 | | | ○ | 3割 |
| 国153 | 札幌地判 | H9. 10. 23 | 判時1646-129・判タ969-195 | | 乙 | ○ | 7割 |
| 国154 | 京都地判 | H9. 12. 10 | 先物23-87 | 164一審 | | ○ | なし |
| 国155 | 東京高判 | H9. 12. 10 | 判タ982-192・先物23-23 | 146控訴 | | ○ | 5割 |
| 国156 | 東京高判 | H9. 12. 31 | 判タ994-198 | | | ○ | 5割 |
| 国157 | 大阪地判 | H10. 1. 23 | 先物23-119 | | | ○ | 約5割 |
| 国158 | 大阪地判 | H10. 2. 9 | 判タ1003-233・先物25-241 | 171一審 | | × | |
| 国159 | 大阪高判 | H10. 2. 27 | 判時1667-77・先物24-1 | 144控訴 | 乙 | ○ | 7割強 |
| 国160 | 名古屋地判 | H10. 4. 15 | 先物25-355 | 173一審 | | × | |
| 国161 | 名古屋地一宮支判 | H10. 5. 8 | 先物24-15 | | | ○ | 6割 |
| 国162 | 盛岡地判 | H10. 5. 15 | 先物26-1 | | | ○ | |
| 国163① | 仙台地判 | H10. 7. 30 | 先物26-145 | 185一審 | | ○ | 4割 |
| 国163② | 仙台地判 | H10. 7. 30 | 先物26-145 | 185一審 | | ○ | 4割 |
| 国163③ | 仙台地判 | H10. 7. 30 | 先物26-145 | 185一審 | | ○ | 4割 |
| 国164 | 大阪高判 | H10. 7. 30 | 先物25-29 | 154控訴 | | ○ | |
| 国165 | 鹿児島地判 | H10. 8. 25 | 先物25-32 | | | ○ | 3割 |
| 国166 | 前橋地桐生支判 | H10. 9. 11 | 先物25-64 | | | ○ | 4割 |
| 国167 | 東京地判 | H10. 9. 28 | 判タ1039-191 | | | ○ | 8割 |
| 国168 | 岡山地判 | H10. 10. 6 | 先物25-111 | | | ○ | |
| 国169 | 最高裁 | H10. 11. 6 | 先物25-135 | 159上告 | | △ | |
| 国170 | 金澤地判 | H10. 11. 6 | 判タ1045-231 | | 甲 | ○ | 5割 |
| 国171 | 大阪高判 | H10. 11. 19 | 判時1719-77・先物25-220 | 158控訴 | | ○ | 5割 |
| 国172 | 新潟地判 | H10. 11. 25 | 先物25-299 | | | × | |
| 国173 | 名古屋高判 | H10. 12. 28 | 先物25-317 | 160控訴 | | ○ | 5割 |
| 国174 | 札幌地判 | H11. 1. 18 | 先物25-369 | | | ○ | |
| 国175 | 札幌地判 | H11. 1. 22 | 先物25-393 | | | ○ | 4割 |
| 国176 | 東京地判 | H11. 1. 25 | 先物27-36 | 189一審 | | △ | |
| 国177 | 仙台高秋田支判 | H11. 1. 25 | 判時1692-76・判タ1039-159・先物25-409 | 147控訴 | | ○ | 8.5割 |
| 国178 | 東京地判 | H11. 3. 15 | 先物26-19 | | | ○ | 4割 |
| 国179 | 東京地判 | H11. 4. 27 | 判タ1047-236 | | | ○ | |
| 国180 | 佐賀地判 | H11. 5. 11 | 先物26-53 | | | ○ | なし |

【国内公設市場における商品先物取引裁判例一覧】

| 慰謝料 | 業者請求 | 経験 | 年齢 | 取引月数 | 適合 | 説明 | 断定 | 新規 | 両建 | 無断 | 一任 | 反復 | 過当 | 向玉 | 特定 | 無薄 | 仕切 |
|---|---|---|---|---|---|---|---|---|---|---|---|---|---|---|---|---|---|
|  |  |  | 70? | 4 | × | × | × | × | × |  | × |  | × |  | ○ |  |  |
| × | ○ | C |  | 5 |  | × | × |  |  | × |  |  |  |  |  |  | △ |
|  |  |  | 40? | 2 |  | △ | ○ | △ | △ |  | ○ |  | ○ |  | △ |  |  |
|  |  | c |  | 5 |  | × | × | 一部○ |  |  |  |  |  |  |  |  | ○ |
|  |  | D |  | 24 |  |  | ○ | ○ |  |  | ○ |  | ○ |  | △ |  | ○ |
| × |  | B | 63 | 8 |  | × | × | × | 一部○ | ○ | × | × | × | × |  |  | ○ |
| × |  | D |  | 8 | × | ○ | ○ |  | △ |  | △ | × | ○ | ○ |  |  |  |
| × | ○7割 | c | 41 | 29 | × | 一部○ |  | ○ | ○ |  | ○ | ○ | ○ |  | × |  | ○ |
|  |  | D | 22 | 5 | ○ |  |  | ○ | × |  | × |  |  |  |  |  |  |
|  |  | D | 68 | 4 | × | ○ | ○ |  |  |  |  |  |  |  |  |  |  |
|  | ○ | Bc | 62 | 5 | × | × |  |  | ○ | △ |  |  |  | × |  |  |  |
|  |  | Dc |  | 12 | × | △? | × | ○ | ○ |  | × |  |  | × |  |  |  |
|  |  | Dc | 40 | 3 | × |  |  | × | × | × |  | △ |  |  |  |  |  |
|  | ○ | Dc | 37 | 26 | × | × | × |  | ○ |  | ○ |  |  | ○ |  |  | × |
|  |  | D |  | 14 |  | × |  |  | × | × |  |  |  |  |  |  |  |
| ○10万 |  | D | 38 | 12 |  |  | × | ○ | △ |  | × | △ |  |  |  |  |  |
|  | △ |  |  | 3 | × |  | × |  |  |  |  | △ |  |  |  |  |  |
|  |  | Cb |  |  |  |  |  |  |  |  |  |  |  |  |  |  |  |
|  |  | Dd |  |  |  |  |  |  |  |  |  |  |  |  |  |  |  |
|  |  | Dd |  |  |  |  |  |  |  |  |  |  |  |  |  |  |  |
|  |  | Dd | 45 | 5 | × | ○ | ○ | ○ | ○ | ○ | ○ |  |  | × |  |  |  |
| ○50万 |  |  |  | 17 | × |  |  |  | ○ |  |  |  | ○ |  |  |  |  |
| × |  | c | 36? | 4 | × | × | ○ | ○ |  |  | × |  |  |  |  |  |  |
| × |  | Dd | 62 | 4 | × |  | × |  | △ |  | ○ |  |  |  |  |  |  |
|  | △ |  |  |  |  |  |  |  |  |  |  |  |  |  |  |  |  |
|  | × | Dd | 51 | 17 | ○ | ○ | ○ | ○ |  |  | ○ |  | ○ |  |  |  |  |
|  |  | Dc | 40 | 3 | × | × | × | × |  |  |  |  |  |  |  |  | ○ |
|  |  |  |  |  |  |  |  |  | ○ |  |  | ○ | ○ |  |  |  |  |
|  |  | Dc |  | 14 | ○ | × |  |  | △ |  |  | ○ | ○ |  |  |  |  |
|  |  |  | 73 | 7 | × | ○ |  |  | ○ | ○ | ○ |  | ○ |  | △ |  |  |
|  |  | D | 33 | 70 | × | × | × | ○ | △ | × | ○ | ○ |  | ○ | × |  |  |
|  |  |  |  | 20 |  |  |  |  |  | × |  |  |  |  |  |  |  |
| × | ○8.5割 | C |  | 5 | ○ | × | × |  |  |  | × |  |  |  |  |  | × |
| × |  | Dd | 37 | 8 |  | × |  |  | ○ | ○ | ○ | ○ |  | △ |  |  |  |
|  |  | C | 50 | 8 |  | × | × | × | △ | × |  | △ | △ |  |  |  |  |
|  |  |  |  | 6 |  |  |  |  |  |  |  |  |  |  |  |  | × |

347

第五章　商品先物取引と顧客の保護

| 番号 | 裁判所 | 年月日 | 掲載誌 | 審級関係 | 訴訟 | 勝敗 | 過失相殺 |
|---|---|---|---|---|---|---|---|
| 国181 | 佐賀地武雄支判 | H11.5.12 | 先物26-60 | | | ○ | 3割 |
| 国182 | 前橋地桐生支判 | H11.5.26 | 先物26-89 | | | ○ | 4割 |
| 国183 | 盛岡地判 | H11.5.28 | 先物28-84 | 192一審 | | × | |
| 国184 | 札幌地判 | H11.6.30 | 先物26-114 | 193一審 | | ○ | 4割 |
| 国185① | 仙台高判 | H11.7.23 | 先物26-134 | 163控訴 | | ○ | 5割 |
| 国185② | 仙台高判 | H11.7.23 | 先物26-134 | 163控訴 | | ○ | 5割 |
| 国185③ | 仙台高判 | H11.7.23 | 先物26-134 | 163控訴 | | ○ | 5割 |
| 国186 | 横浜地判 | H11.8.26 | 判時1718-82・判タ1044-136 | | | ○ | 8割 |
| 国187 | 神戸地尼崎支判 | H11.9.14 | 先物27-1 | | | ○ | 5割 |
| 国188 | 盛岡地判 | H11.9.24 | 先物28-1 | | | ○ | 5割 |
| 国189 | 東京高判 | H11.9.28 | 先物27-23 | 176控訴 | | ○ | なし |
| 国190 | 前橋地桐生支判 | H11.10.20 | 先物30-1 | 219一審 | | × | |
| 国191 | 大阪地判 | H11.10.28 | 先物27-45 | | | ○ | 6割 |
| 国192 | 仙台高判 | H11.12.15 | 先物28-119 | 183控訴 | | ○ | なし |
| 国193 | 札幌高判 | H11.12.16 | 先物27-89 | 184控訴 | | ○ | 2割 |
| 国194 | 福岡地小倉支判 | H12.2.16 | 先物27-93 | | | ○ | 2割 |
| 国195 | 佐賀地判 | H12.2.28 | 先物27-111 | | | ○ | 2割 |
| 国196 | 東京地判 | H12.3.16 | 先物28-47 | | | ○ | 3.5割 |
| 国197 | 京都地判 | H12.3.30 | 先物34-1 | 253一審 | | × | |
| 国198 | 最高裁 | H12.4.13 | 先物28-142 | 192上告 | | ○ | |
| 国199 | 名古屋地判 | H12.4.28 | 先物28-144 | | | ○ | 6割 |
| 国200 | 名古屋地判 | H12.5.19 | 先物28-174 | 212一審 | | ○ | 5割 |
| 国201 | 新潟地判 | H12.6.14 | 先物28-198 | | | ○ | 4割 |
| 国202 | 東京地判 | H12.7.14 | 先物29-1 | 208一審 | | × | |
| 国203 | 大阪地判 | H12.8.25 | 先物30-54 | | | ○ | 3割 |
| 国204 | 名古屋地岡崎支判 | H12.9.7 | 先物29-52 | 221一審 | | ○ | 5割 |
| 国205 | 東京地判 | H12.9.19 | 先物29-80 | | | ○ | 6割 |
| 国206 | 大阪地判 | H12.9.19 | 先物29-108 | | | ○ | 3割 |
| 国207 | 和歌山地判 | H12.10.21 | 先物31-1 | 223一審 | | × | |
| 国208 | 東京高判 | H12.11.15 | 先物29-31 | 202控訴 | | ○ | 約5.5割 |
| 国209 | 大阪地判 | H12.11.21 | 先物29-135 | | | ○ | 2割 |
| 国210 | 大阪地判 | H12.11.30 | 判時1745-110・先物29-179 | | | ○ | なし |
| 国211 | 東京高判 | H12.12.5 | 判タ1060-181 | | | | |
| 国212 | 名古屋高判 | H12.12.27 | 先物29-231 | 200控訴 | | ○ | 5割 |
| 国213 | 新潟地長岡支判 | H13.2.1 | 先物31-47 | 227一審 | | × | |
| 国214 | 鹿児島地判 | H13.2.7 | 先物30-92 | | | ○ | 4割 |
| 国215 | 鹿児島地判 | H13.2.26 | 先物30-187 | | 乙 | ○ | 5割 |

【国内公設市場における商品先物取引裁判例一覧】

| 慰謝料 | 業者請求 | 経験 | 年齢 | 取引月数 | 適合 | 説明 | 断定 | 新規 | 両建 | 無断 | 一任 | 反復 | 過当 | 向玉 | 特定 | 無薄 | 仕切 |
|---|---|---|---|---|---|---|---|---|---|---|---|---|---|---|---|---|---|
| × | | Dd | 34 | 8 | | △ | × | | △ | | | ○ | ○ | | ○ | | × |
| | | Df | 75 | 17 | △ | ○ | × | ○ | ○ | | × | × | | | | | |
| | | B | 74 | 13 | | | | | | × | | | | | | | |
| | | D | 78 | 6 | × | × | × | ○ | △ | | × | ○ | | ○ | | |
| | | Cb | | | | | | | | | | | | | | | |
| | | Dd | | | | | | | | | | | | | | | |
| | | Dd | | | | | | | | | | | | | | | |
| | | Dd | 41 | 4 | | | △ | | × | △ | | △ | | | | |
| | | | | 50 | ○ | | | | △ | | | | | | | |
| | ○5割 | Df | 52 | 2 | ○ | ○ | ○ | | | × | | ○ | | ○ | | × |
| × | | | | 20 | | | | | | ○ | | | | | | |
| | ○ | D | 34 | 12 | × | × | × | × | × | | × | × | | | | × |
| | | c | | 11 | × | × | × | | ○ | | ○ | | | ○ | △ | |
| | | B | 74 | 13 | | | | △ | | ○ | ○ | ○ | | | | |
| | | Dd | 69/子28 | 2 | ○ | ○ | ○ | ○ | | | ○ | | ○ | | | △ |
| | | Dd | 48 | 2 | ○ | ○ | ○ | ○ | △ | | ○ | △ | | ○ | | |
| | | Dd | 71 | 3 | | ○ | | | △ | | ○ | ○ | | | | ○ |
| × | | Dc | | 19 | | × | × | | | × | | × | | | | × |
| | | | 74 | | | | | | | | | | | | | |
| | | D | | 17 | △ | △ | | △ | ○ | ○ | ○ | | | | | △ |
| | | B | 34 | 7 | △ | × | | × | △ | × | ○ | ○ | | ○ | | |
| | | Df | 42 | 5 | | | × | | | | ○ | | | ○ | | |
| | | Bc | 55 | 10 | × | × | × | | × | | | × | × | × | | |
| × | | Dd | 79 | 25 | ○ | × | × | | ○ | × | ○ | ○ | | ○ | | △ |
| | × | Dd | 25 | 14 | | × | × | × | | × | × | | ○ | × | × | |
| × | | Dd | 69 | 15 | × | ○ | × | | | | | | ○ | | | |
| | | Df | 68 | 6 | ○ | ○ | | | ○ | ○ | | △ | | △ | | |
| | ○ | Bc | 28 | 13 | × | × | × | | × | × | × | × | | | × | △ |
| | | Bc | 55 | 10 | × | ○ | ○ | △ | | | △ | △ | △ | | | |
| | | Cc | | 10 | ○ | | ○ | | | △ | | | | | | |
| | | Df | 45 | 8 | × | | ○ | △ | ○ | | ○ | | | | | |
| | | E | | 計13 | × | × | | × | × | | | | | | | × |
| | | B | 34 | 7 | ○ | | △ | | | ○ | ○ | | | | | |
| | | D | 47 | 16 | | | | △ | | | | | | | | |
| | | Dd | 38 | 6 | × | × | △ | △ | × | | ○ | ○ | | ○ | × | |
| | ○ | B | 48 | 7 | | | △ | | | ○ | ○ | ○ | | | | △ |

第五章　商品先物取引と顧客の保護

| 番号 | 裁判所 | 年月日 | 掲載誌 | 審級関係 | 訴訟 | 勝敗 | 過失相殺 |
|---|---|---|---|---|---|---|---|
| 国216 | 東京地判 | H13. 2. 26 | 先物30-251 | | | ○ | 4割 |
| 国217 | 大阪地判 | H13. 3. 1 | 先物30-309 | | 甲 | ○ | |
| 国218 | 名古屋地判 | H13. 3. 21 | 先物30-344 | 247一審 | | ○ | 3割 |
| 国219 | 東京高判 | H13. 4. 26 | 判時1757-67・先物30-29 | 190控訴 | | ○ | 3割 |
| 国220 | 大阪地判 | H13. 5. 25 | 先物31-118 | | | ○ | 4割 |
| 国221 | 名古屋高判 | H13. 6. 13 | 先物30-384 | 204控訴 | | ○ | 5割 |
| 国222 | 大阪地判 | H13. 6. 14 | 先物31-154 | | | ○ | 1割 |
| 国223 | 大阪高判 | H13. 7. 13 | 先物31-36 | 207控訴 | | ○ | 5割 |
| 国224 | 札幌地判 | H13. 8. 24 | 先物31-171 | | 乙 | ○ | 5割 |
| 国225 | 名古屋地判 | H13. 9. 4 | 先物33-1 | | | ○ | 5割 |
| 国226 | 札幌地判 | H13. 9. 7 | 先物32-1 | | | ○ | 4割 |
| 国227 | 東京高判 | H13. 10. 10 | 先物31-104 | 213控訴 | | ○ | 3割 |
| 国228 | 静岡地浜松支判 | H13. 10. 25 | 先物31-211 | | | ○ | 4割 |
| 国229 | 岐阜地大垣支判 | H13. 11. 15 | 先物31-229 | | | ○ | 2.5割 |
| 国230 | 札幌地判 | H14. 1. 21 | 先物31-288 | | 乙 | ○ | 5割 |
| 国231 | 千葉地判 | H14. 1. 31 | 先物31-305 | | 乙 | ○ | |
| 国232 | 神戸地姫路支判 | H14. 2. 25 | 先物32-16 | | | ○ | なし |
| 国233 | 大阪地判 | H14. 2. 26 | 先物31-327 | | | ○ | 4割 |
| 国234 | 札幌地判 | H14. 2. 28 | 先物32-93 | | | ○ | 5割 |
| 国235 | 札幌地判 | H14. 3. 6 | 先物32-105 | | 乙 | ○ | なし |
| 国236 | 新潟地判 | H14. 3. 27 | 先物32-134 | 248一審 | 乙 | ○ | 6割 |
| 国237 | 千葉地木更津支判 | H14. 3. 29 | 先物32-153 | 251一審 | | ○ | なし |
| 国238 | 横浜地判 | H14. 3. 29 | 先物35-1 | 265一審 | | × | |
| 国239 | 千葉地判 | H14. 4. 25 | 先物33-27 | | | ○ | 6割 |
| 国240 | 名古屋地判 | H14. 4. 30 | 先物32-185 | | | ○ | 6割 |
| 国241 | 名古屋地判 | H14. 5. 14 | 先物32-219 | | | ○ | 6割 |
| 国242① | 名古屋地判 | H14. 5. 24 | 先物33-69 | | | ○ | なし |
| 国242② | 名古屋地判 | H14. 5. 24 | 先物33-69 | | | ○ | 7割 |
| 国243 | 前橋地判 | H14. 6. 12 | 先物32-292 | | | ○ | 3割 |
| 国244 | 静岡地判 | H14. 6. 17 | 先物32-269 | | 甲 | ○ | 6割 |
| 国245 | 奈良地判 | H14. 8. 23 | 先物33-127 | | | | |
| 国246 | 福岡地判 | H14. 9. 30 | 先物33-163 | | | ○ | 3割 |
| 国247 | 名古屋高判 | H14. 10. 1 | 先物33-213 | 218控訴 | | ○ | 6割 |
| 国248 | 東京高判 | H14. 10. 30 | 先物33-244 | 236控訴 | 乙 | ○ | 6割 |
| 国249 | 大阪地判 | H14. 11. 28 | 先物33-270 | | | ○ | 4割 |
| 国250 | 東京高判 | H14. 12. 19 | 判時1808-69 | | | ○ | 3割 |
| 国251 | 東京高判 | H14. 12. 26 | 先物33-302・判時1814-94 | 237控訴 | | ○ | |

【国内公設市場における商品先物取引裁判例一覧】

| 慰謝料 | 業者請求 | 経験 | 年齢 | 取引月数 | 適合 | 説明 | 断定 | 新規 | 両建 | 無断 | 一任 | 反復 | 過当 | 向玉 | 特定 | 無薄 | 仕切 |
|---|---|---|---|---|---|---|---|---|---|---|---|---|---|---|---|---|---|
| × |  | Dc | 56 | 7 | × | ○ |  | ○ | △ |  |  | ○ | ○ |  | ○ |  |  |
|  | △4割・相殺 | C | 69/妻64 | 12 |  |  |  |  |  |  |  |  |  |  |  |  |  |
| × |  | Dc | 49 | 7 |  | ○ |  | ○ | △ | △ | △ | ○ |  |  |  |  |  |
| × | × | D | 34 | 12 | × | ○ | ○ | ○ | ○ | ○ | ○ | ○ |  |  | △ |  |  |
|  |  | A | 62 | 3 | × |  | × |  | △ | × | × | × | ○ |  |  |  | × |
|  | × | Dd | 25 | 14 |  | △ | × |  | △ | × | × |  | ○ | × | ○ | × |  |
| × |  | c | 75 | 0.5 | × | △ | × |  | △ |  |  |  |  |  |  |  |  |
|  | ○5割 | Bc | 28 | 13 | × | × | × |  | △ | × | × | ○ | ○ |  |  | ○ | × |
|  | ○ |  | 52 | 8 | × | △ | × |  | × | × | △ |  | ○ |  |  |  | △ |
| × |  | Dd | 49 | 9(4) | × | × | × | ○ |  |  | ○ | ○ | × |  | ○ |  |  |
| × |  | B | 39 | 8 |  | △ |  |  | △ | △ | ○ |  | ○ |  |  |  |  |
|  |  | D | 47 | 16 |  | △ | ○ |  | △ |  | △ | ○ |  | △ |  |  |  |
|  |  | Dd | 28 | 1 | ○ | △ | ○ |  |  |  |  |  | ○ |  |  |  | △ |
|  |  |  | 44 | 11 | × | ○ |  | ○ |  | × | × |  |  |  | △ | △ |  |
|  |  | Dc |  | 13 |  | × |  | △ | △ | ○ | ○ | ○ |  |  | ○ |  |  |
|  | × | Dc | 63 | 37 |  |  |  |  |  |  |  |  |  |  |  |  | △ |
| × |  | Dd | 64 | 8 |  |  |  |  | △ |  | ○ | ○ |  | ○ |  |  |  |
|  |  | Dd | 78 | 1 |  | × | × | △ |  |  |  |  |  |  |  |  |  |
|  |  | Dd |  | 2 |  |  |  |  |  |  |  |  |  |  |  |  |  |
|  | △相殺 | c |  | 4 | × | △ | ○ |  | △ | ○ | △ |  |  |  |  |  |  |
|  | △相殺 | Df | 41 | 8 |  | △ | × |  | △ |  | ○ |  | ○ |  |  |  |  |
| × |  | Dd | 54 | 12 | ○ | ○ | ○ | △ | ○ |  | △ |  | ○ |  |  |  |  |
|  |  | Dd | 52 | 4 | × | × | × | × | × | × | × | × | × |  | × |  | × |
| × |  | B | 76 | 3 | × | × | × |  | ○ | △ |  | ○ |  |  |  |  |  |
|  |  | b | 46 | 8 |  | × | × |  | × | × | × |  |  |  |  |  | × |
| × |  | c | 73 | 1 |  | × | × | ○ | ○ | × | × | ○ |  |  |  |  | × |
|  |  | B | 81 | 21 | △ |  | × |  | ○ | × | × | ○ |  | ○ |  |  |  |
|  |  | D | 60 | 15 |  |  | ○ |  |  | × | × |  | ○ |  |  |  |  |
| × |  | Dd | 74/妻66 | 5 |  |  | △ |  | ○ |  |  |  |  |  |  |  |  |
|  | ○6割 | Dd | 37 | 0.5 | × | × | × | ○ |  | × |  | × |  |  |  |  |  |
|  |  | Dd | 40 | 30 | × | × | × |  | ○ |  | × |  | ○ |  |  |  |  |
|  |  | Dd | 41 | 20 | × | × | × |  | × |  | × |  | × | × | ○ |  | × |
| × |  | c |  | 7 | × | × | × | ○ |  | ○ | △ |  | ○ | × |  |  | × |
|  | × | Df |  | 8 |  |  | △ |  | △ |  |  | ○ |  | ○ |  |  |  |
|  |  | Dd | 34 | 7 | × | ○ | △ | ○ |  | ○ | ○ | ○ |  |  |  | ○ |  |
|  |  | Dc | 54 | 5 | × | △ | △ | ○ |  |  |  | △ |  |  |  |  |  |
| × |  | Dd |  | 12 | ○ | ○ | ○ | ○ | ○ |  |  |  |  | ○ |  | ○ | ○ |

第五章　商品先物取引と顧客の保護

| 番号 | 裁判所 | 年月日 | 掲載誌 | 審級関係 | 訴訟 | 勝敗 | 過失相殺 |
|---|---|---|---|---|---|---|---|
| 国252 | 名古屋地判 | H15.1.17 | 先物33-332 | | | ○ | 3割 |
| 国253 | 大阪高判 | H15.1.29 | 先物34-23 | 197控訴 | | ○ | 3割 |
| 国254 | 名古屋地判 | H15.2.28 | 先物34-64 | | | ○ | 4割 |
| 国255 | 大阪地判 | H15.3.11 | 先物35-62 | 266一審 | | ○ | 3割 |
| 国256 | 千葉地判 | H15.3.25 | 先物34-97 | | | ○ | 6割 |
| 国257 | 名古屋地判 | H15.3.28 | 先物34-125 | | | ○ | 6割 |
| 国258 | 名古屋地判 | H15.4.18 | 先物34-185 | | | ○ | 2割 |
| 国259 | 神戸地判 | H15.5.22 | 先物35-169 | | | ○ | 1割 |
| 国260 | 大阪地判 | H15.5.28 | 先物34-305 | | | ○ | 5割 |
| 国261 | 大阪地判 | H15.5.29 | 先物34-332 | | | ○ | 6割 |
| 国262 | 鹿児島地判 | H15.7.16 | 先物34-439 | | | ○ | 5割 |
| 国263 | 名古屋地判 | H15.8.27 | 先物35-191 | | | ○ | 3割 |
| 国264 | 千葉地判 | H15.8.27 | 先物35-206 | | | ○ | 6割 |
| 国265 | 東京高判 | H15.9.11 | 先物35-35 | 238控訴 | | ○ | 5割 |
| 国266 | 大阪高判 | H15.9.25 | 先物35-133 | 255控訴 | | ○ | なし |
| 国267 | 大阪高判 | H15.11.7 | 判例集未登載(H14(ネ)1158号) | 232控訴 | | ○ | なし |
| 国268 | 鹿児島地判 | H15.11.19 | 先物35-272 | | | ○ | 4割 |
| 国269 | 京都地判 | H15.12.11 | 先物35-337 | | | ○ | 2割 |
| 国270① | 大阪地判 | H16.1.27 | 先物35-352 | | 甲 | ○ | 8割 |
| 国270② | 大阪地判 | H16.1.27 | 先物35-352 | | 甲 | ○ | 3割 |
| 国271 | 神戸地判 | H16.2.5 | 先物36-1 | | | ○ | 2割 |
| 国272 | 大阪地判 | H16.2.10 | 先物36-59 | | | ○ | なし |
| 国273① | 名古屋地判 | H16.2.13 | 先物36-81 | | 乙 | ○ | 5割 |
| 国273② | 名古屋地判 | H16.2.13 | 先物36-81 | | 乙 | ○ | 5割 |
| 国273③ | 名古屋地判 | H16.2.13 | 先物36-81 | | | ○ | 1.5割 |
| 国274 | 名古屋地判 | H16.2.27 | 先物36-246 | | 甲 | ○ | 2割 |
| 国275 | 仙台地判 | H16.2.27 | 先物36-285 | | | ○ | なし |
| 国276 | 名古屋地判 | H16.3.2 | 先物36-309 | | 乙 | ○ | 4割 |
| 国277 | 那覇地判 | H16.4.27 | 金判1199-43 | | | ○ | 6割 |

【国内公設市場における商品先物取引裁判例一覧】

| 慰謝料 | 業者請求 | 経験 | 年齢 | 取引月数 | 適合 | 説明 | 断定 | 新規 | 両建 | 無断 | 一任 | 反復 | 過当 | 向玉 | 特定 | 無薄 | 仕切 |
|---|---|---|---|---|---|---|---|---|---|---|---|---|---|---|---|---|---|
| | ○3割 | Dd | 44 | 1 | | × | × | ○ | × | | | | | × | × | | ○ |
| × | | Dc | 48 | 19 | × | ○ | ○ | | | ○ | | | ○ | × | | × | |
| | | Dd | 37 | 5 | × | × | × | ○ | ○ | | × | ○ | | × | ○ | | × |
| × | | Dd | 57 | 2 | ○ | ○ | × | | ○ | × | | | | | | △ | × |
| | | B | 38 | 8 | | × | ○ | | | | | ○ | | ○ | ○ | | ○ |
| × | | Dd | 33 | 40 | × | × | × | ○ | ○ | | × | ○ | | | ○ | | |
| × | | c | 50 | 19 | | × | × | ○ | ○ | × | × | × | | ○ | × | ○ | |
| ○100万 | | Dc | 36 | 9 | | × | × | ○ | | ○ | | | ○ | | | | ○ |
| | | Dd | 32 | 4 | △ | × | × | × | | | × | △ | △ | × | | | × |
| | | Dd | 31 | 2 | × | × | × | | | × | ○ | × | | | | | |
| | | Dd | 66 | 6 | × | × | × | | △ | | △ | △ | | | | | |
| | | Dd | 39 | 1 | ○ | ○ | × | | ○ | × | | | | | | | |
| × | | A | 38 | 23 | × | × | × | × | ○ | × | ○ | ○ | ○ | | ○ | × | |
| | | Dd | 52 | 4 | × | × | × | ○ | | × | × | | | | | | × |
| × | | Dc | 57 | 2 | | ○ | ○ | | ○ | ○ | | ○ | | | | | ○ |
| | | Dd | 64 | 8 | × | | | | × | △ | | △ | × | | | | △ |
| | | D | 45 | 25 | ○ | × | ○ | ○ | ○ | ○ | | | | | × | | × |
| | | Dd | | 5 | | ○ | ☆ | | × | × | | | | × | | | × |
| | | | 66 | 55 | | ○ | ○ | | × | | | × | | | | | |
| | ○ | Ec | 50 | 15 | × | ○ | ○ | × | | ○ | × | | | | | | × |
| | | Dd | 76 | 1 | ○ | × | ○ | ○ | × | × | | ○ | | | | | |
| × | | Dd | 59 | 2 | ○ | △ | ○ | | ○ | × | | | | | | × | ○ |
| | | Dd | 44 | 15 | × | × | × | | ○ | ○ | × | | × | × | | | |
| | | Dd | 71 | 4 | × | × | × | | ○ | ○ | × | | × | × | | | |
| | × | Dd | 47 | 10 | ○ | ○ | × | | ○ | ○ | × | | × | × | | | |
| | | Dd | 26 | 2 | ○ | × | ○ | ○ | △ | | ○ | | ○ | | | | ○ |
| × | | Db | 67 | 11 | × | | ○ | ○ | ○ | | ○ | ○ | ○ | | | | ○ |
| × | × | Db | 56 | 3 | ○ | × | × | ○ | ○ | | × | × | | × | × | × | ○ |
| | | Dd | 66 | 14 | × | × | × | × | × | | × | ○ | ○ | | | | |

第五章　商品先物取引と顧客の保護

【海外市場における商品先物取引裁判例一覧】

| 番号 | 裁判所 | 年月日 | 掲載誌 | 審級関係 | 訴訟 | 勝敗 | 過失相殺 |
|---|---|---|---|---|---|---|---|
| 海1 | 大阪地判 | S58. 3. 14 | 判タ494-121・先物2-30 | 15一審 | | ○ | |
| 海2 | 大阪地判 | S58. 9. 8 | 先物5-79 | 20一審 | | × | |
| 海3 | 横浜地判 | S58. 11. 14 | 先物3-17 | | | ○ | |
| 海4 | 横浜地判 | S58. 12. 23 | 先物3-21 | | | ○ | |
| 海5 | 鹿児島地判 | S58. 12. 27 | 先物3-25 | | | ○ | |
| 海6 | 横浜地判 | S59. 1. 20 | 先物3-29 | | | ○ | |
| 海7 | 大阪地判 | S59. 1. 30 | 判時1121-62・判タ524-255・先物3-32 | 13一審 | | ○ | なし |
| 海8 | 大阪地判 | S59. 1. 30 | 先物3-46 | | | ○ | |
| 海9 | 大阪地判 | S59. 4. 16 | 先物4-8 | | | ○ | |
| 海10 | 大阪地判 | S59. 4. 26 | 先物4-32 | | | ○ | |
| 海11 | 大阪地判 | S59. 5. 30 | 先物4-73 | | | ○ | |
| 海12 | 大阪地判 | S59. 7. 26 | 判時1134-142・先物4-105 | | | ○ | |
| 海13 | 大阪高判 | S59. 9. 27 | 先物4-112 | 7控訴 | | ○ | |
| 海14 | 名古屋地判 | S59. 11. 16 | 先物4-115 | | | ○ | |
| 海15 | 大阪高判 | S59. 12. 20 | 先物4-123 | 1控訴 | | ○ | |
| 海16 | 大阪地判 | S60. 2. 22 | 判時1163-89・判タ556-190・先物5-1 | | | ○ | |
| 海17 | 名古屋地岡崎支判 | S60. 3. 7 | 先物5-11 | | | ○ | |
| 海18 | 山形地判 | S60. 3. 26 | 先物6-1 | | | ○ | |
| 海19 | 大阪地判 | S60. 4. 9 | 判タ560-177・先物5-50 | | | ○ | |
| 海20 | 大阪高判 | S60. 4. 26 | 先物5-61 | 2控訴 | | ○ | |
| 海21 | 佐賀地判 | S60. 6. 11 | 先物5-84 | | | ○ | |
| 海22 | 静岡地判 | S60. 10. 25 | 判時1181-153・先物6-11 | | | ○ | |
| 海23 | 横浜地判 | S61. 1. 31 | 先物7-1 | | | ○ | |
| 海24 | 名古屋地判 | S61. 3. 28 | 先物7-3 | | | ○ | なし |
| 海25 | 大阪地判 | S61. 4. 11 | 先物7-15 | | | ○ | |
| 海26 | 名古屋地判 | S61. 5. 8 | 先物7-20 | | | ○ | |
| 海27 | 大阪地判 | S61. 9. 8 | 先物7-99 | | | ○ | |
| 海28(指) | 大阪地判 | S62. 8. 7 | 判タ655-180・先物8-29 | | | ○ | |
| 海29 | 札幌地判 | S62. 12. 17 | 先物10-231 | 42一審 | | × | |
| 海30 | 東京地判 | S63. 5. 13 | 先物8-91 | | | ○ | |
| 海31 | 浦和地判 | S63. 6. 29 | 金判810-34・先物9-1 | | | ○ | |
| 海32 | 福岡地判 | S63. 8. 29 | 判タ684-220 | | | ○ | |
| 海33 | 大阪地判 | H1. 2. 13 | 判タ701-216 | | | ○ | |
| 海34 | 大阪地判 | H1. 6. 29 | 判タ701-198・先物9-88 | | | ○(9) | |
| 海35 | 東京地判 | H1. 7. 14 | 判タ719-179・金判840-21 | | | × | |
| 海36 | 名古屋地判 | H1. 8. 15 | 判時1345-106・判タ733-168・先物9-239 | | | ○ | なし |

【海外市場における商品先物取引裁判例一覧】

| 慰謝料 | 業者請求 | 経験 | 年齢 | 取引月数 | 適合 | 説明 | 断定 | 新規 | 両建 | 無断 | 一任 | 反復 | 過当 | 向玉 | 特定 | 無薄 | 仕切 |
|---|---|---|---|---|---|---|---|---|---|---|---|---|---|---|---|---|---|
|  |  | Dc |  | 1 |  | ○ |  |  |  |  |  |  |  |  |  |  |  |
|  |  |  |  | 1 |  | × |  |  |  |  |  |  |  |  |  |  |  |
|  |  |  |  | 0.5 |  | ○ | ○ |  |  |  |  |  |  |  |  |  |  |
|  |  |  |  | 3 |  | ○ | ○ |  |  |  |  |  |  |  |  |  |  |
|  |  |  |  | 0.5 |  | ○ | ○ |  |  |  |  |  |  |  |  |  |  |
| ○300万 |  |  | 53 | 2 |  | ○ | ○ |  |  |  |  |  |  |  |  |  |  |
|  |  | Dd |  | 1.5 |  | ○ | ○ |  |  |  |  |  |  |  |  |  |  |
|  |  |  |  | 4 |  | ○ | ○ |  |  |  |  |  |  |  |  |  |  |
|  |  |  | 60 | 1 |  | ○ |  |  |  |  |  |  |  |  |  |  |  |
| ○20万 |  | Dd |  | 0.5 |  | ○ | ○ |  |  | ○ |  |  |  |  |  |  |  |
|  |  |  |  | 1 |  | ○ | ○ |  |  | ○ |  |  |  |  |  |  |  |
|  |  |  |  | 0.5 |  | △ | △ |  |  | △ |  |  |  |  |  |  |  |
|  |  |  |  | 1.5 |  | ○ | ○ |  |  |  |  |  |  |  |  |  |  |
|  |  |  | 68 | 1 |  | ○ | ○ |  |  |  |  |  |  |  |  |  |  |
|  |  |  |  | 1 |  | ○ | ○ |  |  |  |  |  |  |  |  |  |  |
| × |  |  | 56 | 0.5 |  | ○ | ○ |  |  |  |  |  |  | △ |  |  |  |
| × |  | Dc |  | 3 |  |  |  |  |  | ○ |  |  |  |  |  |  |  |
|  |  |  |  | 5 | △ |  |  |  |  |  |  |  |  |  |  |  |  |
|  |  | D | 31 | 1 |  | ○ | ○ |  |  |  |  |  |  | ○ |  |  |  |
|  |  | c | 60 | 1 |  | ○ | ○ |  |  |  |  |  |  | × |  |  |  |
|  |  |  |  | 1 |  | ○ | ○ |  |  |  | ○ |  |  |  |  |  |  |
|  |  |  |  | 4 | △ |  |  |  |  |  |  |  |  |  |  |  |  |
|  |  |  |  | 8 | △ |  |  |  |  |  |  |  |  |  |  |  |  |
| ○40万 |  | Dd |  | 1 | △ |  |  |  |  |  |  |  |  |  |  |  |  |
|  |  |  |  | 1 |  | ○ | ○ |  |  |  |  |  |  |  |  |  |  |
|  |  |  |  | 0.5 |  |  |  |  |  |  |  |  |  |  |  |  |  |
|  |  | Dd | 51 | 1 | △ |  |  |  |  |  |  |  |  |  |  |  |  |
| ○各10万 |  | Dc/B |  | 6 | ○ |  |  |  |  |  |  |  |  |  |  |  |  |
|  |  |  | 70 | 2 |  | × | × |  | × | × |  |  |  | × |  |  | × |
|  |  |  | 29 | 4 |  |  |  |  |  |  |  |  |  |  |  |  |  |
|  |  |  |  | 2 |  |  |  |  |  |  |  |  |  |  |  |  |  |
|  |  | B | 58 | 2 | ○ | ○ | ○ |  |  |  |  |  |  |  |  |  | ○ |
|  |  | Dd | 24 | 2 |  | ○ | ○ |  |  | ○ |  |  |  | ○ |  |  |  |
|  |  | D | 33〜63 | 2〜19 |  | ○ | ○ |  | △ |  |  |  |  | △ |  |  | ○ |
|  |  | Dc |  | 4 |  | × | × |  |  | × |  |  |  | × |  |  | × |
| × |  | D |  | 3 | ○ |  |  |  |  |  |  |  |  |  |  |  |  |

第五章　商品先物取引と顧客の保護

| 番号 | 裁判所 | 年月日 | 掲載誌 | 審級関係 | 訴訟 | 勝敗 | 過失相殺 |
|---|---|---|---|---|---|---|---|
| 海37 | 名古屋地判 | H1.12.22 | 先物10-14 | | | ○ | なし |
| 海38 | 名古屋地判 | H1.12.27 | 先物10-26 | | | ○(2) | |
| 海39 | 横浜地判 | H2.5.24 | 判タ745-189 | | | ○ | |
| 海40 | 東京地判 | H2.6.22 | 先物11-109 | 44一審 | | × | |
| 海41 | 札幌地判 | H2.10.19 | 判タ783-227 | 43一審 | | × | |
| 海42 | 札幌高判 | H2.12.12 | 先物10-221 | 29控訴 | | ○ | |
| 海43 | 札幌高判 | H3.10.21 | 判タ783-223 | 41控訴 | | ○ | |
| 海44 | 東京高判 | H4.2.18 | 先物11-99 | 40控訴 | | ○ | |
| 海45 | 名古屋地判 | H4.3.13 | 判時1464-97・金判895-25・先物11-21 | | 甲 | ○(2) | |
| 海46 | 名古屋地判 | H4.10.21 | 判時1471-135 | | | × | |
| 海47 | 東京地判 | H4.11.10 | 判時1479-32・先物14-52 | | | ○(3) | |
| 海48 | 東京地判 | H6.3.17 | 先物16-18 | | | ○ | |
| 海49 | 福岡地判 | H6.4.26 | 先物18-25 | 52一審 | | ○(78) | 2〜4割 |
| 海50 | 名古屋地判 | H6.9.30 | 先物17-40 | | | ○ | |
| 海51 | 名古屋地判 | H8.3.28 | 先物20-52 | | | ○(11) | なし |
| 海52 | 名古屋地判 | H8.5.13 | 先物20-112 | | | ○(23) | |
| 海53 | 福岡高判 | H8.9.26 | 判タ928-173 | 48控訴 | | ○(78) | 3〜7割 |
| 海54(オ) | 大阪地判 | H9.11.19 | 先物25-1 | | | ○ | 6割 |
| 海55(オ) | 大阪地判 | H10.11.19 | 判時1692-91・判タ999-261 | | | ○ | 6割 |
| 海56(オ) | 東京地判 | H11.1.26 | 判タ1060-236・先物25-484 | | | ○ | 3割 |
| 海57(オ) | 東京地判 | H13.2.9 | 先物30-135 | | | ○ | なし |
| 海58(オ) | 名古屋地判 | H13.2.21 | 先物30-163 | | | ○ | 3割 |
| 海59(オ) | 名古屋地判 | H13.2.28 | 先物30-288 | | | ○ | 4割 |
| 海60(オ) | 東京地判 | H13.6.28 | 金判1148-46 | | | ○ | 2割/5割 |
| 海61(オ) | 東京地判 | H15.3.31 | 先物34-166 | | | ○ | 1.5割 |
| 海62(オ) | 名古屋地判 | H15.8.19 | 先物34-454 | | | ○ | 4割 |
| 海63(オ) | 大阪地判 | H15.10.21 | 先物35-246 | | | ○ | なし |
| 海64(オ) | 名古屋地判 | H15.12.3 | 先物35-291 | | | ○ | 4割 |

【海外市場における商品先物取引裁判例一覧】

| 慰謝料 | 業者請求 | 経験 | 年齢 | 取引月数 | 適合 | 説明 | 断定 | 新規 | 両建 | 無断 | 一任 | 反復 | 過当 | 向玉 | 特定 | 無薄 | 仕切 |
|---|---|---|---|---|---|---|---|---|---|---|---|---|---|---|---|---|---|
| | | Dd | | 4 | | ○ | | | | ○ | | | ○ | | | | ○ |
| | | | | 10:10 | | | | | | ○ | | | | | | | ○ |
| | | | | 13 | | | | | | | | | | | | | |
| | | Dd | | 8 | × | × | × | | | × | | × | | | | | |
| | | | | 5 | | × | × | | | × | | | × | | | | × |
| | | | | 2 | | ○ | | | ○ | | | ○ | | | | | |
| | | | | 5 | | ○ | | ○ | | | | ○ | | | | | |
| × | | Dd | 54 | 8 | | | | | ○ | | | ○ | | | | | |
| × | × | | | 15/15 | ○ | | | | | ○ | ○ | ○ | | | | | ○ |
| | | Dd | 54 | 41 | | × | × | × | | | × | | | | | | × |
| | | Dd | 44～54 | 2～3 | | ○ | ○ | | ○ | ○ | | ○ | ○ | ○ | | ○ | ○ |
| | | D | | 13 | | ○ | ○ | | ○ | | | | | | | | ○ |
| × | | | 2～30代 | | | | ○ | | ○ | | | ○ | | | | | ○ |
| | | | | 1 | | | ○ | | ○ | | | | | | | | |
| × | | | 2～40代 | 2～33 | | | ○ | | ○ | | | ○ | | | | ○ | |
| ○ | | | | | | ○ | ○ | | | | | | | ○ | | | ○ |
| × | | | 2～30代 | 平均7 | △ | × | × | | × | × | × | × | × | × | | | |
| | | b | 59 | 2 | ○ | × | | | × | | ○ | ○ | | | | | |
| | | B | 60 | 2 | | ○ | × | | × | × | ○ | | | | | | |
| × | | | 40 | 2 | ○ | | | | | | | | | | | | |
| | | Dd | 58 | 4 | ○ | ○ | ○ | | | | | ○ | | | | | |
| × | | Dc | 56 | 8 | ○ | ○ | | | | | | | | | | | |
| | | Dc | 37 | 8 | ○ | ○ | | | | | ○ | | | | | | |
| | | De | 35 | 8 | × | ○ | ○ | | | | | | | | | | |
| | | Dd | 57 | 11 | ○ | ○ | ○ | | | | ○ | | | | | | ○ |
| × | | Dd | 33 | 8 | × | ○ | ○ | | | | | | | | | | |
| | | Dc | 68 | 1 | ○ | ○ | ○ | ○ | | | | | | | | | |
| × | | Dc | 56 | 1 | × | ○ | ○ | ○ | | | | | | | | | |

357

第五章　商品先物取引と顧客の保護

【国内私設市場における商品先物取引裁判例一覧】

| 番号 | 裁判所 | 年月日 | 掲載誌 | 審級関係 | 訴訟 | 勝敗 | 過失相殺 |
|---|---|---|---|---|---|---|---|
| 私1 | 大阪地判 | S55.9.30 | 先物1-1 | | | ○(4) | |
| 私2 | 高知地判 | S56.6.24 | 先物1-5 | | | ○ | |
| 私3 | 大津地判 | S56.10.30 | 判時1046-110・判タ456-168・金判639-44・先物1-10 | | 甲 | ○ | |
| 私4 | 高松地判 | S57.2.10 | 先物1-19 | | | ○ | |
| 私5 | 東京地判 | S57.3.25 | 先物1-28 | | 甲 | ○ | |
| 私6 | 東京地判 | S57.5.19 | 判タ476-114・先物2-1 | 13一審 | | ○ | |
| 私7 | 神戸地龍野支判 | S57.8.25 | 先物1-34 | | | ○ | |
| 私8 | 大阪地判 | S58.2.28 | 判タ494-116・先物2-14 | 16一審 | | ○ | |
| 私9 | 福岡地判 | S58.4.26 | 判時1088-137・判タ501-185・先物4-1 | | | ○ | |
| 私10 | 東京地判 | S58.5.10 | 先物2-40 | | | ○(14) | |
| 私11 | 神戸地判 | S58.5.13 | 判時1097-115・判タ503-117・先物2-47 | | | ○ | |
| 私12 | 東京地判 | S58.5.17 | 先物2-62 | | | ○ | |
| 私13 | 東京高判 | S58.5.18 | 判時1081-135・先物2-9 | 6控訴 | | ○ | |
| 私14 | 新潟地判 | S58.6.29 | 先物3-1 | | | ○(3) | |
| 私15 | 大阪地判 | S58.9.9 | 先物3-5 | | | ※ | |
| 私16 | 大阪高判 | S58.10.14 | 判タ515-158・先物3-8 | 8控訴 | | ○ | |
| 私17 | 大阪地判 | S58.10.25 | 先物3-11 | | | ○ | |
| 私18 | 大阪地判 | S58.11.8 | 先物3-13 | | | ○ | |
| 私19 | 大阪地判 | S59.1.30 | 金判706-18 | | | ○ | なし |
| 私20 | 大阪地判 | S59.4.24 | 判時1135-133・先物4-18 | | | ○ | |
| 私21 | 札幌地判 | S59.5.24 | 判時1137-135・判タ532-216・先物4-43 | | 甲 | △(4) | |
| 私22 | 京都地判 | S59.6.15 | 先物4-79 | | | ○ | |
| 私23 | 大阪地判 | S59.6.22 | 判時1140-95・先物4-95 | | | ○ | |
| 私24 | 大阪地判 | S60.3.18 | 判時1163-96・判タ556-171・先物5-20 | | | ○ | なし |
| 私25 | 名古屋地判 | S60.4.26 | 判時1163-112・金判722-28 | | 乙※ | | |
| 私26 | 秋田地大館支判 | S61.2.27 | 判タ617-101・先物6-51 | | | ○ | |
| 私27 | 横浜地判 | S61.5.27 | 先物7-22 | | | ○ | |
| 私28 | 最高裁 | S61.5.29 | 判時1196-102・判タ606-46・先物7-25 | 16上告 | | ○ | |
| 私29 | 佐賀地判 | S61.7.18 | 判時1222-114・先物7-73 | | 乙 | ○(19) | |
| 私30 | 東京地判 | H2.1.31 | 金判858-28 | | | △ | |
| 私31 | 東京地判 | H2.3.29 | 判時1381-56・先物10-153 | 33一審 | | ○ | 2割 |
| 私32 | 東京地判 | H2.7.27 | 判タ753-182・先物10-104 | | | ○(3) | |
| 私33 | 東京高判 | H2.9.27 | 先物10-148 | 31控訴 | | ○ | なし |
| 私34 | 東京地判 | H4.7.27 | 判タ805-184・先物13-117 | | 甲 | ○ | なし |

【国内私設市場における商品先物取引裁判例一覧】

| 慰謝料 | 業者請求 | 経験 | 年齢 | 取引月数 | 適合 | 説明 | 断定 | 新規 | 両建 | 無断 | 一任 | 反復 | 過当 | 向玉 | 特定 | 無薄 | 仕切 |
|---|---|---|---|---|---|---|---|---|---|---|---|---|---|---|---|---|---|
|  |  |  |  |  | ○ |  |  |  |  |  |  |  |  |  |  |  |  |
| ○30万 |  |  |  | 3 | ○ |  |  |  |  |  | ○ |  |  |  |  |  |  |
|  | × |  |  | 1.5 | ○ | ○ |  |  | ○ |  | ○ |  |  |  |  |  |  |
| ○30万 |  |  | 68 | 7 |  |  |  |  |  |  |  |  |  |  |  |  |  |
|  | × |  |  | 5 | ○ | ○ |  |  |  |  |  |  |  |  |  |  |  |
|  |  | c |  | 2 | ○ |  |  |  |  |  |  |  |  |  |  |  |  |
|  |  |  |  | 4 | ○ | ○ |  |  |  |  |  |  |  |  |  |  |  |
| ○10万 |  |  | 52 | 1.5 | ○ | ○ |  |  |  |  |  |  |  |  |  |  |  |
|  |  | D |  | 6 | ○ | ○ |  |  | ○ |  |  |  |  | ○ |  |  |  |
|  |  |  |  |  |  |  |  |  |  |  |  |  |  |  |  |  |  |
|  |  |  |  |  | ○ |  |  |  |  |  |  |  |  |  |  |  |  |
|  |  |  |  |  | ○ |  |  |  |  |  |  |  |  |  |  |  |  |
|  |  |  |  | 2 | ○ |  |  |  |  |  |  |  |  |  |  |  |  |
|  |  |  |  | 1～4 | ○ | ○ |  |  |  |  |  |  |  |  |  |  |  |
|  |  |  |  | 0.5 | ○ |  |  |  |  |  |  |  |  |  |  |  |  |
|  |  |  |  | 1.5 | ○ | ○ |  |  |  |  |  |  |  |  |  |  |  |
|  |  |  |  |  |  |  |  |  |  |  |  |  |  |  |  |  |  |
|  |  |  |  | 6 | ○ |  |  |  |  |  |  |  |  |  |  |  |  |
|  |  | D |  | 1 | ○ | ○ |  |  | ○ |  |  |  |  |  |  |  |  |
| × |  |  | 60 | 0.5 | ○ | ○ |  |  |  |  |  |  |  |  |  |  |  |
|  | × |  |  | 0～8 | ×/○ | × |  |  |  |  |  |  |  |  |  |  |  |
|  |  | Dd | 58 | 0.5 | ○ | ○ |  |  |  |  |  |  |  |  |  |  |  |
|  |  | Dd |  | 1 | ○ | ○ |  |  |  |  |  |  |  |  |  |  |  |
|  |  | Dc |  | 6 | ○ | ○ |  |  | ○ |  |  |  |  |  |  |  |  |
|  |  |  |  | 21 |  |  |  |  |  |  |  |  |  |  |  |  |  |
| ○50万 |  | Dd |  | 3 | ○ | ○ |  |  |  |  |  |  |  |  |  |  | ○ |
|  |  |  |  | 0.5/1 | ○ | ○ |  |  |  |  |  |  |  |  |  |  |  |
|  |  |  |  | 1.5 | ○ | ○ |  |  |  |  |  |  |  |  |  |  |  |
| ○ | × | Dd/Dc |  | 2～9 | ○ | ○ |  |  | ○ |  |  |  |  |  |  |  | ○ |
|  |  |  |  |  | ○ | ○ |  |  |  |  |  |  |  |  |  |  |  |
| × |  | Dc | 49 |  |  | △ |  |  |  |  | △ |  |  |  |  |  |  |
|  |  |  |  |  |  |  |  |  |  |  |  |  |  |  |  |  |  |
| × |  |  |  |  |  |  |  |  |  |  |  |  |  |  |  |  |  |
| × | ×(発起人) | D | 62 | 5 | ○ | ○ | ○ |  | ○ | ○ |  |  |  | ○ |  |  |  |

第五章　商品先物取引と顧客の保護

## 【外国為替証拠金取引に関する裁判例一覧】

| 番号 | 裁判所 | 年月日 | 掲載誌 | 審級関係 | 訴訟 | 勝敗 | 過失相殺 |
|---|---|---|---|---|---|---|---|
| 為1 | 札幌地判 | H15.5.9 | 金判1174-33・先物34-246 | 5一審 | | ○ | なし |
| 為2 | 札幌地判 | H15.5.16 | 金判1174-44・先物34-268 | 6一審 | | ○ | |
| 為3 | 札幌地判 | H15.6.25 | 先物34-367 | 8一審 | | ○ | |
| 為4 | 札幌地判 | H15.6.27 | 先物34-409 | 7一審 | | ○ | なし |
| 為5 | 札幌高判 | H16.2.26 | 先物36-161 | 1控訴 | | ○ | なし |
| 為6 | 札幌高判 | H16.2.26 | 先物36-175 | 2控訴 | | ○ | |
| 為7 | 札幌高判 | H16.2.26 | 先物36-197 | 4控訴 | | ○ | なし |
| 為8 | 札幌高判 | H16.2.27 | 先物36-211 | 3控訴 | | ○ | なし |
| 為9 | 大阪地判 | H16.4.15 | 金判1203-43 | | | ○ | 8割 |
| 為10 | 札幌地判 | H16.9.22 | 金判1203-31 | | | ○ | なし |

## 【裁判例一覧表の見方】

・年月日は，「S」は「昭和」，「H」は「平成」を意味する。
・掲載誌の略語は，法律編集者懇話会「法律文献等の出典の表示方法」（2002年版）にしたがった。なお，「先物」とは，先物取引被害全国研究会編「先物取引裁判例集」（1～2巻は「金先物取引裁判例集」）を指す。

　なお，ハイフンの前の数字は，「先物」以外は号数，「先物」は巻数を，後の数字はいずれもページ数を意味する。

・「訴訟」では，顧客が訴訟を提起したところ商品取引業者から反訴請求がなされた場合を「甲」，逆に商品取引業者が訴訟を提起したところ顧客から反訴請求がなされた場合を「乙」と表記した。なお，商品取引業者が訴訟を提起したが，顧客が反訴請求をしなかったものは，「乙※」と表記した。
・「勝敗」とは，顧客側が訴訟に勝訴したか否かを示すものであり，勝訴した場合は○，敗訴した場合は×，一部勝訴した場合は△で示した。なお，過失相殺がなされた判決は，一応勝訴判決として分類した。
・「過失相殺」の項目中，250/600とあるのは，600万の請求額のうち250万円を，4割／7割とあるのは，基本的には4割，一部損害については7割を過失相殺されたことを示している。なお，「相因」とあるのは，過失相殺ではなく，業者の不法行為と損害との相当因果関係が認められた部分を意味するが，表作成の便宜上，過失相殺の項目に含めた。
・「業者請求」とは，商品取引業者から顧客に対してなされた差損金等の支払請求がなされたことをいう。業者側の請求が認められた場合には○，認められなかった場合には×，一部のみ認められた場合には△で示した。なお，「相殺」とあるのは，業者側の支払請求が認められたが，顧客からの損害賠償請求も認められているため，両者が相殺されたことを示している。
・「経験」のうち，大文字のアルファベットは，商品先物取引あるいはその他の取引に関する顧客の経験の有無を意味する。過去に商品先物取引の経験があり利益を得た場合をA，過去に経験はあるが損失を生じた場合をB，過去に経験はあるが損失を生じたか否かが不明であ

【外国為替証拠金取引に関する裁判例一覧】

| 慰謝料 | 業者請求 | 経験 | 年齢 | 取引月数 | 適合 | 説明 | 断定 | 新規 | 両建 | 無断 | 一任 | 反復 | 過当 | 向玉 | 特定 | 無薄 | 仕切 |
|---|---|---|---|---|---|---|---|---|---|---|---|---|---|---|---|---|---|
| | | D | 48 | 7 | △ | ○ | | | △ | | | | | | | | |
| | | | 58 | 7 | | ○ | | | | | | | | | | | |
| | | | 55 | 3 | △ | | | | △ | | | | | | | | |
| | | Dd | 52 | 9 | | ○ | | | | | | | | | | | |
| | | D | 48 | 7 | | ○ | | | | | | | | | | | |
| | | | 58 | 7 | | ○ | | | | | | | | | | | |
| | | Dd | 52 | 9 | | ○ | | | | | | | | | | | |
| | | Dc | 55 | 3 | | ○ | | | | | | | | | | | |
| | | Dc | 47 | 2 | ○ | × | × | | ○ | | | | | | | | |
| | | Dd | 53 | 1 | ○ | ○ | | | | | | | | | | | |

る場合をC，過去に経験がない場合をD，過去に経験はないが，当該取引後に複数の業者との取引を開始した場合をEで示した。また，小文字のアルファベットは，株式取引や株式の信用取引等，商品先物取引以外の取引に関する顧客の経験の有無を意味する。過去にそれらの取引の経験があり利益を得た場合をa，過去に経験はあるが損失を生じた場合をb，過去に経験はあるが損失を生じたか否かが不明である場合をc，過去に経験がない場合をd，過去に経験はないが，当該取引後に複数の業者との取引を開始した場合をeで示した。さらに過去において，外貨預金等，リスク性のある預金等をした場合をfで示した。なお，顧客が複数いる場合には，「／」で分けて表示した。

・「年齢」とは，顧客の取引開始時の年齢を示している。なお，顧客が複数いる場合には，「／」で分けて表示した。

・「月数」とは，取引開始から取引終了時までの月数を意味する。なお，形式的に取引が継続している場合でも，実質的に取引が終了している場合には，その時点までの月数で計算した。顧客が複数いる場合には，「／」で分けて表示した。

・表では，以下の略語を用いている。「適合」＝適合性原則，「説明」＝説明義務違反，「断定」＝断定的判断の提供，「新規」＝新規委託者保護義務違反，「無断」＝無断売買，「一任」＝一任売買，「反復」＝無意味な反復売買，「過当」＝過当売買，「向玉」＝向い玉，「特定」＝特定売買，「無薄」＝無敷・薄敷，「仕切」＝仕切段階の違法性（拒否・遅延・強制手仕舞）。なお，これらの項目のうち，○はその項目を理由に直接違法性が認められたもの，△は直接違法性は認められていないが違法性の判断要素とされているもの，×は当該項目に該当する行為はなされたが違法性はないとされたもの，※は「業者請求」では考慮されているものを指す。また，断定欄では，☆は利益保証が違法であるとされたもの，▲は利益保証のみで違法とはされていないが違法性の判断要素とされているもの，★は利益保証が違法ではないとされたものを指す。

## 第六章　フランチャイズ契約とフランチャイジーの保護
　　　——契約締結段階における売上予測をめぐる問題を中心に


### 第一節　フランチャイズをめぐる問題状況の概観

#### 一　緒　論

　「コンビニエンスストアの本部と加盟店の紛争が絶えない。『もうからない，契約時と話が違う』と加盟店（オーナー）が訴訟に持ち込む例が続出している。……コンビニだけではない。消費低迷下，トラブルはフランチャイズチェーン（FC）全体に広がっている」[1]。
　これは，コンビニエンスストア（いわゆる「コンビニ」）に関するフランチャイズ契約をめぐる紛争を報じた新聞記事の一節である。コンビニエンスストアなどのいわゆるフランチャイズチェーンをめぐっては，フランチャイズチェーンの本部（フランチャイザー）と加盟店（フランチャイジー）との間で，近時，紛争が多発している。紛争の中心となっているのは，契約締結に際して本部が示した売上予測と現実の売上げとの格差をめぐる争い，時として高額となるロイヤルティ（フランチャイズ契約において，フランチャイジーがフランチャイザーの提供する商標やノウ・ハウについて支払う対価）をめぐる争い，あるいは近所に系列店を出店させないという契約締結時の説明に反して後日系列店が出店したことをめぐる争いである。このうち売上予測をめぐる紛争については，次の二で詳しく述べるように，拡大の一途をたどっている。
　本来，フランチャイズ契約におけるフランチャイザーたる本部とフランチャイジーたる加盟店は，双方とも独立した事業者であり，情報収集に関しては自己責任でこれを行うことが前提とされている。しかしながら，事業者どうしの契約であるとはいっても，商品の仕入れや販売に関する本部の経営援助・指導など，加盟店は本部の経営方針等によって相当程度の制約を受け

第六章　フランチャイズ契約とフランチャイジーの保護

ことになり[2]，通常の独立した事業者どうしの契約であるとはいいきれない側面もある。裁判例にフランチャイジーとして登場する契約当事者は，なんらかの事業を行っている者が転業あるいは事業拡大のためにフランチャイズ契約を締結する場合と，二でも述べるように，いわゆる「脱サラ」をする場合と，大きく2つにわかれる。特に，後者の場合にはフランチャイザーとフランチャイジーとの情報格差が大きいことも併せ考えると，事業者どうしの契約でありながら，いわば消費者契約類似の契約であるということもできるであろう[3]。実際，六（380頁）で述べるように，フランチャイズシステムを悪用した詐欺的商法も存在する。

そこで本章においては，第五章で検討した商品先物取引に続き，情報提供義務に関する各論的検討の対象として，フランチャイズ契約をとりあげる。具体的には，契約締結段階において本部から事業者への情報提供の態様につき争われた約40件の裁判例の分析を通して，情報提供義務の具体的な根拠あるいは内容を探ることとしたい。その前提作業として，本節では，情報開示に関する法規制も含めて，フランチャイズ契約をとり巻く状況を確認することとする。

## 二　社会問題化しつつあるフランチャイズ紛争

フランチャイズ契約の当事者の一方であるフランチャイジーたる加盟店の経営者には，会社勤めをやめて転職をした，いわゆる「脱サラ」をした者も多く，事業経験がまったくない者，あるいは乏しい者が少なくない。経済産業省が平成14年10月に公表した「フランチャイズ・チェーン事業経営実態調査報告書」（以下「フランチャイズ・チェーン報告書」という）によれば，フランチャイズに加盟した経営者の加盟前の職業を調査したところ，「会社員（サラリーマン）」であるとするものが37.2パーセントにも及ぶ（ちなみに，専業主婦等も含む無職の者も2.9パーセント存在する）[4]。このような「脱サラ」をした者の中には，もちろん事業に成功し財をなす者もいるが，一方で事業に対する認識が乏しいまま，フランチャイザーたる本部の勧誘に応じて開業し，多大な損失を発生させて事業に行き詰まる者も少なくない。しかしながら，当初予測したとおりの売上げが得られない場合であっても，高額の

第一節　フランチャイズをめぐる問題状況の概観

違約金を要求されるため閉店することもできずに，負債をさらに増大させることもままみられるところである。

　このような売上予測あるいは収益予測と実際の売上げとの乖離をめぐる加盟店側の不満は，統計調査では以前から指摘されていたが（この点については四(2)〔372頁〕参照），近時になってますます大きくなってきている。加盟店側とすれば，本部による「予測が甘くだまされた」[5]との思いが強く，「誇大宣伝に乗せられ，家庭崩壊」したという悲痛な叫びも聞こえてくる[6]。このような状況を受けて，「コンビニシステムは現代の奴隷契約」だと評する声まである[7]。

　逆に，本部の側とすれば，「こちらの指導も聞かず，きちんと働きもせず文句を言っているだけ」であるとか，「訴訟を起こす加盟店は例外。大半は生活費を確保できる売上高を上げており本部と加盟店との関係も良好だ」と述べるところもあるなど[8]，両者の対立は先鋭化している。

　また，「明暗交錯　フランチャイズ」と題したある新聞報道では，「開業時に結ぶ契約の意味が，実際に営業してはじめて理解できた」というコンビニエンスストア経営者が悪戦苦闘している姿が描き出されている。この新聞報道では，2つの対立する立場が紹介されている。一方は，フランチャイズ契約の適正化を図る方向から「本部と加盟店が対等平等な立場に立ち，共存共栄できるルールづくり」の必要性を問う加盟店の側に近い考え方である。これに対して他方は，どちらかというと本部の側に近い立場から，「規制緩和の流れにあって経済活動の規制を目的とした立法は問題」であるとして，自主基準の徹底で対応すればよいという考え方である[9]。

　さらに上のような状況の中で，本部と加盟店との間での訴訟も増えている。先に述べた「フランチャイズ・チェーン報告書」によれば，加盟店側からフランチャイズ契約をめぐって訴えられた経験がある本部事業者数は，全体の15パーセントである。中でも，コンビニエンスストアが属する小売業に関しては，23.5パーセントに及んでいる。しかも，訴訟の約6割は，「売上・収益予測との乖離」をその提起の理由としているのである[10]。

　もっとも訴訟の多寡は，フランチャイザーたる本部の姿勢によるところも大きい。売上・収益予測をめぐって争われたある裁判例の事実認定において

第六章　フランチャイズ契約とフランチャイジーの保護

も，被告となったコンビニエンスストアチェーンの本部について，次のような判示がなされている。「被告会社代表取締役が，経済雑誌のインタビューにおいて，『本部の出店担当の人が実績を上げるために，多めの売上予測をオーナーに告げて，いたずらに夢をふくらませることはないんですか。』という問いに対し，『それはあります。どこのチェーンにもある。……』と答えていることに象徴されるように，全国規模で激しい出店競争が行われている」（[フ14]／以下，[カッコ]内の数字で，その数字の前に「フ」とあるものは，442頁以下に掲載した「フランチャイズ契約裁判例一覧」の番号を指す）[11]。実際に，ここで被告になっているコンビニエンスストアチェーン本部は，社団法人日本フランチャイズチェーン協会のホームページで公表されている情報開示書面によれば，1998年から2002年までの5年間に，みずからが訴えられたもの（10件）とみずからが訴えたもの（6件/加盟店に訴えられた場合に反訴したものも含む）を合わせて，延べ16件の訴訟を抱えている。このほかにも，トラブルを複数抱えるコンビニエンスストアチェーンが，いくつか存在する。第二節（404頁）で検討する売上予測ないし経費予測をめぐる裁判例で，被告あるいは原告として登場するコンビニエンスストアチェーン本部について，上述した5年間における訴訟件数をみると，少ないもので延べ12件，多いものは30件以上に達している。これに対して，コンビニエンスストア最大手のある本部の訴訟件数は，同じ5年間でわずか1件しかない[12]。

さらに，フランチャイズチェーンをめぐる本部と加盟店との対立は，場合によっては，大きな社会事件を惹起することもある。

例えば，平成10年には，あるコンビニエンスストアチェーンの加盟店主が契約締結時の売上予測と実際の売上げとの格差に不満をもつなどして本部に説明を求めたが，満足な回答が得られないことに抗議をするため，店頭にコンビニエンスストアに関する問題を報じた新聞や雑誌の記事を「コンビニ情報」という形で掲示したところ，本部から契約解除を通知されるとともに，通知日とされた日の前日の深夜に本部の社員が集団で加盟店を訪れ，商品や看板等を強制的に撤去したという事件が発生した[13]。この事件については，その後，当該加盟店側から民事訴訟が提起されている。上述の「コンビ

ニ情報」の掲示が契約の解除事由にあたるか否かについて，第一審（[フ14]）ではそれに該当しないと判示されたが，控訴審（[フ25]）では信頼関係を破壊する行為であるとして本部側からの一方的な契約解除が認められた。ただし，契約解除を理由に商品や看板等を強制的に撤去したことは，第一審および控訴審ともに不法行為にあたるとして，本部の不法行為責任が認容されている（なお，売上予測等に関しても争われているが，この点については第二節二(3)〔417頁〕で検討する）。

また平成15年には，宅配業のフランチャイズチェーン本部の支店で，委託契約を締結した加盟者が委託運送料の支払いを求めて支店長等を監禁し，さらには店舗内にまいたガソリンに放火した結果，3名が死亡し41名が負傷する事件が発生した。もちろん凶悪犯罪自体はいかなる理由があろうとも決して許されるべきものではないが，当時の新聞は，宅配業のフランチャイズ契約をめぐるトラブルが事件の遠因となっている可能性に言及しつつ，次のように報じている。「募集広告では，軽貨物宅配の開業を支援するとして，仕事を紹介し，収入も得られるとの内容が目立つが，指定の軽トラックを購入することなどが契約の条件だったり，代理店登録料や開業支援準備金の支払いを求められたりしたとの相談が多いという」[14]。

以上のように，フランチャイズ契約をめぐる紛争は，平成10年には，コンビニエンスストアチェーンの加盟店主らが「コンビニ・FC加盟店全国協議会」を結成するなど[15]，本部と加盟店との間の個別の争いにとどまらず大きな社会問題となってきている。フランチャイズをめぐる問題は，いまや「フランチャイズの地獄」[16]とまでいわれるような状況を生みだしているのである。

そこで以下においては，このような状況について，フランチャイズに関する歴史も振り返りつつ，最新の統計調査等によりながら検証することとしよう。

### 三　フランチャイズの発展と紛争の発生——コンビニエンスストアを例にして

そもそも「フランチャイズ」とは，いったいどのようなものなのであろう

第六章　フランチャイズ契約とフランチャイジーの保護

か。社団法人日本フランチャイズチェーン協会では、フランチャイズを次のように定義している。「フランチャイズとは，事業者（『フランチャイザー』と呼ぶ）が，他の事業者（『フランチャイジー』と呼ぶ）との間に契約を結び，自己の商標，サービス・マーク，トレード・ネームその他の営業の象徴となる標識，および経営のノウハウを用いて，同一のイメージのもとに商品の販売その他の事業を行なう権利を与え，一方，フランチャイジーは，その見返りとして一定の対価を支払い，事業に必要な資金を投下して，フランチャイザーの指導および援助のもとに事業を行なう両者の継続的関係をいう」[17]。

上の定義からもわかるように，フランチャイズでは，フランチャイザーたる本部とフランチャイジーたる加盟店の双方に利点がある。フランチャイザーからすれば，みずから店舗を増やすよりも少額の資金で経営規模を拡大することができる。また，フランチャイジーからすれば，本来なら資金や技術力の面で開業が難しい状態であっても，本部であるフランチャイザーの指導や援助により，事業を開始することができる。

1850年代にアメリカで誕生したフランチャイズシステムは，第二次世界大戦後の社会経済状況の大きな変化の中で，単に本部が加盟店に商品を供給するにとどまらず，「フランチャイザーが店舗の運営に関するビジネス・コンセプトを持ち，これをフランチャイジーにライセンスする」という「ビジネスフォーマット型フランチャイズ」として進化を遂げ，ファーストフード産業を中心に飛躍的な発展をみせた。1960年代には国際フランチャイズ協会が設立されるなど，まさに「フランチャイズ・ブーム」と呼ばれる状況が生み出されたのである[18]。

日本では，アメリカで「フランチャイズ・ブーム」が到来したまさにその時期に，フランチャイズシステムが導入された。上述した「ビジネスフォーマット型フランチャイズ」が日本にはじめて登場したのは1963年であり，外資の自由化が進んだ1970年代に入ると，100パーセント資本自由化のなされたフード産業を中心に，外資と提携する形で展開された。そして，1960年代末から1970年代にかけてコンビニエンスストアチェーンが順次店舗を展開していったのである[19]。

第一節　フランチャイズをめぐる問題状況の概観

　このフランチャイズは，時間に追われる都市型の生活が主流となりつつある現在のわが国では，急速な発展をみせている。とりわけ，コンビニエンスストアの伸張は著しい。社団法人日本フランチャイズチェーン協会の調査によれば，いわゆるフランチャイズチェーンの総店舗数は平成14年度には21万7000店余，総売上高は17兆5000億円弱にのぼる。その業態のひとつであるコンビニエンスストアは，平成14年度に全国で4万店余を数え，その売上高は7兆1500億円余に達するなど，めざましい勢いで成長を続けている[20]。また，フランチャイズと一口にいっても，その業種は多岐にわたる。先に述べた日本フランチャイズチェーン協会の調査では，調査対象となった1065のフランチャイズチェーンを，小売業フランチャイズ（338チェーン／コンビニエンスストア37チェーンを含む），外食業フランチャイズ（417チェーン），サービス業フランチャイズ（310チェーン）という3つの業種に大別しているが，それぞれの業種の中でさまざまな業態の事業が展開されている[21]。このような状況を，「コンビニの増殖」と題するある新聞記事は，次のように表現する。「忙しい消費者の，より便利にというニーズを原動力に，コンビニエンスストアは進化してきた。『いつでも開いている』から始まって，『どこにでもある』になり，そして『何でもできる』に。気がついたら社会資本という怪物になっていた」[22]。

　その反面，あるコンビニエンスストア専門誌の調査によれば，閉店する店舗数も相当数にのぼっているようである。この調査によると，平成14年度のコンビニエンスストアの店舗数は4万1800店で，売上高の総計は7兆3500億円余である。この統計調査では，コンビニエンスストア41社を対象としているが，このうち上位15社だけで店舗数および売上高ともに全体の9割を占める[23]。この上位15社について各社ごとに公表されている新規出店数と閉店数をそれぞれ著者が合算したところによれば，新規出店数が2857店，閉店数が1751店にのぼる。同調査によれば，平成13年度にくらべると平成14年度は，業界全体では356店舗しか増えていないが，これは不採算店を閉店した結果であると指摘されている[24]。

　これとは別に，公正取引委員会が平成13年10月に公表した「コンビニエンスストアにおける本部と加盟店との取引に関する調査報告書」（以下「コ

ンビニエンスストア報告書」という)によれば,平成12年度におけるコンビニエンスストア大手14社の出店数の合計は2800件ほどであるが,閉店数は1700件ほどとなっている[25]。

　もちろん本部の直営店もあるので,閉店した店舗のすべてがフランチャイジーたる加盟店の経営するものとは限らない。また,「コンビニエンスストア報告書」では,競合店の出店や道路変更等により経営不振に陥った場合,本部が加盟店を閉店させて,立地のよい店舗を出店させるいわゆる「置換え」のケースが増加していることが,出店数と閉店数を増加させる一因となっていると指摘する[26]。

　しかしながら,「コンビニエンスストア報告書」によると,「置換え」の数は500件弱であり,閉店数の3分の1程度にしかすぎない[27]。さらに,先に二(364頁)であげた経済産業省の「フランチャイズ・チェーン報告書」では,加盟店閉店の状況について,本部による解約が1つのフランチャイズチェーンあたり平均1.6件であるのに対して,加盟店による解約が12.6件と,約8倍の数に及んでいる。このうちコンビニエンスストアが含まれる小売業のフランチャイズについては,本部による解約が平均2.2件にとどまるのに対し,加盟店による解約が実に平均23.7件と,実に10倍を超える数に及んでいるのである[28]。

　このような数値を併せ考えると,出店数と閉店数が増加しているのは,たしかに本部側が行う「置換え」もその一因となっているであろうが,それ以上に相当数の加盟店が,契約の当初に想定した形では事業がうまくいかずにみずから廃業しているという実態が浮き彫りとなってくる。

　本来は,加盟店も事業者であるから,事業の失敗自体は自己責任ということになるはずである。ところが,フランチャイズチェーンにおいては,通常の事業者間契約とは異なり,フランチャイザーたる本部とフランチャイジーになろうとする加盟希望者との間で交渉能力および情報収集能力に格差が存在する。さらに,フランチャイズ契約自体が複雑なものであるにもかかわらず,フランチャイザー側の説明が不十分なことが原因で,フランチャイジーが契約内容を十分理解しないままに契約を締結するケースが後を絶たない。換言すれば,加盟希望者が本部との間でフランチャイズ契約を締結するに際

して，本部から提供される情報が重要な意味をもつことも少なくないといえる。

そこで以下においては，フランチャイズ契約締結時における情報開示の状況について，さまざまな統計調査をもとに検討してみることとしよう。

**四　統計調査にみる問題状況──本部の売上予測に関する説明を中心に**

(1) 売上予測と本部の説明

本部から加盟店への売上予測に関する説明をめぐる紛争については，フランチャイズ契約に関するいくつかの調査の結果から，その状況の深刻さが明らかとなる。

以下においては，説明の必要性，実際の説明の内容，そして説明と現実との食い違いについて，順に検討していくこととしよう。

(2) 売上予測に関する説明の必要性

「フランチャイズ・チェーン報告書」によれば，フランチャイズチェーンの本部が加盟店を募集する際の方法については，全業種では「自社のホームページでの募集」，「新聞や雑誌等での募集広告」，「店舗開発担当者により勧誘」が上位を占める。ただ，コンビニエンスストアが属する小売業のフランチャイズに限ってみれば，「店舗開発担当者により勧誘」がトップとなる[29]。一方，フランチャイズチェーンに加盟した動機としては，従来から事業をしていた者による新規事業の開拓や業種転換よりも，これまで事業をしていなかった者による「創業・起業のため」がもっとも大きな割合を占める[30]。実際裁判例をみると，加盟希望者が広告等をみて本部に架電をするなどしてきっかけを作り出すことがほとんどであるが，それを受けて本部側が事業内容等を説明する際に，売上予測等を示すなどして積極的勧誘を行うケースが多い（なお裁判例では，会社や事業経験のある個人が当事者となるケースも散見されるが，ことフランチャイズ契約においては加盟店側の知識が稀薄であることを理由に，本部側の情報提供義務が肯定されることもある。この点については，第二節〔404頁以下〕で詳しく検討する）。

371

第六章　フランチャイズ契約とフランチャイジーの保護

以上の点と，二（364頁）で述べたように，いわゆる「脱サラ」をした者が事業を始める割合が高い点も併せ考えると，当該フランチャイズ契約にかかる事業については経験のない素人が本部側の積極的な勧誘によりフランチャイズ契約を締結することが少なくないといえる。もっとも，フランチャイズ契約における裁判例をみると，契約当事者は，本来，事業者であり，加盟店も自己責任で事業を行うことが強調されることが多い。そこで，ほとんどの裁判例では，売上予測に関して本部の説明が不十分であったことを理由として加盟店側からなされた損害賠償請求を認めながら，大幅な過失相殺がなされている点に留意する必要がある（過失相殺の問題点については，第二節五(2)〔428頁〕で述べる）。

　売上予測に関する説明をめぐる紛争は，決して最近になって急にクローズアップされてきたわけではなく，裁判例に登場する以前から問題となっていた。例えば，やや古いものではあるが，公正取引委員会が昭和57年にフランチャイズ契約に関する調査を行っている。それによれば，フランチャイズ加盟希望時の説明状況について不十分であると答えた加盟店は，有効回答数の6.2パーセントであるが，収益状況等に関して加盟時の説明と実際の事業経営が著しく違うと答えた加盟店は，有効回答数の18.3パーセントである[31]。近時の調査をみても，「コンビニエンスストア報告書」によれば，加盟店が加盟の意思決定にあたって決め手とした重要事項は，「本部の信用力・知名度」，「本部による経営指導・支援の内容」，そして「売上予測・経費予測」の順に続いており，「売上予測・経費予測」の割合はそれほど高くはない[32]。しかし，契約締結の意思表示までにもっと説明を受けた方がよかったと考える事項については，「売上予測・経費予測の根拠」が実に5割を超え，第1位を占める[33]。実際に裁判例をみても，詐欺的なフランチャイズとされた事例を除けば，売上予測の是非をめぐる裁判例が実に9割に及んでいる。

　この点からみると，事業経験のないいわば素人が，売上予測等について本部の説明を十分に吟味しないまま事業を開始し，その後になって当初の予測通りとはいかない状況に接し，戸惑う姿が浮き彫りになってくるであろう。

　たしかに，いかに素人であっても，事業を開始する以上は当初の目論見が

外れて売上げが落ちこむことは，ある程度は覚悟しておくべきである。しかしながら，本部側の積極的な勧誘に応じた事業の素人は，専門的な調査技術やノウ・ハウを必要とする売上予測をみずから行う能力をもちあわせていないことも多い。また，次の(3)で述べるように，本部側がその売上予測を提示して勧誘することも少なくない。そうであるならば，フランチャイズ契約の締結にあたって，売上予測は非常に重要な意味をもつのであって，その説明の必要性は非常に高いものであるといえよう。

(3) 売上予測に関する説明の状況

「フランチャイズ・チェーン報告書」によると，本部事業者に対する調査では，売上げや収益の予測を契約前に加盟希望者に伝えるフランチャイズチェーン本部は全体の8割を超える[34]。ただ，伝える場合であっても，伝える時期については「加盟候補者が加盟の関心を示した後」全体の6割に及び，「加盟候補者が加盟の意思表示を明確にした後」が3割強で続いている[35]。説明がなされる場合における当該説明の内容をみると，一定の条件のもとでの予測であるとの限定をつけてなんらかの数字を伝える場合が5割強を占めるが，特にそうした限定をつけずになんらかの数字を伝える場合も2割弱ある[36]。

これに対して，加盟店に対する調査では，予想売上げ・収益について説明を受けて理解したとするものが小売業フランチャイズで7割強，サービス業フランチャイズでは5割強である。ところが，説明を受けても理解できなかった，あるいは説明をまったく受けなかったとするものが，小売業フランチャイズではあわせて1割強，サービス業フランチャイズではあわせて3割弱に及んでいる[37]。

また，「コンビニエンスストア報告書」によると，加盟店に対する調査では，売上予測について加盟の意思表示前に説明を受けたものが全体の4分の3，説明を受けていないものが全体の4分の1である。このうち，説明を受けたものについてさらに詳しくみると，数値の根拠について説明を受けたものが4分の3，説明を受けていないものが約4分の1弱となる。そして，売上予測と実際の売上高を比較すると，売上予測より実際の売上高が下回るも

のがおよそ半数を占め，ほとんど開業前の説明通りとするもの，実際の売上高の方が大きいとするものはそれぞれ4分の1程度となっている[38]。

このように2つの報告書で示された数値をみると，加盟店側は，多くの場合には契約締結にあたって本部から売上予測の説明を受けることになるが，その内容についてきちんと理解をしないまま，あるいは正確な数値の根拠を示されないままに契約を締結することが少なからず存在し，結果として当初の見込みと異なる収益しか得られないものが多いことがわかるであろう[39]。

ちなみに，「コンビニエンスストア報告書」によれば，「本部の立地調査に基づく売上予測については，以前は，大半の本部で加盟希望者に対して提示していたが，加盟希望者が出店後の売上高を保証したものと誤解しないようにするために，最近では，売上予測を提示しない本部も増えている」とのことである[40]。たしかに，売上予測に関する説明が問題となった紛争が増加していることから，本部側が慎重になるのも理解できなくはない。しかし裁判例には，契約締結時における重要な資料であるにもかかわらず，加盟店側に誤解されることを危惧して本部側が売上予測値を開示しなかったことなどを理由として，情報提供義務違反を認めた判決が存在する点に留意する必要がある（[フ12]）。

## 五　フランチャイズ契約をめぐる開示規制

### (1)　フランチャイズ契約に関する開示規制

これまでに述べてきたような問題点に対処するため，フランチャイズ契約に関しては，中小小売商業振興法や私的独占の禁止及び公正取引の確保に関する法律（以下「独占禁止法」という）に基づいて一定の内容の情報開示が要求されており，かつ，双方の法律に関してフランチャイズ契約に適用する際のガイドラインがもうけられている。

このガイドライン等については，総合規制改革会議が平成13年12月に内閣総理大臣宛に提出した「規制改革の推進に関する第1次答申」で，「フランチャイズ契約時の書面記載及び事前説明義務」の対象となる個別事項を定

第一節　フランチャイズをめぐる問題状況の概観

める中小小売商業振興法施行規則、および独占禁止法上のフランチャイズ契約に関するガイドラインについて、実態把握をしたうえで、平成13年度中に見直しをすることが提言された[41]。また、この答申を受けて平成14年3月に閣議決定された「規制改革推進3か年計画（改定）」でも、同様の計画が決定されている[42]。そこで中小小売商業振興法施行規則と独占禁止法上のフランチャイズ・ガイドラインについては、二（364頁）でとりあげた経済産業省の「フランチャイズ・チェーン報告書」および三（369頁）でとりあげた公正取引委員会の「コンビニエンスストア報告書」の調査結果をふまえて、それぞれ平成14年に大改正が行われている[43]。

フランチャイズ契約をめぐる開示規制については、すでに他の文献でも紹介されているところではあるが[44]、本書に関連する範囲で簡単に検討しておくこととしよう。

(2)　中小小売商業振興法における開示規制

まず、昭和48年に公布・施行された中小小売商業振興法は、その11条1項で特定連鎖化事業に関する情報開示について規定している。具体的には、加盟に際して徴収する加盟金、保証金その他の金銭に関する事項（1号）、加盟者に対する商品の販売条件に関する事項（2号）、経営の指導に関する事項（3号）、使用させる商標、商号その他の表示に関する事項（4号）、契約の期間ならびに契約の更新および解除に関する事項（5号）について、契約締結前に書面を交付したうえで説明することが義務づけられている。また同項6号は、1号から5号までに掲げられた項目以外にも「経済産業省令」で定められた事項も開示の対象としている。ただ当初は、この省令にあたる「中小小売商業振興法施行規則」（昭和48年9月29日通商産業省令第百号）10条では、特定連鎖化事業を行う者の事業開始時期など、わずか4項目を定めているにすぎなかった[45]。平成14年に改正された後の同施行規則10条には、直近の3事業年度における加盟者の店舗の数の推移に関する事項（6号）や直近の5事業年度において、本部事業者が加盟者または加盟者であった者に対して提起した、あるいはそれらの者から提起された訴えの件数（7号）、競合店の出店に関する規定の有無とその内容（9号）、契約解除や競業

375

避止義務に関する規定の有無とその内容（10号）など，実に17項目が規定された[46]。これらの項目は，それぞれ契約に際して当事者が重視する事項であり，このような情報開示を義務づけたことには，一定の評価が与えられるべきであろう。

しかしながら，中小小売商業振興法11条にいう「特定連鎖化事業」[47]とは，フランチャイズチェーン等を念頭においたものであるが，ホテル・レンタル事業等のサービス業種や，小売業に属する事業でも飲食店業などで加盟店に対する商品供給が契約の条件となっていないもの等は含まれないとされている[48]。しかも，特定連鎖化事業を行う者がこれらの事項を開示しない場合には主務大臣が勧告することができ（12条1項），その勧告にもしたがわないと認める場合にはその旨を公表することができるのみで（12条2項），罰則についてはまったく定めがないなど，規制としては弱いものとなっている。

この中小小売商業振興法に基づく開示規制については，立法担当者も「極めて未完成で萌芽的なものである」と述べるとともに，刑法上の詐欺の成立の解釈や民事上の争いにおけるフランチャイジーの立場の擁護への間接的な影響が及ぼされることを期待したようである[49]。しかし，第二章第二節二（32頁）で述べた取締法規違反の私法的効力の問題を考慮すると，行政処分の可能性があるというだけでは，実際の紛争，とりわけ民事紛争の解決に与える影響は必ずしも大きいとはいえない点には留意する必要があろう[50]。

(3) 独占禁止法における開示規制

公正取引委員会は，「フランチャイズ・システムに関する独占禁止法上の考え方」（以下「フランチャイズ・ガイドライン」という）の中で，フランチャイズ契約と独占禁止法との関係について検討している。昭和58年に策定・公表されたフランチャイズ・ガイドライン（以下「旧フランチャイズ・ガイドライン」という）[51]では，フランチャイズの加盟店は法律的には本部から独立した事業者であることから，本部と加盟者間の取引関係は独占禁止法の適用を受けることになるとされた。そのうえで，加盟店募集にあたっては，加盟後の商品の供給条件，予想売上げ，予想収益に関する事項など，特に開示が期

第一節　フランチャイズをめぐる問題状況の概観

待される事項が列挙されていた[52]。また，仮に，加盟店の募集にあたり，その誘引の手段として，重要な事項について十分な開示を行わず，または虚偽もしくは誇大な開示を行ったときは，不公正な取引方法による一般指定8項のぎまん的顧客誘引に該当するおそれがあるとされていた。

　この「フランチャイズ・ガイドライン」についても，すでに述べたように平成14年に大きな変更がなされた[53]。まず，フランチャイズ・システムにおける加盟者募集に際しては，本部が加盟希望者に対して十分な情報を開示することが望ましいと明示され（ガイドライン1(3)），開示事項として経営不振になった場合の本部による経営支援の有無とその内容や，競合店出店に関する契約状況ならびに営業実施計画の有無とその内容などが，新たに加えられた（ガイドライン2(2)ア）[54]。ただ，フランチャイズ契約をめぐる紛争の中心となっている売上予測に関する項目（予想売上げまたは予想収益）については，従来は積極的な開示が望まれる項目としてあげられていたが，平成14年の改正で，仮に提示するのであれば「類似した環境にある既存店舗の実績等根拠ある事実，合理的な算定方法等に基づくことが必要であり，また，本部は，加盟希望者に，これらの根拠となる事実，算定方法等を示す必要がある」という形に改められた（ガイドライン2(2)イ）。これは，フランチャイズ契約のルールを世界的に統一しようという動きのある中で[55]，諸外国の法制でも業績予想の開示は義務的にしないのが通例であるとの指摘をふまえたものである[56]。

　以上のように，フランチャイズ契約が不公正な取引方法にあたる場合には，独占禁止法による規制を受ける可能性がある。しかしながら，「フランチャイズ・ガイドライン」であげられた事項については，開示することが「望ましい」とされているだけで事業者に義務づけられているわけではなく，あくまで単なるガイドラインにとどまるものである。

　また，従来は，「フランチャイズ・ガイドライン」であげられた事項を開示しない場合には「不公正な取引方法の一般指定の第8項（ぎまん的顧客誘引）に該当するおそれがあろう」として，ただちに独占禁止法に違反することにはならないという取扱いがなされていた[57]。ただし，この点に関しては，平成14年改正において，上記の事項につき十分な開示を行わず，また

は虚偽もしくは誇大な開示を行った場合には,「不公正な取引方法の一般指定の第8項（ぎまん的顧客誘引）に該当する」という形に改められ，一段厳しい対応が可能となった。もっとも，仮に独占禁止法違反に問われるとしても，その違反が民事法上の契約関係には直接影響を与えるものではなく(58)，かつ，その違反がただちに損害賠償に結びつくわけではないことにも留意しなければならない。実際，裁判例では独占禁止法に基づく「ぎまん的顧客誘引」を理由として不法行為による損害賠償を求めた事例が5件存在する。しかし，いずれも本部側が加盟者側に対して売上予測等を実際のものよりも著しく優良または有利であると誤認させ，自己と取引をするように不当に誘引したとはいえないとして独占禁止法違反を否定している（なお，この点については，第二節二（413頁）を参照）。

(4) 日本フランチャイズチェーン協会の自主規制における開示規制

日本フランチャイズチェーン協会では，フランチャイズをめぐってさまざまな紛争が生じてきたことから，旧・通商産業省（現・経済産業省）の指導のもと，国際フランチャイズ協会の倫理綱領にならって(59)，昭和47年に「社団法人日本フランチャイズチェーン協会倫理綱領」を制定した。その第2条では，フランチャイザーはフランチャイジーの募集にあたり正確な情報提供を行うものとしたうえで，フランチャイザーがフランチャイジーの希望者に提供する情報について「フランチャイジーの収益予想」など「フランチャイズをうけるか否かを判断するのに十分な内容を備えるもの」があげられている(60)。

さらに，倫理綱領をより具体化したものとして「契約の指針」が定められ，そこでは当時の中小小売商業振興法に基づく開示規制にしたがう形で，「フランチャイズ契約の締結にあたってフランチャイザーがフランチャイジーとなる者に開示すべき事項」が列挙されていた(61)。

その後，平成9年に新たに「フランチャイジー希望者への情報開示と説明等に関する自主基準」（略称：JFA開示自主基準）が定められた。この開示自主基準は，平成14年の中小小売商業振興法施行規則とフランチャイズ・ガイドラインの改正による開示基準の強化を受けて，中小小売商業振興法11条

に定める法定開示事項とフランチャイズ・ガイドライン 2(2)に定める開示事項を補完する形で大幅に見直しがなされている[62]。また，この開示自主基準に基づいて，協会に加盟するフランチャイズチェーン本部は，その加盟希望者に交付する「フランチャイズ契約の要点と概説」という書面を，協会の定める様式例にしたがって作成し，協会と経済産業省に自主的に届け出ることとされている[63]。本章で中心的に検討する売上げや収益の予測については，いずれも(2)で述べた中小小売商業振興法および(3)で述べたフランチャイズ・ガイドラインにしたがい，それを行うことは義務づけられないものの，予測をする際には根拠のある事実・合理的な算定方法に基づいて行うことが必要とされている[64]。

このほか，上述した倫理綱領に準ずる機能をもつものとして，「フランチャイジー募集の広告に関する指針」，「フランチャイジー募集担当者に関する指針」，「『申込金』に関する指針」等が定められている[65]。

以上のように，日本フランチャイズチェーン協会を中心として，中小小売商業振興法やフランチャイズ・ガイドラインを超える内容をもつ開示を求めている点は，大いに評価できる。しかしながら，これらはあくまで業界団体としての自主規制にとどまるものであり，違反してもそのことを理由として直接契約の効力が左右されるわけではなく，実際に生じた紛争の解決にただちに結びつくわけではないことに留意する必要があろう。

(5) さまざまな開示規制の効果と民事法による解決の必要性

以上のように，フランチャイズ契約の締結にあたってはさまざまな規制がなされている。さらに，近時のフランチャイズ契約をめぐる紛争の増加を受け，開示規制を厳しくする方向での改正もなされている。また，コンビニエンスストアなどの小売業にとどまらず，サービス業のフランチャイズについても情報開示の促進が検討されるなど，業種を超えて開示を積極的に行っていこうとする動きもみられる[66]。

しかしながら，それらの開示規制はあくまで行政的取締法規や業界団体の自主規制であり，フランチャイザーの情報提供が不十分であるためにフランチャイジーが損害をこうむった場合の私法上の救済に，ただちに結びつくわ

けではない。それゆえ，現実に起こっている紛争を解決し，フランチャイジーが私法上の救済を得るためには，民法上の諸法理の活用を考えていくことになる。したがって，第二節（404頁以下）で詳しく検討するように，フランチャイズ契約における民法上の諸法理による解決の途を探る必要性が生じてくるのである。

## 六　フランチャイズ契約と詐欺的商法

### (1)　フランチャイズとマルチ商法・ネズミ講

ところで，フランチャイズ契約においては，しばしばそのシステムを悪用した詐欺的な被害がみられるところである[67]。そこで，フランチャイズ契約の実態を把握するために，第二節における裁判例の本格的な分析に先だって，詐欺的なフランチャイズ契約に関する裁判例を概観しておくこととしよう。

フランチャイズ・システムは，フランチャイザーとフランチャイジーという2つの階層が連鎖するチェーンシステムをとっている点で，一見すると，いわゆるマルチ商法やネズミ講と共通する点があることが指摘されている[68]。もちろん，マルチ商法やネズミ講では構成員の無限的拡大が想定されているのに対し，フランチャイズ・システムではそのような想定はまったくなされていないなど，根本的なしくみ自体に大きな相違がある[69]。しかしながら，外見の共通点を悪用して，ネズミ講あるいはマルチ商法まがいの詐欺的商法を行う手段として，フランチャイズ・システムという形態を利用するものも少なからず存在する。

ここでは，マルチ商法まがいの商法で紛争が多発して社会問題化し，裁判例においても詐欺的なフランチャイズであるとされた2つの事件——「ピロビタン商法」と「学習塾商法」——について簡単に紹介しておくこととしよう。

### (2)　「ピロビタン商法」

「"ピロビタン商法"追及　過酷契約で15億円」——昭和47年夏，参議院

決算委員会で，あるフランチャイズ商法がとりあげられたことを報じる新聞の見出しである[70]。昭和40年代半ばから後半にかけてフランチャイズを悪用した事件が多発した[71]。ここにいう「ピロビタン商法」もそのひとつであり，フランチャイズ形式により乳酸菌飲料「ピロビタン」を販売するというもので，不況に強い新しい商法であるとして喧伝されたが，不当な契約であることが発覚し，全国各地で問題化した。同じ新聞報道によれば，当時結成されていた「全国ピロビタン被害者同盟」の調べで，関西を中心に，620件余，約15億円にのぼる「実害」が明らかとなったとのことである。

　昭和41年から製造が開始された乳酸菌飲料「ピロビタン」は，次のような組織で販売されることになっていた。まず，製造会社の製造した原液をボトリング工場で薄めてびん詰めにし，これを販売する営業所へ配送し，さらにその下にある専売店が各家庭に配達する。ボトリング工場は人口100万人単位に1カ所，営業所は人口6万人または3万人単位に1カ所，専売店は人口5千人単位に1カ所設けられるが，これらはいずれもフランチャイズシステムによる経営形態をとるものとされていた[72]。そして，この加盟店を募集するために事業説明会なるものが開催されるが，そこでは少ない資金で大きな利益が得られることだけが強調され，結果として，参加者は，事業者側の誇大宣伝と巧みな誘導で仮契約を締結させられ，手付金を支払わされる。ところが，実際には契約時の説明と異なって，多額の費用が必要となり，また本社の指導等はまったくなされないため，事業の継続はきわめて困難である。そのうえ，品質管理が悪く味が落ちることから，ピロビタンの売行きは伸びず，結局のところ大部分の営業所は赤字経営を余儀なくされ，2年以内で廃業することになる。

　このピロビタン商法については，公刊された裁判集には2つの判決が掲載されているが，いずれも虚偽の勧誘行為を組織的に行ったことを理由として，加盟店側の本部に対する不法行為に基づく損害賠償請求が認められた（[フ36] [フ37]）。

(3)　「学習塾商法」

　およそ投資話とは無縁と思われる学習塾であっても，ときに詐欺的な商法

に悪用されることがある。新聞報道によれば，ある学習塾フランチャイズをめぐり，平成5年8月の段階で約50件の損害賠償請求訴訟が提起されていたが，それにとどまらず，大阪，京都，滋賀では，フランチャイザーたる本部の役員，従業員らが詐欺罪で刑事告訴されたという[73]。

まず最初は，本部の従業員による電話勧誘，あるいは新聞広告等をみた加盟希望者からの電話での問い合わせがあったのちに，本部従業員が加盟希望者の自宅を訪問する。その際には，次のような形で定型的な勧誘がなされることが多い。①生徒募集は，本部がノウ・ハウにより責任をもって行う。②講師については，本部が研修のうえ責任をもって派遣する。③加盟者は，場所を提供し，開設費のみ支払えば，あとは簡単な事務をするだけでよい。④最低でも月に10万円〜20万円の利益がある。

ところが，このような勧誘の結果として契約を締結すると，説明とまったく違う事態が生じることになる。生徒募集については，本部が折込広告やチラシの配布を1回ないし数回行い説明会を開催するが，それ以上具体的な募集活動はなされない。仮に生徒を集めて開校しても，本部から派遣される講師は，ほとんどが社員ないしアルバイト学生で，まったく本部の研修を受けていないうえに，遅刻や無断欠勤も頻繁で授業態度も悪いため，生徒の保護者からの苦情が絶えない。そのうえ，すぐ近くに同じチェーンの塾が開設されることも多いが，本部に苦情を述べても相手にしてもらえない。それでも生徒の確保を知人などに頼んだこともあって経営を続けるが，生徒が減っていくため，ほとんどの者が長くても3年で閉校することになる。

この事件をめぐっては3件の裁判例が公刊されているが，うち2件については勧誘の際に，虚偽の事実を前提にして勧誘したことを理由に，本部に対して不法行為責任による損害賠償が認められている（[フ39][フ40]）。残る1件については，たまたま教員資格のある講師が派遣されたこともあって不法行為責任は否定されたが，保護義務違反（情報提供義務違反）を理由に本部側から加盟店側になされた貸金請求は認められなかった（[フ38]）[74]。

(4) 詐欺的なフランチャイズ契約からのフランチャイジーの保護

(2)および(3)であげたもの以外にも，乳酸菌飲料などの販売をするフランチ

ャイズを装って詐欺的な勧誘行為をした事例も存在する。また,「全国便利屋連合会」なる全国的なフランチャイズチェーンを展開すると称して権利金を集めたものの,フランチャイズとしての実態をまったく有しておらず,ネズミ講と大差ない組織であり公序良俗に反し不法行為となるとされた裁判例も存在する[75]。さらに,経営コンサルティング業務に関するフランチャイズ契約の勧誘行為が,詐欺とまではいえないものの,実際には説明通りのサービスを提供する組織的な体制を整えておらず,説明内容と実際のサービスの提供との間に著しい乖離があるとして,加盟店からチェーン本部の会社,取締役および担当者に対する不法行為による損害賠償請求を認めたものも存在する([フ41])[76]。

　これらのほかに,詐欺的なフランチャイズであるとされた事例においては,フランチャイズ店を経営することで収益を得るという,加盟店の契約目的を実現するための前提であるフランチャイズシステム自体がその機能を果たしえないことをうかがわせる事情を本部が伝えなかった,あるいはそれを隠蔽するために虚偽の情報を提供していることが問題となっている。すなわち,フランチャイズシステム自体の問題性について正確に理解することを本部によって意図的に妨げられている場合に,本部は情報提供に関する責任を負うことになるといえよう。

　また,本部の情報提供義務違反が問題となっている事例において,その内容を具体的にみてみると,同様にフランチャイズシステム自体がもつ問題性にかかわる事情について意図的に説明しなかったり,あるいは虚偽の説明をなしたことが問題となっている。ここでは,同じ情報提供義務といっても,第二節で検討する売上予測・収益予測等に関する情報提供をめぐる裁判例で問題となる情報提供義務とは,内容を異にしていることに注意する必要があろう。


七　本章の検討対象

(1)　フランチャイズ契約締結の際の情報提供をめぐる諸見解

　以上で述べてきたように,フランチャイズ契約については情報開示規制を

第六章　フランチャイズ契約とフランチャイジーの保護

含めてさまざまな問題が存在するが，フランチャイズ契約における情報提供をめぐる問題に関しては，従来から多くの論者によって検討されてきている[77]。以下においては，これらの諸見解を簡単に整理しておくこととしよう。

フランチャイズにつき日本に初めて本格的に紹介したのは，ハリー・カーシュの『フランチャイズ・チェーン』（原題は『フランチャイズ・ブーム』）であろう[78]。基本的にはフランチャイズで成功を収める方法について論ずる同書では，詐欺的なフランチャイズの例をあげつつ，フランチャイズ契約の締結に際して，もっぱらフランチャイジーに対して，フランチャイズ契約に関する知識をもち，投資する前に調査を行うよう呼びかけている[79]。

昭和40年代後半には，フランチャイズシステムの急速な発展にともないさまざまな著作が発表されたが[80]，その中で，土井輝生教授の著した『フランチャイズ・システム』は，フランチャイズ契約に関する法的規制の必要性につきはじめて本格的に紹介したものとして注目に値しよう[81]。土井教授は，同書において，アメリカのフランチャイズに関する情報開示規制について証券法を用いた規制の現状と，アメリカにおける最初のフランチャイズ規制法であるカリフォルニア州フランチャイズ投資法を紹介する[82]。またさらに進んで，フランチャイズシステムを日本に導入するにあたり，フランチャイズ契約の内容等にとどまらず，それを規制する法制の動向をアメリカから学ぶべきであると強調している[83]。

その後も，フランチャイズ契約についてはさまざまな論稿が発表されているが，とりわけフランチャイズ契約をめぐる裁判例の分析については，実務の現場での蓄積をふまえて2人の弁護士が精力的な発表を続けている。

まず，あげなければならないのは，昭和40年代後半から現在にかけて発表されている川越憲治弁護士の一連の論稿である。川越弁護士は，フランチャイズ契約の締結をめぐる私法上の解決方法に関して，早い段階から契約締結上の過失の理論を用いる可能性について言及している[84]。さらに，『フランチャイズ・システムの判例分析』においては，フランチャイズをめぐる37件の裁判例（その後の新版では，裁判例の数は51件に増加）につき，個別事例ごとに分析を加えている[85]。また別の論稿で，開示規制についても，アメ

第一節　フランチャイズをめぐる問題状況の概観

リカの連邦取引委員会による規制について紹介しつつ，わが国の中小小売商業振興法における規制と比較検討を加えている[86]。さらに近時では，フランチャイズ契約全体にわたって詳細な検討を加えた『フランチャイズシステムの法理論』が上梓されており，同書では売上予測に関する裁判例の分析も行われている[87]。

このほかに，わが国の開示規制，およびフランチャイジー保護のための私法上の法理を探究するものとして，もうひとつ金井高志弁護士の一連の論稿を忘れてはならないであろう[88]。金井弁護士は，フランチャイザーに契約準備段階における信義則に基づく情報開示義務を課し，それに違反した場合には契約締結上の過失による責任を負わせるものとしている。

上述した川越論稿および金井論稿は，後述するようにフランチャイズ契約の開示規制をめぐる裁判例で主流となっている契約締結上の過失理論による解決を志向するものである。しかしながら，本書ではすでに述べたように「契約締結上の過失」概念自体を否定する立場をとるため（この点については，第四章第三節五〔207頁〕を参照），このような考え方以外の新たな解決方法を指向する点で，これらの論稿の立場とは大きく異なっている[89]。

また，フランチャイズ契約を総合的に研究するものとして，近時現れたのが小塚論稿である[90]。この中で小塚荘一郎教授は，まず，フランチャイズ契約の締結過程における開示規制の問題について，日本の中小小売商業振興法ならびにアメリカにおける証券諸法の適用の有無に関する学説ないし判例の状況，カリフォルニア州フランチャイズ投資法，連邦取引委員会規則，フランスのドゥバン法を紹介し，その内容を検討している。それとともに，日本の裁判例についても検討を加え，売上予測等につき情報提供義務違反の有無が問題となったいくつかの事案から一定の基準を提示しようと試みている。小塚教授は，信義則上の情報提供義務違反の有無を判断する基準として，次の3点を指摘する[91]。

第一に，フランチャイザーにある程度の「セールストーク」が許容されるが，この点ではフランチャイジーの事業経験の有無は考慮されない。

第二に，予測の方法がみたすべき水準は個々の事案によって定まるので，正確な予測であるかのごとく表示したというような特段の事情がない限り，

精密でない予測をしたこと自体は責任の根拠とならない。

第三に，フランチャイザーの用いた予測方法に人為的な操作が加えられていたことが判明すると，フランチャイザーの責任が肯定される。

しかし，第一の基準については，仮に「セールストーク」が許されるとしても，どの程度までが「セールストーク」として許容されるのか，その範囲と程度を吟味する必要があろう。また第二，第三の基準については，第二節で検討するように，裁判例では，予測内容や予測方法のみで情報提供義務違反が認定されているわけではない点には留意する必要がある。

さらに，近藤充代教授[92]や木村義和助教授[93]の研究をはじめとして，裁判例の総合的分析を通して情報提供義務の内容を探ろうとする試みがみられる[94]。また，フランス法やドイツ法など外国法の検討を通してわが国のフランチャイズ契約に関する情報提供義務をめぐる議論に示唆を得ようとするものもある[95]。

(2) 本章における検討の方法

以上でみてきたように，フランチャイズ契約締結の際の情報提供をめぐっては，さまざまな議論がなされてきた。フランチャイズシステムがわが国に登場した当初の見解では，フランチャイズシステム自体が定着していなかったことから，フランチャイズの発展したアメリカの状況を紹介することに主眼がおかれていた。その後，フランチャイズが普及しはじめるとともに，詐欺的なフランチャイズの出現という事態を迎えて，その規制の必要性を強調し，フランチャイジー側の注意を促すものが多くなった。

さらに近時の議論は，フランチャイズ契約をめぐる紛争が続発する中で，契約締結の際のフランチャイザーによる情報提供に関して，日本法よりも厳格な規定を有するアメリカ，フランスあるいはドイツの法制度を紹介し，立法的解決を促す一方で，それとは別に，あるいはそれと同時に，裁判例の分析などを通して現実の紛争解決へ向けた基準を提示しようとしている。もっとも，本部から加盟店に対する情報提供義務の具体的な内容については，必ずしも十分な結論が示されているとはいえない。

本書においては，すでに公刊されている裁判例を手がかりとして，フラン

チャイズ契約の締結段階における情報提供をめぐる問題状況を把握し，そこで生じている紛争の実態，さらにはその紛争で問題となっている情報提供義務の内容を具体的に明らかにしたうえで，フランチャイズ契約における紛争解決の方向性を示すことにしたい。

そこで，以下においては，まず，第二節で売上予測・収益予測に関するフランチャイズをめぐる事案を中心に，裁判例の分析を試みる。そして，第三節では，第二節における裁判例の分析を通して得られた結果をもとに，情報提供義務の根拠および具体的な内容を探ることにする。

(1) 「コンビニ紛争　司法の判断を」日本経済新聞平成10年6月17日夕刊3面。
(2) 行澤一人「継続的取引関係の終了に関する法的考察(3)」神戸法学雑誌41巻3号（平成3年）810頁。
(3) フランチャイズ契約と消費者契約との類似性については，第一章第二節二の注(19)（21頁）を参照。なお，消費者契約法の立法過程においてもフランチャイズ契約をめぐる問題状況が検討されたことについては，第二章第二節三（36頁）を参照。
(4) 経済産業省「フランチャイズ・チェーン事業経営実態調査報告書」（平成14年10月）56頁。この調査は平成14年8月に，フランチャイザーたる1071の本部事業者とフランチャイジーたる2035の加盟店事業者を対象として行われたもので，それぞれ有効回答数が243（回答率22.7パーセント），374（有効回答率18.4パーセント）となっている。加盟店事業者側の回答数が低いことは，本書でもとりあげる本部―加盟店間の格差を象徴しているようで興味深い。なお，本報告書については，経済産業省のホームページで閲覧できる（アドレスは，http://www.meti.go.jp/kohosys/press/0003300/0/021101franchise.pdf〔平成17年6月30日現在〕）。
(5) 朝日新聞平成10年4月8日朝刊11面。
(6) 本間重紀編『コンビニの光と影』（花伝社，平成11年）66頁。
(7) 本間編・前掲注(6)『コンビニの光と影』36頁。
(8) 「コンビニ紛争　司法の判断を」日本経済新聞平成10年6月17日夕刊3面。

第六章　フランチャイズ契約とフランチャイジーの保護

(9)　朝日新聞平成14年11月12日朝刊25面。
(10)　経済産業省・前掲注(4)「フランチャイズ・チェーン報告書」40頁。
(11)　引用は、判時1791号111頁。
(12)　以上の訴訟件数については、日本フランチャイズチェーン協会のホームページ「ザ・フランチャイズ」で公表されている情報開示書面を参照（アドレスは、http://frn.jfa-fc.or.jp/〔平成17年6月30日現在〕）。ちなみに、この対照的な2つのコンビニエンスストアチェーンの姿勢は、それらをめぐる紛争について報じた書籍あるいは雑誌について提起された訴訟の結果についても明暗をわけている。本文で訴訟を多く抱える例としてあげたコンビニエンスストアチェーン本部については、元加盟店主が出版した書籍の出版・販売等の禁止を本部が求めた仮処分の申立てが却下された。これは、本文ですぐ後に述べるように、店内掲示物をめぐる争いの一環として提起されたものであるが、その書籍では、当該本部と加盟店の関係を「『現代の奴隷』契約」としたり、当該本部を「悪徳企業」とするなど過激な表現もみられる。決定では、これらの記述について、一部真実に反するところはあるものの、正当な目的のために行われ、また内容も公正なものと認められるなどとされている。さらに、「債権者（本部――著者注）のコンビニ・フランチャイズ契約をめぐっては複数の店主から民事訴訟が提起され、本件事件はマスコミでも取り上げられてきた」として、当該書籍の出版が公共の利害に関するものであるとも判示されている（京都地決平成13年2月15日判時1153号99頁）。これに対して、比較的トラブルが少ないコンビニエンスストア最大手の本部と加盟店の関係について「残酷物語」と批判した雑誌記事について、本部側が出版社と編集者に対して名誉毀損による不法行為に基づく損害賠償を請求した事例では、その請求が認められている。そこでは、ことさらに虚偽の事実を摘示したものとまではいえないものの、真実とはいえない事実を前提として本部側の社会的信用を毀損したことが理由としてあげられている（東京地判平成12年5月31日判時1733号50頁）。
(13)　この事件を加盟店主の側から述べたものとして、近藤忠孝＝小山潤一『現代コンビニ商法』（かもがわ出版、平成12年）49頁以下。
(14)　朝日新聞平成15年9月17日朝刊38面。
(15)　毎日新聞平成10年4月16日朝刊10面。

第一節　フランチャイズをめぐる問題状況の概観

(16)　「特集・フランチャイズの地獄」週刊ダイヤモンド平成10年6月20日号24頁以下。

(17)　日本フランチャイズチェーン協会編『フランチャイズ・ハンドブック』（商業界，平成15年）347頁。なお，フランチャイズをめぐってはさまざまな定義が試みられているが，本書ではとりあえず本文で述べた定義に従うこととし，これ以上は立ち入らない。フランチャイズの定義について詳しく論じたものとして，川越憲治「フランチャイズの定義（上）」NBL 300号（昭和59年）71頁，同『フランチャイズシステムの法理論』（商事法務研究会，平成13年）3頁以下を参照。

(18)　以上の記述については，日本フランチャイズチェーン協会編・前掲注(17)『フランチャイズ・ハンドブック』10頁以下（引用は，13頁）。なお，アメリカにおけるフランチャイズチェーンの発展については，小塚荘一郎「フランチャイズ契約論（1）」法学協会雑誌112巻9号（平成7年）5頁以下，川越・前掲注(17)『フランチャイズシステムの法理論』39頁以下も参照。

(19)　以上の記述については，日本フランチャイズチェーン協会編・前掲注(17)『フランチャイズ・ハンドブック』15頁以下。また，川越・前掲注(17)『フランチャイズシステムの法理論』52頁以下も参照。なお，「フランチャイズ・チェーン報告書」でフランチャイズ事業の開始時期を調査したところ，1960年代に創業したフランチャイズチェーンは全体の約5パーセントであり，1970年代に創業した者が18.9パーセントである。ちなみに全業種の平均をとると，1988年である（経済産業省・前掲注(4)「フランチャイズ・チェーン報告書」9頁）。

(20)　「2002年度フランチャイズ・チェーン統計調査」フランチャイズエイジ33巻1号（平成16年）24頁。詳細な数値を述べると，平成14年度におけるフランチャイズチェーンの総店舗数は21万7667店，総売上高は17兆4885億2400万円であり，そのうちコンビニエンスストアの店舗数は4万644店，売上高は7兆1551億9600万円にのぼる。この調査は，日本国内にある1900チェーンにのぼるフランチャイズチェーン本部を対象として年1回実施されているもので，回答のあったフランチャイズチェーンは1065チェーンである。

(21)　前掲注(20)「2002年度フランチャイズチェーン統計調査」24頁。

第六章　フランチャイズ契約とフランチャイジーの保護

(22)　「わたしたちの15年⑧　コンビニの増殖」朝日新聞平成12年2月27日朝刊9面。

(23)　具体的には，上位15社で，コンビニエンスストア全店舗数の89.9パーセント，そして全売上高の91.8パーセントを占める。

(24)　「04年版コンビニ統計&41社チェーン本部名鑑」コンビニ2004年1月号29頁以下。なお，本文中に述べた出店数および閉店数は，同号40〜54頁に大手15社の各社ごとに掲げられている数値を，著者が合算したものである。

(25)　公正取引委員会事務総局「コンビニエンスストアにおける本部と加盟店の取引に関する調査報告書」(平成13年10月) 5頁。この調査は，平成14年8月に，コンビニエンスストアチェーン売上高上位15チェーンのうち，フランチャイズシステムを採用していない1チェーンを除いた大手14チェーン（この14チェーンだけで，わが国におけるコンビニエンスストアの売上げの約92パーセントを占めている）の本部を対象としたヒアリングと，これら14チェーンの加盟店3000店を対象としたアンケートの結果を示したものである。後者の加盟店に対するアンケート調査については，有効回答数が650（回答率21・7パーセント）であり，先に注(4)でとりあげた「フランチャイズ・チェーン報告書」と同様，加盟店事業者側の回答数が低くなっている点には留意する必要があろう。なお，本調査の概要については，公正取引委員会のホームページで閲覧できる（アドレスは，http://www.jftc.go.jp/pressrelease/01.october/01103102.pdf〔平成17年6月30日現在〕）。

(26)　前掲注(25)「コンビニエンスストア報告書」5頁。

(27)　前掲注(25)「コンビニエンスストア報告書」5頁。

(28)　前掲注(4)「フランチャイズ・チェーン報告書」12頁。

(29)　前掲注(4)「フランチャイズ・チェーン報告書」15頁。全体としては，本文に述べたように，「自社のホームページでの募集」(55.3パーセント)，「新聞や雑誌等での募集広告」(48.3パーセント)，「店舗開発担当者により勧誘」(43.5パーセント)の順となる。ただ，コンビニエンスストアが属する小売業のフランチャイズに限ってみれば，1位が「店舗開発担当者により勧誘」(55.3パーセント)，2位が「加盟店からの紹介」(51.9パーセント)であり，「新聞や雑誌等での募集広告」(44.4パーセント)，「自社のホームページ

第一節　フランチャイズをめぐる問題状況の概観

で募集」(43.2パーセント)の順で続いている。
(30)　前掲注(4)「フランチャイズ・チェーン報告書」54頁。具体的には，「従来事業に加え新規事業の開拓のため」が29.0パーセント，「従来事業からの業種転換のため」が8.8パーセントであるのに対して，「創業・起業のため」が48.1パーセントである。
(31)　公正取引委員会事務局取引部取引課「フランチャイズ・システムに関する調査結果」公正取引396号（昭和58年）25頁以下。
(32)　前掲注(25)「コンビニエンスストア報告書」11頁以下。具体的には，「本部の信用力・知名度」が55.1パーセント，「本部による経営指導・支援の内容」が22.6パーセント，そして「売上予測・経費予測」が17.1パーセントとなっている。
(33)　前掲注(25)「コンビニエンスストア報告書」12頁。具体的には，「売上・経費予測の根拠」が52.5パーセント，「オープン・アカウント制の仕組み」が37.7パーセント，「経営支援の内容」が36.5パーセント，「ロイヤルティの算定方法」が33.2パーセント，そして「解約条項」が28.2パーセントと続いている。
(34)　前掲注(4)「フランチャイズ・チェーン報告書」16頁。具体的には，売上・収益予測を加盟候補者に事前に伝えているものが82.5パーセント，伝えていないものが15.0パーセントである。
(35)　前掲注(4)「フランチャイズ・チェーン報告書」17頁。
(36)　前掲注(4)「フランチャイズ・チェーン報告書」17頁。
(37)　前掲注(4)「フランチャイズ・チェーン報告書」67頁。
(38)　前掲注(25)「コンビニエンスストア報告書」13頁。
(39)　この点については，前掲注(25)「コンビニエンスストア報告書」32頁以下を参照。
(40)　前掲注(25)「コンビニエンスストア報告書」12頁。
(41)　総合規制改革会議「規制改革の推進に関する第1次答申」（平成13年12月11日）93頁以下。なお，この答申については，内閣府のホームページで閲覧できる（アドレスはhttp://www8.cao.go.jp/kisei/siryo/011211/〔平成17年6月30日現在〕）。
(42)　「規制改革推進3か年計画（改定）」（平成14年3月29日閣議決定）71頁

第六章　フランチャイズ契約とフランチャイジーの保護

以下。なお，この答申については，内閣府のホームページで閲覧できる（アドレスは http://www8.cao.go.jp/kisei/siryo/020329/〔平成17年6月30日現在〕）。

(43)　これらの改正の経緯については，小塚荘一郎「フランチャイズ・システムに関する法制度の整備――中小小売商業法施行規則と公正取引委員会ガイドラインの改正」NBL 742号（平成14年）48頁以下を参照。

(44)　従来の開示規制については，すでに金井高志「フランチャイズ契約締結段階における情報開示義務――独占禁止法，中小小売商業振興法及び『契約締結上の過失』を中心として」判例タイムズ851号（平成6年）41頁以下でも，詳細な検討がなされている。

(45)　平成14年改正前の中小小売商業振興法施行規則10条に定められていた開示事項は，次の通りである。①特定連鎖化事業を行う者の氏名（名称）・住所・法人代表者の氏名（1号），②特定連鎖化事業の開始時期（2号），③加盟者から定期的に徴収する金銭に関する事項（3号），④店舗の構造・内外装について加盟者に課す特別の義務の内容（4号）。

(46)　平成14年の改正後に，中小小売商業振興法施行規則10条に規定された事項は，次の通りである。①特定連鎖化事業を行う者の氏名（名称）・住所・常時使用する従業員数・法人役員の役職名と氏名（1号），②資本（出資）総額，および主要株主の氏名（名称）・他に行っている事業の種類（2号），③子会社の名称・事業の種類（3号），④直近の3事業年度の賃借対照表・損益計算書等（4号），⑤事業の開始時期（5号），⑥直近の3事業年度における加盟者の店舗数の推移（6号），⑦直近の5事業年度における訴訟件数（7号），⑧店舗の営業時間・営業日・休業日（8号），⑨周辺地域における本部や他の加盟者による同一または類似店舗営業に関する規定の有無とその内容（9号），⑩契約期間中または契約終了後の競業禁止・制限に関する規定の有無とその内容（10号），⑪契約期間中または契約終了後における守秘義務に関する規定の有無とその内容（11号），⑫加盟者から定期的に徴収する金銭に関する事項（12号），⑬加盟者から定期的に売上金を送金させる時期と方法（13号），⑭加盟者に貸付けまたはそのあっせんする場合における利率とその算定方法等（14号），⑮加盟者との一定期間の取引より生ずる債権債務を相殺した後の残額に対する利息の利率とその算定方法等（15号／いわゆる「オープンアカウント」制度に関する事項），⑯店舗の構造・内外装について加盟者

第一節　フランチャイズをめぐる問題状況の概観

に課す特別の義務の内容（16号），⑰違約金額またはその算定方法等（17号）。
(47)　「特定連鎖化事業」とは，「連鎖化事業であって，当該連鎖化事業に係る約款に，加盟者に特定の商標，商号その他の表示を使用させる旨及び加盟者から加盟に際し加盟金，補償金その他の金銭を徴収する旨の定めがあるもの」である（中小小売商業振興法11条1項）。また，「連鎖化事業」とは，「主として中小小売商業者に対し，定型的な約款による契約に基づき継続的に，商品を販売し，又は販売をあつせんし，かつ経営に関する指導を行う事業」である（同法4条5項）。この定義によれば，中小小売商業振興法の対象には，本書でとりあげるフランチャイズ・チェーン以外に，ボランタリー・チェーン（各地にある小売店等が，それぞれの独自性を尊重しながら，主に商品の共同仕入れを目的として結成した共同組織）も含まれることとなる（佐藤英一「中業小売店の近代化をめざして──中小小売商業振興法のねらい」時の法令852号〔昭和49年〕6頁，通商産業省中小企業庁小売商業課編『中小小売商業振興法の解説』〔通商産業調査会，平成4年〕56頁）。
(48)　佐藤・前掲注(47) 9頁。なお，平成3年に行われた中小小売商業振興法改正後に公刊された中小企業庁による解説でも特に変更されていない（通商産業省中小企業庁小売商業課編・前掲注(47) 100頁）。この点については，「連鎖化事業」が注(47)で述べたように定義されていることからも当然の帰結といえるが（西口元＝木村久也＝奈良輝久＝清水建成編『フランチャイズ契約の法律相談』〔青林書院，平成16年〕11頁以下〔神田遵執筆部分〕），サービス関係が除外されている点で要件を絞りこみすぎているという批判もなされている（日本フランチャイズチェーン協会・前掲注(17)『フランチャイズ・ハンドブック』21頁）。
(49)　この点に関する立法担当者の見解については，佐藤英一「中小小売商業振興法とフランチャイズ・システム」NBL 54号（昭和48年）15頁以下，同・前掲注(47) 9頁参照。
(50)　この点については，金井・前掲注(44) 43頁でも同様の指摘がなされている。
(51)　公正取引396号（昭和58年）16頁以下，自由と正義45巻4号（平成6年）95頁以下。その解説として，公正取引委員会事務局取引部取引課「フランチャイズ・システムに関する独占禁止法上の考え方」公正取引396号（昭和58年）14頁以下，和泉沢衛「フランチャイズ・システムと独占禁止

393

法」NBL（昭和58年）11頁以下，徳力徹也「独占禁止法ガイドライン事例解説11　不公正な取引方法に関するガイドライン」判例タイムズ920号（平成8年）48頁以下。

⑸2 「旧フランチャイズ・ガイドライン」では，ここであげた事項については，「加盟後の実績と完全に一致する必要はないが，類似した環境にある既存店舗の実績等根拠ある事実に基づいたものである必要があろう」とされていた。

⑸3 改訂内容の詳細については，向井康二＝玉木史「『フランチャイズ・システムに関する独占禁止法上の考え方について』の改訂について」公正取引620号（平成14年）44頁。

⑸4 フランチャイズ・ガイドライン2(2)アで，開示事項としてあげられているのは，次のものである。①加盟後の商品等の供給条件に関する事項（仕入先の推奨制度等），②加盟者に対する事業活動上の指導の内容・方法・回数・費用負担に関する事項，③加盟に際して徴収する金銭の性質・金額とその返還の有無・返還条件，④ロイヤルティの額・算定方法・徴収時期・徴収方法，⑤決済方法の仕組み・条件，本部により加盟者への融資の利率等に関する事項，⑥事業活動上の損失に対する保証の有無とその内容，経営不振時の本部による経営支援の有無とその内容，⑦契約期間，契約の更新・解除・中途解約の条件・手続に関する事項，⑧周辺地域における本部や他の加盟店による同一または類似店舗営業に関する規定の有無とその内容，およびこのような営業の実施計画の有無とその内容。

⑸5 フランチャイズ契約をめぐる世界的動向については，小塚荘一郎「ユニドロワによる『フランチャイズ契約ガイド』の刊行」NBL 674号（平成11年）26頁，同「フランチャイズ契約に関するユニドロワのモデル法草案（上・中・下）」NBL 708号6頁，710号30頁，712号（以上，平成13年）66頁，同「ユニドロワのフランチャイズ開示義務モデル法（上・下）」国際商事法務30巻9号1189頁，30巻10号（以上，平成14年）1367頁，半田吉信「フランチャイザーの情報提供義務」千葉大学法学論集20巻2号（平成17年）1頁を参照。

⑸6 小塚荘一郎「フランチャイズ契約論（4）」法学協会雑誌114巻9号（平成9年）114頁，同・前掲注⑷3 53頁。

第一節　フランチャイズをめぐる問題状況の概観

(57)　金井・前掲(44) 41 頁を参照。

(58)　このような行政的取締法規違反の行為の効力については，第二章第二節二（32 頁）を参照。

(59)　国際フランチャイズ協会（IFA）は，1960 年（昭和 35 年）にアメリカで設立されたフランチャイズの業者団体であり，同年，倫理綱領を制定した。なお，この倫理綱領は，1971 年（昭和 46 年）および 1978 年（昭和 53 年）と二度にわたって改正されている。IFA の歴史については，ハリー・カーシュ（現代経営研究会訳＝川崎進一監修）『フランチャイズ・ビジネス――1970 年代の経営戦略』（商業界，昭和 45 年）235 頁以下を参照。また，IFA 倫理綱領については，日本フランチャイズチェーン協会・前掲注(17)『フランチャイズ・ハンドブック』246 頁以下参照。

(60)　倫理綱領については，日本フランチャイズチェーン協会・前掲注(17)『フランチャイズ・ハンドブック』32 頁以下および 196 頁以下を参照。この倫理綱領 2 条では，フランチャイザーがフランチャイジーの希望者に提供する情報として，具体的に，「契約の内容，モデル店の過去の営業実績，フランチャイジーが必要とする投資額，フランチャイジーの収益予想」があげられている。なお，この倫理綱領策定の経緯については，土井輝生「フランチャイズ『倫理綱領』――策定の経緯とアメリカとの比較」NBL 30 号（昭和 47 年）31 頁も参照。

(61)　当時のフランチャイズ契約の指針については，日本フランチャイズチェーン協会『フランチャイズ・ハンドブック(第 4 版)』（日本フランチャイズチェーン協会，平成 7 年）34 頁以下を参照。ここでは開示すべき事項として，①フランチャイザーの事業概要，②フランチャイズ・システムの内容，③フランチャイズ契約書およびその細則，④既存のフランチャイズ店の営業施設，⑤フランチャイズを与えて設置する店舗と条件の近似する既存のフランチャイズ店の営業実績があげられているが，予想収益はあげられていない。

(62)　日本フランチャイズチェーン協会の「フランチャイジー希望者への情報開示と説明等に関する自主基準」（略称：JFA 開示自主基準）については，日本フランチャイズチェーン協会・前掲注(17)『フランチャイズ・ハンドブック』197 頁以下。この開示自主基準の 2(3)では，中小小売商業振興法とフランチャイズ・ガイドラインの開示事項以外に自主的に定める開示事項として，以

第六章　フランチャイズ契約とフランチャイジーの保護

下の項目があげられている。①加盟にあたっての注意事項，②経営理念・行動指針，③フランチャイザーの詳細（所在地の電話番号等，事業内容，主要取引銀行，所属団体名，沿革〔フランチャイジー1号店の開店日は必ず記載する〕，組織図〔フランチャイジーの担当部署は必ず記載する〕），④加盟店・直営店別売上高・店舗数の直近4年間の推移（中小小売商業振興法施行規則10条6号に定める「直近の3事業年度」よりも長期に設定されている），⑤中小小売商業振興法やフランチャイズ・ガイドラインに定める開示事項のうち，さらに詳細を開示する事項（オープンアカウント，商品の販売条件，経営指導，契約期間更新・解除，ロイヤルティの各項目に関する事項）。

(63)　日本フランチャイズチェーン協会が平成14年6月24日に発表した「フランチャイズ契約の要点と概説」の様式例については，日本フランチャイズチェーン協会・前掲注(17)『フランチャイズ・ハンドブック』199頁以下。ちなみに，著者が日本フランチャイズチェーン協会に確認したところ，この「フランチャイズ契約の要点と概説」は，開示自主基準の一部を構成するものであって，協会加盟社（正会員および準会員）には毎年提出することが義務づけられており，さらにフランチャイジー加盟希望者にその内容を説明してから契約の締結まで7日間以上の熟考期間をおくこととされているとのことである。なお，最後の熟考期間については，中小企業庁の発行しているパンフレット「フランチャイズ契約はよく理解して！──加盟する前に知っておかないといけない予備知識」2頁にも記載がある。このパンフレットは，日本フランチャイズチェーン協会のホームページ（アドレスは http://jfa.jfa-fc.or.jp/pdf/tishiki.pdf〔平成17年6月30日現在〕）でも閲覧できる。

(64)　売上・収益予測に関して，JFA開示自主基準2(2)②では，「売上げ・収益予測の開示をするか否かについては，各フランチャイザーの判断により行う。また，予測するときは，根拠ある事実，合理的な算定方法等に基づいて行うことが必要である」とされている（日本フランチャイズチェーン協会・前掲注(17)『フランチャイズ・ハンドブック』197頁）。また，「フランチャイズ契約の要点と概説」の様式例では，「売上や収益の予測は，これを行う義務がフランチャイザーに課されているわけではありません。……しかし，これらの予測をするときは，根拠のある事実にもとづき，合理的な算定方法にもとづいて行い，これを開示することが必要です」とされている（日本フランチャイズ

第一節　フランチャイズをめぐる問題状況の概観

チェーン協会・前掲注(17)『フランチャイズ・ハンドブック』227頁)。

(65)　この点に関しては，日本フランチャイズチェーン協会・前掲注(17)『フランチャイズ・ハンドブック』33頁の記述を参照。もっとも，これら3つの指針については，いずれも改訂される前の第4版に掲載されている（日本フランチャイズチェーン協会・前掲注(61)『フランチャイズ・ハンドブック（第4版）』70頁以下）。このうち，「フランチャイジー募集の広告に関する指針」や「フランチャイジー募集担当者に関する指針」では，情報開示に関するガイドラインが定められている。本章で中心的に検討する予想収益に関してのみ言及しておくと，前者の「フランチャイジー募集の広告に関する指針」では，広告において「フランチャイジーの予想収益に関する数字，データ，その他の情報を示す場合，その内容は既存店の実績その他根拠のある事実にもとづいたものでなければならない」とされている（70頁）。また，後者の「フランチャイジー募集担当者に関する指針」では，フランチャイザーが募集担当者に遵守させるべき事項として，「フランチャイジーになろうとする者に対して，予想売上，所得，または利益を提示するにあたっては，それを保証するものと誤解されるような言動をしないこと」があげられている（71頁）。

(66)　経済産業省サービス・フランチャイズ研究会「サービス業フランチャイズの環境整備の在り方について」（平成15年7月）。なお，この報告書については，経済産業省のホームページで閲覧できる（アドレスは，http://www.meti.go.jp/report/downloadfiles/g30707cj.html〔平成17年6月30日現在〕）。

(67)　中小小売商業振興法制定以前のものではあるが，詐欺的なフランチャイズが多くみられることを指摘するものとして，小柳泰治「フランチャイズ・システムをめぐる犯罪の諸問題」自由と正義24巻4号（昭和48年）11頁以下参照。

(68)　フランチャイズとマルチ商法・ネズミ講の異同について論じるものとして，小島将利「マルチ商法とフランチャイズシステムの異同と問題点（上・下）」NBL90号18頁，92号（以上，昭和50年）24頁，および長尾治助『消費者保護法の理論』（信山社，平成4年）161頁以下（初出は，同「連鎖取引と消費者保護（上・下）」NBL406号6頁，408号〔以上，昭和63年〕28頁）を参照。

(69)　長尾・前掲注(68)163頁。

第六章　フランチャイズ契約とフランチャイジーの保護

(70)　読売新聞昭和47年8月10日朝刊14面。なお，フランチャイザーたる本社側の反論については，朝日新聞昭和47年8月13日朝刊18面を参照。

(71)　昭和47年8月には，フランチャイズを悪用し保証金を騙しとったとして4社が詐欺容疑で摘発されている（毎日新聞昭和47年8月21日夕刊8面）。

(72)　なお，ここでいうフランチャイズシステムとは，本社側の説明によれば，次のようなものである。「特色ある商品（ピロビタン）のサービス販売テクニック（販売所を母体にしたスーパー結成の方法など）を開発した企業が，フランチャイザー（親会社）となり，フランチャイジー（加盟店）に対して一定地域での独占企業権（ライセンス）を与える旨の，加盟店契約を結ぶシステムであり，加盟店はこの契約によって一定地域内での独占営業権を取得するが，その営業にあたつてはフランチャイズ・チェーンとしての同一性を守るために指定の条件があり，その範囲内で営業しなければならない。しかし経営はあくまで加盟店が行うものであり，契約条件の範囲内で経営の手腕を発揮できる余地がある」（[フ36]／引用は判例タイムズ363号251頁）。

(73)　朝日新聞平成5年8月4日朝刊27面。

(74)　なお，近時においても，このような学習塾フランチャイズをめぐるトラブルが発生している（[フ18]）。この事件では，加盟店側が，学習塾チェーン本部側の違法な勧誘行為や契約締結後の指導助言義務違反などの債務不履行に基づく損害賠償を求めているが，いずれも否定されている。

(75)　東京地判平成2年12月17日判時1399号91頁。なお，すでに本文でも述べたように，本件判決理由では，「全国便利屋連合会」の実体は営業組織ではなく，ネズミ講同様の金銭配当組織であると認定されている。詐欺的フランチャイズとして分類した事例では，まがりなりにも一応事業を展開するための組織が存在しているが，本事案については，そもそもその組織すら存在しないとされていることから，442頁以下に掲載した「フランチャイズ契約締結裁判例一覧」には掲載しないこととした。

(76)　判決では，本部側がコンサルティング事業のフランチャイジーを募集するにあたり，営業基盤となる各種金融機関をパートナーとして紹介し，かつスーパーバイザーによる指導等の組織的な支援体制を売物にして勧誘したにもかかわらず，実際には「説明したような内容と必要な水準に達した役務ないしサービスを提供するだけの組織的な体制を整えていなかったものと窺わ

第一節　フランチャイズをめぐる問題状況の概観

れる」という。そのうえで、本部側が「提供する役務ないしサービスに関する説明内容と、現実に提供した役務ないしサービスの内容あるいはその水準とのかい離は、本件コンサルティング契約締結の可否を左右するほど著しいものというべき」として、その勧誘行為を違法なものと認定している（これは１つの原告加盟店に対する判示であるが、他の原告に対する判示もほぼ共通している）。この事件の概要については、消費者法ニュース47号（平成13年）88頁の判例速報と、同頁以下に掲載されている瀬戸和宏弁護士による判例紹介も参照。なお、この事件については、詐欺そのものは否定されているが、そもそもフランチャイズシステムを展開するための組織的な体制が整えられていなかったと認定されていることもあり、442頁以下に掲載した「フランチャイズ裁判例一覧」では、詐欺的フランチャイズとして分類した。

(77)　フランチャイズ契約を概括的に紹介する文献として、次のものがある。中村武「フランチャイズ契約における比較法的研究」国士舘法学7号（昭和50年）1頁以下、清瀬信次郎「フランチャイズ・システムについて」私法44号（昭和57年）174頁以下、山口純夫「フランチャイズ契約の展開」甲南法学30巻3＝4号（平成2年）149頁以下、同「フランチャイズ契約」法律時報62巻2号（平成2年）30頁以下。

(78)　ハリー・カーシュ（川崎進一訳）『フランチャイズ・チェーン』（商業界、昭和41年）。その後、改訂版として、カーシュ・前掲注(59)『フランチャイズ・ビジネス』が出版されている。

(79)　フランチャイズ店1店あたりの平均年間予想収益など、フランチャイザーの情報提供に関する項目を含むIFA倫理綱領についても紹介しているが、その点はあまり強調されていない。

(80)　例えば、清水良吉『日本のフランチャイズ・システム』（文化社、昭和45年）、トーマス・サカモト『フランチャイズ・チェーン』（日本経済新聞社、昭和48年）、D・N・トンプソン（浅井慶三郎訳）『フランチャイズ・システム──経済学的・法学的分析』（東京教学社、昭和48年）、等。なお、アメリカおよび日本の開示規制についてふれるものとして、日経流通新聞編『フランチャイズ企業』（日本経済新聞社、昭和48年）177頁以下、神崎克郎『商行為法Ⅰ』（有斐閣、昭和48年）421頁以下。

(81)　土井輝生『フランチャイズ・システム──その基本構造と法規制』（商事

399

法務研究会，昭和 47 年)。

(82)　土井・前掲注(81) 277 頁以下。土井教授に述べるところにしたがって，当時のアメリカの状況を概観しておくと，次の通りである。アメリカでは，証券法上の「証券」の定義に，「利益分配契約および投資契約における利益または参加の証書」が含まれる。そこで，フランチャイズにおける投資募集の方法やしくみが証券の場合に似ている等の理由から，フランチャイズ契約が投資契約に該当するか，あるいはフランチャイズは証券かということについて問題となる。しかし，フランチャイジーが積極的にビジネスに参加することは証券ではないと判断される場合が多いため，カリフォルニア州フランチャイズ投資法のような特別な立法が必要とされる。この法律では，フランチャイズを提供し販売する会社に登録を義務づけるとともに，契約締結にあたって一定の事項の開示を義務づけられている。

(83)　土井・前掲注(81) 335 頁。

(84)　川越憲治「フランチャイズ契約の諸問題」企業法研究 203 輯（昭和 47 年）5 頁以下，川越憲治編『最新販売店契約ハンドブック』（増補版，ビジネス社，平成 7 年）35 頁以下（川越憲治執筆部分）。他に早い段階で，契約締結上の過失理論の利用可能性に言及するものとして，小堺堅吾『フランチャイズ契約法入門』（文化社，昭和 51 年）93 頁以下。

(85)　川越憲治『フランチャイズ・システムの判例分析』（別冊 NBL 29 号，商事法務研究会，平成 6 年），同『新版フランチャイズ・システムの判例分析』（別冊 NBL 56 号，商事法務研究会，平成 12 年）。

(86)　川越憲治「フランチャイズ・ビジネスにおけるディスクロージャー──開示制度と登録制度をめぐって（上・下）」NBL 277 号 20 頁，279 号（以上，昭和 58 年）35 頁。

(87)　川越・前掲注(17)『フランチャイズシステムの法理論』。

(88)　金井・前掲注(44) 40 頁，同「フランチャイズ契約締結過程における紛争の判例分析（1）─（6）」判例タイムズ 1059 号 4 頁，1061 号 20 頁，1064 号 15 頁，1067 号 103 頁，1071 号（以上，平成 13 年）81 頁，1074 号（平成 14 年）79 頁。このほか，金井弁護士のフランチャイズ関連の論稿として，「フランチャイズ・システムにおける商標（商品等表示）に関する紛争の判例分析（1）─（4）」判例タイムズ 1098 号 69 頁，1101 号 70 頁，1104 号（以上，平

第一節　フランチャイズをめぐる問題状況の概観

成14年）59頁，1110号（平成15年）58頁，同「フランチャイズ・システムにおけるノウハウおよび指導・援助に関する紛争の判例分析（1）−（3）」判例タイムズ1121号82頁，1126号60頁，1131号（以上，平成15年）74頁がある。また，以上のうち判例分析を行った論稿をまとめたものとして，同『フランチャイズ契約裁判例の理論分析』（判例タイムズ社，平成17年）が公表されている。

(89)　このほか，加藤新太郎判事の編集した契約締結上の過失に関する研究において，従来の学説および裁判例の分析を通して，フランチャイズ契約における売上げや収益の予測を含む不当表示事例につき，契約締結上の過失法理を用いることの妥当性が主張されている（加藤新太郎編『判例Check　契約締結上の過失』〔新日本法規出版，平成16年〕330頁〔本田晃執筆部分〕）。これに対して，西口元判事や吉野正三郎教授らが編集したフランチャイズ契約の実務上の問題に関する研究では，フランチャイザーに説明義務が課される場合の法的根拠につき，契約締結上の過失や信義則ではなく，市場調査等を内容とする口頭の調査委託契約（コンサルティング契約の一種）に基づく義務と構成する可能性が提示されている（西口元＝吉野正三郎＝木村久也＝奈良輝久『フランチャイズ契約の実務』〔新日本法規出版，平成12年〕189頁以下〔河野敬執筆部分〕）。なお，後者の『フランチャイズ契約の実務』は，契約締結段階の問題にとどまらず，契約の終了の問題なども含むフランチャイズ契約全般にわたる諸問題を取り扱っている。

(90)　小塚荘一郎「フランチャイズ契約論（1）−（7・完）」法学協会雑誌112巻9号（平成7年）1頁，113巻4号27頁，113巻11号（以上，平成8年）59頁，114巻9号（平成9年）1頁，117巻8号（平成12年）71頁，121巻3号（平成16年）1頁，122巻11号（平成17年）1頁。契約締結過程の問題については，「フランチャイズ契約論（4）」で論じられている。

(91)　小塚・前掲注(90)「フランチャイズ契約論（4）」40頁以下。

(92)　近藤充代「コンビニ・FC契約をめぐる判例の新たな動向」飯島紀昭＝島田和夫＝広渡清吾編集代表・清水誠先生古稀記念『市民法学の課題と展望』（日本評論社，平成12年）537頁，同「コンビニ・フランチャイズ訴訟の新たな展開と課題」丹宗曉信＝小田中聰樹編『構造改革批判と法の視点——規制緩和・司法改革・独占禁止法』（花伝社，平成16年）193頁。前者では平成12

年以前の裁判例について，後者では平成13年以降の裁判例について，それぞれ分析が試みられている。

(93) 木村義和「フランチャイズシステムとフランチャイズ契約準備段階における売上予測（1）―（2・完）」大阪学院大学法学研究29巻2号（平成15年）51頁，30巻1＝2号（平成16年）55頁。この論稿で木村助教授は，売上予測をめぐる裁判例について，①資料の種類，②計算方法，③用いられた数値という3つの観点から検討したうえで，裁判例では③を基準として売上・利益予測の合理性が判断されているとする。この③については，数値に明白な誤謬がないか，さらには現地調査を行ったうえで計算式に用いる数値を算出しているかの2点が具体的な判断基準になると指摘している（詳細は，同論稿（2・完）90頁および104頁以下を参照）。

(94) なお，小売業とサービス業とで重視される情報の違いに注目して情報提供義務の内容を探ろうとするものとして，高島昭彦「フランチャイズ契約における情報提供義務」法政法学24号（平成11年）118頁。さらに，大阪地方裁判所に所属する裁判官グループが，同地裁に係属したフランチャイズ契約関係訴訟について調査・検討を行ったものとして，相澤聡ほか「フランチャイズ契約関係訴訟について」判例タイムズ1162号（平成16年）32頁。

(95) フランチャイズ契約を含め，相手方に自己の商号や方法を利用させる代わりに独占的または非独占的な契約をなす際の情報提供に関して規定されているフランスのドゥバン法を紹介し，日本法への示唆を得ようとするものとして，力丸祥子「フランチャイズ契約締結以前におけるフランチャイザーの情報提供義務――フランスの対応を手がかりとして」法学新報102巻9号（平成8年）1頁以下。また，ドイツにおける法状況を紹介したうえで，日本法への示唆を得ようとするものとして，有馬奈菜「フランチャイズ契約締結過程における情報提供義務（上・下）――経験・情報量格差の考慮」一橋法学2巻2号341頁，2巻3号（以上，平成15年）185頁。この有馬論稿では，収益性予測は形式的には積極的情報提供義務（主観的には相手方の意思決定に重要な事実，また客観的には目的たる行為との内部関連に立つ重要な事実を開示する義務）として認められているが，実際の裁判例では消極的情報提供義務（虚偽の情報を相手方に提供しない，あるいは情報提供により生じた相手方の誤解をなくす義務）として認められており，情報提供義務違反の判断において

第一節　フランチャイズをめぐる問題状況の概観

は，当事者間の経験・情報量の格差が考慮されていると指摘している（詳細は，同論稿（下）210頁以下を参照）。

第六章　フランチャイズ契約とフランチャイジーの保護

## 第二節　フランチャイズ契約に関する裁判例の分析

### 一　裁判例の分類

フランチャイズ契約においてフランチャイザーからの情報提供について争われた裁判例は 43 件存在するが，第一節でふれた詐欺的なフランチャイズの事例を除くと，35 件となる[1]。このうち実に 31 件までが売上予測・収益予測等をめぐる情報提供に関して争われたものであり，フランチャイズ契約締結前ないし契約締結後の情報提供が問題となっているものが 27 件，契約締結後の情報提供が問題となっているものが 4 件である。

そこで本節においては，**二**で契約締結前ないし契約締結時における売上予測等の情報提供が問題となった裁判例，次に**三**で契約締結後に売上予測等の情報提供が問題となった裁判例，また**四**で売上予測等以外の情報提供が問題となった裁判例や，フランチャイズ契約そのものとはいいがたいが，それに酷似する契約で売上予測等が問題となった事例などを分析する。さらに，**五**では，これらの裁判例で情報提供義務違反の効果として認められる損害賠償における損害の認定方法，また損害賠償が認められている事例で必ず行われている過失相殺のあり方について検討する。さらに，**六**で本部側からなされる清算金等支払請求の可否を検討したうえで，最後に**七**で裁判例全体の傾向をまとめることとする。

### 二　契約締結前ないし契約締結時の売上予測等の情報提供をめぐる裁判例

#### (1) 概　観

契約締結前ないし契約締結時における当該店舗の売上予測・収益予測等に関する情報提供が問題となった裁判例は 27 件存在する（詳細については，442 頁以下に掲げた「フランチャイズ契約裁判例一覧」を参照されたい）。

まず紛争の対象となっているフランチャイズの業種別にみると，食品以外の商品小売業が 1 件（[フ 13]），コンビニエンスストアが 11 件（[フ 3] [フ

第二節　フランチャイズ契約に関する裁判例の分析

7］［フ12］［フ14］［フ15］［フ21］［フ22］［フ23］［フ24］［フ25］［フ27］)，パンや持ち帰り弁当など食品関係小売業が5件（[フ2］［フ5］［フ6］［フ8］［フ11］)，レストランや居酒屋などのフードサービス業が2件（[フ1］［フ20］)，サービス業が8件（[フ4］［フ9］［フ10］［フ16］［フ17］［フ18］［フ19］［フ26］)となっている。このように業種は多岐にわたるが，後者になるにしたがって事業を行う際にフランチャイジーたる加盟店の従業員の技術力が必要とされ，その技術力が売上げを左右する可能性が高いといえるであろう。ちなみに，平成13年以降の紛争事例をみると，17件のうち半数を超える9件がコンビニエンスストアをめぐる事例である。第一節二（364頁）でも述べたように，近時紛争が多発し社会問題化していることの影響であろう。

次に，加盟店側の属性に目を向けると，元は会社員であったいわゆる「脱サラ」をした者や専業主婦など，当該フランチャイズ事業にとどまらず事業経験そのものがない場合と，もともとなんらかの事業を展開していた場合とが，おおよそ1対2の割合となっている。もっとも，事業を展開しているとはいっても，八百屋（[フ2］)，喫茶店（[フ15①］)などの個人事業主なども含まれており，また当該フランチャイズ事業とはまったく別種の事業を展開していた者が多いことに留意する必要がある。ただ，次段でも述べるように，契約締結前あるいは契約締結時の情報提供をめぐる裁判例については，フランチャイジーである加盟店に厳しい判断が下されているものが若干多くなっているが，このように事業経験のない，あるいは乏しい者もその例外ではない。実際，事業経験がまったくない者がフランチャイジーであることが事実から明確に読みとれる8件の裁判例のうち，半数を超える5件（[フ6］［フ7］［フ14］［フ23］［フ25］)でフランチャイザーの情報提供義務違反は否定されている[2]。残る3件（[フ8］［フ15②］［フ19①③］)でも5～8割という非常に高率の過失相殺がなされていることに留意する必要がある。

そこで裁判の勝敗についてさらに詳細に検討すると，一部勝訴判決を含めてフランチャイジー側の勝訴判決が16件と，敗訴判決（11件）を上回る（なお，勝訴判決であっても，ほとんどの事例でかなり高率の過失相殺がなされているが，この点については，**五**(2)〔428頁〕で述べる）。ただし勝訴判決のう

第六章　フランチャイズ契約とフランチャイジーの保護

ち，契約締結前あるいは契約締結時の情報提供についてフランチャイザーの責任を認めず，それ以外の場面で責任を認めたものが4件ある（［フ1］［フ14］［フ16］［フ25］）。逆に，結果的には敗訴判決であっても，その理由が相当因果関係のある損害がないことであって，フランチャイザーの情報提供義務違反自体は認定されているものも1件存在する（［フ23］）。以上の点を考慮すれば，フランチャイザーたる本部側の情報提供義務違反が認められた判決は13件となり，実際には認められない判決とほぼ同数となる。

　なお，勝訴判決として数えたもののうち，4名の加盟者が共同で本部を訴えた裁判例（［フ19］）では，いずれもフランチャイザーである本部側の情報提供義務違反が認定されたが，うち1名については当該義務違反と相当因果関係のある損害が存在しないとして，結局請求が棄却されている。さらに同じ判決で，2つの店舗を経営する加盟者につき本部側の情報提供義務違反が認められたが，そのうち1つの店舗については相当因果関係のある損害が存在しないとして，その部分の請求が棄却されている。

　契約締結に至るまでの交渉段階に目を向けると，交渉期間が判明している裁判例では，交渉開始から実質数週間〜2カ月という短期間で契約締結に至るものが4割強，それ以上にわたる場合でも3〜4カ月間の交渉で契約締結に至るものが4割弱となっている。もう少し詳細にみると，前者の数週間〜2カ月の交渉で契約締結をしているもののうち約半数，とりわけ1カ月以内のきわめて短期間の交渉で契約締結にいたっている4件のうち3件までが，事業経験のまったくない者が加盟店となっている事例である。ちなみに，そのような短期間の交渉で契約締結に至っている場合の業種をみると，コンビニエンスストアチェーンが多い。これは，コンビニエンスストアの場合には，脱サラなどをして新たに事業を始めようと決意している場合が多いことにも起因しているのであろうが，事業経験がまったくないにもかかわらず短期間で契約を締結し，経営に失敗する者が少なくない点は注意を要する。

　また，実際に契約が継続していた期間は，その期間が事実から読みとれる事例のうち，1年以内のものは4割弱であり（最低でも3カ月は契約が継続），多くの場合，1〜2年の間となっている。これはいうまでもなく，詐欺的なフランチャイズのように，ネズミ講あるいはマルチ商法まがいのそもそも正

常な取引が予定されていない場合を除けば，正常な事業では最初の段階では利益をあげられないことも十分想定されるところであるし，ある程度目途がつくまで事業を継続しようとするからであろう。最長では14年にわたって事業が継続された事例もあるが，そこでも契約締結前あるいは契約締結時のフランチャイザーによる情報提供義務違反が認定されている（［フ23］／もっとも，結果的には後に発生した損害との因果関係が存在しないとしてフランチャイザーの責任が否定されているが，この点については，**五**(1)〔426頁以下〕で述べる）。

　以上のように裁判例を概観してみると，次のことが指摘できるであろう。契約締結前ないし契約締結時の売上予測等が争われているフランチャイズ契約では，多くのフランチャイジーはいわば素人であるにもかかわらず，短期間の交渉で契約締結に至る場合が少なくない。裏を返していうと，これらの事例では，契約交渉時に提示される売上予測等が，フランチャイジーになろうとする者に，契約締結へのインセンティブを強く働かせている可能性が高い。しかしながら，実際の裁判の結果をみると，フランチャイザー側の情報提供義務違反が否定されることが多い。これは，**五**(1)（426頁以下）で詳しく述べるところであるが，フランチャイズ契約の場合には，仮に素人であっても事業主であって，事業経営における自己責任という観点から，フランチャイザーだけではなく，フランチャイジーの側の責任が強調されていることに理由があるように思われる。

(2)　法的構成

(a)　問題状況

　フランチャイズ契約において，契約締結前ないし契約締結時のフランチャイザーからの情報提供が問題となった事例で展開された法律構成をみると，多くの裁判例では，本部の情報提供に関する信義則上の保護義務ないし情報提供義務違反の有無が争われているが，それにとどまらず，債務不履行，不法行為，詐欺，錯誤，公序良俗違反，さらには独占禁止法違反などが問題となっている。そこで，これらの法律構成が具体的な紛争解決に与えている影

第六章　フランチャイズ契約とフランチャイジーの保護

響について，順に検討することとしよう。

(b)　信義則上の保護義務ないし情報提供義務違反

(ｱ)　信義則上の義務の根拠

　フランチャイズ契約をめぐる裁判例では，フランチャイザーの責任を認める法的根拠として，信義則上の保護義務ないし情報提供義務違反をあげるものがもっとも多い。これらの事例をみると，信義則上の義務違反があることを理由に「契約締結上の過失」に基づく責任を認めるものと（[フ2][フ8][フ12]），「契約締結上の過失」には言及せず責任を認めるものがある。さらに後者は，債務不履行や不法行為に言及することなく端的に信義則上の義務違反と構成するもの（[フ9][フ10][フ11][フ17][フ23]），不法行為責任と構成するもの（[フ19][フ26]），あるいは債務不履行と不法行為のどちらかにはあてはまると構成するもの（[フ15]）にわかれる。

　「契約締結上の過失」という概念については，すでに第四章第三節五（207頁）でもふれたように，そのような概念を認めること自体への批判が高まっている。ところが，ことフランチャイズ契約をめぐる裁判例においては，上述のように，契約締結上の過失という概念が存在することを当然の前提とした法律論が散見される。これは，すでに第一節七（385頁）でも述べたように，フランチャイズ契約における情報提供義務の根拠として，かなり早い段階から「契約締結上の過失」論を用いる可能性が指摘されてきたためであろう。しかしながら，「契約締結上の過失」理論がもつ曖昧さはまったく捨象されたうえで議論が展開されているという，根本的な問題が存在する。実際に，フランチャイザーに信義則上の義務違反があることを認めながら，「契約締結上の過失」にあえて言及しない事例が散見されるのも，そうした曖昧な概念を前提とすることへの疑問が存在するからではないかと思われる。

(ｲ)　一般論のもつ意味

　信義則上の保護義務違反ないし情報提供義務違反に基づいてフランチャイザーたる本部が信義則上の義務を負うとされる場合でも，個々の判決をみる

## 第二節　フランチャイズ契約に関する裁判例の分析

と微妙にその内容が異なっている。

　フランチャイズ契約における売上予測等の情報提供義務が問題となったリーディングケースともいえる裁判例［フ1］では，まず次のような一般論が展開される。「契約締結のための交渉に入った当事者間においては，一方が他方に対し契約締結の判断に必要な専門的知識を与えるべき立場にあるなどの場合には，契約締結前であっても，相手方に不正確な知識を与えること等により契約締結に関する判断を誤らせることのないよう注意すべき保護義務が信義則上要求される場合もあり得る」。そのうえで，営業に関する一切のノウ・ハウを本部が有していること，したがって本部から適正な情報を得ることが不可欠であることから，この事例では保護義務を認める余地があるとする。ここでは，フランチャイズ契約に限らず，契約当事者間で情報格差があるような場合には保護義務が発生するという一般論を展開したうえで，具体的な事情を勘案して保護義務を認めうるとしている。

　これ以外の裁判例では，フランチャイズ契約に対象を絞る形で，本部に情報提供義務が発生するか否かについて一般論が展開されている。そこでは，次にあげるもののうち1つないし複数の理由から，本部は，できるだけ客観的で正確な情報を提供する信義則上の義務を負うものとされている。すなわち，①フランチャイズ契約では，フランチャイジーたる加盟希望者がフランチャイザーたる本部の指導援助を期待できる点が重要な要素であること，②加盟希望者の最大の関心事が加盟後の収益であって，本部の提供する当該立地条件における出店可能性や売上予測に関する情報が契約締結の判断にあたり重要な資料となること，③加盟希望者は専門的知識やフランチャイズシステム自体についての知識に乏しいことである。そのうえで本部に義務違反があった場合には，契約締結上の過失にあたるとして，あるいは契約締結上の過失にはふれずに，義務違反を理由として損害賠償が認められるとする。

　しかしながら，とりわけ，フランチャイズ契約における情報提供義務が問題となりはじめた初期の判例では，いまだ情報提供義務という概念が確立されていなかったこともあって，裁判例で問題となった事例の個別事情が一般論にも色濃く反映されるなど，事例ごとに微妙な食い違いが生じている。

　裁判例［フ5］では，「市場調査の内容等が客観性を欠き，加盟店となろ

409

うとする者にとってフランチャイズ契約締結に関する判断を誤らせるおそれが大きいものである場合には」、信義則上の義務違反を構成すると述べる。ただし、続いて、フランチャイジーとフランチャイザーが基本的には独立した事業体であることを強調して、フランチャイザーが提供する調査結果に基づく情報につき、「加盟しようとする者において自主的に検討した上で」契約締結の有無を決定すべきであると付け加えている。この判決では、415頁以下で検討するように、データの正確性と加盟店の予測達成可能性に関する認識が問題となっていることが、一般論の定立にも影響を与えている。同様に、裁判例［フ7］も、「加盟しようとする者において検討の上で自らの判断と責任において」契約を締結しているとして、「情報が虚偽である等、フランチャイジーになろうとする者にとってフランチャイズ契約締結に関する判断を誤らせるおそれが大きいものである場合に限って」、信義則上の義務違反を構成すると述べる。この判決でも、加盟店が予測達成の困難性につき認識していたという具体的事情が、一般論の定立に影響を与えていると考えられる[3]。

　このように一般論レベルでフランチャイザーに信義則上の義務の存在を認める裁判例がある一方で、裁判例［フ4］では、そもそもそのような信義則上の義務を一般的に認めることに慎重な態度を示している。この判決では、フランチャイズシステムの本部が加盟店となろうとする者に正確な情報を提供することは望ましいとしつつも、勧誘の際、本部において、立地条件および収益予測を科学的方法により積極的に調査しその結果を開示すべき信義則上の義務を負担し、これをしなかったことが契約締結上の過失となるか否かについては、勧誘交渉の経緯、営業種目の性質や科学的調査の難易度・正確性を総合して判断すべきであるとしている。ここでも、当事者が科学的調査を念頭においていなかったことや、美容室という客観的な売上げの予測が困難な業種であることなどの具体的事情が、一般論の定立に大きな影響を与えている。

　以上述べてきたように、多くの裁判例では、一般論のレベルで、保護義務、調査開示義務ないし情報提供義務といった信義則上の義務に関する違反の有無、あるいはその義務の存否を問題とするが、その内容は414頁以下で検討

するように具体的な事情を反映させたものが多い。裏を返していえば，具体的な事情に基づいた裁判所の判断を正当化するための手段として，信義則上の義務違反，さらにそれを理由とした契約締結上の過失に基づく責任という法律構成を用いているがゆえに，個々の裁判例における具体的な事情が重視されているのである。

もっとも近時では，とりあえず具体的な事情を反映することなく，一般論を展開するものが増えてきている。ここでは，フランチャイズ契約において契約締結前ないし契約締結時の情報提供をめぐる紛争が増加し，種々の議論が展開される中で，情報提供義務という概念が，フランチャイザーの責任を判断する基準として次第に確立されてきている様子もうかがえる。しかしながら，上述のように，そのような一般論を立てながらも，実際には事例ごとに具体的な事情に応じて責任の有無が判断されているのであるから，414頁以下で検討するような具体的な事例分析こそが必要となる。

(c) 債務不履行

債務不履行責任については，契約締結前ないし契約締結時の信義則上の義務違反を理由として明確に認めたものは存在しない。これに対して，契約締結後の指導援助義務違反を理由に債務不履行責任を認める事例は存在する（[フ16]）。また，フランチャイズの基本契約が締結された後，具体的な店舗選定に際して当該店舗に関する売上予測等の正確性が争われた事例で，信義則上の保護義務違反が債務不履行責任が認められている（[フ29] [フ30] [フ31]）。

以上の裁判例からは，契約締結前ないし契約締結時の信義則上の義務については，それを債務の内容とすることへの抵抗感が債務不履行責任を認めることを妨げているのではないかと推測される。

(d) 不法行為

裁判例には，フランチャイザーの不法行為責任が問題となっているものも散見される。ただ，その具体的な内容は，(b)でも述べた信義則上の義務違反，さらに，後述する詐欺，独占禁止法違反など，多岐にわたっている。このう

第六章　フランチャイズ契約とフランチャイジーの保護

ち，詐欺や独占禁止法違反を理由とする不法行為の主張は，(e)と(f)で述べるように，虚偽の説明が行われるなど故意の存在が明確である場合を除いて認められていない。

　なお，情報提供義務違反が問題となった事例でも，それ自体は否定しながら，むしろ別の場面での違法行為が不法行為を構成するとしたものがある。例えば，コンビニエンスストアをめぐる紛争で，加盟店が本部側を批判する「コンビニ情報」を店内に掲示したことを理由に本部が契約解除を通告したうえで，多数の社員を派遣し商品や看板を強制的に撤去したことが不法行為にあたるとしたものがある（［フ 14］［フ 25］）。また，加盟店側と本部への商品納入業者が結託して，本部を通さずに商品を納入するなどしてフランチャイズシステムを破壊したことが不法行為にあたるとして，本部から加盟店・納入業者への損害賠償が認められたものもある（［フ 13］）。さらに特殊なものであるが，本部側の情報提供義務違反が認められるとともに，本部の代表取締役が加盟店店主との話し合い中に激高して暴行に及んだことを不法行為としたものがある（［フ 17］［フ 26］）。

(e)　詐欺・錯誤・公序良俗違反

　売上予測等が問題となっている裁判例では，詐欺・錯誤・公序良俗違反が主張されても，それを認めた事例は存在しない。

　詐欺については，フランチャイザーには契約相手であるフランチャイジーを欺罔する意図はなかったとして否定される場合が多い。これは，第一節六（380頁）で検討した詐欺的なフランチャイズの事例とは異なり，正常な形でフランチャイズ事業を展開することが意図されていたが，結果的にはフランチャイジーが経営を継続できなくなった場合が多いことも留意しておく必要がある。

　また，錯誤については，仮に情報提供義務違反が認められる場合であっても，売上予測等はあくまで予測であって，ある程度の変動が予想されることは加盟店側も理解しており，売上予測等の数値と実際の売上等の客観的な数値とが乖離しているということだけを理由に要素の錯誤にあたるとはいえないとするものが多い。ただし，酒類販売を目的とするフランチャイズ契約で，

当該事業形態で許される酒類販売業免許では店頭以外での外販ができないにもかかわらず、外販可能であると本部側が強調した事例では、①利益に関する錯誤、②仕入価格に関する錯誤、③免許内容に関する錯誤について、それぞれ検討がなされている。このうち、①は動機の錯誤にすぎないこと、②は重過失があることを理由にそれぞれ否定されているが、③については錯誤が認定されている。もっとも、免許内容そのものではなく、利益をあげられるかどうかが契約締結でもっとも重視された事情であったとして、要素の錯誤にはあたらないと判示されている（［フ24］）。

さらに、公序良俗違反については、契約締結前あるいは契約締結時の情報提供の態様そのものではなく、加盟店側の重い負担が予定されている契約内容そのものの不当性が問題となっているが、いずれも一定の合理性があることを理由に否定されている。また、とりわけコンビニエンスストア契約では、本部の収益となるいわゆるロイヤルティやチャージが高額に及ぶという契約内容について、公序良俗違反が問題となることがある（例えば、裁判例［フ7］では、チャージについて公序良俗違反が否定されている）。この点も興味深いところであるが、本書の範囲を超えることになるので、ここでは割愛する[4]。

なお、本部側の情報提供義務違反が認められた事例で、本部から加盟店側になされる契約の終了にともなう清算金あるいは違約金支払請求について、公序良俗違反を理由に否定する事例（［フ15］）がある点に留意する必要があるが、この点については**六**（431頁）で述べる。

(f) 独占禁止法違反による不法行為責任が問題となった裁判例

本部のなした説明が、独占禁止法におけるぎまん的顧客誘引にあたり不法行為となるか否かについて争われている裁判例も散見される（独占禁止法による規制の具体的内容については、第一節**五**〔376頁以下〕を参照）。

このうち裁判例［フ2］では、本部が加盟店を強力にバックアップするので危険性が少ない旨のパンフレットの記載は、独力で店舗を経営する場合にくらべてリスクが少ないことを強調する趣旨であり、本部社員が市場調査の予測に誤りがないと断言したり、加盟すれば必ず一定の利益が得られると保

証したとは認められず，虚偽または誇大な開示を行ったとは認められないとする。また，裁判例［フ4］でも，「平均的損益計算書」に記載された売上げと利益をあげることが確実であると強調した，また契約締結時に本部として加盟店を指導・援助する状態ではなかった等の加盟店側の主張について，証拠に照らし採用できないとして責任を否定する。

その他のものも含め，いずれの裁判例においてもぎまん的顧客誘引はなかったとして本部側の不法行為責任は否定されているが（［フ15］［フ21］），そこでは売上保証もしくは利益保証に近い言辞があったか否か，あるいは契約締結後の指導・援助に関する誇大な説明の有無が問題となっている。これらの事例をみると，勧誘行為がガイドラインにいう「虚偽または誇大な開示」にあたるとされる場合は，きわめて限定的であるといえよう[5]。

### (3) 情報提供義務違反をめぐる具体的な事情の考慮

#### (a) 問題状況

(2)でみてきたように，契約締結前ないし契約締結時の情報提供が争われている事例においては，どの法律構成をとるかということで結論が導き出されているわけではなく，それぞれの事例における具体的な事情が結論に大きな影響を与えている。

それでは，売上予測・収益予測等に関して具体的にどのようなことが問題となっているのであろうか。この点について裁判例をみると，本部の担当者が行った説明もさることながら，その説明のために用いた資料の客観性ないし正確性が争われているものが多い。しかしながら，そのような場合にあっても，資料の内容自体にはほとんどふれることなく，判決を下している裁判例も少なからず見受けられる。

そこで，以下においては，フランチャイザーたる本部の責任が認められなかった裁判例と，その責任が認められた裁判例とに分けて，その判断が下された原因について検討することとしよう。なお，ここで検討する裁判例では，契約締結後の本部による指導・援助に関しても争われているものが多いが，本書では，契約締結段階の情報提供をめぐる問題に焦点を絞ることとし，契

約締結後の状況については必要に応じてふれるにとどめる。

(b) フランチャイザーの責任が認められなかった裁判例

まず，フランチャイザーたる本部側の責任が認められなかった裁判例をみると，その理由として，大きく３つの要素があることがわかる。以下，順に検討していこう。

㈦ 契約締結の判断と売上予測の重視

第一に，契約締結を判断するにあたって，加盟店がそもそも本部の作成した売上予測等の資料を重視していない事例がある。

例えば，裁判例［フ１］では，加盟店が本部と協力して積極的に調査に加わっているうえ，本部が資料を作成したのも加盟店が契約締結を決意した後であるとされている。この事案につき，予想売上げだけではなく，その算出方法自体の適正性も吟味すべきであったという批判もあるが[6]，ここでは加盟店が契約締結の判断にあたって売上予測自体をあまり重視していなかった点に留意する必要がある。また，裁判例［フ４］では，本部ないし加盟店の双方とも，科学的な方法で収益予測をすることを話題にすらしなかったとされている。

ただし，裁判例［フ１］にあっては，すでに述べたように加盟店が積極的に契約締結の準備に携わっていること，裁判例［フ４］にあっては，「美容室」という，正確な科学的予測が困難な業種であると考えられていることが，裁判所の判断に大きな影響を与えていることに留意が必要である。

また，コンビニエンスストアに関する裁判例［フ３］は，加盟店が本部の選定した店舗を実地見分して断っているのに加えて，当初から高い売上げを期待せず，「最低保証制度」[7]の存在を重視していた点を考慮して，本部側の責任を否定している。

㈣ 売上予測等の達成可能性の認識

第二に，加盟店が，契約締結の判断にあたって本部により作成された資料を重視しているものの，そこで示されている売上予測・収益予測等は予測通

第六章　フランチャイズ契約とフランチャイジーの保護

りに達成できない可能性があるという認識をもっている事例がある。

　例えば，裁判例［フ5］［フ6］では，加盟店が営業する予定の店舗建物を準備したり，契約書を十分吟味するなど，契約締結の準備にあたってみずから主体的に行動していることに注意しなければならない（さらに，両裁判例については，本部のなした売上予測の正確性が強調されている）。

　これに対して，裁判例［フ3］［フ7］については，加盟者は，売上げが一定額に達しないときに本部がその一定額と実際の売上げとの差額を負担するという最低保証制度ないし特別経費分担制度という制度の適用を予想していたことから，売上予測・収益予測等は，予測通りには達成できないと認識していたとする。なお，裁判例［フ3］では，加盟店側の職業・経験，ならびに現在も別の者が当該店舗の経営を継続していることをふまえて，一定の収益をあげる可能性があることが考慮されている点にも注意が必要である。

　また，ベーカリーカフェ・パブレストランをめぐる裁判例［フ20］では，売上予測に際して来店者数を最低限度にして評価している点や，総事業費予測と実際の支出に大きな差がなく，予測の範囲内である点などを指摘し，フランチャイザーの説明義務違反を否定する。これらの点だけを強調すれば，次の(ｳ)で検討する予測の根拠となる数値の正確性・合理性の問題として捉えることも可能である。ただ，この事例では，第1号店を目指してフランチャイジー側から詳細な条件が提示されていること，さらに当該フランチャイジーの代表取締役として契約時に経営を任されていた者が，他の飲食業フランチャイズチェーン店を経営する別の会社の代表取締役であることが考慮されている。このような状況をふまえると，予測の正確性そのものよりも，その予測を吟味する能力をもちあわせているかどうかが，フランチャイザーの責任判断のポイントとなろう。同様に，裁判例［フ24］では，フランチャイジー側がコンビニエンスストアを含めた多数の店舗を経営してきた（さらには，売上不振でコンビニエンスストア経営からは撤退した）点に着目し，試算そのものの具体的な内容にはふみこまずに，そもそも試算通りの利益が得られるとの認識を有していたとは認められないとされている。

第二節　フランチャイズ契約に関する裁判例の分析

(ウ)　売上予測等の根拠となる数値の正確性・合理性

　第三に，加盟者は本部のなした予測通りに売上げないし収益が得られなかったとしても，その数値の算定自体は合理的な根拠があると判断されている場合である。

　例えば，クリーニング店の売上予測の是非が争われた裁判例［フ9］では，当該予測は，開業予定地やその周辺の現地調査をふまえ，客観的な統計資料に基づく人口動態やクリーニングに関する消費傾向を根拠に算出された需要予測に基づくものであり，客観的な基礎資料と合理的な推論に基づいているとする。ただ，この判決では，具体的な数値をあげてその妥当性を検討するのではなく，予測の基礎となっている資料の客観性に力点をおいている。これに対して，控訴審［フ10］は，具体的な数値の算定にあたって競合店の存在が十分に考慮されていないことを指摘し，当該予測が客観的で的確な情報ではなかったと判示している。

　なお，数値の正確性・合理性に加えて，契約締結前の交渉や契約締結時に，契約内容に関してフランチャイジーに十分な考慮時間が与えられたかという点も重視されている。例えば，コンビニエンスストア契約をめぐる裁判例［フ14］とその控訴審である［フ25］では，売上予測の前提となる調査内容の具体的な数値にまでふみこんで検討がなされ，それらの数値は不合理とまではいえないと判示している[8]。それに加えて，契約内容そのものについては，交渉過程で数回にわたり説明がなされ，かつ契約書の読み合わせが行われた9日後から契約書に署名押印するまでの4日間，フランチャイジーたる加盟店が契約書を実際にみずからの管理下においていたことが強調されている（もっとも，この事例は，366頁および412頁に述べたように，加盟店側が本部を批判する内容の掲示を店内にしたことが契約解除事由にあたるか，また契約の終了にあたって本部側が商品を加盟店から強制的に撤去したことが不法行為にあたるかが論争の中心となっている点には，注意が必要である[9]）。

　ところでやや特殊であるが，裁判例［フ13］は，フランチャイザーではなく，当該フランチャイズシステムを紹介する広告誌を発行する会社が作成した売上予測に関する資料が，勧誘に際して用いた事案である。この点につ

第六章　フランチャイズ契約とフランチャイジーの保護

いて判決は、資料の一部に誤りや誇大宣伝があることは否定しないものの、売上保証は困難であるというフランチャイザー側の説明態様も考慮して虚偽説明とまではいえないとする。ただ、この事例は、412頁にも述べたように、加盟店側が当該フランチャイズチェーンを破壊したことを理由に共同不法行為が認められた事例であり、当事者の加盟店が同種の営業を続けている点も考慮し、加盟店側の我田引水的な主張を封ずることに力点がおかれているともいえよう。

(c)　フランチャイザーの責任が認められた裁判例

次に、フランチャイザーの責任が認められた裁判例をみると、その理由としては、2つの要素があげられる。これも順に検討することとしよう。

(ア)　売上予測等の根拠となる数値の正確性・合理性

第一に、加盟者は本部のなした予測通りに売上げないし収益が得られると考えて契約を締結したものの、実際には、その予測の根拠となる具体的な数値に誤りがあったということがあげられる。

そもそも実際に予測をしていたにもかかわらず、その具体的な数値を告げずに高めの売上予測を伝えたことを理由に、フランチャイザーの責任を認めるものもある（［フ12］／さらに控訴審［フ22］は、フランチャイザーが不正確な情報の収集しかしなかったうえに、それすら特段の事情もないのに秘匿して伝えなかったことから、情報提供義務違反は明らかであると判示する）。

ただ、通常は伝えられた数値の正確性や合理性の有無が争われており、そのため、(b)(ウ)で述べたのと同様に、売上予測等の具体的な計算方法や数値のあてはめについて非常に詳細な検討を行っている事例が多くみられる。

売上予測にあたっては、入店率の算定根拠に合理性がないとするもの（［フ2］）、競業店の存在を十分に考慮していないもの（［フ2］［フ10］［フ11］［フ19①③］）、商圏人口・商圏範囲などの算定基準に合理的な根拠がないもの（［フ11］［フ19①③］）がある。

また、営業に必要な経費の予測にあたって、棚卸ロスや見切り・処分の数値を低く見積もっているもの（［フ15］①②）、借入金と人件費を考慮すると

赤字のおそれがあるのに説明を受けなかったもの（[フ15③]）などがある。

　ここで注目すべきは，売上予測と実際の売上高とが乖離した場合，売上予測の正確性の判断に影響を与えるか否かという問題である。この点については，すでに川越憲治弁護士や金井高志弁護士が指摘しているように，乖離の度合いが大きいからといってフランチャイジーからの損害賠償請求が認められる，あるいは逆にその度合いが小さいからといって損害賠償請求が認められると，一概にいうことはできない[(10)]。

　ただ，裁判例には，実際の売上実績が「惨憺たる有様」であったことから，「売上実績が本件売上予測値よりもはるかに低水準で推移したことについて特段の原因が認められない限り，本件売上予測値自体が適正でなかったと推定すべきである」とするものがある（[フ27]）。このような推定に加えて，売上予測が専門的内容にわたることを強調し，売上予測通りの売上げが得られなかったことにつきフランチャイザーに過失がなかったことが立証される必要があるとして，フランチャイジー側からフランチャイザー側に立証責任を転換している点は，大いに注目に値しよう。

　同様に裁判例［フ22］も，実際の売上げが売上予測のせいぜい60パーセントにすぎず，損益分岐点と見込まれた売上高に達するのに要した期間も予測よりもはるかに長いことは，フランチャイザーによる「立地調査が十分でなく，売上予測が合理性に欠けるものであったことを推認させる」と判示している（ただし，この事例では，情報提供義務違反と相当因果関係のある損害が発生していないとして，結果的にフランチャイジーの請求は棄却されている）。

　また，裁判例［フ2］は，開店後，加盟者が本部の指示に基づいて商品をそろえ宣伝を行ったにもかかわらず，実際の売上高が予測を大きく下回る点も考慮すると，本部の行った需要予測の結論の客観性，正確性には疑問があるとする。もっとも，開店後の売上げの実績が予測を下回ったからといって，出店を可能であると考えた本部の判断が長期的にみても誤っていたと断定することはできないとしている。

　逆に，開店後に売上予測に近い売上げが実際に確保されたことを理由に，売上予測の不正確性を否定するものもある。コンビニエンスストアをめぐる裁判例［フ15］は，原告となった加盟店それぞれの個別の契約状況が詳細

## 第六章　フランチャイズ契約とフランチャイジーの保護

に検討されているが，そのうちの1つについては開業1年後には，実際の売上げが売上予測の9割に達したことを指摘し，売上予測がずさんであったとするフランチャイジー側の主張を否定している。この事例では，1年後という比較的時間をおいてからの数値が問題となっているが，契約直後は売上げが一般的に増加するのが通常であり，実際の売上高と売上予測との乖離を判断する際には，実際の営業期間も考慮した慎重な対応が求められよう[11]。

(イ)　フランチャイザー側の実際の説明態様の問題性

第二に，売上予測・収益予測等の数値の誤りもさることながら，それらの予測を説明するときに本部が資料の正確性や客観性を強調する反面，店舗を営業する際のリスクについては説明しないなど，本部側の説明態様に問題があることである。

例えば，裁判例［フ2］では，本部担当者が調査前に「調査の結果が全てである」とし，調査終了後にも調査結果を過度に強調し，かなり楽観的かつ強気の見通しを立てたことが指摘されている。裁判例［フ8］では，本部の事業規模や店舗を営業する際のリスクを説明しなかったことが問題とされている。また，(ア)でとりあげた裁判例［フ22］は，数値の不正確性に加えて，担当者が「儲かりまっせ」，「一切任せてくれ」，「閉店したのは一件だけ」と述べ，さらに直営店との店舗交換の可能性にも言及した事実を認定し，フランチャイジーの契約締結に関する判断を誤らせるおそれが大きいものであったと指摘する。

また，空調機器の清掃工事に関するフランチャイズをめぐる裁判例［フ17］は，平成10年度以降は競合企業が多数出現し閉店する加盟店が多かったにもかかわらず，フランチャイザーが市場状況の個別具体的状況を開示しなかったことを指摘する。同じ事案の控訴審［フ26］は，フランチャイザーが加盟店の経営状況の平均的データを示さず，個別データのうち勧誘に好都合なものだけを不正確に，かつ恣意的に示したことから，情報提供義務違反を認定している。

(d) 売上予測等に関する情報提供義務違反をめぐる判断基準

以上で検討してきた点をまとめると、売上予測・収益予測等をめぐる裁判例において本部の責任の有無を判断する際には、次のような段階があると思われる。すなわち、①加盟者が契約締結の判断をなすにあたって、売上予測・収益予測等を重視しているか否か、②仮にそれを重視していたとして、加盟者が、予測通りの売上げないし収益はあげられないと認識しているか否か、③仮にそのことを認識していなかったとして、本部のなした売上予測・収益予測が正確であるか否かという3つの段階である。

ただし、①、②の段階では、加盟者が契約締結の準備にあたって積極的な行動をとっていることや業種などが考慮されていること、②の段階にあってもデータの正確性が検討されうることには注意しなくてはならない。また、③の段階にあってはデータの正確性だけではなく、本部側の説明態様も問題となっている。

三　契約締結後の情報提供をめぐる裁判例

売上予測・収益予測等について争われた裁判例には、本部と加盟店との間でフランチャイズ契約が締結された後に、当該加盟者の営業すべき店舗が決定されたものが存在する。

裁判例［フ28］は、アイスクリームの販売を目的としたフランチャイズである。この判決では、まずフランチャイズ契約が締結されたのちに、本部は、通行量調査などを行ったうえで、加盟店に対して、売上げについて1カ月「4～500万円は狙えると思う」と記載された物件調査報告書を示している。ここでは、売上保証の有無が問題となったが、判決は、報告書には単に「狙えると思う」と記載されているにとどまり、しかも契約書には利益保証しない旨明記されているとして、仮に利益保証をするような説明をしたとしてもセールストークにすぎないという。また、通行量調査に誤りがあったという主張についても、明白な誤謬があるとの立証がないとして斥けている。さらに、実際の売上げが予想値と大きく異なった原因として、アイスクリーム販売店なのに冬に開店したという開店時期[12]や店前の道路工事、店員ど

うしの仲が険悪で店の雰囲気が悪かったことなどをあげている。以上の点を考慮すれば、この判決では、加盟者側が契約締結後に収益を妨げる事情を生ぜしめたということが、裁判所の判断に大きな影響を与えているといえる。

また、裁判例［フ29］は、クレープ製造販売に関するフランチャイズであるが、次のような若干複雑な事情が存在する。

本部側からフランチャイズ契約を締結しないと営業場所の選定に協力できないといわれたため、フランチャイズ契約を締結したが、その際、約1年後までに営業場所を決定する旨の覚書を交わした。それを受けて、本部側は、直営店として経営している店舗を紹介したが、これはスーパーからテナント契約に基づいて賃借していたものであった。このテナント契約に際して、賃貸人であるスーパーと賃借人である本部との間では、毎月の売上高のうち一定割合の金額を賃料としたうえで、最低保証売上高を設定し、仮に実際の売上高がそれを下回る場合であっても、当該最低保証売上高により賃料を計算するという覚書が交わされていた。その後、一定の売上げを確保した場合にはこの最低保証売上高が撤廃されることとなったが、本部側は加盟店に対して最低保証売上高が一定の時期になると必ず外されるかのように説明をして勧誘した[13]。

以上のような事実をふまえて、判決では、本部側は最低保証の約束の存否が損益分岐のきわめて大きな要因であることを認識していたはずであり、具体的事情も把握していたのであるから、営業場所の選定にあたり最低保証に関する情報提供義務を負うと判示されている。そのうえで、本部が、最低保証撤廃の合意が存在するかのように説明し、それを裏づける資料として本部とスーパーとの間で交わされた覚書を示したことなどから、情報提供義務に違反するものとして債務不履行責任を認めている。

ここで注意しておきたいのは、裁判例［フ29］では、最低保証に関する情報提供義務が本部の指導援助義務の一環として捉えられたうえで、その違反が債務不履行を構成するとされていることである。この点については、本部側が営業場所の選定に協力することがフランチャイズの基本契約の内容とされ、実際に基本契約締結後に店舗の選定がなされていることが影響を与えているように思われる[14]。すなわち、最低保証に関する情報提供義務は、

フランチャイズ契約締結前の情報提供義務とは異なり，フランチャイズ契約上のフランチャイザーの指導援助義務の一環として捉えられているといえよう。

もっとも，この判決でも，売上予測等が問題となる裁判例と同様，当事者が契約締結にあたって重視していた事情，すなわち「最低保証の撤廃」について，その根拠となるデータの不正確さと本部側の勧誘態様が問題となっている。この事案に関していえば，契約締結前ないし契約締結時の情報提供をめぐる問題と契約締結後の情報提供をめぐる問題とでは，本部の責任の有無を判断する構造はパラレルなものになっているといえよう[(15)]。

四　その他の裁判例

(1)　概　観

以上では，売上予測・収益予測等が争われている裁判例について検討してきた。しかし，フランチャイズ契約をめぐる裁判例ではあるが，詐欺的であるとは判断されず，かつ売上予測・収益予測等が問題とならなかったものや，フランチャイズ契約に酷似した契約で売上予測・収益予測等が問題となっているものも若干存在する。

以下においては，これらの裁判例を順次検討していくこととしよう。

(2)　売上予測・収益予測等が問題とされなかったフランチャイズ裁判例

ここでは，一応フランチャイズ契約とされてはいるが，売上予測・収益予測等が問題とならなかった事例について検討することとしよう。

裁判例［フ32］は，衣服の「リフォーム」を行うフランチャイズで，本部（本部は，「権利能力なき社団」であるとされている）が加盟者に未払金支払請求をしたのに対し，4名の加盟者が抗弁として詐欺による取消しを主張した事案である。ここでは，本部が加盟者に対し，加盟すれば独自の技術を教える，本部は早解き，早縫い，早仕上げの独自の技術をもっているがこれは洋裁学校は教えておらず知られていない，初心者でも40日間で習得できる，開店その他の経営指導をするなどと説明したことが，違法な勧誘である

第六章　フランチャイズ契約とフランチャイジーの保護

か否かということが争われた。

　判決は，加盟者側が当初期待していたような高度の技術ないし経営の指導を受けられなかったからといって，ただちに社会通念上違法な欺罔行為とまではいえないとして，加盟者側の主張を認めなかった。ここでは，「独自の技術」を習得できるということが，加盟者側の契約締結の判断にあたってもっとも重視された事情であるとしたうえで，実際に本部が「独自の技術」を有していたか否かが争われた。すなわち，加盟者側は，「独自の技術」の習得に向けて本部が提供するサービスに着目して契約を締結したのであり，それゆえにサービスの内容自体に関する情報の正確性が問題となったといえる。

　ただし，この事例では，本部が「独自の技術」の内容を正確に伝えていれば，加盟者は，契約を締結しなかった可能性もあったといえる。その意味では，本部側の勧誘態様について，もう少し詳細な検討をなすべきであった。また，加盟店側の主張が詐欺取消しという厳格な要件の立証を必要とする法的構成にとどまっている点も，結果的に本部側の責任に否定的な結論を導く要素となってしまっているようにも思われる[16]。このように考えると，詐欺とまではいえなくとも，本部側の不誠実な説明行動が原因で契約が締結されたと考えられる場合には，六（431頁）で述べるように，本部側の契約に基づく主張を封ずることも検討すべきであろう。

(3)　フランチャイズ契約と酷似した契約をめぐる裁判例

　次に，フランチャイズ契約という形式をとっていないが，フランチャイズ契約と同様の契約を締結しており，問題状況がフランチャイズ契約と類似している裁判例をみてみることにしよう。

　裁判例［フ34］は，本部と加盟者との間の契約が委託店長契約という形態をとっている居酒屋チェーンをめぐる事例である。この契約では，本部が経営ノウ・ハウ等を提供し，加盟者がその対価としてロイヤリティーの支払いを行っているなど，フランチャイズ契約と共通する部分が多い。具体的な契約内容をみると，加盟者は，当該チェーンへの入会金を支払い[17]，同一チェーンの店舗で研修を受けたのち，本部側の用意した既存の空き店舗を用いて営業するよう指定されている。契約の際，本部側からは日売り7，8万

第二節　フランチャイズ契約に関する裁判例の分析

円の実績があったが，前の経営者が不熱心だったため成績が悪化した旨の説明がなされている。そこで，加盟者は契約書をもち帰って検討したいと本部担当者に告げたが，後がつかえているから当日契約してくれないと困ると迫られ，契約を締結している。

　この裁判例では，本部側の用意した既存店舗で営業するため，収益予測等の調査ではなく，当該店舗の過去の実績について問題となっている。判決では，この点について事実に反するという立証がないので本部の説明が客観的根拠もなくなされたとは認められないこと，また，現在店舗を引き継いで経営している者が日売り5万円前後の実績をあげ相当の純益を得ていることを考慮して，当該店舗が利益のあがらない店舗であったとは認められないとした[18]。しかし，契約書には加盟者に一方的に不利な条項が記載されており[19]，また，契約書の内容は一読して趣旨が判然とするものではないという事実が認定されていることを考慮すると，契約内容を一応知ったうえで契約したとする判示にはかなり疑問が残るところである。そうであるならば，過去の実績に関する説明が客観的根拠に基づいてなされているか否かについて吟味されるべきであったし，事業経営に関する契約でありながら検討時間をほとんど与えないような本部側の勧誘態様についても十分な考慮がなされるべきであったように思われる。

　また，裁判例［フ35］は，本部と加盟者との間で浄水器業務委託契約が締結されているが，権利金を支払い独占的販売権を取得しているなど，フランチャイズ契約と共通する点も多い。加盟者は，本部が行っていたレンタルビデオ事業加盟店募集に興味をもち本部を訪れたところ，本部側ではレンタルビデオの話とともに，浄水器販売についても説明した。その後，本部と加盟者との間でレンタルビデオのフランチャイズ契約が締結されたが，レンタルビデオ店開業後も，本部側から浄水器販売委託についての勧誘が続いた。その際，本部側は，浄水器は「ガス会社の開発した商品」で大手スーパーの定番商品となっている，権利金を支払えば浄水器の地区独占販売権を取得でき多額の利益が期待できるなどと述べ，浄水器販売会社の設立と業務委託契約の締結を勧めた。その結果，加盟者は本部と業務委託契約を締結し権利金と保証金を支払ったうえで会社を設立して販売に乗り出したが，赤字が続き，

425

第六章　フランチャイズ契約とフランチャイジーの保護

約半年後に事業を中止するにいたった。

　この判決では、浄水器には「ガス会社の開発したフィルター」が実際に使用されていること、また多額の収入が確実にあるかのような説明があったとしても、注文を客からとることが前提となっているから、それ相応の営業努力が要求され、場合によっては原告の目論見通りにならないことは商売上暗黙の前提となっていることを理由に、本部の責任は否定されている[20]。この判決では加盟者の学歴や経験が考慮された可能性もあるが、浄水器販売委託契約については、明確な客観的な根拠をまったく示すことなく、本部側のたび重なる勧誘によって加盟者が契約締結を決意したことにより締結されたものである点を考慮する必要があろう。

### 五　損害の認定と過失相殺

(1)　損害の認定

　ここでは、以上で検討した裁判例のうち、本部の損害賠償責任が認められた事例における損害の認定について検討することとしよう。

　まず、契約締結前ないし契約締結時の情報提供をめぐる裁判例をみると、損害の認定にあたっては、情報提供義務違反（あるいは信義則上の義務違反）と相当因果関係があるか否かということが問題となっている。すでに、二（406頁）に述べたように、情報提供義務違反（あるいは信義則上の義務違反）があるとしながら、発生した損害との相当因果関係が存在しないとして、結果的に加盟店側の請求が認められなかったケースも散見される。

　どのような場合に相当因果関係が認められるかについては、個別事情によって判断がかなり異なっている。

　例えば、開業準備費用のうち、店舗改装費用[21]や什器備品購入費[22]などは、事例によって若干異なるものの、相当因果関係のある損害として認められている。ただ、同じ開業準備費用であっても、開業店舗の礼金・保証金や敷金、賃料をめぐっては、若干判断がわかれている[23]。これに関連して、フランチャイズ契約が解消された後に必要となる店舗の原状回復費用を損害と認めるものもある（[フ10][フ19①]）[24]。

第二節　フランチャイズ契約に関する裁判例の分析

　フランチャイズへの加盟契約金や成約預託金等については，フランチャイザーの責任が認められる場合には，相当因果関係のある損害として認められることが多い（[フ11] [フ12] [フ14] [フ15①②③] [フ16] [フ17] [フ19②③] [フ21] [フ22] [フ26] [フ27]）。ただ，加盟金は，立地調査，研修指導など本部からの労務提供を受けたことへの対価であり，実際にそれらの提供を受けているとして返還を認めないもの（[フ2]），あるいは契約書中の加盟契約金不返還条項が有効であるとして返還を認めないもの（[フ8]）もある[25]。

　いわゆるロイヤルティについては，支払った期間は実際に営業を行っていたとして相当因果関係ある損害として認めないものもあるが（[フ4] [フ12] [フ21]），逆に認めるものもある（[フ17] [フ22] [フ26]）[26]。後者のうち，裁判例[フ22]は，営業期間中にロイヤルティを支払った結果，加盟店側に赤字が発生したことを認定したうえで，本部側の情報提供義務違反がなければ損失を生じてまで店舗の営業を開始したとは考えられないとして，支払ったロイヤルティ総額のうち赤字相当分については相当因果関係ある損害と認定している[27]。

　逸失利益については，フランチャイジーは独立した事業者であり自己責任で経営を行うものであることを理由として，相当因果関係のある損害とは認められていない（[フ2] [フ19①②③④]）。もっとも，営業期間中に加盟店側に発生した営業損失や赤字については，損害と認定しないものがある一方で（[フ16] [フ23]），認めるものもある（[フ11] [フ19②]）。前者の損害と認定しなかったもののうち[28]，すでに二（406頁）でもふれた裁判例[フ23]は，「開業後に通常要求される営業努力を尽くしても当該店舗の営業実績が全く上がらないような場合」に，開業後の営業損失のうち相当と認められる期間の損失を損害と認定する可能性に言及しているが，当該期間には加盟店が黒字を計上していることを理由として損失の発生自体を否定している[29]。また，後者の損害と認定したもののうち，裁判例[フ19②]は，赤字発生の原因は加盟店側にはなく，本部側から紹介された店舗の採算性がもともと悪かったうえ，指定する商品を買いとらせるといった本部側の経営方針に問題があることを理由として，加盟店側が請求した営業損失全額を損害

と認めている。これに対して，裁判例［フ11］は，営業損失についても，本部側の報告書に合理性があると誤信して開業した場合に生じうる損害として情報提供義務違反との相当因果関係を認めるが，加盟店側が「集客力アップの可能性の有無を見極めるのに必要な期間の経過後は，もはや，損失を覚悟のうえで営業を継続していたと見ざるをえない」として，営業損失の一部については損害とは認定していない。

　ちなみに，人件費については，基本的に相当因果関係ある損害とは認められていない（［フ12］［フ16］［フ21］［フ22］［フ23］）[30]。

　なお，契約締結後の情報提供をめぐる裁判例［フ29］でも，やはり損害の認定にあたっては情報提供義務違反と相当因果関係があるか否かということが問題となっている。この事例では，フランチャイズ加盟料等については，営業場所を当該店舗に決定する前にフランチャイズ契約を締結していることから，店舗賃料の最低保証に関する情報提供義務違反との相当因果関係を認めない。逆に，店舗の仲介料や最低保証が撤廃されなかったことによる賃料の差額については，損害と認定されている。

　このほか，慰謝料については，財産的損害の賠償をもって足りるとして損害と認めない裁判例が多い。ただし，二（412頁）で述べたようなコンビニエンスストア契約において本部側が一方的に加盟店から商品の強制撤去を行った場合や，本部代表者から加盟店主が暴行を受けた場合などは，慰謝料請求が認められている。

(2)　過失相殺

(a)　過失相殺において考慮される事情

　フランチャイズ契約をめぐる裁判例では，すでに第一節四（372頁）に述べたように，本部の損害賠償責任を認めるものでも，本来は加盟店も独立した事業者であり，自己責任で経営を行うべきであるという一般論が展開され，加盟店側の勝訴判決15件中，実に12件で大幅な過失相殺がなされている。しかも，この12件のうち8件（勝訴判決全体の半数強）で，過失相殺の割合が5〜8割という非常に高率に及んでいる点にまずは留意する必要がある。

具体的には，以下のような事情が考慮されたうえで，過失相殺の程度が決定されている。

まず，契約締結に際して加盟者が本部に説明をした内容に問題がある場合があげられる。裁判例［フ２］では，加盟者が資金繰りについて楽観的説明をしていたため，本部の適切な指導・援助が困難になったことが指摘されている。

次に，加盟者は，その職業・学歴などを考慮すれば，本部側の説明の内容，とりわけその説明の内容が不十分であることを理解することが可能であったとされる場合である。

裁判例［フ８］では，元薬剤師という加盟者の職業・学歴からすれば経営上の危険について理解力・判断力があることが過失相殺の理由としてあげられている。もっとも，このように，会社への勤務経験はあっても事業経験がない者については，過失相殺の判断はより慎重になされるべきである。この事例では８割にも及ぶ過失相殺がなされているが，ここでは単に社会人経験というよりも，殖財のための余業であったこと，売上予測等につき説明を求めずみずから調査を行わなかったこと，さらには実地見分し，みずから当該店舗を選択したことが考慮されたというべきであろう。

このほか，コンビニエンスストアの事例で，別のコンビニエンスストア本部といったん契約を締結してから，あらためて当該コンビニエンスストア本部と契約を締結した場合（［フ15③］）にも，８割にも及ぶ大幅な過失相殺が認められている。また，会社経営の経験のある者が，フランチャイズ店営業の前提として予定していた国民金融公庫の融資を拒絶されたにもかかわらず営業を開始した事例では，予測通りの売上げを上げられないことは十分認識可能であったとして，７割に及ぶ過失相殺がなされている（［フ10］）。

また，加盟店側が実際に行った営業の内容も考慮される。なぜなら，フランチャイズ契約では，実際の営業の方法によって営業実績が変動することが，当然予定されているからであろう。例えば，コンビニエンスストア加盟店が商品の在庫がなくなっても発注を適正に行わず，また本部側の勧めに反して日中はアルバイトに任せて入店しなかった場合（［フ15①］／もっとも，人件費の高い夜間に加盟店主みずからが入るために日中は入店しなかったという事情

がある），車検サービスのフランチャイズチェーンでガソリンスタンドも経営する加盟店が専属スタッフを用意せず事業を展開した場合（［フ16］），フォトスーパーチェーンで本部側の指導や助言に従わなかった場合（［フ19③］）などである。

ただし，加盟店主が納品業者と顧客の前で口論したり，接客態度も悪く，トイレに鍵をかけたり，あるいは商品管理を怠ったりするなど顧客サービスが低下する行動をとって本部に苦情が寄せられた事例（［フ27］）では，このような経営態度が相当の原因となっているとしながら，加盟店側が全面的に勝訴している。ここでは，当該加盟者と本部との間のフランチャイズ契約が解約された後，次のオーナーも探さず，直営店にもせずに本部側が店舗を閉店したことに着目し，単なる営業態度にとどまらず，売上予測値自体が適正でなかったと推認している。

さらに，営業期間も問題となる。営業期間が3カ月間であった裁判例［フ2］では，経営の改善が客観的に不可能であったとはいえないとして過失相殺事由とされているのに対し，7カ月（ただし，4カ月で事実上経営を断念）であった裁判例［フ8］では，売上予測を下回り続けていた以上やむをえないとして過失相殺事由とはされていない。

裁判例［フ29］はやや特殊な事例ではあるが，必ずしも専門的知識が要求されない最低保証の撤廃に関しては，いわゆる脱サラの加盟者も十分検討，吟味が可能であること，最低保証の存在について検討，吟味することなく，短期間のうちに営業場所を当該店舗にすることに同意していることを過失相殺事由としてあげている。

(b) 過失相殺のあり方

上述のように，フランチャイズ契約をめぐる裁判例では，仮にフランチャイジー側が勝訴しても，ほとんどの場合にかなり高率の過失相殺が行われる。たしかに，フランチャイズ契約は形の上では独立した事業者どうしの取引であり，原則として事業経営はみずからの責任で行うべきである以上，自己責任が厳しく問われるのもやむをえないところではある[31]。

しかしながら，フランチャイズをいわば悪用したような形で組織的な欺罔

行為が行われているような場合まで過失相殺をすることは，違法な行為で得られた利益を最終的に違法な行為をした者に帰属させることになりかねず，問題が大きい（例えば，裁判例［フ41］などはまさにその場合に該当する）。また，虚偽の勧誘を行ったり，意図的に不十分な情報しか提供しないなど，フランチャイザー側の態様の違法性が高い場合には，自己責任を強調するあまりに高率の過失相殺をすることで，かえって違法行為を助長しかねないことになる。「過失相殺の比較較量的性格」を基礎にして，故意による不法行為の場合には被害者の単なる過失では過失相殺は認められないという議論(32)を，再度想起する必要があろう（この点については，第五章第二節六〔317頁〕を参照）。

## 六　本部側からの清算金等支払請求の可否

　加盟店側から訴訟を起こしたところ，本部側から清算金や違約金の支払いなどを求める反訴や別訴が提起されたものが11件（売上予測等に関する裁判例のみだと10件），また本部側から訴訟が提起されたので加盟店側から反訴や別訴を提起したものが7件（売上予測等に関する裁判例のみだと3件）存在する。売上予測等に関する裁判例13件をみると，清算金と違約金で判断がわかれている。

　清算金請求については，本部側の情報提供義務違反があっても，認められるケースが多い。例外は，勘定残高の請求を権利濫用・信義則違反として否定する事例（［フ27］）のみである。フランチャイズ契約においては，商品先物取引とは異なり，まがりなりにも加盟店側が営業を行ったことにともない生じた費用の請求であることがほとんどであるため，本部側の請求が認められることが多くなるのであろう。ただし，本部側の不誠実な説明行動により契約が締結されたような場合には，第七章第四節三（476頁）に述べるように，本部側の契約に基づく主張を封ずることも検討されるべきである。

　これに対して，本部側からの違約金請求については，公序良俗違反（［フ15①②③］）や権利濫用・信義則違反（［フ27］）を理由に認められていない。情報提供義務違反を理由に損害賠償責任を負う本部側が，加盟店に対して，加盟店側の損害賠償の予定ともいえる違約金を請求できるとするのは論理的

矛盾であり，正当であろう。

## 七　裁判例の全体的傾向

以上で検討してきたところをまとめると，次のようにいえるであろう。

まず，売上予測・収益予測等をめぐる裁判例に関しては，加盟者が本部により提供されたそれらの予測等の情報を重視して契約を締結したかということが問題となっている。そのうえで，本部により提供された情報の内容が実現されるものと加盟店側が認識しており，かつその情報が客観的な調査によらずに提供されたものであるか，または正確性に欠ける場合に，本部は情報提供義務違反に基づく責任を負うことになる。ただし，その場合には，当該フランチャイズの業種，加盟店側が契約締結の準備に際して協力するなど主体的な行動をとったこと，本部側の説明態様，売上げないし収益等が実際に伸びなかったことにつき加盟店側に落ち度があることなどが考慮されている。なお，裁判例［フ29］では，売上予測・収益予測等ではなく，フランチャイズ契約締結後に加盟者が業務委託契約を締結する際に重視した情報として店舗賃料に関する最低保証が問題となっているが，その判断構造は，売上予測・収益予測等に関する情報提供が問題となった裁判例と同様であるといえる。

次に，法律構成については，ほとんどの事例で本部の加盟者に対する情報提供義務違反が問題となっているが，判決で述べられている一般論は当該事案における具体的な事案が反映されており，事案によっては，フランチャイズ契約における本部の情報提供義務の発生自体を認めないものもある。したがって，フランチャイズ契約であるからといって，本部の情報提供義務が当然に発生するものではなく，契約を締結する際に，加盟店が売上予測・収益予測等をどの程度重視していたかによって，情報提供義務の内容だけではなく，その発生自体も左右されているといえよう。

　(1)　なお，情報提供をめぐる論点が中心とはされていない事例もあるが，情報提供義務違反の有無についてなんらかの判断がなされているものは，それが主たる論点であるか否かに関わらず，すべて含めた（442頁以下の「フラン

チャイズ契約裁判例一覧」も同様である)。

(2)　もっともこのうち4件は，五(1) (428頁)で述べるように，フランチャイズ契約そのものとは無関係な不法行為を理由に慰謝料請求が認められたため，結果的にはフランチャイジーが一部勝訴している。

(3)　さらに，裁判例［フ6］では，フランチャイザーが情報提供義務を負うことを非常に簡潔に述べた後で，とりわけ，売上予測等に関する「説明や資料が十分な調査に基づかず，フランチャイジーの判断を誤らせる虞のある内容である場合」に情報提供義務違反となるとしている。これも，具体的な判断において，資料や説明が十分な調査と合理的な根拠に基づいているとされたことの裏返しであると考えられる。また，裁判例［フ2］では，「フランチャイザーが，加盟店の募集に際して市場調査を実施し，これを加盟店となろうとする個人等に開示する場合」に適正な情報を提供する信義則上の義務を負い，「市場調査の内容が客観性を欠き，加盟店となろうとする個人等にフランチャイズ契約への加入に関する判断を誤らせるおそれの大きいものである場合」には，信義則上の保護義務違反を構成すると述べる。この判決でも，需要予測調査における数値の算定に疑問があるという具体的な事情が，一般論の定立に影響を与えているといえよう。

(4)　この点については，川越憲治『フランチャイズシステムの法理論』（商事法務研究会，平成13年）99頁以下を参照。

(5)　裁判例［フ5］について，コンビニエンスストアチェーン本部によるぎまん的顧客誘引ないし優越的地位の濫用にあたる可能性を指摘するものとして，若林亜理砂「判研」ジュリスト1222号（平成14年）204頁以下。

(6)　井上健一「判研」ジュリスト1039号（平成6年）133頁以下。

(7)　最低保証制度については裁判例からは具体的に読みとれないが，一般には，フランチャイザーがフランチャイジーの収入を一定額まで保証しようという制度と説明される（川越・前掲注(4) 178頁以下）。この事例で当事者となったフランチャイズ本部では，現在も「最低保証制度」を採用しているが，それによれば営業総利益が一定額より不足した場合には本部が補塡する制度とされている（なお，日本フランチャイズチェーン協会が加盟業者の情報開示のため運営しているホームページ「ザ・フランチャイズ」で，各業者ごとの契約内容の概要が閲覧できる。アドレスは，http://frn.jfa-fc.or.jp/〔平成17年6月30日現

第六章　フランチャイズ契約とフランチャイジーの保護

在］）。当時の状況は不明であるが，1カ月の売上げが125万円に達しないときは，その差額を本部が負担するという制度であったと思われる。

(8)　もっとも，第一節二（366頁）でも述べたように，当該コンビニエンスストアチェーン本部の代表取締役の言葉によれば多めの売上予測を告げることはままあることとされており，実際にこの本部がかかわっている訴訟の件数も多い。ただ，第一審および控訴審のいずれの判決も，当該事案では売上予測が不合理とまでは認められないと判示する。

(9)　なお第一審［フ14］では，本部を批判する「コンビニ情報」を掲示することは，コンビニエンスストアをめぐる紛争が社会問題化していることをふまえると無理からぬものがあり信頼関係を破壊したとまではいえないとして，フランチャイザー側が主張した契約の解除を認めなかった。しかし，控訴審［フ25］では，加盟店の行動は，一般的にコンビニエンスストアをめぐる問題点を指摘するにとどまらず，当該本部のイメージを損なうものであって信頼関係が破壊されたとして，契約の解除が認められている。

(10)　川越・前掲注(4)285頁以下，金井高志「フランチャイズ契約締結過程における紛争の判例分析（3）」判例タイムズ1064号（平成13年）22頁以下，同『フランチャイズ契約裁判例の理論分析』（判例タイムズ社，平成17年）83頁以下。

(11)　この点について，当初は直営店として開業したお好み焼きチェーンの店舗を，フランチャイジーが引き継いだ事案で，開店当初の売上実績が予想を上回ったことを考慮して，フランチャイジーに最初に提示した第一次試算表を修正した第二次試算表を提示して説明したことは不当ではないとした裁判例がある（［フ6］）。ただこの事例は，本来開業するはずであった者が開業を断念した際に，その交渉の席に同席していた者が積極的に当該店舗での開業を望みフランチャイジーとなったという経緯を考慮する必要がある。

(12)　アイスクリーム店であるのに，2月に開店したことを考慮している。

(13)　具体的には，①毎月の売上高の22パーセント相当額を賃料とする，②最低保証売上高（以下「最低保証」という）を月額400万円とする（つまり，最低月額88万円の賃料を支払う）という覚書が交わされた。その際，本部側は，最低保証を1年間にしてほしい旨要望し，スーパーとしては本部側から示された月額600万円の売上げがあれば外してもよいと考え承諾した。結果

的に，スーパーは1年間だけ300万円に減額することを了承したにすぎず，売上高は直営店のころよりは上がったものの赤字が続いたため，閉店を余儀なくされている。

(14)　裁判例［フ28］および［フ29］につき，フランチャイズ契約締結後のフランチャイザーの説明が問題になっていることを指摘するものとして，行澤一人「判評」判例評論438号（平成7年）45頁。

(15)　行澤・前掲注(14)同頁は，フランチャイズ契約の締結前後で保護義務違反に関する理論的分析を異にするべきではないと主張する。

(16)　同様の指摘をするものとして，川越憲治『新版　フランチャイズシステムの判例分析』（別冊NBL56号）（商事法務研究会，平成12年）43頁。

(17)　この点については，川越・前掲注(16)84頁を参照。

(18)　ただし，現在の実績にしても本部が加盟者に説明した実績とはかなりの差があり，かつ従前20万円であったロイヤルティが現在の経営者については5万円であることを認定しながら，そのことがあまり考慮されていない点には疑問が残る。なお，加盟者の後を引き継いで経営している者の実績は1日あたり平均4万3千円から5万5千円であり，本部が加盟者に説明した1日あたり7，8万円という額とはかなり差がある。

(19)　契約書には，ロイヤルティの支払い，契約更新時（契約期間2年）あるいは契約終了時における金員支払いの約定と並んで，ロイヤリティー分の純益を加盟者があげない場合には理由を問わず，本部は契約を解除できるという約定がある。

(20)　ビデオレンタル契約については，契約で定めた経営指導などの義務に関する債務不履行責任のみが争われている。なお，浄水器販売についても，同様に債務不履行責任が問題となっている（いずれも否定）。

(21)　店舗改装費用を相当因果関係ある損害と認めた裁判例として，［フ2］［フ8］［フ11］［フ15］［フ16］［フ19①③］［フ21］。ただし，裁判例［フ8］では，経営破綻以降の部分のみ相当因果関係があるとして，店舗改装費用を店舗の賃貸借契約存続期間（3年＝36カ月間）で除して，そこに実際に営業をした期間（7カ月）分を乗じた金額（すなわち，実際に営業した期間分の金額）については損害にあたらないとしている。

(22)　什器備品購入費を相当因果関係ある損害と認めた裁判例として，［フ

第六章　フランチャイズ契約とフランチャイジーの保護

2］［フ 8］［フ 10］［フ 11］［フ 16］［フ 21］。このうち，裁判例［フ 8］では，レジ購入代金については相当因果関係ある損害とされているが，その他の什器・備品等についてはその価値が償却される消耗品であることを理由に損害とは認めていない（なお，レジ購入代金については，注(21)と同様，実際に営業した期間分の金額が控除されている）。ちなみに，裁判例［フ 27］では，具体的な金額の証明がなされていないとして，什器備品購入費を含む初期投資費用については損害と認められていない。

(23)　店舗の礼金・保証金・敷金について，相当因果関係ある損害と認めたものとして，裁判例［フ 10］［フ 15］［フ 16］［フ 19①③］［フ 21］。認めなかったものとして，裁判例［フ 2］［フ 8］［フ 11］。店舗賃料について，相当因果関係ある損害と認めたものとして，［フ 2］［フ 19③］。認めなかったものとして，［フ 8］［フ 10］。

(24)　なお，裁判例［フ 8］では，店舗原状回復費用は，もともと賃貸借契約終了時に加盟店側が負担することが予定されていたものであるとして，損害と認定していない。

(25)　もっとも，裁判例［フ 8］は，加盟金は，労務提供の対価，サービスマーク等の使用料の頭金としての性質をもつとして，市場調査が不十分な場合にはそれに対応する部分について返還される可能性を認めている。

(26)　ただし，裁判例［フ 17］はロイヤルティ全額を損害と認めたが，その控訴審［フ 26］は，フランチャイズ契約終了後もそれに関連する業務に従事している元加盟店については，ロイヤルティの2分の1の金額のみ相当因果関係ある損害としている。

(27)　なお，原審［フ 12］は，実際にフランチャイズシステムを利用して営業していたことを理由に，その間に支払ったロイヤルティを損害と認めていない。

(28)　ちなみに，裁判例［フ 16］では，加盟店側の主張する営業損失の算定根拠が恣意的であったり，あるいは明らかではないこと，また本部側の改善指示を無視したことが営業実績の上がらなかった大きな原因となっていることなどを理由として，営業損失を損害に含めることを否定している。

(29)　なお，本事件では，途中でフランチャイズ契約の更新がなされており，判決は本文で述べた情報提供義務違反と相当因果関係のある期間を，契約更

新前の期間としている。ここでは，契約更新以後に発生した営業損失についても問題となっているが，契約更新に際しては，加盟店側は自己の経営する店舗の売上げ・損失等について十分な情報を有したうえで判断していることを理由に，そのような営業損失と当初の契約段階での情報提供義務違反との間に相当因果関係がないことは明らかであるとして，損害とは認められていない。

(30)　ただし，開店の際の研修費用については，相当因果関係ある損害と認定するものがある（[フ21][フ26]）。なお，裁判例[フ26]の原審[フ17]は，フランチャイズ契約終了後も営業を継続している者の営業損失について相当因果関係ある損害は認めなかったが，控訴審[フ26]は2分の1の金額に限って相当因果関係ある損害と認めている。

(31)　加盟店側の店舗運営の自己責任に言及するものとして，金井高志「フランチャイズ契約締結過程における紛争の判例分析（5）」判例タイムズ1071号（平成13年）96頁以下，同・前掲注『フランチャイズ契約裁判例の理論分析』167頁以下。

(32)　加藤雅信『新民法大系Ⅴ　事務管理・不当利得・不法行為（第2版）』（有斐閣，平成17年）311頁以下。

第六章　フランチャイズ契約とフランチャイジーの保護

## 第三節　小　　括

### 一　裁判例の傾向のまとめ

　第二節では、フランチャイズ契約において本部の情報提供が問題となった裁判例について検討してきた。その結果をまとめると、次のようになる。
　第一に、売上予測・収益予測等をめぐる裁判例に関しては、3つのレベルで情報提供義務の有無が判断されている。まず、①加盟店側が本部により提供された売上予測・収益予測等に関する情報を重視して契約を締結したかということが問題となる。そのうえで、②本部により提供された情報の内容が実現されるものと加盟店側が認識しているかが問われる。そしてさらに、③その情報が客観的な調査によらずに提供されたものであるか、または正確性に欠けるものであるかが検討される。以上の3つの段階をクリアすると、本部は情報提供に関する責任を負うことになる。ただし、その場合には当該フランチャイズの業種、加盟店側の職業・経験等、加盟者が契約締結の準備に際してとった行動、本部側の説明態様、営業開始後の加盟店側の落ち度などが考慮されている。
　なお、法律構成をみると、本部の加盟店側に対する情報提供義務違反が争われている事例が多くみられるが、一般論のレベルで情報提供義務の発生を認める場合でも、その内容は当該事案における具体的事情を反映しているため、事案ごとに微妙に異なっている。さらに、フランチャイズ契約であるからといって情報提供義務が当然発生するわけではなく、加盟店側が売上予測・収益予測等を重視して契約を締結したか否かによって情報提供義務の発生の有無自体も左右されることになる。
　第二に、売上予測・収益予測が問題とならない場合でも、加盟店側がどのような情報を重視して契約を締結したかによって、その情報提供に関する責任が問題となりうる。その場合にも、売上予測・収益予測等に関する情報提供が問題となった裁判例と同様、加盟店側の認識や情報の客観性・正確性、本部側の説明態様等が考慮され、責任の有無が決定されている。そして、フランチャイズ契約においてフランチャイザーたる本部の情報提供が問題とな

第三節　小　括

る裁判例では，フランチャイジーたる加盟店側が本部から提供された情報に基づき，みずからの契約目的が達成できると考えて契約を締結し，かつ本部の説明等によりその情報の内容が実現可能であると認識していたが，当該情報の内容が客観性ないし正確性に欠けるものであった場合に，本部の責任が肯定されているといえよう。

　二　「情報提供義務」とは何か

　以上をふまえて，フランチャイズ契約においてしばしば問題となる「情報提供義務」という概念自体について，検討することとしよう。

　フランチャイズ契約において情報提供義務が問題となっている裁判例では，フランチャイザーたる本部が当該フランチャイズのノウ・ハウや専門的知識を有しているのにくらべて，フランチャイジーたる加盟店側はそのようなノウ・ハウや知識に乏しいことなどを理由として，一般論のレベルでは信義則上，契約締結前における本部の加盟店側に対する情報提供義務を認めるものが多い。学説においても，本部と加盟店側との間で契約についての知識が著しく異なっていることなどを理由として，契約締結に際して，本部は加盟店側に対し契約締結の判断をするにあたって必要な客観的でかつ正確な情報を提供する信義則上の義務を負い，それに違反する場合には契約締結上の過失に基づく責任を構成すると考えるのが一般的である[1]。また，円谷峻教授は，フランチャイズ契約のように，給付内容が情報あるいはノウ・ハウの提供というすぐれて現代的契約においては，契約締結前あるいは契約締結段階での債務者の説明等をも契約の一部として把握することが実態にそくしているとして，フランチャイザーの説明義務を契約上の義務と構成する[2]。

　しかしながら，裁判例を検討した結果明らかとなったように，売上予測・収益予測等に関する本部の情報提供義務の発生を，一般論のレベルにおいても認めない裁判例も存在することを考慮すれば，情報提供義務の発生自体が，本部と加盟者との知識・経験の格差ばかりではなく，むしろ本部側から提供される情報に対する加盟店側の認識次第で左右されるといえる。したがって，フランチャイズ契約であれば，どのような場合であっても本部に情報提供義務が発生するという考え方は，的を射たものではないように思われる。

第六章　フランチャイズ契約とフランチャイジーの保護

　いわば，フランチャイズ契約においては，情報提供義務という概念自体，本部と加盟店側との間で，当事者の知識・経験や契約締結に際しての態様を考慮しつつも，基本的には，契約締結にあたって必要とされる情報がどのように考えられ，また，どのように取り扱われているかによって，その発生の有無や内容が決定されているといえる。そうであるならば，情報提供義務は，まさに当事者の意思に基づく義務として位置づけられることとなろう。

　(1)　平井宜雄『債権総論(第 2 版・第 4 刷〔部分補正〕)』(弘文堂，平成 8 年) 52 頁以下，川越憲治「フランチャイズ契約の諸問題」企業法研究 203 輯 (昭和 47 年) 5 頁以下，同・前掲注(4) 299 頁以下，金井高志「フランチャイズ契約締結段階における情報開示義務──独占禁止法，中小小売商業振興法及び『契約締結上の過失』を中心として」判例タイムズ 851 号 (平成 6 年) 43 頁以下，同「フランチャイズ契約締結過程における紛争の判例分析 ( 1 )」判例タイムズ 1059 号 (平成 13 年) 9 頁以下，同『フランチャイズ契約裁判例の理論分析』(判例タイムズ社，平成 17 年) 24 頁以下，山嵜進・ジュリスト 1004 号 (平成 4 年) 84 頁，松本恒雄「判評」私法判例リマークス 6 号 (平成 5 年) 59 頁，岡部眞純「判評」消費者取引判例百選 (別冊ジュリスト 135 号) (平成 7 年) 174 頁，等。なお，小塚荘一郎教授は，立地判断，売上・収益等の予測をめぐる裁判例の判断枠組では，契約上，業績予想債務を負っている者の契約責任に近い捉え方がなされているのではないかとも主張する (小塚荘一郎「フランチャイズ契約論 ( 4 )」法学協会雑誌 114 巻 9 号〔平成 9 年〕44 頁)。

　(2)　円谷峻『契約の成立と責任(第 2 版)』(一粒社，平成 3 年) 237 頁以下 (この考え方は，同書の改訂版である『新・契約の成立と責任』〔成文堂，平成 16 年〕267 頁でも維持されている)。この見解によれば，説明義務の内容と程度は，当事者の意思や契約の趣旨あるいは契約慣行を考慮し決定されることになるが，具体的な基準については明らかにされていない。また，何をもって現代的契約とするのか，あるいは現代的契約であればどのような場合にも説明義務が発生するのかという疑問も生ずる。

第六章　フランチャイズ契約とフランチャイジーの保護

【フランチャイズ契約裁判例一覧】

フランチャイズ契約締結段階において売上予測等が争われた裁判例一覧

| 番号 | 裁判所 | 年月日 | 掲載誌 | 営業内容 |
|---|---|---|---|---|
| フ1 | 東京地判 | H1. 11. 6 | 判時1363-92・判タ732-249 | イタリア料理店 |
| フ2 | 京都地判 | H3. 10. 1 | 判時1413-102・判タ774-208 | パン |
| フ3 | 東京地判 | H5. 5. 31 | 判時1484-86 | コンビニエンスストア |
| フ4 | 東京地判 | H5. 11. 30 | 判時1521-91 | 美容室 |
| フ5 | 千葉地判 | H6. 12. 12 | 判タ877-229 | 持ち帰り弁当 |
| フ6 | 大阪地判 | H7. 8. 25 | 判タ902-123・金判997-30 | お好み焼 |
| フ7 | 大阪地判 | H8. 2. 19 | 判タ915-131 | コンビニエンスストア |
| フ8 | 名古屋地判 | H10. 3. 18 | 判タ976-182 | 持ち帰り弁当 |
| フ9 | 東京地判 | H10. 10. 30 | 判タ1023-209 | クリーニング |
| フ10 | 東京高判 | H11. 10. 28 | 判時1704-65・判タ1023-203 | クリーニング |
| フ11 | 福岡高判 | H13. 4. 10 | 判時1773-52・判タ1129-157 | サンドウィッチ |
| フ12 | 名古屋地判 | H13. 5. 18 | 判時1774-108 | コンビニエンスストア |
| フ13 | 横浜地判 | H13. 5. 31 | 判時1777-93 | ナプキン・テーブルクロス |
| フ14 | 名古屋地判 | H13. 6. 28 | 判時1791-101・判タ1121-179 | コンビニエンスストア |
| フ15① | 千葉地判 | H13. 7. 5 | 判時1778-98 | コンビニエンスストア |
| フ15② | 千葉地判 | H13. 7. 5 | 判時1778-98 | コンビニエンスストア |
| フ15③ | 千葉地判 | H13. 7. 5 | 判時1778-98 | コンビニエンスストア |
| フ16 | 東京地判 | H13. 7. 27 | 判マⅡ2001072700007Z | 車検サービス |
| フ17 | 名古屋地判 | H13. 9. 11 | LEX/DB　28071164 | 空調機器の清掃工事 |
| フ18 | 東京地判 | H13. 9. 13 | 判マⅡ200109130002Z | 学習塾 |
| フ19① | 大阪地判 | H13. 11. 27 | 判マⅡ200111270008Z | フォトスーパー |
| フ19② | 大阪地判 | H13. 11. 27 | 判マⅡ200111270008Z | フォトスーパー |
| フ19③ | 大阪地判 | H13. 11. 27 | 判マⅡ200111270008Z | フォトスーパー |
| フ19④ | 大阪地判 | H13. 11. 27 | 判マⅡ200111270008Z | フォトスーパー |
| フ20 | 東京地判 | H14. 1. 25 | 判時1794-70・判タ1138-141 | ベーカリーカフェ・パブレストラン |
| フ21 | 大阪地判 | H14. 3. 28 | 判タ1126-167 | コンビニエンスストア |
| フ22 | 名古屋高判 | H14. 4. 18 | LEX/DB　28071954 | コンビニエンスストア |
| フ23 | 金沢地判 | H14. 5. 7 | LEX/DB　28072518 | コンビニエンスストア |
| フ24 | 名古屋地判 | H14. 5. 10 | 判マⅡ200205100001Z | コンビニエンスストア |
| フ25 | 名古屋高判 | H14. 5. 23 | 判タ1121-170 | コンビニエンスストア |
| フ26 | 名古屋高判 | H14. 6. 27 | LEX/DB　28072395 | 空調機器の清掃工事 |
| フ27 | 金沢地判 | H15. 4. 28 | LEX/DB　28072008 | コンビニエンスストア |

【フランチャイズ契約裁判例一覧】

| 審級関係 | 訴訟 | 勝敗 | 過失相殺 | 慰謝料 | 本部請求 | 加盟店 | 交渉期間 | 営業期間 | 情報提供 |
|---|---|---|---|---|---|---|---|---|---|
| | | ▲ | | | | A | 2 | 10 | a |
| | | ○ | 7割 | | | B | | 3 | a |
| | 乙 | × | | | ○ | A | 実質2 | 18 | a |
| | 甲 | × | | | ○ | A | 4 | 19 | ad |
| | | × | | | | A | | | a |
| | | × | | | | C | 2 | 21 | a |
| | | × | | | | C | 2 | 109 | a |
| | | ○ | 8割 | × | | C | 4 | 7 | a |
| 10一審 | | × | | × | | A | 4 | 10 | a |
| 9控訴 | | ○ | 7割 | × | | A | 4 | 10 | a |
| | | ○ | 8割 | × | | A | 2 | 10 | a |
| 22一審 | 甲 | ○ | 4割 | | ○ | A | 2 | 6 | a |
| | 乙 | ×(7) | | | ○損害賠償 | AC | | | a |
| 25一審 | 甲 | ▲ | | △100万 | ○ | C | 1 | 20 | a |
| | 甲 | ○ | 7割 | | × | B | 3 | 4 | a |
| | 甲 | ○ | 5割 | × | × | C | 1 | 4 | a |
| | 甲 | ○ | 8割 | | △ | A | 9 | 32 | a |
| | | ● | 7割 | | | A | 3 | 14 | ac |
| 26一審 | | ○(6) | 6割 | ▲10万 | | ? | | | abcd |
| | | × | | | | B | | 18 | a |
| | 甲 | △ | 5割 | | ○ | C | 7 | 16+32+ | a |
| | 甲 | ○ | 5割 | | ○ | ? | | 24+ | a |
| | | ○ | 7割 | | | C | | ?+ | a |
| | | × | | | | ? | 10 | ?+ | a |
| | | × | | | | A | 6 | 13 | a |
| | 甲 | ○ | 3分の1 | × | ○ | B | 1? | 63 | a |
| 12控訴 | 甲 | ○ | 4割 | | ○ | A | | 6 | a |
| | 甲 | × | | | ○ | C | 4 | 168 | a |
| | 丙 | × | | | ○ | A | | 27 | ad |
| 14控訴 | 甲 | ▲ | | △50万 | ○ | C | 1 | 20 | a |
| 17控訴 | | ○(6) | 4割 | ▲10万 | | ? | | | abcd |
| | 甲 | ○ | | | × | A | 1 | 46 | a |

443

## 第六章　フランチャイズ契約とフランチャイジーの保護

フランチャイズ契約締結後において売上予測等が争われた裁判例

| 番号 | 裁判所 | 年月日 | 掲載誌 | 営業内容 |
|---|---|---|---|---|
| フ28 | 東京地判 | H3.4.23 | 判タ769-195 | アイスクリーム |
| フ29 | 東京地判 | H5.11.29 | 判時1516-92・判タ874-212 | クレープ |
| フ30 | 東京地判 | H11.5.11 | 金判1085-6 | コンビニエンスストア |
| フ31 | 東京高判 | H11.12.15 | 金判1085-3 | コンビニエンスストア |

フランチャイズ契約締結段階において売上予測以外の事情が争われた裁判例

| 番号 | 裁判所 | 年月日 | 掲載誌 | 営業内容 |
|---|---|---|---|---|
| フ32 | 大阪地判 | S61.9.29 | 判タ622-116 | リフォーム |
| フ33 | 東京地判 | H11.10.27 | 判時1171-105 | 酒類・医薬品 |

フランチャイズ契約に酷似する契約

| 番号 | 裁判所 | 年月日 | 掲載誌 | 営業内容 |
|---|---|---|---|---|
| フ34 | 大阪地判 | H2.11.28 | 判時1389-105 | 居酒屋 |
| フ35 | 浦和地判 | H5.11.30 | 判時1522-126 | 浄水器 |

詐欺的フランチャイズに関する裁判例一覧

| 番号 | 裁判所 | 年月日 | 掲載誌 | 営業内容 |
|---|---|---|---|---|
| フ36 | 大阪地判 | S53.2.23 | 判タ363-248 | ピロピタン商法 |
| フ37 | 大阪地判 | S53.5.29 | 判時920-179 | ピロピタン商法 |
| フ38 | 京都地判 | H5.3.30 | 判時1384-82 | 学習塾 |
| フ39 | 福岡地判 | H6.2.18 | 判時1525-128・判タ877-250 | 学習塾 |
| フ40 | 水戸地判 | H7.2.21 | 判タ876-217 | 学習塾 |
| フ41① | 浦和地川越支判 | H7.7.20 | 判時1572-109 | 乳酸菌飲料 |
| フ41② | 浦和地川越支判 | H7.7.20 | 判時1572-109 | 乳酸菌飲料 |
| フ42 | 東京地判 | H12.6.30 | 判例集未登載（H6(ワ)16421号・H7(ワ)2346号・H8(ワ)9569号・H7(ワ)14413号） | 経営コンサルティング |
| フ43 | 東京地判 | H14.1.24 | 判マⅡ200201240007Z | ベビーシッター |

【裁判例一覧表の見方】
・年月日は，「S」は「昭和」，「H」は「平成」を意味する。
・掲載誌の略語は，以下の通りである。
　「判時」＝判例時報
　「判タ」＝判例タイムズ
　「金判」＝金融商事判例
　「判マⅡ」＝判例MASTERⅡ2003年後期版（新日本法規出版，平成15年）

【フランチャイズ契約裁判例一覧】

| 審級関係 | 訴訟 | 勝敗 | 過失相殺 | 慰謝料 | 本部請求 | 加盟店 | 交渉期間 | 営業期間 | 情報提供 |
|---|---|---|---|---|---|---|---|---|---|
|  |  | × |  |  |  | A | 店決定5 | 5 | a |
|  | 乙 | ○(2) | 4割 | × | ○ | C | 店決定3 | 24 | a |
| 33一審 | 丙 | × |  |  | ○ | B |  | 7 | a |
| 32控訴 | 丙 | × |  |  | ○ | B |  |  | a |

| 審級関係 | 訴訟 | 勝敗 | 過失相殺 | 慰謝料 | 本部請求 | 加盟店 | 交渉期間 | 営業期間 | 情報提供 |
|---|---|---|---|---|---|---|---|---|---|
|  | 乙 | × |  |  | ○ | ? |  |  | c d |
|  |  | ○ | 5割 |  |  | A | 4 | 1週間 | d |

| 審級関係 | 訴訟 | 勝敗 | 過失相殺 | 慰謝料 | 本部請求 | 加盟店 | 交渉期間 | 営業期間 | 情報提供 |
|---|---|---|---|---|---|---|---|---|---|
|  |  | × |  | × |  | C | 店決定1日 |  | a |
|  |  | ▲ |  | × |  | B |  |  | a |

| 審級関係 | 訴訟 | 勝敗 | 過失相殺 | 慰謝料 | 本部請求 | 加盟店 | 交渉期間 | 営業期間 | 情報提供 |
|---|---|---|---|---|---|---|---|---|---|
|  |  | ○(8) |  | △(未営業) |  | ? |  |  | b |
|  | 甲 | ○(18) |  | △(営業) | △ | ? |  |  | b |
|  | 乙 | × |  | × | × | A | 1 |  | b |
|  |  | ○(11) | なし | × |  | A B C |  |  | b |
|  |  | ○(20) | なし |  |  | A B C |  |  | b |
|  | 乙 | ○ | なし | × |  | C |  |  | a |
|  | 乙 | ○ | 2割 | × |  | C |  |  | a |
|  | 乙 | ○(実質7) |  | ○(30万) | ○ | A B C | 1〜5 | 12〜60 | a c d |
|  | 乙 | ○(10) |  |  | × | ? |  |  | a c |

「LEX/DB」= TKC法律情報データベース・LEX/DB（判例：第一法規出版提供）

・「勝敗」とは，顧客側が訴訟に勝訴したか否かを示すものであり，勝訴した場合は○，敗訴した場合は×，一部勝訴した場合は△，結果的には勝訴したが情報提供義務違反の請求が認められなかった場合は●，フランチャイズ契約に関する義務違反が認められなかった点では事実上敗訴だが結果的になんらかの救済が与えられた場合は▲で示した。（　）内の数字は，訴訟に参加した加盟者の数である。なお，過失相殺がなされた判決は，勝訴判決として分類した。

第六章　フランチャイズ契約とフランチャイジーの保護

- 「慰謝料」のうち，フランチャイズ契約の締結の場面とはかかわらない請求が認められた場合は△，同様だが複数の加盟者のうち一部の者にのみ認められた場合は▲で示した。
- 「本部請求」とは，フランチャイザーである本部からフランチャイジーである加盟店に対して清算金や違約金等の支払請求がなされたことをいう。本部側の請求が認められた場合には○，認められなかった場合には×，一部のみ認められた場合には△で示した。なお，「損害賠償」とあるのは，本部側からの損害賠償請求が認められた場合を指す。
- 「加盟店」とは，フランチャイジーたる加盟店の属性を指す。Aはなんらかの事業経験がある者，Bは事業経験はあるが喫茶店など個人事業主の経験がある者，Cは事業経験のない者を示している。
- 「交渉期間」の数字は，特に断りのない限り月数を示している。なお，同欄のうち，「店決定」とあるのは，フランチャイズの基本契約を締結した後，実際に営業店舗を決定する交渉に要した期間を指す。
- 「営業期間」の数字は，特に断りのない限り月数を示している。なお，同欄のうち「＋」とは，現在も同種の事業を継続している場合を示している。
- 「情報提供」とは，裁判例でどのような情報提供が問題とされたかを示している。売上予測や経費予測等が問題となった場合はa，利益保証が問題となった場合はb，ノウ・ハウが問題となった場合はc，営業内容等が問題となった場合をdで示している。

# 第七章　結　語

## 第一節　契約の周辺論から契約の内容論へ

### 一　本章の構成

　以上，第一章から第四章までは総論的検討，第五章および第六章では各論的検討を行ってきた。そこで本章では，これまで検討した結果をふまえて，結論を述べることにしよう。

　本書の立場は，契約締結段階において情報提供義務違反があった場合に，これまでの学説の展開をふまえ，①契約責任の追及，②契約無効の主張，③不法行為責任の追及を可能にしようとするものである。①は，法律行為論を柔軟に捉え，「前提的保証合意」についても契約債務の成立を認めるという考え方を採用したうえで，契約責任の追及を可能にしようとするものである。②は，「合わせて一本」および「合わせ技的公序良俗違反」という考え方を採用し，かつ三層的法律行為論の考え方を受け継いで，契約無効の主張を可能にしようとするものである（なお，③の不法行為責任の追及は，最終的に契約締結まで至らなかった場合に可能であると考えるが，この点については本書では直接取り扱わない）。

　本章では，これらの結論をより具体的に検証するが，まずこの第一節では，本章における議論の前提として，前章までの検討により得られた結果を簡潔にまとめることにする。続いて第二節では，上述した①の立場について，契約締結前の当事者の意思を契約関係にとりこんでいこうとする諸見解をもとに検証する。また第三節では，②の立場について，一方の当事者が相手方の不当な勧誘などにより契約を締結した場合に，契約そのものの効力を失わせようとする諸見解をもとに検証する。そして第四節では，第五章および第六章でそれぞれ分析した商品先物取引とフランチャイズ契約という2つの契約類型を用いて，私見の立場を具体的に展開することにしたい。そのうえで，

第七章 結　語

第五節で残されたいくつかの問題について検討したのち，第六節であらためて結論を述べることにしよう。

## 二　前章までの検討結果

(1)　はじめに

ここでは，本書の立場を示す前提として，前章までの議論を簡潔にまとめておく。以下，(2)では情報提供義務について論ずる意義を，(3)ではドイツでの情報提供義務論をめぐる議論状況とわが国の議論への示唆を，(4)ではわが国での情報提供義務をめぐる議論状況を，(5)では具体的な取引類型における情報提供義務論の展開を，それぞれ簡潔に記すことにしたい。

(2)　情報提供義務とは何か

民法上，契約当事者は，能力的に対等であって，契約締結の判断に際して情報が必要であれば，みずからの責任で収集することが前提となっている。しかし，今日の取引社会においては，経済の高度な発達にともない，商品や取引内容が複雑で多様なものとなった結果，一方の当事者が他方の当事者とくらべて，知識や情報収集能力の面でかなり劣った立場におかれることが少なくない。その中で登場してきたのが，情報提供義務（ないし説明義務）を能力的にまさる当事者に課したうえで，その義務違反があった場合に責任追及を可能にしようという考え方である。本書は，商品先物取引とフランチャイズ契約という2つの契約類型における具体的な事例分析を通して，情報提供義務という概念を明らかにすることを試みている（第一章）。

わが国の統計調査をみても，さまざまな取引について，契約締結段階における説明・勧誘態様の問題性が指摘されている。このような事態に対応するために，いわゆる「業法」やより包括的な民事ルールである消費者契約法・金融商品販売法によって，事業者に開示義務違反や情報提供義務違反（ないし説明義務違反）がある場合の民事的効果が定められているが，それらの適用範囲にはいずれも限界がある。そこで，民法上の諸規定による解決が図られるが，それらの要件を緩和しようという試みには，それぞれの制度に由来

する制約がある。そのため、「合わせて一本」論等の見解が登場することになる（第二章）。

(3) ドイツにおける情報提供義務をめぐる議論状況と日本への示唆

わが国の議論に大きな影響を与えたドイツでは、情報提供をめぐる紛争の解決法理として、「契約締結上の過失」論が発展してきた。この理論がカバーしてきた分野は、2001年に改正されたドイツ民法典（BGB）上に明文で規定された。しかし、情報提供義務そのものについての一般的な規定がもうけられたわけではなく、その根拠や内容についての具体的な探究作業がなお必要となる。この点については、消費者保護、職業上の責任、信頼といった抽象的概念に根拠を求める見解も示されているが、それらは具体的な事例における個別の義務を基礎づけるには不十分である。

そこで、抽象的な概念によるのではなく、個別具体的な事例分析をもとに情報提供義務の根拠や内容を探ろうとする試みが登場してきた。その中には、いわゆる「動的システム論」を用いて、①「情報提供の必要性」、②「情報提供の可能性」、③「機能（活動）領域」という３つの要素から情報提供義務を基礎づけようとするものがある。これに対して、動的システム論を用いずに、特別な信頼を惹起するような「先行行為」がある場合に、契約締結上の過失に基づく責任が正当化されるという見解もある。また「契約締結上の過失」の法理に基づき「過失による誤導」があった場合の責任追及が可能になると、「情報提供に関する故意のドグマ」を採用するBGB上の諸法理との調整が必要となる。そこで、いずれの法理も、意思の自由を保護し、または自己決定を尊重するという点からは共通するとして、情報提供義務を自己決定権を実質化するものとして捉える見解が登場した。この立場でも、情報提供義務の具体的内容の探究がなされている。

以上のようなドイツの法状況は、わが国の法状況を分析するうえで、次のような示唆を与える。まず、情報提供義務論と民法上の諸法理との原理面および要件・効果面での調整、すなわち情報提供義務の全民法体系における位置づけという点からの分析が必要となる。さらに、その分析にあたって義務の根拠や内容を抽象的に検討するのではなく、さまざまな事案の具体的な分

析を通してその要素を抽出し具体的な基準へと昇華させることが重要となる。さらに，上述したドイツ法の営為は，情報提供義務違反を基本的には契約締結上の過失に基づく責任という形で契約の周辺にあるものとして位置づけながらも，その具体化を図りつつ，BGB上の諸法理との連続性を確保しようとしている点で，情報提供義務のあり方を考えるうえでの非常に興味深い視座を提供している（第三章）。

(4) 日本における情報提供義務をめぐる議論状況

一方，わが国の情報提供義務をめぐる議論に目を向けると，大きく次の3つの方向性に分けられる。すなわち，①フランス法を参照しつつ，詐欺・錯誤など意思表示に関する規定の要件を緩和する手段として，情報提供義務を活用する見解，②ドイツ法を参照しつつ，「契約締結上の過失」論により情報提供義務を基礎づけようとする見解，③契約当事者の自己決定基盤を確保するための手段として，情報提供義務を位置づける見解である。

ただ，①については，詐欺・錯誤という規定の文言に由来する一定の限界が存在する。また，②については，「契約締結上の過失」論自体の存在意義に疑問がもたれており，その正当性が疑わしい。③については，情報格差自体はどのような契約にも存在しうるのであり，情報提供義務の存在を基礎づけるための具体的な基準を明らかにすることが求められる。いずれの見解も，情報提供義務という概念と民法上の理論との接合を図っている点では評価できる。ただ，これらの見解からは，情報提供義務を一義的に捉えることが困難であり，個別の契約類型ごとに具体的な事例を分析しなければならないことも明らかとなる（第四章）。

(5) 商品先物取引・フランチャイズ契約における情報提供義務論の展開

以上の検討をふまえ，本書では，商品先物取引およびフランチャイズ契約という2つの契約類型をとりあげ，情報提供義務が問題となる場面の具体的な分析を試みた。

商品先物取引では，基本委託契約締結にあたって，業者側が取引の開始までの間に相手の能力に応じて十分な理解を得られる時間をとることを前提と

して説明をなしているか否かが問われる。そのうえで業者側が，顧客に積極的な行動を求めるような形で勧誘を行うなど，いわば先行行為が存在するような場合には，業者は，みずからがなした説明が不十分であることによって生じた責任を負うことになる（第五章）。

フランチャイズ契約においては，売上予測・収益予測等をめぐる裁判例を中心に検討した結果，情報提供義務の有無に関して次の３つのレベルで判断されていることが明らかとなった。すなわち，①売上予測・収益予測等の情報に関する加盟店側の重視度，②提供された情報内容の実現可能性に関する加盟店側の認識の有無，③情報の客観性・正確性の有無という３つの段階である。ただそれぞれの段階で，当該フランチャイズの業種，加盟店側の職業・経験等，加盟店側が契約締結の準備に際してとった行動，本部側の説明態様，営業開始後の加盟店側の落ち度などが考慮されている（第六章）。

三　契約の周辺論から契約の内容論へ

これまでに検討してきたところから，次のようなことがいえるであろう。まず，第一章から第四章までは総論的な検討を行ってきたが，第三章および第四章で検討したドイツおよびわが国の議論は，いずれも情報提供義務違反に基づく責任を民法上の理論にいかに接合させるかに腐心していることに留意する必要がある。とりわけドイツの見解は，第三章第七節（184頁）でも述べたように，情報提供義務違反を契約締結上の過失に基づく責任という形で契約の周辺にあるものとして位置づけながらも，BGB上の法理との連続性を確保しようとする点で非常に興味深い。これに対して，本書の立場は，情報提供義務違反に基づく責任を契約の内容としてとりこんでいこうとする，すなわち，情報提供義務に関する議論を，いわば，「契約の周辺論」から「契約の内容論」へと転換しようとするものである。

そこで，次に必要となるのは，第五章および第六章における具体的な事例分析を通して得られた結果を，一に示した本書の結論との関係で理論的に検証することである。以下においては，第二節・第三節で本書の結論に関する理論的な基礎を提示したうえで，第四節では，それらをふまえて，上述の事例分析により得られた結果を理論的に検証することとしたい。

第七章 結　語

## 第二節　契約責任論への道

### 一　「意思」と契約の成立

　第一節に述べたように，本書では，情報提供義務を「当事者の意思」に基づく「契約上の債務」の内容をなすものとして位置づけることにより，情報提供義務違反を契約責任として追及することが可能になるという立場をとる。しかしながら，このように位置づけるためには，そもそも意思とは何か，意思という言葉でカバーされる範囲はどこまでかという，一見自明のように思われる問題に目を向ける必要があろう。

　むろんこの問題については，すでにさまざまな形でわが国でも論じられてきたところであるが，ここでは，契約が成立する前の段階における当事者の意思をどのようにくみとるべきかという観点から展開されてきた見解を参照しながら，本書の立場を検証することとしよう。具体的には，次の**二**で，契約締結前の交渉段階における法的責任に関する議論を発展させる契機となった「熟度」論，**三**でそれを受けて展開された「部分的約束」・「中間的合意」論を中心とする契約理論，さらに，**四**で誠意契約的契約解釈論に基礎をおく「前提的保証合意」論をとりあげることとする。そして**五**では，以上の見解をふまえたうえで，情報提供義務を契約上の債務として捉えることの意義を再確認することとしよう。

### 二　「熟度」論

　いわゆる「熟度」論という考え方を最初に提唱したのは，鎌田薫教授である。鎌田教授は，不動産売買契約の成否に関する論稿において，手付金の授受があるまでは書面の交付があろうとも当事者間には債権債務関係が発生しないという不動産取引業界の一般的取引慣行と，書面を交付したときに契約が成立したという当事者の意識とが乖離した「あいまいな状態での当事者間の法律関係」[1]を例にして，次のようにいう。「我々は，売買契約について，財産権移転の意思と対価支払の意思の合致があった時を境とし，それ以前は何らの債権債務関係も存在せず，それ以後は両当事者は債権債務関係の

鎖で固く結びあわされるという観念を抱いているが，……実生活においては
そのような截然たる区別はなし難く，中間的な段階が存する……。その場合
に，一方で，これをあえて明確に区別すべく契約成立の認定基準を確立しよ
うという考え方が生じてくるのは当然であるが，他方では，契約関係はそも
そもその端緒から完全な履行の終了に至るまで段階的に成熟していくもので
あって，これをある時点を境に，無から有に転ずると考えることは全く観念
的であるとの考え方もありえてよいように思われる」。そのうえで，契約の
成熟度に応じて責任や保護の程度を段階的に捉えたり，あるいは，一方の当
事者は契約に拘束されているが，他方はいまだ拘束されていないと考えるこ
とも可能になるという[2]。

　ここで重要なのは，契約が徐々に成熟していく過程においても当事者が拘
束される中間的な段階が存在し，さらに，その成熟度に応じて各当事者の責
任や保護の程度が異なるという指摘である。裏を返していえば，契約成立を
念頭においた各当事者の行動が蓄積されることにより，徐々に合意が形成さ
れていくのであるから，最終的な契約における債権債務の内容も各当事者が
徐々に作りあげていくと考えられる。そうであるならば，契約締結に際して
重要な情報提供を求めたり，あるいはそのような情報提供をするという当事
者の行動も，契約を築きあげている重要な要素であり，そもそも情報提供を
すること自体が当事者の合意として形成され，その合意が契約における債権
債務の内容となると考えることも十分可能になろう。

### 三　「部分的約束」・「中間的合意」論

#### (1)　「熟度論」の2つの展開

　鎌田教授により提起された「熟度論」は，その後，横山美夏教授[3]や池
田清治教授[4]に代表される契約交渉段階における責任に関する実証研究に
結実していくこととなった。

　他方で，「熟度論」は，河上正二教授により，契約締結前の段階における
契約理論としてさらなる発展を遂げることとなった。ここでは，当事者の
「意思」とは何かという観点から，河上教授によって展開された契約理論を

第七章　結　語

やや詳細に検討することとしよう。

(2)　「意思」の尊重

　熟度論について検討する際には，その基本にある当事者の「意思」についての捉え方を確認する必要がある。この点について，河上教授は，「個人個人の自由な意思の展開を支えている契約制度の持つ積極的側面と独自性を承認しつつ，契約法の守備範囲とその将来を考えていくべき」として，社会における取引関係を「意思」という側面から捉えることの重要性を説く[5]。つまり，契約制度全体がその実現と展開を保障しているのは「生身の人間の意思」であり，そこでは自由な自己決定（自律性）という個人の人格に根ざした価値を中心に社会を眺める必要があるという。そのうえで，「既存の取引社会の信頼にかなった『礼儀正しい』意思や『理性的な』意思ばかりでなく，ときに愚かしく一見不合理とみえる個人個人の意図や意思決定さえも，許容しうる範囲でできるだけ実現してやろうとする契約法の基本的態度」こそが，「生き生きとした社会を生む」と指摘する[6]。

　このように，河上教授は，具体的な当事者の意思を，場合によっては不合理であると思われるものであっても，許容しうる範囲で可能な限り尊重しようとする立場をとる。この立場が，次の(3)で検討する熟度論の新たな展開としての「部分的約束」・「中間的合意」論の提唱にも大きな影響を与えている点に，まずは留意しなければならない。

(3)　「部分的約束」・「中間的合意」と契約の成立

　河上教授は，契約の熟度と成立の問題について，契約成立までの「過程」・「交渉関係」を重視し，契約を「連続的な社会関係の一部として観察」している[7]。具体的には，契約とは，「単体の約束として存在するものばかりではなく，むしろ小さな『部分的約束』の有機的な結合体とか，経過的な約束の積み重ねとみられるべきものが少なくない」と指摘する。そのうえで，契約交渉過程での挫折に関する責任の根拠は，「できあがりつつあった小さな約束に対する違反」であり，「『契約』の成立によってはじめて現実履行の強制が可能になるとしても，それに至る過程で当事者は徐々に小さな約束に

よって（そしてその限りにおいて）拘束を受ける」として，契約交渉の当事者は「契約成立時点いかんにかかわらず一定の責任を負担しあう」と主張する[8]。そして契約は，「ドンデン返しのリスクを伴ったいくつもの中間的合意や小さな約束の積み重ねとして成熟していくものであり，その態様も目的物・取引類型・交渉の『場』に応じてさまざま」であって，契約交渉の挫折に関する責任は，上の諸要素をはじめ交渉の進捗状況・先行行為の妥当性・交渉のイニシアティブ・挫折原因の主たる原因などにより相関的に決定されるという[9]。

　この見解は，直接には契約交渉における不当破棄の問題を念頭において論じられたものである。ただ，交渉当事者間における「部分的約束」や「中間的合意」がその限りにおいて拘束力をもつという点は，不当破棄のような契約不成立の場合にとどまらず，契約が成立した場合も同様に，そうした「部分的約束」や「中間的合意」などが契約当事者を拘束し，それらのものが契約の中にとりこまれる可能性を示唆しているともいえるであろう。

(4) 契約の内容とは何か

　(3)で述べた可能性を探るためには，契約の内容についての河上教授の議論にもふれておく必要があろう。この見解によれば，契約の内容は大きく「核心的合意部分」と「付随的合意部分」とに分けられるが，「核心的合意部分」の中に契約成立に向けた不可欠の「要素」が措定される。具体的には，次のように説明される。ここでいう「核心的合意部分」とは，「もっぱら契約当事者が意識にのぼらせて交渉し，主観的関与のもとで形成される契約の中心部分」であり，「付随的合意部分」とは，「中核となる合意部分を実現するための技術的な条件や，トラブルが発生した場合の紛争処理に関するもの」である。いずれにしても，当事者が互いに引き受けた債務の内容の精密な確定は，結局のところ具体的な個々の「契約の解釈」によって定まる。ただ，「核心的合意部分」についてあえて共通項を抜き出すと，「誰と誰がいかなる商品について，いかなる対価で，どのような取引をしたのか」という内容（契約当事者・給付目的物・対価・契約の法性）を中心的な構成要素にして形成されている。そして，「核心的合意部分」とは，「要素」（契約を成立させ契

## 第七章 結　語

約の法性を決定する機能）を中心にして，当事者間で互いにその内容について了解をとりつけながら形成されていくもので，きわめて主観的色彩の強いものであり，熟慮の結果たる「実質的合意」と呼ぶにふさわしいものである必要がある[10]。

このように，契約内容が当事者の「実質的合意」によって形成されているという指摘は，(3)で述べた「部分的約束」や「中間的合意」が拘束力をもつと考えることとあいまって，契約をより実態にそくして捉えようとする点できわめて重要である。

(5) 「独立的合意」と「吸収的合意」

上述した河上教授の見解を，さらに企業間の「組織型契約」において展開したのが，村井武氏（平井宜雄教授と連名）の論稿である。この論稿では，交渉とは「取引主体の間で契約の成立を意図して行われるところの，部分的な・かつ事実上の合意が積み重ねられていく過程」であり，その合意には，①「独立的合意」と②「吸収的合意」の２つが存在するとされる。①は，契約交渉過程の秘密保持義務など，「契約成立の成否と独立であり，かつ将来契約が成立してもその契約の一部とならない性質をもつ合意」である。これに対して，②は「契約が成立したならば契約の内容となるであろう合意」であり，「契約成立の暁にはその内容に吸収される」ことになる。そして，②「吸収的合意」は，「将来成立する契約の内容の一部となるべき合意だという意味で『部分的』な合意であり，契約当事者となるべき者は，その部分的な合意に何らの法的意味を認めていない（法的に意味を認めるべきなのは，将来成立する契約だけである）という意味で，『事実上の』合意にほかならない」という[11]。

この「吸収的合意」論も，契約締結前の当事者の意思を契約上の債務にとりこみ，契約を実態にそくして把握する試みとして評価できよう[12]。

(6) 当事者の「意思」と情報提供義務

以上で検討してきた「部分的約束」・「中間的合意」を中心とする契約理論をもとに，情報提供義務のあり方について考えてみることとしよう。

すでに述べたように，伝統的な契約理論とは異なり，契約成立以前の段階における当事者間についてもなんらかの法的な関係を認めるべきであるということは，共通の理解になってきているように思われる。当事者間の「部分的約束」や「中間的合意」がその限りで拘束力をもつという見解や，「吸収的合意」が存在するという見解も，上述の理解に具体的な基礎づけを与えようとする観点から提示されている。

本書が検討対象とする情報提供義務に目を向けると，商品先物取引やフランチャイズ契約をめぐる紛争で情報提供義務違反が認められたケースでは，能力的に劣る当事者の一方が契約締結の判断に関わる重要な情報を必要としているにもかかわらず，能力的にまさる他方の当事者が，相手方におけるそうした情報の欠如を前提にして行動していることが確認できた。そうであるならば，むしろ，そうした情報を提供することが明示的に表示されていなくとも，当事者の一種の合意として契約の内容としてとりこみ，さらにそれに拘束力を付与すると考えることができよう。

また，契約内容を「核心的合意部分」と「付随的合意部分」に分けて考える観点からすると，情報提供に関する合意にもそうした二面性が認められるように思われる。一方で，情報提供の内容が契約の重要な部分を単に補完するような内容であれば，そのような情報提供に関する合意を付随的合意部分と捉えることになろう。しかし他方で，契約締結の判断，すなわち契約の成否を左右するような重要な情報であれば，その提供に関する合意をむしろ核心的合意部分と捉える方が，当事者間の関係をより直截に反映しているといえる。そして，核心的合意部分にとりこまれるような情報を提供すること自体を，契約上の債務として捉えることは十分に可能であると考える。

四　「前提的保証合意」論

(1)　当事者の意思の探求

三でみてきたように，情報提供義務を，当事者の意思に基づく義務として債務の中にとりこもうとする本書の見解は，熟度論やそれを受けて展開された「部分的約束」・「中間的合意」論などの契約理論によっても基礎づけるこ

とができる。さらに，このような本書の立場をより明確に基礎づけることを可能にする理論として，「前提的保証合意」論がある。そこで次に，この「前提的保証合意」論との関係で，本書における情報提供義務の捉え方を再度検証することにしよう。

(2) 「前提的保証合意」論の内容

加藤雅信教授は，中古車売買において目的物に瑕疵があり自動車としての用をなさなかったという事例をあげて，「前提的保証合意」という概念を説明する。すなわち，伝統的に契約内容と考えられてきた目的物移転の合意（特定物たる当該中古車を移転するという合意）のみならず，契約に「自動車」という言葉を用いている以上，売買価格に応じた走行可能性等の性状・機能に関する合意もそこには含まれていると考えられるという。すなわち，こうした契約の前提となる目的物の性状・機能に関する合意，すなわち「前提的保証合意」も契約の内容に含まれるとする[13]。

さらに別の論稿では，前日に火災で焼失していた別荘の売買契約のように，従来「原始的不能」とされてきた事例も，売主が「売る」ということは「売れる」ということも含意しているはずであり，その部分は，所有権の移転可能性についての前提的保証合意として契約内容の一部を構成すると指摘されている。その結果，「原始的不能」あるいは「契約締結上の過失」という概念を観念する必要性はなくなることになる[14]。そこで，第四章第三節五（208頁）ですでに紹介したように，契約が有効に成立したことを前提として責任を追及している場合には，従来「契約締結上の過失」の一類型とされてきた分野についても契約責任の追及という枠組みで考えるべきであるとして，契約締結上の過失概念の廃棄を提唱している[15]。

(3) 「前提的保証合意」と情報提供義務

(2)で検討してきた「前提的保証合意」が契約の内容に含まれるという立場から情報提供義務を眺めると，場合によっては，情報提供義務をより直截に契約上の債務と捉えることが可能となる。例えば，能力的にまさる当事者の一方による「取引にはリスクがない」という趣旨の説明を前提として契約が

締結されたような場合には，当事者間では「取引にはリスクがない」という前提的保証合意が成立したとして，その合意そのものを契約内容にとりこまれたものと考えることができよう。

## 五　小　括

本節では，「熟度」論，「部分的約束」・「中間的合意」論，あるいは「前提的保証合意」論など，契約の内容を柔軟に捉えることにより，契約締結前ないし契約締結時に当事者が有している意思を，契約の中にとりこもうとするいくつかの見解について検討してきた。これらの見解に立てば，情報提供義務を当事者の意思に基づく債務として契約の内容にとりこもうとする本書の提言は，理論的に十分基礎づけのあるものとなる。すなわち，このような本書の提言は，これまで積み重ねられ発展してきた契約理論のうち，とりわけ当事者の行動の源泉を当事者の意思に求める見解の延長線上にある[16]。本書の試みは，上述した諸見解，とりわけ「前提的保証合意」論を，情報提供義務の分野で具体化しようとするものである（なお，「前提的保証合意」論は，フルーメの法律行為論にも通ずるところがあるが[17]，この点の理論的検討については別稿を予定している）。

(1) 鎌田薫「不動産売買契約の成否（民法判例レビュー　不動産）」判例タイムズ484号（昭和58年）20頁。
(2) 以上の部分については，引用も含めて鎌田・前掲注(1)21頁。
(3) 横山美夏「不動産売買契約の『成立』と所有権の移転（1）─（2・完）──フランスにおける売買の双務予約を手がかりとして」早稲田法学65巻2号1頁，3号（以上，平成2年）85頁。
(4) 池田清治『契約交渉の破棄とその責任──現代における信頼保護の一態様』（有斐閣，平成9年）（初出は，北大法学論集42巻1号1頁，2号〔以上，平成3年〕147頁，3号1頁，4号1頁，5号1頁，6号71頁，43巻1号〔以上，平成4年〕63頁）。
(5) 河上正二「『契約の成立』をめぐって(1)──現代契約論への一考察」判例タイムズ655号（昭和63年）14頁。

第七章 結　語

(6)　河上正二「契約の成否と同意の範囲についての序論的考察（2）」NBL 470号（平成3年）49頁。なお同様の指摘は，すでに河上・前掲注(5)同頁でも以下のような形でなされている。「ある程度類型化されるにせよ『抽象的合理的平均人』の行為規範を超えて，一見非合理で愚かしい個々の人間の意図をも，自由な意思活動の発現としてある程度尊重し許容できるような社会こそ実り豊かであるとの認識に立てば，契約制度は，それなりに魅力的である」。

(7)　河上正二「『契約の成立』をめぐって（2）——現代契約論への一考察」判例タイムズ657号（昭和63年）28頁。

(8)　河上・前掲注(7) 26頁以下。なお，河上教授は，契約の成立時点を「当事者が『引くに引けない』と感じる事態に陥った時点」である捉える。この「引くに引けない」時点について，当事者双方が納得できる線を策定するのは容易ではないが，「契約法が当事者の意図に則してできるだけそれを実現すべき法制度であるとするならば，当事者の意識や『相場』をかけ離れて契約の成立時期を定めてみても妥当な結論は得られ難い」という（以上については，河上・前掲注(5) 17頁）。ここでも，当事者の本来の「意思」を尊重していこうとする河上教授の基本姿勢を，如実にみてとることができよう。

(9)　河上・前掲注(7) 28頁。

(10)　以上の記述については，河上・前掲注(6) 45頁以下。

(11)　以上の記述については，村井武＝平井宜雄「交渉に基づく契約の成立（上）——企業間における『組織型契約』に焦点を合わせて」NBL 702号（平成12年）6頁。

(12)　なお，著者は，村井＝平井論稿の立場とは異なり，契約成立前であっても部分的な合意に当事者が法的意味を認める場合があり，その場合には不法行為責任の追及が可能であると考えている。ただし，この点については，本書の範囲を超えることとなるので，ここではふれないこととする。

(13)　加藤雅信「売主の瑕疵担保責任——危険負担的代金減額請求権説提唱のために」『現代民法学の展開』（有斐閣，平成5年）394頁および399頁以下（初出は，森島昭夫編『判例と学説3・民法Ⅱ（債権）』〔日本評論社，昭和52年〕179頁および184頁以下），同『新民法大系Ⅰ　民法総則（第2版）』（有斐閣，平成17年）273頁以下。なお，「前提的保証合意」論は，いわゆる誠意契約

的解釈論に基づき展開されているものである。ローマ法では，当事者の意思表示のみを基礎として，その意思表示もきわめて厳格な文字解釈がなされる厳正契約と，当事者の意思表示に加えて，契約当時の状況，取引の慣習，詐欺強迫の有無，反対債権の存否など公平・妥当な事情の一切を考慮する誠意契約の２種類の契約が存在した。このうち，後者の誠意契約のように柔軟な契約解釈（誠意契約的契約解釈）を行えば，「前提的保証合意」と呼ばれる部分も契約合意の中に含まれることになるとされる（加藤雅信『新民法大系Ⅲ 債権総論』〔有斐閣，平成17年〕62頁以下）。

(14) 加藤雅信「不能論の体系――『原始的不能』・『契約締結上の過失』概念廃棄のために」名古屋大学法政論集158号（平成６年）55頁以下，同・前掲注(13)『新民法大系Ⅰ 民法総則（第２版）』273頁，同・前掲注(13)『新民法大系Ⅲ 債権総論』64頁以下。

(15) 加藤・前掲注(14)「不能論の体系」65頁。なお，同・前掲注(13)『新民法大系Ⅰ 民法総則（第２版）』212頁および同・前掲注(13)『新民法大系Ⅲ 債権総論』53頁以下も参照。

(16) ちなみに，契約における債務の範囲を幅広く捉えるという観点からは，滝沢昌彦教授の「約束」論も興味深い。ここでいう「約束」とは，一方的な債務負担行為であり，それが承諾されれば拘束力を生じることになるものをいう（滝沢昌彦『契約成立プロセスの研究』〔有斐閣，平成15年〕29頁）。そして，「契約の成立以前の当事者の法的責任」にも，「一方の意思表示のみによって成立し，かつ，契約よりは拘束力の弱い約束概念」は活用の余地があるという（同書22頁）。なお，グロチウスに由来する「約束」理論とそれを受けて展開されたプーフェンドルフの「合意」理論については，筏津安恕『失なわれた契約理論――プーフェンドルフ・ルソー・ヘーゲル・ボワソナード』（昭和堂，平成10年）を参照。筏津教授は，契約当事者の給付の均衡を図るaequalitas原則には「情報の対等性」という広義の意味があり，そこに「情報開示義務」も含まれていたことも指摘する（同書39頁，筏津安恕『私法理論のパラダイム転換と契約理論の再編――ヴォルフ・カント・サヴィニー』〔昭和堂，平成13年〕94頁以下，同「ドイツ近代史学における三つの自由意思概念」名古屋大学法政論集201号〔平成16年〕157頁）。

(17) この点をめぐるフルーメの契約理論については，高橋三知雄「私的自

第七章　結　語

治・法律行為論序説（3・完）」関西大学法学論集 24 巻 6 号（昭和 49 年）67 頁以下，加藤・前掲注(13)『新民法大系Ⅰ　民法総則（第 2 版）』277 頁を参照。なお，近時，川角由和教授がドイツ債務法の現代化と契約締結上の過失の関係を検討する論稿で，次のような形で，情報提供義務違反をフルーメのいう「法律行為責任」として位置づける可能性について指摘している点は注目に値しよう。「契約締結前の情報提供義務違反等を問題とする(b)類型（契約は有効に成立したが契約成立前の情報提供義務違反・説明義務違反等によって一方当事者に不利益が生じたケース——著者注）についても，このケースでは『契約成立』を前提とするのであるから，当該情報提供義務・説明義務等が『契約内容』に取り込まれたものと評価しうる限りで，情報提供義務者の『過失』を要件としつつ，ここでも cic 責任（契約締結上の過失責任——著者注）をフルーメ的な意味での『法律行為責任』として位置づけ直すことができるのではないか，と思われる。こうして，……(b)類型においても通常の意味での cic 責任を構想する必要はないのである」（川角由和「ドイツ債務法の現代化と『契約締結上の過失』（culpa in contrahendo）」川角由和＝中田邦博＝潮見佳男＝松岡久和編『ヨーロッパ私法の動向と課題』〔日本評論社，平成 15 年〕278 頁。なお，引用文中の傍点は省略した）。

## 第三節　契約無効論への道

### 一　緒　　論

　第二節では，情報提供義務を当事者の意思に基づく債務として契約の中にとりこもうとする本書の立場を理論的に基礎づけることを可能にする諸見解につき，検討してきた。しかしながら，実際の紛争事例をみると，第二節で提示したような「前提的保証合意」が存在するとまでは認めがたい状況がままみられる。ところが，それらの紛争事例では，紛争発生の原因が，能力的にまさる当事者の一方からなされた不当な勧誘行為にあると認定するものが少なからず見受けられる。このような場合には，錯誤無効や搾取取消しの可能性も考えられる。ただ，従来の民法理論では，不当勧誘を受けた者の意思表示は，いわゆる「動機の錯誤」にあたるとされることが多いであろう。この，「動機の錯誤」をめぐって展開されたこれまでの諸理論，とりわけ錯誤・詐欺の拡張理論に一定の限界が存在することは，すでに第二章第三節（79頁以下）および第四章第二節（190頁以下）で述べたとおりである。

　そこで次に，「前提的保証合意」があるとまではいえないまでも，契約の効力を失わせることにより，紛争の発生原因を作出した当事者の一方の主張を封ずることを可能にするための基礎を提示する諸見解につき検討することとしよう。

### 二　「三層的法律行為」論

(1)　三層的法律行為論の内容

　加藤雅信教授は，まず表示行為とそれに対応する限りでの内心的効果意思という二層構造を前提としてきた伝統的な法律行為論に対して，いわゆる「動機の錯誤」にあたる諸事例の分析をふまえて，「従来，表示行為と内心的効果意思とされていたものの奥に，法律行為の双方の当事者に共有されていた，非表層的な，前提をめぐる『深層意思』が存在」することを指摘する。そのうえで，「その深層意思の合致も契約内容の一部をなし，当事者を拘束

する」と考えるべきであるという。例えば，偽作の絵画がA→B→Cと転売された事例で，最高裁がA－B間，B－C間いずれの売買契約も無効と判示したものがある。加藤教授は，A－B間の売買ではAが絵画を真作と保証するような言動をしており，絵画が真作であるという前提事実の錯誤発生に関与していたこと，またB－C間の売買では両当事者に真作という共通理解があった一種の動機の共通錯誤であることが，無効の原因であると指摘する。ここでは表示行為と内心的効果意思のレベルでの「表層合意」をもとに絵画売買契約が成立しているが，この表層合意の背後に，表示されていない，絵の真作性についての「前提的合意」，すなわち絵が真作であるという「『深層意思』の合致」がある（ちなみに，この深層意思の合致は，明示的な場合もあるがむしろ黙示的なものであることが通例とする）。そしてこのように，表示行為と内心的効果意思により形成される表層合意が，深層意思における前提的合意に基礎をおくと双方の当事者が考えている場合に，表層合意と前提的合意に齟齬があれば，契約の無効が導かれるという。

　以上のような検討を経て，従来の法律行為論が「内心的効果意思―表示行為」という二段階で法律行為を捉えていたのに対し，この見解は「深層意思―内心的効果意思―表示行為」という三段階でそれを捉えるという「三層的法律行為論」を提唱している。

　この三層的法律行為論の立場からは，すでに述べた絵画の偽作売買契約の事例のように，表層合意が成立してもそれと前提的合意とに齟齬がある場合には，契約は無効となる。

　さらに，当事者間に深層意思の合致（前提的合意）がなくとも，それを主張することがエストッペル（禁反言）の原則に反する場合などは，表層合意に基づく主張をすることは信義則に反し許されないとされる。例えば，高速道路建設計画がないにもかかわらず，高速道路の建設計画を聞きつけた者がその入口近くに土地を購入したという事例で，契約締結時に売主に動機は表示され，あるいは予見可能であったとしても，当事者間に高速道路建設計画があることについての前提的合意は存在しない。もっとも，この場合には，「前提的基礎情報について買主が誤認したことにつき，売主に非難可能性があるかどうか」で契約の無効・取消しの有無が決せられるという。すなわち，

当該高速道路計画に関する買主の誤情報入手に対する売主の関与の度合いが強いか，あるいは第三者の詐欺を知っていながらそれに乗ずる等の場合に，契約の無効・取消しの主張が認められる[1]。

(2) 「三層的法律行為」論と「前提的保証合意」論との関係

ところで，「三層的法律行為」論という考え方を採用すると，すでに第二節四（457頁）で紹介した「前提的保証合意」論との関係が問題となる。「前提的保証合意」は，言語表現をともなう表層合意として現れるが，場合によっては，言語その他の表示をともなわない深層意思として現れるからである。

この問題について加藤教授は，前提的保証合意の部分も法律行為論にとりこむという「柔軟な意思解釈」をすることで，契約的規律が可能になるという。例えば，中古車売買であれば，走行可能性等の目的物の属性についての合意は，表層合意として「自動車」という言語による表示行為をともなって現れる。しかし，別荘売買の場合には，別荘の移転可能性は「別荘」という言語には「含意」されているものの，明確な表示行為をともなっていないので，黙示の意思表示として表層合意と捉えることも，深層意思レベルの前提的合意と捉えることもできるという。ただ，債務不履行による損害賠償や契約解除は，いずれも基本的に表層合意のレベルで論じられるべき問題なので，前提的保証合意が表層合意として捉えられるときのみ，これらを追及できることとなる[2]。

(3) 「三層的法律行為」論と情報提供義務との関係

以上で紹介した「三層的法律行為」論を，本書で研究の対象としている情報提供義務との関係で検討してみることとしよう。

情報提供義務に基づく責任が問題となる紛争類型では，しばしば業者の積極的な勧誘行為により相手方の契約締結行動が開始されているが，第四節で詳しく検討するように，その業者の勧誘行為自体が不当なものと評価しうる場合が少なくない。しかしながら，第五章第二節三（284頁以下）でも検討したように，従来の裁判例では詐欺や錯誤などの要件が厳格に解されていることもあり，契約の効力を失わせることは困難であるとされてきた。

第七章　結　語

　このような場合であっても，(1)で述べたように，当事者の一方が，その説明行動により深層意思レベルで相手方に不誠実に関与しておきながら，それに乗じて，その深層意思を前提とする表層合意を有効であると主張したうえで契約の履行を求めるのは，信義則に反し許されないと考えることができるであろう。以上のように考えれば，契約の効力を否定するという柔軟な対応が可能となる。

### 三　「合わせて一本」論・「合わせ技的公序良俗違反」論

(1)　「合わせて一本」論と「合わせ技的公序良俗違反」論

　すでに第一章第一節三（4頁）で述べたように，近時，詐欺・錯誤などの要件を厳密には充足しない場合であっても，民法上の法理，とりわけ公序良俗違反を柔軟に解釈することにより，消費者被害を救済しようという動きがみられる。

　その中でも，いわゆる「合わせて一本」論と，それを受けて展開された「合わせ技的公序良俗違反」論は注目に値する。これもすでに第二章第三節三(2)（82頁）で紹介したところであるが，本書の結論と密接に関連する見解であるので，ここでもう一度繰り返して紹介しておくこととしよう。

　まず，「合わせて一本」論とは，従来の錯誤・詐欺・強迫の枠組みでは捉えきれない要素が混在していたり，ひとつひとつの要件にあてはまるとはいいがたいが，全体としてみると詐欺的・欺瞞的・威圧的な諸要素が累積した結果，契約を維持することが不当と評される場合に，「合わせて一本」の形で契約の成立を否定し，取消しあるいは無効にすることも積極的に検討されてよいというものである[3]。

　この「合わせて一本」論を，民法90条の公序良俗違反による無効として実現させようとする見解が「合わせ技的公序良俗違反」論である。具体的には，欺瞞的要素，相手方の見込み違い，広義の能力・取引適格性欠如者への勧誘，事業者による社会的に問題のある行動等の諸要素が混在している場合に，「合わせて一本」として公序良俗違反を理由に無効を導くというものである[4]。

第三節　契約無効論への道

(2)　公序良俗制度の柔軟な解釈の有用性

　ところで，(1)に述べたような公序良俗違反の活用を解く見解が登場する背景として，公序良俗違反という制度の適用範囲が近年拡大してきているという指摘に目を向ける必要がある。とりわけ，大村敦志教授は，もともと社会の秩序維持のために使われてきた公序良俗違反が，「経済的公序」あるいは「消費者公序」という形で，消費者や労働者など社会的な弱者の利益を守るための制度として用いられていることを強調する[5]。そして，もともと取引内容をその判断対象としていた公序良俗違反が，本来は詐欺・強迫に委ねられるべきであると考えられてきた契約締結過程における当事者の行為態様をも考慮するようになってきたという指摘も重要である[6]。この点について，大村教授は別の機会に，より具体的に次のように述べている。「公序良俗違反は，もともとは契約の内容を判断対象としていた。しかし，暴利行為論の判断基準にもうかがわれるように（急迫・軽率・無経験に乗ずる），今日では，契約当事者の主観的な事情（別の言い方をすると契約交渉過程における諸事情）が考慮されるようになっているのである」[7]。

　このように，もともと一般条項と考えられてきた民法90条の適用範囲を拡大していくことは，詐欺・錯誤などの規定にくらべると理論的な問題が少ないため，比較的抵抗感なく受けいれられてきている[8]。この点については，将来的には意思の完全性と内容の不当性の双方を考慮に入れた新制度の立法が必要であるとの指摘もなされているが[9]，消費者被害が顕在化している現状では，公序良俗違反という制度の柔軟な活用により被害の救済を図ることは，きわめて有用であろう。

四　小　括

　本節では，契約の効力を失わせることにより，紛争の発生原因を作出した当事者の一方の主張を封ずることを可能にするための基礎を提示する諸見解について，検討してきた。
　まず，「三層的法律行為」論によれば，当事者の一方が，その説明行動により深層意思レベルで相手方に不誠実に関与しておきながら，それに乗じて，

## 第七章 結　語

　その深層意思を前提とする表層合意を有効であると主張して契約の履行を求めるのは信義則に反し許されないという形で，契約の効力を否定することになる。

　また，「合わせて一本」論・「合わせ技的公序良俗違反」論によれば，個別の事案における勧誘の不当性にとどまらず，例えば，当事者の一方である業者の営業態様そのものに問題がある場合なども考慮に入れたうえで，公序良俗違反により契約そのものを無効という形で契約の効力を否定することになる。

　以上のような理論を用いることにより，第二節で述べたような「前提的保証合意」に基づく契約責任が存在するとまではいえない場合であっても，契約の無効を導くという形で，実際の紛争解決へ向けてより柔軟な対応を行うことが可能となろう。

　　(1)　以上の記述については，加藤雅信『新民法大系Ⅰ　民法総則(第 2 版)』(有斐閣，平成 17 年) 262 頁以下。
　　(2)　加藤・前掲注(1) 278 頁以下。
　　(3)　河上正二「契約の成否と同意の範囲についての序論的考察（4）」NBL 472 号（平成 3 年）41 頁。
　　(4)　加藤・前掲注(1) 239 頁以下。
　　(5)　大村敦志『消費者法(第 2 版)(法律学大系)』(有斐閣，平成 15 年) 124 頁以下。同書では「消費者公序」論が中心に論じられているが，これについては，同『契約法から消費者法へ』(東京大学出版会，平成 11 年) 164 頁以下（初出は，「取引と公序——法令違反行為の効力論の再検討（上）」ジュリスト 1023 号）も参照。また，「経済的公序」論については，同・前掲『契約法から消費者法へ』167 頁，同『基本民法Ⅰ　総則・物権総論(第 2 版)』(有斐閣，平成 17 年) 69 頁を参照。なお，「消費者公序」（あるいは「消費者取引公序」）論については，長尾治助『消費者私法の原理』(有斐閣，平成 4 年) 213 頁以下（初出は，「消費者取引と公序良俗則（上・中・下）」NBL 457 号，459 号，460 号），山口康夫「取締規定に違反する契約の効力」札幌法学 1 巻 1 号（平成 2 年）33 頁以下でも論じられている。

(6)　大村・前掲注(5)『消費者法(第2版)』125頁。
(7)　大村・前掲注(5)『基本民法Ⅰ　総則・物権総論(第2版)』70頁。
(8)　大村敦志『公序良俗と契約正義』(有斐閣，平成7年) 368頁以下，同・前掲注(5)『消費者法(第2版)』126頁，同・前掲注(5)『基本民法Ⅰ　総則・物権総論(第2版)』70頁，山本敬三『公序良俗論の再構成』(初出は，「公序良俗論の再構成」奥田昌道先生還暦記念『民事法理論の諸問題　下』〔成文堂，平成7年〕76頁以下)，加藤・前掲注(1) 234頁以下，等。
(9)　大村・前掲注(5)『消費者法(第2版)』126頁，同・前掲注(5)『基本民法Ⅰ　総則・物権総論(第2版)』70頁。

第七章 結　語

## 第四節　具体的な取引類型における私見の展開

一　具体的な取引類型における分析結果とその理論的検証

　すでに繰り返し述べてきたように，本書の立場は，基本的に，情報提供義務を契約上の当事者の意思に基づく債務としてとりこもうとするものである。このような視点から，第二節では，情報提供義務を「前提的保証合意」に基づく契約上の債務と捉えて契約責任の追及を可能にする理論，さらに第三節では，そのようにまではいえなくとも「三層的法律行為論」あるいは「合わせて一本」論・「合わせ技的公序良俗違反」論を用いて契約無効の主張を可能にする理論について検討してきた。

　そこで本節では，第五章および第六章における商品先物取引とフランチャイズ契約という具体的な取引類型における事例分析を通して得られた結果が，上述した理論との関係でどのような意味をもつのかを，それぞれ検証することとしよう。

二　商品先物取引における勧誘態様と私見の展開

(1)　商品先物取引における勧誘態様

　第五章で検討したように，商品先物取引においては，顧客がそもそも商品先物取引自体の意味を理解しないまま，その基本委託契約を締結するケースが散見される。中でも，業者からの積極的な勧誘行為がなされた事例を分析すると，①顧客がそもそも現物取引と商品先物取引の区別ができていないのに，その勘違いを肯定する発言をする場合，②顧客に一応のリスクは説明しながら，その危険性を打ち消す発言をしている場合，③顧客に必要以上に積極的な投資を決意させるような発言をしている場合がある。

　また，業者が法定交付書面である『商品先物取引委託のガイド』（以下「ガイド」という）など，商品先物取引のしくみや危険性について書かれた説明書類を交付したことと説明義務との関係も問題となるが，裁判例では，年齢・経歴・取引経験などをふまえて判断される顧客の理解能力に加えて，業

者側の具体的な説明行動が考慮されている。この説明行動には、④書類に書かれている内容を誤解させるような説明をした場合だけではなく、⑤顧客の理解を得るだけの時間を与えずに契約を締結したり、契約締結直後に個別取引を開始した場合も含まれる（以上の点については、第五章第二節四(3)〔296頁以下〕を参照）。

(2) 私見の展開

以下では、(1)であげた①〜⑤の各場面において、私見がどのように展開されるかを検討することにしよう。

まず、①の場合には、顧客はそもそも商品先物取引のしくみについて、理解しないまま契約を締結している。また、⑤の場合には、商品先物取引のしくみを理解できない、あるいは、しくみはある程度理解できたとしても、取引のリスクを理解していないことがほとんどである。これらの場合については、第二節および第三節で検討した諸理論を用いれば、次のように説明できよう。

①の具体的な事例としては、もともと金の現物取引に興味をもっている知識の不十分な顧客に対して、商品先物取引は現物よりも有利であると勧誘した事例がある（[国228]）。このような場合には、商品先物取引にかかわる基本契約を締結することについての表層合意は存在するが、商品先物取引のしくみについての認識が一致しておらず、むしろその不一致は業者の説明行動により作り出されている。この場合には、業者が、その説明行動により深層意思レベルで相手方に不誠実に関与しておきながら、それに乗じて、その深層意思を前提とする表層合意を有効であると主張したうえで契約の履行を求めるのは信義則違反であるとして、契約に基づく主張を業者に認めないという途をとることが可能であろう。そして、このような勧誘態様のみを理由として契約の効力を失わせることに躊躇するような場合には、業者の一般的な営業姿勢等の諸要素も考慮したうえで、合わせ技的公序良俗違反として処理することもできよう。

また⑤の場合として、法定交付書面であるガイドを交付してから説明に要した時間がわずか25分だった事例（[国224]）や、顧客が長文読解の困難な

第七章 結　語

視覚障害者であるにもかかわらず，ガイドを受領した翌日に実際の取引を開始させた事例（[国 222]）がある。この場合には，①の場合と同様に基本契約締結についての表層合意は存在するが，取引のリスクについての認識が一致しておらず，むしろその不一致は業者の説明行動により作り出されているといえる。

　ここでは業者の具体的な説明行動により，2つの方向性が考えられる。第一に，業者側が特に商品先物取引の危険性に言及しなかった場合である。この場合には，①と同様に，商品先物業者が，その説明行動により深層意思レベルで相手方に不誠実に関与しておきながら，それに乗じて，その深層意思を前提とする表層合意を有効であると主張したうえで契約の履行を求めることについての信義則違反等が問題となる。第二に，業者側が「商品先物取引には危険がない」と明言し，それを顧客が信用した場合である。この場合には，いわば「危険がない」という言語による表示行為をともなう前提的保証合意が存在し，これが表層合意を形成しているといえる。したがって，虚偽あるいは不正確な情報提供をしたことは，表層合意の債務不履行として構成されることになろう。

　次に，②と④の商品先物取引のしくみを理解していても取引のリスクを理解していない場合について検討しよう。②については，例えば，一応リスクを説明しつつも勧誘にあたった外務員がみずから「プロ」であることを強調して自己責任の自覚を促さなかった事例（[国 228]）[1]や，リスクについて一定の説明はしたものの，もうけ話を強調してリスクの十分な理解を妨げた事例（[国 235]）がある。④については，説明の際に外務員が「半分以上のマイナス」，「最低限の損失」というメモを「ガイド」に記載したことで，委託証拠金の半分が損失の最低限であると顧客が誤解したことが認定された事例（[国 109]）がある。これらの場合には，顧客は商品先物取引のリスクを一応理解したうえで，業者の説明により，当該取引に関してはリスクがないという誤信を生じている。

　ここでは，結果的に，業者がその説明行動により深層意思レベルで相手方に不誠実に関与しておきながら，それに乗じて，その深層意思を前提とする表層合意を有効であると主張したうえで契約の履行を求めるのは信義則に反

第四節　具体的な取引類型における私見の展開

し許されないと考えることも，業者側の説明に基づき少なくとも当該取引に関してはリスクが生じないという「前提的保証合意」が成立したと考えることも可能である。前者であれば，業者の信義則違反があったことを理由に契約に基づく主張を認めないか，あるいは，合わせ技的公序良俗違反を理由に契約を無効とすべきである。また後者であれば，⑤と同様に，当該取引のリスクに関する前提的保証合意が存在し，これが表層合意を形成しているといえる。したがって，虚偽あるいは不正確な情報提供をしたことは，表層合意の債務不履行という形で処理されることになろう。

　さらに，③については，直前に別の商品先物業者との間で行った取引で多大な損失をこうむった女性に，その業者から別の業者に移籍した外務員が「借金はすぐ返せる」と勧誘した事例（［国226］）がある。このように，いわば利益保証に近い形で，当該取引には危険がなく利益が確実に得られる旨，業者が明言したような場合には，前提的保証合意があったものと考えられる。したがって，虚偽あるいは不誠実な情報提供をしたことについて表層合意の債務不履行責任を追及することが可能となろう。また，前提的保証合意があったとまではいえない場合であっても，業者がその説明行動により深層意思レベルで相手方に不誠実に関与しておきながら，それに乗じて，その深層意思を前提とする表層合意を有効であると主張したうえで契約の履行を求めるのは信義則に反し許されないと考えることも可能となろう。

### 三　フランチャイズ契約における勧誘態様と私見の展開

(1)　フランチャイズ契約における勧誘態様

　第六章で検討したように，フランチャイズ契約の裁判例をみると，本書で中心的に検討した売上予測・収益予測をめぐる一連の事例では，フランチャイジーたる加盟店が，フランチャイズシステムそのものについては一応理解をして契約を締結したものの，フランチャイザーたる本部の説明したような売上げあるいは収益が得られなかった点が問題となっている。このように，フランチャイズ契約における売上予測・収益予測をめぐる紛争事例では，取引のしくみやリスクについての一般的な理解は一応存在するといえよう（な

## 第七章 結　語

おこのことは，詐欺的なフランチャイズ契約にはあてはまらない。これについては，次の(2)を参照）。

そのうえで，本書では次の3つの段階で，情報提供義務違反が考慮されていることを示した。すなわち，①加盟店側が本部の提供した売上予測・収益予測等に関する情報を重視して契約を締結したか，②本部により提供された情報の内容が実現されるものと加盟店側が認識しているか，③その情報が客観的な調査によらずに提供されたものであるか，または正確性に欠ける場合であるかという3つの段階である（以上の点については，第六章第三節一〔438頁〕を参照）。

### (2)　私見の展開

以下では，(1)で述べた3つの段階にしたがって，私見を展開することとしよう。

ここで注意しなければならないのは，フランチャイズの売上予測や収益予測にあっては，予測通りの売上げや収益が得られることの保証が成立するわけではない点である。ここでは，予測は外れることがあるということを前提に一定の目安を提供したものであると考えられるが，そうであるとしても，当事者間には，ある種の合理的な方法に基づく一定程度の相当性をもった予測を提供しているという含意はあるはずである。ところが，その予測が実際には合理的なものでなかった場合には，先に述べた含意の範囲で成立した前提的保証合意の債務不履行責任が問題となりうる。

まず①の段階については，加盟店側が本部と協力して積極的に売上予測・収益予測調査に加わっているうえ，本部が資料を作成したのは加盟店側が契約締結を決意した後であると認定された事例（［フ1］）がある。このように加盟店側が売上予測・収益予測等の情報を重視せずに契約を締結した場合には，本部側から正確な情報提供がなされることについて，そもそも当事者間で合意が成立しないことになる。そうであれば，情報提供義務違反を論ずる余地がそもそも存在しない。

次に，②の段階については，加盟店側の年齢・経歴・取引経験などをふまえて判断される予測能力・理解能力も考慮したうえで，売上予測・収益予測

等が予測通りには達成できないことを認識していたか否かが問題となる。例えば，コンビニエンスストアを含めた多数の経営経験があり，しかも売上不振を理由にその経営から撤退した者は，他業種のフランチャイズチェーンであってもそもそも試算通りの利益が得られると認識していたとは認められないという事例（[フ24]）がある。このように，加盟店側が売上げ・収益を予測通りには達成できないという認識をしていたのであれば，本部側は情報提供義務違反には問われないことになる。

そこで③の検討に移ることになるが，この段階では，売上予測・収益予測の算定根拠となるデータの数値の正確性・合理性が問題となる。ここでいう正確性・合理性とは，予測通りの数値が実際に達成できることは意味しない。仮に，予測通りの売上げや収益が得られなかったとしても，その数値の算定自体は，フランチャイズの対象となる業種の特性もふまえつつ合理的な根拠に基づいて判断されており，かつ，その限りでは明確で誤りのない算定がなされているのであれば，予測には合理性があったものと判断されることになる。あくまでも予測である以上は，それが完全に正確にはできないことが前提となっていることに注意しなければならない。

ただし，本部側の不誠実な態度が原因で予測が狂った場合には，先に述べたように前提的保証合意の債務不履行として処理することが可能である。また，そのような形で前提的保証合意の存在を明確に捉えることができない場合には，本部側がその説明行動により深層意思レベルで相手方に不誠実に関与しておきながら，それに乗じて，その深層意思を前提とする表層合意を有効であると主張したうえで契約の履行を求めるのは信義則に反し許されないとして，本部側からの契約に基づく主張が封じられることになろう。

このような不誠実な態度には，3つの場合が考えられる。第一に，本部側が予測の基礎となるデータの数値の正確性・合理性に特に言及していないが，そのデータの正確性・合理性に疑問があることは認識しており，かつ加盟店側がそれを信用していた場合である。例えば，本部側が実際に予測をしたにもかかわらず，そこで得られた具体的な数値を告げずに高めの売上予測を伝えたことを理由に，本部側の責任を認めた事例（[フ12]／控訴審[フ22]）がある。第二に，本部側が予測の基礎となるデータの数値の正確性・合理性

に特に言及しておらず，その正確性・合理性に疑問があることを認識していなかった場合である。例えば，売上予測や収益予測の算定の根拠となった具体的事項（入店率の算定根拠〔[フ2]〕，競合店の存在の考慮〔[フ2] [フ10] [フ11] [フ19]〕，商圏人口・範囲の算定基準の根拠〔[フ11] [フ19]〕など）に，実際には合理性がなかったという事例が散見される。第三に，本部側が数値の正確性・合理性に言及し，かつ，加盟店側がそれを信用した場合がある。例えば，本部の担当者が調査前に「調査の結果がすべてである」として，調査終了後にも調査結果を過度に強調し，かなり楽観的かつ強気の見通しを立てたことを，本部側の責任を認める理由としてあげている事例（[フ2]）がある。

なお，詐欺的なフランチャイズ契約にあっては，そもそもフランチャイズシステムそのものが機能しえないにもかかわらず，その状況を本部側が意図的に伝えなかったことから，取引のしくみやリスクに関する加盟店側の理解が妨げられている。この場合には，端的に詐欺と構成することも可能であるが，詐欺とまでいえなくとも，フランチャイズシステムのしくみそのものについて，本部側がその説明行動により深層意思レベルで相手方に不誠実に関与しておきながら，それに乗じて，その深層意思を前提とする表層合意を有効であると主張したうえで契約の履行を求めるのは信義則に反し許されないとして，本部側からの契約に基づく主張を封ずることも可能となろう。

## 四　小　括

以上のように，商品先物取引とフランチャイズ契約の2つの類型を詳細に検討すると，次のことがいえる。

商品先物取引においては，商品先物業者から顧客に提供された情報に基づいて表層的レベルで前提的保証合意があると考えられる場合には，表層合意の債務不履行を理由に契約責任の追及が可能となる。それと同時に，業者がその説明行動により深層意思レベルで相手方に不誠実に関与しておきながら，それに乗じて，その深層意思を前提とする表層合意を有効であると主張したうえで契約の履行を求めるのは信義則に反し許されないとして，契約に基づく主張を封じることもできよう。そして，このような勧誘態様だけで契約の

無効を導くことに躊躇するような場合には，事業者の一般的な営業姿勢等の諸要素も考慮したうえで，合わせ技的公序良俗違反として処理することもできよう。

また，フランチャイズの売上予測や収益予測にあっては，予測は外れることがあるということを前提に一定の目安を提供したものであるが，その場合でも，当事者間にはある種の合理的な方法に基づく相当性のある予測を提供しているという含意は存在するはずである。ところが，その予測が実際には合理的なものでなかった場合には，先に述べた含意の範囲で成立した前提的保証合意の債務不履行責任が問題となりうる。なお，そのような形で明確に捉えることができない場合には，本部側がその説明行動により深層意思レベルで相手方に不誠実に関与しておきながら，それに乗じて，その深層意思を前提とする表層合意を有効であると主張したうえで契約の履行を求めるのは信義則に反し許されないとして，本部側からの契約に基づく主張を封ずることもできよう。

(1) ここで例として示した裁判例［国 228］は，先に①の例としてあげたものと同じである。したがってこの場合には，取引のしくみの理解，または取引のリスクの理解という 2 つの観点からの主張を同時にすることも許されることになる。

第七章　結　語

## 第五節　残された諸問題

### 一　本書に残されている課題

　以上の検討結果をもとにすれば，情報提供義務を契約上の債務として捉えるという本書の主張は，十分展開可能であると考える。しかしながら，そのためには，いくつかの残された問題についても検討しておく必要がある。以下では，これらの問題について，順次とりあげていくこととしよう。

### 二　情報提供義務違反の効果——解除と原状回復的損害賠償

(1)　損害賠償の範囲

　第三節では，情報提供義務違反が問題となる場面において，当事者間に前提的保証合意が存在すると考えられる場合には，契約責任を追及しうることが明らかとなった。その場合の効果としては，契約解除ないし損害賠償が考えられる。

　ここで問題となるのは，損害賠償の範囲である。この点については，すでに第三章第六節六（175頁）で紹介したように，ドイツにおいても議論がなされている。ドイツにおいては，説明義務違反に基づく損害賠償責任が認められたとしても，その範囲は，いわゆる巻戻しといわれる範囲，すなわち基本的には消極的利益（信頼利益）の損害にとどまると一般的に考えられている（もっとも，提供された説明があれば，別の有利な契約が当事者間で成立してそれが履行されたであろうということを，損害賠償を追及する者が立証に成功したり，一定の事例で保証責任などを認められる場合には，積極的利益〔履行利益〕の賠償まで認められることがある）。学説の中には，第三章第三節六（176頁）に述べたように，一種の保証責任が認められる場合には，積極的利益の賠償まで可能となるとするものもある。

　ひるがえってわが国の状況を考えると，履行利益の賠償まで認めるケースがほとんどみられない点では，ドイツと同様である。ただ，具体的な契約類型ごとに検討すると，履行利益の賠償を認める余地がある場合も存在する。

第五節　残された諸問題

　第五章で検討した商品先物取引をめぐる裁判例では，弁護士費用を除けば，顧客が商品先物業者に対して支払った委託証拠金のうち未返還分に遅延損害金を加えた金額のみを損害と認めるものが大多数である（第五章第二節六〔311頁〕）。商品先物取引においては，そもそも取引そのものに関心がなかった顧客を，業者が不当な勧誘によって取引に参加させた場合が紛争事例の大半を占めている。このような場合は，取引に参加しなかった状態を回復することが優先されるのであり，仮に取引が成功していた場合に得られた利益の賠償までは求めがたいといえよう。

　これに対して，第六章で検討したフランチャイズ契約をめぐる裁判例では，様相を異にする。第六章第二節五（426頁）で述べたように，店舗改装費用などの開業準備費用やフランチャイズへの加盟契約金などについては損害賠償請求が認められるものの，逸失利益という形では請求が認められていない。しかし，フランチャイジーとして営業している期間に生じた営業損失（赤字）については判断がわかれており，営業損失を損害と認めるものもみられる（［フ11］［フ19②］）。また，営業損失を損害として認めなかった裁判例にも，フランチャイザーからの客観性・正確性を欠いた情報提供があった場合で，通常要求される営業努力をしても営業実績がまったくあがらないときは，相当と認められる部分の営業損失について契約締結時の情報提供義務違反との相当因果関係を認めるという事例（［フ23］／ただし，結果的には相当と認められる部分の営業期間内には利益を出しているなどとして相当因果関係が否定されている）があることには留意する必要がある。

　ひるがえって考えると，フランチャイズ契約のように，本来正常な営業活動を前提としたものでは，商品先物取引などのように，通常は正常な取引が期待できないものとは異なる対応が必要となる。フランチャイズ契約において，そもそもそのシステムが本部側の当初の説明通りに機能しないような場合で，フランチャイザーの説明行為が損害の発生に影響を与えていると評価できる場合には，本来得られたはずであろう収益のうち，最低限，営業損失額（赤字額）の賠償までは認めるべきであろう。

第七章 結　語

### (2) 「原状回復的損害賠償」論と「不当な利益の吐き出しとしての損害賠償」論

　(1)で述べた状況について，潮見教授は，不公正な取引や詐欺的商法に関して不法行為に基づく損害賠償が認められた裁判例を分析したうえで，「原状回復的損害賠償」が行われていると指摘する。ここでいう「原状回復的損害賠償」とは，不法行為を理由とする損害賠償により，契約の名のもとで支出した金額に相当する額の回復を命ずることで，被害者にとっては，契約を（一部）無効と評価したうえで給付利得の返還が認められたのと同様の経済的効果を導き出すものとされる[1]。潮見教授は，この原状回復的損害賠償は，自己決定権の保護を目的とする情報提供義務・助言義務違反があったときに，金銭による原状回復という方法を用いて，契約の効力を（部分的に）否定しているという意味で，「損害賠償制度に仮託した合意の瑕疵の救済法理として法律行為・意思表示法の中に取り込まれるべきものであることを認めるほかない」という[2]。

　実際のところ，上述した商品先物取引の場合には，顧客に履行利益の賠償まで認めてしまうと，本来利益をあげる可能性がきわめて低い取引で利益を得ることを前提とすることになる。これは，不法行為構成をとるか，債務不履行構成をとるかという，法律構成の違いから導き出されるものではない。したがって，情報供義務違反がなければ確実に利益をあげられたという顧客の立証があれば格別，そうではない場合には，取引が行われなかった状態へ戻すことで損害が回復されたという判断は，正当であるといえよう。そうであるならば，原状回復的損害賠償という考え方は，このようなケースではまさに的を射た考え方となる。

　さらにこの点で興味深いのは，窪田充見教授による「不正に取得した利益の吐き出しとしての損害賠償」という考え方である。窪田教授はまず，損害賠償の機能には制裁機能や行為抑止機能もあるが，主たるものは損害塡補機能であって，制裁機能は損害塡補機能を実現するための損害賠償の単なる反射的効果とされるか，せいぜい損害塡補機能の範囲内で過失相殺などの形で実現されるにとどまっている現状が指摘される。そのうえで，後者の損害塡

補機能に抵触しない範囲内での制裁的機能に関しては，すでにほぼ承認を得ており，また，そのことには積極的な意味があると考えられるとして，損害賠償を「不当な利益の吐き出し」という観点から捉えることを提唱する(3)。これも，損害賠償に「原状回復的損害賠償」と同様の効果を認めるものと評価できよう。

もっとも(1)に述べたように，フランチャイズ契約では，たしかに正確な情報が提供されても確実に成功するとはいえないが，フランチャイザーである本部側の説明により確保できるものとされていた営業上の収益（とりわけ，本部側の説明によれば発生するはずのなかった営業損失〔赤字〕）についても損害賠償を認めることも必要となろう。情報提供義務を契約上の債務として位置づける本書の立場からは，契約締結上の過失などに基づく損害賠償請求とは異なり，そのような請求が認容されることになる。

(3) 「原状回復的損害賠償」と法律行為論との関係

上述のように考えれば，契約を無効にしようと，解除しようと，あるいは損害賠償を認めようと，その効果にはあまり違いがないことになる（ただし，契約を有効としたまま損害賠償を認めることにより，違法な行為に基づく業者からの反対請求を認めることの弊害については，第五章第二節七〔318頁〕を参照）。しかし，この点について潮見教授は，原状回復的損害賠償という処理方法は，「合意の瑕疵を扱う諸制度および公序良俗制度が充実し，かつ契約の一部無効の理論が整備されるまでの過渡的な方法というべきではなかろうか」と評している。その理由としては，「およそ契約の有効性を抜きにして当事者の行為に対する無価値評価（違法評価）を前提とした原状回復的損害賠償を語ることには限界がある」ことがあげられている(4)。

たしかに，不法行為による損害賠償は，契約が有効であることを前提としているとするのが一般的な考え方である。しかし，当事者の一方の違法勧誘が問題となるような場合には，合わせ技的公序良俗違反を用いてむしろ契約を無効として取り扱ったうえで，違法勧誘を直截に不法行為として処理することも可能であるように思われる（この点については，第五章第二節三(2)〔283頁〕を参照）。

# 第七章 結　語

　もっとも，潮見教授も指摘するように，上述のような処理は「過失相殺の法理を用いて多くの学説・実務の共感を受けうる——無難な——形で解決を図ろうとしている」側面もある[5]。この点につき本書では，損害賠償での紛争処理に際して安易に過失相殺することの不当性を指摘した（第五章第二節六〔313頁〕および第六章第二節五〔428頁〕）。例えば，商品先物取引における「客殺し商法」や詐欺的なフランチャイズのように，組織的な欺罔行為がなされているような場合は，いわば業者の構造的詐欺ともいえるものである。故意に欺罔行為を行った業者に対する損害賠償請求を認めるにあたって，顧客の過失を理由に過失相殺をしたならば，詐欺による利益を業者に残すことを認めることになる。ここでは「過失相殺の比較較量的性格」を基礎にして，故意による不法行為の場合には被害者の単なる過失では過失相殺は認められないという議論を，今一度確認しておく必要がある[6]。

　このように過失相殺について慎重な配慮をするのであれば，契約の一部無効と構成しようと，損害賠償と構成しようと，実際には同じ効果が得られることになる。実際に生じている紛争解決をまず念頭においたうえで，契約が有効か無効かという形式にこだわるのではなく，紛争の実態に応じた多様で柔軟な解決手段を用意すべきであろう。

### 三　無効の法的意味

　本書では，意思表示の内容を広く捉えたうえで，当事者の意思に基づく義務として債務の中にとりこむことにより，契約上の義務違反に基づく責任を追及することに加えて，そのような形で明確に義務違反と捉えることができない場合には「三層的法律行為」論，さらに「合わせて一本」論「合わせ技的公序良俗違反」論を活用することにより，契約そのものの効力を失わせることを提案している。

　このような見解に対しては，契約がいったん有効に成立したことを前提に解除や損害賠償が認められる場合と，契約が無効になる場合とが併存するのは整合的ではないという疑問が寄せられる可能性がある。しかしながら，すでに二で述べたように，情報提供義務を理由にして，債務不履行による解除・損害賠償がなされる場合も，合わせ技的公序良俗違反により契約が（一

部）無効とされる場合も、過失相殺のあり方に慎重な注意を払うのであれば、その効果に実際にはほとんど差がないといえる。むしろ、積極的に両者の併存を認め、多様で柔軟な紛争解決手段を確保することこそが重要であろう。

また、このような見解は、無効を、特定人の主張を必要とせず、すべての者が最初から効力のないものとして取り扱わなければならないという「絶対的無効」と捉える伝統的な考え方[7]に沿うものではない。しかしながら、近時においては、「無効の多様化」が進む中で、「一部無効」や「取消的無効」、「相対的無効」といった概念が登場し、「無効の段階的把握」まで必要となるのではないかという椿寿夫博士の指摘に象徴されるように、画一的に無効を捉えようとする伝統的な考え方に対する疑問が強く示されている[8]。また、公序良俗違反の効果をめぐっても、従来当然とされてきた絶対的無効ではなく、一部無効や相対的無効を認めるべきだという見解が強まりつつある[9]。

さらに、契約の有効・無効の判断は、裁判所が売買契約として保護するか否かという法律的な判断によって、保護を受ける場合が有効、保護を受けない場合が無効となるという評価の問題にすぎないとして、無効とされる可能性があるものについても取消しを認める実益があるとする見解も提示されている[10]。同様に、無効とされる可能性があっても、「取消的無効」のように主張権者が限られるものにあっては、契約の解除や損害賠償を認める実益はあるものと考える。

四　立証責任の問題

最後に残されるのが、立証責任の問題である。第三節の検討から明らかとなったように、契約関係において情報提供義務が問題となる場面では、当事者間において表層合意以外に、深層意思の合致による前提的合意が存在するか否かで結論が異なることになる。

この点については、本書が採用する三層的法律行為論の立場からは次のように説明される。仮に表層合意としての前提的保証合意の存在が問題となる場合には、その存在については、債権者である商品先物取引の顧客、あるい

第七章　結　語

はフランチャイズ契約のフランチャイジーたる加盟店側が立証することになろう。また，商品先物業者やフランチャイザーたる本部側がその説明行動により深層意思レベルで相手方に不誠実に関与しておきながら，それに乗じて，その深層意思を前提とする表層合意を有効であると主張したうえで契約の履行を求めるという形で信義則違反が問題となる場合には，そのような違反があることについては，やはり顧客や加盟店側が立証することになる[11]。もっとも，この点については，契約当事者間の情報格差等に着目して，前提的保証合意の存在を推定したり，業者側に深層意思レベルでの不誠実な関与が存在しなかったという点の証明を求めるという形で立証責任を転換することが考慮されてよい[12]。

　また，情報提供義務違反がある場合を，「前提的保証合意」という表層合意の債務不履行と構成するのであれば，債務不履行があること，損害が発生したこと，そして債務不履行と損害との間に因果関係があることについての立証責任は，損害賠償請求を求める債権者である顧客や加盟店側が負うことになる[13]。もっとも，因果関係については，契約当事者間の能力格差を考慮すれば，やはり立証責任の転換を検討すべきであろう[14]。

　　(1)　潮見佳男『契約法理の現代化』（有斐閣，平成16年）9頁（初出は，「規範競合の視点から見た損害論の現状と課題（1）」ジュリスト1079号〔平成7年〕94頁〔奥田昌道編『取引関係における違法行為とその法的処理——制度論競合論の視点から』（有斐閣，平成8年）12頁〕），同『債権総論Ⅰ（第2版）』（信山社，平成15年）579頁以下。
　　(2)　潮見・前掲注(1)『債権総論Ⅰ（第2版）』580頁。
　　(3)　窪田充見「人格権侵害と損害賠償——人格的利益の侵害を契機とする民法705条についてのスケッチ」民商法雑誌116巻4＝5号（平成9年）62頁以下。また同「不法行為法と制裁」石田喜久夫先生古稀記念『民法学の課題と展望』（成文堂，平成12年）689頁以下も参照。なお，消費者被害その他の組織的な悪徳商法，その他営利を目的とした確信犯的な悪質な不法行為が行われた場合に，「不法収益の没収」の必要性を説く見解として，加藤雅信「成年後見制度と消費者保護——申立権の拡充をも視野に入れて」法律のひ

ろば51巻8号（平成10年）20頁以下，同『新民法大系Ⅴ　事務管理・不当利得・不法行為(第2版)』（有斐閣，平成17年）312頁以下。
(4)　潮見・前掲注(1)『債権総論Ⅰ（第2版）』580頁以下。
(5)　潮見・前掲注(1)『債権総論Ⅰ（第2版）』581頁。
(6)　加藤・前掲注(3)『新民法大系Ⅴ　事務管理・不当利得・不法行為(第2版)』311頁以下。
(7)　我妻榮『新訂民法総則（民法講義Ⅰ）』（岩波書店，昭和40年）385頁以下。
(8)　椿寿夫「はしがき」同編著『法律行為無効の研究』（日本評論社，平成13年）2頁。
(9)　大村敦志『生活民法研究Ⅰ　契約法から消費者法へ』（東京大学出版会，平成11年）269頁以下（初出は，私法49号〔昭和62年〕220頁），加藤雅信『新民法大系Ⅰ　民法総則(第2版)』243頁以下。
(10)　加藤・前掲注(9)358頁。
(11)　加藤・前掲注(9)280頁。
(12)　馬場圭太教授は，フランスにおける医師・公証人・弁護士の説明義務違反に関する裁判例の分析から，履行の証明について，損害賠償を請求する債権者側から医師・公証人・弁護士といった債務者側に立証責任が転換している状況を指摘している（馬場圭太「説明義務の履行と証明責任──フランスにおける判例の分析を中心に」早稲田法学74巻4号〔平成11年〕551頁以下）。
(13)　加藤雅信『新民法大系Ⅲ　債権総論』（有斐閣，平成17年）132頁。
(14)　ドイツにおいては，この点についていくつかの指摘がなされている。例えば，グリゴライトは，契約の誤導と契約締結との因果関係について，情報提供を受けて取引関係に入った者の保護，その者が立証することの困難性，当該契約によって情報提供した者が利益を得ていることから，立証責任の転換を肯定する（Hans Christoph Grigoleit, Vorvertragliche Informationshaftung：Vorsatzdogma, Rechtsfolgen, Schranken, 1997, S.163ff.）。また，ペーフゲンは，過失による詐欺と望みどおりではない契約との間の因果関係を，反証可能な形で推定することを提案している（Walter G.Paefgen, Haftung für mangelhafte Aufklärung aus culpa in contrahendo：Zur Täuschung über den Vertragsinhalt und ihren Folgen im Zivilrecht, 1999, S.63ff.）。

第七章 結　語

## 第六節　結　　論

　本書の結論は，以下の通りである。
　意思表示の内容を柔軟に捉える「前提的保証合意」論を採用したうえで，情報提供義務を，当事者の意思に基づく義務として債務の中にとりこむことにより，契約義務違反に基づく責任を追及することが可能となる。またそれと同時に，そのような形で明確に捉えることができない場合には，「合わせ技的公序良俗違反」論や「三層的法律行為」論を活用することにより，契約そのものの効力を失わせることも可能となる。
　この立場に基づいて，本書でとりあげた，商品先物取引とフランチャイズ契約の２つの取引類型を詳細に検討すると，次のようにいうことができる。
　商品先物取引においては，商品先物業者から顧客に提供された情報に基づいて前提的保証合意がなされている場合には，表層合意の債務不履行を理由に契約責任の追及が可能となる。それと同時に，業者がその説明行動により深層意思レベルで相手方に不誠実に関与しておきながら，それに乗じて，その深層意思を前提とする表層合意を有効であると主張したうえで契約の履行を求めるのは信義則に反し許されないとして，業者側からの契約に基づく主張が封じることもできよう。そして，このような勧誘態様のみを理由として契約の無効を導くことに躊躇するような場合には，業者の一般的な営業姿勢等の諸要素も考慮したうえで，合わせ技的公序良俗違反として処理することもできよう。
　また，フランチャイズの売上予測や収益予測にあっては，予測通りの売上げや収益が得られることの保証が成立するわけではない。ここでは，予測は外れることがあるということを前提に一定の目安を提供したものであるが，その場合でも，当事者間にはある種の合理的な方法に基づく相当性のある予測を提供しているという含意は存在するはずである。ところが，それが実際には合理的なものでなかった場合には，先に述べた含意の範囲で成立した前提的保証合意の債務不履行責任が問題となりうる。なお，そのような形で明確に捉えることができない場合には，本部側がその説明行動により深層意思

第六節　結　論

レベルで相手方に不誠実に関与しておきながら，それに乗じて，その深層意思を前提とする表層合意を有効であると主張したうえで契約の履行を求めるのは信義則に反し許されないとして，本部側からの契約に基づく主張を封ずることもできよう。

　以上のように，これまで理論的に展開されてきたように思われる前提的保証合意論や三層的法律行為論等の学説を，本書がとりあげるような実際問題としての法解決が必要とされている分野に導入すれば，これまで解決が困難とされてきた問題につき，新たな解決の途が開かれるのである。

# 索　引

## ア　行

後追い規制……………………………32
合わせて一本論…………83,447,449,466
合わせ技的公序良俗違反論
　　　　　　　………318,426,447,468
意　思…………………………454,456
委託者保護……………………235,240
一任取引………………………………285
一任売買………………………244,305
一部無効………………………………483
一体的不法行為………………………282
威迫・暴力による勧誘の禁止…………30
薄　敷…………………………………308
売上予測………………363,371,406,417
追　証…………………………………301

## カ　行

海外市場………………………………257
海外先物取引法…………………………27
開　示……………………………26,30,376
開示義務………………………………448
解　除…………………………………478
核心的合意部分………………………455
貸金業法…………………………………27
過失相殺…………………………50,430
過失による誤導………………169,451
過失による詐欺………………155,193
瑕疵ある意思表示論……………………81
瑕疵担保責任………………4,101,173
過当取引………………………………304
株式取引条例…………………………235
簡易保険…………………………………3
関係的契約論…………………………220
完全性利益……………………………175
外国為替証拠金取引………28,29,239,292
学習塾商法……………………………380
勧誘規制……………………………26,30
勧誘態様………………………………472
客殺し…………………………………238
客殺し商法……………………249,254,285
吸収的合意……………………………458
95条・96条法意類推論…………82,195
競　合……………………………15,173
強　迫…………………………………4,5
許可制…………………………………235
金融先物取引法………………………27,28
金融商品販売業者………………………45
金融商品販売法………………………4,44
ぎまん的顧客誘因……………………378
義務違反………………………………101
欺罔行為…………………………81,193
行政処分…………………………………30
行政的取締規定………………………279
業法（業種別行政的規制立法）……2,26
業法上の情報提供義務・説明義務……28
銀行法……………………………………27
クーリング・オフ………………2,23,30
クリアリングハウス…………………237
警　告……………………………………90
経済的公序……………………………467
刑事罰……………………………………30
契約準備段階の債務関係……………114
契約締結上の過失

489

索　引

……………6,89,103,114,118,168,203,449
契約締結前の債務関係 ……………114,122
契約締結前の特別関係 ………………114
契約当事者間の情報格差 ………………1
契約取消権 ……………………… 2,31,38
契約の周辺論 ……………………447,451
契約の内容論 ……………………447,451
月間回転率 ………………………………305
原始的不能 ………………………………458
原状回復的損害賠償論 ………478,479,480
厳正契約 …………………………………463
故意による重要事項の不告知……………31
故意による不利益事実の不告知 …3,33,42
故意による良俗違反 ……………………15
行為基礎論 ………………………………95
広告規制 …………………………………30
広告による勧誘 …………………………333
公序良俗違反 ………………4,5,281,414
効率性の原理 …………………………140
顧客情報収集義務 ……………………226
国内公設市場 …………………………257
国内私設市場 ………………………241,257
転がし（ころがし）……………………307
コンビニエンスストア …………………365
合意の瑕疵 ………………………81,193
ゴルフ場等会員契約適正化法……………27

## サ 行

再勧誘の禁止 ……………………… 29,288
最低保証制度 …………………………415
債務不履行 …………………… 4,281,411
先物ガイドライン ………………………288
詐　欺 …4,5,79,82,168,191,281,384,414
詐欺的黙秘 ………………………………80
差玉向い …………………………………310
錯　誤 ………4,5,79,82,172,191,281,415

三層的法律行為論 ………………447,463
仕切回避 …………………………244,311
仕切拒否 …………………………244,311
指定商品・指定役務制 ………………31,32
指定商品制 ……………………………48
消極的利益（信頼利益）…………175,478
証券取引法 ……………………………27
消費者契約法 ……………………4,24,33,35
　――における情報提供義務 …………36
消費者公序 ……………………………469
消費者と事業者 …………………………35
消費者保護 ………………………124,449
消費者保護の情報提供モデル …………124
消費者利益擁護義務 …………………192
商品先物取引 …………………………231
商品取引員 ……………………………236
商品取引所法 ……………………17,27,235
商品仲買人 ……………………………236
商品ファンド法 ……………………………27
職業上の責任 ……………………125,449
書面交付義務 ……………………………27
新規委託者保護義務 ……………283,302
深層意思 ………………………………464
信義則 ……………………………………410
信託業法 …………………………………27
信認関係 ………………………………218
信認義務 ………………………………218
信　頼 ……………………………126,449
自己決定基盤整備義務 ………………214
自己決定 ………………………………153
自己責任 ………………………………169
重要事項 ……………………………38,39
重要事項説明義務 ………………………29
熟度論 ……………………………………452
受託財産の分離保管義務 ……………244
情報格差是正義務 ……………………214

490

情報環境整備責任 ………………213
情報提供義務 ……5, 28, 36, 90, 95, 98, 114,
　　　　120, 136, 151, 167, 187, 213, 404, 421,
　　　　439, 450, 465, 480
　――説明義務 ………………………90
情報提供に関する故意のドグマ
　………………………103, 119, 168, 451
助　言 ………………………………90
助言義務 ………………………91, 219
誠意契約 ……………………………461
誠意契約的契約解釈論 ……………452
差損金支払請求 ……………………318
清算金支払請求 ……………………286
誠実公正義務 ………………………283
積極的利益（履行利益）……175, 478
説明義務 ……………5, 28, 46, 92, 296
先行行為 ………………………153, 449
全国消費生活情報ネットワーク・システム
　（PIO-NET）…………………248
前提的合意 …………………………464
前提的保証合意論 …………………459
全量向い ……………………………310
相対的無効 …………………………483
相場師 ………………………………235
損害賠償責任 ………………………32
損害賠償の範囲 ………………175, 478

## タ行

宅地建物取引業法（以下「宅建業法」）…27
建　玉 ………………………………301
断定的判断の提供 ………3, 29, 33, 41, 299
チェックシステム（農林水産省）………307
中間的合意論 …………………452, 453
中小小売商業振興法 …………376, 377
中途解約権 ………………………2, 31
調査義務 ……………………………294

抵当証券業法 ………………………27
適合性の原則 ………30, 48, 225, 285, 289
手仕舞 …………………………276, 311
手数料稼ぎ …………………………305
手数料化率 ………………………286, 305
手数料不抜け ………………………307
投資顧問業法 ………………………27
投資サービス法 ……………………45
投資者保護公序 ……………………214
投資者保護と消費者保護……………13
投資取引 ……………………………8
登録制 ………………………………235
特定商取引法 ………………………27
特定商品等預託法 …………………27
特定売買 ……………………………307
特定売買比率 ……………………301, 305
取消的無効 …………………………485
取締法規 ……………………………279
取締法規違反の場合における私法的効力
　………………………………………33
取引所法 ……………………………235
ドイツ債務法現代化法 ……………89
動機の錯誤 …………………………79
堂島帳合米市場 ……………………235
動的システム論 ……………128, 138, 449
同和商品事件 ………………………254
独占禁止法 ……………………376, 415
独立的合意 …………………………458
途転（どてん） ……………………307

## ナ行

内職商法 ……………………………36
直　し ………………………………307
難平（なんぴん） …………………306
二段の故意 ………………………4, 80
日本商品先物振興協会 ……………246

491

索　引

日本商品先物取引協会 ……………231
日本フランチャイズチェーン協会 …378
ネズミ講 ……………………………380
望ましくない契約 …………………153
呑み行為 ………………………241,254

## ハ 行

8条逆転解釈 ………………………241
日計り ………………………………307
表層合意 ……………………………466
ピロビタン商法 ……………………380
不意打ち ……………………………154
不招請勧誘 ……………………29,240,334
不実告知 …………………3,29,31,33,39
付随義務 …………………………12,203
付随的合意部分 ……………………455
不当な利益の吐き出しとしての損害賠償論
　　………………………………480,482
不動産特定共同事業法 ……………27
不法行為 ……………………4,281,413
不法行為法 …………………………174
フライデンバッハ …………………136
フランチャイザー ………………17,365
　　——の指導援助義務 …………425
フランチャイジー ………………17,363
フランチャイズ・ガイドライン ……376
フランチャイズ・ブーム …………368
フランチャイズ契約 …………363,406
　　詐欺的な—— ………………384
部分的約束 ……………………452,453
ブラック・マーケット被害 ………279
ベスト・アドバイス義務 …………215
ペーフゲン …………………………159
変額保険 ……………………………3
法の経済的分析 ……………………128

法の欠缺 ……………………………122
保険業法 ……………………………27
保護義務 ………………………122,175
保護法規違反 ……………………15,101
ホープト ……………………………143

## マ 行

委せ玉 ………………………………285
巻戻し ………………………………480
マルチ商法 ……………………36,380
満玉（まんぎょく） ………………311
ミニマムモニタリング（略称MMT/旧通
　商産業省） ………………………307
無意味な反復売買 ……………305,307
向い玉 …………………………309,254
無　効 ………………………………482
無差別電話勧誘 ………………288,333
無　敷 ………………………………308
無断売買 ………………………244,305

## ヤ 行

約束論 ………………………………461
融　資 ………………………………3
郵便貯金 ……………………………3

## ラ 行

ランゲ ………………………………144
利益保証 ……………………………285
立証責任 ………………………47,485
利乗せ満玉 …………………………311
良俗違反 ……………………………99
両建玉（両建） ………………301,307
旅行業法 ……………………………27
ローレンツ …………………………153

〈著者紹介〉

宮 下 修 一（みやした しゅういち）

　1970年　北海道釧路市に生まれる
　1994年　名古屋大学法学部法律学科卒業
　2002年　名古屋大学大学院法学研究科博士課程満了退学
　2004年　静岡大学人文学部法学科専任講師，現在に至る

〈主要業績〉

「契約関係における情報提供義務（1）－（12・完）──非対等当事者間における契約を中心に」名古屋大学法政論集185号，187号，193～195号，197～200号，203～205号（2000～2004年）


消費者保護と私法理論　　静岡大学人文学部研究叢書2
2006(平成18)年3月27日　第1版第1刷発行　　5583-0101
　　　　　著　者　　宮　下　修　一
　　　　　発行者　　今　井　　　貴
　　　　　発行所　　信山社出版株式会社
　　　　　〒113-0033 東京都文京区本郷6-2-9-102
　　　　　　　　　　電　話　03-3818-1019
　　　　　　　　　　FAX　03-3818-0344
　　　　　　　　　　info@shinzansha.co.jp
　　　　　〒309-1625 茨城県笠間市来栖2345-1
　　　　　　　　　　電　話　0296-71-0215
　　　　　　　　　　FAX　0296-72-5410
　　　　　　　　　　kurusu@shinzansha.co.jp
　Printed in Japan　　制　作　　株式会社信山社
Ⓒ宮下修一，2006．印刷・製本／東洋印刷・大三製本
出版契約№5583-8-01010
ISBN4-7972-5583-8 C3332
5583-012-050-010
NDC 分類 324.520

# 21世紀の日韓民事法学
―高翔龍先生日韓法学交流記念―

韓日に斯くの如き交流あり　4-7972-3225-0　10,000円（税別）

【編集】加藤雅信／瀬川信久／能見善久／内田貴／大村敦志／尹大成／玄炳哲／李起勇

序文　星野英一
1　事情変更と契約の拘束力／内田貴
2　韓国人の法意識／朴相哲
3　日本法における兄弟姉妹／大村敦志
4　韓国家族法上の戸主制度／李勝雨
5　韓国民法における総有規定の当否に関する小考／李徳勝
6　原始的不能と契約締結上の過失責任／李銀栄
7　弁護士の専門家責任／下森定
8　韓国における弁護士責任論の展開／李起勇
9　安全配慮義務論・再考／瀬川信久
10　2003年の民事訴訟法の改正について／高橋宏志
11　韓国民事訴訟法改正試案―判決手続を中心に―／李時潤
12　民法176条・177条の意義／滝沢聿代
13　不動産物権変動と登記主義の課題―韓国民法186条を中心に―／洪性載
14　損害論／金相容
15　日本における有責配偶者の離婚請求に関する判例の展開／野村豊弘
16　有責配偶者の離婚請求に関する判例の動向と現況／申栄鎬
17　伝貰権の歴史と解釈／尹大成
18　フランス法における《他人の所為による責任の一般原理の形成》／北村一郎

高翔龍先生略歴・業績一覧

TOKYO, JAPAN

信山社

ISBN4-7972-1915-7 C3332　　希代の法学者の驥足が蘇える

# 来栖三郎著作集
## （全3巻+）　発売中

菊変上製箱入り　各巻平均680頁　各12,000円
今に生きる琴線の法感覚

《解説》安達三季生・池田恒男・岩城謙二・清水誠・須永醇・瀬川信久
田島裕・利谷信義・唄孝一・久留都茂子・三藤邦彦・山田卓生

## I 法律家・法の解釈・財産法　財産法判例評釈(1)〔総則・物権〕

### A 法律家・法の解釈・慣習—フィクション論につらなるもの
1 法の解釈適用と法の遵守　2 法律家　3 法の解釈と法律家　4 法の解釈における制定法の意義　5 法の解釈における慣習の意義　6 法における擬制について　7 いわゆる事実たる慣習と法たる慣習

### B 民法・財産法全般〔契約法を除く〕
8 学界展望・民法　9 民法における財産法と身分法　10 立木取引における明認方法について　11 債権の準占有と免責証券　12 損害賠償の範囲および方法に関する日独両法の比較研究　13 契約法と不当利得法

＊ 財産法判例評釈(1)〔総則・物権〕

## II 契約法　財産法判例評釈(2)〔債権・その他〕

### C 契約法につらなるもの
14 契約法　15 契約法の歴史と解釈　16 日本の贈与法　17 第三者のためにする契約　18 日本の手付法　19 小売商人の瑕疵担保責任　20 民法上の組合の訴訟当事者能力

＊ 財産法判例評釈(2)〔債権・その他〕

## III 家族法　家族法判例評釈〔親族・相続〕

### D 親族法に関するもの
21 内縁関係に関する学説の発展　22 婚姻の無効と戸籍の訂正　23 穂積陳重先生の自由離婚論と穂積重遠先生の離婚制度の研究〔講演〕　24 養子制度に関する二三の問題について　25 日本の養子法　26 中川善之助「日本の親族法」〔紹介〕

### E 相続法に関するもの
27 共同相続財産に就いて　28 相続順位　29 相続税と相続制度　30 遺言の解釈　31 遺言の取消　32 Dowerについて

### F その他、家族法に関する論文
33 戸籍法と親族相続法　34 中川善之助「身分法の総則的課題—身分権及び身分行為」〔新刊紹介〕

＊ 家族法判例評釈〔親族・相続〕

近代法制の息吹と現代への示唆

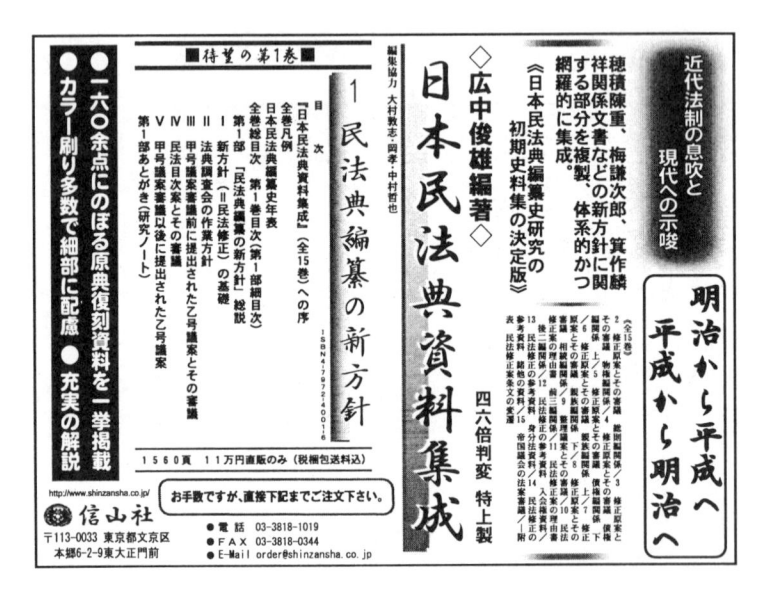

明治から平成へ
平成から明治へ

《日本民法典編纂史研究の初期史料集の決定版》

穂積陳重、梅謙次郎、箕作麟祥関係文書などの新方針に関する部分を複製。体系的かつ網羅的に集成。

◇広中俊雄編著◇

# 日本民法典資料集成

四六倍判変 特上製

■待望の第1巻■

## 1 民法典編纂の新方針

目次
『日本民法典資料集成』（全15巻）への序
全巻凡例
日本民法典編纂史年表
全巻総目次　第1巻目次（第1部細目次）
第1部　目次
新方針（＝民法修正）の基礎
第1目次「民法典編纂の新方針」総説
法典調査会の作業方針
甲号議案審議前に提出された作業方針
民法目次案とその審議
甲号議案審議以後に提出された乙号議案
第1部あとがき（研究ノート）

ISBN4-7972-4001-6

1560頁　11万円直販のみ（税梱包送料込）

編集協力　大村敦志・岡孝・中村哲也

● 一六〇余点にのぼる原典復刻資料を一挙掲載
● カラー刷り多数で細部に配慮
● 充実の解説

《全15巻》
1 穂積原案とその審議
2 物権編関係3
3 修正原案とその審議　債権編
4 修正案　債権編
5 修正案　物権編
6 修正案　相続編
7 修正案とその審議　8
8 整理会議　9
9 前三編議案　10
10 相続編議案　11
11 民法議案の参考資料　12
12 民法議案の参考資料　13
13 民法修正案参考資料　14
14 帝国議会の法案審議　附
表　民法修正条条の変遷

http://www.shinzansha.co.jp
信山社
〒113-0033 東京都文京区本郷6-2-9東大正門前

お手数ですが、直接下記までご注文下さい。
● 電話　03-3818-1019
● FAX　03-3818-0344
● E-Mail　order@shinzansha.co.jp